MACROWIKINOMICS

DON TAPSCOTT e
ANTHONY D. WILLIAMS

autores de *Wikinomics*

MACROWIKINOMICS

REINICIANDO OS NEGÓCIOS E O MUNDO

Tradução
Afonso Celso da Cunha Serra

ELSEVIER

CAMPUS

Do original: *Macrowikinomics*
Tradução autorizada do idioma inglês da edição publicada por Portfolio Penguin

Copidesque: Ana Cristina Assis Serra
Revisão: Andréa Campos Bivar e Mariflor Brenlla Rial Rocha
Editoração Eletrônica: Estúdio Castellani

Elsevier Editora Ltda.
Conhecimento sem Fronteiras
Rua Sete de Setembro, 111 – 16º andar
20050-006 – Centro – Rio de Janeiro – RJ – Brasil

Rua Quintana, 753 – 8º andar
04569-011 – Brooklin – São Paulo – SP – Brasil

Serviço de Atendimento ao Cliente
0800-0265340
sac@elsevier.com.br

ISBN 978-85-352-4391-8
Edição original: ISBN 978-1-59184-356-6

CIP-Brasil. Catalogação-na-fonte
Sindicato Nacional dos Editores de Livros, RJ

T182m Tapscott, Don, 1947-
Macrowikinomics : reiniciando os negócios e o mundo / Don Tapscott, Anthony D. Williams ; tradução: de Afonso Celso da Cunha Serra. – Rio de Janeiro : Elsevier, 2011.

Tradução de: Wikinomics
ISBN 978-85-352-4391-8

1. Tecnologia da informação – Aspectos econômicos. 2. Tecnologia da informação – Aspectos sociais. 3. Redes sociais on-line – Aspectos econômicos. 4. Redes de negócios – Aspectos sociais. 5. Inovações tecnológicas – Aspectos sociais. I. Williams, Anthony D., 1974-. II. Título.

11-1616. CDD: 303.4833
CDU: 316.422

Dedicado aos empreendedores e a todos
os inovadores sociais que reinicializam
as empresas e o mundo.

AGRADECIMENTOS

Este livro é muito mais que apenas um projeto editorial de dois autores. Na verdade, ele se converteu numa espécie de missão. Nossa pesquisa revelou enorme afluência de oportunidades para inovação e para renovação nos muitos setores e instituições de que tratam estas páginas. Porém, também concluímos que os valores em risco são muito altos e que as chances de erros são muito elevadas se não mobilizarmos novas soluções para instituições emperradas. Os princípios da wikinomics fornecem as diretrizes para a reinvenção, mas as verdadeiras transformações estão ocorrendo nas trincheiras, onde pessoas imbuídas de paixão, disposição e expertise se engajam cada vez mais no esforço para tornar o mundo mais justo, mais sustentável e mais próspero. Portanto, primeiro e antes de tudo, gostaríamos de agradecer aos inúmeros educadores, empreendedores, facilitadores comunitários, médicos e profissionais de saúde, artistas e ativistas, servidores públicos, cientistas, inovadores sociais, jornalistas, tecnólogos e líderes intelectuais que estão desbravando o mundo à frente.

Como *Wikinomics*, este livro se inspirou em vários programas de pesquisa multimilionários, dirigidos pela nGenera e financiados por empresas e governos de todo o mundo. Somos gratos ao CEO da nGenera, Tom Kelly; ao chairman e fundador, Steve Papermaster; e à diretora do centro de pesquisas nGenera Insight, Joan Bigham, pelo apoio e estímulo.

NÚCLEO DA EQUIPE DE PESQUISAS

Também reunimos uma equipe de profissionais para conduzir pesquisas específicas para o livro. Celina Agaton tratou de assistência médica e liderou o desenvolvimento de macrowikinomics.com. Paul Artiuch contribuiu para vários capítulos e estimulou nosso raciocínio sobre mudança climática, energia e transportes. Jude Fiorillo foi exaustiva na verificação dos fatos e corrigiu cada frase deste livro. Bill Gillies aplicou seu raciocínio límpido aos capítulos sobre jornais, mídia, música e assistência médica. Dan Herman cuidou das atividades mais amplas – novos modelos de solução de problemas globais e de inovação social. Moritz Kettler pesquisou os temas referentes a alimentos e água. Sarah Scott contribuiu para a clareza de várias seções do livro e enfrentou o desafio de fazer acontecer o Capítulo 18, sobre fazer acontecer a macrowikinomics. Jody Stevens emprestou seu costumeiro rigor e clareza a questões administrativas e à produção do manuscrito. Por fim, mas não menos importante, Bob Tapscott contribuiu com novas ideias e com a sabedoria de seus muitos anos no setor de serviços financeiros para que tratássemos dessa área tão complexa.

COLEGAS DA NGENERA

Muitos colegas da nGenera e de seu círculo de colaboradores contribuíram para as ideias deste livro. Aqui se incluem Laura Carrillo, Lisa Chen, Ian Da Silva, Jeff DeChambeau, Mike Dover, Tammy Erickson, Denis Hancock, Naumi Haque, Daniela Kortan, Ming Kwan, Alan Majer, Sean Moffitt, Derek Pokora, Deepak Ramachandran, Bruce Rogow, Antoinette Schatz, Roberta Smith, Nick Vitalari e Tim Warner.

COLABORADORES

Este livro também é produto da colaboração em massa. Literalmente, centenas de outras pessoas ajudaram no desenvolvimento das ideias centrais aqui expostas, conversando com os autores ou comentando o manuscrito. As citações sem indicação das fontes de onde foram extraídas são oriundas de entrevistas.

Entre esses colaboradores se incluem: Euan Adie, Nature Publishing Group; Shai Agassi, Better Place; Timo Ahopelto, Blyk; Brad Anderson, ex-Best Buy; Michele Azar, Best Buy; Jitendra Bajpai, Banco Mundial; Matt Barton, St. Cloud State University; Irving Wladawsky-Berger, Spencer Trask Collaborative Innovations; Billy Bicket, NetSquared; Peter Binfield, *PLoS One*; Alf Bingham, InnoCentive; Jean-Claude Bradley, Drexel University; Diane Brady, *BusinessWeek*; Chuck Bralver, Open Models Company; Cody Brown, Kommons; John Seely Brown, autor; Tim Brown, IDEO; Willms Buhse, CoreMedia; Tony Burgess, Exército dos Estados Unidos; Kay Carson, MassRIDES; Fred Carter, Office of the Information and Privacy Commissioner of Ontario; Joel Cawley, IBM; Robin Chase, Zipcar; Bob Chen, Columbia University; Calvin Chin, Qifang; Aneesh Chopra, diretor de tecnologia federal do governo dos Estados Unidos; Jacob Colker, The Extraordinaries; Peter Corbett, iStrategy Labs; Marilyn Cornelius, Stanford University; Jim Cortada, IBM; Robert Crandall, ex-American Airlines; Duane Dahl, EarthLab; Mark Dajani, Kraft; Ron Dembo, Zerofootprint; Sean Dennehy, CIA; John De Souza, MedHelp; Peter Diamandis, X-Prize; Paul Dickinson, Carbon Disclosure Project; Teddy Diggs, EDUCAUSE; Frank DiGiammarino, executive office of the president; Cory Doctorow, BoingBoing; Chris Dorobek, FederalNewsRadio; Jody Echakowitz, Echo; Ken Eklund, World Without Oil; Derek Elley, Ponoko; Dr. Michael Evans, University of Toronto; Niki Fenwick, Google; Ariel Ferreira, Local Motors; Matt Flannery, Kiva; Ann Florini, Brookings Institution; Maryantonett Flumian, Institute

On Governance; Joe Fontana, ex-membro do parlamento do governo do Canadá; Gordon e Susan Fraser, Ravina Project; Tony Gattis, Houston Strategies; Ian Gee, Nokia; Laura Gillies; Dan Gluckman, BBC; Heather Green, Twilight; Robert Greenhill, Fórum Econômico Mundial; Bill Greeves, governo do condado de Virgínia; Jim Griffin, Pho; Peter Gruetter, ex-Swiss Federal Development of Finance; Simon Hampton, Google; Lisa Hansen, Twilight; Rahaf Harfoush, autor; Craig Heimark, Open Models Company; Kim Henderson, Ministry of Citizens' Services, governo de British Columbia; Ben Heywood, PatientsLikeMe; Paul Hodgkin, Patient Opinion; Paul Hofheinz, The Lisbon Council; Mathew Holt, Health 2.0; Rob Hopkins, Transition Towns; Steve Howard, Climate Group; Lee Howell, Fórum Econômico Mundial; Arianna Huffington, *Huffington Post*; John C. Hull, University of Toronto; Tara Hunt, HPC; Larry Huston, inno360; Jessica Jackley, Kiva; Jeff Jarvis, BuzzMachine; Chris Johnson, Virtual Alabama; Jason Karas, Carbonrally; Jason Kelly, Ginkgo BioWorks; Kevin Kimberlin, Spencer Trask; Andrew King; MapEcos; Amanda Kistindey; Lakshmi Krishnamurthy, iCarpool; Vivek Kundra, diretor de informática do governo federal dos Estados Unidos; A. G. Lafley, ex-Procter & Gamble; Jonathon Landman, *The New York Times*; Andrew Lang, Oral Roberts University; Leo Laporte, TWiT; Kelly Lauber, Nike; David W. Lewis, IUPUI; Dave Llorens, IBOG; David Lowy, SAP; Jane Lucy, Landshare; Hugh MacLeod, ex-Climate Change Secretariat, governo de Ontário; lorde Mark Malloch-Brown, Fórum Econômico Mundial; Douglas Marston, Open Models Company; Elliott Masie, Learning TRENDS; Terry McBride, Nettwerk Records; Jessica McDonald, ex-Office of the Premier, governo de British Columbia; Jacqueline McGlade, European Environmental Agency; Dan McGrath, IBM; Rhonda McMichael, governo de Ontário; Patrick Meier, Ushahidi; Ann Mettler, The Lisbon Council; Jerry Michalski, Sociate; Jonathan Miller, News Corporation; Dan Mintz, ex-U.S. Department of Transportation; Molly Moran, U. S. Department of State; Aaron Naparstek, Livable Streets; Steve Newcomb, Virgance; Gord Nixon, RBC; Beth Noveck, White House Office of Science and Technology Policy; Hilda Ochoa-Brillembourg, YOA; Ory Okolloh, Ushahidi; Toby Oliver, Path Intelligence; Meaghan O'Neill, TreeHugger; Molly O'Neill, U.S. Environmental Protection Agency; Dara O'Rourke, University of California, Berkeley, GoodGuide; Suzanne Pahlman, WWF; Daniel Palestrant, Sermo; Joe Paluska, Better Place; Dennis Pamlin, WWF; Mark Parker; Nike; Kal Patel, Best Buy; Jonah Peretti, *Huffington Post;* Christian Pesch, CoreMedia; Robert Pothier, Twilight; Luis M. Proenza, University of Akron; Jordan Raddick, Johns Hopkins University; Saad Rafi, Ontario Ministry of Energy and Infrastructure; Chris Rasmussen, U. S. National Geospatial-Intelligence Agency; Ben Rattray, Change.org: Michael Reinicke, Rideshare; Stevge Ressler, GovLoop; David Rich, WRI; Ben Righy, Extraordinaries; Jay Rogers, Local Motors; Mechthild Rohen, European Commission; Hans Rosling, Trendalyzer; Adam Rothwell, Intelligent Giving; John Gerard Ruggie, Harvard University; Charles Sabel, Columbia University; Rick Samans, Fórum Econômico Mundial; Saskia Sassen, Columbia University;

Kevin Schawinski, Yale University; Eric Schmidt, Google; Henrik Schuermann, CoreMedia; Brent Schulkin, Virgance; Klaus Schwab, Fórum Econômico Mundial; Eddie Schwartz, Songwriters Association of Canada; Zuhairah Scott; Euan Semple, ex-BBC; Peggy Sheehy, Suffern Middle School; George Siemens, Connectivism; Anne Højer Simonsen, Ministério do Clima e da Energia da Dinamarca; Larry Smarr, Calit2; Marco Smit, Health 2.0; Kirsi Sormunen, Nokia; Dwayne Spradlin, InnoCentive; Soren Stamer, CoreMedia; Tom Steinberg, mySociety; Robert Stephens, Best Buy; Unity Stoakes, Organized Wisdom; Susanne Stormer, Novo Nordisk; Val Stoyanov, Cisco; Tomer Strolight, Torstar Digital; Anant Sudarshan, Stanford University; David Ticoll, autor; Bill Tipton, Hewlett-Packard; Michael Toffel, MapEcos; Linus Torvalds, Linux Foundation; Lena Trudeau, NAPA; Mike Turillo, Spencer Trask Collaborative Innovations; Wood Turner, Climate Counts; Gentry Underwood, IDEO; Jim Walker, Virtual Alabama; David Wheeler, CARMA; Dennis Whittle, GlobalGiving; John Wilbanks, Creative Commons; Sean WiseVenCorps; Dave Witzel, Environmental Defense Fund; John Wonderlich, SunlightFoundation; Nicole Wong, Google; Jon Worren, MaRS; Doug Wright, RiffWorld; Nick Yee, Palo Alto Research Center; Jim Zemlin, Linux Foundation.

Obrigado.

O título do livro resultou de um desafio que lançamos on-line, que efetivamente mais uma vez comprovou a sabedoria das multidões. Recebemos mais de 150 sugestões. Não havíamos percebido que a melhor designação para a wikinomics quando aplicada à situação macro era macrowikinomics, até que Eryc Branham, sempre ponderado, apontou para o óbvio e ululante. Encorajamos todos os participantes a prosseguir na colaboração e nas conversas em macrowikinomics.com.

Também somos gratos a Adrian Zackheim, nosso editor na Portfolio Penguin, por acreditar em nós e por ceder-nos a brilhante Adrienne Schultz, para que atuasse como nossa editora. Também tivemos a sorte de contar como Allison McLean, no gerenciamento de nosso projeto editorial. Depois de aplicar sua mágica em *Wikinomics*, temos a esperança de que este livro exercerá impacto ainda maior. Também estendemos nossos agradecimentos a Bill Leigh, Wes Neff e os agentes de The Leigh Bureau, que nos manteve diante de nosso público em todo o mundo.

Como sempre, nossas respectivas esposas, Ana P. Lopes (Don) e Michelle Williams (Anthony) zelaram por nossa honestidade e nos forneceram valiosas ideias e apoio. Expressamos-lhes agora nossa mais alta gratidão. Don gostaria de agradecer, em especial, a Alex e Nicole Tapscott pelos insights profundos e pelos estímulos constantes durante todo o percurso. Anthony gostaria de agradecer a seus filhos, Immanuel e Evans Williams, pela paciência e pela compreensão, enquanto o papai passava horas sem fim grudado ao computador, além de oferecer-lhe diversão e inspiração, quando mais precisava delas.

Nossa gratidão por todos é inestimável. Depois de tudo isso, nós, como autores do livro, assumimos responsabilidade integral por seu conteúdo, assim como por quaisquer erros e omissões.

SUMÁRIO

I

DE WIKINOMICS PARA MACROWIKINOMICS

1. REINICIALIZANDO O MUNDO

No domingo, 17 de janeiro, nada menos que cinco dias inteiros depois de um terremoto devastador ter assolado o Haiti, uma mensagem de texto enviada de um telefone celular em Porto Príncipe foi traduzida de crioulo, língua oficial do país, além do francês, para inglês, e postada num site com um mapa interativo da crise, monitorado de perto pelas equipes de emergência. O texto era o grito de socorro de um sobrevivente e parecia ter sido enviado de sob os escombros de um dos maiores supermercados do Haiti. Àquela altura, as chances de encontrar sobreviventes já haviam diminuído muito e numerosos membros da comunidade de socorro aos flagelados começavam a perder as esperanças. A situação nas áreas atingidas era realmente dramática: sem acesso a alimentos nem a água, algumas dezenas de milhares de pessoas já haviam perecido sob as imensas pilhas de concreto espalhadas pela cidade. Porém, a mensagem de texto lançada on-line sugeria um milagre: será que a pessoa que a enviara ainda estava viva? Será que alguém teria conseguido sobreviver depois de tantas horas de espera pungente por ajuda? Uma equipe americana de busca e resgate correu para o local. Muitas horas depois, quando já haviam escavado vários metros de concreto, os socorristas se depararam com uma terrível realidade: o ser humano que estava sendo retirado do entulho era uma criança. Uma garotinha pequena e frágil, com apenas 7 anos, depois se soube, emergiu das ruínas do supermercado, profundamente abalada e ainda viva, graças a um fio de perseverança. Subjugada pelo alívio e pela emoção, a criança descreveu sua experiência terrível à família atônita. Só conseguira sobreviver graças a uma pequena ração de frutas cristalizadas e a uma grande porção de esperança.

Foi um tênue raio de luz numa história de resto trágica. Com efeito, poucos observadores daquelas cenas terríveis tão cedo esquecerão os danos horrendos infligidos pelo terremoto de magnitude 7.0 que atingiu Porto Príncipe em 12 de janeiro de 2010, provocando mais miséria humana e maiores danos econômicos que qualquer abalo sísmico já registrado. Em apenas 45 segundos de contorção do solo, espantosos 15% dos habitantes do país – 1,5 milhão de pessoas – ficaram sem teto. Dezenas de milhares morreram e centenas de milhares se feriram. Qualquer coisa que se assemelhasse à costumeira infraestrutura de que dependem as equipes de emergência (estradas, hospitais, abastecimento de água, energia elétrica e redes de comunicações) estava interrompida. Grandes áreas da cidade de 250 anos desabaram completamente.

No entanto, a ira impiedosa e indiscriminada das forças da natureza foi apenas um prelúdio da verdadeira miséria. A situação no solo tornou a vida extremamente difícil para os primeiros socorristas. Portos e aeroportos ficaram congestionados. Quase não havia caminhões para transporte nem espaço seguro para armazenamento de suprimentos. Nenhuma organização ou entidade – nem o exército, nem o governo nem a comunidade de ajuda – tinha uma ideia nítida de toda a escala da catástrofe ainda em evolução. Não se sabia com exatidão que suprimentos haviam sido recebidos, nem em que quantidades. Também faltava coordenação entre os órgãos de ajuda e outras entidades sobre que pessoas e áreas a priorizar e sobre como superar o pesadelo logístico. A falta inicial de coordenação, por sua vez, deixou as vítimas do terremoto do Haiti (que já estavam entre as pessoas mais pobres do mundo) totalmente desprovidas de recursos, sem comida, sem água, sem vestuário, sem acesso a familiares e amigos, e muitas necessitando desesperadamente de assistência médica. Entretanto, em meio a tantos destroços, emergiu a história vigorosa de como se constituiu uma equipe improvisada de voluntários de todo o mundo para engendrar uma solução de gerenciamento de informações que ultrapassou de longe qualquer operação que a equipe de emergência oficial tenha montado, aí se incluindo as maiores organizações de socorro do mundo, o Departamento de Estado dos Estados Unidos e o Exército americano.

No centro do esforço voluntário estava uma pequena organização originária do Quênia, denominada Ushadihi, cujo site de mapeamento de crises possibilita que os usuários submetam relatos de testemunhas oculares ou outras informações relevantes em situações de desastre, via e-mail, texto ou Twitter – para visualizar a frequência e a distribuição desses eventos num mapa. Ory Okolloh, destacada advogada e blogueira do Quênia, lançou a ideia pela primeira vez em 2008, quando a violência irrompeu no país, depois de concorrida eleição. Após ouvir de amigos e familiares de todo o país relatos inquietantes de estupros, saques e assassinatos, ela suspeitou que o governo e as agências de notícias oficiais estivessem minorando grosseiramente a intensidade da violência. E encontrou provas inequívocas dessa suspeita quando seu próprio relato veemente, no blog dela, Kenian Pundit, desencadeou uma enxurrada de e-mails e de mensagens de texto de centenas de quenianos, que haviam experimentado ou presenciado violência em primeira mão. Como o volume de relatos em breve sobrepujasse a capacidade de Okolloh de autenticá-los e de documentá-los no blog, ela esboçou os parâmetros básicos de uma solução de mapeamento por internet e, com a ajuda de alguns colegas quenianos, experts em tecnologia, construiu a plataforma do Ushadihi, durante um fim de semana prolongado. Poucas horas depois do lançamento, o site já estava coletando e plotando num mapa relatórios enviados por telefone celular de tumultos, refugiados sitiados, estupros e mortes, com base em dados fornecidos por informantes. Pela primeira vez, as partes interessadas podiam ver de relance que áreas do país estavam enfrentando problemas. Na verdade, o site estava reunindo mais depoimentos, com mais rapidez e maior alcance, que a mídia e as autoridades locais, com o agravante de que, no caso do Ushahidi, havia uma grande diferença: Okolloh não dispunha de concessões públicas, nem de mandatos oficiais, nem de estruturas de comando formais nem de protocolos de comunicação sofisticados. Seu único recurso era um grupo informal de indivíduos dedicados, sob lideranças autênticas nas comunidades locais, que exploravam tecnologias rudimentares de código aberto para ajudar os necessitados.

Quando o desastre atingiu o Haiti, dois anos depois, Patrick Meier, diretor de mapeamento de crises do Ushahidi, entrou em ação. Meier estava assistindo aos noticiários, numa noite tranquila, em sua casa, em Boston. Eram 19 horas, quando ele soube do terremoto. Às 19h20, ele contatou um colega, em Atlanta. Às 19h40, os dois montavam um site exclusivo para o Haiti, na plataforma do Ushahidi. Às 20 horas, já reuniam informações de todos os lugares, num esforço global de cooperação coletiva e voluntária (*crowdsourcing*), em grande escala, da ajuda ao Haiti.

Como a maioria das mensagens recebidas era em crioulo, precisava-se de um serviço de tradução. E, como boa parte das narrativas carecia de detalhes sobre localização, também era necessário identificar com rapidez as coordenadas em GPS para mapear com o máximo de exatidão os incidentes. Assim, Meier pediu ajuda a dezenas de comunidades haitianas, inclusive à grande diáspora em Boston. Em breve, centenas de voluntários em todo o mundo estavam atuando no Ushahidi-Haiti para traduzir, categorizar e localizar mensagens urgentes de vida ou morte, em tempo real. Muitos voluntários passaram semanas a fio no porão mal iluminado de uma escola em Boston, que Meier converteu em sala improvisada de gestão de crises. Embora a mais de 2.500 km de distância da cena, os voluntários usaram o Skype para transmitir informações críticas sobre a localização de sobreviventes potenciais à equipes de busca e resgate, em Porto Príncipe. Responderam a pedidos do Programa Mundial de Alimentação e do porta-aviões *USS Carl Vinson*, no meio da noite. E, para melhor relacionar as chamadas com coordenadas GPS específicas, até tiveram acesso a imagens em alta definição, transmitidas por satélite, da empresa DigitalGlobe, com sede em Longmont, Colorado, e a vídeos do Exército americano, obtidos por veículos aéreos não tripulados. Depois que o grupo de Meier já havia refinado tanto quanto possível o processo, as mensagens de texto eram transmitidas em inglês e postadas on-line apenas depois de serem enviadas por um telefone celular no Haiti. E, como recompensa por sua dedicação, os mapeadores do Ushahidi de repente se viram na condição de protagonistas do esforço urgente para salvar vidas durante uma das maiores operações de socorro da história.

"Se um socorrista da Cruz Vermelha tivesse um posto avançado em Delmas", diz Meier, "ele poderia conectar-se ao Ushahidi para receber informações de todas as narrativas originárias da periferia mais próxima, bastando a determinação do raio de cobertura." Assim, os socorristas tinham condições não só de especificar áreas geográficas de interesse, mas também de selecionar o tipo de alerta, como, por exemplo, desabamento de prédios, emergências médicas, falta de alimentos ou saques. Agora, quando o foco se desloca, de alívio da crise para a reconstrução do país, nos anos vindouros, Meier acha que as ferramentas do Ushahidi para mapeamento da crise poderiam ser usadas com a mesma eficácia pelos haitianos para cobrar das organizações de socorro, dos empreiteiros privados e do governo local padrões de desempenho mais elevados que os dos últimos anos, de reiterados fracassos nas tentativas de arrancar da pobreza o país caribenho. Com efeito, esse mapeamento baseado em informações coletivas e voluntárias prenuncia algumas mudanças profundas, na medida em que o mundo wiki da colaboração em massa revoluciona o trabalho de voluntários, de jornalistas e de soldados que prestam ajuda e assistência em algumas das circunstâncias mais imperdoáveis e inimagináveis.

No velho paradigma da gestão de crises, grandes instituições de assistência e equipes de socorro como que desciam de paraquedas nas crises, avaliavam a situação e prestavam socorro, com base nas poucas informações disponíveis. A maioria das organizações de ajuda não conta com bons sistemas de compartilhamento de informações e, decerto, não gosta de ceder espaço nem de seguir ao ritmo de outras entidades. A fragmentação daí resultante resulta em más decisões, em redundância e, em geral, em perda de dinheiro e de oportunidades.[1] Para piorar a situação, os beneficiários finais das iniciativas para a atenuação de desastres quase sempre são tratados como vítimas indefesas e como consumidores passivos da caridade alheia, situação propícia para a produção de dramas televisivos com altos níveis de audiência (os chamados pornodesastres da CNN aumentaram seus níveis de audiência em até 95%), mas nem de longe gera resultados satisfatórios. Com efeito, relatório do Movimento Internacional da Cruz Vermelha e do Crescente Vermelho, em seguida à resposta da comunidade internacional ao tsunami no Oceano Índico, em 2004, enfatizou a necessidade de melhor coordenação bem como de participação mais intensa das vítimas nas futuras iniciativas de atenuação de desastres, de modo a garantir com mais eficácia que não sejam negligenciadas, como destinatárias finais do esforço de implementar soluções.[2]

O novo paradigma de esforços humanitários vira de cabeça para baixo boa parte da sabedoria convencional. Em vez de ficarem sentadas sem fazer nada, enquanto esperam a ajuda, as vítimas agora fornecem dados sobre a situação no local, por meio de telefones celulares ou de qualquer outro canal de comunicação disponível. Em vez de doar dinheiro, redes de voluntários, que se formam e se organizam espontaneamente, filtram os dados, traduzem e autenticam as mensagens recebidas e lançam os incidentes em monitores de mapeamento interativo, que ajudam os socorristas a mirar suas respostas. E, em vez de serem forjados com base em prioridades institucionais estreitas, os novos canais de comunicação, como o Ushahidi, permitem que todo o ecossistema de alívio da emergência opere como entidade coerente. Sem dúvida, muita coisa pode dar errado com esse modelo compartilhado. As vítimas, às vezes, dão o endereço errado ou exageram a própria situação. Porém, à medida que os dados se acumulam, os mapas interativos da crise podem revelar rapidamente padrões diferentes e informações vitais em situações de emergência. Em quantos quilômetros terra adentro o tsunami provocou devastação? Que rodovias estão transitáveis e onde estão as dependências temporárias para urgências médicas mais próximas? Os incidentes de violência e saque são dispersos ou estão concentrados em determinadas áreas?

Quando se dispõe de uma plataforma aberta e do complemento de ferramentas simples, criam-se condições para que pessoas comuns desenvolvam novos serviços de informações eficazes, mais velozes e mais resilientes que os canais burocráticos tradicionais. Sim, pode-se argumentar que narrativas de esforços voluntários heroicos não são assim tão raras. Situações de desastre realmente tendem a revelar as mais nobres tendências humanitárias. O mais notável é que a execução do projeto Ushahidi-Haiti talvez demorasse um ano ou mais se estivesse a cargo de uma agência governamental com muito dinheiro. No entanto, graças a inovadores sociais como Okolloh e Meier, a comunidade de mapeamento da crise congregou esforços coletivos para montá-lo e operacionalizá-lo em questão de dias, sem absolutamente nenhum custo para os contribuintes.

De fato, a história de como o Ushahidi começou e aonde chegou desde então revela muita coisa sobre uma nova forma poderosa de inovação econômica e social que está varrendo todos os setores de atividade – pela qual pessoas com energia, paixão e expertise exploram novas ferramentas de internet para participarem mais ativamente de iniciativas coletivas para tornar o mundo mais próspero, mais justo e mais sustentável. Okolloh criou o Ushahidi durante uma crise; nunca lhe passou pela cabeça patenteá-lo ou monopolizá-lo. Sabendo que a maioria dos quenianos não tem acesso a computadores, Okolloh se empenhou para que o Ushahidi também funcionasse em telefones celulares.[3] E, na falta de apoio de capitalistas de risco, Okolloh usou softwares de código aberto e permitiu que outros reutilizassem suas ferramentas em novos projetos. Até hoje, a plataforma versátil foi usada na África, para divulgar falta de medicamentos; em Gaza, para acompanhar incidentes de violência; e na Índia e no México, para monitorar eleições. *The Washington Post* até se aliou ao Ushahidi, em 2010, para mapear bloqueios de estradas e para localizar máquinas de remoção de neve durante a forte nevasca daquele ano (Snowmageddon), a mais intensa que atingiu Washington, DC, em quase um século.

Com cada um dos novos aplicativos que desenvolve, o Ushahidi, sem grande alarde, está capacitando milhões de pessoas comuns para desempenhar papel mais importante nas mais variadas áreas, desde decisões mais democráticas até maior eficácia na gestão de crises, passando pela proteção da saúde pública. Ao fazê-lo, o Ushahidi salienta o contraste profundo entre, de um lado, um conjunto de instituições ainda baseadas em estruturas hierárquicas arcaicas e movidas pela mentalidade da era industrial, que hoje enfrentam graves problemas e se encontram quase paralisadas, e, de outro, um conjunto de novas instituições, com orientação de baixo para cima, que estão sendo construídas sobre os alicerces de princípios como abertura, colaboração e compartilhamento de dados e de propriedade intelectual. Esse novo modelo de colaboração e de produção social vai muito além de iniciativas para a atenuação de desastres, afetando também o *modus operandi* de praticamente todas as instituições da sociedade, como governo, educação, assistência médica, ciências, finanças e diplomacia internacional.

As instituições da era industrial nos trouxeram a produção em massa de bens e serviços; a mídia de massa, como jornais, rádio e televisão; a educação e o aprendizado de massa para todos; o marketing de massa e a democracia de massa, além de governos em que mandatários eleitos produziam e distribuíam leis e serviços. Como modo de produção, a economia industrial era infinitamente superior ao que havia antes (a sociedade agrária e artesanal), melhorando acentuadamente a riqueza, a prosperidade e o padrão de vida de muita gente. Porém, tratava-se de um modelo de massa centralizado, de sentido único e tamanho único, controlado pelos donos poderosos da produção e da sociedade.

Agora, em consequência da nova rede mundial de computadores, os velhos modelos industriais estão todos sendo virados de cabeça para baixo. Dispõe-se agora de um novo motor de inovação e de criação de riqueza e de nova força poderosa que reduz drasticamente os custos da colaboração e, como tal, permite que as comunidades cooperem em áreas de interesses, esforços e desafios comuns. Maior abertura em inovação e em ciências, por exemplo, está criando mais oportunidades econômicas para indivíduos e para empresas que aprendem a explorar redes de inovação globais. Na luta contra as mudanças climáticas, pessoas comuns estão forjando um movimento de massa para promover maior conscientização entre os consumidores e para reforçar o senso de comunidade, de modo a propiciar decisões mais esclarecidas pelas famílias e comunidades, capazes de reduzir nossa pegada de carbono. Em educação, as principais universidades estão demolindo suas torres de marfim e construindo uma rede global de ensino superior – uma teia fecunda de recursos educacionais de classe mundial, que todos os estudantes do planeta possam acessar e à qual possam retornar durante toda a vida. Inovadores em todo o setor público estão usando a rede mundial para prestar serviços mais produtivos e equitativos, para revigorar a própria legitimidade e a confiança do público e para liberar novas possibilidades de cocriação de soluções para desafios locais, nacionais e globais. Quando se reúnem todos esses fatores, fica cada vez mais claro que podemos repensar e reconstruir muitas indústrias e setores da sociedade, com base nesse novo modelo em rede extremamente aberto e revolucionário.

Em nosso livro anterior, *Wikinomics* (Nova Fronteira, 2007), denominamos essa nova força "colaboração em massa" e argumentamos que ela estava alcançando um ponto de virada a partir do qual as redes sociais se convertiam em novo modelo de produção social que mudaria para sempre a maneira como projetamos, fabricamos e comercializamos produtos e serviços em bases globais. Porém, nos quatro anos seguintes à descrição da ideia, fica cada vez mais claro que a wikinomics foi além de uma tendência em negócios e em tecnologia, para transformar-se em mudança social mais abrangente. É um pouco como passar da microeconomia para a macroeconomia. Nessa hipótese, a wikinomics, definida como a arte e a ciência da colaboração em massa nas empresas, se transforma em macrowikinomics: a aplicação da wikinomics e de seus princípios básicos à sociedade e a todas as suas instituições. Da mesma maneira como milhões contribuem para a Wikipédia – e milhares ainda se dedicam a trabalhos colaborativos em grande escala, como Linux e o projeto do genoma humano, deparamos agora com uma oportunidade histórica de arregimentar a habilidade, a engenhosidade e a inteligência dos seres humanos, em escala de massa, para reavaliar e reposicionar muitas de nossas instituições, para as décadas vindouras e para as gerações futuras. Afinal, o potencial para novos modelos de colaboração não se limita à produção de software, de mídia, de entretenimento e de cultura. Por que não adotar o código aberto também em áreas como governo, educação, ciências, produção de energia e até assistência médica? Como descobriremos nos próximos capítulos, não se trata de fantasias vãs, mas de oportunidades reais que o novo mundo da macrowikinomics torna possível.

PONTO DE INFLEXÃO NA HISTÓRIA

O colapso da economia, em 2008, custou aos contribuintes americanos trilhões de dólares. Ao enfrentarem o colapso histórico do mercado, com a pior recessão em três gerações, além de garantias do governo que superaram os custos de qualquer guerra já combatida pelos Estados Unidos, os contribuintes americanos estão, com toda a razão, furiosos. E, em grande parte, a mesma situação se repete em todo o mundo. Muita gente está reivindicando, com renovado vigor, a atualização e a ampliação da regulação pública, a intervenção do governo nas atividades privadas e até o desmembramento ou a estatização dos grandes bancos. No meio-tempo, os efeitos duradouros do colapso financeiro ameaçam engolfar não só empresas, mas também países inteiros, em crises de dívida soberana. No começo de 2010, a Grécia parecia incapaz de pagar suas dívidas a detentores de seus títulos públicos em todo o mundo. O medo de calotes públicos rapidamente se espalhou para Espanha, Portugal e Irlanda, desencadeando um efeito dominó que prejudica todos os 16 países que compartilham o euro como moeda comum. Governos de todo o mundo estão atolados em níveis de endividamento sem precedentes e talvez insustentáveis. Os Estados Unidos despontam como o maior devedor, com o Congresso contemplando um orçamento que, por volta de 2020, quase dobrará a dívida pública americana, elevando-a para US$22 trilhões – duas vezes o tamanho da economia dos Estados Unidos.[4] Sem dúvida, precisamos repensar as velhas abordagens de governança da economia global. Porém, a reconstrução das finanças públicas e a restauração da confiança a longo prazo no setor de serviços financeiros, nos Estados Unidos e em outros países, exigirá mais que intervenção do governo e nova regulação; fica cada vez mais claro que necessitamos de novo *modus operandi*, baseado em novos princípios de negócios, como transparência, integridade e colaboração.

O sistema financeiro não é a única instituição que precisa desesperadamente de reforma. As possibilidades fulgurantes descritas acima contrastam intensamente com o declínio precipitoso da economia industrial como um todo. Muitas das instituições que nos prestaram bons serviços durante décadas – ou ao longo de séculos

– parecem congeladas e incapazes de avançar. Decerto, a economia industrial nos proporcionou três séculos de aumento da produtividade, de acúmulo de conhecimentos e de capacidade de inovação sem precedentes, que resultaram em riqueza e prosperidade inimagináveis. No entanto, esses avanços impuseram pesados ônus à sociedade e ao planeta. E não há dúvida de que a riqueza e a segurança que hoje desfrutamos nas economias avançadas talvez não sejam sustentáveis à medida que bilhões de cidadãos dos mercados emergentes ingressam nas fileiras da classe média global. Se mantivermos a trajetória em curso, a instabilidade global de hoje decerto se agravará. Com efeito, acreditamos que o mundo chegou a um ponto de inflexão crítico. Ou "reinicializamos" todos os velhos modelos, abordagens e estruturas ou corremos o risco de uma paralisia e até de um colapso institucional. É uma questão de estagnação *versus* renovação. De atrofia *versus* renascença. Hoje, a sociedade conta com a plataforma mais poderosa de todos os tempos para a arregimentação das pessoas, dos talentos e dos conhecimentos indispensáveis para resolver muitos dos problemas que flagelam o mundo. E, se este livro oferece alguma contribuição, é mostrar que boas coisas acontecem quando, como indivíduos e como organizações, aproveitamos as oportunidades para contribuir com nossas ideias, nossa paixão e nossa criatividade. A dúvida é se o mundo está pronto para efetivamente adotar as inovações sociais e econômicas que seriam liberadas por essa colaboração.

A perspectiva até pode parecer um tanto radical, mas é uma hipótese endossada por cada vez mais vozes da corrente dominante. Recentemente, nada menos que a revista *Time* considerou oportuno disparar o alarme quanto a problemas que assomam no horizonte. Em artigo especial sobre as 10 ideias que definirão os próximos 10 anos, Christopher Hayes afirma que vivemos o crepúsculo das elites. Diz ele: "Na última década, quase todos os pilares da sociedade americana – a General Motors, o Congresso, Wall Street, a Major League Baseball, a Igreja Católica ou a grande imprensa – se mostraram corruptos, incompetentes ou ambos. E, nas raízes desses fracassos, estão as pessoas que dirigem essas instituições, as mentes brilhantes e diligentes que ocupam as torres de comando e a primeira fila da meritocracia. Como retribuição por seu poder, status e remuneração, essas pessoas devem garantir que tudo funcione com regularidade. Porém, depois de uma cascata de escândalos e catástrofes, esse contrato social implícito está em ruínas e foi substituído pelo ceticismo, pelo desprezo e pela desilusão em massa."[5] Assim sendo, o que faremos na esteira dessa grande implosão? Nesta nova década, sugere Hayes, teremos de concentrar-nos na reforma de nossas instituições, para construir alternativas mais confiáveis e mais democráticas de autoridade.

Com efeito, aumentam as evidências diárias de que uma espécie de barril de pólvora está prestes a explodir. Quinze milhões de pessoas com idade entre 15 anos e 24 anos estavam desempregadas na América do Norte e na Europa no momento em que se escrevia esta página. Na Itália e na França, o desemprego entre jovens atingia 25%. Na Espanha, 45% dos jovens não encontravam emprego. Nesses níveis, estamos falando de desemprego estrutural para toda uma geração e não vemos perspectivas de que o panorama se torne mais róseo. Os empregos para jovens provavelmente serão os últimos a serem restabelecidos depois da recessão e as pesquisas demonstram que períodos prolongados de desemprego podem exercer efeitos duradouros sobre as perspectivas de carreira, à medida que as habilidades e qualificações rapidamente se tornam obsoletas. O risco de que uma grande fatia da juventude fique para trás tem levado os formuladores de políticas a se perguntarem como evitarão que uma "geração perdida" venha a ser a principal consequência duradoura da recessão. Será que existe um caminho pela frente? Não busque resposta no governo nem nas grandes empresas. Análise da Kauffman Foundation sobre dados recentes do U.S. Census Bureau mostram que empresas com menos de cinco anos criam quase dois terços dos novos empregos nos Estados Unidos.[6] Em outras palavras, para que a economia americana apresente recuperação duradoura do nível de empregos, competirá aos empreendedores assumir a liderança.

Com efeito, à medida que a crise econômica global obrigou empresas de todos os setores de atividade a reduzir custos como condição de sobrevivência, muita gente se dava conta de que agachar-se e ficar na defensiva, embora necessário, não é suficiente para o sucesso de longo prazo. Em todos os setores de atividade, da manufatura ao varejo, os gestores inteligentes começaram a promover mudanças de há muito necessárias em suas estruturas e estratégias. Constata-se um consenso crescente de que finalmente estamos entrando numa economia muito diferente. A esse respeito, o economista Robert Reich indaga: "Como será ela? Ninguém sabe. Tudo o que sabemos é que a economia, nas condições vigentes, não será capaz de recuperar-se, pois não poderá voltar para onde estava antes do crash." Como alternativa, ele sugere que "devemos perguntar quando e como a nova economia começará".

A subversão hoje se espalha para outros setores – envolvendo universidades, assistência médica, ciências, energia, transportes e governo. Muitos impérios tradicionais da mídia estão desabando. A derrocada contínua de muitos jornais nos Estados Unidos é um alarme da tempestade em formação. Ao redigir estas linhas, em maio de 2010, a Tribune Company, dona do *Los Angeles Times* e do *Chicago Tribune*, está falida, assim como a dona do *The Philadelphia Inquirer*. O *Rocky Mountain News* e o *Seattle Post-Intelligencer* também se foram, e o *San Francisco Chronicle* e outros enfrentam graves problemas. Os títulos de dívida do *The New York Times* foram rebaixados para a categoria "lixo" e os amantes do jornal, como nós, estão em vigília ansiosa, perguntando-se durante quantos meses a empresa ainda será capaz de manter o serviço da dívida. As revistas também enfrentam problemas, e o seu periódico preferido provavelmente nunca enfrentou tamanha escassez de propaganda.

Basicamente, a internet destruiu o modelo de negócios baseado na tecnologia de impressão tradicional. Em comparação com as instalações maciças de empresas como *The New York Times*, jornais on-line como o *Huffington Post* praticamente não têm custos de impressão e distribuição. O *The New York Times* emprega mais de mil pessoas só em seu departamento editorial. Já o HuffPo conta com um staff de 60 profissionais e com o apoio de um grupo de voluntários composto de milhares de escritores. Em consequência, o site está vicejando, com o vigor de 20 milhões de leitores. O jornalismo decerto sobreviverá, mas não em sua forma atual. No entanto, ainda não se sabe se os valores fundamentais do jornalismo, como objetividade, qualidade e verdade, prevalecerão nas novas condições. E como o jornalismo ganhará a vida?

Em todo o mundo, os sistemas de assistência médica enfrentam grave estresse, mas em nenhum outro a tensão é tão grande quanto nos Estados Unidos. Na década de 1960, os Estados Unidos gastavam apenas 5,2% do PIB com assistência médica. Em 2009, essa proporção já chegava a 17,3%, ou seja, os Estados Unidos hoje gastam mais com assistência médica que com alimentação.[7] As causas básicas dessa tendência são complexas e abrangem fatores como expansão dos recursos médicos, graças às novas tecnologias e pesquisas; tendências demográficas e de estilo de vida, como envelhecimento da população e adoção de hábitos alimentares perniciosos. Esses níveis de gastos até seriam justificáveis se o sistema oferecesse resultados superiores, mas muitos indicadores apontam para o contrário. Embora apresente os maiores níveis de despesas, os Estados Unidos se classificam em 49º lugar entre 224 países, em qualidade da assistência médica, com níveis desproporcionalmente mais baixos de expectativa de vida e mais altos de mortalidade infantil que os de outros países ricos, como Alemanha e Japão.[8] Enquanto isso, uns 46 milhões de americanos, com cobertura inadequada ou sem cobertura, têm medo de enfrentar o sistema de assistência médica, tanto quanto, se não mais que, receiam ficar doentes. Mesmo aqueles com "boa cobertura" não raro estão mal protegidos. Estudo de pesquisadores de Harvard descobriu que problemas médicos são a causa de espantosos 62% de todas as insolvências pessoais requeridas nos Estados Unidos em 2007. Porém, ainda mais surpreendente é a constatação de que 78% desses "falidos" tinham seguro-saúde quando ficaram doentes.[9]

Quando se considera, também, a ineficiência administrativa, fica claro que os atuais modelos de assistência médica são insustentáveis. Caso mantenham a atual trajetória de crescimento, os custos da assistência médica quase dobrarão, para US$4,5 trilhões, em menos de uma década, solapando sistemas tributários e previdenciários cuidadosamente orquestrados e afundando cada vez o país em níveis de endividamento sufocantes.[10] Não obstante as tentativas dos políticos de remendar os modelos de financiamento, médicos e pacientes se convencem cada vez mais de que apenas uma transformação mais profunda na maneira como a sociedade promove o bem-estar físico e cuida dos doentes será suficiente para garantir a eficácia da assistência médica. Eis o que afirma a esse respeito o Dr. Michael Evans, médico do St. Michael's Hospital, em Toronto: "As instituições de assistência médica de hoje são como a velha mídia: centralizadas, de mão única, inflexíveis e controladas pelas pessoas que as criaram e as mantêm. Os pacientes são recebedores passivos." No novo modelo, os pacientes se assemelham mais a parceiros – eles se auto-organizam, contribuem para a soma total de conhecimentos, compartilham informações, apoiam uns aos outros e se tornam ativos na gestão da própria saúde.

No entanto, com problemas muito mais sérios pairando no horizonte, preocupar-se com o futuro da assistência médica nos Estados Unidos talvez pareça um luxo. A água, ou mais exatamente a falta de água potável, assoma como catástrofe iminente para a humanidade. Cerca de 2,8 bilhões ou 44% da população mundial vive em regiões onde os recursos hídricos enfrentam grave estresse. Esse número assustador deve aumentar para 3,9 bilhões, em 2030.[11] Por enquanto, ninguém sabe exatamente como atender à demanda mundial por água potável. O desafio é tão gigantesco que precisaremos concentrar algumas de nossas mentes mais brilhantes na busca de soluções antes que a escassez degenere em conflitos.

Numa época de capacidade e de riqueza crescentes, nosso mundo é um lugar muito desigual. Alguns países – como China e Índia – têm alcançado enorme sucesso em erguer da pobreza grande proporção de suas populações, em período muito curto. Porém, vastas regiões do mundo não participam dessa prosperidade. Em todo o planeta, 10 crianças morrem de fome a cada minuto. Quase um quarto da população global luta para sobreviver com menos de dois dólares por dia. É aceitável que fatia tão grande da humanidade esteja sendo totalmente ignorada pelo mundo moderno? E durante quanto tempo poderemos resistir a esse desequilíbrio?

O fim da Guerra Fria deveria inaugurar uma era de paz duradoura. No entanto, o mundo parece menos seguro do que nunca, apesar dos US$1,46 trilhão gastos com defesa a cada ano.[12] O equilíbrio nuclear entre as superpotências do mundo bipolar de ontem foi substituído por numerosos rastilhos voláteis, em que Estados párias e grupos delinquentes estão na iminência de disporem de armas pessoais de destruição em massa. Talvez já não tenhamos tanto medo de uma chuva de mísseis, mas nos defrontamos com a possibilidade cada vez mais real de uma mochila com aparência inofensiva ou de um pacote de entrega expressa conter toxinas ou explosivos capazes de destruir uma cidade.

Acima de tudo, paira o mais assustador dos desafios: libertar o mundo da perigosa dependência em relação a combustíveis fósseis e construir uma nova economia baseada em energia verde, capaz de sustentar a civilização humana ao longo dos próximos séculos. Ao atual ritmo de desenvolvimento, ainda estamos a décadas de distância de um verdadeiro mercado de massa para qualquer solução de energia limpa, que dirá de todas elas. “Facilmente, a maturação de uma nova tecnologia, desde o laboratório de pesquisas até a primeira aplicação comercial, demora 10 anos. E isso é apenas o começo”, afirma Peter Voser, CEO da Royal Dutch Shell. “Em geral, precisa-se de mais 25 anos para que o novo tipo de energia conquiste 1% do mercado global.”[13] Só agora os biocombustíveis estão alcançando essa marca. A energia eólica talvez chegue a esse ponto em 2015, 25 anos depois da construção dos primeiros parques eólicos de grande escala na Dinamarca!

É verdade que os investimentos devem aumentar. A China, recentemente, elevou seus investimentos em tecnologias de energia limpa para algo em torno de US$9 bilhões por mês, de acordo com alguns relatos.[14] Al Gore está desafiando os Estados Unidos a, daqui a 10 anos, só produzir energia elétrica por meio do vento, do sol e de outras fontes de energia amigas do meio ambiente, meta audaciosa que ele espera venha a ser adotada pela administração Obama. Até alguns representantes do setor de energia verde a estão considerando "ousada". Porém, uma coisa é inquestionável: precisamos de nova mentalidade sobre os desafios e oportunidades referentes à economia de energia verde – inclusive níveis sem precedentes de transparência, colaboração e compartilhamento da tecnologia – para promover mudanças substanciais. É fácil cair na tentação de encarar essas questões como isoladas, porém o fato é que elas são altamente inter-relacionadas. Níveis de pobreza pungentes fornecem solo fértil para extremismos.[15] Os países falidos em que vivem muitas das pessoas mais pobres do mundo oferecem um paraíso seguro em que os terroristas montam suas bases e sequestram petroleiros para financiar suas atividades nefastas. Por falar em petróleo, a dependência implacável do mundo em relação a seus estoques decrescentes está lançando as sementes de maior instabilidade global nos próximos anos, para não falar na destruição ambiental infligida por catástrofes como o derramamento de petróleo no Golfo do México. E, como se isso já não fosse bastante danoso, mudanças climáticas mais intensas podem desalojar centenas de milhões de pessoas, criando uma situação de emergência permanente, diante da qual eventos trágicos como o do Haiti parecerão meros exercícios de aquecimento para a comunidade global.

Mas será que a comunidade internacional está preparada para essa tarefa? Em tese, não, de acordo com Klaus Schwab, fundador do Fórum Econômico Mundial, que, recentemente, lançou sua ambiciosa Global Redesign Initiative, cujo objetivo é desenvolver novas instituições para solução dos problemas globais. "As atuais instituições internacionais necessitam de ampla reformulação; além disso, mudanças fundamentais nos valores e na cultura política serão vitais para fomentar a colaboração global necessária ao enfrentamento dos desafios contemporâneos de maneira eficaz, inclusiva e sustentável", afirma. E ele está certo. Décadas de desenvolvimento econômico, de integração dos mercados de produtos e serviços, de viagens internacionais e de inovações tecnológicas que possibilitam a interação virtual criaram um mundo muito mais complexo e muito mais orientado de baixo para cima que de cima para baixo. As pessoas cada vez mais se dão conta de sua interdependência e buscam maneiras de praticá-la, fora das estruturas formais da política nacional. Quando a Organização das Nações Unidas foi fundada em 1945, por exemplo, havia apenas algumas dezenas de organizações não governamentais (ONGs) em todo o mundo. E elas, decerto, não tinham assento à mesa. Hoje, estima-se que 100 mil dessas entidades atuem em âmbito internacional, abrangendo praticamente todos os campos do empreendimento humano. A consequência, argumenta Schwab, é que os cidadãos do mundo "se tornaram mais conscientes de que os problemas globais exigem confiança global e que os esforços para resolvê-los, apenas por meio de processos de negociação tradicionais, caracterizados pela defesa dos interesses nacionais já não são eficazes, em virtude da gravidade dos desafios globais". Grandes organizações internacionais, como as Nações Unidas e o Banco Mundial, agora reconhecem que as ONGs podem exercer poderosa influência sobre o mercado e sobre o setor público – seja como desafiantes de alta visibilidade, seja como parceiros na busca de novas soluções.

Esses pontos de inflexão já ocorreram antes. John Gerard Ruggie, diretor do Center for Business and Government (Centro para Empresas e Governo) da Harvard University adverte que a história pode repetir-se. "A lição de que os países capitalistas precisavam combinar a eficiência dos mercados com os valores mais amplos da comunidade... não foi aceita com tanta facilidade. Precisou-se do colapso calamitoso da era vitoriana da globalização – que culminou com uma guerra mundial, a que se seguiu a revolução de extrema esquerda na Rússia, as guinadas para a extrema direita na Itália e na Alemanha, o militarismo no Japão, a grande Depressão, a volatilidade sem precedentes dos mercados financeiros e o definhamento do comércio mundial." Ruggie, que serviu como assessor especial de Kofi Annan, ex-secretário-geral da ONU, acha que a nova era de globalização demanda novo contrato social. Os livres mercados sem regulamentação, previne, podem desencadear outra série de eventos catastróficos, caso não se embutam na economia global proteções sociais e ambientais adequadas. Em outras palavras, a eficiência dos mercados deve ser combinada com valores sociais mais abrangentes para sustentar uma sociedade global viável. As instituições que promoveram as barganhas sociais históricas que escoraram a prosperidade do pós-Segunda Guerra Mundial (ou seja, governos nacionais, associações empresariais e trabalho organizado) não são mais adequadas para ajudar a reconstruir a economia global ou para moldar nova forma de governança sustentável.

TEMPO DE RENOVAÇÃO E DE TRANSFORMAÇÃO, NÃO DE AJUSTES E REMENDOS

Em seu discurso de abertura da reunião de 2010 do Fórum Econômico Mundial, em Davos, o presidente francês, Nicolas Sarkozy, observou o seguinte sobre a crise financeira que empurrou o mundo para a beira do apocalipse econômico: "Não se trata apenas de uma crise financeira global", afirmou. "É uma crise da globalização." Ele convocou os líderes mundiais a corrigir os desequilíbrios sistêmicos que levaram ao triunfo dos mercados sobre a democracia e a justiça. "No futuro, a demanda de que a renda reflita melhor a utilidade e o mérito sob o ponto de vista social será muito maior", disse. "Também haverá muito mais demanda por justiça. Também haverá muito mais demanda por proteção. E ninguém escapará dessa realidade. Ou mudamos por iniciativa própria ou a mudança nos será imposta por crises econômicas, sociais e políticas. Ou somos capazes de atender à demanda por segurança, justiça e equidade, mediante cooperação, regulação e governança, ou depararemos com tendências crescentes de isolamento e protecionismo."

Como muitos chefes de Estado, o presidente Sarkozy sem dúvida está imbuído de boas intenções, mas, na prática, não mostra o caminho adiante. Ele exorta a que se promova mais "cooperação internacional" e aponta o G20 como fonte de soluções e de novo modelo de governança global. Também propõe a tributação da especulação financeira para ajudar a financiar a luta contra a pobreza. Insiste em que o mundo se movimente com rapidez, para aprovar acordo mais rigoroso e mais vinculante sobre mudança climática.

Todas essas medidas, embora necessárias, são apenas o começo do que precisa ser feito. Como a maioria dos chefes de Estado, Sarkozy tende a recorrer às mesmas instituições que produziram a atual mixórdia, como fontes de soluções e de estabilidade no futuro. Propõe mudanças nos valores, mas ainda considera válidas a maioria das antigas premissas sobre o funcionamento do mundo. Por exemplo, ele não considera o fato de que os mercados podem ter triunfado exatamente porque nossos modelos de governo e de democracia estão quebrados. Ele não propõe uma reformulação completa da abordagem de cima para baixo para a solução dos problemas globais. Meramente convoca o mesmo clube de elite de tomadores de decisões, exceto que, dessa vez, com alguns novos membros à mesa. Ele parece não reconhecer que os novos modelos de inovação social e de criação de riqueza, que acenam com promessas genuínas, são inerentemente incompatíveis com sua visão ultrapassada do papel dos Estados nacionais na economia global. Sarkozy sugere a adoção de instrumentos tradicionais, como tributação e acordos, mas essas ferramentas clássicas não serão suficientes. Muitas das situações urgentes com que nos defrontamos neste século não serão resolvidas sem uma maneira mais dinâmica de arregimentar e de explorar em plenitude a engenhosidade coletiva dos cidadãos e das empresas em todo o mundo.

Mas Sarkozy não está de modo algum sozinho. A maioria dos líderes mundiais – com efeito quase todos os líderes de empresas e de governos em qualquer lugar do mundo – acolhe o mesmo conjunto desgastado de premissas sobre como resolver os problemas do mundo. E, em geral, esses líderes parecem focados em remendar os velhos modelos, em vez de partir para algo novo e viável. Considere as disfunções do setor de serviços financeiros. A sabedoria convencional em política exige mais regulação dos mercados financeiros. No entanto, ninguém dá um tempo para perguntar se os atuais modelos de supervisão regulatória e de garantia de observância estão realmente preparados para a execução da tarefa. Será que a atual colcha de retalhos de reguladores financeiros internacionais – todos operando em silos, com uma tripulação mal remunerada e sobrecarregada – realmente será capaz de exercer controle significativo sobre o sistema financeiro global, que opera à velocidade da luz e emprega algumas das pessoas mais inteligentes e mais bem remuneradas do planeta? Será que não chegou a hora de experimentar um novo modelo de regulação: algo que use a internet para divulgar informações pertinentes e que capacite uma rede mundial de especialistas – inclusive os milhares de analistas já empregados pelas agências reguladoras dos governos – a reunir suas pistas, seus modelos de risco e suas análises, em estilo wiki, ou seja, sob uma abordagem interativa, participativa e colaborativa? Decerto, essa solução significaria deixar de lado aspectos da soberania nacional e exigir que as empresas divulguem mais informações, em formatos mais práticos que os vigentes. Em vez de aferrar-se ao *status quo*, argumentaremos no Capítulo 3 que essas são as espécies de mudanças que deveríamos debater.

A mudança climática envolve desafios semelhantes à ortodoxia dominante a respeito de como enfrentar os problemas globais. A reunião de dezembro de 2009 dos líderes mundiais em Copenhague havia sido proclamada como momento definitivo para a humanidade e como oportunidade sem igual para demonstrar definitivamente que a cooperação internacional tem condições de prevalecer e que efetivamente prevalecerá como solução para os desafios com que se defronta o planeta. Não obstante a longa preparação e apesar da presença de muitos chefes de Estado, Copenhague produziu um "acordo" de 12 parágrafos, com metas irrelevantes, genérico demais e sem compromissos vinculantes. O fracasso de Copenhague levou muita gente a questionar a efetiva possibilidade de um amplo acordo político. "As forças que tentam lidar com a mudança climática estão em desordem, perambulando em pequenos grupos pelo campo de batalha, como um exército derrotado", declarou graduado diplomata inglês.[16]

Muitos políticos e próceres nem mesmo estão participando do jogo de cartas certo. Querem promulgar leis que declarem extintos os riscos de mudança climática, por meio de um sistema *cap-and-trade* (limites de emissões e comércio de créditos) ou mediante a tributação do carbono, quando as evidências sugerem que, no longo prazo, nada aquém de uma completa reindustrialização do planeta evitará a catástrofe ambiental. A criação de incentivos econômicos certos é um começo importante. Porém, entre outras coisas, também precisamos repensar os sistemas de transporte, adotar novas formas de produção e distribuição, promover um movimento radical para produtos e estilos de vida mais verdes e reconfigurar nossos sistemas de energia, e, ao mesmo tempo, destinar enormes recursos intelectuais e financeiros à proteção das pessoas e das áreas mais vulneráveis do mundo aos efeitos da elevação dos níveis dos oceanos e a outras consequências. Decerto, pequenos remendos serão insuficientes para atingir esses objetivos.

Em suma, muitas de nossas instituições estão emperradas, carecendo de vitalidade, de liderança e de dinamismo. É como se os últimos mililitros de oxigênio já tivessem sido espremidos, deixando uma mixórdia de expectativas esvaziadas e de recursos cronicamente subutilizados. Essa notória paralisia, por sua vez, suscita algumas questões muito elementares: se o conhecimento, a liderança e a capacidade indispensáveis para resolver os problemas realmente difíceis não forem encontrados nas sedes das empresas e nas capitais nacionais em todo o mundo, será que estarão disponíveis em algum outro lugar? E, em caso positivo, onde achar as novas ideias e as novas lideranças? Com efeito, se nossos problemas não forem solucionáveis mediante a sintonia fina das instituições vigentes, que novos modelos e arcabouços substituirão os existentes? Será que você, usando seus vários chapéus de empregado, de gestor, de aprendiz, de professor, de empreendedor, de eleitor, de consumidor, de membro da comunidade ou de cidadão do mundo, está preparado para assumir função mais ampla na reinvenção de nossas instituições sitiadas? O que deve ser feito para "reinicializar" as empresas e o mundo e como você pode participar do esforço colaborativo?

Essas são apenas algumas das questões árduas que abordamos neste livro. Nas páginas seguintes, você não lerá uma única sugestão de ajuste ou de remendo em velhas instituições falidas. Em vez disso, conheceremos indivíduos, empresas e organizações que estão forjando novos modelos de solução de problemas em seus setores de atividade e em suas áreas de atuação – modelos que dependem menos de controles centrais e mais da formação de massa crítica auto-organizada de pessoas e de organizações, colaborando para iniciar pequenos experimentos e inovações sociais que podem proliferar em mudanças difusas no comportamento social. Em termos simples, esses indivíduos e organizações aprenderam a explorar as fontes descentralizadas de conhecimento e de recursos do planeta, adotando abordagem que mobiliza não só as maiores empresas e os principais países do mundo, mas também um ecossistema de cidadãos e de organizações em todo o globo. Como cidadãos e como líderes de nossas organizações, precisamos olhar além das fronteiras dos países e refletir sobre a sociedade em termos globais amplos. Se nossos problemas são de escala global, precisamos reunir-nos como cidadãos do mundo em busca de soluções planetárias. Sistemas desenvolvidos em torno do primado dos interesses próprios de países e de organizações não foram talhados para o século em curso.

ATRITO CRIATIVO ÀS MARGENS DO NOVO E DO VELHO

A boa notícia é que, embora muitas instituições estejam em vários estágios de declínio, em cada uma delas podemos divisar os contornos nítidos de novas mentalidades e de novas abordagens que estão promovendo vigoroso surto de renascimento. Com efeito, embora essa crise de globalização pinte um quadro sombrio, nele também desponta uma história intrigante e otimista a ser contada – uma narrativa que vai muito além da simples catalogação de uma longa lista de fracassos institucionais e que oferece novas soluções para organizações obsoletas, tanto no mundo dos negócios quanto no âmbito dos governos, assim como na sociedade em geral. Bilhões de pessoas podem exercer papéis ativos nos locais de trabalho, nas comunidades, nas democracias nacionais, bem como em fóruns e em instituições globais. Ao mesmo tempo, o novo mundo da wikinomics proporciona às organizações a oportunidade de haurir novas fontes de ideias e de valor. Organizações hierárquicas fechadas, que, no passado, inovavam em segredo, agora dispõem de condições de explorar um pool de talentos globais muito mais amplo, que abre o mundo dos trabalhadores do conhecimento para todas as organizações em busca de mentes com qualificações únicas para resolver seus problemas, e capazes de também contribuir para esses mananciais de recursos. Os cientistas podem acelerar as pesquisas, abrindo os códigos de seus dados e métodos, para oferecer a todos os pesquisadores iniciantes e experientes do mundo a oportunidade de participar do processo de descoberta. Os médicos podem colaborar com comunidades de pacientes auto-organizadas, em que pessoas com condições médicas semelhantes trocam ideias, fornecem apoio mútuo e contribuem para pesquisas. Como mostra este livro, as possibilidades são literalmente infinitas.

Sem dúvida, a inovação colaborativa pode ter desvantagens – inclusive a de exigir ajustes difíceis em setores cujos modelos de negócios se baseavam em condições de escassez não mais existentes. Os softwares de código aberto beneficiam algumas empresas – em especial, as usuárias – ao mesmo tempo em que prejudicam as que dependem da venda de softwares exclusivos e fechados. Os sites de assistência médica podem fornecer recursos fecundos e confiáveis a pessoas em busca de informações ou de apoio mútuo, mas também podem semear confusão e desinformação. A internet oferece ótimas condições para debates democráticos e inteligentes, mas as chamadas reuniões coletivas abertas on-line frequentemente degeneram em discussões sem sentido que se travam como que em câmaras de eco, em que pessoas com opiniões semelhantes arengam com seus adversários ideológicos.

O destaque crescente das iniciativas colaborativas também levanta numerosas questões difíceis sobre as funções e atribuições de diferentes players na sociedade. Será que realmente podemos confiar em massas auto-organizadas na prestação de serviços críticos, como a compilação de informações de vida ou morte durante uma crise? O que acontecerá se os recursos secarem ou se os participantes se desinteressarem e partirem para algo diferente? Quem assumirá a responsabilidade, se algo der errado, ou reivindicará os frutos do sucesso, se tudo sair bem? E quem, em última instância, presta contas, quando todos se intrometem nas searas alheias?

No velho paradigma, as funções e atribuições eram nítidas. No novo mundo da wikinomics, as fronteiras entre setores e instituições são nebulosas. Organizações sem fins lucrativos cada vez mais atuam como empreendimentos emergentes. As empresas, por seu turno, estão assumindo algumas das funções dos governos. Estes, por outro lado, se emaranham numa rede de poderes e contrainfluências, em que são apenas uma das partes em interação. E, embora a maioria das pessoas reconheça que os problemas são resolvidos com mais rapidez quando governos, empresas, organizações sem fins lucrativos e indivíduos trabalham juntos, ainda não se sabe muito bem o que fazer para que parcerias intersetoriais atuem no ritmo da wikinomics.

Essas são apenas algumas das preocupações genuínas a que retornaremos ao longo do livro. Com efeito, em cada setor – educação, mídia, assistência médica, energia, finanças ou governo – há uma mistura de promessas e de perigos pela frente. No cômputo geral, contudo, a wikinomics proporciona grandes benefícios sociais, como a oportunidade de ampliar o acesso à ciência e ao conhecimento, de impor maior transparência ao mercado financeiro, de acelerar o desenvolvimento e a adoção de tecnologias verdes, de tornar os atuais líderes de empresas e de governos mais responsáveis pela produção de resultados que aumentem os níveis de bem-estar em todo o mundo. As comunidades colaborativas não só ultrapassam as fronteiras do tempo e do espaço, mas também podem transpor os costumeiros silos disciplinares e organizacionais que inibem a cooperação, o aprendizado e o progresso. Ao fazer tudo isso, a colaboração em massa fornece uma alternativa atraente para os sistemas de gestão hierárquicos, de comando e controle, que hoje estão fracassando em muitas de nossas principais instituições.

Evidentemente, corremos o risco de que as velhas instituições se esboroem, antes de serem substituídas por outras. Porém, o atrito criativo entre velhos e novos modelos de inovação é saudável e construtivo, ao demonstrar que nossas instituições não são estáticas e que nossas sociedades dinâmicas e diversificadas evoluem, mesmo quando as políticas públicas e seus formuladores ficam para trás. O mais importante agora é construir alicerces sociais e políticos que reconheçam a emergência de um novo modelo econômico, cujo potencial ainda nem começou a ser explorado em plenitude. Com efeito, se realmente nos dispusermos a "reinicializar" as empresas e o mundo, deveremos ser capazes não só de conversar sobre inovação, mas também de promover a inovação e de executá-la com rapidez. Todas as partes interessadas envolvidas – não só empresas que operam em diversos setores, como transportes, mídia, assistência médica e energia, mas também universidades, instituições científicas e governos – precisam arregimentar coragem e criatividade para reinventar-se, usando a tecnologia e a colaboração como fator de capacitação, como catalisador e como vetor de mudança, com o objetivo último de oferecer melhores resultados para os cidadãos, em geral, e para os usuários, em especial. Isso não significa ajustar, nem remendar, nem maquiar, mas, sim, conceber, vivenciar e experimentar novo modelo de inovação, mais compatível com as exigências do século XXI.

Mudanças dessa magnitude ocorreram antes. De fato, as sociedades humanas sempre foram pontuadas por períodos de mudanças mais intensas, que não só levam as pessoas a pensar e a se comportar de maneira diferente, mas também dão origem a novas ordens e instituições sociais. Sob muitos aspectos, essas mudanças são impulsionadas por tecnologias disruptivas que impregnam as sociedades, provocando mudanças fundamentais na cultura e na economia. Porém, a internet de hoje é a mais poderosa plataforma de todos os tempos para facilitar e acelerar disrupções ou rupturas criativas. Pessoas, conhecimentos, objetos, dispositivos e agentes inteligentes estão convergindo em redes "muitos para muitos" ou "N para N", resultantes da evolução dos paradigmas de internet anteriores, "um para um" e, em seguida, "um para muitos", onde as inovações e as tendências sociais se difundem com intensidade viral. As organizações que se apressaram em propor respostas para novos fenômenos como downloads *peer-to-peer* ou ponto a ponto, telefonia gratuita pela internet e blogosfera, devem esperar muito mais da mesma tendência – a velocidades crescentes – no futuro próximo.

Para os indivíduos, essa é uma nova era vibrante – uma era em que podemos participar da produção e agregar valor a sistemas culturais, políticos e econômicos em grande escala, de maneiras até então impossíveis. Para empresas grandes e pequenas, os novos modelos de comunicação em massa fornecem numerosos meios de haurir fontes externas de conhecimento, recursos e talento, para aumentar a produtividade e acelerar o crescimento. Para os governos e para a sociedade como um todo, acumulam-se evidências de que podemos explorar a explosão de conhecimentos, de colaboração e de inovação para viver vidas mais ricas e plenas e para promover a prosperidade e o desenvolvimento social para todos.

Desnecessário dizer, essas transições não serão fáceis e nem todos sairão vencedores. Com base na pesquisa Global CEO, da IBM, em 2010, oito em cada 10 CEOs preveem que seus ambientes se tornarão muito mais complexos, e menos da metade acha que saberá manejar com sucesso essa nova realidade.[17] Não há nada de surpreendente em tal constatação. Essas mudanças de grande intensidade sempre são seguidas de realinhamentos de vantagens competitivas e do surgimento de novos indicadores de sucesso e de valor. Para ser bem-sucedido nesse novo mundo, não será suficiente – na verdade, será contraproducente – manter os incentivos, as políticas, as estratégias e as abordagens curriculares hoje vigentes. Portanto, aproveitemos a oportunidade que a revolução digital nos oferece para repensar e reconstruir todas as velhas abordagens e instituições que estão fracassando. Muitas soluções promissoras para questões que variam desde a atual crise da assistência médica até os riscos da mudança climática já despontam à margem das instituições tradicionais e nos espaços colaborativos da rede mundial. As organizações que exploram essas novas forças podem aspirar a posições de liderança num mundo em que a colaboração inovadora entre fronteiras, disciplinas e culturas se transforma em imperativo social. Os que fracassarem, ou que se recusarem a saltar a bordo, se verão cada vez mais isolados – segregados das redes que estão compartilhando, adaptando e atualizando conhecimentos para solucionar problemas diversos, grandes e pequenos.

2. CINCO PRINCÍPIOS PARA A ERA DA INTELIGÊNCIA EM REDE

Por volta da virada do século, em meio ao delírio das pontocom, muitas foram as previsões ousadas sobre como a internet revolucionaria a economia e a sociedade da noite para o dia. Você, provavelmente, ouviu algumas delas antes: a maioria das lojas de varejo físicas desapareceria; a televisão era coisa do passado; todos nós, em breve, estaríamos trabalhando em aldeias cibernéticas no sul da França, na medida em que massas de trabalhadores de escritório fugiriam dos confins opressivos de seus cubículos tacanhos. Em grande parte, nada disso aconteceu. Mas a história nos conta que, em geral, os impactos das revoluções tecnológicas se manifestam com alguma demora. Esperamos muito no curto prazo, mas subestimamos ou ignoramos completamente as implicações de longo prazo para a sociedade. Nada disso surpreende. A cultura é pegajosa. Os velhos hábitos e as velhas maneiras de trabalhar são renitentes. Os interesses constituídos se opõem às transformações desencadeadas por forças revolucionárias, para que as mudanças acenadas demorem décadas, não raro muitas gerações, para se tornarem dominantes.

Quando Gutenberg introduziu a primeira prensa tipográfica na Europa Ocidental, em 1440, por exemplo, o mundo era um lugar muito diferente. A totalidade dos conhecimentos da humanidade se restringia ao conteúdo da tradição oral, que passava dos ascendentes para os descendentes, e aos raros e frágeis manuscritos, guardados zelosamente pelas elites da sociedade feudal.[1] As estruturas sociais rígidas do feudalismo e a economia natural relativamente estática recobriam com um manto de inércia as propriedades, as comunidades e as cidades. A maioria dos produtos era fabricada e consumida no local, graças a uma força de trabalho sob regime de servidão, que não recebia remuneração nem controlava a terra em que labutava. As elites, que, ciumentamente, restringiam o acesso ao conhecimento, também controlavam as instituições da sociedade. Quem não pertencia à nobreza ou ao clero não tinha perspectivas de educação formal e, em geral, mal sabia ler. Não havia eleições nem participação nas decisões políticas. Tampouco se dispunha de liberdade nem de oportunidades econômicas. Não se conhecia o conceito de progresso. Além da família, as únicas realidades eram a faina como servo e a luta pela vida.

Naquele tempo, as guerras entre reinos medievais eram combatidas com canhões, com grandes cavalarias e com a força bruta de homens portando espadas e lanças. Porém, em tese, a prensa tipográfica de Gutenberg foi o aríete que derrubou as primeiras muralhas da velha ordem estabelecida e semeou novas classes sociais, novas instituições e novos princípios norteadores. A tecnologia da impressão possibilitou a distribuição em massa de materiais impressos – não apenas livros, mas também éditos e registros públicos, mapas, documentos científicos e projetos de engenharia, guias de orientação, panfletos, pôsteres, cartazes e folhetos. Conhecimentos científicos, ideias e manifestações artísticas e culturais passaram a ser produzidas, comercializadas, criticadas, revisadas e preservadas em escala cada vez mais ampla.

Muitas das pessoas que produziam e distribuíam essas novas publicações se juntaram a uma nova classe de comerciantes, assumindo novas funções como patrocinadores da pesquisa científica, das artes, do teatro, da música e da educação. E, assim, criaram a alma de uma nova era – a descoberta do "eu", a liberdade de fé (*dele*, não dela, por enquanto) e o direito de considerar ideias, leis e éditos religiosos de maneira crítica e livre. À medida que se firmavam as ideias do Iluminismo, a sociedade começava a criar, a acumular e a explorar o conhecimento de novas maneiras.[2] Engenheiros, mecânicos, químicos, físicos e filósofos naturais formavam círculos em que o acesso ao conhecimento era o principal objetivo. Pela primeira vez na história, o conhecimento sobre o mundo natural se tornava cada vez menos exclusivo e mais difuso. Os avanços científicos eram compartilhados com liberdade, dentro de comunidades acadêmicas informais e com o público em geral. O mundo também se abriu de novas maneiras. À proporção que se expandia o comércio europeu, também se adquiriam novos conhecimentos do mundo árabe, da África e da Ásia, e do hemisfério ocidental, em geral, o que, por sua vez, fomentou um espírito cada vez mais audacioso de aventura e descoberta. Comunidades científicas abertas criaram novos meios de intercâmbio cultural e certos lugares como Córdoba (Espanha) se transformaram em importantes centros cosmopolitas, que ajudaram a aproximar a Europa e o mundo árabe.[3]

Como no caso da internet, a prensa tipográfica provocou calamidades, semeou confusão e produziu rupturas em muitos aspectos da sociedade. Da mesma maneira como era veículo de esclarecimento, também espalhava o ódio e a desinformação. A incipiente indústria editorial enfrentou resistências, na medida em que os interesses constituídos combatiam as mudanças. Porém, nada era forte o suficiente para conter as transformações profundas desencadeadas pela prensa tipográfica, que acabaram questionando todas as instituições sociais. Da mesma maneira como o clero não mais conseguia controlar as ciências, em geral, e a medicina, em especial, tampouco os monarcas tinham condições para dominar todos os aspectos da vida política ou segurar as rédeas de uma economia capitalista florescente. O poder se infiltrava, de baixo para cima, por toda a hierarquia social, liberado pela disseminação das informações e do conhecimento. Finalmente, uma classe ascendente, poderosa e informada, de empresários, de soldados profissionais e de intelectuais, em países como França e nas colônias britânicas, exigiram um novo tipo de economia e um novo tipo de governo, livre e desembaraçado do velho poder da Igreja e da nobreza feudal. Por meio de insurreições armadas, essa nova classe efetivamente liderou o povo na "mudança da própria trama e urdidura da história".[4]

A ERA DA INTELIGÊNCIA EM REDE

Os homens e as mulheres do Renascimento provavelmente tinham pouca consciência das grandes metamorfoses que se desenrolavam ao seu redor, muito menos a capacidade de prever para onde levaria tudo aquilo. No entanto, muitos de seus legados permanecem conosco até hoje: o berço dos modernos Estados nacionais; a expansão dos direitos e liberdades políticas; a ascensão da universidade, da mídia e das empresas industriais; a explosão do conhecimento em geral, das ciências, da medicina e das manifestações culturais. Sem dúvida, a prensa tipográfica não explica tudo isso. O imperialismo europeu, a formação de grandes exércitos permanentes, e outras invenções poderosas como a bússola, a pólvora e a máquina a vapor foram fundamentais na moldagem do mundo moderno. Mas também é verdade que o ponto de partida para a compreensão do mundo contemporâneo é o entendimento de como uma inovação aparentemente modesta, envolvendo tipos móveis, contribuiu para ampliar a distribuição do poder e do conhecimento na sociedade.

Graças, mormente, à internet, estamos transpondo abismo semelhante hoje. Monopólios e desequilíbrios de poder duradouros mais uma vez estão sendo questionados, à medida que mais pessoas de mais regiões do mundo hoje se interconectam, colaboram e competem no palco global. Jovens nativos digitais, que já nasceram na era digital, espalhados por toda a parte, estão questionando as tradições históricas de instituições veneráveis, como as universidades, os jornais, a profissão médica e todo o aparato do governo representativo. Setores industriais enfermos, como energia e transportes, estão passando por mudanças profundas, na medida em que a era digital oferece novas oportunidades para acelerar a pesquisa e a colaboração em torno de alternativas sustentáveis. Velhas verdades sobre como motivar e reter capital humano estão ficando obsoletas, em consequência de novos modelos de inovação pelos quais as organizações se abastecem de ideias e de habilidades para desenvolvê-las e implementá-las em um amplo pool de talentos globais.

No longo prazo, olharemos para o presente como a época em que o mundo começou uma transição histórica do capitalismo industrial para uma nova espécie de economia, baseada em novos princípios, em novas mentalidades e em novos comportamentos. E, embora haja algumas semelhanças entre o que está acontecendo hoje e o que aconteceu mais de 500 anos atrás, também existem enormes diferenças. A prensa tipográfica deu à humanidade a palavra escrita. A internet transforma todo mundo em editor. A prensa tipográfica possibilitou a distribuição do conhecimento. A internet fornece uma plataforma para a formação de redes mentais humanas. A prensa tipográfica possibilitou o conhecimento. A internet cria condições para a colaboração e para a aprendizagem coletivas. A prensa tipográfica desempenhou papel crítico na eclosão da revolução industrial e na criação do capitalismo. A internet está exercendo função primordial no desenvolvimento de novos modelos para a difusão da riqueza e da prosperidade em âmbito mundial. Todavia, a maior diferença entre a prensa tipográfica e a internet é que as transformações que se estenderam por quatro séculos agora estão ocorrendo em não mais que quatro décadas.

Os efeitos de longo prazo dessas mudanças em todas as instituições são difíceis de prever com exatidão. Eis o que Clay Shirky, analista de mídia e autor, afirmou em ensaio sobre o colapso iminente da indústria jornalística: "Essa é a característica das verdadeiras revoluções. A velha realidade se rompe com mais rapidez que a nova realidade entra em seu lugar." Ele sustenta o argumento de que mesmo os revolucionários não podem prever o que acontecerá. "As antigas barganhas sociais, depois de rompidas, não podem ser remendadas nem substituídas com rapidez, uma vez que essas trocas demoram décadas para se solidificarem", afirma.[5] Shirky está certo, mas vale lembrar que o futuro não é algo a ser previsto, é algo a ser alcançado. E, em meio à névoa e a todo o tumulto, os contornos de novas formas vigorosas de organização humana, tão revolucionárias quanto as de séculos atrás, estão começando a revelar-se. Graças a novos meios de colaboração global e a níveis sem precedentes de conectividade social, as pessoas que atuam em empresas, nos governos e na sociedade em geral dispõem agora de novas ferramentas poderosas para reinventar as instituições em torno de um novo conjunto de princípios organizacionais compatíveis com as características do século XXI.

Isso dito, sejamos claros. A wikinomics, em si, não é panaceia ou receita infalível para curar todas as mazelas humanas. Não é sucedâneo de bom governo, de boa empresa, de bom jornalismo profissional, de bom sistema de assistência médica nem de boas instituições de ensino superior. Tampouco é substituto do dinamismo do capitalismo, por meio de algumas novas formas de coletivismo on-line ou de planejamento central por comitês. Os mercados financeiros e as empresas se manterão como poderosas locomotivas da inovação, da prosperidade e da criação de empregos. Os governos seguirão arrecadando impostos, fornecendo segurança social e promulgando novas leis em nome da população. As universidades ainda serão as sementeiras do aprendizado, da pesquisa avançada e do livre pensamento, assim como incubadeiras a que os jovens acorrerão para "florescer". A assistência médica continuará sendo composta de profissionais altamente treinados que cuidam de pessoas doentes com os recursos mais poderosos. Indivíduos e organizações, por mais tarimbados que sejam com a internet, sempre buscarão notícias, informações e orientações confiáveis fornecidas por jornalistas treinados e especialistas credenciados.

Entretanto, em cada uma dessas instituições, já estamos vendo como, na nova era de inteligência em rede, os métodos convencionais de criação de valor se tornam, no mínimo, insuficientes e, em alguns casos, totalmente obsoletos e inadequados. A inovação colaborativa, por exemplo, está matando a velha e arraigada mentalidade "planeje e execute", ensinada nas escolas de negócios. Os cidadãos que cocriam políticas e serviços estão comprovando o anacronismo do modelo tamanho único de governo. As universidades do século XXI cada vez mais tomam a forma de redes globais, em substituição às velhas torres de marfim. E, da mesma maneira como os jornalistas hoje convivem com um ecossistema muito mais amplo de produtores de conhecimento, comunidades de pacientes auto-organizadas e a maior ênfase na medicina educativa e preventiva estão começando a ampliar e a melhorar a assistência médica convencional.

As organizações podem ser bem-sucedidas e até prosperar nesse novo ambiente, adotando cinco princípios da wikinomics: colaboração, abertura, compartilhamento, integridade e interdependência. Com efeito, três anos de pesquisa e centenas de entrevistas nos convenceram de que esses não são apenas importantes postulados de negócios; também são diretrizes para a consecução de um mundo seguro, próspero, justo e sustentável. No restante deste capítulo, explicaremos o motivo.

1. Colaboração

As hierarquias humanas são estruturas de poder que definem escalão, importância, status e prestação de contas, e, nessas condições, funcionaram bem como forma de organização, nos moldes em que as organizações atuaram durante séculos. Porém, o ambiente econômico global cada vez mais complexo e interdependente agora está mostrando que as instituições hierárquicas são profundamente limitadas e talvez até se constituam em entrave, à medida que ingressamos numa era em que os limites superiores da engenhosidade humana serão testados. Sob a perspectiva do CEO, o mundo cada vez mais auto-organizado e em rede torna os velhos modelos de gestão empresarial e de planejamento industrial de cima para baixo cada vez mais frágeis – algo como construir uma casa de sapê como abrigo contra um furacão iminente. A ciência e a tecnologia hoje evoluem com tal velocidade que mesmo as maiores empresas não são capazes de pesquisar todas as disciplinas básicas que contribuem para seus produtos e serviços. Tampouco são capazes de controlar processos de produção de ponta a ponta nem de reter as pessoas mais talentosas dentro de suas fronteiras organizacionais. Em vez disso, as empresas inteligentes cada vez mais colaboram em escala global para fornecer seus produtos e serviços. Seja no desenvolvimento de novos produtos ou no lançamento de campanhas de marketing globais, a colaboração em massa via internet se transformou em poderoso *modus operandi* para as empresas e para muitas outras instituições, como veremos em breve.

Conforme explicamos em nosso livro *Wikinomics*, a ideia de colaboração suscitava imagens de pessoas trabalhando juntas, felizes e produtivas. Eric Schmidt, CEO da Google, disse melhor: "Quando você fala em "colaboração", as pessoas comuns, em torno dos 45 anos, acham que sabem do que se trata — membros de equipes sentados juntos, conversando com espontaneidade, com objetivos e atitudes positivas. Esse é o significado de colaboração para a maioria das pessoas." Mas, para a Google e muitas outras empresas e organizações, é, hoje, uma abordagem profundamente nova para coordenar a capacidade de inovar, de criar bens e serviços e de resolver problemas. As redes sociais estão atuando como processo de produção social, em que grupos de pares auto-organizados podem conceber e produzir tudo, de software a motocicletas. Às vezes, essas colaborações ocorrem em escala astronômica, envolvendo milhares e até milhões de pessoas. As organizações que aprendem a participar dessas redes são capazes de acessar maior diversidade de pensamento e talento do que jamais seriam capazes de arregimentar internamente. Com efeito, Schmidt argumenta que a inovação colaborativa é hoje função essencial, tão importante quanto orçamentação, P&D e planejamento.

A Google talvez pareça um campeão óbvio; porém, desde a publicação de *Wikinomics*, em 2006, esse novo modelo de inovação colaborativa se propagou como onda para todos os setores da economia. Mesmo a problemática e tão debilitada indústria automobilística está à beira de mudanças profundas, graças a uma nova geração de inovadores. No Capítulo 4, conheceremos um veterano da Guerra do Iraque que lançou uma nova cepa de empresas automobilísticas para reacender a inovação num setor que há muito padece de uma sangria não estancada de ideias e talentos. Sua empresa, a Local Motors, conta com um "staff" de 4.500 projetistas concorrentes e é abastecida por microfábricas espalhadas por todo o país. Seus clientes não adquirem modelos produzidos em massa; eles projetam, compram, mantêm e até reciclam seus veículos numa fábrica da Local Motors em sua região. É um novo modelo radical que combina hiperlocalismo, envolvimento dos clientes e colaboração on-line para produzir carros que atendam às necessidades e preferências dos mercados locais.

Embora, como seria de supor, as empresas estejam na vanguarda da inovação colaborativa, algo semelhante está ocorrendo na sociedade em geral. Em nosso capítulo sobre ciências, conheceremos Kevin Schawinski, um jovem astrofísico inovador, que alistou quase 300 mil astrônomos amadores para ajudá-lo a identificar e a analisar novas galáxias. Trata-se de iniciativa muito pouco ortodoxa, em que ele desafiou a suposição profundamente arraigada de que pessoas comuns não podem participar de pesquisas científicas importantes. No entanto, a sabedoria convencional estava errada, e agora, graças a um projeto de colaboração maciça, via internet, denominado Galaxy Zoo, Schawinski e colegas estão investigando possibilidades nem sonhadas pela maioria dos astrônomos, com seus métodos de pesquisa convencionais.

O liame comum nos exemplos acima é a constatação crescente de que amplas redes horizontais de participantes, em que se integram conhecimentos, capacidades e recursos, podem realizar muito mais que indivíduos e organizações que agem isoladamente. É evidente que as hierarquias não desaparecerão da economia no futuro previsível. Também é improvável que as grandes burocracias, organizadas de cima para baixo, sejam apagadas do panorama social. Porém, as novas formas de colaboração de baixo para cima agora rivalizam com as organizações hierárquicas quanto à capacidade de criar produtos e serviços altamente dependentes de informações e, em alguns casos, de resolver problemas críticos que afligem o mundo. Seja analisando o genoma humano ou projetando um sistema energético inteligente, as organizações que tornam suas fronteiras porosas às ideias e ao capital humano do ambiente externo superarão as que se baseiam exclusivamente em recursos e em capacidades internas e ainda recorrem a formas de trabalho ultrapassadas.

2. Abertura

O termo "aberto" é rico em significado e em conotações positivas. Entre outras coisas, abertura se associa a candor, transparência, liberdade, flexibilidade, envolvimento e acesso. No entanto, "aberto" não é adjetivo usado com frequência para descrever o funcionamento interno da economia e de muitas outras instituições da sociedade contemporânea. Quando se trata do compartilhamento de informações com o mundo, o *default* da maioria das organizações ainda é segredo e opacidade. As organizações tendem a ser fechadas, em parte, porque tinham condições de manter-se secretas e opacas. As empresas, em geral, dificultam a circulação de informações importantes, sobretudo as referentes a erros, omissões e fraquezas. A maioria dos órgãos do governo ainda prefere blindar informações importantes e apenas permite o acesso do público por imposição legal ou judicial. Sob a perspectiva dos pacientes, as instituições médicas se caracterizam por nebulosidade exasperadora. Até os cientistas precisam resistir a poderosos incentivos institucionais para manter em segredo suas mais importantes descobertas e para patentear possíveis aplicações.

Recentemente, já na era digital, as organizações inteligentes estão repensando a abertura, o que tem suscitado questionamentos da sabedoria convencional sobre negócios, bem como a transformação de muitas funções e instituições importantes. Por quê? Em grande parte porque as organizações não têm escolha. O mundo está ficando mais transparente: desde o cliente, com informações sem precedentes sobre o verdadeiro valor dos produtos e serviços, até os empregados, com acesso a informações até então guardadas a sete chaves, sobre a estratégia, sobre a gestão e sobre as dificuldades da empresa.

Decerto, essa nova ubiquidade da informação, sobre tudo e todos, pode ser um tanto inquietante. Considere o despertar abrupto do CEO cuja empresa é engolfada por escândalos, em consequência de um memorando secreto vazado por um denunciante anônimo. Porém, para um número crescente de organizações, abertura não é apenas a obrigação de divulgar informações para partes interessadas externas, como reguladores ou investidores institucionais; é uma nova força competitiva e pré-requisito indispensável para o desenvolvimento de relacionamentos produtivos com colaboradores potenciais. Veja o caso do setor público, em que a maioria dos inovadores com que conversamos concorda que um dos caminhos mais eficazes e mais rápidos para promover mudanças no governo é abrir as montanhas de dados públicos enterrados em bancos de dados e em arquivos convencionais, inacessíveis às contribuições e às inovações do público mais amplo. Os cidadãos da União Europeia, por exemplo, agora podem visitar o portal Eye on Earth, da EEA (European Environment Agency – Agência Europeia do Meio Ambiente) e acessar informações em tempo real sobre qualidade ambiental (inclusive leituras da qualidade do ar e da água) nos 27 países membros da UE. A disponibilidade desse nível de detalhes teria sido impossível até recentemente, mas, graças a tecnologias de mapeamento on-line, os usuários agora podem navegar nas interfaces de imagem visual e prospectar dados minuciosos, no âmbito de bairros, sobre níveis de ozônio, de dióxido de nitrogênio, de materiais particulados e de emissões de carbono. Também podem contribuir com os próprios dados e observações sobre o meio ambiente mais próximo, inclusive com experiências em primeira mão sobre mudanças climáticas ou com possíveis explicações sobre a degradação ambiental em determinadas áreas. Por sua vez, essa nova abertura beneficia os formuladores de políticas, diz Jacqueline McGlade, diretora executiva da EEA. "Agora podemos reunir informações complexas num único aplicativo, de fácil compreensão e utilização", diz ela. "E, à medida que mais pessoas compreenderem o que está acontecendo em suas áreas, maior será a quantidade de pessoas capazes de contribuir com mais eficácia para a solução de problemas ambientais."

Evidentemente, a opacidade espantosa que contribuiu para a crise financeira global nos lembra de que ainda temos longo caminho pela frente. Porém, as evidências sugerem que a sociedade, em geral, está ficando muito mais aberta. Até 50 anos atrás, poucos países liberavam rotineiramente informações sobre suas economias – com efeito, muitos tratavam essas informações como segredos de Estado. Agora, dezenas de países postam estatísticas econômicas detalhadas no site do Fundo Monetário Internacional. Até meio século atrás, nenhum país tinha leis específicas exigindo que as autoridades do governo fornecessem informações aos cidadãos. Agora, quase 70 países dispõem de legislação específica a esse respeito, e o número continua crescendo. Até tão recentemente quanto fins da década de 1990, a legislação ambiental, em grande parte, impunha diretrizes às empresas, referentes a processos de produção. Agora, os regulamentos, cada vez mais, determinam que as empresas relatem como e com o que estão poluindo e divulguem essa informação. Até os mais ardentes inimigos da liberdade – inclusive os regimes despóticos de países como Myanmar e Irã – não são capazes de conter as forças nascentes da abertura, que estão impregnando suas sociedades. Conforme demonstrou com tanta contundência a mobilização da juventude iraniana em favor da liberdade, uma combinação explosiva de demografia juvenil e de difusão da internet está ajudando pessoas oprimidas em todos os lugares a romper os grilhões autoritários que inibem seus destinos social e econômico.

3. Compartilhamento

Se abertura tem a ver com divulgação de informações pertinentes aos stakeholders das empresas, dos governos e de outras organizações, o compartilhamento diz respeito à liberação ou à disponibilidade de ativos, transferindo-os para a categoria de "bens comuns" (*the commons*), para que outros os usem, ou compartilhando-os com usuários interessados, com base em acordos que podem gerar receitas de licenciamento. Evidentemente, a sabedoria convencional diz que as organizações devem controlar e proteger todos os recursos e inovações de sua propriedade – especialmente a propriedade intelectual – por meio de patentes, direitos autorais e marcas registradas. De acordo com esse cenário, se alguém infringir seus direitos de propriedade intelectual, você açula seus advogados contra os transgressores, para que os persigam nos tribunais. Porém, cada vez mais, e, à primeira vista, contraditoriamente, empresas dos setores de eletrônica, biotecnologia e outros campos acham que a preservação e a defesa de sistemas rigorosos e excludentes de propriedade intelectual não raro comprometem sua capacidade de criar valor. Assim, empresas inteligentes tratam a propriedade intelectual como um fundo de investimento – elas gerenciam um portfólio equilibrado de propriedades intelectuais; algumas protegidas e outras compartilhadas.

Em 2007, por exemplo, a Novartis, laboratório farmacêutico com sede em Basileia, Suíça, fez algo quase inédito no mundo extremamente competitivo, de altos cacifes, dos fabricantes de medicamentos em âmbito global. Depois de investir milhões de dólares durante três anos para decifrar a base genética da diabetes tipo 2 – doença que impõe um dos desafios de saúde pública mais comuns e custosos nos países industrializados e que, em consequência, apresenta alto potencial de lucros extraordinários para as empresas capazes de minorá-lo ou de eliminá-lo, com soluções parciais ou totais – a Novartis postou na internet seus dados de pesquisa brutos sobre o mal. Esses dados agora estão disponíveis gratuitamente para qualquer cientista ou empresa, inclusive para as concorrentes. Será que a Novartis, de repente, ficou louca? Não necessariamente. "Essas descobertas são apenas um primeiro passo", diz Mark Fishman, presidente do Novartis Institutes for BioMedical Research. "A conversão das descobertas instigantes de genes relacionados com a diabetes no desenvolvimento de novos medicamentos exigirá um esforço global."[6]

Esforço global, com certeza. Ao transferir seus dados para o domínio público, a Novartis, na verdade, está sendo muito inteligente. A empresa espera os insights e os talentos da comunidade de pesquisas global, que se estende bem além de seus 100 mil empregados. Em outras palavras, as pesquisas sobre diabetes tipo 2 já realizadas pela Novartis contêm muito mais pistas que qualquer laboratório isolado poderia seguir. A empresa tem mais condições de se beneficiar com os resultados de seu esforço, não os entesourando numa caixa-forte de proteção de patentes, mas, sim, abrindo os dados aos olhos de todo o mundo e convidando milhares de pesquisadores estranhos à empresa para juntar-se à busca global por soluções.

Vale observar que a Novartis não revelou tudo. Por exemplo, a empresa não divulgou suas próprias notas ou comentários sobre os dados, em cuja compilação levou três anos. Isso significa que a Novartis garantiu vantagem de tempo substancial em relação a outras empresas que tentem explorar os dados. Porém, a decisão da Novartis de liberar os resultados de suas pesquisas para o mundo é ótimo exemplo do princípio do compartilhamento. Em vez de manter tudo em segredo, a Novartis compartilha parte de sua propriedade intelectual a fim de aumentar a demanda, fomentar relacionamentos e estimular o progresso em outras áreas com bom potencial de lucro.

O poder do compartilhamento não se limita a patentes e a direitos autorais, tampouco se restringe a empresas. Instituições educacionais estão compartilhando cursos. Órgãos públicos estão trocando códigos de software. Usuários de internet intercambiam poder de computação, largura de banda e conteúdo, enquanto cientistas repartem dados e conhecimentos. Com efeito, até se pode desenvolver o argumento de que, à luz das pressões crescentes sobre os recursos do "pool comum", como ar, água potável e pesqueiros oceânicos, precisamos de bens comuns de sustentabilidade – um lugar onde empresas, organizações sem fins lucrativos, universidades e governos possam compartilhar e colaborar, em torno de inovações verdes. "Precisamos fazer muito, com rapidez; sermos realmente bons em compartilhar recursos é fundamental", afirma Dave Witzel, do Environmental Defense Fund (Fundo de Defesa Ambiental). "Cada vez mais, isso significa compartilhar dentro das empresas, entre empresas, entre setores de atividade, entre negócios e governos e além das fronteiras nacionais." Para Witzel, aí não se incluem apenas patentes relacionadas com tecnologias verdes, mas também o que ele denomina toque humano: as pessoas inteligentes e dedicadas que contribuem, explorando, filtrando e melhorando os recursos compartilhados. "Precisamos de canais que nos permitam discutir o que estamos fazendo e aprendendo, que proporcionem maneiras de nos encontrarmos, de ambientes para pequenas conversas particulares, assim como para grandes debates abrangentes", afirma. "Também precisamos de incentivos imaginosos que estimulem ampla participação." Se tudo ocorrer conforme os planos, novos mercados virtuais, como o GreenXchange, descrito no Capítulo 5, criará condições para que inventemos, ampliemos a escala e disseminemos novas tecnologias sustentáveis em ritmo muito acelerado. Ao mesmo tempo, esses ativos compartilhados ensejarão novas oportunidades de negócios, oferecendo às empresas plataforma aberta em que desenvolver soluções inovadoras e lucrativas para os desafios ambientais com que nos defrontamos.

No entanto, talvez o impacto mais significativo da nova cultura de compartilhamento seja a maneira como definimos espaço público e bens públicos, num mundo cada vez mais povoado e interdependente. Como um parque numa aldeia, precisamos de novos parques globais na aldeia global emergente. Com efeito, quando se trata de gerenciar nossa herança cultural e ecológica comum, ativos científicos, como o genoma humano, ou até plataformas essenciais, como a própria internet, é hora de observar com novos olhos e avaliar se as abordagens convencionais estão produzindo os resultados almejados. Afinal, a competição da livre empresa e os mercados abertos talvez continuem sendo o cerne das economias dinâmicas, mas não podemos basear-nos apenas na competição e na busca do ganho econômico de curto prazo para promover a inovação e o bem-estar econômico. Mercados vibrantes se erguem sobre fundações comuns robustas, sobre uma infraestrutura compartilhada de normas, de instituições, de conhecimentos, de padrões e de tecnologias, proporcionada por um conjunto de iniciativas do setor público e do setor privado.

4. Integridade

Anos atrás, os preconizadores da responsabilidade social das empresas cunharam o adágio otimista: "Você se dá bem ao fazer o bem." Eles tentavam desenvolver um argumento de negócios em favor do bom comportamento empresarial. Pouca gente se deixou convencer. A principal razão da falta de sucesso na busca de apoio para a causa da responsabilidade social das empresas foi o fato de o provérbio "Você se dá bem ao fazer o bem" não ser verdadeiro. Muitas empresas se deram bem ao fazer o mal. Contabilidade criativa, práticas trabalhistas iníquas, confidencialidade excessiva, comportamentos monopolistas, externalização de custos para a sociedade e práticas ambientais destrutivas podem ajudar a inflar o resultado financeiro. Para não mencionar que os próprios executivos podem "dar-se bem", gratificando-se com bônus astronômicos, mesmo quando as empresas enfrentam dificuldades.

Mas tudo isso está mudando. À medida que os outros princípios já analisados aqui impulsionam o sucesso das empresas, cada vez mais o adágio "Você se dá bem ao fazer o bem" se mostra verdadeiro, ao contrário do que ocorria no passado. As empresas se dão mal ao fazerem o mal. Dispõe-se de fortes evidências de que as empresas e outras organizações estão sendo compelidas a agir com integridade, não apenas pelos reguladores e pelos acionistas institucionais, mas também pelas forças dessa complexa era de redes, em especial, pela necessidade de transparência.

Os escândalos dos empréstimos subprime e os bônus excessivos de Wall Street, por exemplo, solaparam profundamente a confiança nas lideranças empresariais e reforçaram as demandas por governança mais eficaz, por transparência mais límpida e por maior integridade na gestão das organizações. Na opinião do público mais amplo, as empresas já não são responsáveis somente pelos resultados financeiros; espera-se que elas sejam cidadãs exemplares e boas intendentes do meio ambiente. Porém, talvez mais importante, agora, os líderes de negócios, em quantidades crescentes, acreditam com convicção cada vez maior que bons valores também produzem bons lucros para os negócios. Eis o que afirmou Mark Parker, CEO da Nike: "Acreditamos no que denominamos retorno sobre o investimento ao quadrado, aquele que beneficia não só as empresas, mas também o meio ambiente e as comunidades em que atuamos."

Em política, os cidadãos demonstram irritação crescente com o fisiologismo, com a corrupção, com o jogo de influências e com a má gestão dos assuntos públicos. Constatação notável é a de que apenas 13% dos ingleses acham que seus mandatários eleitos dizem a verdade, resultado funesto, em comparação com médicos e professores, que alcançaram níveis de credibilidade de 92% e 88% da população, respectivamente.[7] Nos Estados Unidos, a onda de ceticismo que paira sobre o governo é igualmente palpável. Quando o presidente Obama declarou em seu discurso Estado da União, no Congresso, que seu governo reduzira impostos para 95% dos americanos, apenas 21% dos eleitores acreditaram nele.[8]

Hoje, as violações à integridade política são reveladas e divulgadas com mais facilidade, provocando maiores danos que no passado. Se um político der a impressão de estar ocultando informações, os cidadãos usam sites de mídia social para expor em público a desonestidade, salientar as promessas não cumpridas ou desencavar ligações suspeitas com lobistas influentes. O perigo é que a apatia pública aumente, à medida que, cada vez mais, as pessoas perceberem as instituições públicas como entidades distantes e insensíveis às experiências, sentimentos e aspirações populares. Mesmo as organizações sem fins lucrativos – acostumadas a descobrir as sujeiras de seus adversários, nos negócios e no governo – se veem sob crescente escrutínio e enfrentam pressões de intensidade crescente para que atuem com maior integridade em suas campanhas por determinados temas e na gestão dos fundos oferecidos pelos doadores.[9]

A conclusão é que, numa era de transparência, todas as organizações precisam cultivar a integridade como parte de seu DNA – não apenas para garantir um ambiente de negócios saudável, mas também, e acima de tudo, para preservar a própria sustentabilidade e garantir a vantagem competitiva. A sociedade estará cada vez mais alerta em relação a indivíduos e a organizações que projetam uma aura de responsabilidade que, efetivamente, não reflete suas práticas de negócios. Em todos os assuntos, desde a motivação dos empregados até as negociações com parceiros, passando por divulgação das informações financeiras e a explicação dos impactos ambientais de uma nova fábrica, as empresas e outras organizações devem dizer a verdade, considerar os interesses alheios e se responsabilizar pelo cumprimento de suas promessas.

Esses três valores – honestidade, consideração e responsabilidade –, juntos com a transparência, são os fundamentos da confiança e da integridade. Ou em outras palavras: no ambiente empresarial e na sociedade, em geral, confiança é a expectativa de que a outra parte será honesta, atenciosa, responsável e aberta. Quando as organizações se erguem sobre forte base de confiança, suas redes retribuem com comportamento cooperativo. Por exemplo, os clientes compram seus produtos e serviços e as comunidades permitem que se instalem em seu território. Os eleitores participam da propaganda eleitoral de seus candidatos e os empregados compartilham ideias inovadoras com os empregadores. Quanto melhores forem os relacionamentos de uma organização com seus stakeholders, melhor será o seu acesso aos recursos. A falta de confiança, por outro lado, gera conflito, atrito e ineficiências, ao mesmo tempo em que consome tempo e recursos dos gestores, que se empenham em atividades defensivas.

Manter-se à altura das expectativas mutantes e crescentes da sociedade pode ser difícil, mas a integridade jamais deve ser um fardo. Os líderes de negócios e de governo, com uma combinação de visão, energia e capacidade de comunicação, podem ajudar a convencer outros líderes a dividir riscos e responsabilidades na superação dos desafios do século XXI. A expectativa é que empresas públicas e privadas se entrosem mais com as sociedades em que atuam, se sintonizem mais com os interesses sociais e ambientais e se tornem mais aptas a desenvolver soluções pragmáticas e lucrativas na promoção do bem comum.

5. Interdependência

Se serviu para alguma coisa, o colapso do sistema financeiro ao menos demonstrou, definitivamente, que vivemos num mundo interconectado. Numa época em que tudo e todos estão interconectados por meio de redes de vidro e ar, ninguém, nenhuma empresa, nenhuma organização, nenhum órgão do governo, nenhum país e nenhuma sociedade é uma ilha. A derrocada começou nas empresas hipotecárias dos Estados Unidos e, em seguida, desabou sobre Wall Street, provocando onda de choque que sacudiu a Europa, a Ásia e o resto do mundo. Reguladores e banqueiros estão recebendo a mensagem. "As mudanças nas regras financeiras e nas normas contábeis (...) devem ser coordenadas em âmbito global, no intuito de evitar recorrência da crise econômica", disse Elizabeth Duke, governadora do Federal Reserve, em evento promovido por empresas de contabilidade e auditoria, no primeiro aniversário da queda do Lehman Brothers. "Os elaboradores de padrões contábeis, os reguladores e os formuladores de políticas em todo o mundo estão debatendo e propondo medidas preventivas. Agora, o desafio consiste em integrar essas mudanças sem sobressaltos e rupturas", disse.[10] A Securities and Exchange Commission também vem pressionando pela adoção de um único conjunto global de regras referentes a serviços financeiros. Assim se manifestou James Kroeker, economista-chefe da SEC: "A crise financeira que irrompeu no ano passado salientou para nós a importância de soluções globais para questões complexas."[11]

Às vezes, o termo pejorativo para se referir à interdependência é "globalização", mas converse com um manifestante típico contra a OMC e ele lhe dirá que a globalização deve ser promovida com mais equidade, *não* que devamos ou possamos reverter os ponteiros do tempo. Mesmo que a globalização não seja fenômeno novo (acadêmicos de destaque salientam que a globalização tem sido característica da civilização humana há séculos, expandindo-se e contraindo-se, intensificando-se ou atenuando-se ao longo de toda a história), ela nunca foi tão intensa e abrangente quanto hoje. A interdependência global se transformou em característica definidora de nossa época, na medida em que pessoas, dinheiro, tecnologias, produtos, serviços, culturas e ideias transpõem continuamente as fronteiras, numa vasta rede de transações e de intercâmbios sociais.

A intensificação das mudanças climáticas mostra que os desastres não respeitam fronteiras nacionais, da mesma maneira como o fluxo de drogas, de doenças e de armas se movimenta rapidamente de continente para continente, não obstante as grandes quantias gastas com a proteção de fronteiras. Com efeito, o mundo está encolhendo e estamos ficando cada vez mais conscientes das muitas maneiras como, em diferentes níveis, nossos destinos se sobrepõem uns aos outros. Esse fenômeno de interdependência se intensifica ainda mais à medida que a internet não só torna mais próximos e imediatos acontecimentos distantes, mas também reforça nossa percepção dessas interconexões.

A interdependência crescente tem profundas ramificações na maneira como as organizações decidem e atuam. Quanto mais nos tornamos conectados e interdependentes como sociedades, mais queremos e precisamos saber sobre os assuntos alheios e como as ações de terceiros distantes podem afetar nosso bem-estar individual e conjunto. Do mesmo modo, a interdependência de ações e acontecimentos significa que não temos escolha, senão tentar estimular e reforçar a cooperação mútua, por meio de nova divisão de trabalho entre os quatro pilares da sociedade: empresas, governos, e, por fim, o de construção mais recente, erigido pela internet – o cidadão individual. Já não há mais espaço para o unilateralismo em um mundo no qual confiança, transparência e colaboração serão fundamentais para garantir a estabilidade em curto e longo prazos.

A interdependência também se manifesta de outras maneiras, mormente em relação ao meio ambiente e às nossas obrigações para com as gerações futuras. Durante boa parte do século passado, a sociedade ocidental atuou como se os recursos ecológicos que sustentam nossa existência sempre estariam disponíveis em quantidades ilimitadas. Porém, à medida que a análise científica revela as devastadoras consequências ambientais do consumo e do desperdício desenfreados, torna-se cada vez mais notório que devemos ser guardiões muito mais zelosos do planeta, de modo a garantir que o que desfrutamos hoje também estará disponível para as gerações futuras. Essa ideia básica de sustentabilidade deve ser ingrediente de todas as decisões econômicas e políticas.

Infelizmente, os problemas que levaram aos desperdícios e às ineficiências maciças do capitalismo industrial estão de tal forma arraigados que, em geral, nem mesmo os reconhecemos. Como conhecimento, marca, reputação e outros intangíveis, nosso meio ambiente natural é parte do tecido invisível da criação de valor. O problema é que, hoje, esse processo de criação de valor é componente apenas implícito, ou efetivamente ignorado, de nossos pressupostos e de nossas mensurações econômicas, em grande parte porque crescimento e progresso são avaliados em dinheiro e dinheiro não presta contas sobre a saúde dos sistemas ecológicos e sociais. Assim, por exemplo, consideramos o valor econômico criado quando se convertem troncos de árvores em tábuas e em outros produtos de madeira, mas não consideramos nessa avaliação as perdas de hábitats nem consideramos a importante função das árvores na absorção do carbono, na produção de oxigênio e na regulação do clima. A consideração do "custo" decorrente da perda desses serviços ecológicos vitais em todas as decisões econômicas, desde as precificações de ativos até as avaliações da produtividade e do crescimento, é uma das muitas opções para corrigir os desequilíbrios.

Quanto mais perdurarem as práticas insustentáveis, maiores serão as ameaças para os fundamentos essenciais de nossa economia. As empresas dependem dos empregados para atuarem com produtividade; dos clientes, para comprarem seus produtos; dos investidores, para subscreverem e manterem suas ações; e do governo, para fornecer infraestruturas humana, legal e física, como condição para o desenvolvimento econômico. Todas essas pessoas e instituições, por sua vez, dependem coletivamente do compartilhamento de recursos e serviços fornecidos pelo meio ambiente natural. Se uma crise financeira já salienta todos esses aspectos, o possível colapso global de nossos ecossistemas ambientais reforça a mensagem alguns milhares de vezes: num mundo cada vez mais interdependente, nenhuma organização será bem-sucedida se o planeta se tornar insustentável.

LANÇANDO AS SEMENTES

Da mesma forma como a prensa tipográfica expandiu a liberdade e fomentou o desenvolvimento de formas inéditas de expressão social, propiciando o surgimento de novas ordens e instituições, a internet também está reconstruindo a trama e a urdidura de nossa sociedade, à medida que milhões e, por fim, bilhões de pessoas se conectam e colaboram em torno de quaisquer interesses comuns imagináveis. Para o bem ou para o mal, hoje se conta com um novo tecido de conectividade na sociedade, que está deflagrando mudanças profundas em nossas instituições. Não se sabe ao certo se as mudanças desencadeadas por essa conectividade social sempre serão positivas. Porém, se seguirem os princípios da wikinomics, as organizações que explorarem essas novas forças serão capazes de promover inovações sociais e econômicas que aprimorarão nossas instituições.

Nos capítulos seguintes, delinearemos os contornos dessa nova era com uma série de investigações sobre como a macrowikinomics está mudando tudo, desde processos de inovação e serviços financeiros até desenvolvimento científico e ensino superior, desde energia e transportes até a natureza do governo e da democracia. As evidências mostrarão que já se lançaram as sementes de mudanças difusas e duradouras na maneira como orquestramos o pensamento humano e coordenamos a capacidade de alcançar resultados superiores em diversos domínios. Em todos os setores, um grupo crescente de inovadores está mostrando o caminho pela frente. Porém, em última instância, competirá a você, leitor, contribuir para a germinação dessas sementes de criatividade, para que floresçam como mudanças sistêmicas na forma de operação das instituições. Todos têm interesses sujeitos aos seus impactos e, cada vez mais, todos podem participar do processo. Não importa que sua paixão seja o desenvolvimento de produtos e serviços inovadores ou a promoção de inovações sociais capazes de contribuir para a solução dos problemas da sociedade, um novo mundo de possibilidades e de oportunidades está acenando para todos.

II

REPENSANDO OS FUNDAMENTOS

3. ABRINDO A INDÚSTRIA DE SERVIÇOS FINANCEIROS

No começo de 2008, quando muitos banqueiros celebravam o quinto ano de lucros fabulosos, um de nossos colegas almoçou com o CEO de um grande banco de investimento. O banqueiro estava, para ser discreto, muito feliz. "Estamos imprimindo dinheiro – apenas imprimindo dinheiro", disse. Os lucros dos bancos disparavam numa época em que as empresas não financeiras dos Estados Unidos relatavam pequeno crescimento do lucro real. Nessas condições, como o CEO da instituição financeira explicava esse desempenho admirável? "Estamos explorando descontinuidades no mercado de hipotecas", disse.

Nesse caso, precisa-se de uma tradução. Descontinuidade, explicam os dicionários, é uma ruptura ou hiato na sequência lógica ou na coesão das coisas. No ano de 2008, no mundo financeiro, o termo se converteu em eufemismo profundamente cínico que resume o comportamento negligente, por vezes inescrupuloso, que redundou na crise financeira e econômica global de 2008/9. As corretoras de hipotecas convenciam as pessoas a comprar casas que não podiam pagar, com base na premissa de que os preços dos imóveis subiriam para sempre, e, então, com a ajuda de bancos de investimento, transferiam o risco de inadimplência para indivíduos e para instituições que não suspeitavam de nada. O esquema proporcionou grandes lucros para corretores e banqueiros, pelo menos durante algum tempo, por causa de uma de suas características básicas: o processo era tão obscuro que praticamente ninguém compreendia o que estava acontecendo e quais eram os verdadeiros riscos.

Quando o jogo terminou, e o mercado despencou, os contribuintes americanos acabaram pagando a conta de bilhões de dólares. Enfrentando um crash histórico do mercado, a pior recessão em três gerações e ainda a concessão de garantias pelo governo, que iam além do custo de todas as guerras já combatidas pelo país, os contribuintes americanos, como seria de esperar, estão furiosos. Muita gente está reivindicando a atualização da legislação, exigindo mais intervenção do Estado no setor privado e até sugerindo o desmembramento de grandes bancos.[1] Porém, a maioria das propostas consiste, basicamente, em remendar o arcabouço existente.

A restauração da confiança no longo prazo na indústria de serviços financeiros, tanto nos Estados Unidos quanto em outros países industrializados, exigirá mais que apenas intervenção governamental e novas normas reguladoras. Necessita-se de um novo *modus operandi*, em que todos os principais players (bancos, seguradoras, corretoras, agências de rating e reguladores) cultivem a transparência e promovam outros princípios da macrowikinomics, a fim de desenvolver práticas e políticas confiáveis, que evitem a repetição da crise. Se a comunidade de investimentos e o grande público compreenderem as verdadeiras causas do desastre financeiro, talvez sejam capazes de proteger-se contra aventureiros financeiros no futuro.

Em síntese, é tempo de lançar luz sobre a opacidade do setor financeiro, que ameaçou toda a economia, para o que a internet fornece boa plataforma. Uma resposta digital, envolvendo colaboração em massa, talvez seja a melhor maneira de avaliar e estimar adequadamente o valor e o risco de novos instrumentos financeiros, à medida que são desenvolvidos. Novos modelos baseados em abertura, transparência e participação já estão mudando muitas partes do setor, desde capital de risco e fundos de investimento até empréstimos e financiamentos. Nesse caso, por que não aplicar o novo raciocínio aos modelos matemáticos obscuros que estimam o risco e os retornos esperados dos instrumentos mais complexos, expondo-os ao escrutínio de milhares de especialistas que têm conhecimento para avaliar as premissas básicas?

Em tese, este é o momento mais oportuno para o debate de novas ideias e até para a apresentação de propostas radicais. Quando se trata de avaliação de riscos, essa multidão digital interconectada também envolve pessoas com algum grau de sofisticação financeira, capazes de lançar ideias inovadoras que esclareçam os negócios questionáveis no setor de serviços financeiros. A adoção de abordagem mais aberta e colaborativa restabeleceria a confiança nos bancos, aumentaria a oferta de capital de risco, descongelaria os mercados de empréstimos e financiamentos e lançaria as fundações de um setor de serviços financeiros que continue a sustentar o crescimento e a prosperidade das economias do mundo.

ONDE AS COISAS DERAM ERRADO

Se a crise financeira nos ensinou alguma coisa foi que o setor de serviços financeiros se situa absolutamente no cerne de nossas estruturas econômicas. Quando o sistema falha, as repercussões se fazem sentir em praticamente todas as economias e indústrias do mundo. No nível mais básico, as instituições financeiras facilitam o fluxo de dinheiro na economia – recebendo depósitos e concedendo empréstimos, gerindo poupanças e promovendo investimentos. Porém, essas funções de varejo de há muito foram eclipsadas por uma constelação de bancos, de fundos de investimento, de corretoras e de seguradoras, que criam numerosos serviços diferentes e complexos, envolvendo praticamente quase todos os aspectos das economias contemporâneas. As instituições financeiras são um motor de inovação, ao financiar novas ideias e empresas. Elas agregam e gerenciam os riscos, para que os investidores individuais não percam tudo, ao tomar decisões erradas, e para que pessoas físicas e jurídicas não sejam varridas do mapa, em consequência de circunstâncias imprevistas. Elas facilitam o comércio de vários produtos, desde grãos até petróleo bruto, transferindo riqueza dos consumidores para os produtores e definindo preços. Também facilitam as transações diárias de bilhões de pessoas, de modo que os mecanismos de compra e de pagamento sejam considerações secundárias. As inovações do setor nos proporcionaram caixas automáticos, serviços bancários on-line, melhores taxas de hipotecas, remuneração mais alta para o capital e novos produtos de seguro para nos protegermos de acontecimentos inesperados. Portanto, como um setor tão vital para a economia se deu tão mal?

Se você for um banqueiro ou um corretor de hipoteca, a coisa funcionava mais ou menos assim: você concedia um empréstimo hipotecário de US$300 mil a um jardineiro da Califórnia, que ganha US$24 mil por ano, que, notoriamente, não tem condições de pagar as prestações do financiamento e que, quase certamente, ficará inadimplente. Não importa: você até tem um apelido para os empréstimos concedidos a mutuários que dificilmente conseguirão pagar a dívida – "empréstimos para mentirosos", ou empréstimos NINJA, das iniciais em inglês de **N**o **I**ncome, **N**o **J**ob, No **A**ssets (sem renda, sem emprego, sem bens). No entanto, num mercado sem regulação, é possível ocultar essa realidade inconveniente, oferecendo aos clientes NINJA uma bela linha de crédito, para que eles paguem as prestações e evitem dar o calote, pelo menos durante algum tempo. Em seguida, os banqueiros de investimento de Wall Street entram em cena, com o que parece um método engenhoso para retirar essas hipotecas arriscadas dos livros da instituição mutuante: empacotar os empréstimos hipotecários junto com um monte de outros semelhantes, CDO (Collaterized Debt Obligation – obrigação de dívida colateralizada) que será vendido aos investidores com base nos fluxos de caixa a serem gerados pelos pagamentos futuros ou mesmo com fundamento nos lucros potenciais a serem produzidos pelos ativos objetos, ou seja, as casas hipotecadas. No entanto, a falta de transparência dos ativos objetos e dos riscos dos empréstimos torna esses produtos financeiros difíceis de compreender e de avaliar, mesmo para os consultores financeiros que os comercializam no varejo.

E, agora, vem o momento decisivo dessa história de descontinuidades: usando o bom nome do banco, você transfere o risco para outras pessoas. Para tanto, é necessário disfarçar essa bomba financeira – que, afinal, é composta de empréstimos hipotecários que os mutuários não podem pagar – para torná-la vendável aos investidores. O passo seguinte é procurar uma agência de classificação de risco de crédito e conseguir que ela classifique pelo menos parte do CDO como produto de investimento AAA. E ela o fará, inclusive porque você está pagando a conta. Agora, com o rating AAA em mãos, você pode dar ao produto uma aparência ainda "mais segura", protegendo-o com a garantia de uma seguradora, antes de vendê-lo a um investidor, como, por exemplo, um grande fundo de pensão. Os investidores jamais terão condições de avaliar os ativos objetos, mesmo que eles se dispunham a escarafunchar o prospecto de venda, com 300 páginas. E, ainda por cima, será muito difícil determinar o responsável, na hipótese de o produto financeiro micar.

Ao vender aquele CDO, você fica com pequena porcentagem do fluxo de caixa prometido ao investidor, como parte do negócio. Depois de somar o valor resultante dessa porcentagem durante 30 anos, o resultado é uma quantia significativa.

Você sabe que muitos mutuantes não pagarão os empréstimos hipotecários por falta de condições financeiras, mas, mesmo assim, lança o total em sua declaração do resultado, como receita auferida este ano, o que aumenta seu bônus. E, assim, você transubstanciou um calote extremamente provável em negócio altamente lucrativo, ao menos por enquanto.

Sem dúvida, a descrição acima está muito simplificada, uma vez que numerosas entidades (não apenas bancos) participaram dessa "impressão de dinheiro" e todas deveriam ser parcialmente culpadas pelo colapso financeiro. Além disso, as atividades de qualquer participante poderiam ser consideradas uma combinação de boa-fé, perfídia, ignorância e delírio coletivo. De fato, até se poderia argumentar que os banqueiros, os investidores e os mutuantes hipotecários estavam fazendo o que os formuladores de políticas lhes pediram que fizessem. Gord Nixon, CEO do RBC, maior banco do Canadá, afirma que é possível atribuir as "descontinuidades" à lassidão monetária e às políticas públicas dos Estados Unidos, que estimularam a compra de casa própria por indivíduos de baixa renda, sem condições de pagar o empréstimo hipotecário.[2] Como os demais bancos canadenses, o de Nixon sobreviveu à crise financeira praticamente incólume. Na verdade, até se beneficiou, por ter crescido, em termos relativos, a ponto de tornar-se um dos 10 maiores bancos do mundo.[3] Porém, o RBC não se considera brilhante. Para Nixon, os bancos canadenses evitaram a mixórdia "basicamente porque a estrutura do mercado hipotecário é muito diferente". Nos Estados Unidos, 75% de todas as hipotecas são securitizadas, isto é, reunidas e embaladas num todo, cujas fatias depois são vendidas aos investidores. No Canadá, 75% de todas as hipotecas permanecem nos balanços patrimoniais dos mutuantes, o que torna os bancos muito cautelosos na seleção dos mutuários, pois, em caso de calotes, as perdas serão deles.[4] "Mas, ironicamente", observa Nixon, "embora os critérios para a concessão de empréstimos sejam muito mais rigorosos, a proporção de famílias que vivem em casa própria no Canadá é mais alta que nos Estados Unidos. A grande oferta de crédito fácil não resulta em nível mais alto de propriedade de casas".

Evidentemente, os lucros recordes contribuíram para a prática de comportamentos negligentes, levando muita gente inteligente a fechar os olhos para o lado negativo da adoção de estratégias creditícias arriscadas e de orgias de investimento ainda mais arriscadas. "Todos estavam ganhando dinheiro", disse Nixon. "Os corretores de hipotecas ganhavam dinheiro com a disparada na venda de imóveis. Os banqueiros de investimento ganhavam dinheiro, assumindo as hipotecas, enfardando-as e vendendo-as aos investidores. E os bancos tradicionais ganhavam dinheiro com taxas e mútuos que atingiram níveis sem precedentes." Quando o mercado habitacional desabou, as vítimas foram não só os mutuários que deram o calote, mas também toda a cadeia de indivíduos e instituições que estavam investindo no setor. Mutuários perderam as casas. Seguradoras foram à falência. Agências de classificação de risco de crédito ficaram desacreditadas. Fundos de pensão e outros investidores viram seus investimentos virar pó. A essa altura, muitos dos maiores bancos e fundos de investimento tinham hipotecas em seus livros que ainda não estavam securitizadas. Sem capital suficiente para cobrir as perdas, muitos bancos ficaram insolventes – apenas poucos meses depois de terem brindado muitos anos de lucros recordes. Então, como todos sabemos, o governo dos Estados Unidos socorreu os bancos com centenas de bilhões de dólares dos contribuintes, situação que, de acordo com algumas estimativas, totalizou mais de US$2.300 para cada homem, mulher e criança nos Estados Unidos.[5] A maioria dos economistas concorda que não havia alternativas plausíveis para as operações de socorro dos bancos com recursos públicos (embora muito se questione sobre se os fundos do TARP foram administrados de maneira apropriada no desfecho imediato da crise). A falência de grandes instituições financeiras teria acarretado consequências inimagináveis para a economia global. A conclusão é que o pacote de socorro salvou os grandes bancos e transferiu a dor dos investidores para os contribuintes. Porém, a consequência mais duradoura é que a confiança na solidez de todo o sistema financeiro se evaporou, assim como se esfumaçaram os bilhões de dólares dos contribuintes lançados sobre as chamas para conter o incêndio.

POR QUE NÃO ABRIR OS MODELOS FINANCEIROS?

Os escândalos financeiros são parte previsível do panorama de Wall Street.[6] Quase sempre a eles se seguem ondas de fúria – e de pedidos de indenização aos bancos, de propostas de novos impostos, de condenações penais e, como na crise em curso, de desmembramento dos grandes bancos e até de estatização do setor. Muitos próceres afirmaram que a causa do colapso financeiro foi o descompasso entre inovação e regulação, ou seja, os reguladores não foram bastante ágeis para acompanhar a criatividade dos financistas. O fato é que os reguladores enfrentam um novo problema decorrente do ritmo acelerado da inovação no mundo digital. Assim que os reguladores desenvolvem novas soluções para resolver os problemas de ontem, o setor de serviços financeiros cria um novo conjunto de produtos – ou ameaça transferir-se para outros lugares com regulação mais amena. Quando isso não funciona, a alternativa é o lobby intenso. Numa reunião em 31 de julho de 2009, quase dois anos depois do começo da crise, o secretário do Tesouro americano, Timothy Geithner, lamentou o lento progresso da reforma regulatória. "A realidade é que existem interesses constituídos muito poderosos contra as mudanças", lamentou.[7]

Assim, a regulação é apenas parte da solução para garantir que o mercado seja justo e que os depósitos nos bancos sejam seguros. Sim, temos de atualizar continuamente as normas para estimular práticas financeiras compatíveis com o bem comum. Obviamente, precisamos garantir a observância das normas vigentes, exatamente um dos pontos em que o sistema fracassou. Os reguladores também devem cuidar dos fundamentos, inclusive com recursos suficientes para remunerar o pessoal e com tecnologia adequada para executar as tarefas. Porém, hoje, no mercado financeiro global, a atual colcha de retalhos da regulação é insuficiente. "Temos um setor financeiro perfeitamente interconectado e uma comunidade regulatória muito menos interligada", diz Peter Gruetter, ex-secretário-geral do Departamento Federal de Finanças da Suíça. "Atualmente, a colaboração entre os vários reguladores envolve muitas reuniões físicas. O que precisamos é usar melhores tecnologias de comunicação e de rede para facilitar o processo de colaboração."

Uma coisa é coordenar a reforma bancária em âmbito internacional por meio de redes de formuladores de políticas e de fóruns multilaterais, como o G-20. Mas por que não ir além e incluir a colaboração em tempo real entre as agências reguladoras em todo o mundo? Aí se incluiria robusta plataforma de informação, criando condições para que os vários reguladores trocassem informações e opiniões e respondessem às ameaças potenciais à estabilidade do sistema financeiro global. Padrões comuns para o compartilhamento de dados, como o XBRL, contribuirão em muito para possibilitar essa plataforma.

Além disso, achamos que a colaboração pode acarretar mudanças muito mais profundas em todo o próprio modelo operacional do setor de serviços financeiros. Com efeito, reguladores, banqueiros e todos os outros stakeholders poderiam beneficiar-se com a adoção das espécies de inovação proporcionadas pela wikinomics. Mais especificamente, entendemos que a colaboração na internet e o aumento na transparência teriam o poder de reformular a indústria, ao engajar uma comunidade global de especialistas em finanças no monitoramento da solidez do sistema financeiro.

Para imaginar como essa ideia funcionaria na prática, vejamos um exemplo. Por que não abrir a modelagem financeira e tornar transparentes para todos os stakeholders as premissas e os dados pertinentes? A modelagem financeira é uma das armas mais poderosas do arsenal dos banqueiros, permitindo que os analistas estimem o valor dos bens, desde as cotações de ações até os preços do petróleo, com antecedência de seis meses. As avaliações e as estimativas de risco estão por trás de quase tudo em finanças, desde empréstimos hipotecários até produtos de investimento mais complexos, como derivativos e opções. Com o passar do tempo, tanto os produtos quanto os modelos financeiros subjacentes se tornaram cada vez mais complexos e, portanto, opacos.[8] Com efeito, o setor de serviços financeiros desenvolveu a disciplina esotérica de aplicar matemática complexa aos dados financeiros básicos, para determinar o preço dos produtos financeiros e para calcular os riscos correlatos. Espera-se que esses modelos, em geral segredos guardados a sete chaves, ajudem as empresas a fazer investimentos seguros e a proteger-se dos riscos, proporcionando-lhes, em consequência, vantagem competitiva. Em retrospectiva, as previsões desses modelos nem chegaram perto da realidade. Em 2010, a revista *The Economist* relatou que as previsões de 2007, de perdas prováveis em 2010, se mostraram totalmente erradas. Para um CDO com classificação BBB o setor financeiro estimava taxa de inadimplência inferior a 0,5%, que, na verdade, ficou bem acima de 50%, três anos depois.[9]

Imbuídos do espírito de revelar que "o imperador está sem roupa", até poderíamos sugerir que os atuais métodos de avaliação e de gestão de riscos não funcionam. Além de não proporcionarem vantagem competitiva, essas ferramentas também contribuíram significativamente para o colapso de todo o setor financeiro, além de prejudicarem muitas outras partes da economia. Acreditamos que a natureza privativa desses modelos de gestão de riscos é o calcanhar de aquiles desse negócio arriscado e que uma abordagem de transparência radical oferece o antídoto necessário. O professor John C. Hull, líder intelectual em derivativos da Rotman School of Management da Toronto University e autor da bíblia do setor, *Options, Futures and Other Derivatives*, afirmou: "Os mercados estão congelados porque os investidores não sabem exatamente o que estão comprando [ou] compraram. Alto grau de agregação e ausência de dados [sobre os componentes] de baixo nível", argumenta, "tornaram muito difícil determinar o verdadeiro valor desses ativos e estimar as perdas possíveis. Sem que a maioria dos investidores disponha de meios para separar o bom do mau, eles optaram por abandonar setores inteiros do mercado". E conclui que: "Um algoritmo matemático aberto, ou até um software público, descreveria muito melhor as corredeiras, assim como as estruturas de pagamento correlatas."

A ideia não é assim tão maluca, tanto que com ela concordam outros players sérios. Rick Bookstaber foi chefe de gestão de riscos do Salomon Brothers e da More Capital, e é autor de *Mercado financeiro: a crise anunciada – mercados, fundos de hedge e os perigos da inovação financeira*.[10] Hoje, ele trabalha em tempo integral na SEC, como assessor sênior, nas áreas de risco, estratégia e inovação financeira, e conhece como poucos o mundo estranho e opaco dos derivativos. Bookstaber insiste na necessidade de abertura dos derivativos como requisito para a compreensão de seu valor. "Se aprendemos alguma coisa com a derrocada das agências de classificação de risco de crédito foi que, mesmo se deixarmos de lado as questões de monopólio do poder e de conflito de interesses, não podemos impedir que o proprietário desses modelos diga: 'Confie em mim, sei o que estou fazendo'." Para Bookstaber, "avaliações baseadas em caixas-pretas não nos oferece a transparência de que precisamos. Não quero saber qual é o critério de decisão de determinada mesa de negociações, mas quando se trata de avaliações que vão além das fronteiras da empresa, devemos ser capazes de ver e de criticar os modelos que estão sendo usados". E a colaboração entre pares, ou ponto a ponto, é fundamental: "Para que um modelo seja adotado como padrão, para que seja usado para fins regulatórios ou como qualquer outro tipo de paradigma, ele deve ser transparente e estar sujeito à revisão dos pares."[11]

Os gurus do setor levantam um bom ponto. É hora de os banqueiros fazerem a si mesmos uma pergunta que nunca ocorreu à maioria deles: "Por que será que a tecnologia, os dados e os modelos de estimativa de riscos que são usados para avaliar produtos continuam sendo privativos e fechados?" Será que os investidores e outros stakeholders algum dia voltarão a acreditar nos lucros e perdas oficiais de qualquer instituição financeira, em sua suposta base de capital e em sua alegada solidez financeira, quando esses números se baseiam em modelos secretos e opacos que, por sua vez, se fundamentam em matemática tão complexa que até os gestores executivos da empresa não os compreendem bem?

Indo adiante, a matemática por trás dos cálculos do valor e dos riscos dos novos instrumentos financeiros deve ser aberta, sob o escrutínio de uma multidão de especialistas, de modo a garantir a aplicação da sabedoria coletiva para a solução de problemas. Eles devem saber, por exemplo, se a análise VaR (Value at Risk) se fundamenta em informações apenas dos últimos dois anos, o que não cobriria as consequências de acontecimentos que ocorrem uma vez em cada geração. Os dados e os algoritmos usados na análise de derivativos complexos, como obrigações de dívidas colateralizadas, devem ser lançados na internet, onde os investidores poderiam "sobrevoar" e "prospectar" os ativos objetos de um instrumento. Dispondo de informações completas, seria possível, a qualquer momento, lançar em gráficos os históricos de pagamentos e correlacionar informações como níveis de emprego, valorizações (ou desvalorizações) recentes, áreas geográficas, preços por bairros, padrões de inadimplência, ofertas recentes por localidade e atividades de vendas. As operações com derivativos de crédito devem ser transferidas para bolsas de valores públicas. Os clientes merecem acesso integral às informações, inclusive aos dados e às análises em que se baseiam os bancos de investimento para desenvolver os produtos à venda.

Será que a multidão é bastante para resolver esse problema?

Sem dúvida, você diria, as pessoas de fora não desfrutam de boas condições para analisar instrumentos complexos, como CDOs. Afinal, o investidor comum tem dificuldade em compreender demonstrações financeiras, principalmente quando as informações mais importantes estão ocultas em notas explicativas. Mas, em todo o mundo, há muita gente com alto nível de sofisticação financeira que, necessariamente, não trabalha em Wall Street nem na City londrina, embora possuam as qualificações necessárias. Para começar, as dezenas de milhares de analistas, operadores e outros profissionais de finanças que perderam o emprego durante o recente tumulto financeiro formam um rico pool de talentos, com muita gente ansiosa por voltar ao jogo. Do mesmo modo, milhares de acadêmicos, de estudantes de doutorado e de especialistas setoriais que estudam o funcionamento dos mercados financeiros hoje não têm meios para contribuir diretamente para o sistema. A multidão digital também pode oferecer ajuda significativa aos reguladores que elaboram novas normas e garantem sua observância. Se o sistema financeiro se tornar mais transparente, tudo isso pode converter-se em poderosa rede, interligando a multidão digital, os reguladores e os fiscalizadores do sistema, que garantem a observância das normas. Por meio dessas redes digitais, é possível reunir informações, da mesma maneira como o fazem os órgãos de garantia de observância das leis e os serviços de segurança nacional.

Porém, será que as mesmas redes digitais podem ajudar a decifrar alguns dos mais complexos produtos financeiros do mercado? Ao escrevermos esta página, ainda havia muitos bilhões (há quem diga trilhões) de dólares em ativos (principalmente certificados de recebíveis imobiliários) flutuando no limbo. Apelidados de "ativos tóxicos", eles estão comprometendo a saúde financeira de muitos bancos e de outras instituições financeiras que hoje mantêm no balanço patrimonial esses passivos explosivos. A maioria preferiria se livrar deles, mas há um problema. Ninguém sabe determinar seu valor. Apesar de tudo, novos instrumentos financeiros complexos estão reaparecendo outra vez, com características semelhantes às dos títulos mobiliários que provocaram tanta desordem financeira. É evidente que se necessita com urgência de um processo não conflitante e independente de avaliação desses ativos.

A Open Models Company (OMC) está fazendo exatamente isso, com uma plataforma aberta, colaborativa e sujeita à revisão dos pares, destinada à avaliação de produtos financeiros, com base em muitos dos princípios expostos neste livro. Vamos chamá-la de Linux da modelagem financeira. Acessível a qualquer colaborador qualificado, ela usa a internet para arregimentar uma comunidade global de especialistas que elaboram análises de valor e de risco, referentes a títulos e a contratos de crédito, como CDOs, CDSs (credit default swaps) e outros derivativos.[12] Chuck Bralver, diretor da Open Models e reitor associado sênior de negócios internacionais e de finanças da Fletcher School, Tufts University, diz: "Acho que o ponto mais importante aqui é que, mesmo se os critérios adotados pelos bancos para avaliar esse ativos hoje sejam razoavelmente exatos, a opacidade com que são aplicados é, na verdade, problema mais grave que a possível inexatidão das avaliações." Como solução, a OMC desenvolveu um sistema e um processo abertos à colaboração de acadêmicos, especialistas setoriais, analistas quantitativos (afetuosamente apelidados de "quants"), banqueiros e investidores, para a determinação do valor desses títulos mobiliários. Em vez de um sistema de avaliação de risco de crédito, em que poucos ainda confiam, o novo método permite que os participantes entrem com suas premissas sobre o futuro da atividade econômica e realizem as análises "what-if" (e se) necessárias para precificar esses ativos de maneira coerente com suas projeções. Craig Heimark, veterano de longa data no setor e outro membro da equipe da OMC, o compara ao processo científico de revisão pelos pares. "No mundo científico, quando alguém publica alguma coisa, não se divulgam apenas os resultados, mas também as fases do processo, os métodos e as premissas, para que sejam esquadrinhados por outros cientistas. Atualmente, no setor financeiro, os criadores desses modelos divulgam os preços definidos por suas ferramentas ou, em alguns casos, pedem a terceiros, como a Moody's, para verificar os resultados, sem revelar os detalhes."

O modelo de negócios da OMC avalia tanto os ativos existentes, como certificados de recebíveis imobiliários problemáticos, quanto novas ofertas lançadas no mercado por bancos de investimento. Os detentores ou vendedores de títulos procuram a OMC para a avaliação dos instrumentos. A OMC, então, recorre à rede independente de modeladores e especialistas, que propõem um valor e, mais importante, comentam sobre as premissas básicas. Todo o processo é documentado em formato que segue o estilo wiki, aberto à comunidade. Até um quarto da receita da empresa se destina a remunerar os especialistas externos, de acordo com suas contribuições. Os fundadores acreditam que a flexibilidade da abordagem comunitária atrairá centenas de colaboradores, abrangendo desde candidatos a ingresso no setor até veteranos maduros, em busca de melhor equilíbrio entre vida profissional e vida pessoal.

Será que essa ideia radical pegará?

E, então, será que os bancos e outras instituições financeiras aceitarão voluntariamente esse nível de abertura? De início, é pouco provável. A abordagem da OMC é incipiente e tem pela frente uma batalha encosta acima contra toda uma tradição de comportamentos, sistemas, processos e culturas. Muitos bancos veem seus modelos financeiros como fontes de vantagem competitiva e não poucos reagirão em defesa da natureza privada de seus modelos ou inventarão novos produtos que passem despercebidos pelos reguladores. Como nos disse um executivo do Goldman Sachs, que pediu para não ser identificado: "Somos uma empresa muito reservada. Quanto menos souberem sobre nós ou prestarem atenção em nós, melhor." Ao comentar as acusações de fraude pelo governo dos Estados Unidos contra o Goldman, Roger Martin, reitor da Rotman School of Management, da Toronto University, afirma: "Infelizmente para o Goldman, a transparência não é boa escolha. Quanto melhor for o trabalho do Goldman em explicar exatamente em que consiste seu negócio, mais indignados ficarão os reguladores e o público em geral."[13]

Algumas instituições financeiras, como fundos de hedge, provavelmente insistirão em usar modelos privativos e fechados para fazer suas próprias apostas, em nome de seus clientes ricos. Decerto, as agências de classificação de risco de crédito interpretarão a abordagem de modelo aberto como ameaça competitiva direta, com razão. Trata-se de um desafio a como fazem negócios e ao próprio negócio de avaliação de risco de crédito. Porém, uma combinação de pressões dos investidores e dos reguladores pode forçar os bancos e outros players importantes a abrir-se, pelo menos em parte. Com o passar do tempo, os grandes bancos, cujo crescimento futuro ainda depende da reconquista da confiança do público, talvez reconheçam os benefícios de uma abordagem mais aberta e mais transparente. Os que estiverem dispostos a submeter suas avaliações ao escrutínio do público merecerão confiança e os que se mostrarem relutantes em breve enfrentarão aumentos nos custos de levantamento de fundos e provavelmente enfrentarão uma fuga de clientes para concorrentes mais fidedignos.

No passado, os bancos se referiam aos seus deveres fiduciários, comportamento que inspirava confiança. Hoje, não bastam palavras, precisa-se de ação. Um processo como o proposto pela Open Models para o escrutínio de ativos complexos poderia percorrer longo caminho no sentido de restaurar a confiança no sistema. Com efeito, se as inovações financeiras de início causaram problemas para o setor, talvez iniciativas precursoras, como a Open Models, possam desbravar o caminho, ao questionar práticas e premissas tradicionais. Sem dúvida, a Open Models trava batalha árdua, em que a vitória não é de modo algum certa. Porém, qualquer nível de transparência e de abertura que permeie o *modus operandi* do setor exercerá influência positiva. O setor não mudará da noite para o dia, mas inovações à margem do sistema vigente estão mostrando o caminho adiante.

REPENSANDO O CAPITAL DE RISCO

Em geral, os capitalistas de risco são enaltecidos como Heróis do Empreendedorismo ou Deuses do Capitalismo, com boas razões. Os VCs (venture capitalists), como são chamados, fornecem capital para empreendimentos incipientes, com pouco dinheiro, ou contribuem para a expansão de pequenas empresas, sem acesso a outras fontes de financiamento. Agindo assim, eles são elo crítico na longa cadeia de inovação, em que ideias e tecnologias nascentes se metamorfoseiam em produtos e serviços prontos para entrarem no mercado. Para empreendedores sonhadores, atrair capital de risco é, ao mesmo tempo, rito de passagem e medalha de honra ao mérito, que validam seu trabalho e atestam sua viabilidade. Para o público mais amplo, o capital de risco é uma locomotiva, em grande parte invisível, mas enormemente poderosa, de criação de emprego, inovação e crescimento.

Pesquisa recente realizada pela National Venture Capital Association confirmou que o capital de risco tem financiado empresas de todos os setores da economia americana, inclusive gigantes inovadores como Facebook, Twitter, Apple, Starbucks, eBay, FedEx, Google, Genentech, Medtronic, Microsoft, Home Depot e Intel. Empresas que contaram com o respaldo do capital de risco geraram receita superior a US$2,3 trilhões, equivalente a 17,6% do PIB americano, afirma o relatório. Essas empresas são responsáveis por 9,1% de todos os empregos do setor privado americano, aí se incluindo quase dois milhões de trabalhadores em computação e em setores correlatos, que representam 94% do total de empregos da indústria.[14] A Global Insight, que realizou a pesquisa, concluiu: "As empresas desbravadoras e vanguardistas do país, apoiadas pelo capital de risco, sustentam empregos e receitas de diversos setores de atividade. O setor de capital de risco do país desempenha papel de importância transcendental no desenvolvimento da economia americana, ao viabilizar conceitos e modelos de negócios inovadores."[15]

O mundo precisa de inovação e, não é de hoje, a inovação depende do capital de risco. Porém, da mesma maneira como o resto do setor de serviços financeiros, o atual processo de fomento das fases iniciais da inovação não está funcionando tão bem quanto poderia. "O problema", de acordo com um relatório de 2009, da North

Venture Partners, "não é o volume de oportunidades com que se defrontam os investidores, mas, sim, a falta de meios eficientes para a filtragem das opções". Hoje, o processo, não a oferta, argumenta o relatório, está impondo restrições desnecessárias ao sistema de inovação. "Como os investidores identificam, filtram e financiam as novas oportunidades mais promissoras, num oceano profundo de possibilidades? A verdade é que não dispõem de meios", conclui o relatório.[16]

Uma das razões da oferta crescente de oportunidades de investimento promissoras é a proliferação de infraestruturas de negócios de baixo custo, que torna mais barato e mais fácil para as empresas já chegar ao solo correndo. Estudo do Dr. Robert Hendershott, professor da Leavey School of Business, da Santa Clara University, descobriu que a disponibilidade de ferramentas de código aberto, de computação em nuvem e de infraestrutura de escritório virtual reduziu de US$5 milhões, em 1997, para US$500 mil, em 2002, e para US$50 mil, em 2008, o custo de lançamento de um empreendimento de internet.[17] Custos de lançamento mais baixos deveriam significar maior quantidade de novas empresas e maior volume de inovações a serem financiadas por VCs. Porém, não está sendo assim. Na verdade, tem sido mais difícil para as empresas levantar dinheiro e receber a atenção de que precisam. Por quê? Mais empresas recebendo investimentos significa para o investidor maior necessidade de supervisão e mais demanda por atenção. Afinal, os VCs, em geral, oferecem mais do que apenas dinheiro – também promovem relacionamentos, ajudam nas vendas estratégicas e recrutam talentos de alto nível.

Uma solução é fazer muitos investimentos pequenos, mas gastar pouco tempo com cada um deles, algo equivalente a "namoro rápido", no Vale do Silício. Essa é a estratégia de um fundo de capital de risco, lançado recentemente por Marc Andreessen (de Netscape, eBay, Facebook, Twitter e Ning) e Ben Horowitz (de Netscape, OpsWare e AOL). Eles pretendem investir mais de US$300 milhões, em 10 anos, começando com investimentos iniciais de no mínimo US$50 mil por empreendimento.[18] Essa abordagem de namoro rápido às vezes até dá em casamento, mas ainda resta o problema da execução pós-investimento: um VC geralmente não tem muito tempo. Além disso, o modelo de namoro rápido, de Andreessen e Horowitz, não trata de uma questão ainda mais importante: a globalização da inovação.

Cada vez mais, novas sementeiras de inovação se desenvolvem fora da esfera tradicional das operações de capital de risco, arraigadas em centros de inovação tradicionais, como Boston, Nova York e Vale do Silício, o que tem levado os VCs a ampliar seus círculos. No entanto, muitos VCs nem mesmo examinam planos de negócios, que dirá assistir a uma apresentação de alguém, sem grandes indicações. A teoria é que, se o VC contar com uma rede de contatos confiáveis, ele ou ela pode reduzir significativamente o número de ideias malucas a serem peneiradas, com o objetivo final de garimpar uma bela pepita. Porém, na economia globalizada de hoje, em que o principal fator é o conhecimento, o próximo Facebook, Google ou Tesla Motors pode nascer tanto em Tel-Aviv quanto no Vale do Silício, tanto em Bangalore quanto em Boston. E, embora a "rede dos velhos amigos" seja boa para quem tem velhos amigos, ela não é assim tão boa se você for uma jovem do Brasil, com uma ideia que talvez valha US$1 bilhão.

Infelizmente, o clima econômico desfavorável tem impedido que muitos VCs explorem novas oportunidades. Em consequência da recessão, poucas empresas estão abrindo o capital e as que o fazem estão demorando mais para se tornarem lucrativas. Os capitalistas de risco estão sendo obrigados a manter o dinheiro nas empresas por períodos mais longos, significando que menos empresas conseguem financiamento. Mesmo antes da recessão, o setor já sofria as consequências de ter crescido com muita rapidez, durante os anos de bonança, de acordo com estudo da Ewing Marion Kauffman Foundation. O relatório conclui que os retornos declinantes do setor de capital de risco se explicam em parte pela rápida expansão dos recursos de capital de risco sob gestão, ao longo dos últimos 10 anos. Desde o influxo, os VCs têm lutado para descobrir como adaptar e alocar os novos fundos de maneira lucrativa. O Dr. Paul Kedrosky, autor do relatório Kauffman e consultor de muitos fundos de VC, explica: "Os profissionais do setor de capital de risco se sentem confortáveis em relação a como o setor está configurado, em termos de tamanho, estrutura e remuneração. O negócio tem sido lucrativo para muita gente. Entretanto, nossos estudos indicam que os participantes dos empreendimentos agora precisam superar a resistência à mudança, de modo a financiarem com mais eficácia os empreendedores e a oferecer aos investidores retornos competitivos."[19] Porém, em vez de abraçarem a mudança, muitos VCs preferiram agachar-se e proteger a cabeça, investindo em menos novatas e se concentrando em negócios mais volumosos de private equity, que requerem capital de US$10 milhões a US$25 milhões. Empresas abaixo desse limiar correm o risco de ficar à margem, no atual clima de investimentos.

Capital de risco 2.0

Se o atual modelo de capital de risco deixa a desejar, qual é a alternativa? Sean Wise, professor de administração e também capitalista de risco, lidera uma das numerosas e cada vez mais frequentes experiências destinadas a demonstrar que uma forma de capital de risco de natureza comunitária pode não só filtrar a profusão de oportunidades em âmbito global, como também canalizar mais energia intelectual para a garantia de sucesso de cada investimento. E, em vez de apenas falar, também partiu para a ação – cofundando uma empresa, a VenCorps, que usa a colaboração em massa em todas as fases do processo. "Para que a nova versão do capital de risco, ou Capital de Risco 2.0, seja bem-sucedida", ressalta, "a quantidade de pessoas envolvidas terá de crescer exponencialmente". Da mesma maneira como a Goldcorp usou a colaboração em massa para localizar suas áreas de perfuração ou a Wikipedia busca a cooperação coletiva e voluntária, em grande escala (*crowdsourcing*), para a publicação de artigos especializados, ou a Threadless trabalha com os clientes no desenho de T-shirts, a VenCorps também explora a cooperação. Wise está haurindo o poder da colaboração em massa, não só no processo de escolha das novatas a serem financiadas, mas também na promoção do crescimento e rentabilidade dos empreendimentos emergentes, depois do investimento inicial. "A VenCorps é basicamente produto da aplicação da wikinomics ao capital de risco", diz Wise.

O dinheiro investido pela VenCorps em pequenas empresas é suprido pelo próprio fundo, mas a escolha de onde investir é da comunidade VenCorps. Empreendedores de todo o mundo entram no site e registram seu empreendimento emergente no VenCorps.com. Lá, os visitantes podem carregar uma breve apresentação, expor alguns detalhes biográficos e/ou postar um sumário executivo. A comunidade da VenCorps (composta de milhares de empreendedores, acadêmicos, cientistas, anjos investidores, prestadores de serviços e autoridades públicas) analisa e classifica cada postagem, adotando um boletim ponderado de cinco critérios. Depois de um desafio seletivo, os nove primeiros classificados, conforme escolha da comunidade, passam para a rodada seguinte, em que podem receber um investimento (em geral, US$50 mil). Essa quantia talvez não pareça muito, em termos de VC, mas é o suficiente para dar a partida num pequeno empreendimento, como alguns dos primeiros sucessos da VenCorps já demonstraram.

Num dia ensolarado da primavera setentrional de 2009, por exemplo, Wise e outros da VenCorps participaram de uma reunião na IBM para analisar como a plataforma poderia contribuir para a solução de alguns problemas sociais realmente sérios. Poucos dias depois, o programa Smarter Cities, da VenCorps e da IBM, lançou o Desafio do Congestionamento, cujo slogan, "Ajude a fazer a história do tráfego", tornou-se um grito de guerra para a comunidade VenCorps. Durante os 60 dias seguintes, 124 equipes de todo o planeta competiram no desenvolvimento de soluções inteligentes para a redução dos congestionamentos de trânsito urbanos. Cada proposta era analisada e classificada com cuidado pela comunidade, cujo feedback era ponderado e agregado, gerando uma classificação comunitária abrangente para as diferentes propostas. Depois de dois meses, as nove propostas com as melhores classificações – as finalistas vieram da Hungria, Canadá, Israel, Irlanda, Estados Unidos e Países Baixos – passaram para a rodada final do confronto. Nos 30 dias seguintes, cada finalista postou conjuntos de slides, informações biográficas do fundador e vídeos de apresentação e participou de uma sessão aberta de due dilligence (verificação prévia), rebatendo perguntas de especialistas e da multidão. No fim das contas, a vencedora foi uma emergente com sede em Seattle, denominada iCarpool, plataforma de compartilhamento de automóvel, servindo a consumidores, clientes empresariais e provedores de infraestrutura urbana, que abiscoitou mais de 60% do apoio da comunidade.

E o que eles ganharam com isso? Os fundadores da iCarpool descolaram US$50 mil em dinheiro, mas também levaram uma viagem para o ITS World Congress, em Estocolmo, Suécia. Além de participarem de um evento supremo de networking, os fundadores tiveram a chance de apresentar a iCarpool a uma plateia de planejadores urbanos, consultores do governo, pesquisadores e consumidores de todo o mundo.

Mas a VenCorps não oferece aos vencedores apenas dinheiro e exposição. Na verdade, os financiamentos raramente são vistos como a melhor recompensa. A iCarpool também ganhou US$50 mil virtuais (denominados pontos VenCorps), que os fundadores podem usar para incentivar a comunidade a participar do crescimento da empresa. Por exemplo, os membros da comunidade participantes de grupos de foco compartilham ideias e/ou fazem apresentações por meio de suas redes pessoais e ganham pontos das emergentes às quais oferecem apoio. Os membros da comunidade, por sua vez, podem usar os pontos para dar lances em leilões de vários itens da loja VenCorps, como certificados de presentes, almoços exclusivos com gurus de negócios, opções sobre ações e até mercadorias físicas, como T-shirts e iPods. De acordo com o fundador da iCarpool, Lakshmi Krishmamurthy, o apoio e o feedback da comunidade beneficiaram a empresa ainda mais que o dinheiro e a promoção: "A possibilidade de explorar uma comunidade diversificada, em crescimento acelerado, de fundadores, de financiadores e de especialistas em tecnologia e em negócios – ter a oportunidade de debater ideias e de trocar feedback – é admirável", diz ele. "Acredito que o capital comunitário tem um futuro brilhante. A VenCorps é o 'American Idol' dos empreendedores."

Ao criar essa economia virtual, uma meritocracia *ad hoc*, para quem preferir, a VenCorps explora o potencial de sua comunidade de participantes apaixonados, para haurir tanto a sabedoria das multidões quanto a capacidade de produção das massas. Essa dualidade constitui o próprio cerne da wikinomics. A nova colaboração consiste não só em a comunidade escolher os vencedores, mas também em a comunidade, coletivamente, construir os vencedores.

Mas será que a iCarpool foi a melhor escolha? Será que ela de fato tem a melhor tecnologia e as melhores soluções? Sob alguns aspectos, esse é um ponto irrelevante, pelo menos sob a perspectiva do capital de risco. No fim das contas, a vencedora, a iCarpool.com, talvez não seja a solução mais avançada em termos tecnológicos, mas ela efetivamente conquistou o apoio de mais da metade da comunidade VenCorps, e esse talvez seja o segredo do sucesso duradouro da iCarpool. Afinal, ideias e tecnologias não mudam o mundo; mas, sim, paixão arrebatadora, apoio comunitário e execução excelente. Esses últimos traços personificam a iCarpool. Em muito pouco tempo (menos de 90 dias), a iCarpool deixou de ser emergente com sede em Seattle, quase desconhecida, para transformar-se em favorita do mundo do transporte inteligente, com um futuro vibrante pela frente.

Mais ao ponto, a VenCorps (e sua parceira, a IBM) se interessou por umas duas empresas que a multidão não selecionou. Quando esta página foi escrita, ambas as empresas estavam conversando sobre oportunidades de investimento e de parceria. "O Desafio do Congestionamento mostrou o verdadeiro poder da colaboração em massa aplicada ao capital de risco", disse Wise. "Ao alavancar a inteligência coletiva e a produção por pares, devemos ser capazes de gerar retornos mais elevados que outros fundos de capital semente."

Embora a VenCorps dificilmente venha a desafiar grandes empresas de capital de risco no futuro próximo, a empresa criará oportunidades para que muitas ideias promissoras cheguem ao estágio em que se justifiquem maiores investimentos de capital de risco. O modelo colaborativo de fato parece adequado para enfrentar alguns dos desafios com que se defronta hoje o sistema de capital de risco. Com efeito, grandes capitalistas de risco inteligentes estão empolgados com o conceito. Kevin Kimberlin, chairman da Spencer Trask (fundada pelo capitalista de risco de Thomas Edison), descreve a VenCorps como "mutirão do século XXI". "Em vez de depender de três especialistas que lhe dedicam mil horas cada um, você depende de mil pessoas que lhe dedicam três horas cada uma." A VenCorps também mostra como a inovação em serviços financeiros, inspirada pela wikinomics, pode não só consertar o atual sistema quebrado, mas também impulsionar novo crescimento, ajudando a identificar e a fomentar ideias promissoras.

OS NOVOS BANQUEIROS PEER-TO-PEER (PONTO A PONTO OU ENTRE PARES)

Ela o descreveu como "o proverbial primeiro tiro disparado na revolução dos devedores americanos contra a usura e o saque perpetrado pela elite bancária (...) e o governo federal". Essa "declaração de independência" dos devedores foi postada pela primeira vez por Ann Minch no YouTube em setembro de 2009.[20] "Chega uma hora em que a pessoa deve (...) assumir uma posição pelo que é certo", escreveu Minch. E, então, contou sua história: "Eu não tinha superado meus limites [de crédito] nem havia atrasado nenhum pagamento (...) no entanto, recentemente, o Bank of America lançou às alturas minhas taxas de juros (...) para espantosos 30%! Eu conseguiria algo melhor com um agiota." Em poucas semanas, a postagem já havia sido acessada mais de meio milhão de vezes, e Ann, de Red Bluff, Califórnia, transformou-se em celebridade instantânea, com entrevistas no "Fox & Friends" e na MsNBC. Como seria de esperar, Jeff Crawford, vice-presidente de vendas do Bank of America, logo a procurou e renegociou a taxa.[21]

Com histórias como a de Ann enchendo a mídia popular, programas de rádio e blogs, a raiva em relação à atual situação da economia, das dívidas e dos bancos atingiu níveis sem precedentes. Há quem diga que essas soluções auto-organizadas, ponto a ponto, estão oferecendo uma alternativa para o setor bancário tradicional, beneficiando número crescente de pessoas. Elas têm nomes como Prosper, Zopa e Lending Club, e estão ganhando terreno. De acordo com estimativas da Gartner, empresa de pesquisas e consultoria em tecnologia da informação, os empréstimos ponto a ponto em aberto aumentarão de US$500 milhões, em 2007, para US$5 bilhões, até 2013.[22] Embora essas quantias sejam minúsculas em comparação com as cifras de Wall Street, o modelo está atingindo o âmago do setor bancário.

A Zopa, que alega ter sido a primeira plataforma de serviços bancários sociais, descreve empréstimo social como um processo "pelo qual as pessoas concedem e contraem empréstimos entre si, contornando os bancos". As taxas de juros dos empréstimos entre pessoas são determinadas pelo confronto entre preço de venda e preço de compra, como no eBay, embora o risco de qualquer mutuário seja diluído entre 50 ou mais mutuantes. A Prosper, nos Estados Unidos, a Smava, na Alemanha, e a Qifang, na China, adotam modelos muito semelhantes.

Quanto ao desempenho desses serviços, a Zopa, relativamente bem capitalizada, afirma que os mutuantes obtiveram retornos de "7,9% antes dos devedores duvidosos". Evidentemente, isso não faz sentido. É como dizer que o retorno foi bom em teoria, mas não na prática. O que a Zopa realmente oferece é transparência. "Os mutuantes podem ver para onde vai o dinheiro deles, e os mutuários, de onde veio o dinheiro deles." Ocorre, contudo, que a Zopa é muito parecida com um banco convencional. Ela cobra uma taxa adiantada, no caso, de £118,50, e usa serviços de crédito, no caso, Equifax, para confirmar a identidade e verificar a credibilidade dos mutuários. Se um empréstimo se tornar inadimplente, a Zopa, como um banco, divulga o calote. Até oferece depósitos de poupança garantidos.

A característica muito diferente dessas redes ponto a ponto é permitir que os usuários associem seus investimentos a indivíduos ou a causas de sua escolha. Quando esta página foi escrita, a Prosper aceitava investimentos tão pequenos quanto US$25 e estimava que os retornos se situariam entre 6% e 16%. Isso é muito melhor que deixar o dinheiro definhando num banco, sendo carcomido por tarifas e taxas. A Prosper sugere que os mutuantes façam ofertas de um empréstimo de cada vez e permite que os mutuários postem suas histórias pessoais, apresentem avais de amigos e até indiquem afiliações a grupos, para conquistar os corações, mentes e dólares de investidores potenciais. E ela cresceu com rapidez. Com quase um milhão de membros e US$193 milhões em empréstimos, parece que muitos mutuantes veem a Prosper como uma conta de poupança de alto rendimento, sem garantia de depósito.

Na verdade, os empréstimos sociais oferecem vantagens tanto ao mutuante quanto ao mutuário. Por exemplo, se uma parte está recebendo 1% numa conta de poupança e outra está pagando 29% num cartão de crédito, uma taxa de 10% aceita por ambas é sopa no mel. Decuplica o retorno do mutuante e reduz os juros do mutuário para quase um terço, criando condições para que comece a pagar o principal.

Considere, por exemplo, um empréstimo de US$10 mil, com prestação mensal de US$300. No curso do empréstimo, o mutuário terá economizado mais de US$5 mil em pagamento de juros e amortizado a dívida um ano e meio antes. O mutuante terá recebido US$2 mil a mais em rendimento de juros no mesmo período. Evidentemente, o risco é maior. Esses empréstimos não têm garantia federal, como no caso de depósitos remunerados em bancos. No entanto, cada vez mais pessoas parecem dispostas a assumir esse risco. Scott Langmack, ex-executivo de marketing da Microsoft, declarou à Bloomberg ter investido mais de US$600 mil em empréstimos por meio desse processo. "Consigo 12% com alguma segurança, na pior das hipóteses, 9%", afirmou.[23] Embora os retornos efetivos obtidos pelos mutuantes não sejam constantes, e não totalmente transparentes, não há dúvida de que esses sites estão desencadeando ondas poderosas numa tempestade de desencantamento dos clientes com os bancos.

Embora os serviços bancários ponto a ponto, do tipo que acabamos de descrever, sejam originários da Europa e dos Estados Unidos, empreendedores como Calvin Chin também veem os mercados bancários relativamente subdesenvolvidos das economias emergentes como possíveis oportunidades. Chin, recentemente, lançou na China a Qifang, plataforma de empréstimos ponto a ponto, que se concentra no mercado de empréstimos a estudantes. "Estamos partindo do que tem sido uma atividade informal off-line, empréstimos entre indivíduos, e levando-a para a era digital", explica. "Assim, um estudante, agora, pode tomar empréstimos não só da família e dos amigos, mas de pessoas em toda a China."

Todos os anos, cerca de seis mil estudantes ingressam em programas de quatro anos nas universidades da China. Mas, de acordo com Chin, isso representa apenas 20% da população total de estudantes potenciais, uma vez que muitas famílias não têm como arcar com os custos. Considerando a situação ainda relativamente incipiente do mercado de financiamento da educação no país, Chin vê uma oportunidade de facilitar os empréstimos estudantis para os mais pobres, procurando possíveis financiadores em comunidades chinesas mais afluentes. Na Qifang, os candidatos a estudantes preenchem um formulário, definindo as despesas com educação em que incorreriam, seus planos futuros e até referências. Os financiadores interessados podem percorrer a lista e oferecer empréstimos a candidatos selecionados. Em média, cada pedido de empréstimo recebe de 8 a 12 propostas, diz Chin, cada proponente contribuindo com nada mais que US$7. Para evitar fraudes, os fundos são direcionados para a instituição educacional em que o estudante foi aceito. No ano e meio que já transcorreu, desde o lançamento oficial da Qifang, a empresa facilitou mais de três mil transações. O próximo passo de Chin será expandir a base de mutuantes, por meio de parcerias com bancos tradicionais, assim como com organizações sem fins lucrativos e instituições filantrópicas.

Será que esse é o começo de um movimento social ostensivo? Os empréstimos ponto a ponto decerto não desalojarão tão cedo as divisões de empréstimo de varejo dos grandes bancos. Isto dito, os serviços bancários sociais sem dúvida oferecem muitas vantagens, tanto nos mercados desenvolvidos, quanto nas economias em ascensão. Se for possível aplainar alguns dos primeiros obstáculos, o fenômeno talvez tenha futuro promissor. O crescimento do setor em si, nessa fase inicial, certamente rechaçou o ceticismo dos observadores e reforçou a viabilidade de um estilo de empréstimo com melhor relação custo-eficácia.

A ERA DAS FINANÇAS COLABORATIVAS

A indústria de serviços financeiros percorreu longo caminho nos últimos 20 anos. A inovação tecnológica revolucionou um negócio que funcionava à base de papel.

Hoje, o setor é um dos mais digitalizados e enredados do planeta. A crise financeira, produto de políticas mal concebidas, incentivos mal alinhados e, sem dúvida, em alguns casos, ganância, demonstrou a função crítica que bancos e outras instituições desempenham no funcionamento da economia global. Agora não é hora de retornar à rotina dos negócios. O setor precisa avaliar o que aconteceu durante a crise e se empenhar no restabelecimento da confiança dos reguladores, dos investidores e dos cidadãos.

Um novo movimento está começando, inspirado pela indignação do público contra um monte de coisas, desde o comportamento de Wall Street e os grandes bônus pagos aos executivos até a ampliação do abismo entre as taxas de juros oferecidas aos poupadores e as taxas de juros cobradas dos devedores. Agora, essa reação está sendo potencializada pela colaboração em massa, via internet. É uma alternativa ao pega-pega que os reguladores são obrigados jogar com o setor de serviços financeiros, em constante mutação. Inovadores como Open Models, VenCorps e a miríade de mutuantes ponto a ponto são apenas os primeiros sinais do que está por acontecer no futuro próximo. Muitas são as oportunidades para colaboração no estilo da wikinomics. Reguladores financeiros, investidores, empreendedores e clientes de bancos estão, cada vez mais, colhendo os benefícios da transparência, da abertura e do compartilhamento. Embora tenha ficado mal-afamada durante a crise, sentimos que, no fim das contas, a inovação financeira ajudará o setor a superar os atuais desafios. É como diz Gordon Nixon: "O desenvolvimento de novos produtos, pelos quais se empresta a pessoas sem condições de pagar os empréstimos não é inovação, é apenas má gestão de riscos e regulação omissa. O desenvolvimento de novos produtos em busca de maneiras mais eficazes e menos dispendiosas de atender aos clientes, isso para mim é inovação."

4. AUTOINDUZINDO A INOVAÇÃO E A CRIAÇÃO DE RIQUEZA

Jay Rogers, fuzileiro naval veterano da recente guerra no Iraque, está voltando para os campos de batalha. Mas, desta vez, não lutará em terras estrangeiras nem se sujeitará ao estresse da guerra. Não, agora o alvo de Rogers está mais perto de casa: a esclerosada burocracia automotiva da era industrial, que, reiteradamente, decepciona consumidores, empregados e investidores, que mal se mantém viva, graças a uma operação de socorro multibilionária, patrocinada pelo governo americano, com dinheiro dos contribuintes.

Na visão de Rogers, a inépcia de Detroit, que não consegue transformar-se de montador pesadão de carros beberrões em produtor competitivo de soluções inovadoras de transporte limpo, é uma das razões pelas quais ele e seus compatriotas das Forças Armadas americanas foram enviados ao Iraque, com o objetivo de garantir o abastecimento de petróleo indispensável para movimentar os carrões americanos. Agora, ele está decidido a construir uma empresa automobilística revolucionária, denominada Local Motors, com a missão de consertar as coisas.

Dizer que Rogers está preparado é eufemismo. Já amadurecido pelos anos de serviço, ele por pouco escapou da morte em três ocasiões e perdeu muitos colegas, quando seu comboio sofreu ataque direto, que matou dois homens no Humvee seguinte ao dele, e feriu gravemente dois outros.

Enquanto Rogers arriscava a vida no deserto, Detroit cambaleava à beira do colapso. Infelizmente, a precariedade da situação não impediu que os executivos voassem em jatos particulares e se enriquecessem com bônus perdulários e com vantagens generosas. A arrogância deles foi suficiente para convencer Rogers de que a verdadeira guerra a ser travada pelos Estados Unidos não era no Iraque, mas em casa, onde a base industrial decadente do país e a pior recessão desde a Grande Depressão deixaram em sérias dificuldades milhões de americanos.

A revolução da indústria automobilística, pensou Rogers, reduziria a dependência americana em relação ao petróleo importado e traria de volta ao país empregos perdidos pelo setor manufatureiro. Assim, ele pediu permissão ao seu oficial militar superior para matricular-se na Harvard Business School, onde esperava acumular os conhecimentos e os relacionamentos necessários para executar um plano que ele de pronto admite ser ambicioso e talvez até um pouco ingênuo. Dois anos depois, em 2007, Rogers se formou entre os melhores da turma. Em seguida, não perdeu tempo em fundar a Local Motors, nova modalidade radical de empresa automobilística. Com efeito, quem quiser uma ideia geral de como é a Local Motors, basta pegar a GM ou a Chrysler e imaginar sua imagem invertida.

Rogers não emprega uma equipe de projetos nem conta com uma unidade própria de P&D. Em vez disso, ele recorre a uma comunidade on-line de quase cinco mil projetistas, situados em 121 países, que participam de competições e projetam coletivamente a próxima geração de automóveis. Os componentes dos carros? Rogers não pensa em fabricar com recursos próprios nenhuma parte do carro, exceto o chassi, no estado da arte. Tudo o mais ele adquire de fornecedores como Ford, BMW e Mercedes – o que tiver a peça certa pelo preço certo. Ao contrário de seus rivais maiores, a Local Motors não tem enormes unidades de fabricação, com áreas de 300.000m^2, nem dispõe de cadeia de fornecimento convencional. Em vez disso, Rogers está construindo uma rede de 35 microfábricas em todo o território americano, cada uma empregando pessoal local e produzindo carros projetados para as características geográficas da área.

A Local Motors nem mesmo tem revendedores: a empresa vende carros diretamente nas microfábricas onde são produzidos. “Cortamos as firulas e reduzimos tudo às partes essenciais: a pessoa que faz o carro e a pessoa que usa o carro”, diz Rogers. Como a torta não é dividida numerosas vezes ao longo da cadeia de fornecimento, a Local Motors retém parcela maior do preço. De acordo com Rogers, essa margem extra mais do que compensa seus custos de produção comparativamente mais elevados. E, enquanto as titulares de Detroit limitaram ao mínimo o papel dos compradores de carros, os clientes da Local Motors estão no centro de tudo. Eles participam do projeto, compram o carro, fazem a manutenção e, por fim, reciclam o veículo usado na microfábrica situada em sua região. Os verdadeiros aficionados até podem optar por passar umas duas semanas ajudando a produzir o carro dos sonhos!

Com base nesse modelo descentralizado de colaboração em massa, projetou seu primeiro carro em menos de três meses, em comparação com os dois anos de qualquer empresa típica de Detroit. E, em vez do ciclo de produção comum de seis anos, ele precisou de apenas 14 meses e de cerca de US$2 milhões para transformar um esboço – escolhido entre dezenas de milhares apresentados em seu site por projetistas de todo o mundo – no Rally Fighter, um off-road radical, construído para corridas poeirentas, em alta velocidade. Mas quem compraria algo desse tipo? Rogers está almejando equipes de corrida que participam de enduros como Baja 1000, no México, e outros lunáticos nos estados do Oeste, com US$50 mil para gastar com um carro de corrida peso leve, que atende às especificações legais para uso em ruas e estradas. A Local Motors tem confiança em que será capaz de vender as 250 unidades do Rally Fighter necessárias para atingir o ponto de equilíbrio e produzir o total de até 2 mil veículos. Modelos subsequentes desenvolvidos pelos membros da comunidade incluem o Boston Bullet, carro projetado para rodagem tranquila, nas ruas estreitas da cidade, e o esbelto Miami Roadster, para entusiastas de corridas urbanas. Alguns desses modelos terão motores que rodam com baterias elétricas e com combustíveis alternativos.

Evidentemente, com o atual foco em mercados de nicho, a Local Motors não revolucionará sozinha a indústria automobilística. Mas Rogers não é o único empreendedor de cabeça fresca que tenta explorar as fraquezas de Detroit. Livre e desembaraçado dos legados que inibem os fabricantes tradicionais, como a GM, empresas emergentes americanas, como Tesla Motors, Fisker Automotive, V-Vehicle e Coda Automotive, estão produzindo veículos elétricos, híbridos e outros modelos inovadores. A Tesla, com sede na Califórnia, já entregou mais de mil carros de passeio abertos, com motor elétrico, para duas pessoas, e pretende ampliar a produção, expandindo-se para a Austrália e para partes da Ásia.[1] A Fisker também se prepara para lançar seu primeiro veículo híbrido de luxo, denominado Karma, no outono setentrional de 2010. A empresa até comprou uma velha linha de montagem da GM, em Delaware, onde planeja produzir até 100 mil carros por ano.[2] Para comprar um carro da Tesla ou da Fisker é necessário dispor de quase US$100 mil, mas, no outro lado do espectro, a Coda está programando o lançamento de um sedã acessível, todo elétrico, para o fim de 2010. Ao contrário da Local Motors, que enfatiza a fabricação e a montagem locais, a Coda terceirizou a fabricação para um ecossistema global de parceiros e de fornecedores, como a Lishen, principal produtor chinês de baterias de íon lítio recarregáveis.[3] Juntas, essas empresas estão preenchendo o vazio deixado em seu rastro pelos mamutes da era industrial, como GM e Chrysler, ao mesmo tempo em que desenvolvem novos modelos de negócios, envolvendo os clientes, construindo parcerias genuínas com os fornecedores e injetando alta dose de inovação em todo o processo. Enquanto isso, Rogers e outros apostam que os compradores de carros estão ansiosos por experiências diferentes e que as empresas de Detroit e outros gigantes automobilísticos não terão agilidade suficiente para corresponder às expectativas dos clientes. “Todo o paradigma centrado na manufatura não mudou desde o Modelo T”, diz Rogers. E essa inércia é a causa básica dos problemas da indústria.

E, então, qual é o novo modelo? Rogers o resume. “Trata-se de projetar carros pela internet e de produzi-los com materiais avançados, em fábricas do futuro. Já se percebe adiante o esboço de uma nova indústria automobilística americana mais eficaz e mais vibrante; mas, para que ela avance, será necessária uma completa mudança de paradigma. Não precisamos de melhores lojas de discos; precisamos começar a projetar iPods.”

A INOVAÇÃO COLABORATIVA AVANÇA PARA O PRÓXIMO NÍVEL

A Local Motors é apenas um dos muitos exemplos de um novo paradigma poderoso da inovação. Nós o denominamos wikinomics: a arte e ciência da inovação colaborativa. Fenômenos como Twitter, Facebook e Wikipedia talvez tenham capturado a imaginação popular, mas, como demonstra a Local Motors, a inovação colaborativa pode ir muito além. É uma nova maneira de as pessoas se socializarem, de se divertirem e de transacionarem umas com as outras, em comunidades de pares de sua escolha, que abre novas oportunidades vibrantes para que cada um participe mais ativamente da economia – desde desenhar e vender T-shirts, pela Threadless.com, até ajudar a Nasa no desenvolvimento de melhores luvas para os astronautas.

Com efeito, pela primeira vez na história, indivíduos e pequenos negócios podem explorar recursos de classe mundial, acessar mercados e servir a clientes de maneiras que, no passado, eram possíveis apenas para grandes empresas. Empresas pequenas e médias, por exemplo, podem produzir e vender no mercado global, embora, elas próprias, não fabriquem absolutamente nada. Graças a novas prestadoras de serviços, como a Ponoko, com sede na Nova Zelândia, é possível encomendar a fabricação e a entrega dos produtos diretamente aos clientes, praticamente em qualquer lugar do mundo. Envie seu projeto para o site, selecione os materiais, e a Ponoko cuida de todo o resto. Os empreendedores que estão apenas começando podem até postar seus produtos no mercado da Ponoko. Derek Elley, diretor de estratégia, explica: "É como um processo de fabricação global e de comercialização ponto a ponto de baixo custo, que começa em sua sala de estar." Agora, os inovadores podem converter suas ideias em ofertas tangíveis, com riscos menores, custos mais baixos, escalabilidade instantânea, controles mais rigorosos e níveis de complexidade mais palatáveis. Por sua vez, os consumidores se beneficiam com preços mais baixos para produtos personalizados e, talvez mais importante, os novos modelos de fabricação prometem reduzir o impacto ambiental do processo de produção, principalmente por meio da eliminação de intermediários e da redução das necessidades de transporte.

Será que uma empresa que adote uma rede de microfabricação da Ponoko seria capaz de competir diretamente com um produtor convencional em grande escala? A resposta, por enquanto, é "ainda não". Porém, a simples possibilidade suscita questões profundas sobre a viabilidade dos velhos modelos de criação de valor econômico da era industrial, quando modelos em rede são capazes de fazer exatamente a mesma coisa, só que com mais eficácia. Nessas condições, e se você, por acaso, for o líder de uma daquelas empresas da era industrial, do tipo em que os novos produtos são desenvolvidos em laboratórios fechados, mediante processos incrementais, em ritmo lento e até previsível? A resposta é que seu empreendimento monolítico, autônomo e introspectivo está morto ou moribundo. Qualquer que seja a indústria ou setor, não importa que a organização seja grande ou pequena, apenas recursos internos e algumas parcerias externas já não são suficientes para corresponder às expectativas do mercado, em termos de crescimento e inovação. Digamos que você seja o CEO de uma empresa de US$80 bilhões, como a Procter & Gamble, em que o crescimento orgânico de 6%, por exemplo, seja equivalente à construção de um novo negócio lucrativo de US$5 bilhões por ano. Durante muito tempo, as empresas promoveram aquisições, alienações, joint ventures e terceirização seletiva, no esforço para acelerar o crescimento da receita e do lucro. Mas, na economia de hoje, esses métodos convencionais são rígidos demais, e não bastante expansíveis, para impulsionar o crescimento e a inovação a ponto de tornar as empresas realmente competitivas. Eis como se manifestou Larry Huston, ex-chefe de inovação da P&G:

"As alianças e joint ventures não abrem o espírito do capitalismo dentro das empresas. São vestígios da abordagem de planejamento central, quando, ao contrário, precisamos de mecanismos de livre mercado."

Assim, se os métodos tradicionais não aceleram o crescimento, o que o fará? Para responder a essa pergunta, primeiro consideremos a natureza em mutação do atual panorama de talentos. Embora a América do Norte e a Europa ainda se gabem de dispor dos maiores pools de profissionais criativos altamente qualificados, é improvável que continue sendo assim durante muito tempo. À medida que avançamos no futuro, os talentos necessários para produzir produtos e serviços capazes de liderar os mercados se concentrarão cada vez mais em lugares como Brasil, China e Índia – em grande parte porque grandes transições demográficas sísmicas hoje em andamento estão deslocando o *locus* de crescimento da economia global diretamente para esses mercados em desenvolvimento. Dois bilhões de pessoas da Ásia e da Europa Oriental ingressaram na força de trabalho global ao longo da última década, e outras multidões virão muito em breve. Com efeito, enquanto os países desenvolvidos se preocupam com o aumento do índice de dependência na população, ou seja, a proporção entre as fatias economicamente ativa, de um lado, e dependente, de outro, boa parte do aumento na população mundial e na demanda por bens de consumo ocorrerá nos países em desenvolvimento. Além disso, muitos dos talentos mais brilhantes agora preferem trabalhar fora do ambiente das empresas tradicionais, em pequenos negócios ou como prestadores de serviços autônomos.

A sabedoria convencional afirma que as empresas devem procurar essas pessoas, contratá-las e retê-las, por meio de salários e benefícios. Quando os custos de transação eram altos, isso até fazia sentido. Mas, hoje, a internet fornece plataformas cada vez mais poderosas, que reduzem drasticamente os custos da colaboração e facilitam o acesso ao mercado global de ideias, de inovações e de mentes com qualificações singulares, de maneira cada vez mais eficaz em relação ao custo. Empresas que se dedicam com intensidade a P&D, como a P&G, por exemplo, podem usar plataformas como InnoCentive ou NineSigma, para explorar via internet as comunidades globais de ciências e engenharia. Como explicaremos adiante, essa alternativa não substitui necessariamente os empregados, mas pode ampliar em muito o poder mental bruto disponível, sem aumentar na mesma proporção os custos fixos. Ou considere os sucessos recentes da Apple, gigante de produtos de consumo. O iPhone não é um telefone comum. Com o surgimento da App Store, o iPhone se tornou uma plataforma de inovação que gera oportunidades econômicas para desenvolvedores autônomos, ao mesmo tempo em que oferece aos clientes acesso a uma variedade mais ampla de aplicativos, em comparação com a que estaria disponível se a Apple se limitasse a seus recursos próprios, sem recorrer a terceiros. Cada vez mais empresas agora estão seguindo o exemplo da Apple. A oportunidade de transformar produtos comuns de prateleira em plataformas pelas quais grandes comunidades de clientes e de parceiros coinovam para a criação de valor é irresistível demais para ser ignorada.

Embora grandes empresas icônicas estejam captando a mensagem, a inovação colaborativa é ainda mais benéfica para pequenas empresas. Veja o caso de uma emergente, como a Local Motors, com 12 empregados trabalhando em tempo integral. "Por mais que você seja inteligente e por mais que você trabalhe, seu tempo é limitado, seus recursos são limitados e, francamente, sua criatividade também é limitada", diz Rogers. Porém, por meio da colaboração em massa, Rogers explora um pool de talentos muito mais amplo do que qualquer coisa que ele poderia empregar em tempo integral. "Ao oferecer às pessoas a oportunidade de participar e de contribuir com uma visão de projeto, com uma visão de engenharia, com uma visão de acessórios e até com uma visão de marca", diz ele, "podemos converter a multidão de entusiastas por automóveis – que todos sabemos onde está – numa tribo realmente disposta a fazer fila atrás de marcas, mensagens e ideias, e as marcas talvez nem sejam identidades empresariais, podendo ser apenas o projetista do carro que assume a liderança". Em outras palavras, a comunidade mais ampla – inclusive os clientes e os parceiros que participarem da criação de valor – torna-se parte integrante da empresa em si e vetor de vantagem competitiva. De fato, enquanto produtos e serviços são imitados com facilidade, uma comunidade leal e engajada é praticamente irreproduzível.

Usando a internet como plataforma de inovação, Local Motors, Apple e outras aplicam a fórmula vencedora exposta em *Wikinomics*. Hoje, as empresas bem-sucedidas têm fronteiras porosas e, no processo competitivo, vão além de suas paredes, para haurir conhecimentos, recursos e capacidades externas. São como um eixo de inovação e como um ímã de mentes privilegiadas. Concentram o pessoal interno na integração e concentração do valor e tratam o mundo como seu departamento de P&D. Tudo isso compõe uma nova espécie de empreendimento colaborativo – que formula e reformula constantemente conglomerados de conhecimentos e capacidades para competir em escala global.

Para ser claro, a inovação colaborativa não consiste em "todo o mundo fazendo tudo", conforme sugeriram críticos como Jaron Lanier. Tampouco é um substituto abrangente para P&D avançada ou para a arte de boas campanhas de marketing. De modo algum significa transferir produtos fracassados para o domínio público, na esperança de que alguém os converta em ouro. Muito menos é cooptar pessoas inteligentes e talentosas para que ofereçam de graça suas ideias valiosas. Decerto, muitas empresas exploraram a chamada "crowdsourcing", ou colaboração coletiva e voluntária em grande escala, para arregimentar a baixo custo serviços de marketing e outros. Porém, essas tentativas não produzem resultados sustentáveis e raramente constroem os alicerces de um ecossistema de negócios dinâmico e fértil. Nos casos mais bem-sucedidos de colaboração em massa, as empresas atribuem funções bem definidas e importantes aos colaboradores e permitem que os membros da comunidade participem da propriedade e dos frutos de suas criações. Tornam seus produtos básicos modulares, reconfiguráveis e editáveis. Estabelecem um contexto para a coinovação e para a colaboração, oferecendo fóruns para discussões e fornecendo kits de ferramentas amigas dos usuários, que facilitam a colaboração para agregar valor. O resultado é a formulação de melhor proposta de valor para os clientes e a construção de um motor de inovação mais potente que a empresa fechada convencional.

Em *Wikinomics* apresentamos numerosos exemplos de inovação colaborativa, em que empresas e outras organizações recorrem a conhecimentos, recursos e talentos externos para reforçar a competitividade e a lucratividade. Mostramos como uma empresa introspectiva e reservada, como a P&G, aprendeu a transpor as fronteiras organizacionais e a coinovar centenas de novos produtos com parceiros externos, ao mesmo tempo em que reduzia em US$1 bilhão seus custos com P&D. Vimos como o Linux, o sistema operacional de código aberto, evoluiu da condição inicial de experimento de hacker e se transformou em ecossistema de muitos bilhões de dólares, como a IBM adotou o código aberto no cerne de seu negócio, com intensidade que poucas empresas de seu tamanho e tradição haviam ousado antes. Também contamos histórias de empresas como Amazon, Google e Apple, que desbravaram estratégias de plataforma aberta altamente bem-sucedidas e deixaram os concorrentes comendo poeira. Nas páginas seguintes, revisitaremos algumas dessas empresas e conheceremos algumas outras. Para quem não leu nosso livro anterior, este capítulo é a cartilha básica. Já os leitores veteranos ficarão intrigados ao ver como o fenômeno incipiente que descrevemos em 2006 transformou-se em poderoso modelo de criação de valor econômico, que está provocando rupturas em sucessivos setores de atividade. Mas, antes, retornemos à Local Motors, espécime de nova cepa radical de empresa automobilística, que colabora abertamente no projeto de veículos, oferece aos clientes participação significativa no processo e, então, usa uma rede de microfábricas para produzir carros que atendam às necessidades e preferências dos mercados locais.

LOCAL MOTORS: PROSSUMO ATÉ O CHÃO DA FÁBRICA

Se os fabricantes de automóveis dos Estados Unidos estão bem atrás dos concorrentes no desenvolvimento de projetos ousados, de onde veio todo o talento em design explorado pela Local Motors? A resposta é que esses recursos sempre estiveram disponíveis – mas ninguém se interessou em aproveitá-los, pelo menos até Jay Rogers entrar em cena. Ao voltar do Iraque, ele visitou numerosas escolas de desenho industrial e descobriu que a maioria dos alunos que se especializava em projetos de transportes não conseguia emprego em empresas automobilísticas, mesmo nos bons tempos. Acabavam conseguindo trabalho na Martha Stewart ou na Home Depot, mas, à noite, continuavam projetando carros. “Depois de visitar essas escolas”, diz Rogers, “descobri que há uma oferta reprimida [de pessoas] em busca de um lugar onde contribuir com seu trabalho.”

O seu momento de epifania ocorreu quando ele estava entrevistando o chefe da escola de desenho de transportes na Art Center College of Design, em Pasadena, uma das principais instituições educacionais de desenho do mundo. Como a escola se preparava para graduar 60 alunos com especialização em projetos de transportes, Rogers perguntou quantos deles já haviam conseguido emprego. "Lá estava eu, saindo da Harvard Business School, onde a taxa de colocação era de 89% ou 99%", diz Rogers. "O diretor respondeu: 'Dezessete pessoas já estão empregadas.' Eu reagi com algo do tipo 'Ah, só 17!? Desculpe, mas isso é uma taxa de colocação muito baixa, não é?' O diretor retrucou: 'Não, na verdade é muito normal. Isso é o que conseguimos quase todos os anos.'" E isso foi antes de a economia ter sido arrastada para a recessão.

Haurindo o pool de talentos latentes

Rogers tinha apenas mais uma dúvida: Como ele exploraria esse pool de talentos latente? Depois de uma tarde no Twitter, ocorreu-lhe: ele precisava de uma plataforma on-line para colaboração. "As ferramentas para esse ambiente colaborativo já estavam disponíveis", concluiu. "Não precisávamos recriá-las. Bastava divulgarmos um aviso, dizendo: 'Se você tiver uma grande ideia para desenvolver um carro, temos recursos de engenharia e temos clientes que querem conhecer sua grande ideia.'"

Hoje, o local-motors.com é a meca dos projetistas e entusiastas de carros em todo o mundo. Embora a empresa de Massachusetts funcione em estreito entrosamento com a comunidade de inovadores locais, sua comunidade de projetos é aberta para qualquer pessoa que disponha de um computador e que tenha acesso à internet. Coletivamente, já gerou 44 mil projetos que são compartilhados via "creative commons". Os participantes votam nos projetos de sua preferência e, então, "codesenham" as escolhas mais promissoras da comunidade. No entanto, os projetistas não fazem isso de graça. Sangho Kim, projetista do conceito do Rally Fighter, recebeu US$10 mil depois que seu projeto inicial venceu uma das séries regulares de competições de projetos de carros. A empresa liberou mais US$10 mil, no início da produção do Rally Fighter. Depois da conclusão do projeto e da engenharia do carro, os clientes podem visitar uma das microfábricas de Rogers e configurar seus próprios modelos, com alguma ajuda da Local Motors, evidentemente. A Local Motors assumiu o compromisso de "liberar os carros para que sejam uma plataforma para o mercado de equipamentos automotivos especiais", ou seja, o processo automotivo se prolongará por muito tempo depois de os carros terem saído das oficinas.

Projetar e produzir carros com um elenco de milhares de colaboradores realmente envolve alguns desafios. Rogers afirma que às vezes é difícil satisfazer a poderosa comunidade de 4.500 projetistas e entusiastas de carros que se congregam no site da empresa. Quando Rogers decidiu usar em um modelo as lanternas traseiras do Honda Civic, em vez de o conjunto original do projeto, que teria custado à empresa nada menos que US$1 milhão, os fãs não receberam bem a notícia, disse Rogers. No entanto, ele está satisfeito de contar com esse envolvimento. "Nossa proposta de valor básica é educação, pois acreditamos que o fator escasso na indústria automobilística era o conhecimento do que efetivamente acontece abaixo dos pedais e além de suas pernas." Melhores informações e mais envolvimento serão úteis para os donos de automóveis e talvez até contribuam para a formação de melhores cidadãos. "Se eu conhecer melhor os automóveis de hoje", diz Rogers, "poderei participar com mais eficácia da política ambiental, tomar melhores decisões como comprador, desenvolver a capacidade de fazer pequenos consertos e cuidar melhor do meu carro".

No fim das contas, tudo se resume em novo pacto com os clientes; e o compromisso da Local Motors de comprar componentes e de produzir carros em âmbito local é fundamental para esse relacionamento. "Se você está fazendo cocriação e se você quer ser autêntico, você precisa ser hiperlocal", diz Rogers. "Para cocriar com nossos clientes – não importa que isso signifique ajudar a melhorar os produtos, ajudar a melhorar os processos, ou ajudar a melhorar a manutenção dos produtos – precisamos manter relacionamentos com eles, e me refiro a relacionamentos pessoais. Na verdade, é muito importante para nós criar uma empresa que seja como uma família, se você quiser."

"Pimp my Ride"

Embora a indústria automobilística tradicional tenha demorado para seguir a tendência, a customização é um grande negócio – e a Local Motors está na *pole position* para explorar suas vantagens. Os aficionados por automóveis – a maioria homens, na casa dos 20 anos – gastam US$4,1 bilhões por ano enfeitando e envenenando seus veículos, em comparação com US$295 mil em 1997, graças, em grande parte, a programas de televisão da MTV, como "Pimp My Ride".[4] Enquanto isso, a feira comercial anual da Specialty Equipment Manufacturers Association explodiu em popularidade, se expandindo de mais ou menos três mil estandes e 50 mil visitantes, em 1990, para mais de 10 mil estandes e 100 mil visitantes, espalhados em mais de 90.000m^2.[5]

Apesar do impulso crescente que vem ampliando as comunidades cada vez maiores de entusiastas por carros e lojas especializadas em marketing de pós-venda, as 12 grandes empresas automobilísticas consideram a inovação e a criatividade amadora, que explode nessas comunidades de usuários, um fenômeno marginal de pouco interesse ou importância para seus mercados básicos. Mesmo quando essas inovações parecem promissoras, os processos empresariais estão aferrados com muita rigidez ao paradigma manufatureiro para usá-las em proveito próprio. Na verdade, a inflexibilidade é tal que, mesmo os fornecedores de nível um têm dificuldade em introduzir com firmeza novas ideias no sistema. A Johnson Controls, que fabrica assentos para empresas automobilísticas em todo o mundo, sabe muito bem como o sistema pode ser rígido. Seus engenheiros tiveram uma ideia inovadora: permitir que os clientes encomendassem assentos sob medida, que lhes proporcionasse o máximo de conforto e de ajuste ortopédico. Foi um insight, mas havia só um problema: não existia espaço na cadeia de valor hierárquica da indústria automobilística para que os projetistas da Johnson lidassem diretamente com os clientes que queriam tirar proveito dessa opção de luxo. Primeiro, a Johnson teve de convencer as empresas automobilísticas a adotar o programa e, depois, precisou vender a ideia aos distribuidores e revendedores que lidavam diretamente com os clientes. Vencer essa corrida de obstáculos, em todos esses níveis, se mostrou impossível. Assim, outra grande ideia morreu no nascedouro.

Se contribuiu para algo, a saga da Johnson Controls salienta por que novos modelos de negócios radicais são tão mais prováveis em empresas emergentes, como a Local Motors, que numa empresa tradicional, como a Ford. De fato, pode-se imaginar a Local Motors um pouco como a Dell da indústria automobilística, com o modelo de venda direta altamente configurável, com o baixo nível de estoques e com a participação ativa dos clientes. Embaixo do capô do Rally Fighter encontram-se peças e componentes de alguns dos carros de produção em série mais vendidos no mundo. O conjunto de motor e transmissão – um twin-turbo diesel com câmbio automático de seis marchas – é do BMW 335d, assim como o tanque de combustível e o painel de instrumentos. Preso aos pneus off-road, de 32 polegadas, vê-se o eixo traseiro de um Ford F-150, sobre o qual se encontram amortecedores de longo curso, semelhantes aos de outro modelo dirt-racing da Ford, o Raptor. Na parte dianteira do Rally Fighter, de 1.500 quilos, instalou-se um sistema de absorção de choques semelhante aos usados nos veículos da Mercedes. Até podemos chamá-lo de carro Lego.

Ao olharmos adiante, empresas como a Local Motors estão nos levando para mais perto de um mundo onde o desenvolvimento de bens físicos adota métodos que se assemelham cada vez mais aos usados na produção de intangíveis, como o conhecimento. Diferentes produtos, como o iPhone, da Apple, o Airbus A380 e um chip da Intel, já combinam componentes e serviços de numerosas empresas – não raro centenas delas. Para as empresas responsáveis por compor essas amplas teias de criação de valor, a inovação tem menos a ver com a invenção e construção de bens físicos que com a orquestração e coordenação de boas ideias.

Decerto, a Local Motors não é a única empresa automobilística a encarar o automóvel como uma série de peças e componentes que elas podem montar, desmontar e recombinar, conforme as necessidades. Afinal, uma variedade crescente de carros nem mesmo é feita por empresas automobilísticas, ao menos não pelas empresas conhecidas pela maioria dos consumidores. Empresas como a BMW se concentram no marketing, nas parcerias e nos relacionamentos com os consumidores, além de manterem qualquer expertise em engenharia que considerarem crítica. Porém, fornecedores como a Magna produzem a maioria dos componentes e, cada vez mais, até montam o veículo final. A Mercer, empresa de consultoria gerencial, estima que, entre as marcas premium, os sistemas elétricos e eletrônicos já respondem por mais da metade do valor do veículo. Ainda por cima, segundo essas mesmas estimativas, em 2015, os fornecedores, não os fabricantes de automóveis, se encarregarão de boa parte das atividades de P&D e de produção do setor. Será que empresas como a BMW estão preocupadas com essa tendência? Na verdade, isso é muito bom para elas, uma vez que libera seus talentos criativos para concentrar-se no desenvolvimento do software dos veículos, no polimento da imagem das marcas e na integração da complexa aparelhagem eletrônica que hoje comanda os automóveis de alto desempenho. Todo o resto será terceirizado ou gerenciado por meio de uma ou outra forma de colaboração. Bem-vindo à fábrica de automóveis global.

Gostamos da Local Motors porque ela dá uma virada radical no conceito tradicional de projeto e fabricação de automóveis. Em vez de deixar por conta dos engenheiros todas as decisões referentes a projetos, ela dá o passo lógico seguinte: permitir que os clientes misturem e combinem os componentes e, como já chegaram a esse ponto, por que não permitir que também participem da montagem? Se Rogers for bem-sucedido nessa experiência, ele terá demonstrado que o método colaborativo dos desenvolvedores de software de código aberto é tão compatível com automóveis e aviões quanto com software e enciclopédias on-line. A colaboração em massa na produção de bens físicos talvez ainda não tenha atingido a maioridade, mas empresas inteligentes, como a Local Motors, já estão bem à frente no placar.

OS PIONEIROS DO PONTO A PONTO: COMO O LINUX CONTINUA A CONQUISTAR O MUNDO

Perambular pelo Simpósio Lynux anual em Tóquio, em outubro de 2009, era como assistir a um concerto de rock, estrelado pelos deuses do Linux. Foi a primeira vez em que o evento se realizou na Ásia e representou um marco importante na história do projeto: o Linux se tornara verdadeiramente global. Para comprová-lo, mais de mil desenvolvedores e usuários do Linux em toda a Ásia compareceram ao evento, para ter a chance de conversar com os luminares do sistema, como Linus Torvalds e Andrew Morton.

Evidentemente, quando Torvalds pela primeira vez postou uma versão incipiente do Linux em um obscuro fórum de discussões, em 1991, ninguém – à exceção dos mais fanáticos evangelistas do código aberto – ousaria prever que um software de código aberto seria muito mais que um experimento efêmero de um hacker. No entanto, em apenas poucos anos, o Linux se converteria no maior projeto de engenharia de software do planeta e disseminaria um ecossistema multibilionário que desestabilizaria o equilíbrio de poder na indústria de software. É como o próprio Linus afirmou, quando conversamos com ele, em Tóquio: “Não se pode planejar um sucesso como esse. Teria sido impossível prevê-lo antecipadamente.”

Ele não está brincando, Hoje, o Linux é usado em tudo, desde os menores produtos eletrônicos de consumo até os maiores supercomputadores. Ele ajuda os sistemas de controle de tráfego aéreo da Alemanha. Também controla numerosas usinas de energia nuclear, embora, por motivos de segurança nacional, não possamos identificá-las. Se você dirigir um BMW, as chances são de que o automóvel esteja rondando um Linux.

E, quando esta página foi escrita, mais de 500 milhões de usuários de sistemas de TV a cabo, de TiVo, de telefones Android e de outros eletrodomésticos usavam Linux, e mais de 1,5 bilhão de pessoas se beneficiavam dele, indiretamente, ao acessar sites como Google, Yahoo e muitos outros. É como Jim Zemlin, diretor executivo da Linux Foundation, gosta de dizer: "Todas as pessoas no mundo moderno usam Linux de uma forma ou de outra, várias vezes por dia." Trata-se de credenciais impressionantes para uma rede aberta de programadores, cujo objetivo não é necessariamente gerar lucro, mas, acima de tudo, desenvolver um sistema operacional melhor.

Para nós, o Linux é parte de uma história maior. Foi e ainda é o exemplo mais representativo de como comunidades igualitárias auto-organizadas de indivíduos e de organizações se constituem – às vezes, apenas como diversão, outras vezes, também com fins lucrativos – para produzir resultados compartilhados.

Novo modo de produção torna-se dominante

Revisitamos o Linux porque ele continua a levantar numerosas questões importantes que são fundamentais para esse livro. Se milhares de pessoas são capazes de colaborar na criação e manutenção de um sistema operacional ou de uma enciclopédia, o que virá em seguida? Que indústrias e que aspectos da sociedade talvez sejam suscetíveis à colaboração em massa e que organizações poderiam beneficiar-se dela? Será que os gestores inteligentes devem tentar enterrar o fenômeno, da maneira como a indústria de música procurou sufocar o compartilhamento de arquivos, ou, quem sabe, sejam capazes de explorar os talentos criativos que se situam fora de suas fronteiras, a exemplo do que fizeram gigantes da tecnologia, do gabarito de IBM, Google e outros, que souberam aproveitar as vantagens do software de código aberto?

Questões que talvez parecessem acadêmicas alguns anos atrás de repente se tornaram de importância vital. Hoje, milhões de indivíduos conectados em todo o planeta podem cooperar para fazer praticamente tudo o que envolve criatividade humana, um computador e conexão com a internet. Ao contrário do que acontecia antes, quando os custos de produção eram altos, hoje é possível colaborar e compartilhar o produto do trabalho a custos muito baixos. Isso significa que as pessoas já não precisam recorrer aos mercados nem a empresas com muito capital para produzir ou comercializar todos os bens e serviços imagináveis. Yochai Benkler, professor da Harvard Law School (Faculdade de Direito de Harvard) e autor de *The Wealth of Networks*, estima que o manancial de um bilhão de pessoas que vivem em países ricos dispõem, no total, de dois bilhões a seis bilhões de horas vagas por dia! Se for possível aproveitar mesmo uma pequena fração dessa capacidade criativa na produção de bens informacionais de alta qualidade, o produto dos empreendimentos voluntários poderia apequenar a produção das indústrias intensivas em conhecimento de hoje. Para tanto, bastam o desejo de criação e as ferramentas de colaboração, recursos que hoje se tornam cada vez mais abundantes. Agora, imagine a capacidade de produção de bilhões de pessoas que escolhem as próprias tarefas a serem executadas em projetos para os quais pouco importam as fronteiras organizacionais, nacionais, culturais ou disciplinares.[6]

Alguns economistas e líderes de negócios lamentam a derrubada das barreiras de entrada e não gostam das soluções de código aberto, argumentando que as produções comuns são tiradas da boca das empresas privadas. Mas, na verdade, é como Linus Torvalds explica com toda a pertinência: "Isso é como dizer que obras em rodovias públicas tiram trabalho de empresas privadas." Mesmo que a propriedade pública das redes de transportes elimine oportunidades de lucro privado, os ganhos para o resto da economia tornam essas perdas comparativamente minúsculas. Para Tovalds, o Linux é como uma concessionária de serviços públicos. Ele fornece a infraestrutura básica que constitui a base sobre a qual desenvolvedores de software constroem aplicativos e negócios. "Cria condições para que entidades comerciais concorram em áreas em que realmente podem agregar valor, ao mesmo tempo em que deixam de preocupar-se com o 'feijão com arroz'", afirma.

"Isso é ainda mais importante na criação de software", prossegue, "em que códigos fechados no nível de infraestrutura podem dificultar em muito a entrada de novos participantes no mercado. Portanto, se realmente contribui para alguma coisa, o código aberto é o fator que possibilita o capitalismo na indústria de software. Sem código aberto, o que resta são monopólios: na verdade, feudalismo econômico". Com efeito, ele acha um tanto irônico que os defensores do software privado ataquem o Linux como injusto. "No mínimo, devem aceitá-lo como competição honesta. Não contamos com a proteção de segredos, com capital financeiro, com subsídios públicos, com sistemas de distribuição nem com outras vantagens das empresas privadas", afirma. "Isso não é socialismo, é o oposto – é livre empresa."

Para Joel Cawley, da IBM, que, como vice-presidente de estratégia, tem influenciado a política de código aberto da empresa, as contribuições para infraestruturas compartilhadas, como o Linux, não comprometem as oportunidades para criar valor diferenciado; aumentam-nas. É apenas uma questão de pensar de maneira diferente sobre criação de valor. "Uma das coisas que pode gerar confusão no desenvolvimento de estratégias", diz Cawley, "é perder de vista de onde vem o verdadeiro valor. Quando você cria constantemente novo valor, você também tem oportunidades de colher esse valor". Em outras palavras, as infraestruturas compartilhadas que crescem e evoluem constantemente forçam as empresas que contribuem para elas a também crescer e a evoluir continuamente. E, ao agregarem valor, também auferirão bons lucros. Com essa promessa vem uma advertência. "A certa altura, é possível que você deixe de criar novo valor", diz Cawley, "e, quando isso acontecer, se você continuar a colher, é até possível que não esteja fazendo muito bem a si mesmo, pois já não está criando novo valor; você estará numa situação difícil".

Lucrar por meio de comunidades de código aberto, como o Linux, talvez não seja tão direto e tão objetivo quanto lucrar com base em produtos e serviços mais convencionais. É uma nova habilidade que exige das empresas a identificação e o aproveitamento de oportunidades para a construção de novos produtos e serviços no contexto de ecossistemas abertos vibrantes – ecossistemas em que sempre se criem novos valores, para várias finalidades e motivações. As empresas precisam de capacidades singulares para atuar nesses ambientes. Para explorar os benefícios com mais rapidez e eficácia que os concorrentes, por exemplo, as empresas devem ser capazes de desenvolver relacionamentos, detectar acontecimentos e tendências importantes, agregar novo valor e converter conhecimentos incipientes em propostas de valor irresistíveis para os clientes. Joel Cawley descreve tudo isso como "processo contínuo de regeneração e de criação de novas fontes de valor". E essa é a essência de um empreendimento vivo, em funcionamento.

Escrevendo um livro de 300 páginas em um dia

Em Tóquio, Jim Zemlin está subindo ao palco. Para dar a partida no Sistema Linux, ele dedica alguns momentos a mostrar como a comunidade Linux está ficando fecunda. Todos os dias, nos últimos quatro anos, 10.923 linhas de código foram escritas por uma equipe mundial de desenvolvedores e cuidadosamente filtradas para dentro do sistema. Isso equivale mais ou menos a escrever um livro de 300 páginas por dia, ou mais ou menos o total de 1.460 livros durante todo o período. Dia após dia, a mesma equipe dispersa de desenvolvedores ainda encontra tempo para remover 5.547 linhas de código que se tornaram redundantes ou modificar outras 2.243. Quando se soma tudo isso, os fanáticos do código aberto acrescentam algo em torno de 2,7 milhões de linhas ao Linux por ano! É um feito espantoso. "Nunca se viu ritmo de mudança tão acelerado em projeto de software de qualquer tamanho", diz Zemlin.

A essa altura, o público está vibrando e Zemlin parece entusiasmado. Mas ocorre que ele só está aquecendo, quando atira outro grande número para o público:

US$10.800.000.000.

Essa é a estimativa do quanto seria necessário caso se quisesse recriar o Linux até o estágio em que se encontra hoje, por meio de métodos convencionais de desenvolvimento de software. E, se isso não for suficiente, que tal o seguinte:

US$50.000.000.000.

Esse é o tamanho estimado da economia do Linux, abrangendo hardware, produtos eletrônicos de consumo e serviços correlatos baseados em Linux. Esse número quintuplicou desde 2006 e é superior ao PIB de alguns países pequenos, como Costa Rica, Líbano e Bolívia.

Finalmente, para boa avaliação, considere dois números bem menores: 0 e 1. Zero é o custo de usar o Linux e 1 foi o número de pessoas necessárias para deflagrar esse processo incrível.

No lado certo da história

Embora boa parte da comunidade Linux gire em torno da pessoa e da liderança de Linus Torvalds, a verdade é que a comunidade Linux é hoje um organismo altamente sofisticado. Embora o Linux não tenha opções sobre ações, nem campus empresarial e tampouco ofereça cortes de cabelo de graça, a comunidade envolve um núcleo de cinco mil desenvolvedores e um ecossistema muito mais amplo de usuários e de colaboradores. Grandes empresas como IBM, Motorola, Nokia, Philips, Sony e Google se incluem entre as primeiras a dedicar recursos sérios ao desenvolvimento do Linux. Mas, hoje, elas coexistem com duas mil outras empresas, que contribuem com regularidade para o código básico do Linux.

Ao menos parte desse impulso crescente pode ser atribuído ao fato de as empresas, que até recentemente eram usuárias passivas do Linux, terem passado a atuar como colaboradoras ativas. Depois de, durante anos, terem desenvolvido suas próprias soluções Linux, sob medida, internamente, elas finalmente se deram conta de que estavam desperdiçando a principal vantagem do software de código aberto. Ao manterem para si mesmas essas extensões e modificações exclusivas, estavam perdendo a oportunidade ainda maior de tirar proveito dos recursos da comunidade. E, ainda por cima, manter as instalações do empreendimento Linux é muito mais barato e fácil quando se conta com o apoio de cinco mil dos melhores programadores do mundo. Zemlin explica que havia muito pouca comunicação entre os desenvolvedores Linux e os milhões de usuários finais. Porém, agora que se compreende melhor a importância de participar do Linux, a comunidade atingiu um ponto de desequilíbrio, o que, por sua vez, aumenta os benefícios da inovação colaborativa e antecipa grandes mudanças estruturais na economia. Com efeito, à medida que as empresas destinam recursos significativos às comunidades de código aberto, questões sobre quando contribuir e como explorar os bens comuns estão chegando ao âmago da estratégia empresarial. Já não se trata apenas de decisões sobre fronteiras (o que é interno, o que é externo), mas de grandes questões sobre onde atuar, quando cooperar em infraestruturas compartilhadas e quando diferenciar e competir.

Há outros sinais de que o Linux está amadurecendo. Com a ajuda de empresas como IBM, Red Hat e Novell, a comunidade Linux organizou um sistema de defesa legal e um regime de patentes como bens comuns (*patent commons*) para ajudar a proteger os desenvolvedores contra ações judiciais. Trata-se de uma iniciativa crítica, pois nenhuma empresa em sã consciência embutiria o Linux em seus produtos, se receasse que uma ação judicial por infração de patente pudesse a qualquer momento comprometer seus produtos. Porém, ao reunir suas patentes de software e ao disponibilizá-las de graça, grandes participantes da comunidade Linux estão sinalizando para os usuários, para os desenvolvedores e para pretensos adotantes que o Linux está aberto para empresas. Com efeito, se conseguirem dissipar a nuvem legal que paira sobre o Linux, o cenário estaria pronto para que, finalmente, o software de código aberto engatasse a marcha de velocidade. Os entusiastas já estão contando os pintos antes de a galinha pôr os ovos, especulando que o Linux não só dominará o mercado de servidores de hoje, mas também praticamente tudo, desde aparelhos médicos até produtos eletrônicos de consumo, eletrodomésticos, automóveis e sinais de trânsito. "Estamos no lado certo da história", diz Zemlin. Não poderíamos concordar com mais convicção.

EXPLORANDO O MERCADO GLOBAL DE IDEIAS, INOVAÇÕES E MENTES COM QUALIFICAÇÕES SINGULARES

A última vez em que pusemos a conversa em dia com Larry Huston, em 2006, ele ainda estava lançando um novo modelo de inovação radical, chamado "Conecte-se e Desenvolva" (Connect & Develop). Já contamos a história de como uma empresa que já fora famosa por seu isolamento aprendeu a ver o mercado global como fonte inexplorada de ideias e como pilar de sua estratégia de inovação. O cerne da estratégia era um objetivo ambicioso, definido pelo CEO A. G. Lafley. Ele afirmou, em 2005, que até 2010 a empresa deveria extrair de fontes externas 50% das novas ideias referentes a produtos e serviços. A declaração, na época, foi considerada um blefe pelos observadores da indústria. Afinal, a P&G já contava com nove mil pesquisadores de classe mundial, empenhados em inventar novos produtos e serviços – será que, de repente, todos eles entrariam de férias?

Porém, o que o mundo não percebeu foi que não importava o quanto a empresa investisse em P&D interno – mesmo 9 mil dos melhores e mais brilhantes não seriam capazes de gerar novos produtos bastante inovadores para manter a P&G competitiva. A empresa precisava de uma infusão de talento e de novas ideias. Com efeito, pesquisas realizadas por Huston mostraram que para cada um dos nove mil cientistas de alto nível que trabalhavam nos laboratórios da P&G, havia outros 200 fora da empresa, igualmente bons, o que dá um total de 1,8 milhão de pessoas, cujos talentos poderiam ser hauridos. Mas como a P&G poderia acessar esse vasto pool de talentos? Bem, para começar, ela teria de passar a encarar a inovação de maneira muito diferente. Em vez de inventar tudo em casa, com recursos próprios, sem medir custos e esforços, a P&G poderia esquadrinhar o globo, em busca de produtos e de tecnologias comprovadas, a serem aprimoradas, ampliadas e comercializadas, por conta própria ou por meio de sua rede de negócios. E em vez de tentar empregar ampla variedade de pesquisadores em tempo integral – afinal, nenhuma empresa é capaz de contratar 1,8 milhão de pessoas – ela poderia tentar explorar rapidamente os talentos, ideias e recursos de outras pessoas e avançar.

Em certa ocasião, isso significou visitar uma pequena padaria em Bolonha, Itália, onde a P&G adquiriu uma tecnologia para imprimir imagens comestíveis em bolos e em biscoitos, o que lhe permitiu lançar nova linha de batatas fritas Pringles, com perguntas simples e com imagens de animais decorando cada batata. Em outra ocasião, a P&G precisava de uma solução para produzir camisas de algodão que não amarrotassem. Como a busca dentro da própria organização não resultou em nada, a empresa expôs o problema na InnoCentive, uma rede global de 200 mil cientistas que cobram honorários que variam de US$10 mil a nada menos que US$1 milhão para oferecer respostas a empresas famintas de inovação, como a P&G. Em breve se encontrou uma solução; mas de uma fonte inusitada. A proposta vencedora foi enviada pelo laboratório de um professor que estava estudando polímeros a pedido da indústria de semicondutores. A ideia dele, quando aplicada a roupas, resolveu muito bem o problema das rugas.

Esse tipo de transpolinização multidisciplinar em geral é fundamental para produzir rupturas tecnológicas. Com efeito, os solucionadores de problemas da InnoCentive são conhecidos pela produção de resultados surpreendentes, que levam as organizações por caminhos que elas nunca teriam imaginado. Veja o caso do Oil Spill Recovery Institute (OSRI), que foi incumbido pelo Congresso dos Estados Unidos da missão de limpar o derramamento de petróleo do *Exxon Valdez* na costa do Alasca. Há 20 anos, a organização vem tentando remover os 80 mil barris de petróleo que ainda repousam no fundo da Enseada do Príncipe William. O problema é que as águas subárticas são extremamente frias, ou seja, o petróleo se encontra em estado quase sólido, impedindo seu bombeamento para a superfície por meio de tecnologias convencionais. O petróleo talvez tivesse ficado em seu leito submarino para sempre, se, um dia, em 2007, o Oil Spill Recovery Institute não tivesse lançado um desafio na rede InnoCentive, onde não demorou muito tempo para que um engenheiro civil, chamado John Davis, sugerisse uma solução. Evidentemente, o setor de construção civil sempre lutou com a necessidade de manter o cimento em estado líquido durante o transporte, até o ponto de entrega. As empresas de cimento resolveram o problema com vibrações de alta frequência, capazes de evitar que o cimento se converta em concreto sólido cedo demais. Com algumas modificações em equipamentos muito comuns nas barcaças de recuperação, a mesma abordagem se mostrou eficaz também em relação ao petróleo quase congelado. A OSRI encontrou a solução almejada e Davis embolsou US$20 mil. Alf Bingham, cofundador da InnoCentive, afirma que soluções como essa são consequências de tornar o problema acessível para muitas e muitas mentes. "Daí resulta ampla diversidade de raciocínios, o que, não raro, produz soluções únicas."

A capacidade de explorar essa rede mais ampla permite que organizações como a P&G e o OSRI resolvam problemas com mais eficácia. Porém, o fato de economizar tempo e dinheiro não significa que os pesquisadores também não possam lucrar com esse modelo de inovação. Mais de 40% dos "solucionadores" registrados são do Brasil, Rússia, Índia e China; 30%, dos Estados Unidos; e os restantes, de mais de 150 outros países. Muitos trabalham em laboratórios de universidades, onde pesquisas aparentemente absurdas podem ter aplicações até então não imaginadas nem monetizadas. Com efeito, Dwayne Spradlin, presidente e CEO da InnoCentive, está ansioso por deflagrar mais atividades empreendedoras, entre os buscadores e solucionadores, expandindo as ferramentas oferecidas aos usuários, para gerenciar direitos, comunicar-se com outros usuários registrados e auto-organizar-se em entidades autônomas *ad hoc*. "Pense 'pesquisadores públicos aposentados' ou 'nanotecnólogos chineses' ou 'parceiros de pesquisa contratados da ABC Corp'", diz Spradlin. "Depois, imagine-se envolvendo esses grupos em desafios específicos do interesse deles."

Com efeito, quando os problemas de inovação são altamente integrados, talvez seja preferível oferecê-los a equipes externas qualificadas, em vez de lançá-los num mercado aberto. Imagine, por exemplo, a USAID buscando soluções prontas para banheiros portáveis e abrigos provisórios, depois de outro desastre natural em escala semelhante à do terremoto do Haiti, ou a cidade de Phoenix pedindo ajuda para sustentar seus recursos de água potável em consequência do esgotamento dos mananciais. O fato de a InnoCentive estruturar seus problemas de maneira modular já significa que há oportunidades para que indivíduos e organizações desenvolvam negócios em torno desse modelo de inovação.

De volta à P&G, o projeto radical de Lafley e Huston continua a acumular vapor. Só nos dois primeiros anos, por meio da "Conecte-se e Desenvolva", a P&G adquiriu mais de mil ideias e tecnologias externas e lançou mais de cem novos produtos, para os quais algum aspecto da execução veio de fora da empresa. Ao mesmo tempo, a iniciativa aumentou a produtividade de P&D em quase 60%. Sua taxa de sucesso em inovação mais que dobrou, enquanto o custo caía.[7] Os investimentos em P&D, como porcentagem das vendas, diminuíram de 4,8%, em 2000, para 2,5%, em 2010. E, em 10 anos, desde a queda vertiginosa do mercado de ações, em 2000, a P&G dobrou o preço da ação e construiu um portfólio de marcas de US$23 bilhões, o que a torna líder setorial. Embora Lafley admita que buscar novas ideias fora da empresa já foi um passo muito radical, ele considera essa abordagem tão importante que, recentemente, o mantra da organização passou a ser: "encontrado em outro lugar, com muito orgulho". Agora, os empregados são recompensados não só por inventar novos produtos, mas também por comercializá-los, não importa que a ideia seja originária de dentro ou de fora da empresa.

Infoestrutura e o colaboratório virtual

Evidentemente, as empresas multinacionais de há muito exploram diversos ambientes em busca de novas ideias, mas, para tanto, ainda hoje, elas adotam modelos obsoletos da era industrial. Na Índia, onde a população de talentos qualificados está explodindo, quase todas as grandes empresas estão tentando delimitar espaços nesse novo pool de recursos. Recentemente, empresas como a GE construíram instalações de tijolo e argamassa, em eixos emergentes, como Bangalore e Mumbai – investimentos que hoje, argumenta Huston, foram mal direcionados, considerando a alternativa de modelos baseados em internet. Evidentemente, os encontros pessoais, face a face, são importantes quando se tenta gerenciar pessoas e ativos intelectuais de diferentes culturas, disciplinas e fronteiras organizacionais. Porém, na opinião de Huston, a GE e outras empresas cometeram um grande erro. Em vez de construir unidades de tijolo e cimento na China ou na Índia, as empresas inteligentes, cada vez mais, prospectam on-line os ecossistemas globais. Quando se trata de explorar o pool de talentos globais, argumenta Huston, "é mais infoestrutura que infraestrutura".

O Centro de Inovação da GE, em Bangalore, é um amplo complexo que ocupa mais de 200.000m² e emprega quatro mil pessoas, cuja construção custou mais de US$175 milhões.[8] "Porém, no mundo plano da P&D", diz Huston, "não preciso aboletar-me num banco de laboratório, situado em plano superior, quando posso sondar esse ecossistema global em dois monitores de tela plana, diante de meu computador de mesa". A P&G decidiu não construir um centro de inovações na Índia e, em vez disso, enviou 60 pessoas em missão, para que se espalhassem pelo país e explorassem os recursos e os lampejos intelectuais dispersos por aquele vasto território. A Índia tem ampla rede de laboratórios nacionais e se gaba de dispor da maior base de dados sobre ingredientes botânicos – recurso atraente para uma empresa cujos produtos de cuidado com a pele se encontram entre os mais rentáveis de seu portfólio. "Por que não aproveitar o que já existe e poupar o esforço de construir todo de novo?", observa Huston.

Portanto, se centros de P&D de tijolo e cimento representam a velha escola, qual é a nova escola? Huston a denomina "colaboratório virtual". Imagine-o como um vasto ecossistema de inventores conjuminados, trabalhando em linhas de pesquisa e desenvolvimento complementares, que podem interceptar-se em momentos de serendipidade. Esse ecossistema não existe num único espaço físico, mas numa rede on-line, que torna o acesso a esses indivíduos e empresas e a promoção de relacionamentos entre as partes tão simples quanto a constituição de um grupo no Facebook.

Larry Huston quer instalar esse recurso no computador de todos os inovadores. A empresa dele, inno360, construiu uma plataforma completa que inclui tudo, desde uma interface de visualização completa da rede até as ferramentas para a descrição de inovações e gestão da propriedade intelectual. "Os investimentos em infoestrutura oferecem velocidade, reduzem os investimentos em outras áreas e ampliam a diversidade de ideias, em proporções que não obterei em nenhum outro lugar", diz.[9] De acordo com Huston, o ecossistema de inovação de uma empresa típica tem quatro grandes componentes: os empregados em tempo integral, os empregados dos fornecedores, sua rede social ampliada (inclusive todas as ligações pessoais com colegas e colaboradores fora da empresa) e todas as pessoas que trabalham em atividades correlatas, que não estão conectadas no momento, mas que provavelmente deveriam estar – o que podemos chamar de rede latente. Junte tudo isso e, para uma empresa como a P&G, o conjunto pode chegar a dois milhões de pessoas. Apenas seus 15 principais fornecedores têm, no total, um staff de P&D de 50 mil pessoas, que representam importante fonte de inovação. Mas o escopo efetivo do ecossistema é muito mais profundo e mais amplo. Afinal, a P&G hoje gasta quase US$2 bilhões com P&D, abrangendo 150 áreas científicas e 300 marcas, envolvendo várias categorias de produtos. Isso significa o entrosamento constante com um vasto pool de talentos, capaz de contribuir para o departamento de P&D virtual.

Muitas empresas nem mesmo se dão conta do potencial de que dispõem na ponta dos dedos. Suas redes de pessoas são fragmentadas demais para proporcionar-lhes um panorama completo de toda a organização, que dirá uma visão que sintetize todo o ecossistema. A capacidade de visualizar essas conexões em âmbito de todo o empreendimento – além de referências à literatura, a bases de dados de patentes e a outras fontes de dados – seria bem-vinda para a maioria das empresas. Digamos, por exemplo, que você seja o líder de uma empresa de alimentos que, durante muitos anos, vendeu uma mistura insalubre de carboidratos, gorduras trans, açúcares e adoçantes com alta dose de frutose. E digamos que seu futuro como empresa de alimentos dependa do uso de ingredientes salubres e da criação de alimentos saudáveis. Essa mudança envolve uma rede social totalmente nova e um ecossistema industrial totalmente novo a que se conectar, algo que provavelmente exige a construção de redes de nutricionistas, de agricultores orgânicos e de químicos de alimentos, capazes de converter quinoa em saboroso cereal para o café da manhã! "A certa altura", diz Huston, "cai a ficha: 'Uau! Eu não posso fazer isso sozinho, demoraria uma eternidade.'" Porém, com uma estratégia envolvendo inovação aberta, ecossistemas e redes sociais, é muito provável que a transição seja muito mais rápida e bem mais exitosa. "Sem recursos de colaboração em massa, você nem mesmo chegará a desenvolver os conhecimentos técnicos necessários – não no prazo necessário", explica Huston. Essa realidade leva a todo um novo conjunto de considerações sobre fronteiras e a toda uma nova maneira de encarar estratégia, com base no fato de que é preciso alavancar com rapidez novos ativos intelectuais e novas tecnologias para reformular muitos desses negócios da era industrial.

O mundo é seu departamento de P&D

Aprender a explorar o potencial de um pool de talentos global significa virar pelo avesso o processo de inovação tradicional. As empresas já não devem inventar antes e perguntar depois. Elas devem indagar "De que nossos clientes realmente precisam?" e vasculhar o mercado global de ideias, em busca das invenções e das tecnologias necessárias. As empresas precisarão ser ambidestras: construir internamente as capacidades essenciais e, ao mesmo tempo, adquirir externamente as melhores ideias complementares. A abordagem arraigada "planejar e executar" deverá dar a vez a uma nova mentalidade, pela qual as empresas se envolvam e cocriem com os melhores talentos disponíveis.

Para as empresas com longa tradição de inovações internas, essas mudanças não serão fáceis nem automáticas. "Precisa-se de muita confiança para acreditar que é possível realizar esses objetivos por meio de cientistas autônomos que proponham soluções", explica Alf Bingham, fundador da InnoCentive. "A maioria das pessoas em grandes empresas não está pronta para aceitar essas ideias." Afinal, o *modus operandi* dos departamentos de P&D consiste em inventar, não em adquirir ideias externas. A liderança do CEO e o compromisso de prover P&D com pessoal, incentivos e organização pertinentes serão fundamentais para o sucesso. Para começar, as empresas precisarão de novas capacidades para criar, transferir, reunir, integrar e explorar ativos de conhecimento. A detecção de oportunidades externas é apenas o início. O trabalho duro começa, de fato, com a concepção das ofertas aos clientes e, em seguida, com a execução de decisões inteligentes sobre a aquisição de propriedade intelectual e sobre a formação de parcerias para o projeto, montagem e entrega do valor final. É como Larry Huston nos lembra: "Quando uma ideia externa entra no processo de desenvolvimento, ela ainda precisa de P&D, fabricação, pesquisa de mercado, marketing e outras funções, que a empurrem até o último estágio." Regras semelhantes se aplicam corrente abaixo, em áreas como marketing e apoio a clientes.

No fim das contas, não admira que pessoas inteligentes continuem tão valiosas como sempre, se não mais, na economia de hoje. Porém, para empresas inteligentes, a ideia de que é preciso motivar, desenvolver em âmbito interno *todas* as pessoas mais capazes já está obsoleta. A inovação colaborativa proporciona às empresas e a outras organizações nova maneira de aproveitar o poder criativo da economia global, sempre que precisam de habilidades e de conhecimentos complementares para criar novos produtos ou para resolver problemas. Evidentemente, as grandes organizações continuarão necessitando de ótimos talentos internos. Porém, elas assumem cada vez mais que as melhores pessoas serão encontradas além das fronteiras organizacionais. No entanto, com uma plataforma global para colaboração, grandes mananciais de talento estarão a não mais que alguns cliques de distância.

III

REINDUSTRIALIZANDO O PLANETA

5. REVERTENDO A ONDA DE MUDANÇAS CLIMÁTICAS DISRUPTIVAS: A EMERGÊNCIA DE UMA NOVA POTÊNCIA GLOBAL

Greg Asner e Carlos Souza, dois cientistas na vanguarda da ciência florestal, esperam revelar as localizações e as taxas de desflorestamento em todo o mundo e relacioná-las com a mudança climática. Mas, em vez de atravessar grandes áreas de selva na Indonésia ou no Brasil, eles estão usando uma ferramenta disponível para qualquer pessoa que disponha de um PC e de conexão com a internet – Google Earth. Os cientistas estão trabalhando com a equipe do Google na análise de imagens de satélite, capazes de lançar alguma luz sobre a situação das florestas do mundo, sem a necessidade de estudos de campo dispendiosos.[1] Com efeito, a ideia é, com o passar do tempo, reunir todos os dados brutos sobre imagens da Terra, projetada por satélites – petabytes de dados passados, presentes e futuros, tornando-os facilmente disponíveis, por meio da plataforma do Google Earth, para qualquer pessoa que queira usá-los. As evidências acumuladas até agora já estão ajudando cientistas, governos e conservacionistas a avaliar as dimensões do problema do desflorestamento em âmbito global. Por exemplo, nós agora sabemos que as emissões resultantes do desflorestamento tropical são comparáveis às de toda a União Europeia, e maiores que as oriundas de todos os carros, caminhões, aviões, navios e trens do planeta. E, graças ao trabalho de economistas como Nicholas Stern, também sabemos que a proteção das florestas mundiais é uma das maneiras mais eficazes em relação ao custo de reduzir as emissões de carbono e mitigar as mudanças climáticas.[2]

Ao mesmo tempo em que capacitam os cientistas e os formuladores de políticas do mundo, ferramentas gratuitas como o Google Earth também disponibilizam para o público mais amplo informações até então inacessíveis ou ininteligíveis. Com efeito, ao expor essas informações em formatos visuais ousados, essas ferramentas ajudam a comunicar fenômenos complexos de maneira compreensível para a maioria dos leigos. Não importa se mapeando derramamentos de petróleo, simulando os efeitos da elevação do nível dos oceanos, monitorando mamíferos à beira da extinção ou mostrando as emissões nacionais de CO_2 *per capita*, o Google Earth, além dos recursos de processamento de números, fornece a plataforma ideal para ampliar nossos conhecimentos a respeito do impacto da humanidade sobre a biosfera.

Evidentemente, o aumento dos conhecimentos em si não é suficiente para salvar nosso planeta em perigo: precisamos de soluções inovadoras e devemos tomar as providências necessárias para executar essas soluções. Em 31 de janeiro de 2008, milhões de estudantes americanos, em quase duas mil instituições acadêmicas, participaram de um debate denominado Focus the Nation, parte de um programa de conscientização cívica, que durou o dia inteiro, sobre mudança climática, suas consequências e possíveis soluções. Juntaram-se aos estudantes, na iniciativa, alguns atores poderosos, como 64 membros do Congresso, 15 governadores de estado e inúmeros políticos locais. O evento desencadeou vultosa onda de ativismo e suscitou iniciativas dos formuladores de políticas do governo. Milhares de pessoas entraram on-line para votar numa lista de possíveis soluções – com a maioria dos votos se concentrando na proposta de aumento dos gastos federais com P&D sobre energia limpa. A ideia agora está ganhando força, como parte de projeto em tramitação no Congresso dos Estados Unidos sobre mudança climática. Poucos temas nacionais conquistaram a atenção de mais de um milhão de participantes e poucas iniciativas, se é que houve alguma, em qualquer época, foram tão longe quanto Focus the Nation em convencer escolas, universidades, faculdades e escolas do ensino médio a dedicar um dia inteiro a apenas um tópico. Focus the Nation agora se transformou em campanha contínua para envolver os jovens na procura e na promoção de soluções para os problemas decorrentes da mudança climática, usando a internet.[3]

O que cientistas como Asner e Souza, de um lado, e os estudantes americanos, de outro, têm em comum? Para começar, compartilham uma crença, cada vez mais apoiada em evidências científicas, de que problemas como poluição, escassez de água, degradação de hábitats e mudança climática ameaçam os sistemas ecológicos que sustentam nossa economia e nosso estilo de vida. Além disso, ambos os grupos são partes de um movimento de massa mais amplo – uma rede crescente de pessoas com motivação e capacidade para deflagrar as mudanças profundas necessárias para equilibrar nosso estilo de vida moderno com os sistemas de apoio à natureza. De fato, considerando as provas apresentadas neste capítulo, poderia argumentar-se que estamos vivendo os primeiros dias de algo sem precedentes. Embora ainda se trave debates calorosos sobre a abrangência do problema e as soluções adequadas, formou-se consenso quase universal de que a poluição do ar, da água e do solo e a destruição de hábitats naturais não são bons para a humanidade. E, além disso, pela primeira vez, também dispomos de um sistema de comunicação global, multimídia, pouco dispendioso, do tipo "muitos para muitos" ou "N a N", que podemos usar para compreender melhor as causas e as consequências da mudança climática e desenvolver respostas adequadas, com base em inputs fornecidos por um aparato global de cidadãos, governos e empresas. Em todo o mundo, já há centenas ou, provavelmente, milhares de colaborações em andamento, em que muita gente, envolvendo desde cientistas até crianças em idade escolar, se mobiliza para fazer algo a respeito das emissões de carbono. Não há garantia de que essas iniciativas, que partem da base para o topo, atingirão escala suficiente para resolver a tarefa gigantesca pela frente. Porém, este capítulo mostra que já temos as ferramentas, a criatividade e a conectividade social necessárias para fazer o trabalho. No fim das contas, tudo dependerá de nossa disposição para abraçar a mudança. Um número crescente de pioneiros está mostrando o caminho adiante, mas, em última instância, caberá a nós transformar essa onda de interesse em iniciativa global maciça para combater a mudança climática.

APLICAÇÃO DECISIVA PARA A COLABORAÇÃO EM MASSA: SALVAR O PLANETA

O debate sobre a mudança climática talvez ainda não tenha chegado ao fim; porém, da mesma maneira como a maioria dos cidadãos comuns acredita que a poluição tenha consequências negativas, praticamente todos os cientistas agora concordam que os riscos associados ao aquecimento substancial do planeta são grandes demais para que o mundo não faça nada a respeito dos altos níveis de emissões de CO_2 que lançamos na atmosfera. O aumento das temperaturas médias na superfície do planeta, combinado com a expansão acelerada dos desertos, do derretimento do gelo no Mar Ártico e da acidificação dos oceanos, já fornece o que muitos dos principais cientistas do mundo consideram evidências inequívocas de que as atividades humanas estão alterando fundamentalmente o clima da Terra.[4] Embora não possamos prever com exatidão as repercussões, o risco é que, se não conseguirmos controlar as emissões de gases do efeito estufa, ocorrerão rupturas sociais devastadoras, provocadas por acontecimentos climáticos extremos, por escassez de água e de alimentos, por migrações em massa, por padrões de doenças imprevisíveis e por perda da biodiversidade.[5] Além disso, os efeitos da mudança climática serão sentidos de maneira desuniforme e recairão com mais intensidade sobre os menos capazes de enfrentar as adversidades, resultando em miséria humana inenarrável.

Para muita gente, esses efeitos parecem distantes, e, sem dúvida, é verdade que o pior impacto afetará as gerações futuras. Considerando a mentalidade de curto prazo que domina nossos sistemas políticos, nossa economia, nossos mercados de capitais e nossas decisões pessoais cotidianas, é fácil ser cético quanto à hipótese de que a humanidade de repente se sinta motivada por um senso de justiça intergeracional que a leve a fazer os ajustes profundos e difíceis que são indispensáveis para evitar a ruptura ecológica global.

Nessas condições, de que maneira o mundo dará uma demonstração histórica da responsabilidade necessária para reduzir as emissões de gás do efeito estufa a níveis aceitáveis? A sabedoria política convencional sugere que onerar o carbono, por meio de um sistema *cap-and-trade* (*limites* de emissões e *comércio* de créditos) ou mediante a tributação direta das emissões, contribuirá para a formação de nova mentalidade entre consumidores, investidores, agricultores, inovadores e empreendedores, a qual, com o passar do tempo, fará grande diferença. Se os indivíduos e as empresas pagarem os custos ambientais integrais do que produzem e consomem, de repente, todas as decisões referentes a investimentos e a compras, em pequenas e grandes empresas, em lojas de varejo e nos mercados financeiros em todo o mundo buscarão a opção de baixo carbono e de custo ambiental mínimo. A consideração das emissões de carbono em todas as decisões das empresas impulsionará a inovação e a adoção de tecnologias limpas para um novo nível surpreendente e inédito, tornando a eficiência energética muito mais acessível. As indústrias terão de inventar e adotar novas tecnologias que aumentem a eficiência e limitem as emissões. E os consumidores atenuarão as próprias pegadas de carbono, na medida em que os preços que pagarem por itens como viagens aéreas e frutas exóticas começarem a refletir seus verdadeiros custos para o planeta.

É verdade que a gestão central de tributos, créditos e incentivos fornecerá importantes alavancas para direcionar a sociedade rumo a soluções de baixo carbono. Porém, a suposição errada subjacente à sabedoria convencional é que os políticos e outros stakeholders poderosos se disporão a "gerenciar" a mudança climática, por meio de nova regulação emitida por uma colcha de retalhos de capitais nacionais em todo o mundo. Com efeito, se a derrocada global da Conferência das Nações Unidas sobre as Mudanças Climáticas, de Copenhague, em 2009, demonstra alguma coisa, é que os líderes mundiais mal conseguem forjar um acordo político básico para avançar no enfrentamento da mudança climática, que dirá negociar um tratado internacional vinculante.[6] Além disso, o risco é que qualquer coisa que acabe recebendo aprovação política nas principais capitais nacionais será diluída a ponto de tornar-se praticamente inútil. Portanto, embora não devamos desistir de soluções políticas, decerto não podemos depender exclusivamente delas.

O ingrediente faltante e em grande parte negligenciado na maioria das recomendações de próceres e de políticos até agora é a necessidade de uma nova maneira mais ágil de arregimentar e explorar integralmente a engenhosidade coletiva dos cidadãos e das empresas – algo que a wikinomics pode oferecer em abundância. Precisamos de uma abordagem que dependa menos do controle central e mais de certa massa crítica auto-organizada de indivíduos e organizações, atuando em todos os setores, para promover pequenos experimentos e inovações sociais que, sob as condições certas, sejam capazes de avolumar-se e de converter-se em mudanças difusas no comportamento social. Essa abordagem não suplantaria, mas, sim, suplementaria os métodos políticos convencionais, facilitando para os políticos a conquista de apoio para as medidas duras que serão indispensáveis à prevenção dos efeitos mais drásticos da mudança climática.

Então, qual seria a abordagem da wikinomics à prevenção ou à atenuação da mudança climática? Para começar, precisamos de plataformas de internet para a promoção da inovação, capazes de integrar redes de participantes dispostos e comprometidos, permitindo o afloramento de novas ideias, relacionamentos e parcerias. Imagine laboratórios empresariais compartilhados, em que empreendedores sociais possam lançar experimentos, construir comunidades e atrair fundos para seus empreendimentos, por exemplo. Ou redes sociais em que os participantes desafiem uns aos outros a tomarem providências que reduzam as emissões e avaliem o progresso coletivo ao longo do tempo. Imagine um "pool comum de tecnologia verde", no qual empresas compartilhassem propriedades e outros ativos que pudessem apressar a transição para uma economia de baixo carbono. Ou que tal ferramentas de internet para converter dados brutos em informações confiáveis e usáveis, que permitissem a todos, desde investidores e reguladores até cidadãos comuns, monitorar o progresso das comunidades, países e empresas rumo à neutralidade em relação ao carbono?

Imaginar é bom e faz bem, você diria, mas será que alguma dessas hipóteses é factível hoje? Como mostra essa série de capítulos, não só é possível; já está acontecendo. Este capítulo examina o argumento em favor da adoção de transparência radical a respeito da mudança climática, inclusive suas causas e consequências, como meio de estimular a ação difusa de consumidores e de empresas. Você tomará conhecimento do que estão fazendo alguns empreendedores sociais para aumentar o acesso a informações sobre o impacto da mudança climática em todas as áreas, desde a atividade industrial até decisões sobre o consumo rotineiro das famílias, como comprar papel higiênico ou comer fora. Também veremos como Nike, Best Buy e Creative Commons estão desbravando novas formas de compartilhamento radical, que podem acelerar drasticamente as iniciativas das empresas para reindustrializar o planeta. O Capítulo 6 descreve o mais assustador dos desafios: libertar o mundo de sua dependência perigosa em relação a combustíveis fósseis e construir nova economia baseada em energia verde, capaz de sustentar a civilização humana durante muitos séculos. Você saberá por que aplicar princípios de código aberto à rede de energia é a melhor maneira de acelerar a oferta de energia verde. Também conheceremos uma nova geração de prossumidores de energia que descortinam um futuro em que todas as casas e edifícios gerarão energia suficiente para atender completamente às próprias necessidades, possibilitando autonomia completa em relação ao sistema de energia. O Capítulo 7 versa sobre os modelos de transporte falidos da era industrial. Explicamos de que maneira princípios como abertura, colaboração e sustentabilidade podem orientar-nos rumo a um sistema de transportes seguro, eficiente, inteligente e em rede. Também daremos uma olhada no carro do futuro e meteremos a colher no que megaempreendedores como Shai Agassi (ex-executivo da SAP e fundador de Better Place) e Robin Chase (fundador da Zipcar) estão fazendo para introduzir novos modelos radicais de transporte pessoal.

Não existem "balas de prata" entre as soluções que apresentamos. Muitas iniciativas terão de ser tomadas de maneira congruente por indivíduos, empresas e governos. Considerando que os custos da mitigação da mudança climática aumentarão cada vez mais com o passar do tempo, seria miopia postergar qualquer iniciativa. Tim Palmer, cientista do clima da Universidade de Oxford, cujo trabalho em curso se concentra na quantificação e na gestão das incertezas a respeito da mudança climática, sugere que recorramos a uma analogia que será familiar para a maioria dos proprietários de casas. "Não precisamos achar que nossa casa pegará fogo no ano que vem para fazer seguro", diz Palmer. "Do mesmo modo, não precisamos ter 100% de certeza de que ocorrerá perigosa mudança climática para tomar providências e reduzir as emissões."[7]

Evidentemente, quem nega a mudança climática e quem encara como ameaça as tentativas de controlar a mudança climática continuará a lançar seus exércitos de lobistas para diluir as políticas públicas, difundir ciência fajuta e bloquear inovações capazes de pôr em risco seus modelos de negócios. Porém, a melhor maneira de contrapor-se ao lobby de bastidores e à desinformação mal intencionada não é encolher-se e esquivar-se, como têm feito alguns cientistas do clima na esteira do escândalo do clima ou "climategate" (ver Capítulo 9), mas, sim, fomentar maior transparência e intensificar o debate aberto sobre os riscos de não agir agora. Por exemplo, Palmer sugere que qualquer pessoa preocupada com a questão da mudança climática, em especial os céticos, pergunte a si mesma qual seria exatamente o grau de probabilidade de que ocorra séria mudança climática para que comecemos a reduzir as emissões: 0,1%? 1%? 10%? 50%? "Veja a coisa da seguinte maneira", diz Palmer. "É evidente que a dicotomia preto e branco entre 'crentes do clima' e 'céticos do clima' é realmente falsa."[8] E se, por acaso, você for uma daquelas pessoas que acredita na necessidade de ação imediata, não há por que esperar qualquer atenuação na inércia obstinada de nossas instituições políticas. Graças à internet, dispomos hoje da mais poderosa plataforma para que as pessoas se esclareçam a respeito da mudança climática, iluminem outras pessoas e se auto-organizem.

Fazendo dieta de carbono

O mundo precisa de uma dieta radical. Mas é ilusório supor que apenas mudanças sistêmicas maciças e feitos heroicos de engenharia movimentarão a agulha. Na luta contra a mudança climática, medidas simples, praticadas em massa, podem conjugar-se e também fazer grande diferença. Um exemplo típico é Jason Karas, empreendedor social, que deixou o emprego numa operadora de telefonia celular, para desenvolver um site denominado Carbonrally, que promove competições entre equipes de todo o mundo, nas quais o objetivo é reduzir ao máximo a pegada de carbono. Lançado em 2007, o Carbonrally lança desafios ambientais e registra os escores, convertendo ações verdes em quilos de dióxido de carbono não gerados. Em 12 de julho de 2009, por exemplo, 4.141 pessoas se comprometeram em seguir algumas regras básicas inteligentes na condução de veículos automotores durante um mês – acelerações e paradas mais brandas e observância de velocidades ótimas em termos de minimização no consumo de combustível. Em apenas 12 dias de competição, participantes da América do Norte e da Europa tinham evitado a liberação de 247 toneladas de CO_2 que, do contrário, teriam sido lançadas na atmosfera, o equivalente a desligar a energia de 339 casas durante um mês. No processo, os competidores, em média, economizaram quase US$20 na bomba de gasolina.

Embora o fator competitivo introduza alguma diversão na equação, o site se baseia em ciência de verdade. A grande dificuldade foi transformar a ciência insípida em porções palatáveis de informação, capazes de efetivamente influenciar o comportamento das pessoas. Karas, que se especializou em economia ambiental pela Duke University, explica como tudo o que fazemos, movimentado por combustíveis fósseis, tem um custo em dióxido de carbono, acrescentando – é um pouco como dívida no cartão de crédito. Algumas ações, do tipo usar carro a gasolina como meio de transporte, geram custos de carbono óbvios. Outras são menos claras, mas ainda significativas. Veja sua dieta: os rebanhos são responsáveis por cerca de 18% das emissões de carbono globais. Assim, ao comer um hambúrguer, você, efetivamente, também está contribuindo para o aumento das emissões de CO_2.[9] Mesmo algo tão pequeno quanto um iPod Nano aprofundará sua pegada de carbono, em consequência não só da energia consumida para a sua produção e entrega, mas também da energia necessária para carregá-lo (mais de 30 quilos de carbono durante sua vida útil, de acordo com a empresa de consultoria inglesa IDC).[10] Pegada de carbono é uma medida aproximada do total de gases do efeito estufa emitidos pela pessoa ao longo da vida.

Porém, ao contrário de Karas, nem todo o mundo é formado em economia ambiental. E, até recentemente, era praticamente impossível para o consumidor comum conseguir uma estimativa razoável de sua pegada de carbono pessoal. "Quando começamos, boa parte das informações disponíveis on-line, referentes à mudança climática ou ao aquecimento global, era muito técnica", diz Duane Dahl, fundador do EarthLab.com, um dos mais usados calculadores de carbono on-line. "Se qualquer 'João da Silva' da vida quisesse encontrar a informação mais elementar, teria de baixar um relatório de 60 a 90 páginas, que jamais leria, por não ter tempo ou por achá-lo incompreensível." Hoje, qualquer pessoa entra on-line, responde a algumas perguntas sobre sua casa, uso de energia, distâncias médias percorridas, viagens, trabalho e estilo de vida, e o EarthLab.com emite uma análise abrangente de sua contribuição pessoal para o aquecimento global. Com seus resultados em mãos, você pode comparar seu escore com os de outros membros da comunidade EarthLab.com, em sua cidade, estado, país e até no mundo.

O problema, de acordo com Karas, é que os calculadores não tratam das questões básicas com uma abordagem de motivação. Uma coisa é medir seu impacto. Outra muito diferente é fazer algo a respeito. Embora muitas práticas que reduzem as emissões também diminuam custos e despesas, os ganhos potenciais se estendem com uma camada tão fina sobre milhões de casas e empresas que arregimentar ampla participação pode representar um grande desafio. Mesmo para quem quer contribuir com algo, há o problema de sentir-se isolado e relativamente impotente em seus esforços pessoais, a ponto de não fazer diferença.

Resolvendo o problema de motivação

"As pessoas estão interessadas na questão da mudança climática", afirma Karas, "mas o problema é grande demais para que o compreendam em toda a sua extensão e se disponham a fazer alguma coisa. Mas, mesmo que o entendam, nem todo o mundo sabe realmente o que fazer. E, mesmo que saibam como agir, nem todas se sentem muito motivadas a partir para a ação, pois são apenas um indivíduo entre bilhões".

Jason Karas achou que o problema da motivação poderia ser resolvido se contribuir para a solução soasse menos como uma tarefa e mais como um esporte competitivo. "Algumas pessoas desabrocham durante as competições", disse. Outros usuários do Carbonrally gostam da ideia de trabalhar em equipe numa unidade social. "Não raro as pessoas ficam empolgadas em trabalhar com o vizinho em alguma coisa sobre a qual exerçam algum grau de controle." Esse anseio natural por afinidade enfatizou a importância de dispor de um espaço on-line vibrante, para que as pessoas descubram e se comprometam com a prática de pequenas ações positivas reiteradas, num contexto que lhes permita ver não só o próprio progresso, mas também o impacto coletivo de milhares de outras pessoas, que adotam os mesmos hábitos, ao mesmo tempo. A comunidade em si se tornou fonte importante de desafios referentes à redução ou à eliminação de emissões de carbono. Os usuários propõem novas ideias para a economia de energia e para a redução das emissões de dióxido de carbono e a comunidade escolhe as melhores, a serem adotadas pela equipe. A "oficina de desafios" do site contém quase três mil sugestões.

Muitas, se não a maioria, das propostas são, deliberadamente, de baixa tecnologia e de fácil implementação. Secar roupas em varais apenas uma vez por semana reduz em mais de dois quilos as emissões de CO_2, de acordo com os assessores científicos do Carbonrally, que esmiúçam os números para determinar o impacto dos desafios de redução das emissões de CO_2. Desligar o computador todas as noites da tomada de eletricidade, durante um mês, resulta em menos 23 quilos de CO_2. Instalar um termostato programável lhe custará o desembolso inicial de US$50, mas eliminará 91 quilos de sua pegada de carbono e proporcionará à família comum economia de mais ou menos US$32 por mês, se usado de maneira adequada.

Construindo uma rede de adeptos engajados

O impacto geral da Carbonrally em termos de redução das emissões de CO_2 é muito pequeno – até hoje, os 32 mil usuários do site conseguiram reduzir as emissões de CO_2 em quase cinco mil toneladas, o equivalente a retirar mil carros das estradas durante um ano. Considerando que as emissões globais de CO_2 resultantes de atividades humanas totalizam mais de 28 bilhões de toneladas por ano, essa contribuição ainda não é muito significativa. No entanto, o potencial de longo prazo de iniciativas como as do Carbonrally e do EarthLab.com é evidente. A inclinação natural dos usuários para congregar-se em grupos de interesse menores sugere que é possível ampliar a quantidade de membros dessas comunidades, quando se atende às suas necessidades singulares. Por exemplo, um grande contingente de mães que frequentam o site é motivado pelo desejo de encontrar informações muito práticas, diz Karas. "Elas se dão conta de que são responsáveis pela próxima geração. Estão à procura de boas informações e também estão ansiosas por compartilhar boas informações. Não querem saber de competições, com a mesma intensidade das equipes empresariais." Parcerias com comunidades on-line para mães, como Netmums (que se gaba de contar com mais de 750 mil membros), poderia ajudar a expor as ferramentas do Carbonrallly a um público mais amplo. Os adolescentes do Carbonrally são também únicos em suas peculiaridades. De acordo com Karas, estão ardendo de paixão e imbuídos de forte senso de urgência, o que pode levá-los até a serem agressivos. "A atitude deles é típica: 'Saiam todos daí. Vocês estragaram as coisas e agora vamos ter de consertar tudo.'" Equipados com ferramentas como o Carbonrally, os adolescentes de hoje podem converter paixão em resultados.

Dezenas de alunos do ensino médio em todos os Estados Unidos estão disputando prêmios. Com efeito, uma turma de quinta série no norte da Califórnia e uma turma de sétima série em New Jersey estão entre as equipes campeãs do Carbonrally, já tendo economizado 77 toneladas e 52 toneladas de carbono respectivamente. Na primavera de 2009, o governador de Vermont, Jim Douglas, lançou um prêmio de US$15 mil em dinheiro e desafiou as escolas de todo o estado a reduzir suas emissões de carbono, usando a plataforma do Carbonrally para monitorar o progresso. Quatorze escolas entraram na competição, fazendo uma diferença de 114 toneladas na pegada de carbono do estado.[11] Mas e se todas as escolas dos Estados Unidos aproveitassem a Semana da Terra (Earth Week) como oportunidade para competir num desafio nacional, oferecendo-se à equipe vencedora a chance de almoçar na Casa Branca com a família Obama? A arregimentação de mais apoio institucional poderia proporcionar ao Carbonrally tração necessária para entrar na corrente dominante. Imagine órgãos governamentais, hospitais, grandes varejistas e associações profissionais desafiando-se umas às outras numa corrida para reduzir as emissões de carbono? Existe também uma lista potencialmente sem fim de rivalidades competitivas a serem exploradas. Os empregados da Microsoft competindo cabeça a cabeça com os empregados do Google, ou Harvard *versus* MIT. Ou, por que não lançar os 75 milhões de torcedores, em todo o mundo, do time de futebol inglês Manchester United contra os 42 milhões de fãs do arquirrival Liverpool FC?

Até hoje, mudar as atitudes das pessoas exige direção e estrutura social de apoio. Novas ferramentas, como o Carbonrally, tentam fornecer ambas as condições, com a flexibilidade de uma plataforma virtual. Para impulsionar a mudança, também é importante simplificar conceitos e cálculos científicos complexos e oferecer às pessoas a possibilidade de fazer escolhas entre várias iniciativas de economia de energia – em vez de impor soluções. O segredo é deixar que cada indivíduo defina os próprios caminhos para reduzir suas pegadas de carbono. "Estimulamos as pessoas a encarar o problema como uma dieta: quem quiser abusar numa área terá de compensar em outra", diz Dahl.

Um mundo sem petróleo e o poder da imaginação

Calculadores de carbono e desafios competitivos não são para todos. Para Ken Eklund, escritor autônomo e projetista de jogos, a experiência com jogos interativos oferece uma alternativa envolvente, em que pessoas comuns podem imergir num processo experimental de encontrar soluções cotidianas para a mudança climática, capazes de promover transformações comportamentais reais. Eklund é o criador de um fascinante jogo de realidade alternativa (Alternate Reality Game – ARG), denominado World Without Oil (Mundo sem Petróleo), uma história alternativa, baseada em internet, em que grande quantidade de jogadores colabora para resolver desafios e enigmas, em diferentes tramas. Ao contrário de jogos ou produções de mídia com enredos fixos, o resultado de um ARG é determinado quase inteiramente pelos jogadores e por suas interações. A premissa do World Without Oil era simples e provocante. E se uma crise de petróleo irrompesse em 30 de abril de 2007 – o que aconteceria? Como a vida das pessoas comuns mudaria? Os jogadores foram convidados a imaginar como suas vidas e comunidades seriam diferentes e de que maneira reagiriam se o petróleo do mundo de repente secasse. A "trama" se desenrolava com dinamismo. Primeiro, os jogadores liam a "notícia oficial" e o que os outros jogadores estavam dizendo. Depois, usando uma combinação de postagens em blogs, vídeos, imagens e até correio de voz, eles contavam as próprias histórias dos desafios com que deparavam. Com a continuidade da crise, os jogadores atualizavam suas histórias, com outras ideias, reações e soluções. O jogo terminou depois de 32 dias, depois de envolver milhares de jogadores em todo o mundo e de tecer uma rede de 1.500 histórias, formando o que Ken descreve como uma "meganarrativa vibrante e pulsante, composta de cenários assustadores, mas plausíveis, que se completavam com cursos de ação práticos, para evitar que algo semelhante ocorresse na vida real".

E eis o ponto crítico. Mundo sem Petróleo apresentou aos jogadores uma estrutura interativa envolvente, em que pessoas comuns podiam imaginar coletivamente como o mundo responderia ao que todos sabemos ser inevitável: em algum momento do futuro próximo (talvez mais iminente do que esperamos) viveremos em um mudo no qual já não é possível depender de combustíveis fósseis para energizar nossa existência diária. Embora a maioria das pessoas tenha dificuldade em discutir as complexidades de soluções "globais" para a mudança climática, como o sistema *cap-and-trade*, elas são sem dúvida autoridades em algo muito importante – suas vidas cotidianas. Reunir pessoas para criar e colaborar em torno de soluções é uma arma poderosa para enfrentar o problema. Além disso, o formato do jogo interativo estimula a curiosidade, o aprendizado, a imaginação e a inovação. "Apenas com um pouco de estrutura narrativa", diz Eklund, "o jogo se transforma em experiência extremamente enriquecedora, em que as pessoas aprendem com outras pessoas, ingressam numa comunidade, adquirem novas habilidades, têm acesso a novos dados e informações e, então, usam a experiência do jogo para promover mudanças reais na maneira como conduzem suas vidas".

ABRINDO OS LIVROS DA MUDANÇA CLIMÁTICA

Carbonrally, EarthLab.com e World Without Oil reforçaram a conscientização e o senso de comunidade quanto à premência de promover mudanças no cotidiano familiar, no intuito de melhorar nossas chances contra a mudança climática. E quanto às outras partes da economia e da sociedade? E se realmente abrirmos os livros da mudança climática? Será que um mundo mais bem informado sobre as causas, as consequências e as possíveis soluções referentes à mudança climática teria melhores condições para agir com rapidez e determinação? Sem dúvida, achamos que sim.

No debate sobre mudança climática, informações insuficientes sobre que atividades econômicas – e, por extensão, que empresas e que países – estão contribuindo mais para a mudança climática compromete a capacidade da sociedade de adotar ações corretivas e de distribuir tarefas para corrigir comportamentos prejudiciais.[12] Nesses casos, o grau certo de transparência pode mudar percepções, revelar novos fatores que alteram os interesses em jogo ou compelir outros participantes a aceitar a necessidade e a legitimidade de nova regulação. Dispor de dados comparáveis sobre emissões de CO_2 referentes a todas as instalações industriais e a outras atividades humanas, como exploração de recursos florestais, pesca e mineração, por exemplo, seria uma mina de ouro para cientistas, formuladores de políticas, ambientalistas, investidores e cidadãos comuns. Ainda melhor seria a capacidade de medir com exatidão o impacto dessas atividades sobre o clima, da mesma maneira como as empresas adotam critérios financeiros em suas decisões sobre investimentos para compreender os efeitos sobre os resultados.

Liberando os dados

Algumas dessas informações já são coletadas por cientistas e órgãos públicos há anos, mas a maioria está enterrada em covas profundas, nas bases de dados de universidades e governos. Nos últimos anos, contudo, desenvolveu-se todo um novo ecossistema de corretores de transparência para tornar as informações sobre a mudança climática mais acessíveis para o público e para as principais instituições, como a comunidade de investimentos, os reguladores e as organizações de compra dos governos. Algumas dessas iniciativas se concentram na coleta e na divulgação de dados sobre emissões, outras convergem para a apresentação de padrões, enquanto outras fazem avaliações para a rotulagem de produtos de consumo e documentam o trabalho em andamento nas empresas, para se tornarem "neutras em carbono". Juntas, essas iniciativas estão ajudando a melhorar as decisões individuais e institucionais em torno da mudança climática.

Por exemplo, o projeto Carma (Carbon Monitoring for Action - Monitoramento do Carbono para Ação) mapeia as emissões de mais de 50 mil usinas de energia elétrica e mais de quatro mil empresas concessionárias em todo o mundo. Os dados referentes a instalações existentes e planejadas são facilmente acessíveis por meio de um Google Map no site do projeto, assim como mediante uma interface de programação de aplicações (Application Programming Interface – API). "Nosso papel é traduzir", diz David Wheeler, pesquisador-chefe do Carma. "Pegamos grandes quantidades de dados disponíveis por aí e as convertemos em formatos facilmente acessíveis. Poucas instituições têm incentivos para tanto – a maioria dos cientistas não se dispõe a executar a tarefa, uma vez que o trabalho não afeta seus registros de publicações. Também os políticos são muito ocupados e pouco técnicos para assumirem esse tipo de incumbência." O trabalho do Carma é ainda mais importante na medida em que o setor de energia é o maior emissor isolado de gases do efeito estufa, produzindo cerca de 65% do total mundial, com a geração de eletricidade respondendo por grande parte do total.[13]

O poder da plataforma ficou evidente um dia, quando Wheeler recebeu um telefonema de um amigo do Banco Mundial, perguntando sobre uma usina em construção em Mmamabula, Botsuana. Ocorre que a instalação seria uma grande fonte de poluição, o que despertou o interesse de Wheeler – o que mais o Banco Mundial estava financiando? Rolando a tela até a Índia, ele encontrou planos referentes a outra usina de carvão, a Tata Ultra Mega, que acabaria vindo a ser um dos maiores emissores de CO_2 do mundo. A descoberta de Wheeler redundou numa grande campanha do Environmental Defense Fund (Fundo de Defesa Ambiental), organização sem fins lucrativos, em favor da adoção de padrões mais rigorosos pelo Banco Mundial. No ano seguinte, promulgaram-se novas normas que limitavam os tipos de projetos com direito a financiamento pela instituição.

Esverdeando o dinheiro

Outra iniciativa, denominada Carbon Disclosure Project (CDP), mira pessoas com muitos recursos para investir e com enorme influência nas empresas em que aplicam dinheiro. Investidores institucionais – grandes fundos de investimento e de pensão – são importante público-alvo no esforço para acelerar iniciativas de empresas na área de mudança climática, pois, praticamente, são os donos da economia. Paul Dickinson, fundador do site, estima que o acesso ao capital se tornará poderosa alavanca para estimular as empresas a reduzir as emissões de carbono, depois que certa massa crítica de investidores e financiadores começarem a cobrar prêmios de risco a empresas com passivos ambientais e sem bons planos de gestão do carbono. O objetivo do CDP é acelerar a transição, ajudando a comunidade de investimentos a conhecer melhor as posições das empresas em relação aos riscos e às oportunidades comerciais referentes à transição para a economia de baixo carbono.

E se você for um investidor de olho na sua concessionária de energia elétrica local, por exemplo? A Southern Company dirige 78 usinas geradoras de eletricidade espalhadas pelos estados do sul e é detentora da insígnia duvidosa de ser a maior fonte isolada de dióxido de carbono dos Estados Unidos, de acordo com a base de dados do Carma. Em conjunto, essas usinas produzem nada menos que surpreendentes 206 milhões de toneladas de CO_2 por ano. No futuro muito próximo, seja como resultado de um imposto sobre o carvão, seja como consequência de um esquema *cap-and-trade*, a emissão de CO_2 na atmosfera custará a empresas como a Southern pelo menos US$10 por tonelada, estimativa conservadora, considerando que, segundo especulações dos analistas, o preço das emissões de carbono nos Estados Unidos se aproximará de US$30 por tonelada, depois da implementação de programas como o *cap-and-trade*. Duzentos milhões de toneladas por ano vezes US$10 por tonelada são US$2 bilhões. Subtraia esse total do lucro líquido da Southern e veja a consequência. Nada boa!

Muitos investidores já estão receosos de investir em novas usinas geradoras de energia elétrica movidas a carvão nos Estados Unidos. Além disso, muitos projetos, felizmente, foram paralisados, enquanto os analistas financeiros estudam as implicações de nova regulação sobre mudança climática. As análises do CDP se baseiam em informações recebidas de aproximadamente 2.500 organizações privadas e públicas, inclusive muitas das maiores empresas do mundo. A chave foi conseguir que as empresas concordassem em revelar voluntariamente informações sobre as estratégias que estão adotando em relação à mudança climática. A estratégia de Dickinson foi formular o pedido em nome de uma poderosa parte interessada. "Identificamos uma autoridade legítima para solicitar os dados", disse Dickinson, "475 investidores institucionais que representavam US$57 trilhões em ativos!" O CDP hoje tem uma das maiores bases de dados do mundo com informações sobre a posição das empresas em relação à mudança climática. Operadores menos altruístas talvez tivessem preferido manter a propriedade dos dados e ganhar dinheiro vendendo acesso a assinantes empresariais. "Nosso objetivo é aplicar a inteligência do mundo ao problema da mudança climática. Qualquer pessoa que queira analisar os dados poderá entrar no site e baixá-los."

O consumidor amigo do clima

Algumas das mais importantes iniciativas de promoção da transparência talvez sejam aquelas que ajudam os consumidores ao tomar decisões de compra mais favoráveis ao meio ambiente. Envolvendo excesso de embalagem, excesso de transporte e, não raro, características prejudiciais ao meio ambiente, os produtos de consumo se incluem entre os mais nocivos à natureza. No entanto, numa era em que a maioria das empresas gosta de alardear suas credenciais verdes, os consumidores estão voando às cegas. "Muito francamente, estamos na era das trevas", diz Dara O'Rourke, professor da Universidade da Califórnia, em Berkeley, e fundador do GoodGuide, site em que os usuários podem digitar o nome de um produto e obter uma classificação de seu impacto social e ambiental. "Você entra numa loja e basicamente não sabe nada além do preço, do conteúdo de calorias e qualquer outra coisa que a marca esteja disposta a revelar sobre seus produtos. Queremos cortar toda a camada de marketing e de propaganda e dizer às pessoas o que elas de fato querem saber sobre esses produtos."

O GoodGuide oferece o que O'Rourke denomina ontologia do produto, que se resume numa "avaliação detalhada do produto e da cadeia de fornecimento por trás dele". Para fazer as avaliações, os cientistas do GoodGuide vasculham 200 fontes de dados e aplicam 1.100 critérios para finalmente produzir um escore agregado de 1 a 10, que incorpora pontuações individuais referentes ao desempenho do produto, sob os pontos de vista de saúde, meio ambiente e social. Por exemplo, a nota do desodorante Tom's of Maine é 8,6, em parte por não conter carcinógenos, enquanto a nota do antiperspirante Arrid XX não passa de 3,8, por incluir em sua fórmula conhecido carcinógeno. Outro clique leva a informações por trás dos escores, como a referente a se um ingrediente provoca problemas de reprodução ou gera resíduos tóxicos, ou ainda sobre se a empresa tem mulheres ou minorias étnicas em posições executivas ou se está às voltas com processos trabalhistas. Até hoje, o GoodGuide já avaliou cerca de 75 mil produtos.

"Nosso objetivo é, em dois ou três anos, ser parte de um ecossistema em que todos os consumidores do mundo tenham acesso às informações de que precisam para tomar melhores decisões, no momento em que estão dentro de uma loja ou fazendo compras on-line", diz O'Rourke. O cenário ideal seria conseguir expor o escore do GoodGuide ao lado das etiquetas de preços nas prateleiras das lojas de varejo. Alguns varejistas, como a Tesco, já deram um passo à frente. Em 2008, a cadeia de lojas com sede no Reino Unido já começou a colocar rótulos de contagem de carbono em sucos de laranja, batatas, lâmpadas e detergentes, possibilitando que os compradores comparem os custos do carbono, da mesma maneira como cotejam os níveis de sal e de calorias. Por enquanto os usuários do GoodGuide terão de contentar-se em buscar os produtos em seus telefones celulares. O site já tem aplicativos para o iPhone e permite que os usuários escaneiem um código de barras para acessar os escores, em vez de digitar o nome do produto. O passo seguinte é a personalização, o que, de acordo com O'Rourke, significa possibilitar que os compradores definam suas preferências pessoais, de maneira que os escores dos produtos reflitam a maneira como os consumidores ponderam diferentes critérios. Assim, por exemplo, se um consumidor estiver mais interessado em mudança climática que em direitos dos animais, os escores dos produtos refletirão essa diferença, atribuindo maior peso aos critérios relacionados com mudança climática.

Abrir os livros da mudança climática começa com um consumidor mais informado, mas deve terminar com uma economia mais sustentável. "O que hoje consideramos verde é uma miragem de marketing", em geral baseada numa única prática amiga do ambiente, diz Daniel Goleman, autor de *Inteligência ecológica*, que mudou de desodorantes e xampus por causa do GoodGuide. O site tem o potencial de exercer "efeitos revolucionários sobre a indústria e o comércio", disse, esclarecendo os compradores sobre as ramificações da compra de determinado produto.[14] Porém, o verdadeiro desafio consiste em ensinar as empresas a fazer produtos menos prejudiciais ao meio ambiente. É como diz Paul Hawken, empreendedor e ambientalista: "Assumimos que tudo está ficando mais eficiente, o que, no sentido imediato, é verdade; a vida melhorou sob muitos aspectos. Porém, esse progresso foi conquistado à custa de ineficiência maciça no uso de recursos naturais. Estamos, agora, revertendo uma trajetória de séculos, rumo ao aumento da produtividade de nosso capital natural – os sistemas de recursos de que dependemos para viver."[15]

O DESAFIO DA NATUREZA: 20 ANOS PARA REINDUSTRIALIZAR TUDO

A reversão da trajetória a que se refere Hawken exige investimentos substanciais, sem perda de tempo. Algumas das transformações incluem melhorias drásticas na eficiência energética dos produtos e dos processos de produção, substituição dos insumos por outros renováveis e recicláveis, aumento da eficiência nos transportes e movimentação das instalações por meio de fontes de energia limpas. Exatamente com que rapidez precisamos fazer tudo isso? Relatório recente do WWF (World Wide Fund for Nature) conclui que o mundo tem um prazo para a reindustrialização, que se esgotará até 2014. Estimativas mais conservadoras situam o ponto sem retorno mais perto de 2025 ou de 2030. Depois disso, a ocorrência de mudanças climáticas arrasadoras é uma certeza. Qualquer que seja o horizonte temporal de sua preferência, a velocidade da reindustrialização para a economia de baixo carbono deve ser mais acelerada que a de qualquer transformação econômica anterior. Para alcançar redução de 80% nas emissões de gases do efeito estufa até meados do século, o mundo terá de passar a investir US$400 bilhões por ano em indústrias verdes antes de 2025.[16] Cada ano de atraso na transformação econômica apenas aumentará o custo do processo.

E como estamos indo? De 20 setores monitorados pelas pesquisas do WWF, apenas três estão avançando com rapidez suficiente.[17] Lorde Nicholas Stern, ex-economista-chefe do Banco Mundial, autor da Stern Review, deixa claro que os riscos econômicos da inação são tão assustadores que quase se tornam inimagináveis. Caso não se adotem medidas significativas hoje, os custos e riscos totais da mudança climática equivalerão a perder pelo menos 5% do produto interno bruto global por ano, antes de 2050. Isso é mais ou menos como tentar controlar uma nova crise financeira global a cada ano, para sempre, com pouca ou nenhuma chance de recuperação. E a situação fica ainda pior, de acordo com Stern, quando se consideram os danos ao meio ambiente e à saúde humana. Incluindo os efeitos secundários, a estimativa de perdas econômicas dispara para 20% do produto interno bruto global por ano, ou aproximadamente US$12 trilhões em valores correntes.[18]

A boa notícia é que evitar essas consequências custará muito menos. Stern estima algo próximo de 1% a 3% do PIB global. No entanto, os esforços necessários para essa reversão significam nada menos que a total reindustrialização do planeta. Nas palavras de Hawken, "não existe nada que não exija uma reforma completa!".[19] Porém, ainda há algo a considerar. As espécies de mudanças previstas serão impossíveis sem a adoção de novos modelos de negócios, radicalmente diferentes, baseados nos princípios fundamentais da wikinomics. Entre outras coisas, o mundo precisa de um pool de "bens comuns" (*commons*) de tecnologia verde – um mercado on-line onde as empresas possam conectar-se em torno de questões de sustentabilidade, compartilhar propriedades intelectuais e construir um conjunto comum de ativos de sustentabilidade, a ser explorado pelo mundo gratuitamente.

Algumas pessoas de negócios argumentarão que não é função delas serem ambientalistas; o trabalho delas é ganhar dinheiro. Porém, esse raciocínio decorre de mentalidade estreita, de acordo com Ray Anderson, industrial muito enaltecido, que se dispôs a tornar sustentável a empresa dele muito antes de ser verde virar moda. Sua empresa de tapetes, a Interface, já avançou 15 anos na jornada de 26 anos para reduzir sua pegada ambiental a zero, o que para Anderson significa "não extrair nada da Terra que não seja natural e totalmente renovável e não fazer mal à biosfera". Com efeito, o objetivo derradeiro da reindustrialização do planeta não poderia ser mais convincente, na opinião de Anderson. "Ou as empresas o fazem ou serão substituídas pelas que o fizerem. O sistema industrial em funcionamento hoje está cometendo suicídio", diz, "pois a natureza é o fator básico. Nenhuma empresa pode operar sem ar, água, alimentos, energia, materiais, regulaçaõ climática, escudos contra a radiação ultravioleta, polinização e dispersão de sementes. Tudo isso é fornecido pela natureza. Se matarmos a natureza, decerto mataremos a economia."[20] Esse é o desafio da natureza.

Tecnologia verde como bem comum

Nessas condições, como não matar o planeta e como não mergulhar a economia e a civilização na era das trevas? Ou, em termos mais práticos, como transformar todas as empresas numa organização que, como a Interface, adote o objetivo de desperdício zero e de impacto zero sobre o clima? Já não há dúvida de que, isoladamente, empresas, governos e organizações sem fins lucrativos não chegarão a lugar algum. Não estamos enfrentando um tipo de problema a ser resolvido "por uma empresa e por um setor de cada vez". Entre outras coisas, precisamos inventar, aprimorar e disseminar novas tecnologias sustentáveis a um ritmo que o mundo jamais tenha visto. E isso significa reformulação profunda e fundamental da maneira como as indústrias inovam e manejam a propriedade intelectual. Da mesma maneira como os gregos alexandrinos se empenharam em reunir todos os livros, todas as histórias, todas as grandes obras literárias, todas as peças de teatro, todos os tratados matemáticos e científicos de sua época, armazenando-os em um único edifício, precisamos congregar todos os conhecimentos da humanidade sobre tecnologias e indústrias sustentáveis e compartilhá-los, a bem do planeta e das gerações futuras que o habitarão.

Em *Wikinomics*, chamamos esse processo de "conhecimento pré-competitivo como bem comum", mas, neste caso, achamos que "tecnologia verde como bem comum" é termo mais adequado. E, sim, concordamos que é um pouco pomposo, mas estamos falando de algo grande – de uma nova abordagem colaborativa de pesquisa e desenvolvimento, pela qual empresas com mentalidades semelhantes (e, às vezes, concorrentes) criam pools comuns de conhecimentos e de processos setoriais, sobre os quais desenvolvem inovações e setores sustentáveis.[21] Embora isso talvez pareça um tanto bizarro, podemos garantir que essa proposta de modo algum significa o fim do capitalismo tal como o conhecemos. Ao contrário, a história do capitalismo está repleta de exemplos de como o sucesso material que desfrutamos hoje pode ser atribuído diretamente à abertura das ciências e dos empreendimentos privados e ao rápido progresso tecnológico daí resultante. O desafio de hoje é garantir que nosso progresso material continue sustentável ao longo das próximas gerações. E, para tanto, precisamos de uma nova geração de gregos alexandrinos para assumir a liderança.

Como que aproveitando a dica, entra em cena Kelly Lauber, diretora global do Sustainable Business and Innovation Lab (Laboratório de Inovação e de Negócios Sustentáveis) da Nike. Lauber passa boa parte de seus dias refletindo sobre como a Nike chegará ao ponto de nunca usar matérias-primas novas. Nesse estágio, todos os calçados descartados seriam reciclados e convertidos em calçados novos. Também as camisetas, as bolsas e as roupas esportivas seriam totalmente recicláveis. Os clientes poderiam adquirir tantos modelos novos quanto o dinheiro seja capaz de comprar, sem que a Nike jamais extraísse recursos escassos da natureza nem se preocupasse com as centenas de milhões de calçados e roupas usadas que estariam apinhando os aterros sanitários do mundo. "Isso não é só responsabilidade social das empresas", diz Lauber. "Nosso laboratório se concentra em transformações muito maiores – estamos investindo em iniciativas que nos levarão a uma nova economia verde."

Até agora, tudo bem, certo? Nem tanto, pois Lauber enfrenta um problema. A Nike está desenvolvendo todo um portfólio de tecnologias sustentáveis, muitas das quais não se situam no cerne do modelo de negócios da Nike. Lauber sabe que numerosas outras empresas também estão investindo em novas tecnologias verdes, mas, por enquanto, ainda não dispõem de maneira fácil de compartilhar essas descobertas. "Queremos avançar com nossas iniciativas de sustentabilidade tão rapidamente quanto possível e não estamos interessados em reinventar a roda", diz Lauber. Mas tente encontrar outras inovações? "Quase impossível", diz ela. "Mesmo que fosse possível encontrá-las...", e faz pequena pausa, "tudo termina quando você depara com os aspectos legais".

Essa dificuldade revela um problema mais amplo. Empresas tradicionais de todo o mundo estão desenvolvendo tecnologias verdes, mas não há como explorar todo o potencial dessas inovações. Com muita frequência, daí resultam atividades isoladas e ineficazes, não raro conflitantes e comprometidas, ou diluídas pela duplicidade de esforços. Por exemplo, a Nike passou todo o ano desenvolvendo um índice para medir a sustentabilidade de seus produtos, apenas para descobrir que empresas como Marks & Spencer, Patagonia, Adidas e Walmart haviam investido volumes semelhantes de tempo e dinheiro no desenvolvimento de seus próprios índices privativos. “A colaboração”, diz Lauber, “não só nos teria levado lá mais rápido, como também teria resultado em melhor índice”. O que realmente importa para Lauber são os problemas difíceis – questões como mudança climática e escassez de água, que estão empurrando a Nike para fora de sua zona de conforto. Empresas industriais como a Nike tendem a considerar gratuitos insumos como água. Mas o que acontecerá num mundo em que a água é escassa e cara? “Algumas dessas questões são tão graves”, diz Lauber, “que superam a capacidade de qualquer empresa isolada”.

Agora entra em cena John Wilbanks, diretor da Science Commons, ramificação da Creative Commons, fundada por nosso colega Larry Lessig. Junto com Lauber e colegas da Best Buy, Wilbanks está desenvolvendo um novo modelo de licenciamento de patente que tornaria tão fácil para as empresas compartilhar tecnologias sustentáveis quanto o é para os artistas digitais abrir seus conteúdos de mídia para reutilização e modificação. É a chamada GreenXchange, cuja ideia é criar um mercado on-line onde as empresas compartilhem não só práticas avançadas, mas também a tecnologia e a propriedade intelectual necessárias para promover mudanças. Como primeiros inquilinos, a Nike e a Best Buy concordaram em contribuir com seus ativos de tecnologia verde para o pool de recursos e, por sua vez, beneficiar-se com as inovações propostas pelos novos participantes.

Lauber afirma que os benefícios de expor suas propriedades intelectuais ao mundo já estão se acumulando. Veja, por exemplo, os investimentos da Nike em colas à base de água e em borrachas biodegradáveis. A Nike nunca venderá diretamente essas tecnologias, que, em si, realmente, não lhe conferem grande vantagem competitiva. Na verdade, essas tecnologias ficarão cada vez melhores e mais baratas para a Nike, na medida em que forem usadas por outras empresas, inclusive concorrentes. “Precisamos de economias de escala”, diz Lauber. “A Nike, sozinha, não é capaz de criar demanda suficiente para que a borracha reciclada atinja preços comparáveis à oriunda de fontes não recicláveis hoje.”

Embora já esteja oferecendo gratuitamente muitas de suas inovações, a Nike quer algo em troca. ”Gostaríamos de saber quem as está usando, como as estão usando e se as melhoraram de alguma maneira”, explica Lauber. “E, evidentemente, gostaríamos de receber os créditos pelos benefícios de nossas inovações para o mundo.” Wilbanks afirma que a GreenXchange ajudará a resolver o problema dos créditos, ao reconhecer a liderança intelectual por trás das tecnologias compartilhadas e ao garantir que as usuárias licenciadas dessas tecnologias reconhecem o crédito onde é devido.[22] Lauber acha que, em última instância, será a capacidade de rapidamente transpor fronteiras empresariais e setoriais que efetivamente fará diferença no enfrentamento dos grandes desafios de sustentabilidade com que se defrontam as organizações e o mundo. “Minha visão é que a GreenXchange se transforme em destino para a sustentabilidade”, diz. “Não só um banco de dados, mas uma maneira de ver o que está acontecendo em termos de sustentabilidade em todo o mundo: que propriedade intelectual está disponível e quem a está usando, como a estão usando e de que maneira modificá-la. Se eu puder levar todas essas inovações para o nível seguinte e realmente permitir que a colaboração abra o seu espaço, isso seria um sucesso para mim." Parece que os novos alexandrinos estão atingindo a maioridade.

CABE A NÓS

Torna-se cada vez mais claro, com rapidez crescente, que a mudança climática será a maior questão já enfrentada pela humanidade em todos os tempos. Infelizmente, também está ficando evidente que as instituições de hoje estão mal preparadas para lidar com a escala e com a complexidade do problema, assim como não há dúvida de que a necessidade de infundir novas ideias e novos princípios em nossas respostas a esse desafio sem igual é premente e desesperadora. Para os governos e as empresas haverá novas regras de engajamento e o escrutínio crescente será o padrão emergente. Felizmente, dispomos de enorme aparato de comunicação e de colaboração, extremamente poderoso, que aumenta o potencial de nossa capacidade de explorar a engenhosidade coletiva da sociedade. Afinal, as respostas para a mudança climática não serão encontradas em uma empresa, na sede das Nações Unidas, nem na mente de Al Gore, por mais brilhante e empenhado que ele seja. Com efeito, já podemos divisar os contornos de um novo sistema que se forma em comunidades emergentes como Carbonrally, GoodGuide e GreenXchange. Essas diferentes iniciativas demonstram que a liderança pode surgir e decerto surgirá em qualquer lugar – apenas precisamos de plataformas para liberar nossos talentos. O manejo da mudança climática exigirá não só transformações sem precedentes em nossos sistemas de comércio e indústria, como também demandará mudanças fundamentais em nosso estilo de vida. Felizmente, já temos a maioria das ferramentas necessárias, assim como o mais forte dos fatores motivacionais: a falta de alternativas.

6. A WIKINOMICS CONFLUI COM A ECONOMIA VERDE

A capacidade da humanidade de transformar matérias-primas em energia impulsionou a ascensão da civilização moderna e moldou os destinos dos países ao longo da história. A máquina a vapor, movida a carvão, de James Watt foi a centelha que detonou a Revolução Industrial na Inglaterra e deflagrou um período de enormes transformações tecnológicas, sociais e econômicas. Mais ou menos um século depois, a invenção da energia e da iluminação elétricas acelerou a ascensão do capitalismo industrial e contribuiu para lançar um jovem país, os Estados Unidos, no proscênio internacional. Afinal, fábricas eletrificadas, movidas a óleo combustível, prepararam o palco para a produção em massa e para o desenvolvimento de empresas industriais de grande porte. Foi uma era que trouxe grandes aumentos de dois dígitos na produtividade e transformou os Estados Unidos em moderna potência econômica. Com efeito, a revista *New Scientist* estima que a energia contida em um barril de petróleo é equivalente à de cinco trabalhadores labutando sem parar durante um ano.[1]

Hoje, o mundo está à beira de nova revolução energética – algo que transformará fundamentalmente a estrutura ubíqua, mas em grande parte invisível, que movimenta todos os eletrodomésticos, todos os aparelhos médicos, todas as fontes de iluminação e praticamente todas as atividades econômicas, da agricultura à construção civil. A economia baseada em combustíveis fósseis está chegando ao fim e uma nova economia de energia verde está surgindo em seu lugar. Como as revoluções energéticas do passado, os países e empresas que se destacarem como pioneiros no domínio das novas tecnologias colherão grandes recompensas. As oportunidades para o desenvolvimento de novos produtos e serviços inovadores são enormes, assim como o potencial para que empresas inteligentes criem centenas de milhares de novos empregos de alta qualificação em campos tão diversos quanto engenharia solar e desenvolvimento de software. Porém, para realmente inclinar a balança em favor da energia verde, precisamos de uma infusão de princípios da wikinomics. A necessidade de colaboração intersetorial no desenvolvimento e ampliação de novas tecnologias é descomunal. Mas podemos e devemos ir adiante. A efetiva abertura de nossa infraestrutura energética é capaz de catalisar novas fontes de oferta, de oferecer uma plataforma para novos serviços de energia e de fomentar uma cultura de prossumo de energia, que estimule famílias e empresas a se tornarem produtores e gestores ativos da energia consumida, em vez de apenas consumidores passivos e pagadores de tarifas.

As oportunidades de negócios em energia verde serão fundamentais para impulsionar a inovação e o progresso rumo à realização dessas visões, mas numerosas outras razões importantes esclarecem por que essa nova revolução energética não poderia iniciar-se em momento mais oportuno. Sabemos agora, por exemplo, que os enormes saltos no crescimento demográfico e no desenvolvimento econômico ao longo do último século se basearam, em grande parte, na ilusão da energia barata. Na verdade, uma das maneiras de encarar os combustíveis fósseis, como petróleo e carvão, é compará-los a uma conta de poupança ecológica que acumulou depósitos durante centenas de milhões de anos. O problema é que, desde a industrialização, estamos resgatando esses depósitos milhares de vezes mais rápido que a capacidade de reposição da natureza. A maioria das pessoas não desbarataria sua conta de poupança pessoal com tamanha displicência, mas isso é exatamente o que temos feito com o petróleo, e estamos vendo as consequências. Não só já fomos muito longe no equivalente à dissipação de um antigo fundo ecológico, mas também nosso apetite voraz por combustíveis fósseis sujos e insustentáveis está alterando irreversivelmente o meio ambiente e o clima, com implicações potencialmente devastadoras, que se estenderão ao longo das próximas décadas e, talvez, até durante séculos. Para piorar a situação, boa parte das reservas de petróleo remanescentes se encontra ou em regiões ecologicamente sensíveis ou em áreas geopolíticas que usam a riqueza do petróleo de maneira inadequada – para financiar governos despóticos, sociedades antidemocráticas e atividades terroristas. Com a probabilidade de que a demanda por energia quase duplique nos próximos 30 anos, não há dúvida de que a corrida global por novas reservas de petróleo se intensificará ainda mais nos anos vindouros.[2] O problema é que, se não mudarmos a trajetória referente ao uso de combustíveis fósseis, talvez acabemos extinguindo a vida na Terra tal como a conhecemos e sabotando as esperanças e aspirações das futuras gerações.[3] No entanto, se mudarmos de rumo, talvez ainda haja tempo e grandes chances de seguirmos uma trajetória de energia verde, que nos conduzirá a um destino de mais prosperidade, mais inovação, mais saúde e mais sustentabilidade. Mas será que o mundo realmente se disporá a dar o salto para um paradigma de energia verde?

A resposta, sem dúvida, depende da pessoa a quem se pergunta. Por exemplo, quem passar algum tempo conversando com Al Gore dificilmente resistirá a seu senso de otimismo contagiante. Ele vem lançando numerosas convocações ousadas ao mundo, depois de, recentemente, reinventar-se como líder na luta contra a mudança climática. E quando se trata de energia, o ex-vice-presidente dos Estados Unidos não hesita em lançar o repto. Da mesma maneira como John F. Kennedy ergueu os olhos para a Lua, Al Gore está concitando o país a, no prazo de 10 anos, produzir todo quilowatt de eletricidade consumido no país por meio do vento, do sol e de outras fontes de energia amigas do clima, objetivo audacioso que, assim ele espera, venha a ser aceito pela administração Obama. Os céticos são muitos e até alguns participantes do setor de energia verde a consideram "ousada". Considerando os prognósticos, será que há algum motivo para otimismo, no sentido de que o país seja capaz de vencer o desafio de Al Gore?

Pat Mazza, diretor de pesquisas da Climate Solutions, aponta para um aparato impressionante de novas tecnologias de energia que estão chegando ou já chegaram ao mercado. "A energia elétrica está passando por sua maior revolução em um século", afirma, comparando a era vindoura de energia renovável à criação por Thomas Edison dos primeiros sistemas elétricos do mundo e à construção por George Westinghouse da transmissão de energia a longa distância. "As novas escolhas para produzir eletricidade incluem células combustíveis, aerogeradores, células solares e microturbinas. O armazenamento de energia, por exemplo, está sendo viabilizado por meio de células combustíveis reversíveis e de volantes ou pêndulos. Já em desenvolvimento, encontram-se eletrodomésticos inteligentes, capazes de detectar e ajustar-se às condições da rede, e aparelhos de condicionamento, refrigeração e aquecimento de ar, que possibilitam diagnósticos e controles remotos."[4] É verdade que a energia solar ainda é cara, mas suas perspectivas de longo prazo são muito promissoras. A intensidade das radiações solares corresponde a mais de mil vezes nossos níveis de consumo de energia. Se explorássemos essa energia solar em toda a economia, poderíamos dispensar os combustíveis fósseis. Com efeito, se todos os edifícios comerciais e residenciais se tornassem produtores líquidos de energia limpa, até poderíamos demolir o que, um dia, as gerações futuras talvez venham a ver apenas nos livros de histórias: uma relíquia da era industrial denominada "sistema elétrico".

Esses avanços realmente seriam vibrantes, mas enfrentemos a realidade: estamos falando de algo muito promissor, mas cujos efeitos não serão imediatos, a não ser que reformulemos radicalmente nossas abordagens. Mesmo os cenários otimistas da U.S. Energy Information Administration estimam que a participação das fontes de energia renovável no consumo mundial será de apenas 14% em 2035. A mesma previsão feita em 2010 sugere que os combustíveis fósseis ainda fornecerão pelo menos 80% do consumo de energia, em comparação com 85% hoje.[5] E ainda existem alguns coringas perigosos no baralho. Com suas grandes reservas de carvão, a China, por exemplo, só pode atender à sua demanda crescente por eletricidade com a construção de mais usinas geradoras movidas a carvão – aproximadamente três a quatro por mês, de acordo com alguns analistas. Até com a melhor tecnologia disponível, cada megawatt-hora de energia produzida por uma usina geradora de eletricidade movida a carvão produz no mínimo 700 quilos de dióxido de carbono. No todo, a China, hoje, lança por ano mais de 2,7 bilhões de toneladas de dióxido de carbono na atmosfera, para não mencionar o dióxido de enxofre e o material particulado, que impõem grandes riscos à saúde pública em muitas cidades. Se sua matriz energética se mantiver inalterada, os cientistas estimam que a China, em 2050, precisará de algo superior a 100 bilhões de toneladas de carvão comum, superando a capacidade de sustentação da Terra e apequenando os 16,1 bilhões de toneladas de carvão comum consumidas em 2008.[6]

Por outro lado, há sinais evidentes das intenções verdes da China: o país pretende liderar o mundo no desenvolvimento de novas indústrias verdes e está começando a lidar com o dilema da energia com o mesmo gosto e disposição que, da noite para o dia, transformou sua economia agrária em potência industrial global.

Investimentos de US$34,6 bilhões no desenvolvimento de energia limpa em 2009 colocam a China no topo da liga de investimentos em energia limpa, bem à frente dos Estados Unidos, em segundo lugar, com investimentos anuais de US$18,6 bilhões.[7] Embora a cifra de US$34 bilhões pareça muito grande, ela ainda equivale a apenas de 10% a 20% do total de investimentos anuais em fontes de energia renováveis, que alguns analistas alegam ser o mínimo necessário para conter as emissões de gases do efeito estufa do país e ao mesmo tempo atender à demanda de energia, em rápido crescimento, pela economia chinesa.[8] No entanto, as primeiras iniciativas da China demonstram que o país será importante força na determinação de como a economia verde evoluirá nas próximas décadas.

Onde tudo isso deixa os Estados Unidos, o maior consumidor mundial de energia? Será que os americanos ficarão para trás na corrida pelo desenvolvimento de novas indústrias, na garantia da segurança energética e na redução das emissões? Ou o país aproveitará o momento para passar à frente dos demais competidores? Os entusiastas da energia verde gostam de apontar para esforços passados de reindustrialização como exemplos de como mobilizar governos e indústrias para a deflagração da nova revolução energética. Afinal, é verdade que, no passado, já se realizaram grandes feitos de engenharia. Entre os precedentes mencionados com frequência destacam-se a reconfiguração das fábricas de automóveis dos Estados Unidos para produzir 300 mil aviões durante a Segunda Guerra Mundial e o esforço para a construção de malha com mais de 75.000km de rodovias interestaduais, construídas ao longo de 35 anos e sete administrações federais. Porém, esses exemplos de transformação só foram possíveis num mundo que já não existe, exceto, talvez, em lugares como a China. Tanto o Sistema Interestadual de Rodovias quanto o complexo industrial-militar são frutos da mentalidade e das instituições da era industrial. Fatores presentes naquela época – como senso de propósito comum sobrejacente, objetivos preponderantes e nítidos, além da liderança autoritária de comando e controle nas empresas e no governo – já não existem hoje. Mesmo que ainda estivessem presentes, não mais seriam eficazes num mundo em que o conhecimento, a autoridade e a capacidade de avançar rapidamente para fontes de energia limpas se encontram extremamente difusos na sociedade.

Em suma, a sociedade precisa de um novo modelo de reindustrialização para uma era de inteligência em rede – algo baseado numa plataforma de abertura, capaz de mobilizar não apenas grandes concessionárias de energia, mas também todo um ecossistema de usinas geradoras de pequeno porte e de produtores familiares, desenvolvedores de software e líderes empresariais. Com a mistura certa de ação colaborativa, de baixo para cima, e de liderança inspirada e inspiradora, podemos libertar o mundo de sua perigosa dependência de combustíveis fósseis e construir uma nova economia de energia verde, capaz de sustentar a civilização humana nos séculos vindouros. Evidentemente, o futuro da energia é uma questão ampla e não podemos tratar de todos os problemas e soluções num único capítulo. Assim, escolhemos temas e oportunidades que se situam na confluência dos desafios energéticos da atualidade com o novo mundo da macrowikinomics, em que países, empresas e inovadores sociais já estão mostrando o caminho adiante.

O SISTEMA DE CÓDIGO ABERTO

Em agosto de 2003, o maior apagão em algumas décadas deixou no escuro boa parte do Nordeste dos Estados Unidos e Ontário, afetando nada menos que 55 milhões de pessoas durante até 48 horas, em alguns lugares.[9] O acontecimento suscitou suspeitas de que se tratasse de ataque terrorista, mas a causa efetiva foi mais banal: falhas em três linhas de transmissão, provocadas por árvores muito grandes, no norte de Ohio, foram suficientes para desencadear uma sucessão de colapsos, que afetaram 508 unidades geradoras, em 265 usinas de eletricidade espalhadas pelos dois países. O presidente George W. Bush chamou a ocorrência de "toque de despertar", enquanto autoridades lamentavam que o sistema elétrico centralizado da América do Norte, agora no limite, tenha ficado vulnerável, cada vez mais frágil e ineficiente. Com efeito, se algumas árvores que tenham crescido demais em Ohio são capazes de deixar sem energia elétrica 20% da base de clientes do continente, em questão de segundos, quais seriam as consequências de um grande desastre natural ou de um ataque terrorista em grande escala?

O incidente revela uma situação triste de estagnação, que deixou os sistemas elétricos na maioria dos países em todo o mundo em condições obsoletas e inadequadas para atender às demandas de uma economia baseada em energia renovável. Apagões, preços crescentes, congestionamentos, despesas de capital decrescentes e retornos insatisfatórios para os investidores compõem uma conjuntura de desintegração, numa época em que a necessidade de inovação na maneira como produzimos e consumimos energia é gigantesca. De acordo com analistas setoriais, o problema reside numa série de falhas sistêmicas oriundas de tradições de planejamento que enfatizavam modelos centralizados de projeto, regulação, operação e gestão financeira dos sistemas elétricos. Sob uma perspectiva de engenharia, tudo que se refere aos nossos atuais sistemas elétricos – desde as usinas geradoras até as famílias consumidoras – foi projetado com base na premissa de que a energia flui em sentido único de poucos produtores de grande escala para numerosos consumidores dispersos. Infelizmente, essa abordagem centralizada é demasiado ineficiente. Em usinas geradoras de eletricidade, movidas a carvão ou a gás, quase dois terços da energia produzida pela conversão de combustível em quilowatts é perdida sob a forma de calor. Outros 8%, em média, se dissipam à medida que a eletricidade percorre as linhas de transmissão até chegar às unidades consumidoras. Outro problema decorre do fato de que o sistema elétrico é projetado para atender ao consumo de pico – as horas ao longo do dia em que as empresas e os domicílios locais estão a plena carga. O sistema não tem capacidade de armazenamento embutida (por exemplo, uma rede nacional de baterias para carros elétricos). Isso significa que se perde muito dinheiro construindo e operando unidades geradoras centralizadas que só funcionam a plena capacidade nos raros momentos de demanda de pico.

Além disso, o sistema elétrico é extremamente opaco. Em média, as concessionárias de serviços públicos não têm acesso à demanda por eletricidade em tempo real e, quase sempre, não são capazes de detectar faltas de energia no sistema elétrico, até receberem a reclamação de um cliente. Portanto, as concessionárias de energia produzem tanto quanto supõem ser necessário e torcem para não sobrecarregar o sistema elétrico e para não deixar os clientes na mão. As falhas do sistema elétrico são muito onerosas. O custo dos apagões para os Estados Unidos é de aproximadamente US$80 bilhões por ano, de acordo com estudo do Lawrence Berkeley National Laboratory.[10] Os consumidores não desfrutam de melhores condições, com pouco ou nenhum meio para estimar o uso de energia, até receberem a fatura total no fim do mês. Raramente recebem informações sobre preços e não sabem as proporções da energia consumida que foi gerada por usinas nucleares, a carvão e a gás, ou por alguma forma de energia renovável. Tampouco têm ideia das emissões produzidas no processo, das usinas geradoras até os destinatários finais.

A ironia é que, enquanto Alexander Graham Bell não reconheceria os sistemas de telefonia de hoje, Thomas Edison se sentiria em casa dirigindo os nossos sistemas elétricos. “Desde o falecimento de Edison”, diz Leonard Gross, vice-presidente de engenharia de telecomunicações da concessionária de serviços públicos Hydro One, de Ontário, “criamos a lâmpada fluorescente compacta. Nada mais aconteceu.”[11] Com efeito, a maioria das pesquisas sobre novas tecnologias de energia está ocorrendo em grande parte, à margem do sistema elétrico, não em seu cerne, nas concessionárias de energia. E por uma razão. É por que as empresas estabelecidas, com muita frequência, não têm respostas nem estão muito motivadas para encontrá-las, independentemente dos incentivos oferecidos pelo governo.

Nessas condições, como quebrar o impasse?

Abrindo o sistema elétrico

E se houvesse uma maneira de integrar novas fontes de energia renovável, inclusive as geradas pelas famílias, empresas e prédios? E se fosse possível oferecer melhores ferramentas e informações que permitissem aos consumidores gerenciar o uso de energia e até bombear as sobras da energia que produzem para o sistema elétrico? Essa mesma solução integrada possibilitaria que as concessionárias de energia monitorassem e controlassem seus sistemas elétricos com mais eficácia e adotassem pela primeira vez novos modelos de negócios e novas ferramentas de precificação dinâmica. E, além de tudo isso, também seria possível reduzir substancialmente as emissões de gases do efeito estufa e ajudar a salvar o planeta.

Mera fantasia? Esse mundo não está tão longe quanto parece. Apenas precisamos de sistemas de energia inteligentes, descentralizados e transparentes, em que profissionais e equipamentos, em todos os lugares, criassem capacidade e valor. É um sistema de energia para a era da inteligência em rede. Vamos chamá-lo de sistema de código aberto. Afinal, já se constata consenso cada vez mais amplo de que nossos sistemas elétricos devem fazer mais do que apenas transportar eletricidade. Também precisam transportar informação. E, uma vez que o sistema elétrico também transporte informação, poucas seriam as razões, se houver alguma, para não se beneficiar das numerosas e fecundas oportunidades de inovação, colaboração e criação de riqueza que a internet fomentou em outros setores da economia.

Sob muitos aspectos, os argumentos em favor de um sistema elétrico inteligente, baseado em padrões abertos, correm em paralelo à defesa de uma internet aberta. A velha rede de energia elétrica é análoga ao *broadcast* de rádio e televisão, com seu viés de comunicação centralizada, de sentido único, de um para muitos e de tamanho único. Já o sistema elétrico inteligente, se for viável, exploraria o tecido conjuntivo da internet, para entrelaçar milhões e, por fim, bilhões de eletrodomésticos, de subestações e de usinas geradoras em todo o planeta, constituindo enorme rede inteligente e programável. E, da mesma maneira como padrões abertos e "edge intelligence" ajudaram a liberar criatividade sem igual na internet, um ethos de abertura semelhante garantirá que o novo sistema de energia se converta em plataforma para um grande conjunto de novos serviços de energia, em vez de atuar apenas como tubulação computadorizada para a entrega de eletricidade mais limpa.

O tratamento do novo sistema de energia como plataforma aberta permitiria, por exemplo, que desenvolvedores de software produzissem aplicativos que ajudassem os usuários a conservar energia, da mesma maneira como criam aplicativos para o iPhone. Um desses softwares poderia incluir um serviço que analisasse dados sobre o consumo de eletricidade pelo usuário, identificasse aparelhos e práticas ineficientes e oferecesse dicas sobre como reduzir o consumo de energia ou oferecesse descontos especiais pelo uso de aparelhos elétricos ou equipamentos eletrônicos eficientes. Nesse caso, você não mais precisaria preocupar-se em verificar se seus filhos apagaram a luz ao saírem do quarto, por mais que os tenha lembrado de economizar energia. Uma rede inteligente, equipada com sensores em sua casa, também seguiria suas instruções de apagar as luzes automaticamente, às duas horas da madrugada, caso ninguém tenha andado pela casa nos últimos 60 minutos! Também poderia mudar o comportamento dos consumidores, por meio de eletrodomésticos inteligentes que economizariam dinheiro automaticamente. Municiados com mais informações sobre tarifas, por exemplo, a máquina de lavar louça só ligaria no momento em que, ao longo do dia, a tarifa de eletricidade fosse mais baixa, em consequência da demanda reduzida. Também o aparelho de ar-condicionado reduziria a frequência de acionamento do compressor nos horários de pico de demanda. "Se alguém me pedir para analisar as horas do dia em que devo usar ou não usar meu aquecedor de água, aproveitando tarifas mais baixas, em consequência dos níveis de demanda, jamais terei esse cuidado", diz Robin Chase, fundadora do Zipcar. "Se você pedir à fornecedora de gás para fazer essa análise e então me perguntar: 'Robin, você quer que nós o desliguemos, para que você economize US$40 por ano?', minha resposta seria: 'Claro que sim.'"

Hoje, 8,3 milhões de domicílios americanos estão equipados com medidores inteligentes, abrangendo 6% da população. O número deve chegar a 33 milhões, em 2011, quando o total mundial talvez atinja 155 milhões.[12] A Cisco Systems estima que, quando pronto, o sistema de energia será mil vezes maior que a internet de hoje.[13] Enquanto isso, muitas empresas, cada vez mais numerosas, já se preparam para oferecer aos consumidores ferramentas que os ajudem a explorar ao máximo os recursos de seus medidores inteligentes.

Em geral, a liderança não está sendo exercida pelas empresas que dominavam o fornecimento de energia na velha era industrial, mas por uma nova geração de empresas que compreendem a era da inteligência em rede. Não surpreende que a Google esteja na vanguarda. O PowerMeter do Google é uma dessas ferramentas tão aguardadas. "Há enorme potencial em partir de dados sobre consumo quase em tempo real para promover competições, desenvolver aplicativos e facilitar redes sociais", diz Niki Fenwick, da Google. Segundo ela, os usuários serão capazes de comparar seus padrões de uso com os do bairro, da área postal e até de amigos, no Facebook. Como outros protagonistas de tecnologia, na nova economia da energia, a Google está fazendo lobby ativo em favor de padrões abertos, para que os consumidores possam comprar eletrodomésticos inteligentes, termostatos ou monitores de energia de diferentes empresas, e os integrem para que interajam uns com os outros.

Mercados de carbono pessoais

Projetos piloto em andamento na Europa mostram até que ponto pode chegar o conceito de sistema de código aberto. Casas em diversas localidades, como Manchester, Birmingham, Bristol, Ruse (Bulgária) e Cluj (Romênia), foram equipadas com medidores avançados inteligentes e com redes de sensores que monitoram o uso, a eficiência e as emissões totais da família, para gerar pegadas de carbono em tempo real. Os usuários recorrem a interfaces de internet para analisar as fontes de suas emissões, comparar suas casas com as do bairro, estimar possíveis economias ou controlar remotamente o consumo de energia, por meio de um PC ou de um celular.[14] Como o PowerMeter da Google, o sistema desenvolvido pela Câmara de Manchester e parceiros é uma plataforma aberta, o que significa a possibilidade de se integrar sem descontinuidades com outros aplicativos para celulares, televisores e redes sociais.

Porém, a verdadeira ação começará em 2010, quando cada família do projeto piloto receberá uma "dotação pessoal de carbono" e participará de um mercado doméstico de comércio de emissões, o primeiro dessa espécie. A dotação de carbono define um limite para as emissões por domicílio, ao mesmo tempo em que o mercado cria condições para que os domicílios comprem e vendam quotas, de acordo com seus orçamentos de carbono. Os formuladores de políticas do Reino Unido estão analisando se esses esquemas de comércio de emissões por domicílio poderiam preparar o cenário para o lançamento de um sistema *cap-and-trade* abrangente, em âmbito nacional, também aplicável a pessoas físicas, não só a empresas. Como no projeto piloto, cada cidadão adulto receberia uma dotação que definiria a quantidade de carbono que poderia emitir, dirigindo automóveis, viajando de avião e residindo em suas casas. Os emissores que superassem suas quotas, por dirigirem utilitários esportivos, por morarem em casas espaçosas e por viajarem de avião com frequência comprariam quotas adicionais de outras pessoas com sobra de dotação, por levarem estilo de vida mais frugal e emitirem menos carbono.

Políticos ingleses como David Miliband argumentam que a população de baixa renda tenderá a levar a melhor nesse esquema. "Quem segue padrão de vida mais modesto se beneficiará, ao vender o excedente de suas dotações", observou, em discurso de 2006.[15] Pesquisas exploratórias realizadas pelo Departamento de Energia e de Mudança Climática do Reino Unido constataram que 71% das famílias de baixa renda na verdade seriam remuneradas por produzir emissões abaixo da média. No entanto, os críticos se queixam de que um sistema tão complexo de transferência de renda entre milhões de pessoas seria dispendioso e estaria sujeito a erros de computação. Os defensores da privacidade receiam que a necessidade de rastrear as decisões de consumo de cada cidadão forneceria ao governo e a entidades sem autorização legal novas maneiras de bisbilhotar a vida privada. Talvez, surpreendentemente, também haja céticos entre ambientalistas. Embora poucos preconizadores do verde questionem a necessidade de que as pessoas assumam maior responsabilidade pela redução das emissões, eles também se mostram extremamente cautelosos em relação a propostas que aumentem os encargos para os cidadãos, mormente numa época em que governos e empresas ainda podem fazer muito mais a favor da virada para formas de energia limpas e renováveis. Essa posição merece respeito, mas, sob nosso ponto de vista, essas propostas inovadoras também são dignas de nota.

O mero fato de esquemas de comércio e de dotações pessoais de carbono estarem sendo debatidas é sinal de que os esforços em andamento para tornar nossa infraestrutura mais inteligente e interativa renderá grandes dividendos. Conforme argumentamos no capítulo anterior, é mais fácil manter-se indiferente em relação à mudança climática quando as relações entre nossas atitudes e o clima parecem vagas e difíceis de mensurar. Porém, fica mais difícil ignorar nossa responsabilidade pessoal quando o medidor inteligente em sua parede não só mostra sua pegada de carbono em tempo real, mas também compara seu escore com a média do bairro e lhe oferece dicas para melhorar. Associada à atribuição de preço real ao carbono, essas novas características de transparência e de interatividade fornecem o catalisador para respostas realmente criativas a alguns dos maiores desafios com que hoje se depara a humanidade. E, embora hoje o foco se concentre sobre energia e mudança climática, há oportunidades semelhantes em muitos outros setores.

Tudo inteligente

Numerosas empresas estão desenvolvendo infraestruturas inteligentes para medir tudo, do consumo de água a fluxos de gás natural. Por exemplo, a SAS Business Analytics possibilita que concessionárias de energia, como a brasileira Cemig, preveja com exatidão a demanda por energia elétrica, tanto em longo quanto em curtíssimo prazo. A Cemig pode até prever como a demanda mudará antes, durante e depois de um jogo da Copa do Mundo de futebol, com os televisores ligados e desligados. Outras, como a IBM, estão testando esquemas para monitorar sistemas inteiros, como cadeias de fornecimento e malhas de transporte. A empresa desenvolveu sensores e rótulos RFID (identificação por radiofrequência), capazes de rastrear alimentos, como carne e hortifrutigranjeiros, desde os produtores até as prateleiras dos supermercados.[16] Munidos desses dados, os varejistas têm condições de garantir a qualidade das ofertas, enquanto os consumidores dispõem de meios para tomar decisões de compra mais inteligentes.

O esforço para tornar tudo "mais inteligente", conectando objetos eletrificados à internet, resultará, em poucos anos, numa enxurrada de novos dados a serem agregados e analisados, fornecendo poderoso motor para painéis de controle de energia e para plataformas de comércio, que ajudarão os domicílios e as empresas a otimizar o consumo. Pense nos projetos pilotos em andamento na Europa e imagine mercados de carbono pessoais semelhantes, funcionando em escala regional ou global. Conforme demonstram iniciativas como CARMA e Carbonrally (ver Capítulo 5), plataformas nascentes podem facilitar novos níveis de transparência e de colaboração, reduzindo nosso impacto sobre o planeta. Os primeiros resultados também mostram que, municiados de dados e de algumas sugestões simples, as pessoas começarão a mudar seus estilos de vida para se tornarem mais sustentáveis. Por exemplo, estudos descobriram que, ao tomarem conhecimento dos níveis de energia que consomem, as pessoas, em média, os reduzem em 7%. Com incentivos adequados, constatou-se que consumidores de energia elétrica reduziram o consumo nos horários de pico de demanda em 15% ou mais.[17] Relatório liberado pelo The Climate Group estima que a aplicação de tecnologias digitais em sistemas de energia inteligentes e em edifícios inteligentes têm o potencial de evitar emissões globais equivalentes a 3,71 gigatons de CO_2 até 2020, proporcionando redução de US$464 bilhões nos custos de energia em âmbito global para empresas, contribuintes e consumidores.[18]

ASCENSÃO DO PROSSUMIDOR DE ENERGIA

Talvez a oportunidade de inovação mais promissora na nova economia de energia decorra da mudança de papel do moderno consumidor de energia. Numa economia de energia verde, os domicílios, em geral, já não serão consumidores de energia e pagadores de tarifas passivos, mas, sim, produtores esclarecidos e cada vez mais autônomos da própria energia verde. A ideia é que em algum momento do futuro não tão distante praticamente todas as famílias e instituições que hoje consomem eletricidade também a produzirão e até a venderão de volta ao sistema elétrico, inclusive com a possibilidade de gerar lucro. Por exemplo, a instalação de painéis solares em telhados e de turbinas de vento nos quintais talvez venha a gerar, em alguns casos, mais energia do que a capacidade de armazenamento do prossumidor, excedente que pode alimentar o sistema elétrico. Como vimos no capítulo sobre transportes, veículos elétricos e híbridos também devolverão energia ao sistema elétrico, ao ficarem ociosos em estacionamentos em todo o globo. Algumas famílias e instituições serão produtores líquidos. Outras serão consumidores líquidos. O melhor a respeito dos sistemas de código aberto é gerar o que precisamos e permitir que usemos o que geramos.

Viaje para lugares como 75 Ravina Crescent, na extremidade leste de Toronto, e é possível vislumbrar o futuro da economia de energia na América do Norte. Embora se trate de uma velha casa com 80 anos, numa rua residencial arborizada, suas entranhas elétricas são totalmente futuristas, graças aos esforços de um desenvolvedor de software aposentado, Gordon Fraser, e de sua esposa, Susan. A residência dos Fraser está na iminência de tornar-se uma das primeiras casas de Toronto a gerar com recursos próprios toda a energia elétrica que consome. E, ao manter nas próprias mãos o seu destino energético, os Fraser se juntaram a uma tribo pequena, mas crescente, do que denominamos modernos prossumidores de energia.

A jornada dos Fraser rumo à autossuficiência em energia começou pouco depois do apagão de 2003, que forneceu todos os incentivos de que precisavam para refletir sobre a própria vulnerabilidade. Ocorre que a falta de energia não foi só um toque de despertar para a indústria, mas também um sinal de alarme para consumidores familiares, que ficaram preocupados com a confiabilidade de suas fontes de fornecimento de energia. Susan Fraser se lembra de sua preocupação com o que poderia ter acontecido se um blackout semelhante ocorresse no auge do inverno, quando as temperaturas em Toronto podem chegar a -34ºC. "Morreríamos congelados", respondeu. "Eu queria alguma espécie de fonte de energia alternativa para a hipótese de algo ocorrer com o sistema elétrico." Autodidata notório, o marido, Gordon, começou a mexer com energia solar, até que, em 2006, ele e Susan transformaram a casa em campo de teste experimental, denominando-a Projeto Ravina. O casal, agora na casa dos 60 anos, instalou um painel solar de 1,5 quilowatt no telhado da casa, que armazena energia numa grande bateria de chumbo e envia quaisquer excedentes de volta para o sistema elétrico. Um boiler controlado por computador, com 95% de eficiência, aquece a água para as torneiras e radiadores da casa. Embora todos os componentes tenham sido comprados prontos, essa não é uma instalação típica de energia solar residencial. O painel solar dos Fraser está montado sobre uma base inclinável que segue o percurso aparente do sol, para maximizar a produção de energia. O conjunto usa um receptor e decodificador integrado de satélite

(IRD), versão 1995, para controlar o movimento. Porém, em vez de girar uma antena parabólica de satélite, Gordon programou o IRD para que ele se movimente de modo a continuar recebendo a luz solar com um ângulo de 90º durante todo o dia, o "ponto doce" para a geração de energia solar.

Apesar desses investimentos, os Fraser ainda não se tornaram totalmente independentes do sistema elétrico. Em 2007, eles geraram 35% da energia que usaram durante todo o ano. Nos meses de inverno, como dezembro, quando os dias são curtos e frios, a energia solar respondeu por apenas 7% do total do consumo doméstico. Porém, no mês de maio, a energia solar atendeu a mais de 94% das necessidades da família. Se dobrarem a capacidade de armazenamento da bateria, os Fraser afirmam que poderiam viver fora do sistema elétrico durante quatro meses. E, com o acréscimo de um gerador de turbina de vento, poderiam tornar-se totalmente. Nada mal para o Canadá, onde o aquecimento doméstico é a principal fonte isolada de emissões de carbono, além de consumir grande fatia do orçamento familiar mensal.

Um dos subprodutos do Projeto Ravina é um tesouro de dados de acesso público que ajudará outros consumidores a também se tornarem prossumidores de energia. Gordon mantém registros meticulosos que documentam todos os aspectos da produção e do consumo de energia pelo domicílio: quantidade de energia gerada, quantidade de gás consumido, quantidade de energia extraída da rede pública e um levantamento detalhado da eletricidade que consomem diariamente. Os Fraser publicam todos esses dados no site deles e divulgam atualizações diárias da geração de energia no Twitter (@ravinaproject). Quer saber a economia resultante da calefação de uma casa antiga? Os Fraser têm tudo mapeado, com detalhes incríveis, no relatório sobre "termodinâmica da casa". Gordon chama essa base de dados de "legado digital" e espera que essas informações sejam úteis para outras pessoas que pretendam desenvolver seus próprios projetos de energia verde. Jon Worren, analista de energia verde da MaRS, eixo de pesquisa científica e de inovação, com sede em Toronto, acha que o Projeto Ravina pode mudar a percepção das pessoas quanto ao que é possível. "As observações de que (1) você pode produzir energia solar 12 meses por ano num telhado de Toronto e (2) você pode conseguir economias significativas, mesmo com uma casa de 1920, são muito importantes em termos de ajudar outros residentes urbanos a compreender que investimentos dessa natureza podem fazer grande diferença."

Quando iniciaram suas pesquisas em 2004, os Fraser tiveram dificuldade em encontrar informações confiáveis sobre energia verde. "As pessoas prudentes gostam de investigar os assuntos e encontrar tantas informações relevantes quanto possível, antes de fazer grandes investimentos", diz Gordon. "Ao publicar as respostas às perguntas que fizemos no começo, esperamos melhorar drasticamente a disponibilidade de dados relevantes." Não são só os consumidores que se beneficiarão com os esforços ingentes dos Fraser para documentar suas experiências, mas também pesquisadores e analistas, em busca de métodos mais eficientes para impulsionar a economia da energia verde", diz Gordon. "Você nunca sabe quando tropeçará em alguma ideia ou desencavará algum tesouro de dados. Se houver algo de valioso nos dados, outras pessoas é que o descobrirão."

De projeto piloto a escala real

Será que todas as casas e edifícios poderiam gerar energia própria suficiente para manter-se fora do sistema elétrico ou será que residências como a dos Fraser continuarão sendo algo incomum numa economia de energia que preponderantemente favorece modelos centralizados de geração de energia? Não há resposta simples para essa pergunta, pois muitos são os fatores influentes, como consumo de energia, capacidade dos painéis solares e acesso à luz solar durante o dia. Mas, pelo menos em Toronto, algumas conclusões interessantes estão aflorando. Os dados dos Fraser sugerem que incentivar milhões de experimentos de energia verde em telhados urbanos é método mais viável de promover uma economia de energia verde que a construção de grandes usinas geradoras de energia solar ou de energia eólica. "Precisamos de um novo paradigma", enfatiza Gordon. "Não podemos continuar adotando as mesmas premissas básicas nem as mesmas práticas de projeto dos modelos de geração de energia da era industrial." Evidentemente, as concessionárias de energia elétrica – que têm pouco a ganhar com a geração compartilhada – não estão muito entusiasmadas com os argumentos dos Fraser.[19] Levada à conclusão lógica, a descentralização da geração de energia provocaria grandes rupturas nos modelos vigentes e talvez tornasse redundante grande parte do que as concessionárias de energia elétrica fazem hoje. Em vez de vender energia – uma vez que grande parte dela seria produzida localmente por domicílios e empresas – o núcleo da indústria se deslocaria para a venda de instalações e de serviços de energia, como aplicativos de sistemas inteligentes que ajudem os domicílios e as empresas a economizar dinheiro. Essas mudanças, por seu turno, confeririam vantagem a uma nova cepa de empresas de energia, especializadas em soluções de microenergia, sem os enormes legados físicos das concessionárias de energia tradicionais.

Evidentemente, a geração de energia solar e outras fontes renováveis ainda são muito mais dispendiosas que os métodos convencionais, o que significa que muito pouco acontecerá no curto prazo se não nos empenharmos com seriedade na construção de um contexto em que se torne economicamente atraente para os consumidores e para os produtores investir na reconfiguração de nossa infraestrutura de energia. Afinal, é irrealista esperar que qualquer proporção significativa do conjunto de empresas e de domicílios adote a energia verde, se suas condições continuarem sendo desvantajosas. Veja, por exemplo, a perspectiva dos domicílios. Os custos totais do Projeto Ravina, por exemplo, já estão, hoje, em US$45 mil, abrangendo painéis solares, baterias, reconfiguração da rede interna e numerosas medidas de conservação de energia, como melhoria da calefação e instalação de novas janelas, portas e lâmpadas.[20] A esse preço, apenas pequena parcela da população poderia executar projeto de energia verde tão sofisticado. Também e altamente improvável que os Fraser tão cedo desfrutem de retorno financeiro sobre o investimento, embora convenha observar que ganhar dinheiro com o experimento nunca foi o objetivo dos Fraser. "Estamos realizando um projeto de pesquisa sobre energia elétrica urbana", diz Gordon, "e, por serem únicos, nossos dados são muito valiosos, muito além do alcance limitado de nossos bolsos". Além disso, três coisas mudaram desde quando, pela primeira vez, os Fraser investiram em painéis solares, em 2006. Primeiro, o custo das instalações de painéis solares se reduziram em 50% e provavelmente continuarão a cair, à medida que cresce a demanda e se produzem tecnologias e equipamentos em maior escala. Segundo, os governos começaram a oferecer grandes incentivos, capazes de tornar viável e até lucrativa a proposta de produção descentralizada de energia, assim como de construção de casas e de edifícios autossuficientes. Terceiro, empreendedores sociais, como One Block Off the Grid, estão desenvolvendo esquemas de compras coletivas para reduzir ainda mais os custos dos equipamentos e das tecnologias de energia solar para os consumidores. Usando a internet para agregar centenas de usuários potenciais de energia solar em determinada cidade, a empresa emergente, com sede em San Francisco, se diz capaz de reduzir os custos das instalações em até 15%. A empresa completou 600 instalações em 10 cidades, em 2009, e espera concluir mais 500, em 2010.

Mesmo com iniciativas inovadoras como o One Block Off the Grid, o governo ainda exerce papel importante no aumento da escala da energia verde. Ontário, por exemplo, aprovou legislação, em maio de 2009, que oferece incentivos a novos projetos de geração de energia renovável em toda a província. Os objetivos são dobrar a produção de energia renovável, triplicar a conservação de energia e ajudar os proprietários a instalar 100 mil sistemas de painéis solares em telhados. Se forem bem-sucedidas, essas iniciativas devem reduzir as emissões da província mais populosa do Canadá, antes de 2020, a níveis 15% inferiores aos de 1990.[21] Enquanto jurisdições como Ontário estão nos primeiros estágios da mudança sistêmica, em alguns países europeus, como Dinamarca, Alemanha e Espanha, já se encontram exemplos mais maduros, onde a energia verde hoje atende a mais ou menos 30% do consumo total. Com efeito, quando se trata de transformações em grande escala, poucos exemplos são melhores que o da Dinamarca.

O CAMINHO DA DINAMARCA PARA A ENERGIA RENOVÁVEL

Você já pensou onde já estaríamos hoje se novas políticas públicas de energia inteligente tivessem sido implementadas 30 anos atrás, na esteira da crise de energia da década de 1970? Eis um fato notável. Desde 1980, a Dinamarca registrou crescimento econômico acumulado superior a 80%, ao mesmo tempo em que manteve o mesmo nível de consumo de energia! No mesmo período de 30 anos, a Dinamarca evoluiu da condição de economia totalmente dependente de importação de energia para a de exportadora líquida de eletricidade e de tecnologia energética.[22] Agora, imagine o que os americanos poderiam ter comprado com todo o dinheiro que teriam economizado se os Estados Unidos tivessem seguido os passos da Dinamarca, mantendo seu consumo de energia nos níveis de 1980!

Reconhecemos que a Dinamarca é um país de cinco milhões de cidadãos e com área territorial muito inferior à dos Estados Unidos. No entanto, suas realizações são notáveis, principalmente considerando o ponto de partida. Na década de 1970, o choque do petróleo atingiu a Dinamarca com mais intensidade que na maioria dos seus vizinhos europeus. Na época, todo o petróleo consumido pelo país era importado, até a última gota. Com o aumento súbito e drástico dos preços, toda a economia foi esmagada pelo impacto. Anne Hojer Simonsen, do Ministério do Clima e da Energia da Dinamarca, se lembra dos sacrifícios. "Quando eu era criança, não se podia sair de carro. Não havia automóveis nas ruas e nas rodovias. Só se viam veículos de emergência. Era terrível. Sentia-se muito frio nos invernos. Não podíamos ter mais de 16ºC ou 17ºC dentro de casa." A Dinamarca demorou toda uma década para recuperar-se. Porém, a experiência suscitou uma mentalidade de plataforma em chamas, que deflagrou um impulso irrefreável rumo à autossuficiência.

Criando um contexto para a auto-organização

No velho modelo de governo, os políticos e burocratas não só manejavam o leme, mas também remavam. O governo era considerado onipotente e tentava fazer tudo, do mais elementar ao mais complexo, do começo ao fim. Talvez esse modelo até tenha sido eficaz na velha era industrial da geração de energia, mas ele já não é adequado numa nova era de produção descentralizada e de sistemas de energia inteligentes, assim como de consumidores de energia ativos e esclarecidos. No novo modelo, o governo cria o contexto para a auto-organização. Ele mantém a função de formulador de políticas públicas, mas delega poderes a outros setores, construindo a infraestrutura capacitadora e instituindo incentivos adequados. Esse é o modelo que a Dinamarca escolheu quando os efeitos esmagadores da crise do petróleo atearam fogo sob um país adormecido.

Com a forte liderança de sua agência de energia, a Dinamarca investiu intensamente em fontes de energia internas, como gás natural, vento e biomassa. O país trabalhou com consumidores domiciliares e empresariais, por meio de campanhas agressivas de eficiência energética. E, em parceria com o setor privado, construiu um sistema de energia no estado da arte, que explora uma rede compartilhada de pequenos produtores de energia verde. Hoje, a Dinamarca tem um setor de energia renovável de classe mundial, graças a anos de investimentos iniciais em energia verde, inclusive para o financiamento de P&D, para a incubação de empresas emergentes e para o incentivo à colaboração mútua entre empresas. A “feed-in tariff” da Dinamarca enfureceria muitos conservadores americanos, mas é eficaz. O esquema, segundo o qual as concessionárias de energia são obrigadas a comprar energia renovável acima dos preços de mercado, contribuiu para que muitas inovações decolassem e alcançassem escala que nunca seria atingida num ambiente onde os combustíveis fósseis desfrutassem de vantagem inibidora.[23] O programa também produziu benefícios consideráveis em termos de desenvolvimento econômico: 80% das turbinas de vento da Dinamarca são de propriedade de residentes locais.[24] O fundamental da “feed-in tariff” é definir o preço certo para a energia renovável, bastante alto para atrair investidores, mas não o suficiente para gerar lucros extraordinários. Quando o setor atinge massa crítica, a “feed-in tariff” é reduzida.

Os críticos da “feed-in tariff” alegam que os subsídios são perdulários e que governos com dificuldade de caixa devem deixar que as forças do mercado ditem a velocidade da transição econômica para energias renováveis. Outros críticos nem sempre são contra os subsídios públicos, mas sugerem que seria preferível investir os recursos na construção de usinas nucleares ou no financiamento de programas de pesquisa em grande escala de carvão limpo ou de sequestro do carbono. No entanto, esses críticos devem considerar a seguinte restrição: os mercados alocam a escassez no presente e no curto prazo; eles são praticamente cegos quanto à escassez que se manifesta no horizonte de 10 ou 20 anos. Os fatos são que o petróleo tende a se tornar cada vez mais caro e que a ameaça da mudança climática apenas se agravará com o passar do tempo. Já a energia solar é tecnologia comprovada, cujos custos ainda têm muito a cair. Ela não precisa de programas de pesquisa dispendiosos e prolongados para demonstrar sua viabilidade e, ao contrário das usinas nucleares, não exige infraestrutura cuja construção demora uma década e não gera subprodutos que precisam ser armazenados durante milhares de anos. O custo por watt/hora de energia solar já diminuiu de US$25 a US$30, na década de 1980, para menos de US$5, hoje.[25] A energia solar também já demonstrou sua capacidade de criar empregos. Como os investimentos da Dinamarca em energia eólica, os da Alemanha em energia solar produziram uma indústria florescente, empurrando os alemães para a linha de frente da tecnologia de energia solar, desenvolvendo milhares de engenheiros e de instaladores treinados e mudando a percepção do público em relação à energia renovável e quanto ao seu papel na vida das pessoas. Também derrubaram os custos da energia solar fotovoltaica, tornando-a mais acessível para o mundo, tendências que deverão acelerar-se com o apoio contínuo dos novos governos. Evidentemente, conforme demonstra a experiência da Dinamarca, a energia solar não é a única solução e qualquer jurisdição deve considerar seus recursos naturais antes de escolhê-la em relação às demais alternativas verdes, como energia eólica, energia das ondas e energia geotermal. Finalmente, os formuladores de políticas não devem subestimar a importância de mudar a cultura referente ao consumo de energia. Uma vantagem das microssoluções é a de encorajarem e, mais que isso, exigirem participação. Quando os consumidores têm acesso às informações e às ferramentas necessárias para gerenciar e até para produzir sua própria energia, eles podem tornar-se parte da solução, deixando de ser simples peões a serem manipulados por incentivos, impostos e mudanças nas tarifas.

Acelerando a adoção de energia verde

Como se diz por aí, a prova definitiva do pudim é comê-lo. A Dinamarca é reconhecida como líder mundial em energia verde. Hoje, esse setor, quase inexistente em passado não tão remoto, é responsável por 10% das exportações do país.[26] Evidentemente, a transformação do setor de energia na Dinamarca demorou 30 anos, mas foi uma transição ordeira, que contou com altos níveis de apoio de todos os setores. Outros países não terão condições de se dar ao luxo de demorar nada menos que 30 anos para mudar seus paradigmas e, em tese, ações mais radicais se justificação à luz dos custos crescentes da energia e do espectro de mudanças climáticas avassaladoras. No mínimo, parcelas consideráveis da infraestrutura terão de ser reconfiguradas, ao mesmo tempo em que será necessário promover reduções substanciais nos custos da tecnologia verde para os consumidores, enquanto fontes de energia intensivas em carbono, como petróleo e carvão, deverão tornar-se ainda mais dispendiosas. Países como Dinamarca e Alemanha começaram a resolver esses problemas por meio de incentivos, de "feed-in tariffs" e de substanciais investimentos públicos e privados em nova infraestrutura. Muitas outras jurisdições na América do Norte estão prontas para agir da mesma maneira.

No fim das contas, decerto é verdade que se necessita de liderança política mais vigorosa em todas as esferas do poder público, em especial para se contrapor aos fortes lobbies de energia. Porém, apenas liderança política nem de longe é suficiente para criar as condições necessárias para acelerar a adoção de energia verde em todo o mundo. Uma lição oferecida pela Dinamarca e outros países de vanguarda em energia verde é que se deve concentrar muito mais recursos na mobilização de todos os conhecimentos e capacidades disponíveis no mundo para a solução desse problema. Ao criar o contexto para a auto-organização e ao alavancar ideias e habilidades de outros setores, talvez tenhamos algumas chances de sucesso.

DOIS CAMINHOS E DOIS FUTUROS: QUAL DELES O MUNDO ESCOLHERÁ?

Considerando a mudança climática e a redução dos estoques de combustíveis fósseis, o mundo pode seguir uma de duas trajetórias. Um caminho – aquele em que estamos hoje – leva à escalada dos preços, à escassez de energia, a catástrofes ambientais e a conflitos entre as grandes potências. A outra trajetória – vamos chamá-la de rota da wikinomics – conduz ao crescimento, à cooperação global e à oferta abundante de energia limpa, produzida por um sistema de energia inteligente, no qual se criem condições para que os consumidores se transformem em gestores esclarecidos e ativos do próprio consumo de energia. A escolha mais adequada entre o percurso convencional e o novo roteiro da wikinomics é óbvia. Com efeito, é poderoso o argumento quase universal de que a mudança para fontes de energia 100% renováveis, muito mais que desejável, é altamente necessária. A tecnologia para o desenvolvimento de sistemas de energia inteligentes e para a produção de energia verde já está em boa parte disponível; mas precisamos aumentar substancialmente nossos investimentos e compartilhar nossa propriedade intelectual. Os consumidores, em geral, talvez não estejam tão informados quanto deveriam, mas podemos minorar esse problema por meio de ferramentas intuitivas de gestão da energia, para domicílios e empresas. E até já aprendemos algumas coisas sobre a criação de contexto político para a auto-organização, graças a pioneiros como Alemanha e Dinamarca.

O fato de todos esses fatores já estarem presentes e se manifestarem com intensidade crescente só serve para agravar ainda mais a negligência com que os líderes mundiais flertam com o desastre. O risco é que uma mentalidade perversa esteja ganhando força e se disseminando: à medida que aumenta o medo de uma crise energética iminente, as potências mundiais estão comprando uma apólice de seguro inútil, envolvendo-se numa disputa sem limites por recursos. Como diz o ditado, a escassez é inimiga da contenção. Com a falta de combustíveis fósseis assomando no futuro próximo, é seguro afirmar que alguns dos principais países do mundo não têm, de modo algum, exibido seu melhor comportamento. Os Estados Unidos travaram duas guerras no Iraque para garantir controle sobre o petróleo do Oriente Médio. A mais recente aventura no Oriente Médio, de acordo com Linda Bilmes e Joseph Stiglitz, economistas, custará aos contribuintes americanos algo próximo de US$1,5 trilhão em custos diretos e, talvez, quantia equivalente em custos indiretos, caso se considere o potencial econômico não realizado que se desperdiçou por não gastar esse dinheiro no próprio país.[27] Em comparação, os gastos do governo dos Estados Unidos, em 2008, com P&D sobre energia foram de apenas US$5 bilhões – fração minúscula do que está sendo gasto na guerra do Iraque.[28]

Enquanto isso, empresas petrolíferas da Inglaterra, da China, da França, da Índia e dos Estados Unidos estão correndo como manada para a África, na tentativa de explorar campos de petróleo pouco explorados do continente, em países como Nigéria, Angola, Chad, Sudão, Guiné Equatorial e República Democrática do Congo. As receitas oriundas da extração deveriam fornecer os recursos tão necessários para o desenvolvimento dos países, mas, ao contrário, têm fomentado a corrupção, a degradação do meio ambiente, a pobreza e a violência. Em vez de serem bênção, os recursos naturais da África têm sido, em grande parte, maldição.[29] Enquanto isso, no continente europeu, uma Rússia ressurgente já usa seus vastos recursos como instrumento para a execução de seus desígnios internos e externos, já tendo ameaçado duas vezes interromper os fornecimentos à Europa para impor suas posições políticas. A superpotência energética controla um terço do gás natural do mundo, é o segundo maior exportador de petróleo, depois da Arábia Saudita, e será a principal fonte do gás natural consumido pela Europa em 2030.

Com efeito, a grande ironia das atuais dificuldades climáticas do mundo é que, em vez de encorajarem alternativas criativas para o consumo de combustíveis fósseis, o aquecimento global talvez esteja aumentando o impulso em busca de novas fontes de petróleo. Na medida em que o planeta se aquece, o Ártico se derrete, oferecendo às potências famintas de energia vastos reservatórios prístinos de petróleo. Será que os cinco protagonistas do Ártico – Rússia, Canadá, Estados Unidos, Dinamarca e Noruega – se posicionarão na linha de frente do que talvez venha a ser um dos mais gratuitos conflitos inspirados por recursos naturais? Ou será que prevalecerá outro modelo, em que o ecossistema do Ártico seja gerenciado como bem comum internacional, com os recursos oriundos da exploração sustentável se acumulando em fundos de P&D, para o desenvolvimento de fontes alternativas de energia e para a transferência de tecnologia a países em desenvolvimento. Por enquanto, os principais atores estão adotando uma posição defensiva, buscando promover a qualquer custo seus interesses energéticos nacionais – mesmo correndo o risco de deflagrar novo tipo de Guerra Fria, só que dessa vez travada em torno da energia.

Essas são as perguntas para as quais precisamos de novas respostas, não das respostas de ontem. Um futuro pacífico e próspero de energia verde nos aguarda logo adiante e será construído com base nos princípios da wikinomics, como abertura, colaboração, sustentabilidade, integridade e interdependência. Felizmente, podemos encontrar algum conforto no fato de o capítulo final da revolução energética em curso ainda não ter sido escrito, ao menos por enquanto. E, talvez mais importante, a escolha entre caminhos e destinos finais não compete apenas a uma pequena elite de decididores, em suítes executivas de grandes empresas de petróleo e em gabinetes de órgãos públicos de todo o mundo; compete a todos nós, e a wikinomics mostra o caminho pela frente.

7. A REVOLUÇÃO DOS TRANSPORTES: A LOCOMOÇÃO NO SÉCULO XXI

Imagine que você tenha descido num planeta muito parecido com a Terra, um século atrás, com a incumbência de projetar o meio de transporte predominante para a movimentação das pessoas. As especificações do projeto são as seguintes: o sistema deve maximizar o consumo de combustíveis e a área de ocupação da superfície do planeta – usando tantas terras agrícolas e outros espaços úteis quanto possível. O sistema deve produzir mais toxinas e exigir mais materiais (aço, vidro, borracha, couro e sintéticos) que as alternativas disponíveis. Também deve ser aquele com maior potencial de provocar mortes e lesões (dica: garanta a maior liberdade possível de movimento dos veículos e permita que os condutores não sejam profissionais). Também deve ser o menos previsível, dificultando ao máximo a estimativa de duração das viagens, inclusive em consequência de tornar o fluxo mais lento, à medida que aumenta a quantidade de usuários, a ponto de paralisá-lo ou de retardá-lo a passo de cágado, em situações extremas. E você ainda ganhará bônus se o sistema for propenso a lançar os usuários uns contra os outros, em acessos de raiva. É difícil imaginar melhor solução para atender a essas especificações que o automóvel movido por motores de combustão interna.

Analogia herética, você diria? Na verdade, o automóvel é a peça central do Sonho Americano. Percorrer em alta velocidade a Costa do Pacífico, num conversível vermelho, é uma imagem que tem sido destacada em canções, em filmes e em fantasias dos americanos – e de boa parte do mundo – não sem razão. O automóvel nos proporciona mobilidade, utilidade, status e senso de independência. Qualquer pessoa que tenha um carro próprio se regala com a liberdade que o veículo lhe oferece. Não é à toa que o automóvel é o sonho de consumo de tanta gente no planeta, sobretudo nos primeiros estágios da escala social.

No entanto, apesar de todos os seus aspectos positivos (e estamos falando aqui como proprietários e como entusiastas de automóveis), a indústria automobilística criou problemas substanciais, para cuja solução teremos de trabalhar duro durante gerações. A fabricação de automóveis exige a destruição de montanhas para a exploração de minérios de ferro e de alumínio, bem como a drenagem de reservas de petróleo para a produção de borracha e de plásticos. Acrescentem-se a isso os custos da energia para o processamento desses materiais e, em seguida, os custos da montagem do carro em si. Em média, cada automóvel gera 28 toneladas de resíduos e polui 1.421m^3 de ar, apenas na fase de fabricação.[1] E os ônus prosseguem depois que o carro sai da linha de montagem. Os 600 milhões de automóveis que hoje congestionam as estradas e cidades respondem por 10% das emissões globais de CO_2, para não mencionar o coquetel de efluentes nocivos que torna os carros a principal fonte isolada de poluição atmosférica e a principal causa de problemas respiratórios e de outros desafios de saúde pública.[2] Os automóveis também são dispendiosos para os proprietários, consumindo 18% da renda média dos americanos, número que decerto aumentará, quando se consideram os custos crescentes dos combustíveis, dos estacionamentos, dos pedágios, da manutenção e do seguro, para não falar na perda de produtividade decorrente do agravamento dos congestionamentos de trânsito.[3]

Evidentemente, os automóveis só são eficazes – isto é, nos garantem liberdade de movimento, quando dispomos de estradas, o que provoca ainda mais traumas para o planeta. No mundo desenvolvido, as redes viárias consomem cerca de 40% das áreas urbanas, e ainda mais na América do Norte.[4] Em 2008, a malha rodoviária mundial, em contínua expansão, abrangia 70 milhões de quilômetros – o suficiente para a construção de 180 vias expressas para a Lua.[5] Os planejadores urbanos sabem há muito tempo que altas taxas de propriedade de automóveis estimulam o alastramento urbano – que, por seu turno, agrava a dependência em relação ao automóvel, ao mesmo tempo em que aumenta o congestionamento viário. No entanto, menos pessoas têm consciência de que as estradas também rompem os ecossistemas, interferem na migração das espécies e prejudicam a drenagem natural das águas.

Por serem uma das formas mais populares de transporte no mundo desenvolvido, os automóveis inevitavelmente se transformam em fator de letalidade. Em 2004, a Organização Mundial da Saúde relatou que, por ano, cerca de 1,2 milhão de pessoas morriam e que outros 50 milhões se feriam em acidentes automobilísticos, tornando o automóvel a décima principal causa de morte em todo o mundo. A OMS projeta que esses números aumentarão em cerca de 65% nos próximos 20 anos, se não promovermos mudanças radicais.[6]

Parece muito ruim, não? Mas a verdade é que nossos problemas com automóveis estão apenas começando. O surgimento de uma classe média consumidora na China e na Índia está provocando forte aumento na demanda por automóveis. E, pior ainda, os automóveis dos países emergentes rodam em estradas ainda mais congestionadas e usam motores mais baratos e mais antigos, gerando imensa demanda por combustíveis e enorme volume de poluentes. Quinze anos atrás, praticamente não havia automóveis particulares na China. Em fins de 2007, o número de carros particulares no país havia chegado a 15,2 milhões.[7] Estima-se que, em 2050, mantendo-se as atuais tendências, esse número chegará a 700 milhões.[8] Enquanto isso, outros países em crescimento acelerado, como Índia e Brasil, empurrarão a frota mundial de veículos para um total espantoso de 3 bilhões.[9] Caso não se desenvolva e se comercialize nova solução radical para o transporte pessoal, os atuais 2,8 bilhões de toneladas de emissões resultantes da descarga de automóveis facilmente dobrará nos próximos 25 anos.

Considerando a situação relativamente incipiente de seus mercados automobilísticos, países como a China ainda têm espaço para experimentar novas alternativas. Os planejadores ainda podem fazer escolhas inteligentes de infraestrutura, para acomodar opções de transporte mais racionais, eficientes e sustentáveis.[10] Infelizmente, para países com longa tradição de propriedade pessoal de automóveis, nossas escolhas referentes à busca de novas modalidades de transporte são mais limitadas, se não determinadas pelas opções que exercemos no passado. Como diz Robin Chase, fundadora da Zipcar, "infraestrutura é destino", referindo-se a como a política de transportes dos Estados Unidos favoreceu os automóveis e as rodovias, em comparação com investimentos em ferrovias e em outros sistemas de transporte público. "Reflita sobre como construímos nossa malha nacional de rodovias interestaduais nos anos 1950", diz ela. "Abrimos estradas, eliminamos os bondes e não ampliamos as ferrovias. Forjamos nosso destino como país dependente de automóveis, porque essa foi a infraestrutura que construímos. Investimos maciçamente em nossa infraestrutura obsoleta e também nos ligamos emocionalmente aos nossos automóveis. A ironia é que, de todas as opções de transporte disponíveis, o carro é a menos sustentável, consumindo excesso de energia, afetando a saúde das populações e oferecendo nível declinante de serviços, apesar dos investimentos crescentes na construção e na manutenção de rodovias dispendiosas. Muitos desses impactos negativos recaem desproporcionalmente sobre os grupos sociais menos propensos a possuir e a dirigir automóveis. Portanto, embora a propriedade de carros possa parecer atraente para indivíduos e famílias, pelo menos no curto prazo, as consequências pessoais, econômicas e sociais, no longo prazo, de um estilo de vida dominado pelo carro tornam a propriedade pessoal de automóveis muito irracional.

O risco é que, quando efetivamente resolvermos mudar, a transformação seja lenta demais para fazer diferença. O Programa das Nações Unidas para o Meio Ambiente estima que, mesmo em condições ótimas, novas tecnologias e alternativas mais sustentáveis demorarão *40 anos* para chegar ao mercado, considerando a atual situação de reduções de custos, de lacunas tecnológicas e de ciclo de vida de uma década dos novos automóveis.[11] Mas a mudança não pode esperar 40 anos, razão por que é necessário acelerar drasticamente novos esforços para construir o sistema de transportes do futuro. Ainda mais importante, em tese, precisamos urdir princípios como abertura, colaboração e sustentabilidade no tecido dos novos sistemas de transporte. Ocorre que a revolução digital nos está oferecendo um novo mundo de possibilidades inéditas – tanto na maneira como nos mobilizamos, quanto nas soluções em si.

Uma nova geração de empreendedores com mentalidade técnica finalmente está injetando novas ideias e novas abordagens no setor de transportes, que hoje chafurda nos próprios legados desastrosos. Modelos de inovação induzidos pela motivação competitiva, por exemplo, estão aumentando os investimentos necessários para reduzir de dez anos para dois anos a transição entre avanços tecnológicos radicais e comercialização em massa de veículos supereficientes. Novas formas de infraestrutura de transporte verde estão sendo construídas e testadas em vários países, na esperança de que, um dia, movimentem uma frota mundial de carros elétricos e superem nossa dependência em relação ao petróleo. Serviços inovadores de compartilhamento de automóveis, como a Zipcar, estão começando a reformular a propriedade de automóveis, enquanto uma rede ubíqua de dados sobre transporte, se construída, ajudará a otimizar nossas estradas e a formar uma grande nuvem interoperável de novos serviços capazes de tudo, desde o direcionamento do trânsito em tempo real até compras e entretenimento dentro do carro.

Essas iniciativas não exaurem, de modo algum, todas as possibilidades nem abrangem todos os desafios relacionados com os diferentes meios de transporte, como viagens aéreas. Qualquer estratégia sensata de mobilidade pessoal deve incluir maior ênfase na melhoria das opções de transporte público, inclusive sistemas ferroviários leves para interligar centros urbanos e para facilitar a movimentação dentro deles. Com essa ressalva, concentremos nossa análise no futuro do automóvel pessoal, com base na premissa de que a combinação de custos irrecuperáveis, de proprietários de automóveis intransigentes e de cofres públicos abalados pela recessão tornará politicamente pouco palatáveis e de difícil financiamento grandes projetos de transporte público na América do Norte. No futuro, acreditamos que a mudança de mentalidades e de hábitos das pessoas, tornando-as menos dependentes de automóveis, as levará naturalmente a demandar e, por conseguinte, a pagar por opções de transporte público. Acima de tudo, tentamos explicar por que o novo paradigma deve basear-se em princípios como abertura e por que novos modelos de colaboração serão fundamentais na mudança para um sistema de transporte seguro, em rede, inteligente, eficiente e sustentável. A jornada começa com a reinvenção dos fundamentos do automóvel em si – e não estamos falando apenas de uma estrutura de metal, com direção, motor a gasolina e quatro pneus.

O CARRO COMO PLATAFORMA ABERTA

A sabedoria convencional diz que "ser aberto" é meio como convidar o concorrente para visitá-lo em sua casa apenas para que ele roube o seu almoço. Isso talvez seja verdade na velha era industrial do setor automobilístico. Porém, não mais se aplica num mundo onde os 12 grandes fabricantes de automóveis já não estão na linha de frente, quando se trata de projetar novas soluções de transporte sustentáveis. Ocorre que estamos presenciando o desenvolvimento de um ecossistema diversificado e crescente de solucionadores de problemas, atuando continuamente em todas as áreas da indústria automobilística, desde o desenvolvimento de baterias avançadas até os futuros atributos telemáticos dos automóveis elétricos. Esses solucionadores de problemas não estão, de modo algum, trabalhando em Detroit; eles estão espalhados por milhares de pequenos negócios, de institutos de pesquisa, de organizações sem fins lucrativos e de empresas de consultoria em todo o planeta. E quando a inovação se tornar rápida, fluida e compartilhada, o pensamento convencional sobre abertura será desafiado.

O principal ensinamento extraído de outros setores – como os de software, farmacêutico, entretenimento e varejo on-line – é que a abertura, conduzida de maneira correta, atua como força poderosa para a promoção do crescimento e da competitividade. Desde que seja inteligente quanto ao como e ao quando, você pode escancarar as janelas e destrancar as portas, para construir um vasto ecossistema de negócios sobre aquilo que denominamos plataformas de inovação. Essas plataformas podem incluir produtos físicos, desde videogames até telefones celulares – praticamente qualquer coisa que dependa de software. A ideia é que dezenas de milhares de agentes interoperáveis, concentrados numa plataforma compartilhada, sejam capazes de arregimentar mais largura de banda, mais inteligência bruta e mais variedade de requisitos que a maior das organizações convencionais.

De início, a grande oportunidade tem consistido em converter produtos e serviços comuns, de prateleira, em plataformas vibrantes para a inovação, em que grandes comunidades de clientes e de parceiros sejam capazes de inovar e de criar valor. Quando estávamos escrevendo *Wikinomics*, as principais plataformas incluíam serviços de internet, como o Google Maps, e sistemas de comércio eletrônico para o armazenamento, compra e distribuição de mercadorias. O sucesso da plataforma da Amazon é lendário: cerca de 200 mil parceiros externos se beneficiaram da rede de varejo on-line, desenvolvendo aplicações e serviços compatíveis, que geram mais tráfego, mais cliques e, em última instância, mais compras. A próxima geração de plataformas está sendo construída sobre os alicerces da telefonia móvel (App Store da Apple) e de redes sociais como Bebo e Facebook. Porém, se as plataformas para inovação incluírem praticamente qualquer coisa que rode software, então, por que não imaginar o carro do futuro também como plataforma para inovação? Afinal, o carro não é apenas um veículo para a movimentação de pessoas; é também um local de trabalho, de aprendizado e de entretenimento, com uma série de programas de software conectados a uma rede sem fio. Agora, imagine um carro com um conjunto de interfaces de programação de aplicações (Application Programming Interface – API), criando condições para que milhares de programadores e de negócios de nicho criem uma nuvem de aplicativos para o carro – desde assistentes pessoais remotos, passando por ferramentas de navegação e dispositivos de busca geoespaciais, até cinema e música sob demanda (*on-demand*). E por que não incluir também telefonia móvel pelo Skype?

Otimização de nossa infraestrutura com uma rede de dados ubíqua

Uma nuvem fecunda de serviços dentro do carro pode fazer mais que informar e entreter. Talvez seja capaz de ajudar a otimizar toda a nossa infraestrutura de transportes. Para acompanhar seus serviços de iTunes, por exemplo, haveria um número infinito de aplicativos que o capacitariam, basicamente, a mudar a maneira como você usa o carro. Alguns aplicativos facilitariam a carona solidária ou o compartilhamento do automóvel. Outros atenuariam os congestionamentos e aumentariam a segurança dos motoristas, distribuindo com mais uniformidade o trânsito nas estradas ou selecionando itinerários ótimos para reduzir a poluição atmosférica nos dias em que a concentração atingir níveis perigosos. Ou, em vez da propriedade privada, facilitariam a propriedade comum, por meio de modelos de precificação dinâmica que levem em conta fatores ambientais, como lugar, hora do dia, congestionamento do trânsito e padrões de demanda sazonais. Esses carros em rede disporiam de sensores que compartilhariam dados sobre condições meteorológicas, tráfego e situações das estradas com outros motoristas nas vizinhanças. Caia num buraco, e a informação será transmitida à jurisdição local responsável pela conservação da estrada. Envolva-se num acidente, e o carro alertará imediatamente todos os motoristas atrás de você. Um dia, os automóveis se auto-organizarão, de maneira a tornar redundante toda a noção de "direção". Seu "carro" será mais um nó numa rede inteligente de veículos, *ad hoc*, capazes de movimentar pessoas e mercadorias por todo o planeta, sem ruído, sem confusão e sem emissões.

Mas será que alguma dessas características é viável hoje? Para responder a essa pergunta, conversamos com Robin Chase, uma das integrantes de um grupo de visionários que compreendem o potencial de longo alcance do carro como plataforma aberta. "Só mudaremos nossos hábitos referentes à direção de automóveis quando pagarmos integralmente os custos reais do uso do transporte pessoal, como o custo do carbono, o custo dos congestionamentos e o custo da construção e manutenção de estradas", diz Chase. "E a maneira mais fácil de cobrar dos motoristas todos esses custos seria dispor de conexões de dados onipresentes, sem fio. É o mesmo que já se fala sobre o sistema elétrico inteligente: precificação dinâmica do consumo de energia, formando o preço real com base no custo efetivo." Em outras palavras, o conceito de rede inteligente de que precisamos em eletricidade também pode ser útil no transporte pessoal, transformando os carros em nós de outra rede inteligente. Assim, ela vê os automóveis apenas como componentes de outra rede inteligente, que, como a do sistema elétrico, deve ser aberta e baseada em internet.

"Os carros são nós de rede", explica. "Eles têm GPS, Bluetooth e transponders de pedágio; além disso, todos estamos com nossos telefones celulares e muitos carros contam com serviços de apoio OnStar. São cinco redes. As fábricas de automóveis e as universidades acrescentarão outras. Ambas as organizações estão trabalhando em carros inteligentes que se comunicarão conosco, uns com os outros e com a estrada. Quando são integradas – quando se forma uma rede de redes –, obtém-se com os mesmos gastos em infraestrutura uma plataforma de comunicação aberta, ubíqua, robusta e resiliente – receptiva a inovações – sem gastar um tostão a mais."

Entreabrindo a porta

O que será necessário para realizar a visão de Chase? “A tecnologia tem o potencial de simplificar e de facilitar qualquer intercâmbio de dados, mas, atualmente, ela está compartimentalizada em silos”, explica. “Hoje, a tecnologia de transportes é fechada e privativa. Apenas a GM decide o que entra num OnStar, quando há mil coisas que poderiam ser interessantes de fazer com uma plataforma mais aberta.” Em outras palavras, retornamos à necessidade de reformulação maciça da maneira como a indústria trata da tecnologia e da propriedade intelectual. Chase até vem fazendo algum lobby em Washington, para reforçar a conscientização quanto à necessidade de aumentar os investimentos em tecnologia em muitos setores, como sistemas elétricos inteligentes, educação, assistência médica e transportes. “Em vez de produzir dispositivos privativos fechados e redes privativas fechadas, eu gostaria que nossos líderes políticos se dessem conta de que todos se beneficiariam e os custos se reduziriam se os dispositivos e as redes servissem a vários propósitos”, diz.

Será que os fabricantes de automóveis estão ouvindo pessoas como Chase? Seria bom que sim. O mergulho dos custos da colaboração e as vantagens de explorar um pool de talentos mais amplo estão levando muita gente a repensar suas premissas sobre inovação. Empresas como Apple, Amazon e Google se incluem entre as primeiras organizações inovadoras que realmente aprenderam a arte sutil de tornar eficazes as plataformas abertas para inovação. A consequência é que a internet se assemelha cada vez menos a um jardim murado e se parece cada vez mais com um palco global, onde milhões e milhões de usuários agregam valor e constituem empresas sinérgicas. É hora de fazer algo semelhante em relação aos automóveis.

Shai Agassi, que de há muito vem refletindo sobre as vantagens da abertura, remontando a seus dias de software na SAP, levanta a seguinte questão essencial: “Você pega os seus recursos e processos essenciais e os guarda só para você”, indaga, “ou você os expõe a todas as empresas de software do planeta e as atrai para colaborar, ajudando a desenvolver esses recursos?” Para Agassi, trata-se de um princípio básico de nosso mundo em rede: sempre há mais pessoas inteligentes além das fronteiras de sua empresa que dentro dela. “Não importa que estejamos falando de software para empresas ou de software para carros, um grande conjunto de empreendimentos inovadores agora pode oferecer aos clientes soluções adicionais, por meio da integração como componente, não da integração como acessório”, observa.

VIA EXPRESSA PARA O CARRO ELÉTRICO

Ex-executivo da SAP que se converteu em empreendedor de transportes, Shai Agassi, hoje, está ampliando suas ideias para além dos horizontes do software. De uns tempos para cá, ele se concentrou no desenvolvimento de uma infraestrutura sustentável para uma era de transporte inteligente. Se for bem-sucedido, sua nova empresa, a Better Place, dará a partida rápida na indústria do carro elétrico e ajudará a libertar os Estados Unidos e outros países da dependência em relação ao petróleo importado, em não mais que uma década. É um desafio e tanto. E qual é o plano?

"Esqueça os híbridos", diz Agassi. "Apenas um carro realmente sem emissões possibilitará o crescimento esperado na propriedade de automóveis, sem consequências desastrosas para o planeta." De todas as alternativas – inclusive hidrogênio e biocombustíveis – ele está apostando em carros elétricos. Além de gerarem menos emissões de gases do efeito estufa, eles gastam menos com energia que carros movidos a gasolina, mesmo quando os preços do petróleo estão baixos. Isso porque os motores elétricos, em comparação com os motores a combustão, não geram atrito nem calor, oferecendo 90% a mais de eficiência na conversão de eletricidade em movimento. Além disso, a geração de energia em grande escala (em usinas nucleares ou em parques eólicos) também gera menos perdas que a produção de energia em pequena escala (como a queima de gasolina em motores de combustão interna).[12] Mais adiante, o incentivo econômico para os consumidores também será grande. As baterias de carros elétricos talvez sejam caras hoje, mas, em uma década, o fornecimento de um único ano de gasolina custará mais que a energia necessária para movimentar um carro elétrico durante toda a sua vida útil, mesmo considerando o custo das baterias.[13]

Parece bom, não? Mas, infelizmente, há uma dificuldade. O mercado de carros elétricos hoje é como vender tocadores de MP3 em 1998. É provável que a nova tecnologia revolucione o automóvel, tal como o conhecemos hoje, mas ainda não se sabe ao certo quem desenvolverá o equivalente ao iPod. Os carros elétricos, assim como seus componentes críticos, são produzidos em pequena escala, não em escala comercial. A maioria dos grandes fabricantes de automóveis está esperando pelo desenvolvimento de baterias com duração superior a dez anos e com autonomia acima de 500km, com base na premissa de que não se disporá no curto prazo de estrutura de massa para a recarga de baterias de carros elétricos. Como bateria com essa capacidade ainda não existe e dificilmente existirá nos próximos 15 ou 20 anos, os fabricantes de automóveis têm enfatizado híbridos e limitado seus planos referentes a veículos elétricos a soluções de nicho, concentradas em frotas de carros que percorrem rotas predeterminadas e retornam à base depois de um percurso de 100km a 150km, como caminhões de entrega postal e táxis.[14]

Quando o carro elétrico conflui com sistemas de energia de código aberto

Tudo isso leva Agassi a concluir que o futuro do carro elétrico depende de melhor infraestrutura, não necessariamente de melhores baterias. E ele resolveu ser um dos primeiros a montar uma infraestrutura difusa de pontos de recarga e de postos de troca de baterias, capaz de eliminar o calcanhar de aquiles dos carros elétricos; a pouca autonomia e a reduzida vida útil das baterias.

As estatísticas sobre transportes sugerem que a bateria com autonomia de 65km provavelmente seria suficiente para atender às necessidades diárias de mais ou menos 70% da população americana, presumindo que os motoristas recarreguem os veículos em casa.[15] Porém, a maioria dos motoristas provavelmente se sentiria mais confortável com um veículo capaz de viajar pelo menos uns 300km sem necessidade de recarga, mesmo que raramente fizessem viagens mais longas. A solução, segundo Agassi, é ver a bateria do carro como parte do sistema de infraestrutura, não como parte do carro, tanto quanto um cartão SIM dentro de um iPhone é parte da infraestrutura de rede da AT&T. Assim, a empresa de Agassi, a Better Place, está propondo a criação de uma infraestrutura onipresente (denominada rede de recarga elétrica), que automaticamente recarrega a bateria do carro quando ele estiver estacionado. No caso de trechos contínuos excepcionalmente longos, também há a alternativa de substituição da bateria descarregada por outra totalmente recarregada, em estandes automáticos, semelhantes aos de lavagem de carro. "Construa fontes de energia renovável na rede de recarga elétrica", diz Agassi, "e você passa a dispor de uma solução sustentável de energia para transportes, com autonomia e longevidade praticamente infinitas, sem dependência em relação ao petróleo e sem emissões de poluentes". Quando se reúnem pontos de recarga, baterias, postos de troca e software para controle de tempo e percurso, desenvolve-se uma nova forma de infraestrutura, todo um novo conjunto de modelos de negócios e uma nova categoria de empresas que instalarão, operarão e atenderão a clientes em toda a rede.

A Better Place não fabrica carros elétricos. Tampouco produz a eletricidade necessária para carregá-los. "Oferecemos a solução que conecta os dois de maneira conveniente e mais acessível para os consumidores", diz Agassi. Para ter direito a essa solução, os proprietários de carros elétricos adquirem por assinatura o direito de acesso à rede da Better Place, da mesma maneira como os proprietários de telefones celulares fazem subscrição para o uso de uma rede de telefonia sem fio. Em troca de uma mensalidade (calculada cuidadosamente para ficar abaixo do custo de operação de um veiculo a gasolina, em condições semelhantes), os assinantes passam a ter o direito de carregar suas baterias na rede de recarga elétrica ou de trocar as baterias descarregadas por outras carregadas nos postos de troca. Para algumas pessoas, a ideia de fazer uma assinatura para recarga ou troca de baterias a princípio parece estranha. Porém, na realidade, ela não é muito diferente do que fazemos com a gasolina. "Encher o tanque é como comprar um cartão pré-pago para o telefone celular", diz Agassi. "Você compra mais ou menos 75 litros de gasolina e, com esse pré-pagamento, dependendo do carro, pode percorrer algo entre 600km e 900km. Ao completar a distância a ser percorrida com o tanque cheio, você volta ao posto e enche o tanque de novo."

A empresa de Agassi se prepara para entrar em mercados de Israel, Dinamarca e Austrália, além de estar desenvolvendo projetos pilotos no Japão, Canadá e Estados Unidos. Em Tóquio, a Better Place está construindo uma rede para a primeira frota de táxis elétricos do mundo, com troca de baterias. Os táxis japoneses representam meros 2% da totalidade dos veículos de passageiros em todas as ruas e estradas do Japão, mas emitem aproximadamente 20% de todo o dióxido de carbono (CO_2). Os resultados do projeto piloto de Tóquio estão sendo observados de perto por outros centros urbanos. Mas, até agora, o maior negócio da Better Place é em Israel, onde o conceito foi adotado com entusiasmo pelo público e conta com o apoio do presidente e do primeiro-ministro. A Ferrovias de Israel assinou um acordo para desenvolver a infraestrutura de recarga de baterias de veículos elétricos nas áreas de estacionamento das estações ferroviárias. Também se prevê a construção de pontos de recarga em muitos locais de trabalho. Agassi estima que, em todo o país, serão necessários de 50 mil a 70 mil pontos de recarga para atender à frota nacional. Enquanto isso, a empresa assinou contratos com quase 150 donos de frotas – a maioria multinacionais como Cisco, IBM, Intel e Orange – que concordaram em converter parte da frota movida a gasolina em veículos elétricos com baterias Better Place e assinaturas de mobilidade.

Alicerçado na abertura

Ao contrário de outras infraestruturas da era industrial, Agassi insiste em que a rede de recarga deve ser aberta. Com padrões abertos, qualquer pessoa pode operar um posto de recarga e os motoristas evitariam a exclusividade de bandeiras. Imagine a frustração se os postos de recarga fossem como telefones celulares – você já tentou usar o seu carregador de BlackBerry para carregar um iPhone? Para reparar essa falha, Agassi argumenta que cada rede de recarga deve ser compatível com todas as outras. A abertura pode atrair novos concorrentes, mas ele está disposto a enfrentar um campo de jogo mais competitivo se assim for possível desenvolver a infraestrutura com mais rapidez. "É preciso ter o direito de usar diferentes redes", diz ele. "Não podemos construir redes privativas se quisermos competir com o maior monopólio do planeta, o do petróleo."

Da mesma maneira como a maré montante ergue todos os barcos, a rede de recarga aberta cria um mercado maior e, ao mesmo tempo, possibilita o desenvolvimento de novos modelos de negócios. Agassi acha que, quando a rede atingir massa crítica em determinada região, os proprietários de automóveis poderão fazer a assinatura de uma solução completa em transportes: carro, energia e manutenção, tudo incluído numa única mensalidade. Essa pode ser uma boa notícia para os consumidores às voltas com os danos que a flutuação dos preços da gasolina inflige nos orçamentos familiares. Dependendo da abrangência da assinatura, os provedores de serviços até poderiam subsidiar o custo do carro, da mesma maneira como as operadoras das redes de telefonia sem fio em geral oferecem um aparelho básico de graça aos novos assinantes. Será que os custos das baterias e da eletricidade limpa declinarão a ponto de possibilitar a oferta de veículos elétricos gratuitos aos usuários que assinam contratos de longo prazo? É uma proposta radical, mas já aconteceu antes, no setor de telefonia sem fio.[16]

PARTINDO DE IDEIAS MALUCAS PARA AVANÇOS RADICAIS

O sistema de transportes emergente deve basear-se nos princípios do mundo wiki. Contudo, ocorre que esses mesmos princípios, assim como as técnicas de colaboração em massa, também podem ser fundamentais no processo de mudança. Decerto, os desafios de produzir uma frota mundial de carros elétricos (além da infraestrutura para recarregá-la) vai além da capacidade de uma empresa isolada e até de um único país. Com efeito, se a X Prize Foundation for bem-sucedida, em breve haverá uma dúzia de veículos de baixa emissão prontos para o mercado de massa e numerosos novos entrantes empenhados em mordiscar os calcanhares dos titulares da indústria automobilística. "É hora de sacudir o coreto", diz Peter Diamandis, fundador da X Prize, a única fundação que promove concursos com o objetivo de converter ideias nascentes em avanços radicais que beneficiarão a humanidade. "Ainda estamos usando o motor de combustão interna depois de um século e continuamos rodando 20 milhas por galão de gasolina – da mesma maneira como há 40 anos!"

Citando a falta de escolhas para os consumidores, como tendência dominante, em termos de veículos limpos e supereficientes, Diamandis concluiu que o mundo precisa, agora, é de uma demonstração dramática de que os carros movidos a fontes de energia alternativa podem ser tão confiáveis, seguros, acessíveis e bonitos quanto qualquer outro carro no mercado. Essa demonstração dramática ocorreu na forma de uma competição de alta visibilidade que está reunindo equipes de todo o mundo numa corrida para desenvolver um automóvel supereficiente. Diamandis vê a competição como o catalisador ideal de investimentos muito necessários em tecnologias automotivas e em fontes de energia alternativa.

A competição atraiu o interesse de empresas emergentes, de universidades, de investidores independentes e até do maior fabricante de automóveis da Índia. Em 2010, 28 equipes passaram para a segunda fase e em breve estarão alinhando seus veículos para uma série de corridas destinadas a simular as condições de condução de veículos no mundo real. O vencedor sairá com um prêmio de US$10 milhões. As regras da competição podem ser agrupadas em três categorias amplas: eficiência (os carros devem percorrer pelo menos 42,5km por litro); emissões (os carros devem produzir menos de 200 gramas de gases do efeito estufa por milha); e viabilidade econômica (possibilidade de produção em massa dos carros e plano de produção de pelo menos 10 mil unidades por ano).[17] É esse último ponto – qual seja, o veículo vencedor deve ser seguro e confortável, além de estar pronto para a produção em massa a custo razoável – que diferenciará os automóveis de fantasia daqueles que efetivamente podem ser produzidos em escala comercial e vendidos com lucro. "Se o fizermos de maneira adequada", diz Diamandis, "traçaremos uma linha na areia e diremos que todos os carros que dirigimos até agora serão relegados aos museus da história".

Competições como modelo de inovação

Essa não é a primeira vez em que se recorre a competições de alta visibilidade para motivar o desenvolvimento de soluções para grandes desafios. Em 1927, Charles Lindbergh ganhou o Prêmio Orteig por voar sem escala de Nova York a Paris – feito pioneiro que ajudou a lançar a moderna indústria aeronáutica. Depois desse voo solo, sem escalas, de travessia do Atlântico, o número de pessoas que compravam passagens aéreas nos Estados Unidos aumentou de 6 mil para 180 mil em 18 meses: aumento de 30 vezes.[18]

O primeiro X Prize, que segue o modelo do Orteig Prize, conquistou a atenção do público, em 2004, ao recompensar com US$10 milhões Burt Rutan, projetista, e Paul Allen, cofundador da Microsoft, pela produção da primeira espaçonave desenvolvida com financiamentos privados, que navegou 100km acima da superfície da Terra. Hoje, a X Prize Foundation é apenas uma das muitas organizações que se dedicam à ideia de incentivar a superação de desafios, como maneira de promover avanços fundamentais na sociedade. Richard Branson, fundador da Virgin, contribuirá com US$25 milhões do próprio bolso para qualquer solução comercialmente viável para a remoção dos gases do efeito estufa da atmosfera terrestre. A Netflix lançou um desafio global a qualquer pessoa capaz de melhorar o algoritmo automático de recomendação de filmes da empresa, enquanto o Google Lunar X Prize, da X Prize Foudation, patrocinado pela Google, será abiscoitado pelo primeiro empreendimento privado que pousar na superfície da Lua veículos com transmissores de imagens. Por que essas competições são eficazes? "Porque somos equipados geneticamente para competir", explica Diamandis. "É quando fazemos os melhores negócios e obtemos os melhores resultados nos esportes; acredito que a competição extrai o melhor das pessoas." Diamandis argumenta que as competições também incentivam as pequenas equipes a dar o máximo de si. "Quando as equipes se concentram em objetivos claros e concisos, as competições externas realmente aguçam a capacidade de colaboração."

Mas as competições também têm outras vantagens, em especial quando se enfrenta a resistência da burocracia entranhada. O problema das empresas maduras é que o próprio sucesso comercial de seus produtos aumenta a dependência da organização em relação a eles. A introdução de mudanças radicais nos atributos dos produtos, em sua arquitetura básica e nos modelos de negócios subjacentes pode canibalizar as vendas ou acarretar realinhamentos dispendiosos da estratégia e da infraestrutura da empresa. É como se produtos populares e amplamente aceitos ficassem calcificados e perdessem a flexibilidade, em consequência dos incentivos naturais para extrair o máximo do próprio sucesso, tentando prolongá-lo tanto quanto possível. O resultado é que os atores setoriais mais estabelecidos em geral não têm motivação para desenvolver ou mobilizar tecnologias disruptivas, como já observou Clayton Christensen, professor da Harvard Business School.

Assim, o sucesso fomenta a complacência. Os departamentos de P&D são desestimulados a investigar tecnologias alternativas e, portanto, canalizam seus recursos para o aprimoramento dos componentes, acrescentando atributos ou promovendo pequenas alterações nas arquiteturas dos produtos existentes. Essa estratégia de prosseguir na trajetória de produtos bem definidos pode render dividendos durante algum tempo. Mas essa condescendência gera enorme vulnerabilidade, quando surgem inovações disruptivas, capazes de ameaçar a própria sobrevivência dos produtos tradicionais. É essa vulnerabilidade que a X Prize Foundation tenta explorar, ao oferecer incentivos financeiros e ao criar uma plataforma de lançamento, da qual novos entrantes possam disparar com sucesso soluções automotivas revolucionárias.

Movendo a agulha

Outra vantagem do modelo de certame é que apenas se remunera o vencedor. Essa característica talvez pareça impiedosa. No entanto, no caso de organizações orientadas para resultados, a vantagem, de acordo com Diamandis, é que "não se gasta dinheiro com quem realmente tentou com afinco, mas não produziu os resultados almejados, apenas se paga contra a entrega". As equipes que se empenharam ao máximo, mas chegaram em segundo, em terceiro ou em quarto lugar, ainda têm alguma chance de se beneficiar, não apenas pela exposição pública, mas também pelo acesso aos fluxos de capital oriundos de investidores interessados.

Ainda mais importante, Diamandis estima que desafios bem concebidos podem catalisar novos investimentos, no total de algo entre 10 e 15 vezes o valor do prêmio. O desafio do voo espacial suborbital da Fundação ofereceu prêmio de US$10 milhões a um empreendimento que custou US$110 milhões. Porém, ganhar um X Prize é apenas o começo. "Também é o lançamento de novas indústrias que atraem capital, que entusiasmam o público, que criam novos mercados." E desde quando o Ansari X Prize foi conquistado por Burt Rutan e Paul Allen, mais de US$1 bilhão já foram investidos no mercado de voos suborbitais. E, embora ainda reste promover voos comerciais ao espaço, centenas de clientes privados já compraram tíquetes para excursões suborbitais.

Será que o Automotive X Prize também será decisivo para movimentar a agulha da mesma maneira? Depende de como se mede o sucesso. US$10 milhões parecem muito dinheiro, mas é ninharia para a indústria automobilística. A General Motors, por exemplo, gastará até US$750 milhões com o desenvolvimento de uma versão, pronta para a produção, do automóvel elétrico Chevrolet Volt, com autonomia ampliada.[19] Por outro lado, a mudança da percepção do público do que é possível, sob os pontos de vista técnico e comercial, ainda representa um primeiro passo crucial para o lançamento, como tendência dominante, de uma indústria automobilística verde, ainda incipiente. Embora concorrentes como a Tesla Motors, que comercializa um carro elétrico esportivo de US$100 mil, sejam capazes de escavar nichos de mercado, resta saber se algum dos atuais contendores terá capacidade de permanência suficiente para arrancar fatias de mercado dos grandes players. No entanto, se o certame deflagrar a imaginação do público e contribuir para o aumento da demanda, a iniciativa oferecerá às empresas automobilísticas tradicionais maiores incentivos para lançar no mercado, com mais rapidez, seus veículos verdes.

MIGRAÇÃO PENDULAR SOCIAL

Embora os carros elétricos sejam considerados amigos do meio ambiente, a escolha mais sustentável – aquela que mais contribuiria para melhorar o meio ambiente urbano e, em consequência, a saúde humana – seria promover uma mudança de estilo de vida, em favor de percorrer maiores distâncias a pé ou de bicicleta e de substituir o automóvel por transportes públicos. O problema básico é que, não importa como se o descreva, um automóvel de dois mil quilos não é o meio mais eficiente para movimentar várias centenas de quilos de seres humanos. Os especialistas em transporte sustentável têm razão quando argumentam que os governos deveriam investir no desenvolvimento de transportes públicos e em vias urbanas amigas dos pedestres tanto quanto destinam ao financiamento de pesquisas em apoio à indústria automobilística tradicional. Afinal, uma das maneiras mais eficaz em relação ao custo e de efeitos mais instantâneos para diminuir nosso impacto sobre o planeta é extremamente simples: parar de dirigir automóveis ou, ao menos, parar de dirigir sozinho, sem outros passageiros. Pense apenas no seguinte, se dobrarmos a quantidade de passageiros por veículo, reduziremos à metade o trânsito! Imagine a diferença que essa iniciativa faria em cidades como Los Angeles, Tóquio e Bangalore. A ideia por trás do conceito de migração pendular social é antiga. Porém, a tecnologia para fazê-lo está amadurecendo. Com uma nova plataforma de transporte inteligente, podemos compartilhar recursos que, no passado, eram guardados com ciúmes e tomar decisões muito mais inteligentes sobre como nos movimentamos pelo mundo.

Transporte solidário 2.0

Embora, em geral, o transporte solidário seja estimulado pelos governos, para reduzir os congestionamentos, dois problemas inibem sua expansão. A primeira questão é confiança. Como saber que a pessoa com quem você está compartilhando o carro não é perigosa? O outro problema é coordenação: combinar duas ou mais pessoas que estão saindo do mesmo lugar e indo para o mesmo destino ao mesmo tempo nunca foi fácil. Com o surgimento de plataformas de transporte solidário, que facilitam o relacionamento e promovem a confiança entre motoristas e passageiros, esses problemas hoje são muito mais fáceis de resolver. Uma das maiores plataformas é denominada mitfahrgelegenheit. de (troca de carona), que opera na Alemanha e na Áustria. Esse site popular tem um milhão de usuários registrados e facilita entre 20 mil e 30 mil caronas por dia. Com o aumento dos preços da gasolina e dos tíquetes ferroviários na Alemanha, o serviço é muito popular entre jovens. "Nosso objetivo é reduzir o trânsito em nossas estradas e, em consequência, o volume de poluentes lançados na atmosfera", diz Michael Reinicke, um dos fundadores do site. Para estabelecer os relacionamentos, os motoristas preenchem um formulário e informam os detalhes do próximo percurso. O serviço premium oferece segurança adicional, com mais detalhes referentes aos perfis, ao histórico do motorista e à avaliação dos usuários. "A rede funciona um pouco como o Facebook", diz Reinicke. "Se sua experiência de transporte solidário com alguém foi positiva, você pode incluir a pessoa em sua rede e na primeira vez em que precisar ela será pesquisada primeiro." A rede se estende a dois graus para aumentar as chances de combinação. Muitas outras emergentes estão explorando o espaço do "transporte social", desenvolvendo comunidades em torno da "troca de caronas". Algumas, como GoLoco e Zimride, se baseiam no gráfico social para criar grupos de amigos que compartilham automóveis. Outras, como PickupPal ou Carticipate, usam o geoposicionamento – por telefone celular ou por computador – para combinar pessoas que partem do mesmo lugar. Uma dessas emergentes, denominada Wikit, propõe uma forma de mercado de transporte, em que os motoristas podem anunciar seus percursos diários, usando o dispositivo de GPS do carro, e os pretensos passageiros podem divulgar sua localização, os destinos almejados e o quanto estão dispostos a pagar para chegar lá, usando a conveniência de seus telefones com GPS. O software de combinação da Wikit faz o resto, ficando com um pedacinho de cada transação. A Zipcar leva a proposta ainda mais longe. Em vez de apenas compartilhar percursos, por que também não compartilhar os próprios automóveis?

Jornada pessoal para um novo modelo de transporte pessoal

Quando Aaron Hay terminou a faculdade, ele se mudou para Toronto para trabalhar num novo emprego. Como jovem profissional com nível de renda razoável e necessidade ocasional de automóvel, Aaron pensou em comprar um veículo pequeno, para uso urbano, eficiente no consumo de combustível. Ao calcular os custos, Aaron deparou com despesas mensais de US$290 com a prestação do carro, de US$170 com o seguro, e de cerca de US$100 com combustível, além de US$85 com a vaga no estacionamento. Sem incorrer em custos de manutenção, Aaron estimava algo em torno de US$645 por mês, para manter e dirigir um carro pequeno no centro de Toronto.

Então, Aaron pensou na Zipcar – algo que já vira por toda Toronto, mas que conhecia pouco. (Os residentes de Toronto adotaram a Zipcar com entusiasmo considerável. Não se caminha mais alguns quarteirões no centro de Toronto sem ver vários estacionamentos da Zipcar.) Ele descobriu que poderia contratar os serviços da Zipcar por uma mensalidade de US$35, no plano "usuário ocasional". Também calculou que, se saísse de carro seis vezes por mês, cada saída com a duração média de duas horas, pagando US$13 por hora, suas despesas seriam de mais ou menos US$156 por mês. Aaron concluiu que as condições do modelo da Zipcar pareciam, à primeira vista, muito favoráveis, e decidiu experimentar o serviço. A decisão não só se mostrou eficaz em relação ao custo (de fato, raros eram os meses em que Aaron não usava a Zipcar), mas também transformou completamente a mentalidade dele em relação ao transporte pessoal. Como Aaron, muito literalmente, via os dólares se acumulando a cada minuto que usava a Zipcar, ele começou a aproveitar ao máximo cada saída. Por exemplo, o que antes era uma ida rápida ao supermercado, agora abrange as compras da quinzena ou do mês, uma visita à lavanderia, uma ida ao aeroporto para pegar um amigo e a troca de uma camisa que não caiu bem. Além disso, Aaron passou a planejar seus itinerários com mais cuidado, para minimizar a distância total e o custo horário, mesmo com várias paradas. Um estudo de 2009, realizado pela empresa, confirma essa tendência: os Zipsters, em média, reduzem os "quilômetros pelos veículos", ou QPV, em 40%.[20] (Caso você se interesse por quantificações, a empresa estima em 92 *bilhões* a redução anual de QPV, com base nos resultados de 2009.)

Aaron também compreendeu que o sistema de taxa horária o penaliza por viagens mais longas – provavelmente o que pretende a Zipcar. De fato, uma ida à noite à casa de um amigo fora da cidade ficava cara. Nesses casos, ele constatou que o uso de serviços tradicionais de aluguel de carros fazia mais sentido – o pagamento da taxa diária de US$30 ou US$40 era preferível em viagens mais longas que oito horas. Para os Zipsters, o transporte público também se torna mais atraente – 47% deles aumentam o uso dessa alternativa.[21] No caso de Aaron, ele fez várias viagens anuais à vizinha Montreal, usando a rede ferroviária nacional do Canadá, em vez de alugar um carro.

Em resumo, a Zipcar proporcionou a Aaron transparência no custo do transporte pessoal, o que agora lhe permite otimizar suas finanças – e o consumo de energia – referente ao uso de veículo. Se Aaron realmente tivesse comprado aquele Honda ou Mazda eficiente no consumo de combustível, ele teria de monitorar pelo menos quatro custos diferentes, em bases mensais, para concluir que seus gastos mensais seriam de mais ou menos US$600, apenas para dispor de um carro a que ele teria acesso no estacionamento da Zipcar, no outro lado da rua. Desde 2009, Aaron é um Zipster apaixonado – assim como seus colegas Zipster, dos quais 63% adiaram a compra de um carro ou desistiram totalmente da ideia, graças ao serviço.[22]

O carro como bem comum

O conceito de "compartilhamento" é fundamental no modelo de negócios da Zipcar. Robin Chase, fundadora da Zipcar, transformou em cruzada pessoal a missão de "descobrir e usar o excesso de capacidade". A ideia é aproveitar melhor o que temos ou em que já investimos, ou, no sentido oposto, pagar apenas pelo que usamos. Em média, os automóveis custam US$25 mil (o que os torna o segundo ativo mais dispendioso das pessoas, depois da casa própria). No entanto, tipicamente, os carros ficam ociosos durante 22 das 24 horas do dia! Para usar os automóveis com muito mais eficiência, a Zipcar os oferece aos consumidores conforme o modelo "pague-apenas-pelo-que-usa", que elimina alguns aborrecimentos da propriedade, embora também comprometa algumas de suas conveniências. Chase gosta de dizer que a Zipcar oferece o carro que sua mãe sempre disse que você não poderia ter – toda a diversão e nenhuma responsabilidade. Para todo um grupo demográfico, a escolha faz todo o sentido. Quando escrevemos esta página, a Zipcar prestava serviços em 67 cidades dos Estados Unidos, Canadá e Reino Unido, usando uma frota de 6.500 veículos.[23] Como a maior empresa de compartilhamento de automóveis do mundo, a Zipcar cultivou uma multidão de adeptos fiéis e entusiásticos, denominados "Zipsters", que compartilham o acesso a essa frota moderna, produtiva e, em geral, eficiente no consumo de combustível.

A Zipcar estima que para cada veículo adicionado à frota, de 15 a 20 ex-usuários solitários de automóveis são retirados das vias públicas.[24] A alegação talvez seja um tanto exagerada. Nem todos os Zipsters vendem necessariamente seu veículo particular ou comprariam um na falta desses serviços. No entanto, mesmo que se adote uma abordagem conservadora em relação às estimativas da empresa, as implicações são vibrantes e profundas. Os automóveis que a empresa alega retirar das ruas não mais emitem carbono, nem exigem manutenção e toda uma gama de produtos químicos corrosivos. Porém, e quanto à infraestrutura em que circulam esses carros? A maioria das municipalidades agradeceria a seus empreendedores pela oferta de um serviço privado que eliminasse parcela considerável dos automóveis de uso pessoal de suas vias públicas malconservadas e congestionadas. Também é de supor que os motoristas, em geral – de automóveis, de ônibus e de caminhões – também se sentiriam muito felizes com essa tendência.

Outro fato notável é que a Zipcar não só cria condições para que seus membros otimizem o uso de veículos e as condições do trânsito, mas também recorre à cooperação coletiva e voluntária, em grande escala, para garantir a manutenção dos veículos. Os membros, como comunidade, são responsáveis pela devolução pontual dos veículos, informando sobre carros sujos, registrando danos e acidentes provocados por eles próprios ou por terceiros envolvendo os veículos, denunciando devoluções de veículos com pouco combustível e até reprogramando com a central de reservas da Zipcar – por telefone ou texto – eventuais mudanças em itinerários (como em geral ocorre, em consequência da imprevisibilidade das condições de nossas vias públicas). A Zipcar vai ainda mais longe em relação às tarefas rotineiras. Por exemplo, se um Zipster resolver levar o carro para um serviço de lavagem, eles podem apresentar o recibo e receber uma hora de uso gratuito do automóvel como recompensa pelo trabalho.

Novos modelos poderosos de wikinomics forçam as empresas estabelecidas a se manter atentas e, talvez, a também mudar suas abordagens. A indústria automobilística está concluindo, com convicção crescente, que não tem escolha, a não ser participar do jogo. A Toyota e a Ford já começaram a explorar maneiras de trabalhar com a Zipcar, desde o uso dos Zipsters para testar carros elétricos até o projeto de veículos destinados especificamente ao mercado de compartilhamento. "O futuro dos transportes será uma mistura de participantes como Zipcar, transportes públicos e propriedade privada de automóveis", diz Bill Ford, chairman executivo da Ford. "Além de não recear essa tendência, eu ainda a considero ótima oportunidade para participarmos da mudança da natureza da propriedade de automóveis."[25]

CONCENTRANDO A MENTE NO FUTURO DOS TRANSPORTES

Quando se trata de consertar nosso sistema de transportes da era industrial, talvez tenhamos apenas algo entre 20 e 25 anos para completar esse esforço tecnológico complexo. No entanto, tentamos mostrar neste capítulo que muitos dos principais ingredientes de um paradigma de transportes mais sustentável já estão presentes ou em desenvolvimento, desde sistemas de recarga de energia solar até novos modelos de propriedade de automóveis e uma rede ubíqua de dados sobre transportes que nos ajudará a otimizar nossa infraestrutura e a liberar uma nuvem fecunda de novos serviços. Contudo, para realmente movimentar a agulha, cada componente desse paradigma de transporte pessoal revolucionário deve basear-se nos cinco princípios da wikinomics.

A abertura revelará os verdadeiros custos da dependência em relação ao automóvel ao mesmo tempo em que garantirá que os dados e os novos serviços de software sejam capazes de fluir livremente pela rede inteligente de transportes. A colaboração reunirá as pessoas, as ideias e os recursos necessários para acelerar o desenvolvimento e a adoção de tecnologias e serviços sustentáveis. O compartilhamento da propriedade intelectual e de outros ativos – inclusive o carro em si – nos ajudará a otimizar o que hoje resulta no uso maciçamente ineficiente dos recursos. A integridade nos orientará a fazer os investimentos necessários hoje para garantir que nossos sistemas de transportes sejam sustentáveis para as gerações futuras. E, finalmente, o conceito de interdependência deve contribuir para a melhor compreensão de que nenhum proprietário de automóvel, nenhuma empresa, nenhuma comunidade e nenhum país é uma ilha e de que não é possível operar um sistema de transportes sustentável sem internalizar os custos negativos para o meio ambiente e outras pessoas. Acima de tudo, não devemos ter medo de questionar a sabedoria convencional. "Penso em quando olharmos para trás e nos vermos sentados sozinhos em nossos carros, com mais de 11m^2, dirigindo pelas rodovias, com incríveis custos de armazenamento e inacreditáveis despesas operacionais", diz Robin Chase. "Imagino quando nos lembrarmos de como viajamos hoje e ficarmos atônitos: perplexos com o custo, espantados com o desperdício. Era uma ideia insana", acrescenta, "que quiséssemos usar sozinhos os nossos veículos, gastando enormes quantias e consumindo vastos espaços de estacionamento, quando tudo isso é menos divertido e mais caro, não passando de uma espécie de loucura".

IV

APRENDIZADO, DESCOBERTA E BEM-ESTAR

8. REPENSANDO A UNIVERSIDADE: APRENDIZADO COLABORATIVO

Editoras de livros, empresas jornalísticas e gravadoras de discos têm muito em comum. Todas estão no negócio de produzir conteúdo. Todas contratam e gerenciam produtores capazes, que são recrutados e remunerados de várias maneiras. Seus produtos são compostos de átomos – livro, papel e CDs, além de artistas no palco – cuja produção e distribuição são dispendiosas. Também são privativos e exclusivos, sujeitando os infratores dos direitos de propriedade intelectual a processos judiciais. Como criam valor sem igual, os clientes pagam por esses produtos e geram receita para as empresas. O negócio é possível por causa da escassez – notícias de qualidade, informações, conhecimento, aprendizado, arte.

Pensando bem, essas empresas são muito parecidas com universidades. Mas há uma grande diferença. Hoje, as editoras de livros, as empresas jornalísticas e as gravadoras de discos se encontram em vários estágios de um processo de colapso. Todas perderam seus monopólios de produção e de entrega de conteúdo. Foram feridas mortalmente pela era digital, que promoveu a abundância, a participação em massa, a democratização da produção, o surgimento de novos canais de entrega digital, a inviabilidade de velhos conceitos sobre propriedade intelectual e a ascensão de modelos de negócios completamente novos, fatores que, isoladamente e em conjunto, resultaram do desenvolvimento e da proliferação da internet. Os atributos que se supunham inexpugnáveis desses negócios obsoletos se tornaram superados com mais rapidez do que se pressiona "delete" no iPhone.

Será que a universidade está condenada a destino semelhante? Apesar de certas semelhanças superficiais, as evidências indicam que as universidades são realmente diferentes. Para começar, as matrículas em universidades de todo o mundo atingiram píncaros sem precedentes, demonstrando que cada vez mais pessoas consideram valiosas as formas de aprendizado tradicionais. Além disso, os adicionais de salários que os empregadores pagam pela formação universitária prosseguem em alta, apesar do aumento da oferta de graduados qualificados – sinal de que o valor de mercado de profissionais de alto nível está aumentando com mais rapidez do que a oferta pelas instituições de ensino.[1] A competição para entrar nas universidades mais prestigiosas nunca foi mais acirrada e os *campi* da América do Norte estão florescendo, graças à nova onda de jovens com mentalidade tecnológica que varre seus corredores e salas de aula.

No entanto, quando se raspa abaixo da superfície, constata-se que a realidade não é assim tão rósea. Nada mais que desalentadores 58% dos calouros que entram em escolas de ensino superior nos Estados Unidos efetivamente se formam pela mesma instituição seis anos depois.[2] Quantidades crescentes de alunos estão questionando o custo-benefício do ensino superior, depois que as anuidades escolares aumentaram mais que o preço de qualquer outro bem ou serviço desde 1990, deixando-os com dívidas em aberto de US$714 bilhões, só nos Estados Unidos.[3] Estudantes em todo o mundo cada vez mais estão escolhendo modelos alternativos de educação superior. Em 2007, quase 20% dos estudantes universitários nos Estados Unidos – cerca de 3,9 milhões – optaram por cursos on-line, de acordo com o Sloan Consortium, e os números estão crescendo.[4] A University of Phoenix hoje matricula mais de 200 mil alunos por ano,[5] inclusive 16 mil em seus programas de MBA on-line,[6] em comparação com 900 em Harvard. Considerando a retumbante explosão de cursos de MBA oferecidos on-line, muitos deles por instituições situadas na Ásia, é boa aposta afirmar que, agora, a maioria das graduações em MBA são feitas on-line ou complementadas por aprendizado on-line. No entanto, a proporção de instituições que reconhecem que a educação on-line é fundamental para sua estratégia de longo prazo efetivamente declinou.[7]

Além desses, há outros indicadores mais sutis de ruptura. Tanto alunos quanto professores se recusam a pagar por periódicos acadêmicos, preferindo trocar arquivos on-line.[8] Para muitos dos estudantes mais inteligentes, está na moda tentar conseguir um A sem comparecer às aulas – ou seja, a nata dos alunos está começando a boicotar o modelo básico de pedagogia. Mark Taylor, chairman do departamento de religião da Universidade de Columbia, desencadeou uma tempestade de controvérsia acadêmica com a publicação de um artigo provocante no *The New York Times*, intitulado "End the University as We Know It".[9] "A educação de pós-graduação", começou, "é a Detroit da educação superior. A maioria dos programas de pós-graduação das universidades americanas produz um produto para o qual não há mercado (candidatos a posições de magistério que não existem) e desenvolvem habilidades pelas quais a demanda é decrescente (pesquisa em subcampos de subcampos e publicação de trabalhos em periódicos que não são lidos por ninguém, a não ser por colegas, com mentalidade semelhante), tudo a um custo em crescimento acelerado (às vezes, envolvendo empréstimos estudantis bem acima de US$100 mil)". Uma semana depois, o clamor de colegas acadêmicos encheu páginas inteiras de cartas dos leitores da edição de domingo do jornal. Um de seus próprios colegas de Columbia afirmou que era "alarmante e constrangedor" ver esse "anti-intelectualismo crasso" emergir da própria instituição. Outro acadêmico acusou Taylor de "envenenar as águas da educação superior".[10]

Ironicamente, numa era em que a quantidade de matrículas atinge níveis sem precedentes, há evidências de que as universidades estão perdendo o controle sobre o aprendizado superior, à medida que a internet inexoravelmente se converte na infraestrutura dominante do conhecimento – tanto como contêiner quanto como plataforma de troca de conhecimentos entre pessoas – e à proporção que uma nova geração de estudantes exige modelo muito diferente de educação superior. A transformação da universidade não é só uma boa ideia, mas também uma condição de sobrevivência. Felizmente, vivemos numa época de grandes oportunidades e a própria academia hoje é fonte profusa de propostas de mudança.[11] Há quem afirme que a internet possibilita o aprendizado a distância e a eliminação dos *campi* universitários. Mas também não falta quem sustente que precisamos de mais tecnologia na educação superior ou que as faculdades devem ser abertas e gratuitas para todos. Propõem-se reiteradamente a eliminação da estabilidade dos docentes e até a substituição dos departamentos tradicionais por um conjunto de disciplinas concentradas em problemas. O ponto é que a maioria dessas ideias não ataca as causas básicas das dificuldades que hoje afligem as universidades nem mostra o caminho pela frente.

Em vez disso, precisa-se de mudança em duas grandes áreas interligadas que permeiam as estruturas profundas e os modelos operacionais da universidade. Primeiro, precisamos desvencilhar-nos do velho modelo industrial da pedagogia – como se promove o aprendizado – e substituí-lo por um novo modelo que se poderia denominar aprendizado colaborativo. Segundo, precisamos de um *modus operandi* inteiramente novo para a criação do conteúdo da educação superior – as disciplinas, os materiais dos cursos, os textos, a comunicação escrita e oral, além do uso de outros meios. Em lugar do velho modelo de publicação de livros-textos, ao mesmo tempo lento e dispendioso para os usuários, sugere-se que as universidades, os professores e outros participantes contribuam para uma plataforma aberta de recursos educacionais de classe mundial, a ser acessada pelos estudantes, onde quer que estejam, durante toda a vida. Nós a chamamos de Rede Global de Aprendizado Superior. Se as universidades abrirem suas portas e abraçarem o aprendizado colaborativo e a produção colaborativa de conhecimento, elas terão a oportunidade de sobreviver e até de prosperar na economia global em rede.

TRANSFORMAÇÃO DO MODELO DE PEDAGOGIA: APRENDIZADO COLABORATIVO

No atual modelo de pedagogia, a educação consiste, em grande parte, na absorção do conteúdo e na capacidade de recuperá-lo durante os exames. O professor é basicamente um difusor: o transmissor de informações para um público inerte, em sentido único e de maneira linear.[12] No mundo de hoje, e para os estudantes de hoje, esse modelo de "aprendizado por difusão" tornou-se anacrônico, se não obsoleto. No passado, os estudantes se formavam e partiam para a vida – apenas precisando "atualizar-se", de tempos em tempos, com os avanços contínuos na área escolhida. Hoje, ao se graduar, os estudantes estão prontos para a vida durante não mais que 15 minutos. Metade do que se aprende numa disciplina técnica, no primeiro ano do curso, já está obsoleto no ano da formatura. Evidentemente, ainda se precisa de uma base de conhecimentos, e não se pode desbravar o caminho, em todas as atividades e interações, a cliques no Google. Porém, o mais importante é a capacidade de aprender durante toda a vida, de raciocinar, de pesquisar, de descobrir informações, de analisar, de sintetizar, de contextualizar e de avaliar criticamente; de aplicar pesquisas à solução de problemas; de colaborar e de se comunicar. Esses atributos são sobremodo importantes para estudantes e para profissionais que competem na economia global. Hoje, os mercados de trabalho são globais e, no contexto de modelos de negócios em rede, os trabalhadores do conhecimento enfrentam competição em tempo real. Os trabalhadores e gestores devem aprender, adaptar-se e desempenhar como nunca antes.

A resposta para as instituições educacionais não consiste apenas em expandir as ofertas de aprendizado a distância – embora isso também ajude. Tampouco se resume em oferecer aos estudantes acesso on-line gratuito a aulas de alguns dos melhores professores do mundo, por meio de sites como Academic Earth – embora se trate de prática popular e útil entre professores e alunos. Além disso, com a tecnologia já disponível, agora é possível adotar novos modelos sociais e colaborativos de aprendizado que transformam a pedagogia atual de maneira mais profunda.[13]

Em artigo de 2008, John Seely Brown e Richard P. Adler expõem argumentos convincentes de que nossa *compreensão* do conteúdo se desenvolve no contexto social, por meio de conversas sobre e mediante interações fundamentadas e sensatas, a respeito de problemas e iniciativas. A implicação é que precisamos concentrar-nos menos em *o que* estamos aprendendo em mais em *como* estamos aprendendo. "Em vez de partir da premissa cartesiana '*Penso, logo existo*'", afirmam, "a visão social do aprendizado afirma '*Participamos, logo somos*'".[14] Em outras palavras, o verdadeiro aprendizado começa quando os estudantes deixam a sala de aula e começam a discutir e a internalizar o que acabaram de ouvir.

As pesquisas demonstram que a exploração mútua, a solução de problemas em grupo e a busca coletiva de significados produzem melhores resultados de aprendizado e de compreensão geral. Em outro estudo importante, Richard J. Light, da Harvard Graduate School of Education, descobriu que um dos mais poderosos determinantes do sucesso dos alunos na educação superior era sua capacidade de formar ou de participar de pequenos grupos de estudo. Alunos que estudavam em grupo aprofundavam-se mais nas questões, preparavam-se melhor para as aulas e aprendiam muito mais que os colegas que trabalhavam sozinhos.[15] Parece que, ao se envolverem uns com os outros, os estudantes desenvolvem maior interesse e assumem mais responsabilidade pelo próprio aprendizado. Alguns acadêmicos, como Seely Brown e Adler, sustentam efetivamente que a internet fornece novas ferramentas e ambientes vigorosos para o aprendizado colaborativo – abrangendo todos os aspectos, desde processos wikis até realidades virtuais, como o Second Life.

Por exemplo, imagine que você, como estudante, tivesse condições não só de ler sobre as profissões de cientista, arquiteto, artista, empreendedor ou engenheiro, mas também de colaborar com outros estudantes em ambiente virtual seguro, recriando essas experiências para você mesmo. Em outras palavras, você poderia participar diretamente de atividades relacionadas com essas disciplinas e experimentar como elas abordam e resolvem os problemas. Graças à natureza maleável e imergente dos mundos virtuais, como Second Life, essa possibilidade já é realidade hoje. Peggy Sheehy, professora e bibliotecária da Suffern Middle School, no estado de Nova York, pertence a um grupo crescente de educadores para os quais ambientes virtuais bem supervisionados são acréscimos valiosos na caixa de ferramentas de qualquer professor. Com a ajuda de uma administração escolar solidária, Sheehy incluiu a Suffern Middle School entre as primeiras a desenvolver um espaço privativo de aprendizado virtual no Teen Grid do Second Life (os visitantes dessa parte do ambiente virtual do Second Life devem situar-se na faixa etária entre 13 e 17 anos). Desde então, os outros professores estão trabalhando em estreito entrosamento com Sheehy, para integrar o Second Life em seus currículos. Um dos professores da escola usou um mercado de pulgas ou mercado de quinquilharias virtual para ensinar aos alunos noções de orçamento doméstico e de finanças pessoais. Os estudantes receberam cem dólares Linden (a moeda virtual do jogo) e uma lista de itens que precisavam comprar, observando as limitações orçamentárias. Em outro exemplo, uma professora de inglês da oitava série que estava ensinando *Of Mice and Men*, de John Steinbeck, levou os alunos ao Second Life, para realizar um experimento simulado. "Eles pesquisaram o sistema judiciário americano; assumiram papéis e, em seguida, responderam a perguntas, como se fossem os personagens que estavam representando (...). Eles se envolveram muito mais profundamente na trama do livro e emergiram com uma experiência muito mais rica", explica Sheehy.

Evidentemente, experimentos simulados também podem ser realizados em sala de aula, mas uma das vantagens surpreendentes das representações em mundos virtuais é que os estudantes tendem a se livrar de muitas das inibições que, do contrário, talvez impeçam a imersão integral nas experiências conduzidas no mundo real das salas de aula. "As identidades de grupo geralmente se desfazem; a moda perde a importância, uma vez que cada aluno é representado por um avatar que eles próprios criaram; e os professores podem envolver os alunos num nível de discurso mais profundo que o típico entre estudantes de escolas de nível médio, em geral preocupados com as aparências", diz Sheehy.

Sheehy leciona no ensino médio, mas professores universitários também estão experimentando essas novas ferramentas. Andrew Lang, professor de matemática na Oral Roberts University, ensinava em turmas de aprendizado a distância, havia vários anos, usando um conjunto típico de páginas de internet estáticas e outros materiais didáticos, quando pela primeira vez topou com o Second Life, em 2006. Ele considera o modelo de aprendizado a distância do tipo "publish and browse" (publique e navegue) "totalmente deficiente", em comparação com as aulas face a face. Porém, a descoberta do Second Life literalmente abriu novos mundos para Lang e os estudantes, aprofundando o envolvimento e liberando níveis de criatividade e colaboração inéditos, em comparação com qualquer coisa que ele já experimentara antes como professor. Lang, físico matemático por formação, também tem jeito para programação na internet. Usando a capacidade de roteirização avançada do Second Life, ele embutiu algumas funções singulares e fascinantes em sua nova sala de aula virtual – que permitem aos alunos visualizar fenômenos moleculares e rodar experimentos que seriam impossíveis em laboratórios ou em salas de aula do mundo real. Num dos experimentos, por exemplo, Lang construiu o que denomina "rezzer molecular". Para leigos como nós, isso significa basicamente que os alunos podem criar representações em 3D de uma molécula, modelar uma reação química e até construir uma máquina molecular que interagirá com outros objetos e pessoas virtuais. "Os estudantes, às vezes, nem mesmo se dão conta disso", diz Lang, "mas, enquanto fabricam uma molécula no Second Life, o aplicativo faz maravilhas nos bastidores, contatando servidores de internet em todo o mundo, promovendo a conectividade dos átomos e, então, construindo as visualizações em 3D. E tudo isso pode ser feito em nada mais que 30 segundos". Parece complexo, mas, para os alunos de Lang, está sendo muito divertido e, sem dúvida, é melhor que encarar um livro-texto. Os estudantes, naturalmente, colaboram, enquanto constroem suas máquinas moleculares, e, de acordo com Lang, geralmente as deixam no Second Life, à disposição de outros transeuntes.

Experiências de imersão e de aprendizado em grupo são dois elementos-chave da nova pedagogia, mas, talvez, igualmente importante, é o fato de que os softwares didáticos interativos criam condições para que os professores passem menos tempo prelecionando e mais tempo colaborando com os estudantes. É como diz Seymor Papert, um dos mais iminentes especialistas do mundo em como a tecnologia pode oferecer novas formas de aprendizado: "O escândalo da educação é que sempre que se ensina alguma coisa priva-se o aluno do prazer e do benefício da descoberta."[16] Se essa colaboração em grupo se concentrar na solução de problemas de pesquisa reais, é provável que esse tipo de interação também seja valorizado pelos professores.

Mesmo no ensino fundamental e no ensino médio há fortes evidências em favor das vantagens de substituir a abordagem da "instrução" por métodos mais colaborativos de "construção" do conhecimento.[17] Visitamos uma sala de aula de crianças de 7 anos, em Lisboa, cidade onde todas as crianças em idade escolar estão recebendo notebooks conectados a redes de alta velocidade. Foi a sala de aula mais vibrante, barulhenta e colaborativa que já vimos. A professora direcionou as crianças para um blog sobre astronomia, com bela imagem colorida de um sistema solar rotativo na tela. "Agora", disse a professora, "quem sabe o que é equinócio?" Ninguém sabia ."Tudo bem, por que vocês não descobrem?" O falatório começou, quando as crianças se amontoaram para descobrir o que era equinócio. Então, um grupo se levantou e ergueu as mãos. Eles tinham descoberto. As crianças, naquela aula, em português, descobrindo a astronomia e desvendando o sistema solar, mal se davam conta da tecnologia, pouco ligavam para o tão badalado notebook. As ferramentas eletrônicas eram como ar para elas. Mas a experiência mudou o relacionamento delas com a professora. Em vez de se agitarem nas carteiras, enquanto a professora discorria e rabiscava na lousa, elas agora eram exploradoras e descobridoras, enquanto a professora fazia o papel da bússola.

Quando os educadores evoluem da produção em massa para a customização (personalização) em massa, os resultados do aprendizado melhoram. Com efeito, alguns dos mais notáveis educadores estão clamando por esse tipo de mudança maciça. Richard Sweeney, bibliotecário universitário do New Jersey Institute of Technology, afirma que é preciso mudar o modelo de educação para compatibilizá-lo com a nova geração de estudantes. Inteligentes, mas impacientes, eles gostam de colaborar e rejeitam preleções de mão única, observa. Embora alguns educadores interpretem essa tendência como paparico a uma geração, Sweeney é firme: "Eles querem aprender, mas querem aprender apenas o que devem aprender, e querem aprender num estilo que lhes parece melhor."[18] Há exemplos brilhantes de aprendizado colaborativo. A Dra. Maria Terrell, que leciona cálculo na Universidade de Cornell, usou um método colaborativo que é parte de um programa denominado GoodQuestions, desenvolvido pela National Science Foundation.[19] Uma das estratégias adotadas pelo programa é o chamado ensino just-in-time, método de ensino e aprendizado que combina os benefícios das tarefas pela internet com as vantagens de uma sala de aula de aprendizado ativo, em que os cursos são customizados ou adaptados às necessidades da turma. Perguntas de aquecimento, escritas pelos alunos, são apresentadas duas horas antes da aula, dando aos professores a oportunidade de ajustar a lição "just in time", para que o tempo em sala de aula se concentre nas partes das tarefas em que os alunos tiveram mais dificuldade. Essa técnica produz resultados reais. Um estudo de avaliação de 350 alunos da Cornell descobriu que aqueles que recebiam "perguntas profundas" (as que suscitam raciocínio de nível superior) e que participavam com frequência de debates entre pares obtinham notas nas provas de matemática significativamente mais altas que as dos alunos que não recebiam perguntas profundas ou tinham poucas chances de participar de debates entre pares.

Na verdade, as evidências de pesquisas remontam há anos. Em artigo de 1997, publicado na *Educom Review*, os autores escrevem: "Em comparação com estudantes matriculados em cursos convencionais, os que recebem instruções bem elaboradas, mediadas por computador, (...) geralmente conseguem escores mais altos em exames, aprendem as lições em menos tempo, gostam mais das aulas e desenvolvem atitudes mais positivas em relação às matérias que estão aprendendo."[20] Esses resultados se aplicam a ampla diversidade de alunos, que estudam enorme variedade de disciplinas, de matemática a ciências sociais, passando por humanidades.

Hoje, todos os estudantes universitários têm na ponta dos dedos a mais poderosa ferramenta de descoberta, de construção do conhecimento e de aprendizado de todos os tempos. Como a invenção de Gutemberg, ela democratiza o aprendizado. Em vez de ameaçar a velha ordem, ela pode ser adotada pelas universidades, para alçar o aprendizado por descoberta para um novo nível. Com o objetivo de melhor servir hoje aos aprendizes, aos empregados e à sociedade em geral, a universidade precisa romper as barreiras que existem entre as instituições de educação superior e entre elas e o resto do mundo.

ABRINDO A UNIVERSIDADE: CONHECIMENTO COLABORATIVO

A expressão "torre de marfim" geralmente tem forte conotação pejorativa. Desde o século XIX, ela tem sido usada para designar um mundo ou uma atmosfera em que os intelectuais se empenham em buscas dissociadas das preocupações práticas da vida cotidiana. Para os céticos, a expressão implica uma desconexão voluntária em relação à vida real; pesquisas esotéricas, superespecializadas ou até inúteis; ou elitismo acadêmico, se não ostensivamente condescendente. Porém, deixando de lado algumas dessas associações mais negativas, a metáfora da torre de marfim ainda capta as principais falhas do sistema vigente de aprendizado superior. Num mundo de conectividade sem igual, mormente entre os jovens, as universidades ainda funcionam como ilhas de pesquisa e de ensino, em grande parte autônomas, que até agora não conseguiram aproveitar a oportunidade de usar a internet para demolir os muros que separam instituições, professores e alunos.

Em nossa opinião, a universidade do século XXI deve ser uma rede e um ecossistema, não uma torre. Com efeito, desfrutamos hoje da enorme oportunidade de criar uma experiência educacional única, sem igual, para estudantes de todo o mundo, reunindo on-line os melhores materiais de aprendizado e capacitando os estudantes a escolher uma trajetória de aprendizado customizada, com o apoio de uma rede de instrutores e de facilitadores educacionais, alguns dos quais seriam residentes de uma universidade local, enquanto outros estariam dispersos pelo mundo. Para tanto, as universidades precisarão passar por mudanças estruturais profundas e os educadores terão de forjar parcerias, de modo que a experiência seja eficaz para os estudantes. Porém, considerando a inércia do sistema, será que existe alguma chance de que isso ocorra no futuro próximo?

De acordo com Charles M. Vest, presidente emérito do MIT (Massachusetts Institute of Technology – Instituto de Tecnologia de Massachusetts), a visão não é tão remota quanto parece. O próprio Vest oferece uma imagem provocante do futuro, ao sugerir que, com o movimento cada vez mais intenso pelo acesso aberto, já estamos vislumbrando os primeiro sinais da germinação de uma metauniversidade – uma estrutura de materiais e plataformas abertas, transcendente, acessível, capacitadora, dinâmica, produto do esforço comum, em que se construa ou aprimore boa parte da educação superior do mundo. Nesse novo modelo, a internet fornecerá a infraestrutura de comunicação, enquanto uma biblioteca global de acesso aberto, com materiais de cursos, oferecerá boa parte da base de conhecimento e de informação. Vest argumenta que um esforço nobre e global desse porte aceleraria a propagação da educação e da pesquisa de alta qualidade, ao mesmo tempo em que proporcionaria a professores e a estudantes de todos os lugares a capacidade de acessar e de compartilhar recursos didáticos, publicações acadêmicas e trabalhos científicos em andamento, inclusive webcasts de experimentos científicos em tempo real.[21]

Gostamos dos rumos do pensamento de Vest. Para que as universidades sejam bem-sucedidas, entendemos que elas precisam cooperar para lançar uma Rede Global de Aprendizado Superior, que teria três estágios ou níveis. O primeiro é troca de conteúdo. Os professores arquivam on-line seu material didático, para que outros o usem gratuitamente. O segundo é coinovação de conteúdo, em que os professores colaboram e compartilham ideias entre fronteiras institucionais e disciplinares, para cocriar novos recursos de ensino, usando wikis e outras ferramentas. No nível três, a universidade deixa de ser um lugar e se transforma em nó na rede global de docentes, discentes e instituições, em processo de aprendizado colaborativo, ao mesmo tempo em que preserva suas identidades, *campi* e marcas. A Rede Global de Aprendizado Superior não é um sonho. Importantes acadêmicos já estão implementando os elementos de todos os três níveis. Eles sabem que as universidades e seus corpos docentes já não têm condições de funcionar como ilhas, reinventando constantemente a roda.

Nível 1: Intercâmbio dos conteúdos dos cursos

O nível mais baixo da produção colaborativa de conhecimento é a simples troca de conteúdos: as universidades postam on-line seu material educacional, lançando em domínio público o que tradicionalmente seria considerado recurso privativo e parte integrante de sua vantagem competitiva no mercado global de ensino superior. O MIT desbravou o conceito e hoje mais de 200 instituições de ensino superior seguiram o exemplo, inclusive outras universidades da chamada Ivy League, conjunto das mais prestigiosas instituições de ensino superior do Nordeste dos Estados Unidos, como Harvard e Yale.

O hoje denominado programa OpenCourseWare, do MIT, surgiu quando a instituição indagou de seu corpo docente, em 1999, como melhor explorar os recursos da internet, para promover o conhecimento e educar os alunos. A resposta dos professores foi divulgar, tanto quanto possível, pela internet o material didático dos cursos, como anotações sobre aulas e conteúdo dos exames. O processo começou em 2002 e, e em 2007, o MIT concluiu a primeira publicação de praticamente todo o currículo, abrangendo 1.800 cursos, em 33 disciplinas acadêmicas. O conteúdo on-line pode ser usado, copiado, distribuído, traduzido e modificado sem restrições, gratuitamente.[22] O OCW é, provavelmente, a contribuição mais importante e mais eficaz para a base de conhecimento do mundo nos últimos 10 anos. O lançamento on-line de cada curso custa ao MIT de US$10 mil a US$15 mil, envolvendo compilação do material dos professores, licenciamento apropriado para compartilhamento aberto e formatação do material para distribuição global. Os cursos com conteúdo de vídeo custam mais ou menos o dobro. O resultado é de enorme impacto para a melhoria da educação e um grande passo para a inovação dos métodos didáticos.

Além de ajudar os alunos a estudar, o material OCW está sendo reutilizado por professores de todo o mundo. Reflita sobre as possibilidades de mudança daí decorrentes para a vida de um professor típico. Antes do OCW, os membros do corpo docente se viam em grande parte isolados no processo de criação de conteúdo.

Digamos que você seja um professor de psicologia, incumbido de lecionar a disciplina psicologia comportamental, na segunda série. Você escolhe um livro-texto tradicional, elabora o perfil do curso e, meticulosamente, aplica cada módulo, preenchendo as lacunas. Lentamente, você desenvolve o material de apresentação das aulas, as listas de leitura e assim por diante. Também especifica temas de monografias e prepara provas e exames. O trabalho é volumoso e complexo, pois você, como professor, conhece conceitos referentes à confiabilidade e à validade de provas de múltipla escolha e sabe que são necessárias muitas verificações para criar os instrumentos adequados. Às vezes, você pode confiar no trabalho de outros professores, mas, em geral, trata-se de recurso a ser evitado, pela falta de autenticidade e originalidade. Você pode expor as ideias referentes ao curso a alguns colegas, mas você é o único responsável pelo produto final e as únicas pessoas que realmente se beneficiam com todo o seu trabalho diligente são os alunos que participam do curso. Depois de montar todo o pacote, você, como bom professor, o atualiza todos os anos e até a cada semestre, acrescentando novas pesquisas ou exemplos e descartando o que ficou superado. Você como professor, atua sozinho, como uma ilha.

Quanto mais consciente e responsável você for, pior fica a situação. Se você quiser fomentar discussões enriquecedoras e motivar os estudantes a trabalhar em equipes na solução de problemas, é necessário desenvolver a estrutura, a metodologia e, evidentemente, o conteúdo. E se você resolver criar módulos de aprendizado em computador para certas partes do curso, criando condições para que os alunos aprendam, por exemplo, diferentes tipos de procedimentos de Skinner, o esforço e o custo de descobrir a tecnologia certa e de contratar programadores para desenvolver o software podem ser proibitivos. O OpenCourseWare resolve o problema do isolamento e fornece grande quantidade de materiais que outros professores podem usar e até aprimorar, qualquer que seja sua afiliação universitária.

Nível 2: Coinovação dos conteúdos dos cursos

No site do OCW, a presidente do MIT, Susan Hockfield, conclama os usuários: "Aprenda com o OCW e o aprimore. Descubra novas maneiras não só de perseguir seus interesses acadêmicos, mas também de usar os conhecimentos adquiridos – e os de sua criação – para melhorar o nosso mundo. Imbuídos do espírito do compartilhamento aberto, também o encorajamos a *compartilhar sua experiência acadêmica com outros* [ênfase nossa]."[23]

Decerto, o compartilhamento de materiais é um primeiro passo importante. Porém, em vez de tratar o OpenCourseWare como uma simples biblioteca on-line, onde os usuários selecionam e escolhem o material que querem, explore-o como uma plataforma onde os usuários colaboram, compartilham experiências e ajudam a melhorar e a enriquecer o conteúdo com o passar do tempo. Lembre-se de que, com o impulso crescente da Rede Global de Aprendizado Superior, o volume de material postado será enorme. Afinal, não estamos falando só de textos e de livros digitais, mas de coisas como anotações de aulas, trabalhos de casa, exames, vídeos, podcasts e assim por diante. Professores e alunos precisarão de melhores ferramentas para avaliar a qualidade e a adequação dos vários recursos. No exemplo do professor de psicologia, ele ou ela pode usar a plataforma do OpenCourseWare para ingressar na comunidade de professores de psicologia, para trocar métodos didáticos e compartilhar ideias sobre materiais didáticos especialmente valiosos e envolventes.

Parcela considerável da logística da verdadeira colaboração deve ser parte integrante da plataforma em si. Com efeito, a Rede Global de Aprendizado Superior, como a vemos, inclui uma rede social – um Facebook para Professores. No entanto, essa nova ferramenta deve ir além dos recursos limitados do Facebook, para possibilitar formas muito mais profundas de colaboração. Durante o ano letivo, por exemplo, os professores registrariam os resultados dos testes, para avaliar a compreensão e a retenção do conteúdo letivo pelos alunos. Também poderiam comparar a eficácia dos diferentes recursos didáticos e os estudantes ainda teriam a oportunidade de contribuir com avaliações e opiniões sobre o curso. Ao reunir esses dados, docentes e discentes de psicologia em todo o mundo têm condições de determinar o melhor material para seu uso particular. Participamos de um projeto desse tipo no sistema educacional de Portugal, que inclui uma comunidade on-line crescente de professores de todo o país. O sistema usará métodos colaborativos para produzir, gerenciar, compartilhar e distribuir currículos e monitorar os resultados, por meio de um esquema sofisticado de gestão do aprendizado. Daí defluem muitos benefícios, inclusive colaboração muito maior entre professores e meios mais consistentes de medir o progresso dos alunos.

O nível seguinte do processo colaborativo de criação de conhecimento vai além da discussão e do compartilhamento de ideias e envolve a efetiva *cocriação* de conteúdo. Da mesma maneira como os editores dispersos da Wikipedia colaboram no desenvolvimento, na atualização e na expansão dos verbetes da enciclopédia online, os professores podem coinovar novos materiais didáticos (baseados em trabalho já disponível no OCW e em outros repositórios) e, então, compartilhar com o mundo esse conteúdo recém-sintetizado. Ou considere a abordagem adotada pela Wikiversity, projeto da Wikimedia Foundation. Em vez de oferecer um conjunto predeterminado de cursos e materiais, os participantes da Wikiversity definem o que querem aprender e a comunidade da Wikiversity colabora no desenvolvimento de atividades e de projetos didáticos para acomodar esses objetivos. Imagine o que uma plataforma como a Wikiversity seria capaz de fazer se contasse com os recursos das universidades tradicionais. Esses são os tipos de projetos mais adequados para revigorar a comunidade acadêmica mundial.

Mais uma vez, voltemos ao exemplo do curso de psicologia comportamental. Os professores de psicologia trabalhariam juntos para desenvolver o "curso perfeito", que reúne o conhecimento coletivo dos principais pensadores do mundo. Evidentemente, não é possível chegar a um consenso completo, na medida em que muitas seriam as perspectivas, escolas e métodos didáticos. Porém, como na Wikipedia, os professores primeiro trabalhariam em âmbito global na criação de módulos básicos genéricos, não controversos, e, em seguida, se reuniriam em sub-redes de profissionais com mentalidade semelhante para desenvolver elementos complementares específicos. Para o arremate do curso, os professores precisariam de algo mais, além de materiais didáticos. Também necessitariam de software didático que capacitasse os alunos a interagir com o conteúdo, que possibilitasse discussões em grupos pequenos, que facilitasse a aplicação de avaliações, e assim por diante. Tudo isso pode ser desenvolvido por meio de técnicas e ferramentas testadas e comprovadas do movimento em favor do software de código aberto. Se milhares de pessoas foram capazes de desenvolver o mais sofisticado sistema operacional de computação do mundo, o Linux, o processo colaborativo decerto também terá condições de criar as ferramentas para um curso de psicologia. Com efeito, já há muitos projetos de software de código aberto em andamento na comunidade acadêmica, e, sem dúvida, a tendência ainda é incipiente. Um dos mais conhecidos é o Sakai. Desenvolvido por educadores, para educadores, o Sakai facilita a colaboração entre diferentes cursos e no âmbito de determinados cursos, pesquisas, projetos, processos administrativos e iniciativas multidisciplinares e multi-institucionais. A criação do software em si é produto da coinovação de conteúdo, e então o produto, por seu turno, ajuda a coinovar o conteúdo que pode ser ensinado aos alunos.

Adotando-se métodos adequados, os wikis e outras mídias sociais também se prestam à coinovação do conteúdo diretamente com os estudantes. Em vez de serem apenas receptores do conhecimento dos professores, os alunos cocriam conhecimento, sob leve supervisão, processo que já se comprovou ser um dos métodos de aprendizado mais eficazes. Matt Barton, professor de inglês da St. Cloud State University, em Minnesota, recentemente arregimentou seus alunos para ajudá-lo a desenvolver um recurso vibrante e pulsante sobre retórica inglesa na Wikipedia, abrangendo sua história, seus usos e seu significado. "Eu sozinho demoraria dias, semanas e até meses para encontrar todos os termos", diz Barton, "mas, com a Wikipedia, comecei a lista com três ou quatro definições e, então, passei a bola para a comunidade". Para Barton, quanto mais olhos sobre seu trabalho, melhor. Assim, ele lança em blog informações sobre suas atividades e, além dos estudantes, também estimula o envolvimento de colegas. "Uma vez que posso cometer erros que me passam despercebidos, contar com tantas pessoas observando meu trabalho é algo positivo." Um contingente crescente de acadêmicos, como Barton, reconhece o valor de um corpo de conhecimentos dinâmico e evolutivo, do qual os estudantes são participantes ativos, como um dos elementos da experiência de aprendizado.

Nível 3. Conexão do aprendizado colaborativo

O mundo jovem, que treinou mentes jovens para inquirir e colaborar, está desafiando não só as tradições universitárias do magistério expositivo, mas também a própria ideia de instituições muradas, que excluem de seu âmbito grandes quantidades de pessoas. Por que não permitir que um aluno brilhante da nona série estude no primeiro ano de um curso superior de matemática, sem abandonar a vida social da escola de ensino médio? Por que não estimular um estudante estrangeiro, que esteja fazendo um curso superior de matemática, a também estudar inglês numa escola de ensino médio? Com efeito, no mundo em rede, por que cargas d'água um estudante precisa "matricular-se" em determinada instituição, algo como jurar lealdade a algum reino feudal?

Luis M. Proenza, presidente da Universidade de Akron, faz exatamente essas perguntas, desafiando a ideia da torre de marfim em si, como unidade básica da educação superior. Obviamente, é verdade que os estudantes podem aprender com intelectuais de todo o mundo, por meio de livros ou via internet. Contudo, no mundo digital, por que razão um aluno não poderia fazer um curso com um professor de outra universidade? Proenza acha que as faculdades e universidades precisam usar a internet para criar um centro de excelência global. Em outras palavras, as instituições devem escolher seus melhores cursos e interligá-los com as melhores ofertas de algumas instituições em todo o mundo, para desenvolver um programa que seja, sem dúvida, o melhor da classe para os alunos. Assim, os estudantes aprenderiam com as mentes mais capazes do mundo em suas áreas de interesse – nas salas de aula físicas ou on-line. Essa academia global também seria aberta para qualquer pessoa on-line.

Segundo essa visão, o estudante participa de uma experiência de aprendizado personalizada, envolvendo várias universidades. Ao se matricular na instituição básica, ele ou ela passa contar com um "facilitador de conhecimento", e ambos trabalham juntos para personalizar a experiência de aprendizado, a jornada e os resultados. Por exemplo, o estudante pode matricular-se numa instituição básica, no Oregon, e registrar-se para fazer um curso de psicologia comportamental pela Universidade de Stanford e outro curso de história medieval por Cambridge. Para esses alunos, o currículo coletivo do mundo forma seu menu de educação superior. No entanto, a oportunidade vai além de apenas misturar e combinar cursos. A universidade da próxima geração criará um contexto em que estudantes de todo o mundo poderão participar de debates, fóruns e wikis on-line, para descobrir, aprender e produzir conhecimento como uma comunidade de aprendizes que se engaja diretamente no enfrentamento de alguns dos problemas mais prementes do mundo. Evidentemente, essas plataformas abertas podem fornecer meios para atender às necessidades de todos os aprendizes, não apenas de algumas dezenas. Para os trabalhadores do conhecimento da atualidade, manter-se efetivamente competitivo nas áreas de pesquisa e inovação, em processo evolutivo acelerado, exige retreinamento e reconfiguração constantes, para começar ou para prosseguir na vida profissional, num ambiente moderno, dinâmico e tecnológico. Os custos de construir a partir do zero novos programas de educação contínua podem ser proibitivamente altos; porém, novos modelos de educação colaborativa talvez ajudem a imprimir maior eficiência e criatividade nos esforços para ajudar estudantes de pós-graduação e profissionais veteranos a atualizar suas habilidades.[24] Com efeito, por que não permitir que empresas e governos também participem dessa rede global de aprendizado superior? As taxas cobradas de usuários comerciais poderiam ser usadas para subsidiar o desenvolvimento contínuo da plataforma.

HORA DE REINVENÇÃO OU ATROFIA

A combinação de nova internet, de nova geração de aprendizes e de novas demandas crescentes pela nova economia do conhecimento, em âmbito global, tudo isso no contexto do choque da crise econômica mundial, está formando uma tempestade perfeita para as universidades, e os alarmes de mudanças iminentes estão disparando em todos os lugares. Em 1997, ninguém menos que Peter Drucker previu que as grandes universidades seriam "relíquias" em 30 anos.[25] Hoje, as previsões de Drucker, aparentemente hiperbólicas, soam menos estridentes e parecem até prescientes.

Algumas universidades e, dentro delas, certas faculdades, são mais vulneráveis que outras. As grandes escolas de artes liberais estão fazendo o trabalho extraordinário de estimular mentes jovens, porque, com grandes dotações e pequenas turmas, os alunos têm condições de desfrutar experiências colaborativas mais personalizadas. Quem tiver a sorte de ingressar na Amherst College, Williams ou Swarthmore estará em boas mãos. Porém, o mesmo não se pode dizer das grandes universidades, que se consideram incumbidas da função primordial de atuarem como grandes centros de pesquisa, nas quais o ensino é um subproduto inconveniente e onde as turmas são tão grandes que a única maneira de "ensinar" é por meio de preleções ou aulas expositivas.

À medida que se questiona o atual modelo de pedagogia, também se contesta o modelo de receita das universidades. Se tudo que as grandes universidades de pesquisas têm a oferecer aos alunos são preleções que os estudantes obtêm de graça na internet, de outros professores, por que os estudantes devem pagar mensalidades escolares, mormente se outros credenciadores fornecerem certificados, diplomas e até títulos acadêmicos? Se as instituições quiserem sobreviver da educação on-line gratuita, em nível universitário, elas terão de mudar a maneira como professores e alunos interagem no campus.

Muita gente argumentará: "Mas e as credenciais? Como as universidades outorgam títulos acadêmicos, a supremacia delas nunca será desafiada." O raciocínio é manifestação de miopia intelectual. O valor das credenciais e até o prestígio das universidades se baseiam em sua eficácia como instituição de aprendizado. Se essas instituições se revelarem inferiores a outros ambientes de aprendizado, a capacidade de credenciamento delas decerto também será questionada. Durante quanto tempo um bacharelado por Harvard, outorgado, em grande parte, com base em aulas expositivas de professores assistentes, em grandes turmas, concorrerá em status com o concedido por faculdades de artes liberais, onde prevalecem turmas pequenas, ou por sistemas de educação superior que exploram novos modelos de aprendizado?

Também haverá quem sustente: "E quanto à experiência no campus, que nunca será substituída?" Mais uma vez, se os *campi* forem vistos como lugares onde o aprendizado é inferior ao proporcionado por outros modelos, ou, pior, como lugares onde o aprendizado é sufocado e reprimido, o papel da experiência no campus também será minorado. A universidade é cara demais para sobreviver como colônia de férias.[26] No sentido oposto, os *campi* que adotam os novos modelos se converterão em contextos de aprendizado mais eficazes e em ambientes mais desejáveis. Mesmo coisas simples como preleções on-line não comprometem o valor da educação no campus. Preleções em vídeo aprimoram a educação, ao permitir que os estudantes absorvam o conteúdo do curso on-line – sempre que lhes for conveniente – e que depois se reúnam para discutir o material, propor mudanças no conteúdo ou inventar novas coisas. A experiência da OCW mostrou ao MIT que o valor real do que a instituição oferece não é a aula em si, mas, sim, todo o pacote – o conteúdo vinculado à experiência de aprendizado humano no campus, mais a certificação. Faculdades e universidades não podem sobreviver só de aulas expositivas.

Assim sendo, como as universidades poderão reinventar-se, em vez de atrofiar-se? Quais são as providências a serem tomadas?

Adote o aprendizado colaborativo como modelo básico da pedagogia

Os professores que quiserem preservar a própria relevância terão de abandonar a preleção tradicional e começar a ouvir os alunos e a conversar com eles – substituindo o estilo de difusão pelo estilo de interação. Ao fazê-lo, deixarão de ser curadores do aprendizado – estimulando os estudantes a colaborar entre si e com outros fora da universidade. Também devem estimular os alunos a descobrir por si próprios e a desenvolver um processo de investigação e de raciocínio crítico, em vez de apenas memorizarem a carga de informações transmitida pelo professor. Finalmente, os professores precisam ajustar sua abordagem ao estilo de aprendizado individual dos alunos. A internet e as novas plataformas digitais de aprendizado são fundamentais para tudo isso, mormente considerando o alto índice aluno-professor na maioria das universidades. Porém, a maioria dos professores não dispõe de recursos para desenvolver os softwares educacionais necessários. Essa lacuna precisa ser preenchida pela coinovação global, por meio de novas parcerias.

Construa novos modelos de receita e de colaboração entre instituições de educação superior, para romper os silos entre elas

Neste exato momento, universidades em todo o mundo estão adotando, em graus variáveis, o nível um e o nível dois da Rede Global de Aprendizado Superior – intercâmbio e coinovação dos conteúdos dos cursos. Porém, precisamos passar para o nível seguinte. Para concluir a construção da Rede Global de Aprendizado Superior, onde os estudantes possam beneficiar-se da capacidade de qualquer universidade do mundo, precisaremos de um modelo de receita colaborativa e de uma nova estrutura de preço de transferência. Os estudantes se matriculariam em sua universidade "básica", que se incumbiria da cobrança da mensalidade, cujo valor dependeria dos outros cursos universitários em que o estudante se inscrevesse. Por exemplo, a mensalidade do segundo ano de um curso de psicologia em Stanford seria determinada pelas forças de mercado, não por uma burocracia central.

Mude os sistemas de incentivos, para recompensar o ensino, não apenas a pesquisa

Por que será que as universidades são julgadas pelo número de estudantes que excluem ou pelo quanto gastam? Por que não são avaliadas pela qualidade do ensino e pelo preço cobrado? Para que as universidades se tornem instituições cujo objetivo básico seja o aprendizado dos estudantes, não o renome dos professores, será necessário mudar os sistemas de incentivos. A estabilidade deve ser concedida pela excelência no ensino, não só pelo volume de publicações.

Como isso pode ser feito? A contribuição dos estudantes é importante. Sites como RateMyProfessors.com podem fornecer inputs valiosos. Embora não sejam um concurso de popularidade, como há quem sugira, eles também não podem servir como único critério de remuneração dos professores. A avaliação pelos pares também pode fornecer inputs úteis e os administradores, em geral, têm boa percepção da eficácia do ensino. Além disso, indicadores de sucesso econômico podem fazer sentido. Se um professor de Stanford desenvolveu um curso de psicologia de grande sucesso, assinado por milhares de alunos de todo o mundo, será que ele ou ela deve participar da receita gerada para Stanford? No entanto, esses indicadores, sozinhos, seriam insuficientes, pois reorientariam os professores para serem centros de lucro, em vez de curadores do aprendizado. Em última instância, precisaremos de indicadores mais objetivos, centrados no desempenho dos alunos em termos de aprendizado.

Construa a infraestrutura da educação superior do século XXI

Embora os governos estejam investindo em "infraestrutura física" de efeitos imediatos, para reverter a crise econômica e a recessão global em curso, necessita-se de uma nova espécie de infraestrutura para realizar a Universidade 2.0. Iniciativas como a Wikiversity, da Wikimedia Foundation, representam um bom ponto de partida para a criação de plataformas nacionais e globais em que todos os acadêmicos e aprendizes construam o conteúdo necessário. Porém, também precisamos de mais empreendedores que desenvolvam softwares didáticos para todas as disciplinas e categorias do conhecimento humano. Os governos podem ajudar, investindo em redes que facilitem o acesso e em capacidade de banda larga que possibilite a inclusão digital. O mundo precisa de um "Plano Marshall Digital".

Os governos devem acabar com os subsídios a periódicos acadêmicos em bibliotecas e deslocar financiamentos para a construção da infraestrutura digital. David W. Lewis, reitor da Biblioteca Universitária da Indiana University – Purdue University Indianapolis (IUPUI), argumenta que a comunicação acadêmica é um bem público que, como tal, exige subsídio. Porém, como os subsídios foram direcionados para bibliotecas, as empresas editoras concluíram que os preços dos periódicos científicos eram inelásticos e começaram a sugar os subsídios do sistema. "A economia da internet vira tudo isso de cabeça para baixo", diz Lewis. "A maneira mais eficaz de usar os subsídios é promover o acesso aberto, que financia a infraestrutura e distribui o trabalho entre todos os participantes." Lewis argumenta que essa situação provocará uma batalha: "Há muitas instituições tradicionais que estão fora desse quadro, as bibliotecas para começar, e também boa parte das atividades dos editores acadêmicos. Essas entidades estão fazendo o que as organizações estabelecidas sempre fazem – sobreviver."

As universidades dos Estados Unidos tipicamente carecem da infraestrutura de banda larga necessária para o acesso e o uso em multimídia, de qualquer lugar. Elas também precisam investir no desenvolvimento de aplicativos e de softwares didáticos para o aprendizado colaborativo.

RUMO À UNIVERSIDADE 2.0

Então, por que será que essas mudanças ainda não aconteceram? Onde está a Universidade 2.0? "É o legado da infraestrutura humana e educacional estabelecida", diz Proenza. A analogia adequada não é com o negócio de jornais, que foi enfraquecido pela distribuição do conhecimento via internet, observa. "Somos mais como a assistência médica. Fomos desafiados por modelos de negócios obstrutivos, não baseados no mercado. Também somos oprimidos pelo senso de que o doutor sabe mais, ou de que o professor sabe mais."

Não é fácil mudar o modelo de educação da era industrial. Novos paradigmas provocam deslocamentos, rupturas, confusão e incerteza. São quase sempre recebidos com frieza e hostilidade. Os interesses constituídos combatem a mudança. E os líderes dos velhos paradigmas em geral são os últimos a adotar a inovação.

Os estudantes são força poderosa para mudar a universidade. E as centelhas hoje estão por toda parte. Poderoso choque entre gerações está eclodindo hoje em nossas instituições. As críticas à universidade feitas 15 anos atrás eram ideias latentes – à espera de uma nova internet e de uma nova geração de estudantes capazes de questionar com eficácia o velho modelo.

Mudar o modelo de pedagogia e o modelo de produção de conhecimento é crucial para a sobrevivência da universidade. Se os estudantes se afastarem da educação universitária tradicional, a consequência será a erosão do valor das credenciais concedidas pelas universidades, bem como da posição dessas instituições como centros de aprendizado e de pesquisa e como *campi* onde os jovens têm a chance de "crescer". A Rede Global de Aprendizado Superior não é um sonho. Hoje, importantes acadêmicos estão começando a implementar muitos de seus aspectos. Eles sabem que as universidades e seus corpos docentes não podem continuar operando como torres de marfim isoladas, devendo, ao contrário, trabalhar pelo aprendizado colaborativo e pela produção de conhecimento colaborativa. Já é hora!

9. CIÊNCIA 2.0: DEFLAGRANDO A CRIAÇÃO DE CONHECIMENTO NUM MUNDO EM REDE

Como aluno de pós-graduação em astronomia, Kevin Schawinski deparou com um problema um tanto difícil: ele precisava vasculhar 50 mil imagens de galáxias produzidas por um telescópio robótico e classificar cada galáxia de acordo com sua formação. Mesmo na era da ciência computadorizada, cada imagem precisava ser escrutinada em detalhes, pessoalmente, para garantir a exatidão das classificações. De acordo com Schawinski, mesmo o mais inteligente e o mais poderoso dos computadores está sujeito a erros que jamais seriam cometidos por um ser humano atento.[1]

Depois de passar toda uma semana não fazendo outra coisa, Schawinski se convenceu de que precisava encontrar uma solução mais eficaz. Sentado num pub, certa noite, no verão de 2007, ele se queixou com o colega Chris Lintott, astrônomo de Oxford, do quanto demoraria para vasculhar até pequena fração das imagens. Era evidente que precisava de ajuda. Então, Lintott apresentou uma sugestão. Por que não repetir o que Linus Torvalds fizera com o Linux: lançar o problema no mundo e ver se alguém na comunidade de astrônomos amadores estaria disposto e seria capaz de colaborar?

Era uma ideia pouco ortodoxa, decerto. Porém, se funcionasse, Schawinski e colegas poderiam acelerar em muito o ritmo da descoberta científica em seu campo de ação e investigar possibilidades com que a maioria dos astrônomos apenas sonhava em explorar. Quem sabe até acabassem questionando algumas das premissas básicas hoje adotadas pelas instituições científicas – como a de que pessoas comuns não podem participar de pesquisas científicas significativas, a não ser como consumidores passivos do jornalismo científico ou como beneficiários do progresso da ciência. Assim, com a ajuda de Lintott e de vários colegas, Schawinski desenvolveu um esquema pelo qual um exército de astrônomos de poltrona os ajudaria a esquadrinhar os milhões de imagens de galáxias que eles haviam armazenado em suas bases de dados. O resultado foi o Galaxy Zoo, ou Zoo Galático, projeto inteligente de ciência cidadã, em que qualquer pessoa interessada pode perscrutar as maravilhas do espaço exterior, ao mesmo tempo em que contribui para o avanço de uma nova fronteira vibrante da ciência.

A premissa do Galaxy Zoo era simples. Depois de terem observado a imagem de uma galáxia, os participantes deveriam responder a duas perguntas: se era uma galáxia elíptica (do tipo que não tem poeira nem gases, mas muitas estrelas) ou uma galáxia espiralada (com braços rotativos, como a nossa própria Via Láctea); e, se fosse uma galáxia espiralada, em que direção os braços giravam? Para se inscreverem, os participantes deveriam seguir um breve tutorial, com a duração aproximada de 10 minutos, que ensinava os fundamentos da morfologia das galáxias. Mas será que a ideia realmente tinha condições de funcionar? Até Schawinski, hoje pós-doutor associado do Departamento de Astronomia de Yale, tinha suas dúvidas. "Eu imaginava que houvesse talvez algumas dúzias de astrônomos amadores mais comprometidos que, eventualmente, se interessariam pelo projeto", disse.

Ele estava errado.

Graças em parte a uma reportagem da BBC, onde Lintott é coapresentador de um programa sobre astronomia, milhares de participantes já estavam empenhados em classificar imagens de galáxias, 24 horas depois do lançamento do site – processando nada menos que 70 mil imagens por hora. Schawinski foi pego totalmente de surpresa – a sobrecarga no servidor que armazenava as imagens literalmente derreteu um cabo e quase descarrilou todo o projeto. "Sentimo-nos esmagados", diz Schawinski. "Foi a mais completa surpresa. Agora, quando alguém nos pede orientação sobre como fazer alguma coisa, nossa primeira recomendação é que se prepare para o sucesso." Dois anos e meio depois, afirmar que o empreendimento foi um êxito é eufemismo. O Galaxy Zoo está florescendo com vigor inimaginável, com mais de 275 mil participantes que já fizeram quase 75 milhões de classificações de um milhão de diferentes imagens – muito além da previsão inicial de Schawinski, de 50 mil. Se Schawinski estivesse trabalhando sozinho, ele demoraria 125 anos para classificar a mesma quantidade de imagens!

Porém, o Galaxy Zoo vai além da simples observação de imagens bonitas de galáxias. O projeto produziu descobertas científicas reais, sobre as quais já se publicaram vários trabalhos científicos, com base nos dados levantados pelo projeto, além de mais de uma dúzia de outros trabalhos em andamento. A equipe do Galaxy Zoo, que inclui astrônomos das universidades de Yale e Johns Hopkins, nos Estados Unidos, e das universidades de Oxford e Portsmouth, no Reino Unido – não raro se espanta com os resultados. Bill Keel, professor de astronomia da Universidade de Alabama, que estuda galáxias sobrepostas, resolveu pedir aos participantes do Galaxy Zoo para procurá-lo se encontrassem um exemplo desse fenômeno raro. Durante toda a sua carreira, Keel estudara as pouco mais de uma dúzia de galáxias sobrepostas então conhecidas pelos astrônomos. Um dia depois de postar a questão no fórum de discussões do Galaxy Zoo, ele recebeu mais de cem respostas dos participantes, que de fato haviam encontrado galáxias desse tipo. Hoje, já se identificaram milhares de ocorrências do fenômeno.

Sem dúvida, o Galaxy Zoo só foi possível porque Schawinski e colegas resistiram à inclinação natural de manter as descobertas em segredo, até publicarem algum trabalho a respeito delas. "Contamos com os membros da comunidade como colegas, até como pares, e somos muito abertos em relação a tudo que descobrimos", diz Schawinski. "Divulgamos nossas descobertas em blogs e damos feedback aos participantes. Provavelmente divulgamos mais ciência preliminar que o costumeiro em nosso campo, mas nossos colaboradores se dedicaram ao trabalho e merecem conhecer nossas conclusões." Esse tipo de abertura ainda não é prática comum na comunidade científica, mas, sem dúvida, está crescendo, em grande parte por causa do sucesso de Schawinski, Lintott e colegas. Com efeito, a promessa da ciência cidadã é que, caso se consiga tornar uma tarefa pequena o bastante e simples o suficiente para que alguém a execute como atividade de lazer, é possível agregar muito talento e grande força de trabalho. Mesmo uma tarefa maciça, como analisar milhões de galáxias, pode ser realizada por pessoas relativamente amadoras – com alta probabilidade de ser concluída com muito mais rapidez, sem comprometer a qualidade dos resultados, desde que os pesquisadores tenham o cuidado de preservar os padrões rigorosos da investigação científica. "Nunca o vimos como um projeto social, nunca o consideramos um projeto educacional. Sempre o encaramos em termos de: 'Por favor, nos ajude em nossa pesquisa, como só você é capaz.' E isso realmente atraiu participantes", diz.[2]

Quando lhe perguntam quais seriam as perspectivas para o futuro, Schawinski é enfático sobre as possibilidades. "A colaboração em massa na internet é multiplicador poderoso", explica Schawinski. "Possibilita pesquisas que até então eram impossíveis." Com efeito, o sucesso do Galaxy Zoo já inspirou um portfólio crescente de projetos complementares. Agora, os participantes podem procurar supernovas ou estimular fusões cósmicas em seus computadores para ajudar os cientistas a compreender melhor como as galáxias se formam, se fundem e evoluem. Um dos projetos consiste na localização de explosões solares e no rastreamento delas pelo espaço até a Terra. Quando detectadas com antecedência suficiente, a descoberta de tempestades solares em formação pode ser informada a astronautas, alertando-os em tempo quanto à aproximação de radiações perigosas. Hoje, dispõe-se até de uma nova "organização guarda-chuva", chamada Citizen Science Alliance (Aliança dos Cidadãos pela Ciência), que está fomentando novos projetos de ciência cidadã, em disciplinas tão diversas quanto engenharia e oceanografia. Quanto aos participantes do Galaxy Zoo, Schawinski diz que os usuários estão clamando por versões ampliadas e curtem a oportunidade de contribuir para novas descobertas científicas. "Eles são nossos copesquisadores – eles também são cientistas", reconhece. "E eles realmente se interessam pela ciência para cujo avanço contribuíram."

DESENCADEANDO UM NOVO PARADIGMA OUSADO DE CIÊNCIA COLABORATIVA

Portanto, agora, eis a questão: se os cidadãos comuns podem ajudar a transformar, da noite para o dia, modesto trabalho de PhD, em iniciativa desbravadora de ciência global, o que mais a colaboração em massa poderia deflagrar na comunidade científica? Ocorre que a ciência cidadã é apenas um aspecto de uma transformação muito mais profunda na ciência, avanço que descrevemos neste capítulo. A revolução científica em andamento muda tudo, desde a maneira como os cientistas reúnem dados e extraem conclusões até a forma como as empresas exploram novos conhecimentos, para impulsionar o progresso tecnológico e econômico. Denominemos esse processo nova era da ciência colaborativa. Da mesma maneira como o Iluminismo introduziu novo modelo organizacional de criação de conhecimento, a nova internet está contribuindo para transformar a ciência em empreendimento cada vez mais aberto e colaborativo, que acelerará a descoberta científica e o aprendizado das ciências.

Muita coisa já mudou. A internet não é apenas um veículo de baixo custo para a disseminação de informações científicas; também é uma nova plataforma para desenvolver a ciência, ponto. Milhares de pioneiros científicos dependem menos de "trabalhos" formais, como meio básico da comunicação científica, e mais de ferramentas como blogs, wikis e bases de dados na internet. Em vez de esperar um ano ou mais para divulgar um trabalho tradicional, eles usam o Twitter e outras mídias sociais para compartilhar, no dia a dia, descobertas e observações com uma rede global de pares. O acesso mais barato a conhecimentos e a ferramentas científicas, por seu turno, está aumentando a eficiência de todo o processo de aprendizado e de mudança econômica. Técnicas superiores se difundem com mais rapidez. Novas tecnologias se distribuem e se aprimoram de maneira mais difusa. Mais mentes são treinadas em ciências e mais habilidades são mobilizadas com rapidez sem precedentes para a solução dos problemas urgentes do mundo.

À medida que novas formas de colaboração em massa se arraigam na comunidade científica, surgem novas chances de reconsiderar completamente não só como divulgamos a ciência, mas também como a aplicamos, para impulsionar a inovação, para solucionar problemas e para gerar oportunidades econômicas. As empresas podem ampliar e acelerar drasticamente suas atividades iniciais de P&D, por exemplo, colaborando com atividades científicas para agregar e analisar conhecimentos pré-competitivos, de domínio público. Mesmo empresas farmacêuticas extremamente fechadas seguem a tendência e participam do processo. A Novartis e a GlaxoSmithKline demonstram que mesmo rivais competitivos estão vendo os benefícios da colaboração em iniciativas que formarão e desenvolverão um mercado para novos produtos e serviços. Dependendo do tipo de empreendimento, as empresas podem identificar e explorar descobertas com mais rapidez, concentrar-se em sua área de competência, facilitar o aprendizado mútuo e diluir os custos e riscos da pesquisa. Também governos, grandes filantropos e investidores privados desfrutam de oportunidades análogas, para que todos desempenhem funções importantes no financiamento das ciências e na aplicação dos resultados.

Se tudo se desenrolar conforme esperamos, o novo paradigma científico tem grande potencial para rapidamente melhorar a saúde humana, reverter a maré dos danos ambientais, desenvolver tecnologias revolucionárias e explorar o espaço exterior – para não falar em ajudar as empresas a criar riqueza para os acionistas. Embora ousada, essa afirmação se escora em evidências convincentes. Em parceria com outras instituições-chave, as comunidades científicas podem adotar os princípios da wikinomics, abertura, colaboração e compartilhamento, para mudar o mundo em que vivemos.

A CIÊNCIA COLABORATIVA AMADURECE

Já no século XVII, começamos a criar, acumular e a explorar o conhecimento de novas maneiras.[3] Uma classe crescente de engenheiros, mecânicos, químicos, físicos e filósofos naturais passaram a formar círculos com o objetivo básico de ampliar a compreensão científica do mundo circundante. Trocavam correspondências, reuniam-se em lojas maçônicas, participavam de conferências em cafés, debatiam em academias científicas e, pela primeira vez na história, se empenharam em atenuar cada vez mais o caráter privativo do conhecimento sobre o mundo natural. Ao fazê-lo, não só promoveram a ciência básica, como também contribuíram para a transferência de conhecimentos para os primeiros empreendedores e para os novos industriais, que os aplicavam em busca de soluções para problemas práticos e no desenvolvimento de novas indústrias. Com o passar do tempo, a invenção maravilhosa de Gutenberg levou o compartilhamento do conhecimento para um novo nível e a interação entre ciência aberta e empresa privada forneceu base sustentada para a inovação tecnológica e para o crescimento econômico que caracterizou boa parte do século XXI.

Hoje, um novo paradigma científico de importância comparável está próximo da ignição, inspirado por transformações profundas na natureza da comunicação científica – mudança cujo impacto se rivalizará ou até superará o catalisado pela prensa de Gutenberg. As mesmas forças tecnológicas que estão transformando a internet em espaço de trabalho colaborativo maciço também estão desbravando uma nova era do desenvolvimento científico, que se caracteriza pela velocidade, pela globalidade e pela intensidade dos dados, que se expande cada vez mais, em escala que torna grandes instituições de prestígio, como Harvard, mais parecidas com clubes de debate do século XVII. Na verdade, da mesma maneira como outras instituições estão passando por mudanças metamórficas, a comunidade científica também está enfrentando grandes desafios a serem resolvidos na década em curso. O volume de dados e de informações disponíveis em todos os campos está explodindo, suscitando novos desafios para os pesquisadores, que devem dominar recursos de computação cada vez mais sofisticados, para manipular e explorar gigantescos conjuntos de dados. Os modelos de financiamento da ciência são antiquados e, por vezes, perpetuam maneiras ultrapassadas de conduzir e publicar pesquisas. Alguns cientistas receiam que os incentivos comerciais estejam influenciando indevidamente o rumo das pesquisas e até solapando a cultura de compartilhamento que sustenta e promove o progresso da ciência em si. Ao mesmo tempo, a controvérsia recente sobre dados climáticos resultou em demandas mais altissonantes por maior transparência na maneira como os cientistas manejam dados e relatam suas descobertas. Nenhum desses desafios é insuperável. Com efeito, os métodos científicos inovadores descritos neste capítulo já estão oferecendo soluções em numerosos campos, variando desde a oceanografia até a química orgânica. A pergunta é se a comunidade mais ampla de instituições subjacentes à ciência – inclusive órgãos financiadores, universidades, editoras e os cientistas em si – se adaptará de bom grado à mudança ou se a mudança lhe será imposta goela abaixo.

Quando a ciência e a inovação se tornam globais, o que acontece com os modelos de financiamento?

A organização da busca do conhecimento de maneira ponto a ponto não é, decerto, nada nova em ciência. Porém, pesquisas recentes sugerem que a comunicação está explodindo. Pesquisa realizada pelo Santa Fe Institute, centro de pesquisas privado, sem fins lucrativos, dos Estados Unidos, descobriu que hoje, em média, os físicos de alta energia contam com cerca de 173 colaboradores. O mesmo estudo também constatou que a quantidade média de autores por trabalho científico dobrou e triplicou em muitos campos. Número crescente de trabalhos tem entre 200 e 500 autores. Já os mais complexos chegaram a apresentar nada menos que 1.681 autores.[4] É a mesma história em diversas áreas. Cerca de 3 mil cientistas do clima, oriundos de mais de 130 países, estão publicando quantidades superiores a 2 mil trabalhos por ano, investigando as implicações científicas e sociais de rupturas climáticas globais. Projeto como o Earth Systems Grid combina recursos de supercomputação com enorme base de dados fornecidos por ampla variedade de fontes, como sensores terrestres e orbitais, com simulações em computador e com milhares de cientistas independentes, que transmitem seus arquivos de localidades espalhadas por todo o mundo.

No Calit2 (California Institute for Telecommunications and Information Technology – Instituto de Telecomunicações e Tecnologia da Informação da Califórnia), uma equipe de 300 pesquisadores está transformando a instituição em laboratório de novos modelos de ciência colaborativa. "não podemos executar um projeto que não se torne global da noite para o dia", diz Larry Smarr, seu fundador e diretor. Na condição de astrônomo veterano, Smarr se lembra de quando pedia subvenções para pesquisas ao governo federal americano, nas décadas de 1980 e 1990, e esperava o que parecia ser uma eternidade, até a aprovação final do projeto. "O lapso temporal entre a concepção da ideia e o início do fluxo de recursos era de pelo menos um ano e, em alguns casos, de até dois anos", disse. Esse intervalo está estreitando, na medida em que os financiadores aceleram seus processos. Porém, a abordagem subvencional e hierárquica ao financiamento de pesquisas já não é adequada para uma época em que a colaboraçao em grande escala é característica cada vez mais comum do progresso da ciência.

Num cenário típico de financiamento de pesquisa, nos Estados Unidos, as agências governamentais emitem um RFP (Request For Proposals), solicitando a apresentação de propostas de pesquisa, e os cientistas concorrem entre si, em vez de colaborar, para conseguir subvenções. Em geral, tocam suas pesquisas sozinhos e quando as concluem relatam os resultados aos órgãos financiadores, que, eventualmente, os publicam para acesso de outros interessados. É um processo fechado e anticolaborativo, além de antagônico às demandas da economia do conhecimento, em âmbito global. Em vez de concentrar-se introspectivamente nos interesses nacionais, as agências financiadoras deveriam abrir-se e criar um efetivo mercado aberto para o financiamento da ciência – um sistema que recompense apenas os candidatos mais qualificados e não dê prioridade a passaportes, à antiguidade e ao status dos pretendentes. Sem dúvida, essas características solapam a própria razão de ser de muitas agências de financiamento: promover os objetivos da ciência nacional e as instituições de pesquisa nacionais. Porém, no mundo de hoje, por que nos esforçaríamos para conter a ciência dentro de fronteiras geográficas? Será que as agências de financiamento não deveriam maximizar o retorno sobre o dinheiro dos contribuintes, buscando ideias e talentos científicos em âmbito global? E será que a prioridade nacional não deveria ser a criação de um grande pool de cientistas altamente treinados, capazes de competir por financiamento em todo o mundo, com os melhores colegas e as melhores instituições?

Enquanto financiadores morosos se arrastam na consideração dessas questões, pesquisadores pressurosos avançam em alta velocidade, haurindo um pool global de recursos e explorando novas maneiras criativas de financiar e de disseminar suas pesquisas. "Agora, você é totalmente visível para uma comunidade global de maneira inimaginável há não mais que cinco ou oito anos", diz Smarr. "Não preciso limitar-me ao governo federal (...) Posso buscar em todo o mundo. E, se encontro alguém trabalhando em campo semelhante ao meu, que adoraria colaborar comigo e que já dispõe de recursos, é muito provável que, em poucas semanas, estejamos executando um projeto." Seward Rutkove, neurologista de Harvard, também tem experiência de primeira mão em aproveitar as oportunidades da internet. Em 2009, ele participou de um desafio da InnoCentive, buscando uma maneira de monitorar a progressão da esclerose lateral amiotrófica, ou doença de Lou Gehrig, uma vez que já estava pesquisando essa questão. Ele ganhou US$50 mil ao apresentar sua solução e agora está concorrendo ao prêmio de US$1 milhão, por comprovar a possibilidade de evitar o avanço de uma doença semelhante em ratos.

Algumas das principais agências de financiamento consideraram o impacto dessas inovações e estão adotando abordagem menos paroquial. O nano-HUB, da National Science Foundation, dos Estados Unidos, fornece recursos de internet para pesquisa, educação e colaboração a uma comunidade global de mais de 100 mil pesquisadores de nanotecnologia, não só dos Estados Unidos, mas também de 170 países em todo o planeta. No meio-tempo, o governo dos Estados Unidos e muitas outras instituições de financiamento de pesquisas na Europa apoiaram a ideia de formação de um pool de dados científicos como bens comuns globais, exigindo que os cientistas beneficiários de financiamentos públicos deixem uma cópia de seu trabalho (e, em geral, também de seus dados) numa base de dados gratuita, de acesso público – iniciativa que a maioria dos cientistas, se não também das editoras, apoia com entusiasmo.

Outra constatação com que a maioria dos cientistas concorda é que a globalização da ciência está acelerando o ritmo da descoberta. E não estamos falando apenas de aumentos percentuais nominais. Em alguns casos, trata-se de ordens de magnitude. Os principais observadores científicos preveem mais mudanças na ciência, nos próximos 50 anos, que nos últimos 400 anos.[5] Mesmo a definição do que se considera descoberta está em expansão. No começo da década de 1990, por exemplo, um candidato a PhD em biociências podia conquistar o doutorado com a sequenciação de um gene. Então,

Craig Venter completou a primeira sequenciação completa de um genoma, em 2000, e, a partir de então, já não era possível conseguir o PhD trabalhando com um gene; agora, era preciso trabalhar com o genoma. E, hoje, só é interessante trabalhar com uma população de genomas (por exemplo, considerar espécies inteiras, em vez de apenas um indivíduo da espécie).

Além da aceleração generalizada, essa globalização da ciência está remanejando a geografia da pesquisa e da inovação em si. No século XX, os Estados Unidos, a Europa e o Japão podiam sentir-se razoavelmente confiantes de que, caso surgissem novas ideias importantes, elas provavelmente despontariam em suas praias. No século XXI, os cidadãos dos Estados Unidos e da Europa se considerarão felizes se produzirem talvez uma em cada quatro ou cinco grandes invenções. "Hoje, o processo de inovação se tornou absolutamente global", diz Smarr. "Se você for pesquisador, já não é suficiente saber o que alguém em seu país está fazendo. É preciso ter uma visão global."

A competição talvez esteja ficando mais intensa, mas, por outro lado, há mais mentes inteligentes concentradas na solução de problemas. E, com essas mentes cada vez mais conectadas pelo tecido global da internet, podemos impulsionar a produtividade da comunidade científica. "Com o aumento da produtividade global", diz Smarr, "o intervalo entre o levantamento da questão e o recebimento da resposta diminui". Isso é boa notícia para um mundo em que não faltam situações prementes, cada uma precisando da própria infusão de novas ideias, de novas tecnologias e de novas capacidades.

À medida que a ciência se torna parte integrante da formulação de políticas públicas, será que podemos aumentar a transparência científica e melhorar a capacidade de participação dos cidadãos?

Ciência e políticas públicas de há muito caminham de mãos dadas. Desde decisões sobre a regulação de uma nova tecnologia até a necessidade contínua de avaliar os impactos do desenvolvimento urbano sobre a ecologia local, análises científicas objetivas geralmente são fundamentais para a formulação de políticas públicas eficazes. À medida que se intensifica a mesclagem de ciência e políticas públicas, numa era de novos riscos globais, questões referentes a como os cientistas se relacionam com o público e como o público se relaciona com a ciência estão adquirindo importância crítica. Nada ilustra melhor esses desafios que o recente escândalo "climategate", ou Watergate do clima, em que um grande estoque de e-mails de e para os investigadores da CRU (Climatic Research Unit – Unidade de Pesquisa Climática) da University of East Anglia forneceu evidências mais que suficientes para despertar preocupações quanto à maneira como se desenvolve parte da ciência climática.

A ciência discutida nos e-mails se concentra, principalmente, em pequena área da pesquisa climática – o levantamento de dados brutos sobre temperatura, por meio de termômetros, de satélites e de medidas proxy do clima histórico, como anéis de árvores, e seu uso como informação sobre as tendências da temperatura. Sob a gestão do diretor Phil Jones, a CRU reuniu os registros mais abrangentes de dados de termômetros do mundo, boa parte sob contrato com o Departamento de Energia dos Estados Unidos. Um dos resultados foi a produção de gráficos icônicos, como o famoso "bastão de hóquei" (*hockey stick*), publicado pela primeira vez 12 anos atrás, que se tornou um dos mais famosos e controversos produtos da ciência climática. Ele mostra um longo período de temperaturas naturais estáveis, seguido de aquecimento intenso e excepcional no fim do século XX.

No mundo acadêmico, a confiabilidade dos dados da CRU sobre temperatura é amplamente aceita. Porém, vários blogueiros diligentes não parecem tão convencidos e acusam os cientistas do clima de manipulação de dados. Um desses céticos é Steve McIntyre, blogueiro canadense, na casa dos 60 anos, jogador de squash e obcecado por dados, que recentemente se aposentou na indústria da mineração e hoje passa boa parte de seu tempo tentando desbancar e desconstruir a ciência da mudança climática. Tudo começou em 2002, com um e-mail da casa dele, em Toronto, para Phil Jones, solicitando alguns dados de sua estação climática. De início, os intercâmbios, conforme revelado no blog de McIntyre, Climate Audit, foram civilizados. Mas, com o passar do tempo, e à medida que aumentava sua demanda por dados, as relações logo azedaram. McIntyre questionou ostensivamente as técnicas estatísticas aplicadas pelos climatologistas e concluiu que, como matemático treinado, poderia fazer melhor, não obstante sua ignorância a respeito da ciência climática. Embora McIntyre raramente questione o "edifício" da ciência climática em si, as análises dele cevaram uma rede mais excitante e menos meticulosa de fãs, que apontam para as descobertas dele como evidências de que a ciência climática é uma empulhação de proporções épicas. Assim, quando McIntyre tentou acessar dados brutos e programas de computador dos climatologistas, com base na lei da liberdade de informação, os pesquisadores resistiram com receio de que as informações fossem distorcidas. A situação atingiu o auge quando os registros de e-mails de eminentes cientistas do clima foram roubados e publicados, expondo anos de debates acalorados e, não raro, embaraçosos entre os climatologistas e os blogueiros que os assediavam.

Dependendo de seu ponto de vista, duas são as análises concorrentes sobre o significado do "climategate", diz Fred Pearce, escritor ambientalista que conduziu importante investigação sobre a controvérsia, para o jornal inglês *The Guardian*.[6] Os cientistas do clima tendem a encarar a situação como algo do tipo "a choldra invadindo o laboratório" – a história de uma tentativa maliciosa de desafiar, interpelar, aviltar e destroçar o trabalho dos mais notáveis cientistas. Os críticos a interpretam como a democracia em ação – produto de um esforço em tudo louvável de cientistas amadores e de outros estranhos à corrente dominante para ganhar acesso a conjuntos de dados complexos, que serviram de base para algumas das conclusões dos climatologistas, e submetê-los ao próprio escrutínio. Embora não vejamos razão, em nossa opinião, para questionar a integridade dos cientistas do clima em todo o mundo, evidentemente há alguma verdade em ambas as narrativas. As investigações de Pearce encontraram evidências de negligência no uso dos dados e de tentativas aparentes de encobrir a realidade. Também encontraram indícios de esforços insistentes para censurar trabalhos dos céticos do clima, considerados hostis – mormente de autores não pertencentes ao alto clero da revisão por pares – ou estudos capazes de gerar manchetes na mídia tida em conta de pouco amistosa, como Fox News.

Para ser justo, os cientistas alegam que sofreram ataque intenso e prolongado de pessoas, com motivações políticas e comerciais, cujo objetivo era inibir o desenvolvimento científico e desmoralizar o trabalho deles. Além disso, ainda acusam os detratores de contaminar os questionamentos técnicos legítimos de McIntyre quanto aos métodos adotados nas pesquisas sobre o clima, com "acusações infundadas, descabidas e não comprovadas de má conduta científica, que só serviram para confundir o público". Eles foram parcialmente redimidos, quando a Comissão de Ciência e Tecnologia da Câmara dos Representantes dos Estados Unidos, em março de 2010, concluiu que, de fato, não havia provas das acusações de que a Climatic Research Unit da University of East Anglia ou seu diretor, Phil Jones, havia manipulado dados ou pervertido o processo de revisão por pares, para exagerar a ameaça de aquecimento global. Além disso, a Comissão observou que nada nos mais de mil e-mails roubados, abalava o consenso científico de que "o aquecimento global está acontecendo e é induzido pela atividade humana".

No entanto, isso não significa que Jones e colegas tenham superado os seus problemas. O hábito da CRU de manter em segredo boa parte de seus dados, metodologias e códigos de computador é, sem dúvida, contraproducente. Se abrissem as bases de dados sobre temperatura a análises e interpretações independentes, os cientistas do clima contribuiriam para restaurar a credibilidade de seus registros, ao mesmo tempo em que demonstrariam transparência que nunca foi evidente no passado. Com efeito, para que a comunidade científica se mantenha confiável aos olhos do público, já não é suficiente que os cientistas falem apenas uns com os outros. Mais que isso, é preciso que se engajem com o resto do mundo, mesmo que, por vezes, isso lhes pareça dispersão exasperante. Os cientistas não precisam fazer concessões intelectuais, mas têm o dever de compreender o contexto em que operam. Já não é aceitável que os pesquisadores do clima se isolem em torres de marfim e deixem a defesa da climatologia e das políticas climáticas por conta dos políticos, dos grupos ambientalistas e da mídia. Outras instituições estão abraçando a transparência. Nada mais natural que os cientistas também cultivem a transparência.

Quando dispomos de dados em tempo real sobre todas as coisas, como os cientistas encaram essa nova realidade?

A batalha sobre as pesquisas climáticas é apenas um presságio do que nos aguarda no futuro. Recursos de computação cada vez mais poderosos e difusos estão promovendo saltos quânticos na quantidade dos dados à disposição de cientistas e de outros stakeholders. Caso se conte com as ferramentas certas e com o treinamento adequado, esses dados revolucionarão nossa capacidade de modelar o mundo e todos os seus sistemas, proporcionando-nos novos insights sobre os fenômenos naturais e maior capacidade de prever com redobrada exatidão tendências como a mudança climática. Esse nível de detalhamento dos dados introduzirá algumas grandes mudanças, inclusive dependência crescente em relação aos computadores. Também é certo que suscitará novas controvérsias, à medida que as sociedades se veem às voltas com as implicações de um mundo dotado de conectividade ubíqua, onde movimentos insignificantes e manifestações triviais podem ser detectados e registrados para posterior análise.

Reflita sobre isso. Quando os dispositivos que usamos para registrar e processar dados são distribuídos de maneira esparsa e conectados com intermitência, recebemos informações incompletas e não raro superadas do mundo real. Porém, imagine uma situação em que se distribuam bilhões ou talvez trilhões de sensores por todo o planeta – exatamente como estamos fazendo hoje – e praticamente todos os objetos animados e inanimados na superfície da Terra poderiam gerar dados, inclusive nossas casas, nossos carros, nossos ambientes naturais e artificiais e até nossos organismos. Embora, hoje, nossos corpos ainda não estejam conectados à internet, eles o serão no futuro próximo, quando biochips inseridos em pacientes portadores de condições crônicas transmitam seus sinais vitais a bases de dados centrais, para monitoramento remoto por médicos. Tampouco nossos carros já estão compartilhando seus dados; porém o estarão em futuro não muito distante, transmitindo dados sobre velocidade, eficiência energética, localização e destino final, com níveis de exatidão inacreditáveis hoje. E, mesmo que nosso ambiente físico (natural e artificial) ainda esteja pouco conectado, em breve disporemos de vigilância global sobre a qualidade da água, sobre a cobertura vegetal, sobre variações de temperatura, sobre velocidades do vento e muitíssimo mais, a simples cliques de mouse.

Não se trata apenas de os sensores estarem ficando cada vez menores e mais rápidos, como prevê a Lei de Moore. Também o número de sensores está explodindo, à medida que surgem cada vez mais aplicações. "São duas coisas que se expandem exponencialmente", diz Smarr. "É uma dupla exponenciação que afeta a disponibilidade de dados." Esses dados fornecerão a matéria-prima para uma visão de mundo cada vez mais detalhada e em tempo real. Ao mesmo tempo, revolucionarão a prática da ciência e até alterarão o conjunto básico de qualificações necessárias para ingressar na área.

Evidentemente, o verdadeiro desafio não é coletar os dados; é analisar e interpretá-los. E não apenas cada conjunto de dados em si, mas, sobretudo, os padrões emergentes mais amplos, que se destacam na cacofonia de informações que reunimos constantemente. Desnecessário dizer que esse é um desafio cada vez maior para os cientistas. "Já dispomos de dados várias ordens de magnitude mais numerosos que antes", diz Euan Adie, que trabalha na divisão on-line da Nature Publishing Group. "Não tem nada a ver com alguém coletar dados, analisá-los e, então, exaurir todas as possibilidades." Como vimos no projeto Galaxy Zoo, telescópios cada vez mais poderosos, como o Sloan Digital Sky Survey, e os dados por eles gerados provocaram mudanças fundamentais na astronomia. Uma década atrás, a astronomia se restringia, em grande parte, a grupos restritos que levantavam e mantinham dados privativos de observações e divulgavam resultados isolados. Agora, a astronomia se organiza em torno de grandes conjuntos de dados, que são codificados, compartilhados e disponibilizados para toda a comunidade. No processo, os astrônomos evoluíram de dezenas, centenas e milhares de galáxias para centenas de milhares e, agora, para centenas de milhões.[7]

A necessidade de mais pesquisas computadorizadas e de mais modelos de colaboração se tornará cada vez maior, à medida que a internet amplia seu alcance para os cantos mais remotos do planeta, inclusive para alguns dos lugares mais inesperados. Considere, por exemplo, um vasto e em grande parte inexplorado trecho do leito oceânico, que se estende ao longo da costa oeste do Canadá. O Venus Coastal Observatory, projeto dirigido pela University of Victoria, oferece aos oceanógrafos um fluxo contínuo de dados sobre as regiões submarinas, outrora acessíveis apenas por meio de expedições marítimas costeiras. Quando as instalações do Neptune Canada, projeto coirmão, forem inauguradas, os oito nós dos observatórios proporcionarão aos oceanógrafos volume espantoso de informações. "Estamos mudando em ordens de magnitude nossa capacidade de coleta de amostras dos oceanos", diz Benoît Pirenne, diretor associado do Neptune Canada.[8] Para lidar com essa enxurrada de dados, pesquisadores usando plataformas Oceans 2.0 do Neptune Canada poderão classificar ampla variedade de coletas, como imagens, feeds de dados e streams de vídeo de câmeras submarinas, identificando organismos pouco conhecidos e fenômenos raros. Os wikis fornecem espaço comum para aprendizado, debate e colaboração em grupo, enquanto redes sociais do tipo Facebook ajudam a conectar pesquisadores que trabalham em projetos semelhantes.

Enquanto isso, no European Bioinformatics Institute, cientistas estão usando serviços de internet para revolucionar a maneira como extraem e interpretam dados de diferentes fontes e para criar serviços de dados inteiramente novos. Imagine, por exemplo, que você quisesse encontrar tudo o que já se sabe sobre uma espécie, desde sua taxonomia e sequência genética até sua distribuição geográfica. Agora, imagine que você tivesse o poder de integrar todos os dados mais recentes sobre essa espécie, disponíveis em todas as bases de dados existentes no mundo, com alguns cliques de mouse. Não se trata de algo tão remoto assim. Esse poder existe hoje. Projetos desse tipo inspiraram pesquisadores de muitas áreas diferentes a emular as mudanças que já estão varrendo disciplinas como bioinformática e física de alta energia. No entanto, ao longo do caminho, surgirá a necessidade de alguns ajustes difíceis e despontarão algumas questões controversas, como privacidade e segurança nacional. "Passaremos de um mudo pobre em dados para um mundo rico em dados", diz Smarr. "E ocorrem certos descompassos sempre que mudanças exponenciais como essa transformam o impossível em rotina." As pessoas nem sempre são boas em raciocinar sobre mudanças exponenciais, argumenta, e, em consequência, parece que os cientistas estão investindo pouco nas ferramentas de análise e de visualização necessárias para lidar com essa realidade.

Felizmente, contamos com desbravadores para abrir o caminho em um mundo onde dispomos de dados sobre qualquer coisa e todas as coisas. E, no caso de precursores científicos, como Neptune Canada, Galaxy Zoo e Calit2, estamos vendo um novo tipo de análise, uma nova espécie de ciência e toda uma nova modalidade de organização. A questão agora é se o resto do mundo científico está pronto. Para um vislumbre do que virá em seguida, revisitemos a indústria de ciências da vida, onde os modelos nascentes de colaboração aberta estão chegando à maturidade.

ABRINDO A NOVA CIÊNCIA DA VIDA

De há muito os cientistas suspeitam que os genes determinam características como aparência, inteligência, eficácia no combate a infecções e até comportamento. Dispondo agora de um genoma totalmente sequenciado, os cientistas estão convencidos de que essas espirais microscópicas de DNA equivalem a algo semelhante ao sistema operacional dos seres humanos. Aprender a "programar" esse sistema operacional talvez seja a chave para eliminar doenças pavorosas, como Alzheimer, diabetes e câncer. Aplicações dessa pesquisa em campos como agricultura e ecologia poderiam ajudar-nos a eliminar a fome mundial e a cuidar melhor do planeta. Porém, embora já tenhamos sequenciado o genoma, o avanço na exploração desse conhecimento por enquanto tem sido relativamente lento. No mundo da medicina, ainda não se dispõe de tratamentos eficazes e bem tolerados para muitas formas de câncer, além de para doenças e desordens crônicas, como Alzheimer, Parkinson e esquizofrenia. Praticamente não se fazem pesquisas sobre doenças tropicais como malária e tifo, cujo ônus recai quase inteiramente sobre as populações mais pobres do mundo. Com efeito, apenas 1% de medicamentos recém-desenvolvidos ajudou os milhões de pessoas da África que são dizimadas todos os anos por essas doenças. "O ritmo acelerado das descobertas científicas, especialmente depois da sequenciação do genoma humano, levou muita gente a acreditar que o renascimento da indústria farmacêutica estava logo depois da esquina", argumenta Gigi Hirsch, diretor executivo do Center for Biomedical Innovation do MIT. "Talvez o fato mais frustrante do setor seja que, apesar do enorme aumento dos investimentos em P&D e dos avanços na tecnologia por meio da genômica, da automação e da computação, o número de novos medicamentos produzidos por ano continue no mesmo nível de 40 anos atrás (cerca de 20)."[9] Com efeito, na medida em que o aumento das despesas com pesquisa colide com pressões para conter os custos da assistência médica, os fatores que afetam a eficiência da pesquisa biomédica e o desenvolvimento de novos medicamentos estão sob escrutínio cada vez mais rigoroso. As perspectivas de que a pesquisa biomédica seja capaz de aliviar o sofrimento humano e de criar riqueza nunca foram mais favoráveis. Porém, a capacidade da ciência e da indústria de corresponder a essas expectativas depende fundamentalmente da capacidade de ambas as instituições de controlar custos, arregimentar recursos com eficácia e gerenciar uma base de conhecimentos cada vez mais complexa.

O Dr. Frank Douglas, ex-vice-presidente executivo e diretor científico da Aventis, concorda que há muitos aspectos a serem considerados. "A produtividade de grandes inovações financeiras diminuiu", diz Douglas. "Carecemos da capacidade de prever de maneira adequada os efeitos colaterais de novos compostos e não dispomos de recursos apropriados para monitorá-los e para avaliá-los depois de terem sido lançados no mercado. Os modelos de precificação se tornaram infactíveis. O mesmo ocorreu com a mentalidade 'arrasa quarteirão'. Em toda a indústria, muitos modelos obsoletos realmente precisam ser analisados."[10] Mas quais são as causas básicas desse mal-estar? Ciclos de desenvolvimento de novos produtos extremamente longos e altos custos de P&D, argumenta Hirsch, redundaram em cultura setorial muito competitiva, com pouco interesse em empreendimentos cooperativos e com forte viés pela proteção da propriedade intelectual. Essas práticas ineficientes se tornaram profundamente arraigadas, em consequência do predomínio de uma cultura organizacional altamente legalista e avessa a riscos, não raro em detrimento de oportunidades de codesenvolver ferramentas tecnológicas de primeiro estágio, de padronizar dados, de compartilhar informações sobre doenças-alvo e de buscar outras formas de colaboração, capazes de impulsionar a produtividade de todo o setor.

Depois de testemunharmos o que o Linux fez pelo desenvolvimento de software, vale a pena perguntar se uma torrente de atividades de código aberto também não poderia deflagrar revolução semelhante nas ciências da vida. E se o processo de desenvolvimento de medicamentos, por exemplo, fosse aberto, de modo que qualquer um pudesse participar, modificar ou melhorar o produto, desde que concordasse em compartilhar suas contribuições nos mesmos termos? Será que a inteligência coletiva da comunidade das ciências da vida poderia ser explorada, de modo a possibilitar ataque mais coordenado e mais abrangente a moléstias rebeldes que até agora frustraram o setor? Será que a abertura do processo dispendioso e demorado de testes clínicos para uma comunidade mais ampla de pesquisadores poderia reduzir os custos do desenvolvimento de medicamentos, a ponto de os produtos daí resultantes estarem ao alcance dos pobres do mundo? Em 2006, quando publicamos o livro *Wikinomics*, a biologia de código aberto era basicamente um conceito beta, apoiado por um pequeno número de visionários, que compreenderam o potencial e se entusiasmaram com as possibilidades da colaboração em massa em medicina. Hoje, o conceito se tornou realidade, à medida que um número crescente de cientistas e de empresas veem a abertura e a colaboração como fundamentais para o aproveitamento de todas as promessas do genoma humano. Para divisar o que nos aguarda adiante, conversamos com Jean-Claude Bradley, que chefia um programa de pesquisas antimalária na Drextel University e, por acaso, é um dos pioneiros entre um número crescente de cientistas que não são tão avessos em desnudar-se na frente dos colegas. Com efeito, ele até gosta!

Ficando nu

Bradley, na verdade, não é nudista. Por formação, é químico orgânico de produtos sintéticos. A especialidade dele é desenvolver compostos orgânicos, em especial os que possam contribuir para a prevenção ou para a cura da malária, mal que aflige 350 milhões de pessoas por ano e mata mais de um milhão, a maioria crianças pequenas que vivem ao sul do deserto de Saara, na África. Mas Bradley tem um problema. Tipicamente, o desenvolvimento de novos medicamentos demora de 10 a 15 anos e custa em média US$800 milhões. Exige acesso a instrumentos de laboratório dispendiosos e muito mais expertise do que a dominável por qualquer pessoa isolada.

A comercialização de invenções biológicas significa anos de meticulosos testes clínicos e altas doses de know-how regulatório para transpor as barreiras burocráticas. Assim, para chegar à cura da malária, ele depende de uma grande rede de colegas, com habilidades e conhecimentos complementares. "A colaboração faz sentido", diz Bradley. "Nossa pesquisa é feita de maneira aberta, de modo que qualquer pessoa possa realmente visitar-nos e juntar-se ao esforço colaborativo ou entrar na conversa, o que é muito empolgante." Bradley vem usando wikis desde 2005, assim como todos os estudantes de seu laboratório, que postam seus experimentos on-line, tanto quanto possível, em tempo real. "Abrimos todas as nossas pesquisas para o mundo", diz. "Temos feito ciência aberta, e, ainda por cima, em tempo real." Em vez de um *lifestream* no Facebook ou no Twitter, imagine um tipo de fluxo de atividade científica, documentando o dia a dia das descobertas das pesquisas. "Sempre que você edita um registro na base de dados, atualiza alguns detalhes sobre uma proteína na internet ou escreve um comentário sobre um trabalho, a ocorrência aparece em seu fluxo de atividade científica", diz Bradley. Todos os colegas dele na rede UsefulChem agem da mesma maneira. Assim, tudo se acumula numa tempestade de informações em tempo real sobre os avanços da iniciativa. Bradley afirma que a colaboração está acelerando o metabolismo de suas pesquisas. "As publicações convencionais podem demorar meses ou anos, mas, quando meus colegas começaram a postar informações em seus blogs", diz ele, "comecei a encontrar informações pertinentes em poucos dias. E, agora, com coisas como Friend Feed e Twitter, o intervalo se reduz a horas e, em alguns casos, a minutos depois da ocorrência de fatos relevantes em nossa área de atuação."

Algumas empresas inteligentes também estão ficando nuas. Em 2008, por exemplo, a GlaxoSmithKline (GSK) se comprometeu a fornecer medicamentos mais baratos no mundo em desenvolvimento e a ajudar a impulsionar as pesquisas sobre doenças negligenciadas, colocando quaisquer produtos ou processos químicos relevantes num "pool de patentes" para que sejam explorados por outros pesquisadores. Se outras empresas seguirem o exemplo, o pool de patentes referentes a doenças negligenciadas representaria um impulso significativo para os pesquisadores que estão trabalhando na busca de tratamentos para doenças como tuberculose, malária e oncocercose. No futuro próximo, máquinas inteligentes acelerarão ainda mais a pesquisa biomédica. A equipe de Bradley já está traduzindo seus registros "legíveis por seres humanos" em formato legível por máquinas. "Realmente queremos chegar ao ponto em que as máquinas possam desenvolver, executar e interpretar experimentos", diz. Em breve, talvez fique difícil dizer se você está interagindo com máquinas ou com seres humanos. "Na verdade, não estamos muito longe desse ponto", afirma. "E acho que, a partir desse momento, o processo acelerará ainda mais." E, agora, imagine o quanto demorará para disseminar novas descobertas, quando as máquinas estiverem conversando umas com as outras, em vez de com humanos. "Acho que agora estamos falando de milissegundos, em vez de horas", diz.

Humanos sintéticos e novos blocos de construção da vida

Com base em nossas conversas, até hoje, estamos convencidos de que vimos apenas a ponta do iceberg, quando se trata de explorar as novas ciências da vida. Ocorre que a abertura científica está se expandindo para bem além dos trabalhos e até dos dados, para alcançar os próprios blocos de construção da vida em si, tudo graças a um campo florescente denominado biologia sintética, que aplica princípios de engenharia à construção de novos sistemas biológicos, desde alimentos, passando por combustíveis, até medicamentos.

A ideia é muito boa, e eis seus fundamentos. Imagine que toda a complexidade da vida pudesse resumir-se em uma biblioteca de componentes interoperacionais. Os fundamentos básicos da vida, todos indexados, abertos ao público, e à espera de serem recombinados em novas criações, da mesma maneira como se pode torcer e misturar um cubo de Rubik. Chame-a de biblioteca de código aberto da vida. Agora, imagine um ginásio olímpico, cheio de estudantes de laboratório, construindo novos organismos e novas formas de vida. Não se trata de filme de ficção científica. É real. E todos os anos, desde 2004, milhares de estudantes de laboratório de todo o mundo se reúnem no MIT para a International Genetically Engineered Machines Competition (Competição Internacional de Máquinas Engendradas Geneticamente). Uma vez lá, eles passam o verão inteiro construindo sistemas biológicos, mediante a montagem de partes padronizadas, e depois operando-os em células vivas. Em 2009, uma equipe da Universidade de Cambridge ficou com as honras; no ano anterior, foi um grupo da Eslovênia. Depois da competição, as produções orgânicas dos estudantes são disponibilizadas ao público, gratuitamente, por meio de uma base de dados hospedada pelo MIT. Imagine-o como o equivalente, em ciência aberta, à Amazon; basta substituir livros por máquinas biológicas. Mais de oito mil "BioBricks" (BioTijolos) de fonte aberta (conceito inventado por Tom Knight, cientista do MIT) já estão hospedados lá. Há até um aplicativo de iPhone, denominado BioBricks Studio Mobile, apenas para a hipótese de você ter a necessidade urgente de esboçar uma nova criatura molecular, enquanto estiver no metrô.

Decerto, a possibilidade de engendrar vida no iPhone levanta todos os tipos de questões instigantes e algumas possibilidades intrigantes. E se bolar uma nova cepa de espinafre, mais saborosa, para atender às preferências singulares de seus filhos, for tão fácil quanto montar um kit de Lego? E se todas as famílias pudessem produzir quantidade de biocombustível limpo suficiente para toda a vida, em um tubo de ensaio guardado no armário de ferramentas? Caso se torne possível a criação de seres humanos sintéticos, será que a sociedade aproveitará a oportunidade? Ou evitará a manipulação genética com medo de desencadear algo muito pior que o monstro Frankenstein? Para algumas pessoas, a reengenharia radical da vida é tema de pesadelos. Para outras, é a chave de um futuro sustentável na Terra. Porém, antes de se deixar levar, você talvez esteja indagando se alguma dessas hipóteses é possível, mesmo no futuro remoto. Afinal, os cientistas vêm manipulando a composição genética da vida há apenas 30 ou 40 anos. Será que ainda não estamos muito longe de dispor dos recursos de ficção científica que acabamos de descrever?

Tudo isso está a ponto de mudar, insiste Jason Kelly, cofundador do OpenWetWare e de uma nova empresa denominada Ginkgo BioWorks, cujo objeto é explorar o campo da biologia sintética. "Muito do que tem sido feito por aí, até agora, realmente não passa de lanternagem", diz. "É como entrar na oficina e dar umas marteladas. Você provoca algumas mudanças realmente imprevisíveis. Você não sabe o que vai acontecer." Segundo Kelly, o que a engenharia genética realmente precisa agora é de um conjunto de partes padronizadas e intercambiáveis, com interfaces também padronizadas, para montagem. Um pouco como as peças de Lego, os componentes seriam engendrados de modo que toda a biblioteca de BioBricks complementares se encaixasse sem descontinuidades, constituindo forma de vida mais complexa, talvez algum organismo tão sofisticado quanto os seres humanos. Se for bem-sucedido, o experimento talvez prepare o caminho para avanços em medicina, agricultura e energia que mal somos capazes de prever hoje. "A biologia é uma tecnologia tremendamente poderosa", diz Kelly, "só que, até agora, temos sido péssimos na engenharia de seus recursos".

Se isso se parecer um pouco com introdução à ciência da computação, foi intencional. Kelly acha que o desenvolvimento de software é a metáfora certa para essa nova forma de engenharia biológica. "É preciso alcançar certo grau de abstração, como o que já se atingiu em ciência da computação, na qual se desenvolve software com base em submódulos que atuam de maneira previsível. Dessa maneira, se constroem sistemas cada vez mais amplos, a partir de um conjunto integrado de componentes interoperacionais." A verdade é que não mais se precisa nem mesmo entrar no laboratório para se engendrar novas formas de vida. "Estamos fazendo o que há muito já se faz em outros campos da engenharia: decompondo o projeto e a fabricação", diz Kelly. Da mesma maneira como não é necessário ser ferreiro para projetar e fabricar o chassi do carro, os cientistas podem projetar formas de vida nas telas dos computadores e montar o objeto real num laboratório a meio mundo de distância. Kelly até imagina novos modelos de negócios, que lembram os usados em código aberto. Da mesma maneira como a IBM e a Red Hat criaram valor privativo com base no Linux, a Ginkgo BioWorks e outras empresas desenvolverão novos aplicativos e serviços sobre os alicerces do Registro de Partes Biológicas (Registry of Biological Parts) do MIT. E quais são as implicações de tudo isso para a ciência wiki?

PUBLICAÇÃO CIENTÍFICA NUMA ERA DE INVENÇÃO EM MASSA

Para os cientistas de vanguarda, ainda resta uma frustração em suas atividades do dia a dia. Os novos modelos de ciência colaborativa não se amalgamam com uma das instituições centrais do mundo da pesquisa: o trabalho científico e a indústria editorial mais ampla que, há muito, exerce papel fundamental (há quem diga dominante) no mundo da comunicação acadêmica. Esse modelo remonta a Gutenberg. O trabalho acadêmico é um documento isolado, em sentido único, cuja produção e atualização são dispendiosas, ao passo que o produto final passa boa parte do tempo acumulando poeira nas prateleiras das bibliotecas. A inércia está levando cada vez mais cientistas a emular a ciência de caderno aberto de Jean-Claude Bradley e sua rede UsefulChem. Se a tendência prosseguir, a indústria editorial científica, tal como a conhecemos, está na iminência de grandes abalos. Será que ela ainda exercerá algum papel na mediação do fluxo de informações científicas ao redor de um mundo em rede? Talvez. Mas não seria muito ousado prever que, numa década, ou menos, todos os dados e pesquisas científicas do mundo por fim estarão disponíveis para qualquer pesquisador isolado, de graça, sem preconceitos nem encargos. Como os jornais, as editoras podem adaptar-se ao novo modelo ou correrem o risco de se tornarem irrelevantes. Em última instância, é uma questão de "quando", não de "se", o acesso aberto se converterá no paradigma dominante.

Irreal, você diria? Nem tanto, quando se considera que a indústria editorial científica convencional é lenta e cara para os usuários, e que essas questões, por sua vez, são problemas cada vez mais graves para a ciência. Em qualquer campus, hoje, escuta-se clamor cada vez mais ruidoso contra o velho paradigma. Até muito recentemente, autores cada vez mais frustrados constatavam que suas descobertas de vanguarda aos poucos perdiam a dianteira, ao longo de um processo de revisão moroso que retardava a publicação final em até um ano, não raro em mais.[11] Os editores têm feito muito para acelerar o processo de publicação em resposta à competição crescente da internet e à tendência avultante rumo à autopublicação. Mesmo assim, os métodos tradicionais de publicação de "trabalhos" é, em tese, rígido e lento demais para acompanhar o atual ritmo de avanço da ciência, de alta octanagem. Problemas ainda mais graves que a velocidade são os meios de acesso e os preços de assinaturas cada vez mais altos, que tornam valiosas pesquisas científicas cada vez menos acessíveis. A grande maioria das pesquisas publicadas hoje ainda está disponível apenas para subscritores pagantes, não obstante a ampla oferta de métodos de divulgação eletrônica cada vez mais baratos. Embora um número ilimitado de outros leitores possa acessar cópias digitais da pesquisa praticamente sem custo adicional, os editores se resguardam, com medo de criar um fenômeno do tipo Napster.[12]

À medida que o esforço científico avança em escala e velocidade, quantidade crescente de participantes do ecossistema científico está questionando se o antiquado sistema de periódicos impressos é adequado para atender às suas necessidades. Novas tecnologias de comunicação tornam obsoletas as publicações em papel. O sistema tradicional de revisão por pares, adotado pelos periódicos, já está sendo ampliado, se não superado, por volume crescente de colaboração ponto a ponto. O melhor de tudo é que há uma alternativa, denominada acesso aberto – e um número cada vez maior de cientistas está aderindo.

Por que o acesso aberto faz sentido

O acesso aberto é para a ciência o que o código aberto é para o software. Em vez de os insights e os dados científicos serem armazenados atrás de uma barreira protetora, eles são disponibilizados de graça para quem quiser acessá-los. O modelo do acesso aberto é a PLoS (Public Library of Science – Biblioteca Pública de Ciência). Depois de partir da estaca zero, em 2000, ela é, hoje, uma das mais respeitadas divulgadoras de assistência médica do mundo, ponto. Para compreender melhor como ela funciona, nós nos sentamos com Peter Binfield, editor de *PLoS ONE*, um dos sete periódicos publicados sob o selo PLoS. Binfield tem 15 anos de experiência em editoria acadêmica e veio para a Public Library of Science, depois de sair de um "ambiente empresarial muito grande", onde dirigia programas multimilionários, com 200 ou 300 periódicos sob a sua supervisão, ao mesmo tempo. Suas reservas quanto ao modelo de acesso fechado não são de origem ideológica nem resultam de restrições em relação à indústria editorial tradicional, mas, sim, de sua opinião abalizada sobre como o modelo de subscrição ou assinatura de periódicos é prejudicial para a maneira como disseminamos a ciência.

Na maioria dos periódicos, uma equipe editorial decide sobre que conteúdo é interessante para o público. Em outras palavras, poucas pessoas filtram tudo na entrada. Em geral, os editores assumem que os únicos pesquisadores que se interessam pelo conteúdo já têm acesso a bibliotecas bem financiadas, razão por que o preço de suas assinaturas não são barreiras muito altas. A PLoS não poderia ser mais diferente. Em vez de cobrar dos leitores, os autores pagam US$1.300 pela publicação de seus artigos, custo que, em geral, já está embutido nas subvenções para pesquisa e, em última instância, é pequeno para torná-la disponível em todo o mundo, por meio de uma publicação científica bem respeitada. Ao contrário do que ocorre nos periódicos tradicionais, Binfield publica tudo o que tenha boa base científica. Não há necessidade de prejulgar em nome do público nem de estimar as possíveis aplicações. Os leitores julgam por si mesmos que pesquisas merecem atenção. E, usando o novo sistema de avaliação do site, podem contribuir para a divulgação das melhores pesquisas.

Embora a maioria dos sites guardem com ciúmes seu conteúdo, o do *PLoS ONE* está disponível de graça para qualquer usuário que queira reacondicioná-lo e reutilizá-lo. Os empreendedores até podem vendê-lo comercialmente e gerar lucro, diz Binfield. Em tese, é possível desenvolver-se toda uma nova categoria de serviços, sobre os alicerces do PLoS, capazes de filtrar, anotar e aplicar o corpus cada vez mais volumoso de conhecimento público gerado pelos cientistas. Em outras palavras, periódicos como o *PLoS ONE* podem converter-se em plataformas de inovação, da mesma maneira como o iPhone é plataforma para mais de 100 mil aplicativos de terceiros.

Em alguns casos, os mais poderosos aplicativos de pesquisa talvez só venham a ser conhecidos em algum momento do futuro. "Nunca se sabe o que poderá vir a ser valioso mais adiante", diz Binfield. "Nos anos vindouros, quando já houver melhores ferramentas de descoberta de dados e melhores recursos de exploração de textos, alguém ou alguma máquina, em algum lugar, localizará exatamente a informação almejada, num trabalho que talvez tenha sido negligenciado ao ser publicado pela primeira vez."

Porém, o principal aspecto para Binfield é que o conteúdo de acesso aberto é, pela própria natureza, mais valioso e mais útil que o conteúdo de subscrição, por alcançar um público mais amplo – o mesmo público que as editoras científicas tradicionais consideraram irrelevante. "Nada menos que os 99% que compõem o resto do mundo podem ter interesse pelo conteúdo que jamais poderiam acessar por intermédio do modelo de subscrição", explica. "Porém, com o modelo wiki, tem-se a chance de obter algumas ideias úteis daqueles 99,9% de pessoas que eram inalcançáveis por outros meios."

Do acesso aberto à singularidade

O poder da ciência colaborativa aumentará à medida que as publicações de acesso aberto forem além dos periódicos e dos trabalhos de pesquisa, para também abrangerem o acesso crescente às matérias-primas da ciência: bases de dados maciças, cheias de informações sobre os mais diversos campos, desde genômica até espécies em extinção. Afinal, ciência e comércio dependem da capacidade de observar, de aprender com as observações e de testar o trabalho alheio. Sem acesso eficaz a dados e a matérias-primas, o empreendimento científico se torna impossível. Por outro lado, se abrirmos o acesso a todas as fontes de conhecimento do mundo, contribuiremos para aprofundar e ampliar o progresso da ciência, oferecendo a todas as partes interessadas, desde estudantes sedentos de conhecimento até empresários sequiosos de inovações, oportunidades para explorar novos insights e para enriquecer as próprias ideias.

Basta perguntar aos cientistas participantes do OpenWetWare, projeto do MIT, com o objetivo de compartilhar expertise, informações e ideias em biologia. Vinte laboratórios de diferentes instituições em todo o mundo já usam o site wiki para trocar dados, padronizar protocolos de pesquisa e até compartilhar materiais e equipamentos. Os pesquisadores especulam que o site pode oferecer um eixo para a experimentação de maneiras mais dinâmicas de publicar e avaliar trabalhos científicos. O laboratório pretende gerar feeds RSS, que divulguem os resultados à medida que ocorrem, e usar wikis para, colaborativamente, criar e modificar relatórios. Outras pessoas sugeriram que se adotassem processos de revisão pelos leitores no estilo da Amazon, tornando a revisão por pares mais rápida e mais transparente.

À medida que a colaboração científica em grande escala se transforma em padrão, os cientistas dependerão cada vez mais de métodos compartilhados de coleta de dados, de verificação de descobertas e de teste de hipóteses, não só para acelerar todo o processo, mas também para reforçar a veracidade do conhecimento científico em si. Tudo isso imporá novo nível de transparência aos cientistas. Porém, praticantes como Jean-Claude Bradley consideram que o aumento da transparência de há muito é uma necessidade. "Minha percepção é a de que você estará em condições muito melhores se efetivamente divulgar todos os dados brutos, inclusive as coisas que não funcionaram, para que as pessoas possam avaliar por si mesmas exatamente os tipos de questionamentos possíveis em relação a seu conjunto de dados", diz ele. A esperança é que a divulgação cada vez mais rápida, interativa e de acesso aberto possa envolver proporção muito maior da comunidade científica no processo de revisão por pares. Em vez de depender exclusivamente de um punhado de árbitros anônimos, uma comunidade auto-organizada de partes interessadas pode vasculhar continuamente os resultados, o que, por seu turno, permitirá que os novos conhecimentos fluam com mais rapidez para aplicações e empreendimentos práticos.

Binfield até chega ao ponto de sugerir que o acesso aberto está sustentando os tipos de avanços exponenciais que promoverão a singularidade, teoria de Ray Kurzweil segundo a qual a civilização humana em breve será superada por formas avançadas de inteligência artificial e por uma nova estirpe de seres cibernéticos. "O acesso aberto impulsionará saltos exponenciais no conhecimento científico", afirma.

O tempo dirá se a singularidade de Kurzweil se desenrolará conforme as previsões dele. Mas uma coisa parece certa. Quando totalmente montadas, as bibliotecas de acesso aberto garantirão disponibilidade sem paralelo ao estoque de conhecimento da humanidade. Novas descobertas científicas, que antes só estariam disponíveis para assinantes com muito dinheiro, estarão acessíveis, de graça e sem restrições, para propósitos de educação e pesquisa. Recursos mais antigos, que, do contrário, estariam encafuados em arquivos poeirentos, desfrutarão de nova vida e de novo público em formatos digitais. Quem sabe não seremos capazes de, finalmente, cumprir a grande promessa da Biblioteca de Alexandria, mas com um toque de século XXI: compilação e compartilhamento dos conhecimentos da humanidade na internet, para aprimoramento da ciência, das artes, da riqueza e da economia.

10. ASSISTÊNCIA MÉDICA COLABORATIVA

Em 1997, Stephen Heywood, 28 anos, construtor de casas por encomenda, de Palo Alto, Califórnia, notou que não conseguia girar a chave com a mão direita. Um ano depois, diagnosticou-se que ele era portador da doença de Lou Gehrig, também conhecida como esclerose lateral amiotrófica, ou ELA. Trata-se de doença neurodegenerativa que paralisa e, às vezes, mata a vítima. Tão logo foi feito o diagnóstico, os irmãos de Stephen, James e Ben, ambos engenheiros do MIT, se empenharam em aprender tanto quanto possível sobre a doença. Mas ficaram espantados com a escassez de informações disponíveis, mesmo como membros da comunidade acadêmica, com amplo acesso a recursos de informação. Com 30 mil casos nos Estados Unidos, a ELA não é tão comum quanto a mais bem conhecida esclerose múltipla (EM), embora seja igualmente debilitante. No entanto, os portadores de ELA não tinham meios eficientes para trocar informações sobre a doença, entre si ou com os médicos, o que retardava o diagnóstico e o tratamento. Além disso, era muito difícil encontrar pacientes como Stephen, que, no dia de seu aniversário de 35 anos, estava acoplado a um respirador mecânico e preso a uma cadeira de rodas.[1]

Os irmãos Heywood concluíram que esses pacientes precisavam de boas informações sobre suas condições e sobre suas opções de tratamento. Em especial, necessitavam de respostas para duas perguntas: considerando minha situação, qual é o melhor resultado que posso esperar? E como alcançá-lo? Os médicos não podiam ajudar, pois tinham muito poucos pacientes com quadro clínico semelhante. Se eles conseguissem reunir pessoas com diagnósticos raros, talvez tivessem condições de formar uma comunidade e, se agregassem informações fornecidas por essa comunidade, poderiam fornecer dados clínicos significativos aos médicos e aos pacientes. Isso ajudaria médicos e pacientes a tomar decisões mais bem fundamentadas.

Stephen morreu em 2006, quando seu respirador mecânico desligou no meio da noite. No entanto, os irmãos Heywood estavam decididos a melhorar a vida de milhares de pessoas com ELA – constituindo nova comunidade on-line. Dois anos antes da morte de Stephen, em 2004, com a ajuda de um amigo de toda a vida, Jeff Cole, eles lançaram o site PatientsLikeMe, comunidade on-line de portadores de doenças raras ou graves, como ELA, como paralisia supranuclear progressiva ou como degeneração corticobasal.[2]

O PatientsLikeMe decolou e se tornou uma das mais vibrantes comunidades de assistência médica da internet. Seus membros – mais de 60 mil, em crescimento contínuo – trocam detalhes sobre suas histórias médicas com os colegas. Os dados com que contribuem são agregados para o rastreamento de padrões e para o monitoramento das reações a vários tratamentos relatados. "As pessoas pensam que somos uma rede de relacionamento social", diz o cofundador Ben Heywood. "Mas somos um referencial médico aberto. Esse é um projeto de pesquisa em grande escala."

Embora a maioria dos sites de assistência médica oculte com afinco os dados sobre os pacientes, os Heywood acreditam que o compartilhamento de experiências e de resultados pelos pacientes é fator positivo e talvez indispensável para acelerar a velocidade da pesquisa e para consertar um sistema de assistência médica quebrado. Por quê? Porque quando os pacientes compartilham dados reais, a colaboração em escala global se torna possível. O sistema de assistência médica fica mais aberto, o que, por seu turno, melhora os resultados para os pacientes, para os médicos e para os fabricantes de medicamentos. Também se facilita a avaliação de novos tratamentos, que podem ser lançados no mercado com mais rapidez. Os pacientes também tomam conhecimento do que está sendo eficaz para outros portadores de condições semelhantes e, em conjunto com os médicos, fazem ajustes nos planos de tratamento.

Exemplo disso é David Knowles, administrador de imóveis, 59 anos, que mora nas Ilhas Virgens dos Estados Unidos e luta contra a esclerose múltipla há 10 anos. Knowles estava fazendo pesquisas on-line sobre novos tratamentos da esclerose múltipla, quando topou com o PatientsLikeMe. "Não existe outro site com dados como os do PLM", diz Knowles. "Você pode clicar num sintoma e constatar: 'Bem, há 850 pessoas nas mesmas condições e esses são os tratamentos que estão seguindo.'"[3] Knowles queria saber mais sobre um medicamento denominado Tysabri e seus possíveis efeitos colaterais, que incluíam infecção do cérebro, ansiedade e fadiga. Um de seus médicos estava sugerindo o medicamento e o PatientsLikeMe ofereceu dados de centenas de pacientes que estavam tomando o Tysabri. Depois de analisar os resultados, Knowles concluiu que, no caso dele, os riscos superavam os benefícios e voltou ao médico com uma lista de outros tratamentos que ele gostaria de experimentar, em lugar do sugerido. "Hoje, tenho a impressão de que sou o responsável por meu tratamento médico", diz. "Evidentemente, ainda escuto meu neurologista, mas agora o trabalho é mais em equipe."[4]

O VELHO MODELO: OS PACIENTES SÃO RECEPTORES PASSIVOS DE ASSISTÊNCIA MÉDICA

Knowles representa o futuro da medicina, com pacientes participantes tornando-se prossumidores de bem-estar, em vez de consumidores passivos de tratamento médico. Essa é uma mudança drástica em relação às práticas vigentes. Durante séculos, o setor de assistência médica funcionou com base na seguinte proposta: os médicos são capazes porque têm formação e experiência prática em medicina e os pacientes são incapazes porque não têm conhecimento relevante em medicina. Os médicos recebem os pacientes no consultório ou no hospital, diagnosticam suas doenças e prescrevem tratamentos, pessoalmente, face a face. Se os pacientes não gostarem do que os médicos lhes disseram, podem pedir outras opiniões (se tiverem recursos para tanto), marcando consultas com outros médicos. Mas o provável é que também esses outros médicos adotem o mesmo modelo básico de assistência médica: os pacientes são receptores passivos de assistência médica, com pouca ou nenhuma participação na decisão sobre o próprio tratamento. Os pacientes se mantêm isolados uns dos outros e raramente se comunicam ou compartilham conhecimentos e experiências. A assistência médica ocorre basicamente quando se entra no sistema de atendimento. Durante muitos anos, esse foi o único modelo possível.

Mas esse sistema se tornou cada vez mais dispendioso e ineficaz, em especial nos Estados Unidos. Em 2007, os americanos pagaram US$7.290 *per capita* pela assistência médica, 87% mais que no Canadá, por exemplo.[5] Os fatores que contribuem para a ineficiência e para os custos crescentes são complexos e discutíveis. Aí se incluem, entre outros, o fato de doenças crônicas preveníveis por meio de medidas profiláticas serem cada vez mais avassaladoras, de os seguros-saúde serem tipicamente irracionais e sujeitos a abusos, de os preços serem opacos, de os pacientes serem consumidores desuniformes e de até um terço dos gastos com assistência médica serem desperdícios.[6] Ainda por cima, no sistema descentralizado dos Estados Unidos, a ineficiência e os custos crescentes da assistência médica não são atribuídos a ninguém e ninguém assume a responsabilidade.

Essas questões são agravadas ainda mais porque, ao menos nos Estados Unidos, o confronto das pessoas com a assistência médica acarreta consequências financeiras devastadoras. De acordo com um estudo de pesquisadores de Harvard, problemas médicos foram a principal causa de 62% das falências pessoais ajuizadas nos Estados Unidos em 2007. Ainda mais surpreendente foi a constatação de que 78% dos falidos tinham seguro-saúde no começo da doença, inclusive 60,3% com cobertura particular, independente do Medicare ou do Medicaid. As famílias que enfrentaram problemas de falência pessoal, em consequência de doenças, embora tivessem seguro-saúde privado, relataram, em média, despesas médicas inesperadas, no total de US$17.749, enquanto os desembolsos imprevistos dos não segurados foram, em média, de US$26.971.[7] Para piorar ainda mais a situação, a grande maioria dos gastos com assistência médica (aproximadamente 77%) ocorreram durante o último ano de vida dos pacientes, quando tentavam evitar o inevitável.[8]

Esses altos custos e enormes ineficiências, por seu turno, acarretam maus resultados para os pacientes. Embora os Estados Unidos sejam o país que mais gasta com assistência médica em todo o mundo,[9] a expectativa de vida é mais longa em 35 países[10] e a taxa de mortalidade infantil é mais baixa em 179 países.[11] O desempenho da assistência médica nos Estados Unidos, uma superpotência global, se classifica em 37º lugar entre 191 países.[12] Por mais incrível que pareça, o sistema de assistência médica em si é o terceiro principal responsável por mortes de seres humanos nos Estados Unidos, depois de doenças cardíacas e de câncer.[13] De acordo com estudos de pesquisas, 225 mil americanos morrem por ano em consequência de tratamentos médicos.[14] Aí se incluem 12 mil mortes resultantes de cirurgias desnecessárias; 7 mil mortes decorrentes de erros de medicação em hospitais; 20 mil mortes provocadas por outros erros em hospitais; 80 mil mortes produzidas por infecções em hospitais e 106 mil mortes produzidas por efeitos colaterais adversos dos medicamentos prescritos para os pacientes.

E ainda há as mortes resultantes do sistema vigente. Centenas de milhares de americanos sofrem de doenças ou incapacidades que efetivamente são agravadas em vez de eliminadas ou atenuadas pelo sistema. Aí se incluem vítimas de erros de diagnóstico e outros pacientes com diagnóstico certo, mas com tratamento inadequado.

Também sabemos que a solidão e o isolamento podem ser fator de risco médico. Pessoas solitárias ficam mais doentes que o restante da população como um todo.[15] Elas padecem de ampla variedade de afecções, desde resfriados comuns até ataques cardíacos. Quando sozinhos, os portadores de HIV não respondem tão bem aos medicamentos antirretrovirais. Idosos desacompanhados são duas vezes mais tendentes a desenvolver Alzheimer que outros cidadãos seniores com mais relacionamentos sociais. A letalidade do câncer de mama é maior entre mulheres solitárias.[16] Os médicos geralmente estimulam os pacientes a juntar-se a grupos de apoio para minorar seus problemas de saúde, recomendação aceita por muitos pacientes. Os grupos de apoio podem fazer maravilhas para as pessoas doentes, como fontes de orientação e amizade. Porém, em geral, muito pouca gente na comunidade mais próxima ou na cidade como um todo apresenta condições de saúde semelhantes para formar um grupo de apoio. Evidentemente, as comunidades de assistência médica on-line não são capazes de suprir as necessidades de contato e de apoio face a face, mas aumentam as chances de relacionamento com pessoas em situações parecidas.

Possivelmente, a maior falha do sistema de assistência médica é, sem dúvida, não abranger parcela considerável da população. E quando não cuidamos da saúde ficamos doentes. Quase dois terços (63,1%) dos adultos americanos estão ficando com excesso de peso ou obesos, fazem poucos exercícios físicos e ingerem alimentos insalubres.[17] Em comparação com pessoas com peso adequado, os indivíduos gordos e obesos levam estilos de vida muito pouco saudáveis – estilos de vida que contribuem para a disparada da incidência de doenças preveníveis, como diabetes e cardiopatias, que se incluem entre os problemas de saúde pública mais dispendiosos.[18] Uma população efetivamente interessada no próprio bem-estar não seria tão negligente em relação à saúde.

Além disso, o modelo em que o paciente é receptor isolado de assistência médica não contribui para a aquisição de conhecimentos. O médico que é bem-sucedido no atendimento individual de pacientes, em pequenos consultórios, não tem como registrar o processo de diagnóstico e tratamento, de maneira que contribua para a educação de outros pacientes. Mas isso é algo que se espera do sistema de assistência médica. Em vez de manuscrever os registros e armazená-los em arquivos físicos, os dados deveriam ser captados e mantidos de maneira a indicar rapidamente se o tratamento está sendo benéfico ou se, ao contrário, está sendo prejudicial. Essas informações serviriam para treinar novos médicos ou possibilitar a pesquisa de novos métodos. Além disso, quando os pacientes colaboram entre si, compartilham experiências e aprendem uns com os outros, em escala maciça, on-line, geram-se grandes bases de dados, quase infinitas, que poderiam alimentar a ciência e promover o progresso da medicina.

O ADVENTO DA ASSISTÊNCIA MÉDICA COLABORATIVA

Desde meados da década de 1990, a internet tem abrigado grande volume de dados, em expansão constante, sobre o universo das experiências, das condições e dos tratamentos em medicina. Esses dados, na maioria, eram genéricos e não se convertiam, de imediato, em informações práticas para o paciente típico. E parte deles era charlatanismo. A constatação de que os pacientes acorriam como rebanho ao Dr. Google, antes de consultar o próprio médico, despertou a ira da comunidade médica. Há tão pouco tempo quanto em 2001, a Associação Médica Americana recomendou ao público: "Recorra a seu médico, não a salas de bate-papo", afirmando que informações on-line colocam "vidas em risco".[19]

Porém, a Web 2.0 transfere os pacientes para um novo contexto. Ela cria condições para o desenvolvimento de um novo modelo de medicina, que denominamos "assistência médica colaborativa", capaz de proporcionar um sistema mais barato, mais seguro e melhor que o vigente. Importante componente da assistência médica colaborativa é o conteúdo gerado pelo usuário, conceito que, ao mesmo tempo e da mesma maneira, também se transforma em componente essencial em áreas como jornalismo, aprendizado, ciência e mídia. No setor de assistência médica, a Web 2.0 permite que as pessoas se auto-organizem, que contribuam para a soma de conhecimento total, que compartilhem informações, que apoiem umas às outras e que se tornem ativos no manejo da própria saúde. Muito à semelhança dos estudantes que analisamos no Capítulo 8 – aqueles que colaboram e aprendem on-line com professores que fornecem orientação – os cidadãos se tornarão mais ativos em pesquisas sobre a própria saúde, no compartilhamento de experiências com outros e na busca de orientação profissional, quando necessário. Por estarem mais envolvidos, os pacientes estão gerenciando a própria saúde com mais eficácia, reduzindo custos e melhorando os resultados. Isso já está acontecendo em pequena escala, e, como veremos neste capítulo, estamos apenas arranhando a superfície das possibilidades.

A assistência médica colaborativa vai além da frase de efeito "centrada no paciente". Nela, o paciente não só se situa no centro das atenções, mas também atua como cocriador dos próprios tratamentos de saúde e programas de bem-estar, produzindo resultados mais baseados em evidências e mais eficazes em relação ao custo. Embora se esperem bolsões de resistência nessa área, nossas entrevistas de pesquisa sugerem que um número crescente de médicos e de profissionais de assistência médica concorda que a colaboração é o caminho adiante. "A voz do público atribui poder explícito aos pacientes", diz Paul Hodgkin, clínico geral, residente em Sheffield, e fundador do Patient Opinion, site independente que reúne feedback dos pacientes para o National Health Service (NHS) do Reino Unido. "E atuar como verdadeiro cocriador de mudanças no sistema capacita as pessoas na luta contra a doença", acrescenta. "Sempre que os pacientes, além da doença, padecem de desamparo, de falta de controle e de medo, eles podem encontrar ferramentas que os ajudam a sentir-se mais informados, incluídos e valorizados."

Convém observar que a visão de assistência colaborativa aqui delineada transcende a legislação contenciosa aprovada pelo Congresso dos Estados Unidos no começo deste ano. O projeto, proposto pelos democratas e alterado pelos republicanos, adotou o velho modelo de medicina e não fez nada para reequilibrar o relacionamento médico-paciente ou para estimular os pacientes a exercer papel muito mais ativo na definição e no manejo de suas necessidades de assistência médica. Aqui a colaboração também transcende diferentes modelos de prestação de assistência médica, aplicando-se tanto ao sistema de saúde pública quanto ao sistema de saúde privado, preferido nos Estados Unidos.

Em síntese, a assistência médica colaborativa é uma ideia madura e oportuna. Em nossa opinião, todos os principais participantes dos sistemas de assistência médica, em todo o mundo, devem abraçar seus quatro elementos-chave. Primeiro, todas as pessoas ligadas ao sistema de assistência médica, inclusive pacientes, devem usar a internet como plataforma para compartilhar informações, prestar atendimento e construir comunidades como PatientsLikeMe. Isso torna os pacientes mais envolvidos com o manejo da própria saúde e, portanto, mais empenhados em serem saudáveis. Os pacientes também poderiam auto-organizar-se e associar-se a outros pacientes, com interesses e objetivos médicos comuns.

Segundo, desde o nascimento, todas as pessoas devem ter um site na internet: Sua Página de Saúde Pessoal – PSP (Personal Health Page – PHP). Os indivíduos manteriam e controlariam os próprios dados; porém, os profissionais de saúde poderiam acessá-los, conforme as necessidades, com a observância de níveis adequados de privacidade e segurança. O site também lançaria as bases de uma rede social mais ampla de saúde coletiva.

Terceiro, a ampla colaboração digital entre todas as partes interessadas geraria enorme quantidade de dados a serem explorados em busca de novas ideias em medicina, tornando-se parte da base de conhecimentos da ciência, em geral, da medicina e da saúde. Em vez de depender de práticas passadas ou de seguir a intuição dos médicos (importante fonte de erros, quando se deparam com novas situações), a medicina colaborativa ofereceria o melhor conhecimento científico à assistência médica de cada paciente. Os profissionais de saúde recorreriam a essa base de dados para colaborar, aprender e ensinar.

Finalmente, os médicos e outros profissionais de saúde devem engajar-se mais on-line e se empenhar na promoção de novo equilíbrio entre profissionais e pacientes. A assistência médica colaborativa, ao contrário de solapar a função dos profissionais de saúde, ampliaria e reforçaria ainda mais o seu papel, com o apoio de aplicativos inteligentes de internet e com a oferta de ferramentas de automonitoramento aos pacientes.

Essa visão talvez pareça muito ousada, mas não é um sonho utópico. Os contornos do novo modelo já estão despontando e, em muitos países, a assistência médica colaborativa já está exercendo impacto substancial sobre a saúde e o bem-estar das populações. Para compreender melhor sua forma de atuação, examinemos mais de perto cada um dos principais aspectos da assistência médica colaborativa.

1. Colaboração e comunidade

O site PatientsLikeMe, desenvolvido em resposta à doença de Stephen Heywood, é ótimo exemplo das comunidades de colaboração em saúde que estão surgindo na internet. O PatientsLikeMe ampliou sua atuação, envolvendo não só portadores de doenças raras, mas também muitas "comunidades de doenças predominantes" – desde HIV/AIDS até depressão. A participação no site é gratuita. Para ressarcir-se dos custos, a empresa que dirige as comunidades reúne os dados anônimos sobre os pacientes e os vende a terceiros, como empresas farmacêuticas, seguradoras e instituições financeiras.

O valor da comunidade reside não só no apoio que os pacientes recebem, mas também no compartilhamento de informações. Todos que entram na comunidade devem compartilhar suas histórias médicas – seus medicamentos, suas condições – e a situação de cada um é monitorada ao longo do tempo. Os participantes podem usar codinomes para disfarçar a identidade, mas muitos não sentem necessidade de se esconder. Quase um quinto de todos os usuários prefere expor-se ao público, inclusive acrescentando fotos e outros detalhes de seus perfis pessoais. Na comunidade ELA, surpreendentes 70% não ocultam a identidade.

Em troca do compartilhamento de detalhes sobre sua saúde, os participantes passam a dispor de condições para situar-se no panorama geral, o que os ajuda a responder à pergunta: Que resultados são factíveis para alguém na minha situação? "Apenas a resposta a essa pergunta já aumenta a sensação de autocontrole", afirma o cofundador Ben Heywood. "Nós os estamos ajudando a acompanhar e a compartilhar as próprias condições dentro da comunidade, para que todos possam aprender." As informações geradas pelos usuários no site, acondicionadas sob a forma de quadros e gráficos convenientes, estão melhorando a vida dos pacientes. "Um paciente com esclerose múltipla (EM) se associou ao site cerca de três meses atrás", disse-nos Heywood. "Ele está tomando Baclofen para a espasticidade da perna, 10mg durante 10 anos. Dez anos atrás, o médico afirmou que ele não poderia tomar doses mais altas, por causa dos efeitos colaterais; a substância é tóxica demais." Quando o portador de EM clicou em Baclofen, no site PatientsLikeMe, teve uma surpresa. Pacientes como ele estavam tomando doses muito mais altas. "Então, agora, ele tinha que voltar ao médico e reabrir o diálogo", disse Ben. "E esse foi um problema que ele enfrentou durante dez anos, só porque não recebeu a orientação certa."[20] Graças ao PatientsLikeMe, o paciente foi capaz de contribuir com informações para o processo decisório e alcançar resultado diferente.

Alguns prestadores de assistência médica progressistas estão começando a usar comunidades de saúde on-line para estimular escolhas de estilo de vida mais saudáveis, como melhoria da dieta. Essas ferramentas são convenientes, de baixo custo e capazes de usar áudio e vídeo para aumentar o envolvimento dos pacientes com uma gama de estilos de aprendizado.[21] O conteúdo pode ser adaptado às necessidades, preferências e características psicológicas individuais. Programas sob medida para mudar comportamentos são, em geral, mais eficazes que os não personalizados, em parte porque são percebidos como mais pertinentes e importantes para cada usuário.[22] As pesquisas também demonstram que, em geral, quanto mais tempo o paciente passa no site comunitário, mais ele se compromete com o programa e mais eficaz se torna o tratamento.[23] Isso não deve ser surpresa; trata-se da natureza humana. As pessoas gostam de participar de coisas boas. O programa Nike+, de grande popularidade, conectava os tênis Nike a um iPod, para que os atletas registrassem os detalhes de sua corrida. Mas, numa iniciativa inspirada, a empresa deixou que os corredores transmitissem os dados para uma comunidade Nike, de modo a competirem uns com os outros. Constatou-se que, quando os corredores calouros transmitiam seus dados cinco ou mais vezes, o comprometimento deles com o esporte aumentava substancialmente.

As comunidades on-line podem oferecer várias vantagens. O Center for Connected Health (Centro para a Saúde Conectada) realizou um levantamento on-line entre 260 indivíduos recrutados de cinco grupos de apoio on-line sobre psoríase. Quase metade de todos os participantes do estudo relatou melhorias em sua qualidade de vida (49,5%) e no nível de gravidade da doença (41%), desde seu ingresso no site. As principais razões da entrada dos pacientes no site foram disponibilidade de recursos (95%), conveniência (94%) e desembaraço para lidar com questões pessoais (91%).[24]

"O aumento do acesso e o uso da internet possibilitam que os pacientes reúnam informações e interajam de maneira mais benéfica, além de contribuírem para capacitar as pessoas a melhorar a saúde e a qualidade de vida", diz Joseph C. Kvedar, doutor em medicina, diretor do Center for Connected Health e professor associado de dermatologia na Harvard Medical School. "Essa é a primeira vez em que um estudo avalia os grupos de apoio on-line no campo da dermatologia e os resultados oferecem insight profundo sobre o uso e os benefícios potenciais de comunidades de pacientes virtuais."[25]

Outra comunidade de saúde on-line, denominada WeAre.Us, foi fundada em 2007 com o objetivo de criar microrredes sociais para pacientes com doenças raras – como WeAreLupus.org (lúpus); WeAreEndo.org (endometriose); WeAreFibro.org (fibromialgia); WeAreHD.org (doença de Huntington); e WeAreCrohns.org (doença de Crohn). Cada site reúne pacientes, famílias e outras partes interessadas correlatas e promove conversas, o que, por seu turno, lança as bases para o apoio entre pessoas em condições semelhantes. Os pacientes adoram as comunidades. "Não me sinto mais sozinha", disse Becky, membro do WeAreCrohns.org. "É reconfortante conversar com pessoas que são exatamente como eu", disse Wendy sobre WeAreEndo.org.[26]

O WeAre.Us é mais que apenas um grupo de apoio on-line. O site recorre a ferramentas de exploração de dados e de inteligência coletiva para orientar e informar pacientes sobre que iniciativas (médicas e de estilo de vida) podem exercer maior impacto sobre seu estado de saúde. Também coleta e agrega dados oriundos do monitoramento diário de cada participante e, então, compartilha recomendações com base em informações do grupo. "O WeAre.Us usa a mídia social e tecnologias privativas para conectar pessoas até então desconectadas, mas compartilha pontos em comum – e o resultado é uma comunidade onde antes não havia nada", diz o Dr. Declan Doogan, doutor em medicina, presidente do WeAre.Us. "Isso é parte de um movimento mais amplo que reunirá comunidades de pacientes díspares." Ao menos, assim esperamos.

As comunidades médicas *ad hoc* podem ser excelentes em situações de crise. A epidemia de gripe H1N1, em 2009, gerou muitas comunidades de ajuda. A FluWikie.com, por exemplo, é uma fonte de recursos completa, atualizada minuto a minuto, sobre os mais diversos tópicos relacionados com uma possível gripe pandêmica, que oferece informações abrangentes para pessoas de todo o mundo. É o tipo de recurso que dificilmente poderia ser montado por um órgão do governo.

As informações, as experiências e as opiniões geradas pelos usuários podem ser combinadas com o poder da agregação de dados a fim de produzir informações quase sempre de importância clínica para prestadores e pacientes de assistência médica. A conexão de pacientes com comunidades de pacientes e de médicos com comunidades de médicos possibilita análise mais eficaz dos dados, além de inovações no tratamento, uma vez que os intercâmbios estão ocorrendo em tempo real, sem as restrições dos experimentos em pesquisas clínicas, das publicações em periódicos profissionais e dos congressos médicos – cuja produção exige tempo e recursos.

Usando estratégia completamente diferente, muitos pacientes estão adotando medidas coletivas para mudar as características do sistema de assistência médica e de seus operadores. O RateMDs.com reúne feedback dos pacientes sobre os médicos, o que possibilitou, até agora, a avaliação de 160 mil médicos, total a que se acrescem mais de 400 novas avaliações diárias.[27] Como os comentários são anônimos, as informações geradas podem ser suspeitas.[28] A MDJunction.com tem objetivos mais altos. Além de oferecer aos pacientes a chance de avaliar médicos, ele também possibilita a busca de médicos por especialidade e ainda fornece numerosos fóruns de discussão e grupos de apoio. Os médicos podem postar o próprio perfil no site. Desnecessário dizer, muitos médicos não recebem de bom grado esse novo boletim de avaliação público. Alguns sites já foram ameaçados com ações por difamação. No entanto, alguns serviços de assistência médica nacionais resolveram seguir no mesmo rumo. Por exemplo, o NHS, do Reino Unido, recentemente lançou um site de feedback dos pacientes, denominado NHS Choices, em que os pacientes podem avaliar diferentes hospitais e fornecer feedback a respeito de suas experiências. Os visitantes subsequentes se beneficiam com a profusão de conhecimentos e experiências e o NHS passa a dispor de meios para comparar com facilidade avaliações de todas as suas unidades e, assim, localizar os pontos fracos do sistema.

2. Todos passam a dispor de uma Página de Saúde Pessoal

A assistência médica nos Estados Unidos – e em grande parte do mundo – sofre as consequências da relutância generalizada em desenvolver nova mentalidade e em adotar novas plataformas de entrega, baseadas em novas tecnologias. Sim, vemos novas tecnologias médicas sendo usadas em laboratórios, para curar ou minorar doenças. Sim, vemos novas tecnologias transformando empresas e promovendo interações sociais. O que não vemos é a imbricação desses dois mundos: a aplicação em assistência médica de novas tecnologias capazes de transformar empresas e de promover interações sociais. Não vemos o aproveitamento adequado das inovações da Web 2.0 pela profissão médica.

Imagine um cenário como o seguinte: ao nascer, você recebe um URL para a sua Página de Saúde Pessoal. Ao contrário do que ocorre hoje, você teria pleno acesso aos seus próprios registros de saúde e desfrutaria de transparência absoluta em tudo que diz respeito à sua assistência médica. Por incrível que pareça, muitas jurisdições e médicos insistem em que os registros de saúde são propriedade do médico, não do paciente. Isso vai mudar. A triste realidade é que hoje menos de 1% dos pacientes tem acesso on-line aos próprios registros médicos.[29] Tal situação contrasta acentuadamente com a disponibilidade quase universal de registros sobre finanças pessoais on-line, de bancos, corretoras e empresas de gerenciamento de informações.

Sua Página de Saúde Pessoal lhe proporcionaria um registro on-line de informações relacionadas à sua saúde, arquivadas nos diferentes lugares em que você recebeu serviços de assistência médica, como clínicas, hospitais e laboratórios de diagnóstico.[30] Evidentemente, suas informações médicas continuariam seguras e confidenciais. Você determinaria quando e como outras pessoas, como médicos e paramédicos, farmácias e seguradoras, poderiam acessar as informações. Por exemplo, você poderia permitir que pesquisadores consultassem suas informações, apenas depois da exclusão de todos os dados de identificação pessoal.

A Página de Saúde Pessoal forneceria os novos alicerces da assistência médica colaborativa. Seria a janela para o bem-estar de todos, proporcionando acesso às próprias informações, ao manancial de conhecimentos médicos e a outras pessoas que se importam com a sua saúde, como cônjuges e filhos. Sua PSP incluiria mais que apenas seus fatos médicos. Também lhe forneceria informações úteis para contextualizar os dados e para interpretar os números. Você usaria a PSP para assinar numerosos serviços de informações médicas, que o manteriam atualizado sobre avanços na saúde e na medicina, em áreas de seu interesse pessoal. Ela também o encorajaria a envolver-se mais ativamente com sua própria assistência médica.

A Página de Saúde Pessoal também transformaria a colaboração entre profissionais e pacientes, criando condições para o envolvimento total dos pacientes durante todas as fases da assistência médica, tornando transparentes a prevenção e o tratamento. Dispor de acesso instantâneo e de feedback imediato por meio da PSP aumentaria o senso de controle dos pacientes em relação à própria saúde e lhes proporcionaria melhor maneira de monitorar afecções não agudas que, do contrário, poderiam ser ignoradas ou negligenciadas. Os cuidadores também teriam acesso a informações completas, para serem capazes de rastrear e de manejar o progresso do paciente.

É como explica o Dr. Michael Evans: "As pessoas, em geral, não se envolvem de maneira tão pessoal com a própria saúde, e saúde, no fim das contas, tem a ver com mudança de comportamento. Quando observamos doenças crônicas, os mesmos quatro ou cinco comportamentos preveem todas elas, com alguma imbricação genética. E quando analisamos por que algumas pessoas morrem cedo, sabe, 40% da explicação é mudança de comportamento. Tomamos cerca de cem decisões por dia. Oferecer apenas informações genéricas sobre os pacientes tem pouco impacto. Precisamos de personalização. Da mesma maneira como vemos a customização em massa em outros setores, isso é que precisa acontecer em medicina."

Parte dessa personalização envolveria a Página de Saúde Pessoal, também na condição de sua home em uma Rede de Saúde Social – algo muito parecido com um Facebook para a saúde. Suas informações pessoais seriam baixadas diretamente do próprio Facebook ou de outras redes sociais. Mais que apenas um registro médico privado, sua Página de Saúde Pessoal o ajudaria a acessar outras organizações, como Weight Watchers, ou um clube de saúde local, que poderia contribuir para o seu bem-estar. Imagine que você entre em sua PSP e que a primeira coisa com que você depara seja um feed de notícia, fornecendo-lhe atualizações oriundas de outros membros da comunidade, que compartilham uma doença comum, ou de seus profissionais de saúde, com as últimas informações sobre nova descoberta médica. Você seria capaz de criar comunidades ou de aderir a "causas médicas", muito à semelhança do que ocorre com redes sociais genéricas. Você poderia usar numerosos aplicativos para medir sua saúde, para fazer um pré-diagnóstico de uma criança doente ou para testar possíveis interações medicamentosas. Ferramentas de programação o ajudariam a planejar uma visita ao médico da família e seu médico poderia pedir-lhe informações sobre os resultados de determinado tratamento. As possibilidades são quase ilimitadas. Proporcionar aos pacientes acesso a seus registros de saúde pessoais lhes dá a oportunidade de identificar e atualizar informações faltantes ou incorretas.[31] Com sua capacidade de agregar informações médicas sobre pacientes, oriundas de diferentes prestadores de serviços, a Página de Saúde Pessoal também poderia contribuir para a visão holista da história médica do paciente, capaz de reduzir a incidência de erros médicos.[32] Não admira que o National Committee on Vital and Health Statistics (Comitê Nacional sobre Estatísticas Vitais e de Saúde) e o Institute of Medicine tenham considerado o registro de saúde pessoal fator crítico de uma estrutura de informação sobre a saúde nacional. O coordenador de tecnologia da informação para a saúde nacional, David Brailer, afirma: "Queremos que todas as pessoas tenham acesso a seu registro de saúde pessoal e sejam capazes de comunicar-se com seu médico clínico com base nas informações nele contidas."[33]

3. A colaboração gera dados maciços para a medicina

Cientistas como Larry Smarr, do California Institute of Technology, argumentam, de maneira convincente, que nunca teremos uma verdadeira ciência da medicina se não tivermos dados muito mais detalhados sobre a saúde de grandes populações, abrangendo longos períodos de tempo. Os pesquisadores não precisam saber seu nome nem seu endereço, diz Smarr, "mas eu gostaria muito de saber quais são seus níveis de glicose, qual é o seu perfil lipídico e, talvez, até algumas coisas sobre seu estilo de vida: Você é obeso? Você fuma?". Dispondo desse nível de dados médicos sobre centenas de milhões de indivíduos, os pesquisadores poderiam começar a identificar, de maneira confiável, as áreas da prática médica sujeitas aos métodos científicos. Por exemplo, a medicina baseada em evidências poderia ser usada para definir métodos que garantam a melhor previsão dos resultados dos tratamentos. À medida que se gerarem cada vez mais dados, as decisões sobre tratamentos se tornariam mais personalizadas e mais objetivas ou menos opinativas – isto é, fundamentadas em dados referentes ao próprio paciente, em si, não a um grupo mais amplo (ou, o mais provável, e, talvez, pior, apenas baseadas no estilo típico do médico de diagnosticar e prescrever). "Além disso, com fundamento em análises dos dados coletados ao longo do contínuo, os processos de atendimento, assim como a descoberta de medicamentos e procedimentos se tornarão mais eficientes e eficazes", diz Matthew Holt, da empresa de consultoria Health 2.0.[34]

Para alguns estudiosos, as promessas da medicina baseada em evidências são ainda uma realidade distinta. Porém, graças às novas tecnologias médicas e às novas comunidades, como PatientsLikeMe, as matérias-primas para uma nova ciência da medicina se acumulam com rapidez. "Estamos empenhados em coletar indicadores de resultados extraídos de registros de pacientes do mundo real, ao longo do tempo", diz Ben Heywood. É o que ele denomina "informática de pacientes". O fato de a comunidade estar monitorando muito mais pessoas com doenças raras específicas que os padrões geralmente adotados em estudos científicos torna as comunidades on-line recurso atraente para pesquisadores à procura de sujeitos para novos experimentos clínicos que testem novos tratamentos. Com efeito, o PatientsLikeMe já possibilitou testes de realidade para numerosos estudos clínicos. Por exemplo, quando um estudo recente sugeriu que o lítio poderia retardar o progresso da ELA, o PatientsLikeMe verificou o que os próprios pacientes estavam dizendo sobre o medicamento. O estudo clínico se baseava em observações de um punhado de pacientes. Porém, na mesma época, cerca de 400 pacientes da comunidade estavam ingerindo lítio. Veredito: o lítio não funcionava.

Alguns representantes do establishment médico continuam céticos. Numa conferência recente da Health 2.0, por exemplo, um representante da Pfizer afirmou que pesquisas como as efetuadas pelo PatientsLikeMe não eram muito valiosas para a empresa, pois não observavam os padrões rigorosos dos testes médicos estabelecidos pela Food and Drug Administration (FDA) dos Estados Unidos. A afirmação talvez seja verdadeira no curto prazo, mas no longo prazo a tendência é nítida. Os dados coletados por meio de comunidades de saúde on-line, com a permissão dos pacientes, serão importante vetor da medicina baseada em evidências. O que garante a eficácia do PatientsLikeMe é a maneira como agrega os dados referentes a seus membros, tanto em proveito deles próprios quanto a bem da pesquisa científica. "Somos um recurso único. Somos 30 pessoas trabalhando com muito afinco para mudar a vida de 50 mil pessoas que temos hoje", diz Ben. "Nossas expectativas são muito altas, mas a jornada é longa."

Além do PatientsLikeMe, outros players importantes, como o Google, se preparam para desenvolver serviços valiosos, usando dados médicos. O Google é, evidentemente, o mais poderoso agregador de informações do planeta. A cada semana, milhões de usuários em todo o mundo buscam informações on-line sobre saúde, e, para surpresa de ninguém, ocorrem mais buscas relacionadas com gripe durante os períodos de maior incidência, assim como existem mais pesquisas relacionadas com alergia nas épocas em que as manifestações alérgicas são mais frequentes. O Google agrega essas informações e as apresenta em tempo real em seu site. Ocorre que a inteligência do Google, baseada nos usuários, é capaz de prever epidemias de gripe antes dos médicos. "Constatamos estreita correlação entre a quantidade de pessoas que buscam informações sobre gripe e a quantidade de pessoas com sintomas de gripe", informa o Google. "Evidentemente, nem todas as pessoas que pesquisam 'gripe' estão realmente doentes; porém, verifica-se um padrão quando se agregam todas as pesquisas relacionadas com gripe. Comparamos nossa contagem de consultas com os resultados dos sistemas tradicionais de vigilância e descobrimos que muitas delas tendem a ser mais comuns exatamente durante os períodos de maior incidência de gripe. Verificando a frequência dessas pesquisas, podemos estimar a incidência de gripe em diferentes países e regiões em todo o mundo."

Os números do Google mostram que, ao longo dos anos, a quantidade de pesquisas referentes à gripe tende a prever maior incidência de gripe antes de qualquer detecção pelos sistemas de assistência médica.[35] Essa é uma manifestação efetiva da colaboração em massa, na medida em que o comportamento das pessoas fornece informações que podem ser agregadas e revelar padrões.

Parte da nova assistência médica colaborativa é a exploração de um aparato de dispositivos de internet geradores de dados que agora estão chegando ao mercado. As pessoas usarão ou se conectarão a pequenos dispositivos que captam dados sobre ampla variedade de indicadores, como peso, nível de açúcar no sangue, pressão arterial ou padrões de sono. Se os pacientes assim escolherem, essas informações podem ser compartilhadas ininterruptamente via internet com seus médicos e cuidadores. Esse contínuo de informações é muito mais útil que as leituras feitas durante as visitas ao médico, a cada um ou dois anos. Os estudos mostram que o monitoramento constante de indicadores-chave pode contribuir para mudanças de comportamento. Quem se pesa todos os dias alcança maior sucesso na perda e manutenção de peso que quem se pesa apenas uma vez por semana.[36] As pessoas que, além de seguir a dieta dos Vigilantes do Peso, participam das reuniões e usam ferramentas digitais, como um aplicativo de iPhone, para seguir seus pontos, têm 50% a mais de chances de realizar os objetivos de perda de peso.[37] Essas novas tecnologias estão produzindo efeitos no mundo real.

O atual sistema de manutenção de registros é custoso e ineficiente. Artigo publicado em 2003 pelo *New England Journal of Medicine* estudou o impacto das despesas com a administração da assistência médica nos Estados Unidos. Constatou-se que os médicos consumiam cerca de 13,5% de seu tempo com tarefas burocráticas, avaliadas em US$15,5 bilhões. Outros custos indiretos (atividades de apoio clínicas e burocráticas, aluguel, material de escritório, despesas contábeis e legais) chegavam a 28,4% da renda bruta dos médicos, aproximadamente US$57,1 bilhões.[38]

Parte disso é inevitável. Nos Estados Unidos, o sistema de seguro, em grande parte privado, envolvendo diversos provedores e vários tipos de cobertura, a multiplicidade de pagantes, por definição, acarreta redundâncias e altos custos indiretos. No entanto, o setor de assistência médica tem feito pouco para modernizar a administração e a transmissão de dados. Parte de sua ineficiência se atribui ao fato de provedores e pacientes carecerem de sistemas eficazes de gerenciamento de dados. Estima-se que menos de 25% dos médicos americanos dispõem de sistemas eletrônicos de manutenção de registros.[39] Apesar da necessidade de trocas de informações atualizadas intensas e frequentes, o setor de assistência médica é um dos menos automatizados. Com efeito, as empresas de outros setores gastam com tecnologia da informação, em média, sete vezes mais que as empresas de assistência médica, ao passo que empresas de setores mais ricos, como instituições financeiras, despendem até 20 vezes mais.[40] Se, realmente, pretendermos desenvolver uma nova ciência da medicina, essa realidade terá de mudar.

4. Envolvimento dos profissionais de medicina

A assistência médica colaborativa torna o sistema mais produtivo. Se os médicos dispuserem, na ponta dos dedos, de grande quantidade de informações médicas relevantes, num contexto de assistência médica colaborativa, é provável que esse recurso contribua para melhores diagnósticos e melhores tratamentos. Suas decisões se basearíam mais em evidências inequívocas, referentes a cada paciente, que exclusivamente na experiência e na intuição.

Exatamente como vimos no capítulo sobre educação colaborativa, em que os professores trabalham com estudantes capacitados, os pacientes também dotados de novos recursos via internet não representam um desafio às credenciais ou à utilidade dos profissionais de saúde. A medicina é atividade cada vez mais complexa e difícil. O conhecimento médico está crescendo a taxas exponenciais e os médicos precisam trabalhar com afinco para manter-se atualizados. Se a ida do paciente ao médico parece um evento isolado para o paciente, imagine qual será a percepção do médico, sob o ponto de vista dele. Como médicos de família, eles processam os pacientes em suas clínicas, no estilo de fábricas de linguiça, da maneira mais rápida possível. Nem poderia ser diferente. Eles bem que gostariam de envolver os pacientes num diálogo duradouro, que os motivasse a dedicar mais atenção à própria saúde. Mas as ferramentas para a promoção e a preservação desse diálogo paciente-médico só agora estão ficando disponíveis e ainda não são muito usadas pelos médicos.

Por conseguinte, os médicos não são tão eficazes quanto poderiam ser. Eles são tolhidos pela incapacidade de colaborar com os pacientes e as oportunidades de colaborar com os colegas se reduzem a eventos coletivos esporádicos, embora essa situação finalmente esteja mudando, em consequência do advento de comunidades como Sermo, descrita a seguir. Os médicos, tanto quanto os pacientes, precisam do tônico da wikinomics. Eles querem criar condições para que os pacientes se empenhem em levar um estilo de vida mais saudável. Em vez de o paciente aparecer intermitentemente para uma consulta, com uma atitude humilde, por não ter seguido à risca as prescrições do médico, a assistência médica colaborativa facilita um diálogo mais frequente e produtivo. O relacionamento deixa de ser reativo para se tornar proativo. E os médicos, em geral, encaram de bom grado a oportunidade de participar de brainstorming com os colegas.

Veja o caso do Dr. Jay Parkinson, que observou durante muito tempo a situação do atendimento básico nos Estados Unidos, depois de concluir residências em pediatria e em medicina preventiva, além de mestrado em saúde pública no Johns Hopkins. Ele não gostou do que viu. O sistema, baseado no modelo de alto volume de consultas rápidas, não mais que oito minutos, durante 60 horas por semana, efetivamente desestimula jovens médicos a dedicar-se ao atendimento básico. O resultado foi a escassez de médicos com essa especialização nos Estados Unidos, o que serviu apenas para piorar a vida dos médicos.[41] "Esse é um setor de US$2,4 trilhões, que ainda funciona na base de anotações manuscritas", lamentou Parkinson.

"Usamos ferramentas de 3 mil anos atrás para prestar assistência médica no país mais rico do planeta."[42] Aos 33 anos, Jay Parkinson devia US$240 mil em empréstimos educacionais, referentes à faculdade de medicina, mas ele sabia que poderia explorar ferramentas de redes sociais on-line para oferecer aos pacientes atendimento de melhor qualidade e mais personalizado. E, assim, lançou uma clínica virtual, denominada Hello Health. Os pacientes marcam as consultas depois de verificarem a agenda de Parkinson no Google. Parkinson recebe alertas pelo iPhone e os clientes pagam as consultas via PayPal, não por meio de seguro. Ele também faz atendimentos domiciliares. Trezentos pacientes fizeram assinatura dos serviços nos primeiros três meses.[43] O Hello Health oferece aos pacientes acesso a vídeos das consultas virtuais com Parkinson, bem como links para os resultados de exames. Depois das consultas, os pacientes podem avaliar a experiência, fazer comentários e compartilhá-la na rede social do Hello Health. Quando os pacientes precisam de receita médica, o Hello Health lhes envia uma mensagem de texto, revelando a farmácia do bairro que oferece o preço mais baixo pelo medicamento.[44] Facilitando o acesso à informação, sites como Hello Health não só mudarão a maneira como as pessoas interagem com os médicos, mas também aumentarão suas expectativas. "Acho que o médico do futuro que não se comunicar on-line e não tiver um site na internet será um anacronismo", diz Unity Stoakes, cofundador do Organized Wisdom.

Enquanto o Hello Health sugere um novo modelo de interação médico-paciente, o Sermo é uma comunidade on-line de médicos, que possibilita a troca de informações e o intercâmbio de experiências clínicas entre pares. Fundado em 2006 por um jovem cirurgião, Daniel Palestrant, o Sermo fornece nexos sociais on-line para aumentar e, às vezes, substituir conversas que, em geral, ocorriam junto ao leito de pacientes, nas salas de enfermagem, nos saguões de hospitais e até em campos de golfe frequentados por médicos. Em muitas especialidades, assim como em numerosos segmentos da sociedade, a medicina está sendo cada vez mais pressionada pelo tempo, diz Palestrant. O resultado é que os médicos se isolam cada vez mais, carecendo de tempo e de ferramentas para compartilhar informações e experiências uns com os outros. Ao fornecer uma plataforma para essas informações, o Sermo não só atende a uma necessidade social, mas também ajuda os médicos a melhorar a profissão. Hoje, quando mais de 15% dos médicos americanos usam o Sermo, é evidente que o site está sendo valorizado por profissionais de medicina de todas as estirpes.[45]

No ambiente on-line, médicos mais jovens estão em condições de igualdade com médicos veteranos, pois as credenciais nessa comunidade são medidas pelas contribuições e pelas opiniões, em vez de pelos anos de experiência, demolindo algumas das barreiras erigidas pelos modelos tradicionais de antiguidade e reputação na profissão. Os médicos optam por participar e escolhem as informações que querem compartilhar a respeito de si mesmos, cientes de que essas informações são usadas por empresas de assistência médica, para melhorar produtos e serviços. A popularidade do Sermo se deve, em parte, ao fato de permitir que a comunidade se autogoverne e de não interferir nas disputas. Com uma comunidade leal, o Sermo concluiu que é melhor deixar que as questões se resolvam espontaneamente, dentro da comunidade, de maneira respeitosa.

A principal promessa de comunidades como o Sermo, contudo, é que o acesso quase instantâneo a grande número de especialistas, em sua comunidade de pares, ajudará a melhorar o atendimento aos pacientes. "Os médicos podem entrar no site com um quadro clínico ou com uma dúvida e aguardar que, em poucas horas, dezenas de médicos se manifestem com o que consideram a resposta certa", diz Palestrant. Com efeito, Palestrant conta a história de um médico a quem, durante um jantar recente, alguém pediu que examinasse um sinal em seu braço. Aquela não era a especialidade dele, mas o médico sacou um iPhone e postou uma foto do sinal no Sermo. Na hora da sobremesa, uma dúzia de dermatologistas já havia respondido com um diagnóstico! Isso é assistência médica colaborativa em ação.

SERÁ QUE OS CIDADÃOS ESTÃO PRONTOS PARA A ASSISTÊNCIA MÉDICA COLABORATIVA?

Na era de redes sociais como Twitter, Facebook e LinkedIn, fica evidente que a maioria das pessoas gosta de conectar-se com os outros, de trocar ideias e de participar de brainstormings. Porém, será que as pessoas comuns realmente estão preparadas para exercer função mais ampla no manejo da própria saúde, como estamos propondo aqui? Paul Hodgkin faz uma advertência. "Todos os sistemas de assistência médica", diz ele, "enfrentam o problema de as pessoas doentes, historicamente, não serem bons fregueses. Os pacientes quase sempre enfrentam situações de desvantagem, por terem menos conhecimentos, por serem menos poderosos e por sofrerem de mais vulnerabilidades que os demais participantes do sistema de assistência médica."

Essas assimetrias de informação e de poder, diz Hodgkin, estão entre as principais razões por que os sistemas de assistência médica em todo o mundo têm sido lentos em mudar, apesar das evidências crescentes e da concordância quase unânime de que as abordagens convencionais estão falidas. "O sistema está paralisado", diz, "porque os custos de eliminar os desequilíbrios fundamentais de informação, de poder e de vulnerabilidade se revelaram altos demais, opondo resistência insuperável à mudança. A consequência direta para os pacientes é que as opiniões deles sempre são menosprezadas, situação que, com o agravante da dependência inerente à doença, os torna sistematicamente, ainda que sem intenção, cada vez mais fragilizados". Graças às inovações descritas neste capítulo, contudo, essas assimetrias estão perdendo a intensidade, embora ainda não tenham desaparecido completamente, conforme observam pesquisadores como James Robinson e Paul Ginsburg.

"É preciso reconhecer que os consumidores geralmente necessitam de apoio, quando suas escolhas se destinam a promover o próprio bem-estar, e de contenção, quando estão gastando o dinheiro de outras pessoas", escrevem no periódico *Health Affairs*.[46] "A assistência médica é, no mínimo, complexa e, não raro, eivada de comportamentos não transparentes, anticompetitivos e até fraudulentos, por parte de muitos agentes imbuídos de fortes interesses próprios." Para lidar com esses desequilíbrios, eles argumentam que os consumidores precisam de profissionais que criem produtos e processos significativos, entre os quais possam exercer suas escolhas – montes de produtos e serviços a serem avaliados, precificados e comprados, e usados não só pelas pessoas altamente educadas e motivadas, mas também por quem está doente e assustado, que dispõe apenas de meios modestos e que conta com quase nenhuma sofisticação financeira.

O lado positivo, de acordo com Robinson e Ginsburg, é que os consumidores esclarecidos, com incentivos adequados, fazem melhores escolhas para a própria saúde que intervenientes ou terceiros, como empresas de assistência médica e de seguro-saúde. Porém, essa observação é acompanhada de uma advertência importante. "Para que a escolha seja significativa", concluem, "ela deve envolver opções significativas e as opções significativas precisam ser planejadas, desenvolvidas e gerenciadas".

As comunidades colaborativas e os registros de assistência médica fornecem o ambiente ideal para esse tipo de diálogo entre pacientes e profissionais. Com efeito, não basta tornar os pacientes mais bem informados, também é importante contribuir para acelerar os diagnósticos e ajudar as pessoas a encontrar o melhor tratamento, argumenta John de Souza, presidente e CEO do MedHelp, outra comunidade de assistência médica on-line muito popular. "Quando você observa as pessoas enfrentando odisseias, não sabendo qual é a sua doença e tentando descobrir (...) submetendo-se a diversos tratamentos, muitas dessas agruras podem ser abreviadas pela capacidade de encontrar um especialista capaz de descobrir o que você tem com muita rapidez", diz ele. Essa capacidade também é fundamental para controlar custos. Conforme observa de Souza, muita gente mora em lugares onde não têm acesso imediato a especialistas familiarizados com o seu quadro clínico. "Eles são embaralhados pelo sistema", diz, o que infla os custos dos tratamentos. Mas, em comunidades como MedHelp, os pacientes podem ter acesso aos melhores médicos, dos melhores hospitais, abrangendo ampla variedade de especialistas. Também podem usar aplicativos de internet e ferramentas de automonitoramento para acompanhar a evolução de suas condições médicas.

Os membros do MedHelp, por exemplo, são capazes de acompanhar mais de 1.500 sintomas e tratamentos por dia.[47] A capacidade de documentar e compartilhar essas informações com os médicos resultou em melhores comunicações e em envolvimento mais ativo dos pacientes, de acordo com de Souza. Os rastreadores do MedHelp estão disponíveis no site e em telefones celulares, por meio de browsers de internet e de aplicativos de iPhones, cobrindo tanto condições de saúde gerais, como perda de peso e alergias, quanto desordens específicas, como infertilidade e diabetes.

A ampliação dessas práticas pode reduzir drasticamente os custos do tratamento de condições crônicas, mantendo o paciente fora do hospital. Com efeito, vários estudos piloto, voltados para a redução dos custos do atendimento a condições crônicas, confirmam que a tecnologia de monitoramento efetivamente auxilia os pacientes a melhor manejar suas doenças, o que, por seu turno, reduz idas supérfluas a unidades de emergência de hospitais, elimina consultas médicas desnecessárias e evita dispendiosas visitas domiciliares de paramédicos. Marco Smit, da Health 2.0 LLC, dá um exemplo dos tipos de economia que seriam viáveis. Os pacientes idosos geralmente se veem às voltas com muitos medicamentos e, não raro, por iniciativa própria, desistem de um ou outro, depois de algum tempo. Uns se assustam com os custos, outros se esquecem. Resultado: o quadro clínico piora e eles voltam ao consultório do médico ou correm para o hospital. "Se pudéssemos atrair esses pacientes e conseguíssemos mantê-los sob o tratamento prescrito", diz Smit, "o sistema de assistência médica poderia economizar US$290 bilhões por ano".

Enquanto comunidades como MedHelp continuam crescendo, versões on-line dos registros de saúde pessoal e das ferramentas de automonitoramento ainda são muito raras. Embora 40% dos americanos aleguem manter algum tipo de registro de saúde pessoal, apenas 2% o fazem por meio de recursos on-line.[48] No auge da era pontocom, 120 ferramentas de registro de saúde pessoal on-line chegaram ao mercado, mas apenas 16 continuam ativas. O verdadeiro valor dos registros de saúde pessoal não foi amplamente compreendido nem divulgado, inclusive porque os americanos receiam que suas informações pessoais sejam manipuladas e até usadas contra eles por empregadores e seguradoras. O grande número de propostas concorrentes também dificultou a seleção e manutenção de uma ferramenta de registro de saúde pessoal, em detrimento de outras. Em comparação com os europeus, que, em grande parte, apoiam bases de dados interoperacionais, os americanos estão divididos, com 48% afirmando que os benefícios superam os riscos de perda de privacidade e 47% dizendo o oposto. Vinte e cinco por cento da população não usaria registros de saúde pessoal on-line, por questões de privacidade.[49, 50]

Apesar desses receios, 71% dos americanos pesquisados acham que o registro de saúde on-line tornaria mais claras as instruções dos médicos, enquanto 65% acreditam que o principal benefício seria evitar erros médicos.[51] Trinta e cinco por cento dos respondentes usariam hoje um registro de saúde on-line público, e mais de 60% demonstraram interesse em recorrer a algo do gênero no futuro, com maior demanda entre os portadores de doenças crônicas.[52] Percebemos uma diferença de geração na demanda por registros de saúde on-line. Setenta por cento das pessoas entre 25 e 34 anos querem acesso on-line aos seus registros de saúde, em comparação com apenas 35%, na faixa etária a partir de 65 anos.[53] Esses resultados não são surpreendentes, uma vez que os jovens, instintivamente, se valem da internet quando precisam de informações e consideram a colaboração on-line parte integrante da personalidade jovem.

Isto dito, identificam-se adeptos pioneiros da assistência médica colaborativa em todas as faixas etárias. Veja o caso de Dave deBronkart, profissional de alta tecnologia, com 65 anos. Ele sobreviveu a um grave acesso de câncer, que se espalhou dos rins para os pulmões, em parte porque uma comunidade on-line o convenceu a submeter-se a um tratamento agressivo e dispendioso. Agora, deBronkart opera um blog denominado "The New Life of e-Patient Dave" (A Nova Vida do e-Paciente Dave), onde "e" significa "empowered and engaged, equipped and enabled" (empoderado e engajado, equipado e energizado).[54] Por meio de seu blog, deBronkart defendeu o direito dos pacientes de consultarem seus registros de saúde pessoal e de receberem cobertura de assistência médica acessível e eficaz. Portanto, não obstante se observem as advertências sobre a assimetria de informação e de poder, são em pessoas como deBronkart e em comunidades como MedHelp, PatientsLikeMe e Sermo que vemos os contornos de um novo modelo de assistência médica emergente.

SERÁ QUE OS INTERESSES CONSTITUÍDOS MATARÃO A ASSISTÊNCIA MÉDICA COLABORATIVA?

Conforme demonstrou a batalha em torno do plano do presidente Obama de reforma da assistência médica, poderosos interesses constituídos em favor da manutenção do *status quo*, profundas diferenças de perspectiva e vultosos desafios, quase insuperáveis, se conjugaram contra a transformação da estrutura do sistema. Mas os adversários concordam quanto a um aspecto: o sistema de saúde americano está falido.

Mas será que as grandes empresas de assistência médica se oporão à assistência médica colaborativa? Afinal, o registro do paciente é o que prende o consumidor a seus serviços. Sem dúvida, há interesses constituídos; porém, as vantagens da abertura são tão aliciantes que, provavelmente, todos acabarão cedendo a seus benefícios. Com efeito, a associação nacional de empresas privadas de seguro-saúde confirma seu apoio ao princípio da portabilidade dos registros de dados. Portanto, se um paciente quiser mudar de seguradora, o processo seria simples. "Digamos que você fosse membro da Aetna e quisesse passar para a Blue Cross, ou que fosse associado a um hospital e quisesse filiar-se a outro. Ambas as mudanças são basicamente impossíveis, embora todos digam que é o que querem", afirma Matthew Holt, do grupo de consultoria Health 2.0. Ele argumenta que a demanda em massa pelos consumidores ou uma nova legislação também poderiam ser forças irresistíveis na mudança do setor privado.

Decerto, há numerosas outras mudanças. Deixando de lado a vanguarda descrita neste capítulo, demorará algum tempo para que os médicos se adaptem à nova realidade. O abismo digital é um problema. Infelizmente, nem todos têm o mesmo acesso à internet e é preciso tomar providências para que os cidadãos de baixa renda também disponham de condições para usar serviços de banda larga, por meio de centros comunitários e de bibliotecas locais.

O medo de litígios pode desencorajar alguns médicos de expressar suas opiniões num registro médico que não controlam, mormente no atual ambiente de confrontação que tem prevalecido nos Estados Unidos. Os médicos e outros profissionais precisarão de garantias de que suas comunicações informais com os pacientes não serão usadas contra eles, exceto nos casos de efetivo erro médico.

Privacidade é outra preocupação muito séria. Qualquer avanço rumo à assistência médica colaborativa deve assegurar a proteção dos registros, o que também será difícil, pois os pacientes exercerão controle sobre o que divulgarão ao público, e, como se vê nas redes sociais, as pessoas nem sempre formulam os melhores julgamentos a esse respeito.

No entanto, todos esses obstáculos se enquadram na categoria "desafios de implementação", não na categoria "razões para inação". As questões que cercam as novas tecnologias – referentes a privacidade e segurança dos registros, por exemplo – são temas que podem ser tratados em leis e regulamentos pertinentes, por meio de engenharia inteligente e com base no bom-senso. A hora da assistência médica colaborativa é agora. Ela segue todos os princípios da wikinomics e pode ser adotada, independentemente das opiniões políticas de cada um. Explorando o potencial da auto-organização e da participação, ela cria condições para que os pacientes colaborem e inovem. É um processo aberto, fundamentado na transparência, na colaboração e no compartilhamento da propriedade intelectual. Baseia-se na noção de interdependência, bem como nas profundas interconexões e interesses comuns que todos temos na melhoria da saúde humana.

Porém, não poderemos explorar todo o potencial das novas plataformas, se o establishment não capitular e reconhecer: "Sim, precisamos mudar. Precisamos de maior transparência, de melhor acesso dos pacientes às informações e de um sistema mais eficaz em relação ao custo." Sem a adesão dos principais players – a saber, governo e seguradoras – não seremos capazes de maximizar o aproveitamento dessas tecnologias. E mais pessoas ficarão doentes sem necessidade. Por outro lado, explorem-se essas novas capacidades e a profissão médica será capaz de juntar-se aos pacientes e a outras partes interessadas, no esforço para que a assistência médica colaborativa se converta em realidade para todos.

V

VIRANDO A MÍDIA PELO AVESSO

11. A QUEDA DO JORNAL E A ASCENSÃO DA NOVA NOTÍCIA (NEW NEWS)

Arianna Huffington é magnata de jornais – mas ela não é um Cidadão Kane. Um observador mais superficial poderia levá-la a sério quando ela afirma que está criando um "Jornal de Internet" e espera que ele se torne o maior do mundo. De relance, seu *Huffington Post* realmente parece promissor – um jornal on-line lido por mais de 20 milhões de pessoas por mês, crescendo à taxa de 50% ao ano.[1] Huffington é cofundadora e editora-chefe do site, que, segundo ela, é uma das marcas de mídia mais lidas, acessadas e citadas da internet.

Mas o HuffPo, como é chamado, não se limita a pavimentar o caminho das vacas do jornalismo, ou a converter átomos em bits. Ao contrário, ele representa um novo modelo de produção de conteúdo, baseado em novas espécies de comunidade. Com um pequeno staff remunerado de 150 pessoas, ele recorre a mais de 3 mil colaboradores[2] para produzir conteúdo sobre todos os tópicos imagináveis. Também conta com outros 12 mil "jornalistas cidadãos", que são seus "olhos e ouvidos". Seus leitores também produzem boa parte do conteúdo do HuffPo, algo em torno de 2 milhões de contribuições por mês.[3] Huffington afirma que o envolvimento e os insights dos leitores são fundamentais para o HuffPo. Jonah Peretti, cofundador do HuffPo, acredita que o novo modelo de difusão de notícias já não envolve um relacionamento passivo, mas, sim, um "empreendimento compartilhado entre produtores e consumidores".[4] Os objetivos do Huffington são claros: "Queremos ser o jornal de internet, cobrindo tudo e atendendo a todos os interesses", diz ela, mas "seguindo nosso ponto de vista editorial diferenciado." Huffington se descreve como uma "populista progressiva". Onde os jornais impressos tradicionais estão atrofiando e morrendo, o modelo dela parece estar florescendo. O HuffPo se tornou ator influente nos negócios, na política e na vida social dos Estados Unidos.

Huffington diz: "Minha grande motivação para montar o site foi ter constatado que o mundo da notícia se tornava on-line, mas muitas vozes interessantes, muita gente capaz que eu conhecia e respeitava não estava on-line nem se disponibilizava para o mundo." Ela descreve como Arthur Schlesinger, Jr., ganhador do Prêmio Pulitzer e democrata bem conhecido, foi a primeira pessoa que ela convidou para lançar um blog, ao que ele respondeu: "O que é um blog?". Quando Schlesinger confessou que ele mal sabia usar computador, ela lhe disse para não se preocupar, porque ele podia enviar o material por fax. "Eu queria a voz dele. Não me importava como ela chegaria – por fax ou por pombo-correio." Duas semanas depois, ela recebeu um fax de Schlesinger, que participava de uma conferência em Yalta, em que o presidente George W. Bush fizera um discurso. Schlesinger explicou por que achava que Bush estava delirando, ao afirmar que a Conferência de Yalta, de 1945, provocou ou ratificou a divisão da Europa. O HuffPo deu voz a Schlesinger.

Huffington prossegue: "Eu também queria contar com novas vozes – pessoas sobre as quais ninguém ouvira falar, mas que tinham potencial para serem grandes." Hoje, o HuffPo tem mais de três mil blogueiros, que se mostraram confiáveis e que podem postar seus blogs diretamente no site, sem escrutínio prévio dos editores. O site também recebe e analisa milhares de propostas de blogs por mês. Durante a eleição presidencial de 2008, o site lançou o projeto "Off the Bus" (Fora da Comitiva). "A maioria dos jornalistas acompanha a comitiva e recebe informações oficiais dos candidatos", lembra-se. "Com o projeto 'Off the Bus', contávamos com mais de 12 mil jornalistas cidadãos atuando como verdadeiros olhos e ouvidos da campanha." A inovação se tornou popular entre os leitores. Durante as últimas eleições, *The Huffington Post* se destacou como o site de notícias políticas mais visitado. Além disso, em 2008, a quantidade de leitores do HuffPo dobrou, quando comparada com 2007, e de novo duplicou em 2009.[5]

O HuffPo também conta com monitores de mídia, de olho na programação das emissoras de televisão e de rádio, chamando a atenção para momentos e ocorrências dignas de comentários. Quando as chamadas Tea Parties se organizaram em todo o país, em 2009, o HuffPo dispunha de milhares de cidadãos jornalistas que enviavam fotografias e narrativas sobre o que estava acontecendo nas bases. Quando das falências de empresas automobilísticas, em 2009, os leitores criaram um mapa interativo das concessionárias GM que estavam fechando as portas. O HuffPo também divulgou a gravação hoje famosa do CEO do Morgan Stanley, anunciando que estavam rebatizando os "bônus", que passaram a chamar-se "retention awards" (prêmios de retenção).[6]

Huffington contesta que a popularidade de sites como o dela contribua para o declínio dos jornais. "A questão não é como salvar os jornais", sustenta. "É como salvar o jornalismo." O HuffPo emprega meia dúzia de repórteres e, em março de 2009, contribuiu para um fundo de US$1,75 milhão, destinado a promover o jornalismo investigativo.[7] "Espero que sejamos capazes de não só salvar o jornalismo investigativo, mas também de reforçá-lo", declarou, ao ABC News. "Isso porque considero espantoso que os jornalistas tenham perdido as duas maiores reportagens de nossa época, a guerra do Iraque e o colapso econômico."

Até agora, o HuffPo é ótimo exemplo de como o jornalismo pode ser lucrativo e próspero – ao menos para o editor – no mundo digital. Mas também levanta tantas questões quanto oferece respostas. Helen Thomas, 89 anos, talvez a mais famosa correspondente da Casa Branca nos últimos 50 anos, está preocupada com o declínio do jornalismo profissional. "Todo o mundo com um laptop se considera jornalista. Todo o mundo com um telefone celular se julga fotógrafo." Ela acha essa tendência "assustadora, porque você pode arruinar vidas e reputações, de uma hora para a outra, inadvertidamente. Não há editores. Não há padrões. Não há ética. Estamos numa encruzilhada. [Nos meus tempos], quando sua mãe lhe dizia que o amava, o bom jornalista verificava a afirmação. Agora, muitos jornais valiosos estão sendo levados pela enxurrada. É uma crise".[8]

O HuffPo parece ter um modelo de negócios viável, baseado em propaganda. Mas o que acontece com todos os jornalistas que são bem recebidos como colaboradores da publicação, mas não são remunerados? Diane Brady, editora sênior e chefe de conteúdo da *BusinessWeek*, expressa os receios de muita gente, quando afirma: "É bom para os escritores que querem uma plataforma. Mas os jornalistas também precisam ganhar a vida. Qual é o modelo de negócios para eles?"

Nenhum outro setor foi mais afetado pela revolução digital que os de mídia e entretenimento. Jornais nos Estados Unidos e no Canadá estão afundando. À primeira vista, parece que tudo é consequência de más decisões. O que, poderíamos argumentar, os gestores do *The New York Times* estavam pensando, quando contraíram empréstimos de centenas de milhões de dólares para desperdiçar com imóveis e outros ativos duvidosos, como *The Boston Globe*? Também há quem afirme que a queda vertiginosa dos níveis de circulação e de receita foi provocada pelas dificuldades econômicas. No entanto, por mais altas que sejam as doses de racionalização e de negação, não há como ocultar a verdade assombrosa de que o colapso dos jornais não é nem acidental, nem conjuntural, nem reversível. É sistêmico – consequência da revolução digital. Portanto, os líderes da velha mídia devem respirar fundo e empenhar-se na espécie de experimentação necessária para forjar novas abordagens sustentáveis. Helen Thomas está certa em suas preocupações. Neste capítulo, analisamos os desafios aflitivos que a nova mídia impõe às empresas tradicionais de notícias e de comunicação, que incluem algumas questões difíceis para todos nós. À medida que o modelo de negócios do jornalismo naufraga, o que acontece com nosso modelo social de receber notícias e informações sobre o que está acontecendo de importante na sociedade? Como ficará a qualidade nesse mundo democratizado, quando os filtros tradicionais de exatidão, equilíbrio e padrões jornalísticos se forem de vez? Será que os jornalistas investigativos que estão perdendo o emprego serão substituídos na sociedade por profissionais de relações públicas tergiversantes e esquivos? Quando ninguém parece responsável pela verdade, em quem confiar? Será que a descentralização da mídia provocará a fragmentação das perspectivas e dos valores humanos?

A reação de muitas empresas da mídia dominante (MainStream Media – MSM) tem sido boa e má, mas, principalmente, feia. À medida que se apressam em ajustar-se à nova economia do mundo digital, muitas como que tentam fazer cinema, filmando peças teatrais, salvo algumas exceções notáveis analisadas a seguir. A lei dos novos paradigmas entrou em ação. Os líderes dos velhos paradigmas têm enorme dificuldade em criar novos paradigmas. Em retrospectiva, seus registros são muito previsíveis e quase patéticos. Por que será que Rupert Murdoch não criou *The Huffington Post*? Por que será que a AT&T não lançou o Twitter? A Yellow Pages poderia ter concebido o Facebook. A Microsoft tinha recursos para desenvolver o modelo de negócios da Google. Por que será que a NBC não inventou o YouTube?

A Sony tinha condições para evitar o lançamento do iPhone pela Apple. A Craiglist, rede centralizada de comunidades on-line, com anúncios classificados gratuitos, seria um empreendimento perfeito para *The New York Times* ou para qualquer outro jornal regional. Enquanto a mídia se descentraliza e os interesses constituídos do velho paradigma combatem a mudança, um período histórico de calamidades se encontra em formação. Ao mesmo tempo, despontam inovações revolucionárias, por vezes de tirar o fôlego, em todos os meios de comunicação – experimentos pioneiros e desbravadores que nos mostram o caminho adiante.

ASCENSÃO DA NOTÍCIA E DA CULTURA PARTICIPATIVAS

A ameaça básica à mídia tradicional não consiste apenas em que bits custam menos que átomos. Se o mergulho dos custos fosse a única mudança, as empresas de mídia poderiam explorar novas tecnologias e tornar-se muito mais lucrativas, usando o novo modelo. No entanto, a notícia produzida e disseminada on-line se comporta de maneira diferente dos livros, das revistas e dos jornais com suporte físico. Com a Web de segunda geração, ou Web 2.0, a internet já não se resume apenas em surfar ociosamente e em ler, ouvir ou ver passivamente. Ela é, acima de tudo, "peering", ou seja, compartilhar, sociabilizar-se, colaborar e, principalmente, criar, dentro de comunidades conectadas por laços frouxos. Em nenhum outro lugar essas tendências são mais reais que nas indústrias de mídia e entretenimento, em que prossumidores se empenham intensamente em agregar, avaliar e comentar notícias – e, cada vez mais, em criar eles próprios as notícias. Tudo isso, agora, se estendeu para quase todas as mídias, como música, cinema, televisão e rádio. Com efeito, a capacidade da humanidade de relatar, analisar, compor, criar, atuar, desempenhar, produzir e compartilhar nunca foi maior. Produzem-se mais de 700 tweets (textos de atualização do Twitter, com até 140 caracteres) por segundo, e o Twitter hoje se gaba de já ter acima de 13 bilhões de verbetes.[9] O Facebook recebe por mês cerca de 2,5 bilhões de novas fotos[10] e o YouTube divulga mais de um bilhão de vídeos por dia,[11] significando que a maioria dos "programas de televisão" e "filmes" vistos hoje não dura mais que 5 minutos. A comoção é profunda e os números são tão enormes que se tornam quase incompreensíveis.

No mesmo período, essa oficina global se converteu em negócio para muita gente. A Technorati relata, em seu State of the Blogosphere (Situação da Blogosfera), de 2009, que espantosos 28% dos blogueiros declaram auferir renda com seu blog. Metade desses "blogueiros profissionais" escreve em tempo integral para sustentar o negócio ou para sustentar-se a si mesmos. Três quartos dos blogueiros têm educação superior e 40% ostentam pós-graduação. Notáveis 17% afirmam que o blog é sua principal fonte de renda.[12] Embora a maioria dos blogs e de outras mídias produzidas por cidadãos em geral não tenha qualidade para competir com a mídia comercial, eles demonstram a facilidade crescente com que qualquer pessoa pode criar, por conta própria, notícias e entretenimentos, contornando as fontes tradicionais. A expressão "conteúdo gerado pelo usuário" hoje se tornou anacrônica. Baseava-se num velho paradigma, em que o mundo se dividia em proprietários, criadores e produtores de conteúdo, de um lado, e "usuários" de outro. Hoje, os novos criadores de conteúdo não são basicamente "usuários". Eles agora são os novos *produtores* de mídia, no sentido econômico.

Essas novas formas de criatividade e de empreendedorismo de mídia geram muitos benefícios. Mais pessoas são capazes de ampliar a própria voz e de construir um público para as suas mensagens. Munidos de telefones celulares, os cidadãos contribuem para o registro de eventos importantes, como vimos no desfecho do terremoto trágico que sacudiu o Haiti e na rebelião dos jovens que se seguiu às eleições disputadas no Irã. Também surgem grandes oportunidades para reinventar o conceito de jornal – chances que não existiam até recentemente. Em vez de tratar o jornal como documento estático, cujas páginas impressas marcam um ponto no tempo, os editores podem converter seus "jornais" tradicionais em coleção digital de fatos, dados, artigos, imagens e vídeos, em constante evolução, que pode ser reformulada a qualquer momento em novas combinações instigantes. Os serviços da nova mídia podem ser gerados por encomenda para públicos específicos, redundando em parcerias inovadoras e em modelos de negócios criativos. E, em vez de trancar o conteúdo atrás de uma "barreira de pagamentos", os jornais poderiam converter-se em plataformas para a inovação, muito à semelhança da maneira como a App Store, da Apple, se transformou em meca de aplicativos móveis, desenvolvidos por milhares de produtores independentes. Alguns jornais, como *The Guardian*, já estão experimentando novas plataformas. Contaremos essa história mais adiante, neste capítulo.

Porém, as mesmas forças democratizantes que abriram a produção e o consumo de mídia também despertaram sentimento de grande perigo, não só para as empresas de mídia tradicionais, mas também para a sociedade em geral, que, de repente, se viu lançada numa época de ruptura, de incerteza e até de calamidade, quando a velha ordem confiável, com suas vantagens e regras bem compreendidas, se esfacelou. As organizações de mídia, que, por boas razões, não puderam reagir aos augúrios, estão sendo contornadas por uma nova geração de prossumidores de mídia. E, para piorar ainda mais a situação, a confiança do público nos jornalistas mergulhou para níveis sem precedentes em todos os tempos. A porcentagem de americanos que acreditam na objetividade e imparcialidade das organizações noticiosas caiu de 55%, em 1985, para 29%, hoje.[13] As pessoas, especialmente os jovens, têm mais fé nas informações que recebem via ferramentas como blogs, Twitter e Facebook. Porém, enquanto os consumidores mais inteligentes e mais tarimbados talvez tenham capacidade de autenticação e disponham de detectores de besteiras capazes de discernir o joio do trigo, a média dos surfistas da internet vadeia um pântano de lixo midiático inexato, desorientador e injurioso, de origem profissional e amadora. Mesmo o CEO da Google, Eric Schmidt, afirma: "Aquilo lá é esgoto."[14]

A maneira como navegamos em meio a todas essas mudanças terá implicações de longo alcance – desde como promovemos e fomentamos o debate democrático até como educamos nossos filhos.

O JORNAL ESTÁ MORTO, VIVA O JORNAL

Os jornais podem ser tópicos emocionais. Durante séculos os jornais foram os alicerces da liberdade de expressão e da crítica social. Os grandes momentos do jornalismo investigativo impresso revelaram os graves problemas da sociedade, mais que qualquer outro meio de comunicação. Os bons textos fazem a alegria da leitura. Informam, enfurecem, tranquilizam, estimulam e nos envolvem na sociedade. Mesmo hoje, em muitas partes do mundo, como na Europa Ocidental, muita gente curte a imprensa diária.

Porém, Rahaf Harfoush, 25 anos, não lê jornais. "Por que eu leria? Saem uma vez por dia, não oferecem bons links e não são multimídia. Ainda por cima, sujam as mãos." Rahaf é bem informada e exerce um bom cargo no Fórum Econômico Mundial, em Genebra. Até escreveu um livro sobre mídia social e viaja mundo afora, participando de reuniões de executivos, ávida por aprender cada vez mais sobre o novo mundo do marketing. Não se furta de opinar sobre temas como crise financeira, Oriente Médio, mudança climática, crise da assistência médica e qualquer outra questão cruciante com que se defronta a humanidade. Mas também é extremamente bem informada sobre cinema, música popular, esporte e cultura pop. Como será que ela se mantém tão a par de tudo? Como milhões de outros jovens de sua geração, ela criou seu próprio jornal digital, que dispõe de um conjunto sofisticado e personalizado de coleta de informações, como Twitter, Viigo (aplicativo do BlackBerry), Google Reader, Reddit e *The Huffington Post*. Tudo isso lhe proporciona acesso em tempo real, sob demanda, a dezenas de fontes de informação. "A notícia já não é via de parada única", diz ela. "Acho que a natureza cambiante dos acontecimentos e a atualização constante da internet possibilitam a amostragem de ampla variedade de opiniões e perspectivas. Eu recorro a todas essas fontes diferentes para esquadrinhar as questões de meu interesse e chegar ao âmago das situações."

Infelizmente para o jornal impresso tradicional, a mudança geracional em como se agregam e se processam as informações chegou ao ponto de desequilíbrio ou de virada. Os dados são impressionantes. De acordo com a Newspaper Association of America, havia 470 menos jornais em 2008 que em 1940.[15] E isso não resulta apenas da consolidação do setor. Setenta e dois jornais deixaram de existir desde 2000 e muitos dos grandes jornais estão em dificuldade.[16] Em 2009, a circulação de todo o setor caiu 10,6%, em comparação com o ano anterior, isso depois de perdas de 4,6%, em 2008. Desde 2000, a indústria jornalística americana perdeu 25,6% de circulação diária.[17] Esses declínios, contudo, parecem inexpressivos em comparação com a perda de receita, que representa problema mais significativo.

Em 2009, comparada com os níveis do ano anterior, a venda de propaganda diminuiu em 26%.[18] Tipicamente, a propaganda responde por 70% da receita dos jornais. Assim, quando a propaganda desaparece, os empregos na redação também somem. O nível de emprego em jornais afundou mais de um terço nos últimos 20 anos.[19] Embora a população dos Estados Unidos seja superior a 305 milhões, o número de pessoas que leem jornais diariamente não aumenta desde 1966, quando a população do país era de 196 milhões.[20] E a migração do público para a internet está acelerando.[21]

Como a Web está derrubando os custos de transação e de colaboração, o que ocorria entre as fronteiras organizacionais agora pode acontecer no lado de fora. Os jornais costumavam vender anúncios classificados, mas isso foi antes de um benfeitor de San Francisco Craig Newmark, lançar um site comunitário em que as pessoas podiam comprar e vender coisas de graça. Não muito tempo depois, o Craiglist já havia destruído boa parte da receita dos jornais americanos com anúncios classificados. Os jornais também eram as únicas organizações que agregavam repórteres – todos sob um único teto – a fim de gerar conteúdo suficiente para conquistar um grande público e, em consequência, atrair anunciantes. Agora, agregadores como *The Huffington Post* podem agir da mesma maneira, por uma fração do custo.

Defensores otimistas do *status quo* insistem em que a carnificina na indústria editorial não passa de consequência direta da recessão de 2009/10. Sem dúvida, o colapso das empresas automobilísticas, das instituições financeiras e de outros players importantes contribuiu para a situação. Concessionárias de automóveis, construtoras de casas e lojas de varejo – devastadas pela recessão – sempre foram o principal esteio dos jornais locais. Entre com o eixo do mal, que aniquilou a receita com anúncios classificados – Craigslist, Monster e eBay –, e a destruição não poderia ser mais arrasadora. Porém, a verdadeira explicação é mais profunda e abrangente. A recessão não foi a causa da crise no setor editorial – foi o catalisador. Ela acelerou e amplificou o impacto de tendências históricas profundas no desdobramento da era digital.

Para a consternação dos executivos de jornais e de outras empresas editoras, o coro de próceres da mídia proclamando que o setor não tem solução está engrossando. É como escreve Bob Garfield, autor de *The Chaos Scenario*: "A mídia tradicional se encontra em processo de recuo portentoso, como prelúdio do colapso absoluto. Jornais, revistas e (...) a televisão, tal como a conhecemos hoje, estão fadadas ao mais absoluto fracasso."[22] Clay Shirky, que leciona nova mídia na Universidade de Nova York, é autor de um presságio famoso: "A indagação se repete insistentemente, com as pessoas encarregadas de salvar os jornais querendo saber – 'Se o velho modelo está falido, o que entrará em seu lugar?', para o que a resposta é – Nada. Nada funcionará. Não existe novo modelo geral de jornalismo para substituir o que a internet quebrou." E argumenta: "Com a destruição da velha economia, as formas organizacionais aperfeiçoadas para a produção industrial devem ser substituídas por estruturas otimizadas para a era digital. Faz cada vez menos sentido até falar sobre a indústria editorial, porque o problema central a ser resolvido pelas editoras – o processo incrivelmente difícil, complexo e dispendioso de disponibilizar algo para o público – deixou de ser problema."[23]

Decerto, ninguém já ofereceu resposta adequada à pergunta: "O que os jornais devem fazer para manter-se vivos?" Na verdade, essa não é a pergunta certa, porque a internet está fornecendo ampla variedade de conteúdos, substituindo, de fato, o jornal tradicional sob diferentes modelos de negócios. Mas essa constatação não é muito reconfortante para os donos nem para os leitores do *The New York Times*, que gostam das coisas como são, ou, pelo menos, como sempre foram.

Democratização da mídia de notícias: monopólios de poder

Está ficando impossível gerar receita com os jornais tradicionais, e a razão é simples. O planeta está ficando coberto de sensores humanos – centenas de milhões de pessoas que, cada vez mais, alertam as demais para os novos acontecimentos. Quando acontece algo importante, a ocorrência é logo blogada, tweetada, diggada, YouTubada e, de outras maneiras, relatada, escrutinada, autenticada, analisada, discutida e, então, relatada de novo, com um impulso tipicamente proporcional à importância da notícia. Observe que não dissemos comensurável com algum critério predeterminado de relevância, qualquer que seja. Os mercados ou as pessoas interessadas determinam se algo é importante, ou seja, se merece ser absorvido e, em seguida, ser transmitido para outras pessoas. O negócio de notícias, conforme seu modelo atual, está agonizante. Os esforços para preservar os direitos autorais de uma reportagem, cobrar por eles ou, de alguma maneira, protegê-los atrás de uma "barreira de pagamentos" são inúteis. Conforme disse um jovem estudante universitário, em declaração que se tornou famosa: "Se a notícia é importante para mim, ela me encontrará."[24]

Com a democracia vem o poder. Harold Innis, economista político da Universidade de Toronto, professor e mentor de Marshall McLuhan, foi o verdadeiro pioneiro da teoria da mídia. Ele afirmou que, ao entendermos as características das tecnologias de mídia, também compreendemos a natureza das sociedades e desvendamos os segredos da história.[25] Ainda que essa premissa ampla seja uma hipérbole, sua análise da mídia é rica de insights para a indústria editorial da atualidade. O principal insight de Innis foi que as novas mídias de informação e comunicação intensificam com novos conhecimentos forças sociais em ascensão, a expensas de velhos monopólios. Essas novas forças bem-sucedidas criam monopólios de conhecimentos ainda mais poderosos, deflagrando um ciclo infindável de conflitos e de desafios sociais. Por exemplo, Innis argumenta que, na Mesopotâmia da antiguidade, o uso da cerâmica favoreceu o desenvolvimento de uma função dominante para os templos, com ênfase no sacerdócio e na religião, enquanto as bibliotecas que abrigavam escritos em pergaminho se desenvolveram na Babilônia e em Nínive, para reforçar o poder da monarquia. A prensa tipográfica renovou a ênfase nos livros e precipitou a Reforma. Por seu turno, novos métodos de comunicação, como rádio e televisão, atenuaram a adoração ao livro e abriram caminhos para novas ideologias. Cada transição acarretou desordens culturais, à medida que velhos monopólios e oligopólios desabavam, ao mesmo tempo em que as tecnologias aprimoradas deflagravam novas forças.[26]

Pense nas "desordens culturais" decorrentes das tentativas de uma empresa do Reino Unido de manter em segredo procedimentos públicos na Câmara dos Comuns. Os editores do jornal *The Guardian*, da Inglaterra, ficaram atônitos, em outubro de 2009, ao receberem notificação judicial, proibindo a publicação de parte dos procedimentos da Câmara dos Comuns, em que um membro do gabinete britânico responderia a uma pergunta de um membro do Parlamento. Foi como pespegar uma notificação judicial num jornal dos Estados Unidos que prometera a seus leitores que levantaria determinada questão na próxima coletiva de imprensa com o presidente Obama. Conforme o jornal explicou a seus leitores, não foi possível identificar "quem fez a pergunta, qual foi a pergunta, que ministro deveria respondê-la, nem onde encontrá-la. *The Guardian* também estava proibido de dizer a seus leitores por que o jornal – pela primeira vez, ao que se sabe – foi proibido de divulgar o que estava acontecendo no Parlamento. Obstáculos legais, que não podiam ser identificados, envolviam procedimentos, que não podiam ser mencionados, em nome de um cliente cujo nome devia permanecer em segredo".[27] Esse, sem dúvida, é o estofo de regimes despóticos, mas será que também do Reino Unido?

Entram em cena milhares de usuários de Twitter, que assumem a causa. Até que, por fim, identificou-se a Trafigura, operadora de petróleo, com sede em Londres, relacionada com o despejo de resíduos tóxicos na Costa do Marfim, em 2006, como instigadora da ordem de mordaça.[28] Tweets sobre a empresa cruzaram o espaço virtual em todos os sentidos e Trafigura, em pouco tempo, logo tornou-se a palavra mais usada no tráfego de Twitter naquela semana. A movimentação foi captada e destacada por numerosos blogs de renome e, ao meio-dia, a empresa já se tornara tão visível que acabou desistindo de sufocar a mídia. É como escreveu *The Guardian*: "Talvez seja um pouco exagerado chamá-lo de momento histórico, mas, decerto, a web em tempo real passou no teste hoje."[29] Enquanto a mídia tradicional foi agrilhoada por restrições legais, os consumidores de informação se congregaram via ferramentas digitais para revelar a informação proibida e compartilhá-la em âmbito extremamente abrangente.

Reinventando *The New York Times*

Enquanto jornais de todos os Estados Unidos eram atingidos duramente pela queda na circulação e pelo mergulho na receita oriunda de anúncios, um dos maiores jornais do país se saiu melhor que a maioria.[30] No ano findo em 31 de março de

2009, a circulação diária do *The New York Times* registrou queda de apenas 3,6%, em comparação com a do ano anterior (em todo o setor, o tombo foi de 7%),[31] enquanto a receita de circulação efetivamente subiu, graças a aumentos nos preços. No entanto, o panorama é sombrio. A empresa está perdendo dinheiro com rapidez. A receita com propaganda afundou cerca de 30% em 2009/10. Os anúncios classificados como que despencaram num abismo: as ofertas de emprego caíram 60%; as de imóveis, 47,6%; e as de automóveis, 43,2%. Mesmo a receita de anúncios pela internet mergulhou 14,3% no segundo trimestre. A receita de mídia digital hoje responde por 13,4% da receita total da empresa, pequena alta em comparação com os 12,3% do ano anterior.[32]

Quatro anos antes, o *Times* teve um presságio e nomeou Jonathan Landman editor gerente adjunto, com o mandato de reinventar o jornal em torno da internet. Hoje, o site do *Times* é considerado um dos melhores e mais inovadores do mundo, entre as empresas de mídia. Blandman afirma que se baseou em duas das maiores forças do *Times*: o jornalismo de alta categoria que produz e, igualmente importante, os leitores de alta categoria que esse jornalismo atrai. "Nossa proposta de qualidade é fundamental para o que somos", diz Landman. Todo o feedback de leitores passa pelas mãos de um editor. Os abusos verbais e as ofensas pessoais tão comuns nas páginas de comentários da maioria dos jornais não são tolerados aqui. "Não nos retraímos na hora de atuar como moderadores", diz Landman. "Nenhum direito constitucional garante a publicação de seus comentários. E, sem dúvida, se eles forem abusivos, grosseiros ou algo do gênero, bem, nesse caso, por que o consideraríamos positivo, a ponto de publicá-lo?" A consequência é uma discussão clara e objetiva dos leitores com o jornal e dos leitores uns com os outros. O diálogo de alta qualidade também melhora o conteúdo editorial. "Os editores analisam os comentários e deles extraem conclusões sobre os tipos de edição que talvez ainda sejam necessários. Você constata, por exemplo, que os leitores não compreenderam algum ponto. Não está claro. E, então, você o conserta. Você recebe informações adicionais ou interpretações diferentes e reconhece que é preciso mudar alguma coisa." Portanto, em sentido muito real, os leitores do *Times* participam da edição, mesmo que não tenham consciência desse fato.

O desafio, de acordo com Landman, é criar um contexto em que a pessoa certa participe com contribuições de alta qualidade. "A Wikipédia fez o trabalho miraculoso de preservar padrões de maneira colaborativa", afirma. "Para mim, a grande realização da Wikipédia não foi conseguir que tanta gente participe do processo. Na verdade, isso é relativamente fácil. Seu maior feito foi garantir a observância de um conjunto claro de padrões e conseguir que a comunidade aceitasse esses padrões." Arregimentar as ideias dos leitores, segundo Landman, é algo que o *Times* ainda está aprendendo. "Realmente as coisas estão evoluindo com muita rapidez", diz ele, "e você tem muito pouco tempo para acertar, porque as notícias logo se tornam obsoletas."

Ao avançar para águas não mapeadas, o *Times* se transformou em máquina de experimentação. O jornal adota com regularidade novas técnicas para produzir mais variedade e para envolver o leitor, ao mesmo tempo em que zela pelos altos padrões de integridade editorial, como proposta de valor básica. Enquanto 20 anos atrás o jornal publicava não mais que uns dois artigos por dia na página de opiniões, hoje o *Times* lançou inovações, como a seção "Talking Heads", na qual pessoas inteligentes que não trabalham no jornal debatem questões litigiosas, registrando a conversa numa webcam. Na verdade, o *Times* se considera não só criador de conteúdo, mas também construtor de comunidades. Seu slogan "Todas as notícias que cabem em páginas impressas" foi substituído por "Tudo se resume em conversas". É justo afirmar que o *Times* está dançando tão rápido quanto consegue.

O LADO NEGRO

Não há dúvida de que os jornais, ao menos na forma atual, não sobreviverão. Para sobreviverem, terão de adotar modelo muito diferente. Porém, quais serão as implicações para a sociedade, quando esses pilares do pluralismo e da liberdade de expressão desaparecerem? Será que surgirão novos mecanismos, para substituir os filtros tradicionais de exatidão, equilíbrio e padrões jornalísticos hoje adotados pelos jornais? Quem promoverá o jornalismo de qualidade com que hoje contamos, o jornalismo investigativo, em especial, tão importante para a solidez de nosso sistema democrático? E será que a sociedade se fragmentará cada vez mais, sem o adesivo social que os jornais fornecem hoje? Para quem se importa com a função que a mídia independente hoje desempenha na sociedade aberta, essas são algumas das questões mais instigantes com que nos defrontamos hoje.

O que acontecerá com o jornalismo de qualidade?

Para algumas pessoas, "jornalismo cidadão" é oximoro ou paradoxismo, como claridade obscura ou música silenciosa. Elas têm saudades dos bons tempos, quando os grandes jornais determinavam que notícias eram "boas para impressão" e milhões de leitores confiavam nesse julgamento. Hoje, via internet, você tem acesso a "todas as notícias", compatíveis ou incompatíveis com a impressão. Para os céticos, como Andrew Keen, essa democratização cria um problema, a saber, um grande monte de mediocridade que expulsa o bom conteúdo e confunde os consumidores. Em seu livro *The Cult of the Amateur: How Today's Internet Is Killing Our Culture*, Keen argumenta que o conteúdo gerado pelos usuários está destruindo o jornalismo e até a sociedade.[33] Para Keen: "Quanto mais camadas se sobrepõem entre o produtor do conteúdo e o consumidor do conteúdo, melhor, porque isso significa mais edição, mais correção e mais aprimoramento."

Na outra ponta do espectro estão os otimistas, os adeptos da escola "não se preocupe porque, no fim das contas, tudo acaba dando certo". Cody Brown argumenta que as redes difusas de pessoas comuns serão mais capazes de manter a qualidade que a mídia tradicional. "A notícia é importante. Tão importante que deixá-la por conta de um grupo de pessoas num escritório no centro da cidade é e sempre foi irresponsável", afirma. Para Brown, quando o público pode conversar entre si "também se pode contar com ele para compartilhar e disseminar as próprias notícias". O que está faltando são mecanismos mais eficazes, lacuna para cujo preenchimento ele lançou a Kommons.com, empresa noticiosa, situada na interseção do jornalismo, da colaboração maciça em tempo real e da tecnologia móvel. A ideia, de acordo com Brown, é simples: "Em vez de dizer ao público o que é notícia, criamos espaço para que o público diga uns aos outros."[34]

Dados recentes realmente fornecem algumas evidências que reforçam a visão dos otimistas. Entre a multidão de jornalistas amadores, surgem fileiras de pessoas sérias e competentes. Com efeito, a dicotomia entre amadores e profissionais está ficando menos nítida. Muitos blogueiros (28%) hoje são profissionais, no sentido de que ganham a vida com blogs. Também são profissionais sob outro aspecto: 40% desses blogueiros comerciais trabalharam na mídia tradicional, com experiência, treinamento e credenciais de jornalismo formal.[35] Esse fato solapa a crítica de Andrew Keen. Não se trata de profissionais serem desalojados por amadores, mas, sim, de profissionais mudarem de atividade – da velha mídia para a nova mídia, para o trabalho autônomo e para experiências jornalísticas empreendedoras.

Além disso, quando o assunto é o denominado equilíbrio da mídia tradicional, é muito fácil perder o foco e achar que as notícias "boas para impressão" só eram determinadas por padrões nobres. Peter Drucker, em passagem famosa, explicou que "o objetivo das empresas é criar clientes" e que "a principal atribuição das empresas é servir aos clientes".[36] Os jornais sabem quem são seus principais clientes – os anunciantes, que respondem por grande parte de sua receita. Veja o caso do jornal local. Há uma seção sobre automóveis, outra sobre casas novas e outra sobre cinema. Tudo no jornal – quantidade de páginas, estrutura, equilíbrio e conteúdo – se destina a atrair receita com publicidade, não para atender a algumas noções sobre o que é importante no noticiário. Evidentemente, uma das maneiras de atrair anúncios é produzir jornalismo de qualidade, que gere mercado de massa. Além disso, muitos jornalistas são bem intencionados. A maioria dos editores-chefe que dirigem publicações hoje se importa muito com a qualidade, com a equidade e com a ética, como requisitos do bom jornalismo. Porém, conforme Clay Shirky gosta de observar, um jornal pode oferecer boa cobertura dos acontecimentos na China, não para prestarem bons serviços à sociedade, mas, sim, porque o Walmart se preparava para publicar anúncios e, para tanto, financiou a abertura de um bureau em Pequim. Felizmente, a boa qualidade é, em geral, requisito para alcançar público suficiente, capaz de atrair clientes de publicidade.

Além disso, a qualidade está nos olhos do observador. Um novo conjunto de padrões está surgindo – padrões não necessariamente mais baixos ou mais altos, apenas maneiras diferentes de definir qualidade. *The Huffington Post* tem muito conteúdo, com seus 3 mil escritores credenciados e 12 mil correspondentes "olhos e ouvidos", além dos milhões de cidadãos que expressam suas opiniões no site. Pelos padrões do jornalismo tradicional, parte desse conteúdo é inferior, mas parcela considerável dele é produto de reflexão e merece ser considerada. E, em tese, outra parte é superior. E, em razão da capacidade do HuffPo de arregimentar muita gente – desde pessoas comuns até ganhadores do Prêmio Nobel – ele é capaz de gerar cobertura ampla e abrangente, em tempo real, que supera a mídia tradicional.

E não nos esqueçamos das ocasiões em que a mídia tradicional ignorou completamente o óbvio, como nas duas maiores reportagens da década passada. Uma foi a empulhação armada pela administração George W. Bush, nos preâmbulos da guerra do Iraque; a outra foi a pior crise financeira, desde a Grande Depressão. Onde estavam as equipes de repórteres investigativos, atentos aos comportamentos de Wall Street, quando o mercado habitacional e a bolha do crédito assumiram dimensões espantosas, omissão ainda mais surpreendente quando se considera que tudo isso aconteceu na esteira da histeria dos altos e baixos das pontocoms, poucos anos atrás. Porém, a verdade nua e crua é que a mídia que cobre Wall Street é parte de Wall Street e tem interesses constituídos em Wall Street. O desprezo deplorável com que Jim Cramer, apresentador do programa de televisão *Mad Money*, descartou os receios de muita gente, antes do crash, é um exemplo risível.

As dificuldades da mídia impõem um novo perigo. Se a natureza abomina o vácuo, o mesmo ocorre com as agências de propaganda e de relações públicas. Se houver uma queda nos padrões no novo faroeste do jornalismo, daí decorrerá excelente oportunidade para que os publicitários exerçam uma nova espécie de "liderança do conteúdo" e insiram mensagens dos clientes em todos os lugares. Será que veremos inserções de produtos em artigos financiados por fontes desconhecidas, com algo a vender? Será que os *advertoriais*, ou publirreportagens, não reconhecidas como tais, se converterão em tendência dominante do jornalismo? Ou quem sabe será mais fácil manipular o sistema, se boa parte do jornalismo for produzida por uma rede descentralizada de indivíduos e grupos autônomos? Ninguém menos que Martin Sorrell, CEO da WPP – o maior conglomerado de agências de publicidade do mundo – responde "sim", abertamente. No discurso de abertura da conferência ad:tech, de novembro de 2009, ele previu que as agências de propaganda "participariam muito mais" do desenvolvimento do conteúdo dos jornais e que as linhas divisórias entre propaganda e redação se tornariam "muito mais nebulosas" do que já são hoje.[37]

Nessas condições, como saberemos em quem confiar? No mínimo, podemos contar com o fato de que a importância da reputação no atual ambiente da mídia fornece incentivos para que blogueiros, jornais de internet, feeds de notícia, *muckrakers* e outros atuem com integridade e protejam a marca. Quando o TMZ, site de fofocas sobre celebridades, com sede em Los Angeles, divulgou a notícia sobre a morte de Michael Jackson, houve quem duvidasse da autenticidade da história. Porém, a mídia tradicional logo teve de reconhecer a boa reputação do TMZ e admitir que, como logo se confirmou, o furo era verdadeiro. Negócios como o TMZ, não importa o que se pense deles, são escrupulosos sobre a exatidão de suas informações e sobre o valor da marca. Um único alarme falso ou qualquer notícia sem fundamento pode comprometer seriamente a confiança do público e, em consequência, sua capacidade de influenciá-lo.

No passado, recebíamos notícias de profissionais e as presumíamos verdadeiras. Não sentíamos necessidade de verificar a autenticidade delas. Porém, hoje, é indispensável confirmar a veracidade das notícias. Talvez, apenas acreditemos em informações que apoiem ou reforcem nossas opiniões preexistentes. Por outro lado, se formos assediados repetidas vezes por informações falsas, é provável que nos tornemos mais cautelosos em aceitar às cegas tudo que lemos e ouvimos. Muitas experiências negativas nos estimularão a desenvolver nosso detector de mentiras, passando a escrutinar melhor as informações e nos tornando consumidores mais sofisticados de informações via internet. Ensinar os jovens a escrutinar, a validar e a contextualizar as informações será uma das tarefas mais árduas dos educadores. Por outro lado, temos razões para acreditar que os jovens desfrutam de uma vantagem intrínseca. Por terem crescido em meio a milhões de armadilhas de internet, eles aprenderam a ser safos ou a pagar o preço.

Quem fará as reportagens investigativas?

O *San Francisco Chronicle*, maior jornal do Norte da Califórnia, se encontra em situação periclitante, com a vida por um fio. Esvai-se em tinta vermelha, a circulação despencou e a sala de redação perdeu muita gente. "Se o jornalismo está naufragando aqui, onde se concentra um dos públicos mais engajados e mais educados dos Estados Unidos, o augúrio é assustador", comentou outro jornal, *The Globe and Mail*. "Durante mais de um século, os jornais funcionaram como consciência cívica, e desempenharam papel fundamental para a promoção dos ideais democráticos, seja vigiando a corrupção, fomentando a responsabilidade e a prestação de contas ou informando o público."[38] Muitos editores encaram sua missão como consistindo em "tranquilizar os aflitos e afligir os tranquilos".[39]

James Madison, escrevendo há mais de 200 anos, insistia: "O direito de livre avaliação das autoridades e das iniciativas públicas, de livre comunicação entre as pessoas (...) sempre foi considerado com justiça o único guardião eficaz de todos os outros direitos."[40] Durante muito tempo, a mídia, em geral, e os jornais, em especial, exerceram esse papel. Decerto, muitas publicações ainda estão revelando corrupção e expondo verdades que os poderosos prefeririam manter ocultas. Mas, infelizmente, o jornalismo investigativo é uma insígnia de coragem cada vez mais difícil de honrar. A investigação de comportamentos impróprios por políticos, órgãos públicos e empresas é prática custosa e demorada. As despesas incluem os salários de uma equipe de jornalistas e pesquisadores, meses de pesquisas e dezenas de entrevistas, além de, não raro, viagens frequentes e longas. Quando se restringem as verbas, um dos primeiros itens a ser sacrificado é o jornalismo investigativo. Se os jornais já não podem exercer essa função, quem o fará?

Há quem argumente que a maneira de proteger o bom jornalismo e a reportagem investigativa é recorrer a um modelo de ONG. Encontra-se em tramitação no Congresso dos Estados Unidos projeto de lei que permite aos jornais tornar-se organizações sem fins lucrativos, o que possibilitaria o recebimento de doações dedutíveis para efeitos tributários. Nesse cenário, a missão de uma publicação poderia ser definida com mais segurança, sem necessidade de atrair acionistas nem de gerar retorno financeiro. Ou talvez seja o caso de pedir socorro a uma nova mídia. Conforme já observamos, *The Huffington Post* constituiu um Fundo de Jornalismo Investigativo. Trata-se de uma organização híbrida, sem e com fins lucrativos, que tenta preencher a lacuna criada pelo fechamento de muitas unidades de jornalismo investigativo. Também oferece novas oportunidades a jornalistas maduros, que foram despedidos ou induzidos à aposentadoria precoce. Além disso, as histórias que emergirem do Fundo de Jornalismo Investigativo do HuffPo poderão ser publicadas de graça.

Uma organização que talvez esteja em condições de beneficiar-se é a ProPublica, entidade on-line, independente, sem fins lucrativos, dedicada ao jornalismo investigativo, em benefício do interesse público. A sala de redação da ProPublica, em Manhattan, tem 32 jornalistas e é financiada por compromisso plurianual da Sandler Foundation e por outras contribuições filantrópicas. Muitas reportagens são oferecidas exclusivamente a uma organização jornalística tradicional, gratuitamente, para publicação ou difusão. Em 2009, o site publicou 138 dessas reportagens, com 38 parceiros diferentes.[41] Em abril de 2010, Sheri Fink, repórter da ProPublica, recebeu o Prêmio Pulitzer, com uma reportagem sobre "as decisões urgentes, de vida ou morte, tomadas pelos médicos exaustos de um hospital, quando se viram isolados pelas enchentes do Furacão Katrina". Nessa história, a ProPublica formou parceria com *The New York Times*.[42]

Também há quem até tenha sugerido que os jornais reivindicassem operações de socorro pelo governo, como ocorreu com instituições financeiras em dificuldade. Contudo, um estudo da Sacred Heart University, em setembro de 2009, descobriu que 8 em cada 10 americanos se oporia a qualquer plano de gastar dinheiro dos contribuintes para ajudar jornais falidos, embora 64% deles acreditassem que o bom jornalismo garante uma democracia saudável.[43] Embora o público não queira ajudar os jornais com os dólares de seus impostos, muitos estão dispostos a contribuir ativamente para que os jornais ofereçam um produto de qualidade. Veja o que um jornal britânico, *The Guardian*, fez durante o recente escândalo das despesas dos políticos do país. O arquirrival do *The Guardian*, o *Telegraph*, estava publicando, diariamente, na primeira página, revelações de cair o queixo, a respeito de autoridades eleitas, pedindo reembolso de despesas notoriamente injustificáveis. O *Telegraph* tinha uma equipe de repórteres que trabalhou durante um mês com documentos vazados. Em resposta ao clamor público, o governo anunciou que liberaria, on-line, mais de um milhão de documentos e recibos escaneados, um tsunami digital que sobrepujaria os recursos de qualquer organização jornalística.

Ainda ressabiado por ter sido superado durante dias seguidos pelos furos do *Telegraph*, *The Guardian* pediu aos leitores que o ajudassem a peneirar a enxurrada de documentos e descobrissem malfeitorias ainda não reveladas. Software de código aberto no site do jornal permitiu que os leitores vasculhassem os documentos, um a um, e classificassem os recibos em quatro categorias: "interessante", "não interessante", "interessante, mas conhecido" e "investigue isso!". Mais de 20 mil leitores participaram da iniciativa, analisando 170 mil documentos nas primeiras oito horas.[44] Um gráfico de progresso, na primeira página, oferecia aos pesquisadores um objetivo a compartilhar. Em seguida, criou-se uma lista dos voluntários com melhor desempenho, que os motivou ainda mais. Quando *The Guardian* juntou a cada recibo uma foto do membro do Parlamento responsável pela despesa, a adesão dos leitores disparou. O jornal até alugou capacidade de computação da Amazon, não muito dispendiosa, para processar a primeira avalanche de interesse. Total das despesas do jornal: menos de US$150. E a iniciativa ajudou *The Guardian* a construir relacionamento muito mais intenso com os leitores. A conclusão é que o jornalismo investigativo não precisa ser vítima da era digital. De fato, organizações noticiosas que pensam criativamente em como desenvolver e apresentar seus produtos podem dispor de condições para gerar mais jornalismo investigativo que em qualquer outra época.

Sem a cola social dos jornais, será que a sociedade não se fragmentará?

Walter Cronkite, âncora do *CBS Evening News* de 1962 a 1981, muitas vezes foi chamado de "o homem mais respeitado nos Estados Unidos". Cronkite morreu em julho de 2009, o que levou muitos jornalistas a refletir sobre a situação da mídia nos Estados Unidos, hoje. "Evoluímos de três redes para uma profusão de canais a cabo, oferecendo informação e entretenimento, notícias, comédias e fofocas sobre celebridades, de incontáveis sites de internet, de podcasts, de entrevistas radiofônicas e de numerosas outras fontes, tanto de notícias quanto de sensacionalismo", manifestou-se em editorial o *Journal Star*, de Peoria. "Nessa atmosfera hipercompetitiva, ninguém hoje é capaz de inspirar credibilidade entre ricos e pobres, entre democratas e republicanos, numa América fragmentada, a ponto de poder afirmar: 'É assim ou assado', e ser acreditado quase universalmente, imune a paródias."[45]

É um mundo diferente, em que muitas organizações de mídia abandonaram qualquer pretensão de imparcialidade. Em princípio, para os conservadores, nunca houve essa imparcialidade. Muita gente dizia que Cronkite foi parte e membro do ninho de ratos de liberais ímpios, que, durante décadas, dominaram a grande mídia tradicional. A consequência é que hoje muitos conservadores buscam novas organizações noticiosas de direita, como Fox News ou RushLimbaugh.com. Do mesmo modo, os democratas, cada vez mais, se voltam para organizações noticiosas de centro e de centro-esquerda, como *The New York Times*, *The Huffington Post* e MSNBC. Hostes crescentes de organizações noticiosas estão pregando aos catecúmenos. Tomer Strolight, presidente da empresa de mídia Torstar Digital, afirma: "Hoje, as pessoas podem passar o tempo em panoramas de mídia que lhes proporcionam conforto. Quem curte a Fox News está sendo informado ou reconfortado?"

Durante as eleições presidenciais de 2008, o candidato Barack Obama preconizou a noção de bipartidarismo. Ele prometeu "transpor o corredor" e exortou ambos os partidos a trabalhar de maneira cooperativa, em vez de o tempo todo se desprezarem uns aos outros. Também instou os americanos a não se verem em termos de estados republicanos e estados democratas, mas, sim, de Estados Unidos. Apesar de todo o seu empenho, por enquanto seus esforços foram em vão. Os votos legislativos seguem rigorosamente as linhas partidárias.

Porém, devemos perguntar se essa mídia, cada vez mais polarizada, exacerba a fragmentação dos Estados Unidos ou se ela reflete o que está acontecendo por outras razões. Em seu livro *The Big Sort*, Bill Bishop argumenta que os americanos com mentalidades semelhantes começaram a segregar-se muitos anos atrás. "Construímos um país", escreve Bishop, "onde todos podem escolher os vizinhos (bem como as igrejas e os noticiários) mais compatíveis com suas crenças e seus estilos de vida. E estamos vivendo as consequências dessa segregação, como estilo de vida: bolsões de cidadãos com ideias semelhantes que se tornaram tão impregnados ideologicamente que não sabemos, não compreendemos e mal conseguimos conceber como é 'essa gente' que vive a apenas algumas milhas de distância."[46]

A internet não só reverbera, mas também amplifica tudo na sociedade. Ela será usada por todos os grupos e correntes para defender seus pontos de vista particulares, o que gera alguns benefícios. Afinal, Cronkite talvez tenha sido depositário da confiança da sociedade americana convencional, mas a voz tradicional da chamada corrente dominante nivelava as visões dissidentes e não representava de maneira adequada as experiências e as dificuldades das minorias. Nas décadas de 1960 e 1970, um afro-americano nem sempre veria suas opiniões e suas vivências refletidas com fidelidade pela imprensa convencional. E muita gente argumenta que ainda é assim hoje. Porém, uma mídia mais democratizada é uma mídia mais diversificada, o que significa que os até então sem voz podem adquirir voz e arregimentar seguidores entre semelhantes. Evidentemente, essa situação pouco contribui para promover a fertilização cruzada política e social. E, infelizmente, é igualmente verdade que a mídia democratizada também oferece um púlpito para os racistas e negadores do holocausto.

A esperança é que pessoas de todas as origens queiram divulgar seus pontos de vista além das fronteiras dos próprios círculos ideológicos e culturais. O desafio de qualquer agente de mudança não é apenas pregar aos próprios conversos, mas converter os céticos e infiéis, e talvez até mudar suas mentalidades. Mas será que alguém ouvirá, no ambiente hoje predominante, cada vez mais fragmentado, onde mudar de perspectiva é tão fácil quanto apertar um botão? Ninguém sabe ao certo, mas nossas pesquisas entre os hábitos dos jovens referentes à mídia sugerem que proporção crescente desse segmento compreende esse desafio e, intencionalmente, busca perspectivas com que talvez não concordem.[47] Rahaf Harfoush, 25 anos, diz que ela "recorre a fontes de vários pontos de vista, inclusive daqueles com que dificilmente concordaria. Isso me ajuda a formar opinião". Mas esse tipo de comportamento exige inteligência e dá trabalho. Nem todos os jovens são diligentes quanto Rahaf, razão por que devemos redobrar nossos esforços para instilar esses valores nos jovens, tão cedo quanto possível. Da mesma maneira como precisamos promover o acesso à grande mídia, também devemos reforçar a importância do pluralismo em nossas instituições educacionais.

NOVOS MODELOS DE NEGÓCIOS PARA OS JORNAIS

Não se pode dizer que o setor jornalístico não viu as mudanças dramáticas despontando no horizonte. Na verdade, o jornalismo foi um dos primeiros a saltar a bordo do mundo digital. No começo da década de 1980, um consórcio de jornais iniciou experimentos desbravadores na produção e na distribuição de jornais por computador. Programa surpreendente levado ao ar pela KRON TV, de San Francisco, antes do lançamento do computador pessoal, começou da seguinte maneira: "Imagine-se, se for capaz, tomando o café da manhã e ligando o seu computador doméstico para ler o jornal do dia."[48] Doze anos depois, quando a World Wide Web, a rede mundial de computadores, entrou em cena, os jornais se incluíram entre os primeiros a "reformular" seu conteúdo para a internet. Alguns até encorajaram os jornalistas a lançar os próprios blogs. Porém, a maioria dos jornais ficou só nisso.

Agora eles estão enfrentando um pepino. E a solução não é clara. O setor gosta de referir-se à "monetização do conteúdo" – jargão típico que significa "como ganhar dinheiro com nosso conteúdo?". Outra maneira de expressar a questão é "como ganhar dinheiro com a venda de um produto que, na forma atual, interessa a cada vez menos pessoas?". Perguntas mais pertinentes seriam: "Que novos produtos e serviços devemos criar, explorando nossa expertise?" "Que novas capacidades podemos orquestrar, para criar valor singular e convincente para nossos consumidores?"

Em busca de novos modelos de negócios e de novos públicos, poucos jornais foram tão longe quanto *The Guardian*, adotando grau de abertura que condenaria ao manicômio a maioria dos executivos de jornais. Em vez de isolar o conteúdo por trás de uma "barreira de pagamentos", como Rupert Murdoch fez com jornais como *The Wall Street Journal*, o jornal inglês escancarou sua vasta coleção de dados, artigos, vídeos e imagens – inclusive mais de um milhão de artigos que remontam a 1999 – e convidou o mundo a começar a mixagem. Não se trata de altruísmo. Emily Bell, até recentemente diretora de conteúdo digital do *The Guardian*, acha que o compartilhamento do conteúdo ajudará a ativar novos serviços e novas fontes de receita. O âmago da ideia, diz ela, é conseguir que o conteúdo do jornal fique "entrelaçado no tecido da internet".[49] Da mesma maneira como os vídeos do YouTube se tornaram atributo ubíquo em sites de toda a Web, Bell quer que os artigos, imagens e dados do *The Guardian* sejam presença constante e difusa na blogosfera, nas redes sociais e em outros destinos populares. Afinal, por que o *The Guardian* deveria assumir que apenas suas equipes internas podem imaginar e implementar de maneira lucrativa todas as maneiras possíveis de embalar e apresentar seu enorme conteúdo diversificado aos leitores, hoje e no futuro? Será que as chances de sucesso não seriam maiores se centenas e talvez milhares de colaboradores tivessem oportunidade e motivação para inovar, em cima do conteúdo do *The Guardian*?

Em contraste com muitos grupos jornalísticos, o *The Guardian* efetivamente está abrindo mão do controle sobre o conteúdo para ampliar seu alcance e promover a inovação. Quanto mais as pessoas reformularem o conteúdo do *The Guardian* em toda a Web, maior será o número de olhos que verão sua marca e, em consequência, mais profusos serão os anúncios que acompanharão o conteúdo em sua rede privativa de propaganda. E, da mesma maneira como outras plataformas populares, como a App Store, da Apple, oferecem oportunidades lucrativas a desenvolvedores bastante sábios para estender a funcionalidade do iPhone, há grandes prêmios à espera das cabeças inteligentes que convertam essa nova fatia valiosa de informações, como bem comum, em serviços úteis e envolventes. De fato, se um desenvolvedor imaginar como arregimentar público e ganhar dinheiro, usando a plataforma aberta do *The Guardian*, todos dividem os lucros.

E quanto aos jornalistas que escrevem para o *The Guardian*? Eles já não são apenas produtores de conteúdo; eles estão começando a transformar-se em curadores, que estabelecem um contexto no qual leitores e outros parceiros ajudam a ampliar as fronteiras do que é um jornal e de como ele é produzido e consumido. Com efeito, jornalistas tarimbados conseguiram reinventar-se como curadores da mídia, explorando plataformas abertas, como *The Guardian*, para apresentar visões customizadas a clientes que precisam de ajuda para navegarem no contexto da mídia, cada vez mais congestionado.

Enquanto o *The Guardian* encara sua plataforma aberta como a chave da reinvenção, outros, como Jeff Jarvis, vêm refletindo sobre a existência de modelos de negócios capazes de suportar e promover uma organização de notícias dinamizada, que use a Web como plataforma para a produção de jornalismo de alta qualidade. Com uma equipe de jornalistas e de consultores em gestão, da City University of New York Graduate School of Journalism, Jarvis realizou um experimento fascinante. Ele pediu aos alunos que determinassem o que aconteceria com o jornalismo num dos 25 maiores mercados metropolitanos se um grande jornal fosse à falência. Será que o jornalismo se sustentaria? E como? Jarvis queria descobrir se haveria demanda do público por jornalismo investigativo e, em caso positivo, quem pagaria, e quanto, para manter a atividade.

Com base em dados, gerados pelo próprio setor e produzidos por pesquisas, eles imaginaram diferentes cenários em que a comunidade continuaria bem servida, mas adotaria modelos muito diferentes dos predominantes hoje.[50] O cenário mais interessante não envolve uma organização no sentido tradicional, mas, sim, ecossistemas de blogueiros e jornalistas, capazes de gerar receita suficiente de tráfego e de propaganda para trabalharem como profissionais em tempo integral – embora com estrutura de custo muito menor.[51] Alguns blogueiros hoje conseguem auferir receita de US$200 mil, trabalhando por conta própria.[52] Portanto, não é absurdo pensar que eles poderiam sair-se ainda melhor numa rede. Modelos inovadores como esse não preservariam os jornais como os conhecemos hoje, mas são fontes de esperança para os jornalistas e para os valores que representam.

Acreditamos que um novo setor de notícias mais dinâmico desponta no horizonte. Mas de que maneira os executivos de jornais poderão reinventar suas propostas de valor e seus modelos de negócios? Quatro principais estratégias começam a tomar forma.

Primeiro, escute a juventude de hoje, pois, como parte de sua cultura, destaca-se a nova cultura de notícias e de informações. À primeira vista, a proposta talvez pareça estranha. Afinal, a maioria dos jovens não lê jornais, pelo menos não na forma tradicional. Encontram suas notícias comuns de graça, na internet, mais provavelmente por meio de um hiperlink embutido no feed de Twitter de alguém, em vez de navegando nas páginas de um jornal on-line tradicional. Porém, se é assim que grande parte das notícias será consumida no futuro, os jornais estão apenas adiando o inevitável, não se reinventando agora. Os próprios executivos de notícias devem usar a nova mídia, pois o uso pessoal é pré-requisito para a compreensão. Descarte o velho modelo – ninguém pagará por notícias comuns ou por pacotes de conteúdo que estão disponíveis de graça em outros lugares. E, se você não tiver algo realmente único (ver a próxima regra), esqueça o fornecimento de conteúdo e de serviços em contextos privativos, comprados via micropagamentos eletrônicos – isso não funciona com a nova geração e um dia não funcionará com ninguém mais.

Segundo, as notícias comuns não atrairão nenhum público, muito menos os jovens. Portanto, crie ofertas distintas. As pessoas pagarão por valor singular, isso é certo. Com efeito, muitos provedores de conteúdo vendem seus produtos com lucro. Thomson Reuters está crescendo como uma das principais fontes globais de informações especializadas para empresas e profissionais. *The Economist* também está surfando na tendência. Enquanto as revistas de notícias atrofiam, *The Economist* insiste em que as pessoas assinem a revista de papel para ter acesso ao conteúdo digital. E está chegando lá. As assinaturas estão disparando e, o que seria inimaginável, também as vendas em bancas, com mais de 75 mil exemplares vendidos todas as semanas, só nos Estados Unidos, ao preço de US$6,99! Com características de revista inglesa, seguindo a ortografia e refletindo as idiossincrasias britânicas, *The Economist* hoje tem mais de 800 mil assinantes só nos Estados Unidos e está na iminência de ultrapassar a *Newsweek*.[53] A chave do sucesso? *The Economist* desenvolveu uma proposta de valor sem igual – fornece algo que ninguém mais oferece. É o único lugar confiável onde encontrar notícias internacionais relevantes, apresentadas sob um ponto de vista nítido de conservadorismo fiscal e liberalismo social. A *Newsweek* é leitura opcional. Porém, para quem se importa com o que acontece no mundo e para quem compartilha da mesma perspectiva, *The Economist* é leitura indispensável.

Terceiro, desenvolva ricas experiências multimídia, para novas plataformas e dispositivos digitais. Com efeito, novas possibilidades para jornais e revistas estão aparecendo todos os dias, à medida que dispositivos do tipo iPad ou tablet entram no mercado. Chris Anderson, editor-chefe da revista *Wired*, argumenta que as atuais versões de revistas digitais em laptops ou desktops perdem a "coerência e a majestade" da versão impressa. Porém, a funcionalidade adicional dos tablets, como visão em 360º, e respostas no estilo das do iPhone a movimentos de mão na tela, além de outros recursos, oferecem ao leitor uma experiência aliciante.[54] Ele está certo, e esses dispositivos são ainda mais atraentes para a Geração Net. De fato, apenas nove dias depois do lançamento, a revista *Wired* informou que as vendas de sua edição para iPad havia ultrapassado as da edição impressa. Além disso, a funcionalidade ampliada do tablet favorece não só o conteúdo editorial, mas também a propaganda. Isso significa que os anunciantes teriam condições de compreender melhor o comportamento dos leitores, analisando o que fizeram na página e o que os atraiu.

Finalmente, promova a inovação colaborativa. Siga o exemplo do *The Guardian*: crie uma plataforma aberta para que outros o ajudem a inventar novas fontes de valor. Da mesma maneira como a participação da IBM na comunidade Linux foi fator importante na transição da empresa, de produtora de hardware e software comuns para prestadora de serviços de consultoria lucrativos, os jornais podem explorar o poder da inovação colaborativa para avançar da oferta de notícias comuns para a criação de novos modelos e serviços de notícias vibrantes, que ofereçam aos leitores e a outros participantes função mais ativa na criação de valor. Imagine o ecossistema de notícias do futuro, com milhares e talvez milhões de colaboradores plugados em diferentes níveis; blogueiros especializados, que são remunerados exclusivamente com base na receita de anúncios; repórteres profissionais, que se concentram em atividades de valor mais alto, como jornalismo investigativo; e uma nova camada de curadores do conhecimento, que reformulam ou remixam todo esse conteúdo em novas ofertas. Com organizações como *The Huffington Post*, essa visão está virando realidade, ao que se seguirá muito mais inovações e invenções.

Nada disso será fácil, em especial para a nova guarda. De fato, com as culturas herdadas, com a infraestrutura arraigada e com as atitudes entrincheiradas da velha mídia, uma coisa é clara – muitos outros fracassos nos espreitam adiante. Quanto aos jornalistas, nem todos estão chorando de melancolia. Para muitos, há muita raiva acumulada em relação à velha mídia e um sentimento real de empoderamento e até de empolgação quanto ao futuro que se vislumbra muito próximo.

12. O FUTURO DA MÚSICA: OS PROSSUMIDORES VÃO PARA A RIBALTA

Playing for Change é um destacado site que mostra o poder das tecnologias digitais como ferramenta para a criação de música inovadora e excepcional. Por meio de vídeos, de fotos e de postagens em blogs, o site acompanha as viagens do premiado cineasta e produtor Mark Johnson, que percorreu todo o mundo para demonstrar a diversidade incrivelmente rica dos gêneros musicais. De um cantor de rua cego, em Nova Orleans, a índios americanos bateristas, passando por cantores corais da África do Sul, Johnson usa o poder da internet para expor à atenção do mundo centenas de músicos talentosos e vibrantes. Você está interessado em música champeta de raiz, da costa caribenha da Colômbia? Ou que tal canções folclóricas caxemirianas, das paisagens deslumbrantes e longínquas do Himalaia? Johnson reúne tudo isso em seu site, com o que inspirou, em consequência, algumas parcerias musicais de beleza sem igual.

A primeira gravação de Johnson foi de um músico de rua da Califórnia, cantando "Stand by Me". Em seguida, gravou e filmou 37 outros músicos de rua, em diferentes países, cantando ou tocando a mesma canção. Cada músico podia ouvir e acompanhar as interpretações dos outros músicos, já gravadas. Quando as diferentes gravações foram mescladas, o resultado foi uma verdadeira tapeçaria musical e uma colaboração artística internacional sem paralelo. A canção também foi um sucesso – o vídeo arrebatador foi um dos favoritos do YouTube e do Facebook e foi visto mais de 30 milhões de vezes.[1] "Cada um dos músicos está ciente de que é um projeto para produzir a melhor canção possível, não para destacar talentos individuais", salienta Johnson. "Eu me sento e lhes mostro a canção no iPod e discutimos como eles podem contribuir para melhorar o todo."[2] Talvez mais importante, Playing for Change preconiza um papel mais amplo para a música na sociedade global. "Onde quer que estejam, as pessoas usam a música para perseverar na luta", observa Johnson. "Seja na Nova Orleans pós-Katrina, entre crianças católicas e protestantes na Irlanda do Norte ou no conflito Israel-Palestina, a ideia é aproximar e soerguer indivíduos em todo o mundo, por meio do poder da música."

Andres Lopera, 26 anos, trombonista numa pequena cidade da Colômbia, é personagem de uma história igualmente marcante. Sétimo filho de pai que trabalha como reciclador e de mãe do lar, ele fundou e agora lidera uma orquestra de câmara, composta de 35 músicos, na Universidade do Texas.[3] Também já atuou em outros contextos de prestígio, como o Vaticano e o Hall das Américas, na Organização dos Estados Americanos. Andres, como muitos outros aspirantes a músico, não é originário de um ambiente que lhe possibilitasse frequentar os mais prestigiosos conservatórios dos Estados Unidos e da Europa – escolas que são o primeiro passo nas carreiras de músicos das mais renomadas orquestras do mundo. Contudo, o talento dele, combinado com uma nova espécie de orquestra revolucionária, viabilizada pela Web, lhe proporcionou a chance de brilhar.

"Nossa casa é a internet", diz Hilda Ochoa-Brillembourg, fundadora da YOA (Youth Orchestra of the Americas – Orquestra da Juventude das Américas). Ochoa-Brillembourg constituiu a organização em 2001, com o propósito de oferecer a jovens como Andres a chance de realizar todo o seu potencial – como músicos e como líderes em suas comunidades. "Queremos incentivar nossos músicos a serem mais que apenas músicos. Queremos que se tornem líderes políticos, líderes de empresas e construtores de comunidades." E, como El Sistema, rede amplamente bem-sucedida de orquestras de jovens na Venezuela, que a YOA adotou como modelo, o programa está alcançando alguns resultados espantosos.

Até hoje, mais de dez mil jovens músicos de 20 países, em todo o Hemisfério Ocidental, já se apresentaram para a YOA. A cada ano, cem dos melhores intérpretes são selecionados para participar de um programa de cinco semanas, que os reúne para praticar e interpretar.[4] O processo de apresentação foi muito dinamizado pela internet, possibilitando que a YOA alcance jovens músicos em lugares distantes, como Montevidéu, Uruguai, e Quetzaltenango, Guatemala. "Começamos com 300 candidatos por ano e agora estamos chegando a mais de mil", diz Ochoa-Brillembourg.

Durante o outono de cada ano, a YOA divulga partituras a serem executadas pelos músicos, na disputa por um lugar na orquestra. As trilhas das músicas, dois terços das quais chegam via YouTube, são avaliadas por grupos de vários conservatórios e escolas de música. A colaboração e a construção da comunidade começa assim que se escolhem os músicos da orquestra. "Usamos salas de bate-papo há muitos anos para promover reuniões e conversas entre os músicos. No entanto, recentemente, as salas de bate-papo foram substituídas pelo Facebook, muito mais popular." A página da YOA no Facebook tem mais de cinco mil fãs e está crescendo à taxa de 500 por semana. Os 700 ex-membros da orquestra, entre os quais se incluem artistas de renome, como Gustavo Dudamel, também têm o próprio portal, que ajuda os participantes a manter-se conectados, depois do período em que atuaram na YOA.

O mais recente projeto de Ochoa-Brillembourg é levar a experiência da YOA na Web para um novo nível. Quem não tiver condições de assistir pessoalmente aos concertos da YOA em breve poderá ouvir as performances ao vivo, em sua nova sala de concertos virtual. "Temos uma orquestra que efetivamente está transformando comunidades nas Américas, mas não temos um único imóvel, como o Carnegie Hall ou o Lincoln Center, que as pessoas possam associar a nós", explica. "Essa é a razão por que estamos construindo uma sala de concertos virtual, capaz de superar as restrições usuais de espaço e materiais. Será uma experiência realmente extraordinária." Com efeito, dez anos atrás, teria sido difícil compreender como uma orquestra, com turnover anual de 50% e sem sede física, seria viável. Agora, graças à internet, a

YOA está desbravando novas formas de expressão e colaboração musical, ao mesmo tempo em que transforma as vidas de jovens artistas.

A WIKINOMICS E A INDÚSTRIA DA MÚSICA

Como demonstram os projetos Playing for Change e Youth Orchestra of the Americas, a internet abre novas portas para a colaboração criativa e possibilita novos modelos nas artes. Quase em todos os lugares, a Web e os princípios da wikinomics estão mudando a maneira como se produz e se dissemina música, aprofundando os vínculos entre intérpretes e amantes de música. Neste capítulo, registramos: nova ideia radical para um serviço de *streaming* de música, que oferece acesso a todas as músicas gravadas, em qualquer combinação de dispositivos de sua preferência; uma nova comunidade on-line, onde fãs de música assumem a função de A&R (Artist and Repertoire) das grandes gravadoras; novas plataformas emergentes, onde membros de comunidades amadoras fazem novas mixagens dos trabalhos artísticos uns dos outros, produzindo novas combinações vigorosas; uma gravadora independente em ascensão, denominada Nettwerk, que está descobrindo novas maneiras inteligentes de monetizar a conexão emocional dos fãs com a música produzida por seus artistas.

Tudo isso e muito mais seria possível em escala mais ampla, hoje, se as bases da indústria musical contemporânea, as grandes gravadoras, não fossem um obstáculo. Em vez de ver a Web como oportunidade, as gravadoras se aferram com beligerância ao velho modelo de negócios analógico, transformando-se em exemplo típico de incapacidade de aproveitar as oportunidades oferecidas pela tecnologia digital. A porcentagem de americanos rotulados como "compradores ativos de música" (os que compram mais de quatro CDs por ano) despencou à taxa de 20% ao ano, nos últimos três anos.[5] Apesar dos esforços da Apple e de Steve Jobs, as vendas de música on-line, de início contestadas pelas gravadoras, compensam parcela minúscula da receita perdida. Apenas pequena fração dos bilhões de músicas baixadas on-line nos Estados Unidos, todos os anos, é comprada e paga. A International Federation of the Phonographic Industry (Federação Internacional da Indústria Fonográfica), entidade de classe, estima que 95% das músicas baixadas em todo o mundo são ilegais.[6] E gente de dentro do setor nos diz que, depois das vendas de CD e de músicas on-line, as ações judiciais contra os clientes são a terceira maior fonte de receita. A atitude das gravadoras em relação à ruptura digital as leva a envolver-se em sucessivos comportamentos irracionais. O resultado lamentável é que a indústria que nos trouxe Elvis e os Beatles é hoje odiada por muitos de seus clientes e passou a processar crianças. O colapso da indústria é rico de lições sobre a construção de empreendimentos de sucesso no mundo wiki.

Os problemas das gravadoras são anteriores à internet. A gravação de músicas é uma indústria inchada, com enormes custos resultantes de seu modelo de distribuição física. Nela também há muitos intermediários, como distribuidores e promotores, à procura de um naco dos ganhos. Impulsionar uma banda, desde a obscuridade até a popularidade, é um processo extremamente dispendioso, mas é o que faziam as gravadoras, para conquistar o tão cobiçado espaço na prateleira das lojas de música. A consequência é que as gravadoras sempre estavam em busca de superastros uma vez que menos de 10% dos CDs lançados geram lucro.[7] As receitas produzidas pelos mais vendidos cobrem as perdas incorridas pelos primos encalhados.

É como se no jogo de futebol só contasse gol de placa. Todo o resto não vale. Portanto, quem só empurra a bola na pequena área não pode entrar em campo. Nesse contexto, a internet deveria ser uma dádiva divina, permitindo que as gravadoras distribuam cópias digitais de músicas para centenas de milhões de ouvintes, praticamente sem custo. Contornando a infraestrutura da era industrial, muito mais músicos seriam lucrativos. Prosseguindo na analogia com o futebol, de repente, jogadores que só fizessem gol de pênalti também teriam chances de serem convocados. Até músicos medíocres poderiam ganhar a vida. As gravadoras, reinventadas como redes digitais de artistas, fãs e empreendedores, lançariam muito mais artistas, em vez de concentrar todas as suas energias em possíveis superastros.

ÁUDIO DE INTERNET ONIPRESENTE

A solução para restabelecer a saúde econômica da indústria de música não é vender música a preço fixo. Em vez de insistir em tecnologias de distribuição do século XX, como discos digitais e download de arquivos, o negócio de música deve avançar para o século XXI, com um novo modelo de negócios, lastreado em tecnologias inovadoras. O setor precisa praticar os princípios da wikinomics. Conforme temos defendido há muitos anos,[8] existe uma solução óbvia: a música deixa de ser produto que se compra para se transformar em serviço que se assina. Em vez de comprar canções, os ouvintes pagariam uma pequena taxa – digamos, US$4 por mês – para ter acesso a todas as canções do mundo. As gravações lhes seriam enviadas via internet para qualquer receptor de sua escolha – laptop, dispositivos móveis, automóveis ou estéreos domésticos.

Vamos chamá-lo de Áudio de Internet Onipresente. Com efeito, todos os clientes teriam seu próprio canal e poderiam picar e fatiar grandes bases de dados da maneira que mais lhes aprouvesse – por artista, por gênero, por ano, por compositor, por popularidade, e assim por diante. O serviço Áudio de Internet Onipresente conheceria as preferências de cada usuário, com base em seu padrão de escolhas. Você poderia votar, polegar para cima ou para baixo, enquanto escuta a música (se quiser), o que refinaria ainda mais suas preferências. Você teria condições de pedir ao seu provedor de Áudio de Internet Onipresente para sugerir novos artistas que provavelmente se enquadrassem entre os seus favoritos ou para criar um novo repertório denominado "Atuais favoritos de Eric Clapton" ou "Clássicos de J. Dilla". À medida que os serviços se tornassem mais sofisticados, também seria possível encomendar uma discoteca digital dos maiores sucessos de seus tempos de escola, que apresentassem grandes guitarristas.

Os músicos, os compositores e até as gravadoras seriam remunerados por meio de sistemas que monitorassem sua popularidade. Mas isso exigiria colaboração e até compartilhamento. Todas as músicas disponíveis constituiriam um pool e, com base em métodos atuariais, o bolo seria dividido de acordo com a demanda. Para tanto, já se conta com tecnologias e empresas.[9]

O Áudio de Internet Onipresente reduziria drasticamente os "downloads ilegais" e não mandaria para a cadeia adolescentes e crianças, porque o problema de proteção dos direitos autorais deixaria de existir. Quem se daria ao trabalho de "roubar" música? Quem se apossaria de uma canção, quando poderia ouvi-la de graça, a qualquer hora, em qualquer dispositivo? Porém, em vez de desenvolver novas abordagens ousadas para o entretenimento digital, a indústria fez tudo ao seu alcance para defender o *status quo*. Infelizmente, a obsessão das grandes gravadoras pelo controle, pela pirataria e pelos padrões privativos apenas serviu para afastar e enfurecer ainda mais os ouvintes.

Promove-se cada vez mais o *streaming*, ou fluxo de mídia, e as primeiras variedades do Áudio de Internet Onipresente já estão em funcionamento. Serviços como Last.fm, We7, Rhapsody, Spotify e Pandora fornecem música aos assinantes, agrupadas por temas ou como canções isoladas, por demanda. Mas essas empresas ainda não estão oferecendo o vasto conjunto de serviços personalizados que imaginamos, ao menos por enquanto. Mas, no ano passado, a Apple comprou a Lala, provedora de música digital, sendo provável que bombeie os serviços da adquirida para oferecer muitos dos atributos que prevemos.

Teste de realidade: será que o *streaming* de áudio funcionará?

Nem todo o mundo concorda conosco que o *streaming* de áudio é a melhor solução. Para um teste de realidade, procuramos o crítico mais sofisticado que poderíamos encontrar e conversamos com ele. Cory Doctorow não é apenas um guru da Web, com seu site tremendamente popular BoingBoing.net, mas também crítico social e romancista. Doctorow afirma que serviços dessa natureza fracassariam, porque as pessoas gostam de colecionar música e encher os seus iPods, e a quantidade de música que pode ser armazenada de graça continua a crescer. Nos termos dele: "As pessoas baixam música hoje e não mostram qualquer sinal de que pararão." Porém, entendemos que nem sempre é assim. As pessoas gostavam de colecionar CDs, mas hoje a situação mudou. Ninguém quer ser dono de vídeos do YouTube. Por que se incomodar, se eles sempre estão disponíveis on-line? A capacidade de acessá-los a qualquer momento torna a propriedade irrelevante. Com a música, deve ocorrer o mesmo.

Doctorow também acredita que "as empresas wireless sempre são avaliadas entre as piores do mundo. Elas tratam os clientes muitíssimo mal". Não tergivessaremos a respeito desse detalhe, pois os serviços geralmente são imprevisíveis e também muito dispendiosos. Compreendemos as preocupações dele com a qualidade das redes 3G, mas partimos da premissa de que em breve se disporá de conexões de alta qualidade, em tempo integral, com a internet, fixas ou móveis. Talvez seja 4G, ou Wi-Fi ou uma combinação de diferentes qualidades. Mas a hora está chegando.

Doctorow também adverte quanto a um terceiro conhecer todas as suas preferências musicais e observa que haverá quem o interprete como invasão de privacidade. Você gostaria que alguma fonte central soubesse que você aprecia música islâmica, o que passaria a constar de seu perfil? No entanto, a maneira de lidar com esse receio é embutir garantias de privacidade no sistema. Você poderia insistir para que seu prestador de serviços não mantivesse em arquivo seus pedidos de música. É até possível que você perca alguns benefícios do Áudio de Internet Onipresente, mas, para algumas pessoas, esse seria um preço baixo pela certeza da privacidade.

Os usuários também podem preocupar-se com a descontinuidade dos serviços e com a consequente perda de seus repertórios. É um receio legítimo. Já houve quem perdesse suas fotografias por as ter armazenado em serviços de hospedagem on-line. Mas os usuários poderiam adotar certas medidas para salvaguardar suas preferências musicais. Você seria o dono do repertório e poderia armazená-lo em seu dispositivo. Se o seu provedor de serviços de internet (PSI) ou, no caso específico, seu fornecedor de música, for à falência, suas preferências ainda estariam seguras e poderiam ser transferidas para próximo prestador de serviços musicais.

Outras abordagens poderiam resolver os problemas do setor, mas, novamente, elas requerem mentalidade da wikinomics – experimentação e espírito de colaboração – atributos que as grandes gravadoras até hoje não demonstraram. Dois acadêmicos especializados em propriedade intelectual – William Fischer e Neil Netanel, argumentam que os sites de música ponto a ponto deveriam ter permissão para distribuir música de graça. Mas os prestadores desses serviços, inclusive provedores de serviços de internet e fabricantes de dispositivos, pagariam uma taxa. Como no caso do Áudio de Internet Onipresente, os artistas seriam remunerados de acordo com a popularidade das baixas.[10] Como alternativa, a Electronic Frontier Foundation propôs uma "licença coletiva voluntária" que daria ao comprador imunidade contra acusação por compartilhamento de arquivo não comercial.[11] Novamente, as taxas pagas pela licença seriam acumuladas e divididas entre os artistas.

Novas ideias como essa são apoiadas por cada vez mais músicos. A Songwriters Association of Canada (Associação de Autores Musicais do Canadá) está propondo uma licença para o usuário final – algo que, segundo o presidente Eddie Schwartz, é defendido pela vasta maioria dos amantes de música em todo o mundo.[12] A taxa, estimada em US$4 mensais para acesso, por demanda, ao mundo da música gravada, seria administrada pelos PSIs. Não se trata de nenhum tipo de tributo socialista compulsório, como já se sugeriu. Consumidores, criadores e titulares de direitos poderiam não aderir ao esquema. "Essa proposta faria mais que eliminar o problema do 'roubo' de música", diz Schwartz. "Possibilitaria que músicos, autores e agentes fossem remunerados com justiça por seu trabalho. E com mais artistas em condições de ganhar a vida, ocorreria extraordinária explosão de criatividade e todos sairiam ganhando." As gravadoras deveriam ouvir com mais atenção.

OS MÚSICOS ESCOLHEM A COLABORAÇÃO EM MASSA

Enquanto as gravadoras atolam na estrada, artistas criativos estão forjando o futuro. Por exemplo, quando o baterista Josh Freese (Nine Inch Nails e Devo) lançou seu segundo disco solo, *Since 1972*, ele ofereceu aos fãs uma escala flexível de "edições limitadas". Por US$7, os fãs tinham direito ao download digital convencional de três vídeos. Havia ofertas para todos os tamanhos de bolsos. Mas veja o pacote de US$75 mil:[13] além de receber um CD e uma camiseta com o autógrafo do artista, você poderia participar de uma excursão com Josh durante alguns dias. Além disso, Josh ainda comporia, gravaria e lançaria um EP (Extended Play) com cinco canções sobre você e sua vida. Ainda por cima, você poderia levar para casa uma de suas baterias (apenas uma, mas à sua escolha). Se, por acaso, você fosse músico, Josh tocaria na sua banda durante um mês... participando de apresentações ao vivo, de gravações, de festas etc. E, para os realmente felizardos, Josh se dispunha a encher a cara e a cruzar Hollywood num Lamborghini ou levar sua limusine para Tijuana (exatamente o que isso significa não podemos revelar aqui, por restrições legais). Evidentemente, as ofertas demasiado generosas de Freese envolvem certa dose de ironia. Mas, ao mesmo tempo, sua histrionice inusitada é manifestação de tendências mais amplas, como a personalização crescente das relações entre fãs e artistas e a colaboração cada vez maior entre ambas as partes.

Com efeito, quando se olha para o passado recente e se observa toda a empolgação com o compartilhamento de arquivos, as grandes oportunidades de inovação começam a revelar-se. As redes sociais que permitem aos artistas conectar-se diretamente com os fãs tendem a apoderar-se de fatias crescentes da tradicional indústria de música, em proveito dos novos participantes. Considere o processo de descoberta de novos talentos, outrora domínio exclusivo das áreas de A&R das gravadoras. A indústria de música está sendo marginalizada por sites como OurStage, em que os fãs escolhem seus artistas favoritos. Quando o OurStage foi fundado, em 2006, Ben Cambpell tinha um objetivo em mente: introduzir a verdadeira democracia no entretenimento. "A internet deveria [...ajudar] os artistas a contornar as grandes gravadoras e estúdios e ir diretamente aos fãs", explica Campbell. "Mas a coisa não funcionou exatamente dessa maneira, porque dezenas de milhões de pessoas apareceram ao mesmo tempo na festa da internet, sem meios para discernir entre qualidade e barulho."[14]

Para enfrentar o problema, Campbell bolou um sistema que conecta milhões de fãs a novos músicos, como meio para descobrir e promover os artistas mais promissores. "Em vez de alguém numa sala em Nova York ou em Los Angeles tomar as decisões, deixamos que os fãs decidam quem é ótimo."[15] A participação é fácil. Os artistas enviam algumas amostras de faixas para a plataforma OurStage, descrevendo o gênero e acrescentando alguns detalhes pessoais. Os fãs de música ouvem e comparam as faixas com as de outros artistas. Os algoritmos do OurStage fazem o resto, gerando classificações ou gráficos que destacam as seleções mais populares.

O processo oferece benefícios aos fãs e aos músicos. Os amantes de música têm acesso às bandas mais recentes, podem conectar-se com artistas e outros fãs e ganhar prêmios por classificar as canções. Os músicos são expostos a milhões de apoiadores potenciais e podem ganhar até US$5 mil em competições, além de construir a marca das bandas. O OurStage também tem parcerias exclusivas com MTV, Live Nation e congêneres, proporcionando aos músicos oportunidades de apresentações ao vivo, de contratos de gravação e de sessões de mentorização com grandes artistas. "Nosso objetivo é oferecer boas chances de progresso a nossos artistas (...), do tipo: apresentações ao vivo em festivais como Bonnarro, Virgin Music & Bumbershoot; participação em competições como Starbucks Music Makers e John Lennon Songwrittings; CD samplers como Relix, Paste & CMJ...", diz Campbell.[16] O OurStage também está desenvolvendo um mercado on-line, para conectar artistas com possíveis promotores de apresentações ao vivo, outro tiro na proa dos titulares da indústria de música.

Nos últimos anos, o OurStage tem desfrutado de crescimento extraordinário. O site conta com mais de 120 mil artistas participantes, com a média de 4 milhões de visitas por mês.[17] A pegada e a influência do OurStage vai além do site, com seus principais artistas se apresentando na MTV e nos principais festivais, assim como em emissoras de rádio. O site também se estende a outras redes sociais, como Facebook e MySpace, para envolver os usuários e promover os músicos. Mais importante, o OurStage lançou e promoveu com sucesso as carreiras de numerosos artistas, ao mesmo tempo em que oferece aos fãs *o* lugar para encontrar música na internet.

Embora o OurStage seja um dos exemplos mais expressivos da emergente "nova ordem mundial" para as empresas de música, outros sites também estão explorando a colaboração em massa para ajudar artistas e para oferecer música aos fãs. Outro site, chamado Slicethepie, diz a cada usuário para "servir-se de uma fatia da indústria de música", financiando diretamente artistas promissores. Os artistas podem usar o dinheiro para gravar um álbum e, se forem bem-sucedidos, parte dos lucros goteja no bolso dos financiadores. O site Topspin (topspinmedia.com) ajuda os artistas a conectar-se diretamente com os fãs, oferecendo uma plataforma para o manejo de catálogos, promover seu trabalho e vender música sem os intermediários de sempre. Do mesmo modo, o Nimbit é uma plataforma de marketing, de distribuição e de gestão de artistas, com acesso direto aos fãs, cujo objetivo é devolver aos músicos o controle sobre seu trabalho criativo.

Ainda que os mamutes da indústria de música tradicional não tendam a extinguir-se da noite para o dia e mesmo que a maioria tente adaptar-se, por meio de parcerias e aquisições, o velho modelo está fadado ao desaparecimento. Os artistas, assim como os fãs de música, estão buscando, cada vez mais, novas maneira de conectar-se e de colaborar, por meio de ferramentas como OurStage e Slicethepie. E isso não deixa muito espaço para quem ficar em cima do muro.

Nesse contexto, os Radioheads surpreenderam a indústria quando, em outubro de 2007, ignoraram todas as convenções setoriais e lançaram o álbum *In Rainbows*, para download digital, exclusivamente por meio de seu próprio site. Em seguida, fizeram algo mais que poucos artistas ou gravadoras ousaram tentar: deixaram que os clientes decidissem o quanto pagar! Contrariando a sabedoria convencional, as estimativas sugerem que milhões de fãs pagaram em média de US$6 a US$8 pelo álbum. Como a banda é independente, eles não dividiram essa receita com as gravadoras. Esse resultado sem dúvida supera o que o artista típico de grandes gravadoras aufere com a venda de um CD. Guy Hands, chairman da EMI, se referiu à iniciativa dos Radioheads como "um toque de despertar ao qual todos devemos dar as boas-vindas e responder com criatividade e energia".[18] Infelizmente, ainda estamos esperando para ver alguma evidência de que a indústria mais ampla compartilha do mesmo senso de urgência.

PROSSUMIDORES MUSICAIS

Ao mesmo tempo em que os fãs podem envolver-se, cada vez mais, na promoção dos artistas que amam, os amantes de música, cada vez mais, também têm condições de tornar-se artistas. A Web está mudando nossas experiências com música. Em vez de apenas ouvir passivamente, pessoas de todos os lugares se transformam em prossumidores, participando também da criação de trabalhos musicais. Hoje, os aspirantes a músicos podem dispor em seus Macs ou PCs, do equivalente a estúdios de gravação de milhões de dólares. Agora, os consumidores de música podem mixar e até produzir sozinhos – e o fazem, em números crescentes, usando a Web como palco de suas atuações. Há quem se dedique a essas atividades com o propósito de lucro, mas a maioria o faz apenas por diversão.

Se você gostar, como nós, de tocar guitarra, provavelmente adora o RiffWorld, comunidade on-line onde guitarristas de todo o mundo colaboram para produzir velhos sucessos e até para coescrever músicas originais. Quando conversamos com o fundador, Doug Wright, ele descreveu como o RiffWorld está derrubando barreiras musicais e originando grupos auto-organizados de guitarristas, em âmbito global, que se reúnem espontaneamente na versão on-line das sessões improvisadas de jazz (*jam session*) das noites de sexta-feira.

Normalmente, os guitarristas que quiserem tocar com outras pessoas publicam anúncios classificados ou procuram alguém no ambiente próximo. Como, em geral, precisa-se de muito tempo e esforço para combinar agendas e para reunir os equipamentos, limita-se a busca aos pares mais próximos e mais compatíveis, em termos de idade, gosto, estilo e gênero. "Mas, na colaboração on-line", diz Wright, "a busca de outros artistas é muito mais fácil, razão por que as pessoas são mais flexíveis em suas fronteiras. Temos fanáticos por metais, com 16 anos, tocando com sessentões, adeptos de blues, e constatamos que a experiência é muito divertida para ambos. Portanto, não estamos cruzando apenas fronteiras geográficas. Também estamos transpondo abismos de gerações, saltando precipícios de gênero e superando desfiladeiros de estilo".

Para outra visão de como a colaboração está mudando a experiência dos consumidores com música, converse com Amanda Kistindey, mãe solteira e amante ávida de música, que, nas horas vagas, também é compositora e produtora de discos. Não no sentido tradicional, contudo, pois ela se dedica a essas atividades sem o intuito de obter ganhos comerciais. Na verdade, Amanda é parte de uma comunidade extraordinária de 6.500 pessoas[19] que colaboram por meio de uma plataforma de Web denominada hitRECord, para compor, remixar, gravar e produzir música e outros conteúdos artísticos, porque adoram fazer isso. Ela se envolveu profundamente, no outono setentrional de 2009, ao remixar um arranjo instrumental de um usuário do Reino Unido com o lirismo de um poema escrito por um usuário dos Estados Unidos, criando um trabalho de arte inteiramente novo.

O hitRECord.org foi constituído em maio de 2005, quando o ator profissional Joseph Gordon-Levitt precisou de um lugar para armazenar suas ideias e experiências musicais. Depois de construir um escaninho de criatividade no servidor do escritório de seu irmão, ele começou a compartilhar o conteúdo com outros e em breve se tornava popular e evoluía para algo mais substancial. Em 2007, constituiu-se um fórum de discussões e logo depois nascia uma nova comunidade para artistas. "O objetivo do hitRECord", conforme a descrição de Gordon Levitt, "é facilitar o processo de criação colaborativo, produzindo, coletivamente, trabalhos remixados e registrados (RECorded) em multimídia."[20] Os registros podem assumir qualquer forma de expressionismo documentado – como fotografia, palavra escrita, vídeo e música – os usuários são estimulados a remixar e a retrabalhar a mídia original, para, finalmente, relançar a nova combinação na comunidade. Desde então, milhares de RECorders se associaram ao site, lançando 30.868 artigos de mídia totalmente originais. Avaliando o potencial, Gordon-Levitt transformou o hitRECord em empresa de produção profissional, em janeiro de 2010.[21] Agora, ao deparar com algo realmente especial, investe recursos da hitRECord para converter a ideia em produção lucrativa. Cinquenta por cento da receita vai para os criadores, depois da cobertura dos custos.[22] "A mídia tendia a ser um monólogo, agora, está virando diálogo", diz Gordon-Levitt. "E a diferença é realmente grande", afirma, "entre uma empresa relativamente pequena, transmitindo seu sinal para todo o mundo, e uma empresa global interconectada, onde todos têm a chance de participar".[23]

A colaboração não é apenas bem-vinda na hitRECord, mais que isso, é o fundamento de sua comunidade. Para Amanda, o pool de 31 mil diferentes recursos registrados (fotografias, vídeos, música e palavras escritas) serve não só como meio de criação de resultados colaborativos, mas também de "trampolim para a inspiração". Alguém envia um esboço, outro usuário o anima, um terceiro escreve uma canção sobre o tema e, antes que se imagine, três pessoas situadas em diferentes lugares do mundo criaram um vídeo de música. Ela descreve o processo como "verdadeira congregação de indivíduos com mentalidades semelhantes, para celebrar um objetivo comum: o renascimento da criação artística no mundo digital".

Realmente, por meio de várias comunidades, como RiffWorld e hitRECord, estamos começando a ver uma mudança na maneira como artistas e criadores amadores compartilham e desenvolvem ideias. Em vez de labutarem em isolamento, todos estão afluindo em bandos para a Web, onde formam comunidades com os pares. "Há 20 milhões de guitarristas nos Estados Unidos, mas apenas 500 mil bandas", diz

Wright. "Isso significa que existem 19 milhões de guitarristas que trabalham durante o dia, que estudam e que cuidam da família. Eles têm uma hora por dia, talvez uma hora por semana, para tocar guitarra. Mas, com a internet, eles podem experimentar como é escrever e tocar música com outras pessoas, igualmente apaixonadas por guitarra." E, no fim das contas, essa é a expressão musical derradeira do prossumerismo: não apenas ouvir música, mas também fazer música numa comunidade on-line.

NOVOS MODELOS DE NEGÓCIOS PARA MÚSICAS: A NETTWERK RECORDS MOSTRA O CAMINHO

Se algo se interpõe no caminho de novas colaborações musicais vibrantes, são os padrões muito rígidos da indústria sobre os direitos de propriedade intelectual. Nossas pesquisas sobre a Geração Net ao longo dos anos realmente reforçaram essa opinião. O mundo degustou pela primeira vez os novos padrões de propriedade intelectual da Geração Net quando milhões de crianças e adolescentes iniciadas em tecnologia dispararam para o Napster (e, depois, para Kazaa, BitTorrent e LimeWire) e, assim, revolucionaram a distribuição de música, programas de televisão, software e filmes. O compartilhamento de arquivos hoje é responsável por metade do tráfego de internet do mundo – para muita tristeza de Hollywood –, sinalizando que a Geração Net está renegociando as definições de direitos autorais e de propriedade intelectual. O aspecto mais promissor dessa tendência, contudo, é que, como os guitarristas e os inovadores musicais descritos antes, membros da Geração Net, em números crescentes, estão aplicando suas novas habilidades no mundo da mídia on-line, para engendrar nova renascença criativa na Web.

A muito citada pesquisa do Pew Internet Project sobre adolescentes americanos confirmou que mais da metade (cerca de 64%, em dezembro de 2007, em comparação com 57%, em 2004) de adolescentes on-line são o que o projeto denomina "criadores de conteúdo".[24] Esses criadores de conteúdo relatam que estão participando de numerosas atividades, como criação de blogs ou de sites pessoais; do compartilhamento de conteúdo original, como obras de arte, fotos, histórias ou vídeos; além da remixagem de conteúdo encontrado on-line em novas criações. Novos serviços on-line, como Jumpcut, tornam ridiculamente fácil para essa geração fazer e remixar filmes, enquanto milhares de DJs de dormitórios estão explorando as novas tecnologias que instalam um estúdio de gravação em seus computadores pessoais.

Assim sendo, será que as mudanças de atitude em relação à propriedade intelectual são ameaça ou oportunidade? Falcões da propriedade intelectual (como a Business Software Alliance – BSA) tacham de bando de piratas os compartilhadores de arquivos e os acusa de se mostrarem cada vez mais indiferentes à lei de direitos autorais. Mas será que é realmente pirataria quando o DJ Copycat passa horas misturando "Pretty Vacant", dos Sex Pistols, com trilhas das bandas The Charlatans e Visage, para produzir uma nova obra, que, então, compartilha com seus seguidores on-line? Ou será que essa é exatamente a espécie de serendipidade que devemos estimular, quando procuramos inventar novos modelos de negócio, centrados nos usuários, para a indústria de mídia? Embora discordemos dos fundamentalistas dos direitos autorais, como a BSA e a RIAA (Record Industry Association of America), é evidente que precisamos descobrir uma maneira de os criadores e investidores extraírem benefícios monetários de seu trabalho. Mas, será que nessa categoria também não se incluiriam as pessoas que passam centenas de horas produzindo ou remixando música, fotos e vídeos, para sites como Flickr, MySpace e YouTube?

Pelo menos algumas gravadoras estão começando a encarar de maneira diferente a propriedade intelectual e como ganhar dinheiro na indústria de música hoje. Veja o caso da Nettwerk Records, casa de artistas como Avril Lavigne, Sarah McLachlan e Ron Sexsmith, Barenaked Ladies, Sum 41 e Dido. Terry McBride, cofundador da gravadora, acha que a chave do sucesso numa indústria reformulada pela distribuição sob o controle do consumidor é monetizar a única coisa que não se consegue transformar em commodity: o valor emotivo da experiência musical. E, embora McBride apoie o direito autoral, ele não acompanha a linha costumeira da indústria a respeito do direito de propriedade intelectual. Para ele, a solução não é estancar o fluxo da tecnologia, mas, sim, compreender que tecnologias os consumidores estão usando e, então, descobrir maneiras criativas de tornar a música parte da experiência.

Se as crianças ouvem música enquanto jogam videogames, McBride quer que a Nettwerk explore a tendência. Se as pessoas baixam música enquanto trabalham com mensagens de texto, McBride quer que a Nettwerk ofereça músicas. Ele não é muito exigente em relação ao meio – o conteúdo é a mensagem. A receita de McBride para o sucesso é breve e simples: "Vamos apoiar todas as novas plataformas e formatos e criar condições para que os fãs consumam nossa música como quiserem consumi-la. Não vamos dizer-lhes como consumi-la." Em outras palavras, a "música deve ser como água: deixe que ela flua de todas as maneiras possíveis".[25]

Isso lembra o refrão ciberlibertário: "a música quer ser livre." Mas McBride construiu sérios antecedentes no negócio, transformando-o em força a ser considerada. Ele alega ter tido a mesma reação reflexa dos demais participantes do setor, quando surgiram as tecnologias de compartilhamento de arquivos, como o Napster. "Mas, depois que começamos a compreendê-la, a nos familiarizarmos com ela e a conversar com os fãs, percebemos que se trata de algo totalmente diferente e que há uma maneira de aproveitar a tendência." McBride parece reconhecer que cópias das músicas de seus artistas inevitavelmente circularão de graça na internet. Mas ele se mostra otimista quanto à capacidade da Nettwerk de descobrir maneiras criativas de monetizar a ligação emocional dos fãs com as músicas produzidas por seus artistas.

Fãs da banda de rock Barenaked Ladies, por exemplo, podem comprar gravação do concerto que acabaram de ver. "Cópias do show ao vivo estão disponíveis cinco minutos depois do fim do concerto", diz McBride. Durante uma excursão ao Reino Unido, em 2007, as vendas das apresentações ao vivo, em USB, corresponderam a 70% das vendas do Barenaked Ladies em mídia. McBride estima que de 5% a 10%

das pessoas que compareceram ao show compraram um pen drive antes de irem para casa. "É uma enorme taxa de conversão", afirma; "em geral, ficávamos satisfeitos quando conseguíamos taxas de conversão de 1% ou 2%, com vendas de CDs".

A Nettwerk também tem experimentado modelos cada vez mais abertos de produção de música. Quando chegou a hora de produzir um single de Sarah McLachlan, com remixagem de músicas de Natal, por exemplo, a abordagem tradicional teria sido gastar US$30 mil ou US$40 mil com a contratação de um produtor. Achando que seria demais para um single que ficaria no mercado durante seis semanas, ele organizou uma competição de remixagem num dos principais sites de DJs. Centenas de DJs apresentaram seus trabalhos e milhares de fãs votaram em seus favoritos. McBride comprou as três remixagens mais votadas e começou a vendê-las. "A solução não nos custou nada além do preço de compra do arquivo, que foi apenas uns US$2 mil", diz McBride, "e ganhamos mais do que gastamos apenas com as vendas digitais no período de duas semanas".

A abertura do processo para DJs externos também resultou em copiosa promoção gratuita. "Sei que todos os DJs que dedicaram muito tempo e esforço à produção de suas mixagens as incluíram em seus repertórios, nos clubes em que trabalhavam", diz McBride, para quem a mesma abordagem de prossumo poderia ser aplicada a tudo, desde camisetas a capas de álbuns. "Há muitas maneiras diferentes de explorar a conexão emocional com seu público e de envolvê-lo no processo criativo."

A abordagem aberta de McBride parece estar funcionando. As vendas on-line representam 40% das vendas totais da Nettwerk, que se situa na casa de dezenas de milhões, em comparação com as dos concorrentes, que correspondem a apenas 10% ou 15% desse total. Se seguissem o exemplo da Nettwerk, outras gravadoras encarariam como oportunidade de negócios a propensão dos jovens para piratear e remixar produtos digitais. Por exemplo, por que não criar comunidades on-line ou estimular o crescimento das já existentes, como RiffWorld ou hitRECord, em que os participantes poderiam pagar uma taxa para ter acesso a novas ferramentas poderosas de edição, bem como às matérias-primas (inclusive as mais recentes músicas e filmes), para exibir suas próprias criações em mídia?

INCLINANDO A BALANÇA DA LEI DOS DIREITOS AUTORAIS

Infelizmente, se todos os executivos de gravadoras impusessem sua vontade, seria muito fácil extinguir fontes potencialmente lucrativas de inovação e criatividade, induzidas pelos usuários, com base na premissa falsa de que qualquer forma de "remixagem" criativa de propriedade intelectual configura pirataria. Alguns executivos não hesitam em admiti-lo. "A indústria de gravação de música durante muito tempo dependeu da quantidade de CDs vendidos", diz Guy Hands, da EMI. "A indústria, em vez de abraçar a digitalização e as oportunidades por ela oferecidas para a promoção dos produtos e para a distribuição por vários canais, meteu a cabeça na areia."[26] De fato, a história real é ainda pior. A indústria de gravação recorre à proteção de patentes e de direitos autorais como escudo contra a inovação e a mudança em seus mercados. E, enquanto os novos modelos de negócios não se firmarem definitivamente, os gigantes da mídia parecem dispostos a recorrer à mão pesada da regulação para impor aos consumidores comportamentos que são contrários aos seus interesses.

Ao escrevermos estas palavras, tramita na União Europeia projeto de lei que daria poderes às empresas para cortar as conexões de internet dos consumidores, que forem pilhados baixando arquivos "ilegalmente". Os legisladores pelo menos reconheceram que os consumidores teriam direito ao devido processo legal, em vez de serem desconectados arbitrariamente, como resposta ao presidente francês, Nicolas Sarkozy, que vinha defendendo, e cujo governo aprovou, uma lei do tipo "três vezes e você está fora", pela qual se rastreia o uso da internet, possibilitando que os usuários que forem flagrados baixando arquivos sejam advertidos duas vezes, antes de seu acesso à internet ser cortado durante um ano.[27]

Pelo menos um governo abandonou qualquer pretensão de que os cidadãos tenham direito ao uso justo de material sob proteção de direitos autorais e não mais está interessado em promover o equilíbrio adequado entre os direitos dos consumidores e os direitos das gravadoras e dos estúdios de cinema. Em abril, o governo do Reino Unido aprovou a draconiana Digital Economy Act (Lei da Economia Digital).[28] Cory Doctorow, o escritor que já mencionamos, escreveu uma coluna on-line, intitulada: "Digital Economy Act: This means war" (Lei da Economia Digital: Isso significa guerra). Como artista atuante, Doctorow afirma que quer normas de direitos autorais que forneçam um arcabouço firme para suas negociações com grandes editoras, estúdios cinematográficos e instituições semelhantes. "Toda a minha vida gira em torno da economia digital: dirigir negócios empreendedores que florescem com a copiagem e que explorem as poderosas eficiências da internet para realizar melhor retorno sobre o investimento."[29] Porém, a nova lei sufoca a criatividade e estabelece um clima sem precedentes de censura à Web na Inglaterra, ao possibilitar que uma família seja desconectada da internet, com base em acusações de gigantes do entretenimento, que seu acesso a sites seja bloqueado e que pontos de acesso gratuitos em Wi-Fi sejam efetivamente proibidos.

No entanto, ouve-se um coro cada vez mais estridente de pessoas com mentalidade avançada que estão reivindicando a revogação ou pelo menos a atenuação do regime cada vez mais rigoroso da propriedade intelectual. Durante anos, Victor Keegan, colunista do *The Guardian*, lastimou as pressões de interesses empresariais entrincheirados para ampliar ainda mais a vigência dos direitos autorais. Ele exorta os legisladores a inclinar a balança dos direitos autorais em favor dos usuários e dos criadores amadores. Escreve Keegan:

> Vivemos hoje numa era digital de disponibilidade instantânea e barata, de enredamento e de remixagem, e de criatividade em massa, com cada vez mais criadores preparados para oferecer seus serviços de graça (como em boa parte do

movimento de código aberto). Precisamos de nova regulação para uma nova era, antes que não mais sejamos capazes de resistir às demandas dos produtores, que se empenham em conseguir a promulgação de normas draconianas, antes que os postigos se fechem sobre o velho mundo (...) A economia criativa é de importância vital, mas a maneira de fomentá-la é seguir os ventos da revolução da informação, sem ceder à insistência das grandes corporações, no intuito de preservar um modelo de negócios que foi revirado de cabeça para baixo pela revolução que se desenrola em praticamente todos os setores criativos.[30]

Keegan está certo – precisamos de um campo de jogo nivelado em que novas formas de cocriação e de inovação sejam capazes de florescer. Se os titãs de Hollywood forem bem-sucedidos no intento de trancar seus vastos arquivos de conteúdo de mídia, isso decerto seria um retrocesso para as iniciativas de conteúdo aberto, mas, sem dúvida, não será seu dobre de morte. As medidas regulatórias mobilizadas pelas incumbentes são recursos protelatórios, não fontes de vantagem competitiva duradoura. Em todo caso, uma abordagem mais equilibrada à maneira como reconhecemos, estimulamos e recompensamos a produção de conhecimento será impulsionada por novos modelos de negócios viáveis, capazes de promover a criação de valor, não pelo levantamento de barreiras legais que inibam a inovação.

Conforme explicamos em *Wikinomics*, a reticência demonstrada pelas indústrias de mídia não é surpreendente e, em alguns casos, é totalmente racional. Produtores de mídia, de música, de software e de outros bens digitalizados enfrentam um problema de negócios muito legítimo: não podem adotar racionalmente novas abordagens que canibalizariam as receitas vigentes, sem dispor de meios viáveis para sustentar seus fluxos de receita cada vez mais rarefeitos. Jim Griffin, guru do setor, chama essa situação de "economia de Tarzã". "Agarramos o cipó que nos mantém acima do solo da selva", diz, "e não podemos largá-lo antes de termos segurado com firmeza o próximo cipó".

O problema é que as incumbentes da mídia se movimentam com muita lentidão. Elas estão afundando na espessa vegetação rasteira de cláusulas contratuais espinhosas e de infraestruturas obsoletas e custosas. O pior é que os fundamentos econômicos do setor repousam sobre modelo de negócios adequado para a era das versões analógicas, não para um mundo de criação e distribuição digitais, induzidas pelo usuário. Essas instituições são perigosas e estão profundamente arraigadas no contrato social e econômico da indústria. É difícil para altos executivos imaginar um mundo em que suas empresas poderiam perder o controle dos próprios recursos que monopolizaram durante tanto tempo.

O dilema com que se deparam os executivos da mídia é não serem capazes de replicar os sucessos fenomenais de empreendimentos como Linux, Wikipédia, YouTube e outras comunidades colaborativas, sem também aceitar a abertura radical com que elas compartilham a propriedade intelectual. O resultado é que novos modelos de negócios para conteúdo aberto surgirão não de incumbentes tradicionais da mídia, mas, sim, de empresas como Apple e Google, assim como de gravadoras inteligentes como Nettwerk Records. Essa nova geração de empresas não está oprimida pelos legados que inibem as empresas tradicionais de divulgação de música, razão por que podem ser muito mais ágeis em responder às demandas dos clientes.

No fim das contas, a saga que se desenrola nas indústrias de mídia serve para ilustrar um princípio fundamental: valor para os clientes, em vez de controle, é a solução na economia digital. As indústrias de mídia e, sob esse aspecto, todos os setores, devem resistir à tentação de impor sua vontade aos consumidores, por motivos de conveniência ou, pior ainda, em consequência de falta de engenhosidade e de agilidade. Ao contrário, as gravadoras de música e outras entidades de mídia devem desenvolver modelos de negócios que explorem todos os recursos da internet e engendrar ofertas com a combinação certa de bens "gratuitos", controle pelo consumidor, versionamento (sistema de controle de versão), além de produtos e serviços auxiliares. Aí se incluem novas plataformas para remixagens, *mash-ups* e outras formas de participação dos clientes na criação e distribuição de mídia. De fato, o que cada vez mais artistas parecem compreender é que não é necessário controlar a quantidade e o destino dos bits, quando é possível oferecer proposta de valor superior aos clientes. O conteúdo livre é uma realidade que chegou para ficar. Portanto, os artistas terão de oferecer aos clientes produtos ainda melhores que os gratuitos – produtos que sejam mais convenientes, mais atraentes e que ofereçam mais valor que os produtos oriundos de fontes ilegítimas. A marca registrada das empresas e dos artistas bem-sucedidos é a capacidade de fornecer valor excepcional.

Joseph Schumpeter, o grande teórico da economia, sustentou que ou as empresas adotam novas tecnologias, descartando os velhos métodos e produtos, ou cedem fatia de mercado para as que o fizerem.[31] Evidentemente, a teoria de Schumpeter sobre a destruição criativa presume o predomínio da livre competição, ou seja, que as empresas trarão novas tecnologias e novos produtos para o mercado, em contexto competitivo, e que os clientes, não o governo, serão os árbitros de última instância, que definirão os vencedores. A conclusão é que as leis de propriedade intelectual nunca tiveram a intenção de frear a mudança tecnológica – muito ao contrário. Mas, hoje, a indústria de conteúdo está usando essas leis de maneira perversa – não para promover a inovação, mas, sim, para suprimir qualquer manifestação que ameace o *status quo*. Essa distorção nas leis da propriedade intelectual ameaça a cadeia de criatividade e inovação de que nós (e as futuras gerações) dependemos.

As empresas de todos os setores devem ficar atentas. Veja o exemplo da IBM, que cedeu para o Linux US$400 milhões de seu software e mudou a dinâmica da indústria de TI. Ou do Goldcorp, que transferiu seus dados geológicos para o domínio público e aumentou seu valor de mercado em duas ordens de magnitude. Não deixe que sua empresa ou indústria seja o próximo canário da mina de carvão.

13. O FUTURO DA TELEVISÃO E DO CINEMA: APENAS OUTRA APLICAÇÃO INTERESSANTE DA INTERNET?

Leo Laporte é autor influente sobre assuntos de tecnologia e radialista ganhador do Prêmio Emmy, cuja audiência aumenta todas as semanas. Porém, sua emissora, TWiT Cottage (abreviação de This Week in Tech), é muito diferente de um estúdio típico de rádio ou de televisão. A Cottage fica numa rua tranquila, em Petaluma, cidade idílica a pouco menos de 100km de San Francisco. Ao chegar lá, alguém com fisionomia amistosa o recebe na rua e o acompanha até o saguão (hall frontal), oferecendo-lhe uma xícara de chá ou cappuccino. No estúdio principal (sala de estar) o autor e comunicador Laporte, com fones de ouvidos, está sentado numa bola de exercícios, falando vigorosamente ao microfone, diante de uma parede de tecnologia. Não há ninguém mais na sala, a não ser o grupo de comentaristas e um funcionário que maneja oito câmeras de um centro de controle (sala de jantar). Adicionando os administradores da empresa, o total de recursos humanos é de sete pessoas.[1]

Laporte é anfitrião e produtor de alguns dos mais populares podcasts do mundo, como This Week in Tech, Security Now, net@night, The Daily Giz Wiz, Windows Weekly, MacBreak Weekly, Jumping Monkeys e Munchcast, sob a bandeira da TWiT. Em maio de 2008, Laporte lançou uma versão ao vivo, em vídeo *streaming*, do TWiT, com 25 horas de programação original por semana. No primeiro mês, 2,6 milhões de pessoas viram o TWiT Live.[2]

Laporte entrevistou um dos autores deste livro, Don Tapscott, com um grupo de outros especialistas (e 200 mil amigos), que conversaram sobre como o mundo está mudando. Poucos meses depois, quando, em prosseguimento a esse encontro, o entrevistamos para o livro, Laporte interrompeu nossa conversa, dizendo: "A propósito, estamos ao vivo agora – você se importa se ligarmos as câmeras?" Foi a primeira vez em que qualquer um de nós entrevistou alguém para um livro, com transmissão por TV!

A estrada que levou Laporte até onde ele se encontra hoje foi longa e sinuosa. Ex-radiodifusor da mídia tradicional, ele tem sólidos antecedentes em programas de televisão, sobre tecnologia, como "The Personal Computing Show", da CNBC, "The Site", da MSNBC; "The Screen Savers" e "Call for Help", da ZDTV; e "The Lab with Leo Laporte", da G4techTV, do Canadá. Também escreveu numerosos artigos para revistas de tecnologia e ainda publicou vários best-sellers sobre tecnologia. Mas como será que Laporte concluiu que queria dirigir seu próprio "programa de televisão" na internet? Ele afirma que a revelação ocorreu em 2004, quando fez uma apresentação na rede de televisão a cabo TechTV. Pediram-lhe que expusesse suas ideias sobre como melhorar os índices de audiência. "E, assim, preparei uma exposição em que afirmava: 'Se vocês quiserem fazer um canal de tecnologia, o importante é superservir o público.' Eles queriam um público mais amplo, mas achavam que a maneira de conseguir esse resultado era abaixar o nível intelectual do conteúdo. Minha intenção era expor-lhes o ponto de vista contrário, de que a melhor maneira de alcançar certo tipo de público era ser mais *geeky* (excêntrico, extravagante, obcecado por alta tecnologia) e mais *techie* (imbuído de mentalidade técnica, inclusive por formação e profissão), para superservir aos interesses da audiência."

O chefe dele, na época, era Joe Gillespie, e Laporte ainda se lembra: "Joe me disse: 'A marca é o refúgio dos ignorantes.' Para ele, apenas os imbecis se deixam levar por mensagens de marca; as pessoas inteligentes decidem com base em atributos e benefícios." Joe estava explicando a filosofia de seus anunciantes: não podemos construir uma rede para pessoas inteligentes, porque os anunciantes não se interessarão. "Eles só querem os burros", insiste Laporte, "e, quando caiu a ficha, achei que eu estava no negócio errado. Sabe, lá estava eu, tentando explicar-lhes por que devemos procurar o público inteligente e a reação foi: 'Isso nunca vai funcionar!'" Laporte fez os cálculos e concluiu que criar para pessoas inteligentes era uma proposta de negócio viável. Ele estimou que 14 milhões de americanos trabalhavam como programadores de computador. Para ser lucrativo, bastava alcançar 5% ou 10% deles. Assim, ele resolveu superservir a um público de geeks, a uma pequena fração do custo, recorrendo à internet como canal de distribuição e usando tecnologia de prateleira, como computadores, para criar o conteúdo. "A revolução digital torna barata a criação de conteúdo, enquanto a internet universaliza a distribuição."

Tudo isso é muito destrutivo para os modelos tradicionais, diz Laporte. "Estou criando um negócio a partir do nada, com custo de capital muito mais baixo que o da mídia convencional, pois a largura de banda é barata e farta. Se não fosse, nada disso funcionaria. Sabe, demorou alguns anos, mas, em três anos, construímos um público maior que o da TechTV, em qualquer outra época, sem fazer concessões." Demorou um pouco mais para que os anunciantes captassem a mensagem. "Agora, finalmente, os anunciantes estão percebendo que é melhor para eles contar com um público engajado, de pessoas inteligentes, que com um público volúvel, pouco envolvido, que realmente não está prestando atenção. Hoje, meus anunciantes querem que eu produza mais programas, para que possam comprar mais tempo de propaganda." Na verdade, os anunciantes estão pagando mais por anúncios na TWiT que na TechTV. A receita de Laporte dobrou em cada um dos últimos dois anos, e suas expectativas são de que dobre mais de uma vez.

Laporte compreende como ele é parte do processo de tornar a mídia mais meritocrática. "Ao libertar a mídia de massa do controle dos magnatas, você também a democratiza, com a consequência de que todos passam a ter voz ativa, o que significa que os melhores estão sendo ouvidos." O resumo de tudo isso é que ele usa a sabedoria das multidões em proveito próprio. "Acho que o Twitter é a raiz do sistema nervoso da internet. Se eu seguir as pessoas certas no Twitter, e escolhi com cuidado 1.500 pessoas, não perderei nada. Se ocorrer algo notável, a novidade logo virá à superfície através desse grupo. Eu as uso como 1.500 editores, que, constantemente, trazem à tona ótimo conteúdo para mim." Nesse sentido, ele tem um staff de sete produtores e de 1.500 pesquisadores, aumentando o total de seus recursos humanos para 1.507.

A TWiT Cottage é emblemática de como a wikinomics revoluciona mais que apenas a criação, a produção e a distribuição de mídia de entretenimento. Ela está mudando a natureza da própria mídia, transformando o público em produtores, o que, por seu turno, desafia a economia e até a existência desses setores.

A versão atual da televisão em rede está condenada. As redes sofreram o primeiro golpe quando o cabo e o satélite diluíram o público entre 500 canais. Mas isso foi apenas o começo. Programas como os de Laporte, distribuídos por internet, oferecem um universo de 500 mil canais. Sob certa perspectiva, o futuro da televisão nunca foi mais brilhante. As vendas de televisores estão atingindo níveis sem precedentes. Os televisores ficam ligados nas casas mais tempo que em qualquer outra época.[3] E alguns programas especiais estão atraindo público recorde. Mas não se deixe iludir. A televisão está em vias de tornar-se apenas mais uma das aplicações atraentes da Web.

A indústria cinematográfica tem obtido resultados muito melhores; porém, nuvens de tempestade despontam no horizonte. Com a disponibilidade crescente de maiores larguras de banda, grande parte dos filmes será acessada por meio da internet, e os mesmos desafios do compartilhamento ponto a ponto que viraram de cabeça para baixo as gravadoras de música também virarão pelo avesso Hollywood, Bollywood e Berlim. Legiões de piratas entusiásticos e adolescentes frustrados estão dando a vida para imobilizar as próximas tecnologias de gestão de direitos digitais, usadas para a proteção de direitos autorais. E, como no caso da música, os clientes querem participar da produção de filmes, remixando-os e até recriando-os. Os cineastas do YouTube estão aperfeiçoando os curtas de três minutos e desviando o tempo do público dos modelos tradicionais.

Ao mesmo tempo, a indústria de videogames continua a crescer, não só como desafio aos gastos com formas de entretenimento tradicionais, mas também ao próprio modelo de mídia de entretenimento.

À medida que os jogos se tornam cada vez mais multiusuários e enredados, destaca-se a mensagem de que as pessoas, principalmente os jovens que representam o futuro, querem participar, em vez de se limitarem à condição de consumidores passivos de mídia.

Em todas essas indústrias, embora o mais comum sejam rupturas e calamidades, às vezes também se veem iniciativas inovadoras, não raro inspiradas, para a sua reinvenção. Da mesma maneira como a publicação está ficando mais democratizada, pessoas em todos os lugares estão participando da mídia, convertendo-se em prossumidores, o que, por seu turno, vira de ponta-cabeça os modelos tradicionais.

É como nos disse Jonathan Miller, diretor de recursos digitais da empresa News Corp., de Rupert Murdoch: "A internet se tornou a mídia básica, desbancando a televisão, o jornal e o telefone." Ele se refere aos noticiários de TV como o "highlight reel", ou seleção de destaques, das notícias da Web.

FILME 2.0

Da mesma maneira como o MP3 e a internet viraram pelo avesso a indústria de música, tecnologias emergentes na indústria cinematográfica acenam com mudanças igualmente drásticas a serem exibidas em breve, nos cinemas. Ou nas telinhas dos computadores. Ou nas telonas dos televisores. Ou nos telefones celulares. Ou na minivan. Ou nos óculos para sol. O atual modelo de filmes – duas horas no escurinho, com pipoca – não desaparecerá, mas se tornará parcela cada vez menor de um mercado mais amplo, que seria mais bem definido como Filme 2.0. Cinema, videogames, efeitos digitais e redes de relacionamento, tudo se mistura para mudar onde e como vemos filmes. E como se criam, se distribuem e se monetizam filmes. A wikinomics está começando a transformar o cinema, o negócio de filmes e a maneira como as pessoas interagem com o conteúdo de vídeo.

Hoje, Hollywood ganha dinheiro principalmente com as vendas de ingressos e de DVDs. As vendas de ingressos atingiram o recorde de US$10,6 bilhões, nos Estados Unidos e Canadá. Em todo o mundo, a receita chegou a US$29,9 bilhões.[4] E não são só os preços mais elevados que explicam o aumento na receita. Os níveis de audiência nos Estados Unidos e no Canadá saltaram, depois de caírem em 2008. Durante o aperto econômico de 2009, ir ao cinema era considerado escapismo acessível.

Infelizmente para os estúdios, as vendas de DVDs estão caindo.[5] Razão: as pessoas, cada vez menos, querem ter a propriedade dos filmes. Elas preferem tomar emprestado bits em vez de comprar átomos. O aluguel de filmes é muito menos lucrativo para os estúdios. Com opções como a Netflix; como a Redbox, que aluga filmes a um dólar por dia em *vending machines*; como o vídeo sob demanda (Video-on-Demand – VoD) e, mais importante, por meio de downloads em tempo real, os consumidores, cada vez mais, podem ver filmes em qualquer lugar, a qualquer hora. Na Europa, onde o sistema de telefonia móvel é mais avançado e a banda larga é mais rápida, os consumidores rotineiramente baixam filmes para seus celulares, computadores ou home theaters, tudo pelo mesmo preço.

Evidentemente, as salas de projeção tradicionais se sentem ameaçadas e estão em busca de maneiras de atrair de volta ao escurinho do cinema os telespectadores comilões, que se refestelam nos sofás e se empanturram de porcarias diante de seus enormes televisores. Porém, ao contrário de outros setores de mídia, a indústria cinematográfica tem sido aberta à adoção de novas tecnologias e às preferências de uma nova geração de nativos digitais. Ela se dá conta de que os gostos dos consumidores estão mudando e que muitos estão ansiosos por outras experiências que não se limitem a se recostar e ver um filme. Esse público emergente gosta de produzir conteúdo. Basta ver as 20 horas de vídeo que são enviadas *a cada minuto* para o YouTube,[6] o equivalente a Hollywood lançar por semana mais de 110 mil filmes de longa-metragem.

Com efeito, toda a noção do que seja um filme está mudando. A história dos filmes de longa-metragem, durando mais de uma hora e rodando em vários rolos, remonta a produções de mais de um século atrás, com títulos como "The Story of the Kelly Gang" (1906), "O Encouraçado Potemkin" (1925) e "O Cantor de Jazz" (1927). Desde então, os filmes melhoraram em qualidade de vídeo, mas a ideia de que um único filme deve durar uma hora e meia ou duas horas e meia manteve-se constante. Essa duração justificava o preço do ingresso e atraía o público para o esforço de comparecer à sala de projeção. Sim, também se produziu pequeno número de curtas-metragens, mas o público desses filmes era reduzido, principalmente porque as salas de projeção não se interessavam em exibi-los. Quando se observa a interação da Geração Net com o conteúdo dos vídeos on-line, descobrimos uma mentalidade muito mais aberta ao que constitui entretenimento aceitável. Os filmes de amanhã serão de comprimento variado. Os curtas-metragens se tornarão cada vez mais populares, vistos não só em laptops, mas também em telas minúsculas, principalmente por jovens. Os filmes de três minutos já dominam o YouTube, os quais, como veremos daqui a pouco, em breve integrarão as dietas típicas do telespectador típico, diante do televisor em alta definição de sua sala de estar.

Prossumo de filmes

Mais importante que ter a mente aberta em relação a filmes com durações muito diferentes, os jovens consumidores querem interagir com o filme, da mesma maneira como fazem com os videogames e outros conteúdos. De início, essa era característica exclusiva de parques temáticos, como a atração Finding Nemo Adventure, na Disneylândia, onde Crush, a tartaruga, conversa com o público. Como o desempenho dela é ao vivo e interativo, Crush é um espetáculo diferente em cada apresentação.

George Lucas foi o pioneiro de um novo modelo de relacionamento entre cineastas e fãs. Em vez de tentar evitar que os fãs criassem e compartilhassem vídeos relacionados com suas séries de filmes populares, Lucas disponibilizou material on-line que os aficionados podem usar para criar seus próprios tributos a Star Wars. Lucas também abençoou um projeto dirigido pelo nova-iorquino Casey Pugh, que fatiou o arrasa-quarteirão "Star Wars: Episódio IV", de 1977, em 472 segmentos de 15 segundos e os lançou on-line.[7, 8] Fãs de Star Wars em todo o mundo foram convidados a apresentar suas versões dessas cenas. Pugh, então, analisou as propostas, selecionou as melhores e, em seguida, as reuniu de novo, para produzir um filme inteiramente novo: "Star Wars Uncut". A estreia foi em Copenhague, Dinamarca, em abril de 2010, e será oferecida ao público em StarWarsUncut.com.

Talvez haja quem veja a colaboração extensiva com o público como algo revolucionário, e, em relação ao que a maioria das empresas está fazendo, realmente é. Ao mesmo tempo, foi, de fato, um passo de bebê de bom-senso. Quando se consideram todos os efeitos positivos daí decorrentes, em termos de marketing, envolvimento da comunidade, inovação e lealdade dos fãs, a questão deixa de ser por que Lucas aprovou a ideia, mas, sim, por que as outras empresas de mídia e os demais criadores de conteúdo têm sido tão lerdos em seguir o exemplo?

As maiores inovações estão ocorrendo em videogames, e os filmes de efeitos especiais de Hollywood se convertem em novas combinações divertidas. Cada geração de jogos parece mais realista e muitos são estruturados em torno de enredos. As vendas de videogames são muito mais lucrativas que as de filmes, razão por que os grandes estúdios cinematográficos também querem participar do jogo. Jerry Bruckheimer, famoso produtor de Hollywood, autor de filmes de ação como "Top Gun" e "A Lenda do Tesouro Perdido", reflete a nova abordagem. "Estamos no negócio de entretenimento. Nós o entreteremos nos cinemas, na TV e em suas plataformas de videogame."[9]

Não é difícil imaginar Filme 2.0 – uma experiência interativa. Trata-se de algo imbuído de senso de destino e de enredo básico, com personagens vigorosos, desempenhados por atores talentosos. Porém, por ser digital e participativo, o espectador se torna parte integrante do filme, talvez até protagonista, objeto de amor, membro da família ou bandido. E, por estar em rede, o usuário colabora na criação do argumento e na caracterização dos personagens. A colaboração também muda a narrativa. Veja o caso de World of Warcraft, um MMORPG (Massively Multiplayer Online Role-Playing Game), envolvendo mais de 11,5 milhões de pessoas, que colaboram em mais de 58 mil equipes.[10, 11] Como o cinema no velho estilo, há enredo e personagens. Só que o espectador também é personagem, nesse universo de fantasia digital.

Enquanto os videogames estão ficando cada vez mais parecidos com os filmes, alguns cineastas inovadores estão usando ambientes virtuais tridimensionais, em tempo real, do tipo Second Life, como "palco" de suas produções. O primeiro filme *machinima* (*machina* + *animation*), intitulado "Diary of a Camper", foi criado originalmente em 1996, pela equipe Rangers (United Ranger Films), usando o motor de jogo (*game engine*) Quake. A produção se inspirou no Doom, de 1993, que oferecia aos jogadores a capacidade de gravar as partidas do jogo.[12] Em 2007, a *machinima* alcançou novas alturas, quando a HBO resolveu comprar os direitos de uma série em *machinima* do Second Life, intitulada "My Second Life: The Video Diaries of Molotov Alva".[13] Depois de aparecer, de início, no YouTube, em 2 de março de 2007, o avatar de Douglas Gayeton, no Second Life, criou muito frisson na mídia, com mais de 475 mil hits desde então.[14] O documentário apresenta um residente misterioso, que deixa para trás a vida real, em busca de respostas no mundo virtual do Second

Life. Até agora, trata-se do exemplo mais ostensivo de uma transferência de direitos SL-to-RL (Second Life para Real Life), ou da Segunda Vida para a Vida Real. Também reforça a política da Linden Lab, empresa que criou o Second Life, segundo a qual os residentes podem reter os direitos de propriedade intelectual referentes ao conteúdo que criam no mundo virtual.

Experimentos inovadores em cinematografia, de todas as espécies, tornam-se cada vez mais comuns, à medida que a digitalização democratiza a produção de filmes, em consequência da redução de custos. Os grandes estúdios podem estar lançando menos filmes por ano, mas os independentes estão produzindo maiores quantidades. Esses estúdios menores também estão recebendo grande impulso de sites Web 2.0, como IndieGoGo.com. O site acena com uma "filmocracia", ao oferecer aos cineastas uma plataforma aberta para apresentar seus projetos ao mundo. Os fãs podem contribuir com dinheiro, sugestões para melhorar o filme ou ambos. Em vez de o cineasta procurar uns poucos investidores ricos, o IndieGoGo promove a ideia de muitos investidores entrarem cada um com pequenas quantias – muito à semelhança do financiamento em massa da campanha de Obama. E, também a exemplo dos apoiadores de Obama, depois de doarem dinheiro, os fãs se comprometem muito mais com o sucesso do projeto. Eles podem usar tecnologias sociais da Web para construir frisson on-line sobre o filme em que investiram.

O SnagFilms.com torna muito mais fácil para os documentaristas independentes encontrarem público para as suas produções. Hoje, o site oferece de graça 850 documentários de longa-metragem, desde pesos pesados tradicionais até calouros inexperientes.[15] Ao disponibilizar filmes em todo o mundo, sob demanda, em tempo integral, sem necessidade de instalação de software nem de baixa de conteúdo, o público potencial do SnagFilms é enorme. Objetivo do site: "Facilitamos para você encontrar um filme que acenda uma luz sobre uma causa que lhe pareça importante. Ao encontrar o que procura, você pode abrir uma sala de projeção virtual em qualquer site." Ou seja, widgets permitem que os espectadores incluam, de graça, salas de projeção virtuais em suas páginas na Web, em blogs, no Facebook ou no MySpace. "Nas melhores condições, os documentários não se limitam a entreter-nos, eles nos envolvem e nos induzem à ação", diz o SnagFilms. "Também lhe oferecemos um link para filantropia, relacionada com o tópico de cada filme (muitos deles selecionados pelo cineasta), para que você se envolva imediatamente. E ao embutir nossos widgets, você doou seus pixels e apoiou um filme independente."[16]

Se o processo de criação pode ser colaborativo, por que a experiência nas salas de projeção também não poderia tornar-se interativa e envolvente? Afinal, a quantidade crescente de cinemas com projetores digitais proporcionará aos diretores de filmes flexibilidade sem precedentes. Em casa, os espectadores de DVDs estão acostumados a bônus, como versões ampliadas das cenas dos filmes, tomadas, "cortes do diretor", diferentes trilhas sonoras e, em alguns casos, diferentes reviravoltas no enredo. Com a distribuição digital em salas de projeção, os diretores serão capazes de jogar com atributos interativos. Várias versões de um filme serão lançadas em diversas salas de projeção, ao mesmo tempo, oferecendo características diferentes para públicos diferentes, como inclusão de legendas para deficientes auditivos ou uma versão apenas para adultos e outra versão com cortes para adolescentes.

Ao olharmos para o futuro, é evidente que muitos tipos de produção e de visualização serão possíveis. Cada um terá seu próprio tempo, lugar e público, numa constelação mais ampla de mídia interativa. Em alguns casos, os espectadores se contentarão em recostar-se, deixando envolver-se por ótima narrativa cinematográfica. Os filmes tradicionais continuarão atendendo a esse público. Porém, ao mesmo tempo, todo um novo mundo de poder e influência se desdobra, tanto para os cineastas quanto para pessoas que adoram novas experiências em entretenimento. Com efeito, à medida que quase todos os aspectos da cinematografia se tornam colaborativos – desde o financiamento, até a criação, o marketing e a distribuição – o novo mundo do entretenimento visual se tornará cada vez mais interessante.

TELEVISÃO NA ERA DIGITAL

Será que a televisão realmente tem sido "resiliente" à internet?

Como já observamos, alguns aspectos da indústria de televisão parecem saudáveis. Televisores com grandes telas planas, em alta definição, saem voando das prateleiras da Best Buy, em profusão sem precedentes. A propriedade de televisores nos Estados Unidos atingiu marca sem precedentes, no nível de 2,93 aparelhos por domicílio. A proporção de lares americanos com três ou mais televisores hoje se situa em 55%.[17] Esses televisores estão sendo "vistos" por mais pessoas, durante mais horas por dia, que em qualquer outra época.[18] Os espectadores ainda se reúnem diante dos monitores de "tela grande", para ver seus programas favoritos, em especial eventos esportivos ao vivo. E a qualidade de parte do conteúdo televisivo nunca foi melhor. Tudo isso levou alguns observadores a afirmar que a televisão tem sido enormemente "resiliente" aos efeitos da internet.[19]

Com efeito, não importa para onde se olhe, a televisão está dançando tão rápido quanto possível para manter-se competitiva em um mundo interativo. Os programas, cada vez mais, solicitam feedback do público, como quando reality shows, como "American Idol", convidam o público a votar em seus concorrentes preferidos. A tecnologia também evoluiu, para satisfazer a gostos cada vez mais sofisticados, progredindo desde a caixa volumosa, em preto e branco, dos anos 1950, até as grandes telas planas e delgadas, em alta definição, dos últimos anos, passando pelos primeiros televisores em cores dos anos 1960. E se os fabricantes prosseguirem no mesmo ritmo, em breve todos estaremos migrando de nossos televisores com telas grandes, em alta definição, para novos televisores, também com telas grandes, em 3D. O atual frisson em relação à 3D é a possibilidade de transformar as transmissões esportivas em principal atração.

Porém, nos bastidores, a própria natureza da televisão – a maneira como se produzem os programas, seus patrocinadores e a tecnologia usada para transmitir conteúdo – se encontra em vias de transformação acelerada. Todo o conceito de difusão televisiva está com os dias contados, engolido pelas pressões competitivas de conteúdo transmitido pela internet para computadores, iPads, telefones inteligentes e, evidentemente, para grandes televisores, com tecnologia de plasma, de LCD ou de 3D, ancorados na sala de estar.

No entanto, em termos de audiência, os números não são tão alvissareiros quanto parecem. Sim, os televisores estão sendo ligados; porém, cada vez mais, os espectadores usam a televisão como entretenimento de fundo, enquanto se concentram em atividades mais envolventes, como a tela do Facebook, no computador, ou mensagens de texto no smartphone. Essa característica multitarefa da mídia é ainda mais comum na Geração Net. Nos primeiros anos da televisão, as três grandes redes, ABC, CBS e NBC se impunham sobre todos os demais produtores de mídia. Os americanos estavam encantados com a televisão, e o bolo incrivelmente lucrativo e volumoso do público espectador era dividido apenas entre três participantes. Em 1953, um episódio de "I Love Lucy" era reproduzido em 71% de todos os televisores dos Estados Unidos. No atual universo de 500 canais, uma audiência de 5% já é considerada significativa.[20] Em meados da década de 1980, o seriado "M*A*S*H" chegou a atrair 105 milhões de espectadores por episódio.[21] Em contraste, a principal atração da televisão nos anos recentes foi "American Idol", da Fox, cuja audiência também se encontra em espiral descendente. Este ano, o programa de estreia da nona temporada atraiu 29,9 milhões de espectadores,[22] em comparação com 31,1 milhões de espectadores no ano passado, que, por sua vez, também diminuiu em relação aos 33,4 milhões da première de 2008, do mesmo modo mais baixa que os 37,4 milhões de 2007.[23]

Poucos programas demonstram com mais clareza a capacidade cada vez menor das redes de televisão de conquistar grandes audiências no horário nobre que os principais noticiários da noite. O público dos programas de notícias da ABC, CBS e NBC evaporou nas últimas três décadas. Em 1980, a audiência total das três emissoras nesse horário era de 50 milhões. Hoje, os três programas juntos atraem nada mais que 22 milhões de espectadores, com a média dos espectadores na faixa etária dos 60 anos.[24]

Televisão: aplicação interessante da internet

Em 2001, no ocaso da histeria pontocom, perguntou-se aos americanos o que eles descartariam primeiro, a internet ou a televisão. Foi uma paulada: 72% dos respondentes disseram que viveriam sem a internet e 26% afirmaram que abririam mão da televisão. Já não é assim. No começo deste ano, repetiu-se o levantamento, 49% afirmaram que dispensariam a televisão, enquanto 48% disseram que descartariam a internet.[25] Daqui a 10 anos, a pergunta já não será relevante. A televisão não mais existirá. A internet engolirá a televisão, e a programação de hoje será apenas mais uma aplicação da internet. Da mesma maneira como os consumidores de hoje recorrem à Web para reservar vagas em hotéis ou aviões, para comunicar-se com amigos ou para baixarem música, em breve todos usarão a Web para acessar conteúdo de vídeo. A ideia de reunir-se com a família ou com os amigos para ver certo programa, em certo canal de televisão, perdurará apenas em relação a eventos esportivos ao vivo e a programas como a premiação do Oscar, que têm valor como atrações em tempo real. Finalmente, qualquer horário será horário nobre. Afinal, os espectadores não se reúnem a certa hora, para ver vídeos no YouTube. Os fãs de cinema parecem conformar-se com a ideia de que nem todos podem assistir à estreia de um filme. Os 500 mil espectadores do mais recente vídeo on-line de Lady Gaga, no primeiro dia do lançamento, não se sincronizaram num mesmo horário para garantir que todos compartilhassem a experiência ao mesmo tempo (a propósito, em março de 2010, Lady Gaga tornou-se a primeira celebridade a alcançar um bilhão de visualizações on-line).[26]

Não é difícil compreender por que a internet absorverá a televisão. A televisão oferece apenas televisão. A Web fornece não só conteúdo de televisão, mas também todo o resto, num mundo que foi digitalizado. E é interativa. Quando Laura Gillies, 18 anos, mudou-se para o alojamento dos estudantes, no começo de seu primeiro ano como caloura, na McGill University, ela e sua colega de quarto logo concordaram em deixar a televisão no armário. Assim também agiram todas as colegas dela no alojamento. "Por que eu preferiria a TV?", diz Laura. "Eu teria de pagar pela transmissão a cabo, o que não faria sentido, porque posso ver todos os programas de televisão que acompanho, como 'House' ou 'Gossip Girl', on-line, sempre que quiser. E a internet me dá acesso a muito mais coisas interessantes."

O Hulu.com e sites semelhantes, constituídos pelos atuais canais de televisão, oferecem a programação corrente, assim como velhos episódios. O Hulu é financiado por propaganda, mas tem menos anúncios por programa que a televisão tradicional, receando que os espectadores munidos de mouse abandonem o site, se depararem com tantos anúncios durante o programa. Outros sites de transmissão de conteúdo estão experimentando algumas mudanças nas taxas que cobram dos usuários. O espaço on-line é, sem dúvida, a estrada do futuro, e, hoje, o Hulu é, de longe, o mais bem-sucedido. Em dezembro de 2009, o site superou a marca de contar com fãs de televisão assistindo a mais de um bilhão de vídeos pelo site.[27] Ao começar, o Hulu tinha apenas programas da NBC, da Fox e de algumas emissoras inteligentes, mas hoje conta com mais de 220 parceiros de conteúdo. Por atuar on-line, o Hulu pode oferecer atributos de interatividade, que ainda não passam de sonho para a televisão tradicional. Recentemente, o Hulu adicionou recursos de legenda oculta (*closed-caption*) aos programas. Os surfistas do Hulu podem pesquisar as legendas para encontrar pontos específicos dos programas. Assim, você pode pesquisar o "The Tonight Show" para ver Conan O'Brien interpelar seu ex-empregador. Ou descobrir quantas vezes num episódio Homer Simpson fala em "donuts" e recuperar os bites de som específicos.[28]

O fato de o mais bem-sucedido produtor de televisão estar migrando para a Web reforça as provas de decadência da televisão tradicional. Depois de muitos anos com níveis de audiência impressionantes nas redes de televisão, Simon Fuller, criador do "American Idol", transferiu completamente para a Web seu programa mais recente. "If I Can Dream" almeja integrar a internet e as redes sociais. "Trata-se de um documentário semanal com qualidade de rede no Hulu.com e um programa que roda na Web em tempo real", diz o produtor executivo Michael Herwick. "Hoje, as crianças não veem televisão – elas estão nos computadores, no Facebook, no MySpace e no Twitter", afirma. "Esse é um novo recurso de entretenimento para a geração mais jovem, que talvez também agrade à geração mais velha."[29] O programa gira em torno de cinco pessoas – um músico, duas atrizes, um ator e uma modelo – que moram numa mansão em Hollywood e que são monitorados por câmeras, 24 horas por dia, todos os dias. Os espectadores acompanharão suas vidas, à medida que os personagens exercem suas atividades. Também poderão interagir com as estrelas e astros, em sites de mídia social.[30] John West, fundador da nova Kids Sports Entertainment Network, denominada The Whistle, agora está seguindo os passos de Fuller. West, de início, pensou que estava lançando uma rede de televisão, com um bom site na Web. "Agora, somos um site na Web, com um conjunto de aplicativos para dispositivos móveis, e presença na TV, como apoio", diz. Ao investigar como os jovens gostariam de assistir a eventos esportivos, ele concluiu que "assistir" era pequena parte do valor total. "As normas dessa nova geração nos levaram a concentrar a atenção na interatividade, na personalização e na colaboração na Web e em plataformas móveis", concluiu. "Percebi como meus filhos de quatro e de sete anos passam mais tempo com o iPhone e o iPad de minha mulher que diante da televisão."

Mesmo que transmissões ao vivo de grandes eventos, como o Super Bowl, a final do campeonato de futebol americano, e a entrega do Oscar, ainda sejam capazes de atrair grande público, diríamos que esse sucesso contínuo está ligado ao fato de componentes interativos estarem tornando mais interessantes essas transmissões tradicionais. Por exemplo, o Super Bowl XLIV, o programa mais assistido na história da televisão americana, atraiu uma audiência média de 106,5 milhões de espectadores.[31] Com uma audiência como essa, a NFL é única.[32] Porém, proporção crescente desse público não se limita a assistir passivamente. Os fãs de esporte cada vez mais trocam opiniões por meio de Twitter, blogs e Facebook, durante a transmissão ao vivo dos eventos. O mesmo ocorre com as pessoas que assistem aos Oscars, Emmys e Grammys, os quais, depois de anos de declínio, estão retomando os níveis de audiência anteriores.[33] Por quê? Porque os espectadores se sentem mais participantes dos eventos em si, inclusive em consequência da oportunidade de contribuir com conteúdo adicional, o que torna mais recompensadora a experiência de assistir aos programas. "Tudo isso enriquece a experiência de conversar sobre televisão e de conversar na televisão", diz James Poniewozik, colunista de televisão da revista *Time*. "Seguir no Twitter muitas pessoas inteligentes é como dispor de comentários sobre DVDs, na vida real, em tempo real."[34]

Até recentemente, para muita gente, a inconveniência de ver programas de televisão pela internet era confinar-se à tela pequena do computador, e, não raro, a apenas uma janela de visualização, muito menor que a tela do computador em si. O monitor do computador não podia oferecer um vídeo maior com qualidade de visualização satisfatória, porque a conexão de internet não era bastante rápida para transmitir enorme sucessão de imagens muito pesadas. Assim, os espectadores, em geral, preferiam ver esportes, dramas e comédias na televisão tradicional, porque tinham melhor qualidade de imagem, melhor som, e desfrutavam de melhor experiência total. E por que os espectadores recorriam à internet? Por que perdiam um episódio na TV, porque é conveniente e porque tem menos anúncios.[35]

Mas esse cenário está mudando. As conexões domésticas em banda larga estão ficando mais rápidas, tornando-se capazes de transportar sinal com intensidade suficiente para encher uma televisão de tela grande. No começo do ano, a Google anunciou que construiria, experimentalmente, redes em banda larga de altíssima velocidade, em algumas poucas localidades dos Estados Unidos. O projeto prometia velocidades de internet FTTH (Fiber-To-The-Home) de um gigabit por segundo, mais que 100 vezes mais rápido que as velocidades de que hoje dispõe a maioria dos americanos. A essa velocidade, um filme em alta definição pode ser baixado em menos de 30 segundos, o que deixa comendo poeira a televisão a cabo e a satélite. A Google disse que pretendia oferecer o serviço a preços competitivos a, pelo menos, 50 mil e, talvez, a 500 mil pessoas.[36] Mais de 1.100 comunidades e quase 200 mil pessoas em todo o país responderam formalmente que queriam ser parte do projeto.[37]

A Google não está sozinha na tentativa de lançar a internet no espaço. A Verizon apostou US$23 bilhões na construção de uma rede de televisão e de telefonia em banda larga de altíssima velocidade, denominada FiOS.[38] No ano passado, a Cisco estimou que o tráfego de internet para consumidores crescerá à taxa anual composta de 40% por ano, entre 2008 e 2013.[39] O vídeo por internet crescerá a taxa ainda mais acelerada, chegando a 60% do tráfego de consumidores, em 2013, em comparação com um terço, em meados de 2009.[40] Para permitir que isso aconteça, a Cisco, na primavera setentrional deste ano, revelou um novo sistema de roteamento que possibilitará aos usuários da Web baixar vídeos e arquivos com muito mais rapidez. A que velocidade? A Cisco alega que o roteador poderia transmitir todo o acervo impresso da Biblioteca do Congresso dos Estados unidos – a maior biblioteca do mundo – em pouco mais de um segundo.[41]

Com a internet em vias de se transformar no principal veículo de informação para as famílias, a maioria dos atuais produtos relacionados com a televisão, inclusive monitores de LCD e plasma, tocadores blue-ray e dispositivos em estilo TiVo, foram aprimorados para conectar-se diretamente com a Net. Cerca de 9 milhões de americanos já ligam seus laptops a televisores de tela grande, para ver programas do Hulu.com e vídeos do YouTube.[42] Mas não pense que os vídeos do YouTube são apenas sequências tremidas de surfistas fazendo piruetas. O YouTube agora oferece conteúdo produzido por profissionais, que os criadores lançam on-line, em troca de participação na receita de propaganda que o YouTube (Google) vende.

Em 9 de outubro de 2009, Chad Hurley, cofundador e CEO do YouTube, anunciou em seu blog que o YouTube estava transmitindo mais de um bilhão de videoclipes por dia.[43] Hurley escreveu que um dos princípios básicos do YouTube era que "a cultura do clipe chegou para ficar: os clipes curtos são consumidos com voracidade e são o meio adequado para ver ampla variedade de conteúdo". Hurley também argumentou que cada vez mais pessoas estão usando o YouTube para ganhar dinheiro, convertendo o passatempo de criar conteúdo para o YouTube em trabalho remunerado. Caso em questão: Michael Buckley, anfitrião, autor e produtor de "What the Buck", um dos programas de entretenimento mais populares do YouTube. Em seu site, Buckley diz que seu programa cobre "tópicos importantes, como As Partes de Britney e O Último Penteado de Tyra". Em 2007, Buckley ganhou o prêmio do YouTube pelo Melhor Comentário. Em 2008, ele foi um dos Breakout Stars of the Year (Revelações do Ano) do NewTeeVee. Chegou à primeira página do *The New York Times* e apareceu em todas as grandes redes.

Antes de tornar-se celebridade on-line, Buckley era assistente administrativo de uma empresa de promoção musical e coapresentador de um programa semanal em um canal de televisão pública de Connecticut. O primo de Buckley começou a postar no YouTube alguns clipes das arengas humorísticas de Buckley sobre celebridades. Na época, Buckley não conhecia o YouTube e nem mesmo tinha conexão de internet em banda larga. Mas ele adorou o feedback positivo que estava recebendo dos espectadores do YouTube e decidiu construir um estúdio em casa para gravar arengas especificamente para o YouTube. Valor do investimento: US$6, em um pano de fundo para o cenário, comprado no Walmart; US$40, em luminárias, compradas na Home Depot, e US$2 mil, em câmera de vídeo da Canon.[44] A popularidade dele continuava a subir, até que Buckley se tornou Parceiro do YouTube, permitindo que o YouTube venda propaganda em torno de seus vídeos, com divisão da receita (hoje existem milhares de Parceiros do YouTube). Buckley deixou o emprego em setembro de 2008 e agora posta dois vídeos por semana, ganhando mais de US$100 mil por ano.[45]

Mesmo emissoras tradicionais e conservadoras como a BBC estão molhando os pés no novo mundo da televisão colaborativa. Embora hoje seja prática comum das redes de televisão oferecer fóruns de discussão on-line, em que os espectadores oferecem feedback sobre os programas que acabaram de assistir, a emissora inglesa recentemente deu um passo adiante, com um experimento que envolve seus espectadores na roteirização de um documentário de quatro partes sobre o impacto social da internet. "Um documentário sobre como a Web está mudando o funcionamento da sociedade pareceu ser ótima oportunidade para explorar as possibilidades de colaboração do público", diz Dan Gluckman, produtor do programa. Os episódios do programa foram ao ar entre janeiro e março de 2010. Em 13 de abril, recebeu um Emmy Digital por seu processo de produção inovador.[46] Porém, em ruptura radical com o processo tradicional de produção de documentários, o programa está postando dez minutos de trechos de vídeo, que os espectadores podem reutilizar para fins pessoais, educacionais ou filantrópicos.

Enquanto a audiência das redes de televisão tradicionais continua a cair, experimentos como esses podem ajudar a revigorar o gênero. Ao mesmo tempo, o número de pessoas, como Michael Buckley ou Leo Laporte, que ganham a vida produzindo conteúdo de vídeo tende a aumentar ainda mais. A constante ampliação do programa Parceiros do YouTube e a proliferação incessante de sites sustentados por propaganda, como o TheOnion.com ou CollegeHumor.com, significam que o apetite por conteúdo de vídeo torna-se cada vez mais voraz. Em vez de serem vistos exclusivamente em vídeos de televisão, dispositivos on-line na sala de estar trarão a internet para o televisor de tela grande. Da mesma maneira como dezenas de milhares de pessoas agora ganham a vida vendendo produtos no eBay, anos depois de seu advento, como mercado de pulgas ou mercado de quinquilharias virtual, os vídeos de surfistas no YouTube estão dando lugar a conteúdo profissional produzido por cinegrafistas que nunca puseram os pés numa emissora de televisão.

Assim sendo, o que deve fazer uma rede de televisão, numa época em que todo o *modus operandi* da televisão está sendo virado de cabeça para baixo? Entre no jogo e professe a wikinomics! Converta os espectadores em produtores. Crie plataformas em que parceiros possam coinovar o valor. Compartilhe algumas de suas propriedades intelectuais. Construa contextos para que o mundo se auto-organize em sua plataforma. Crie comunidades vibrantes. Quando se trata de mídia de entretenimento, os consumidores querem colaborar, compartilhar, envolver-se e prossumir.

VI

REINICIALIZANDO O ESPAÇO PÚBLICO

14. CRIAÇÃO DE VALOR PÚBLICO: O GOVERNO COMO PLATAFORMA DE REALIZAÇÕES SOCIAIS

Estamos no outono de 2009, no Distrito de Colúmbia (DC), e o dia de Vivek Kundra, CIO (Chief Information Officer) do governo federal dos Estados Unidos, já está transbordando de dados. Na reunião com o Conselho Federal de CIOs, ele está repassando todo o portfólio de projetos de tecnologia em âmbito federal, sob sua gestão, que são monitorados em tempo real. Os participantes podem ver o quanto foi orçado, o quanto foi gasto e o quanto ainda se tem disponível. É o que Kundra denomina Painel de TI, que, em suas próprias palavras, funciona um pouco como o mercado de ações: "Decidimos o que vender, o que comprar e em que (...) afundar mais investimentos."

De volta a seu escritório, ele se vê cercado de telas de plasma, apinhadas de informações sobre as tarefas em andamento nas escolas, nas ruas e em escritórios administrativos espalhados pelo país. Nas grandes planilhas eletrônicas, as tarefas novas estão em amarelo, as tarefas com prazos de execução já vencidos se destacam em vermelho e as tarefas concluídas aparecem em verde. Os administradores federais também estão de olho nessas planilhas. Eles avaliarão os indicadores de desempenho numa reunião de prestação de contas da administração, mais tarde, nesse mesmo dia, com Jeffrey Zients, novo diretor de desempenho do governo federal. No outro lado da cidade, a chefe de um órgão de corregedoria do governo, com sede também em DC, se prepara para uma entrevista com a mídia, no horário nobre, baixando exatamente as mesmas informações. Ao mesmo tempo, ela plota tendências no Google Earth e divulga novos insights em seu feed de Twitter.

Muitos servidores públicos consideram impressionante, até enervante, esse novo nível de abertura. No que têm razão. As inovações que estão sendo introduzidas por Kundra são realmente notáveis, numa época em que a maioria das pessoas associa governo a desperdício, ineficiência e corrupção. Em situações em que a maioria dos governos adota mainframes e compra softwares caros, Kundra estimula os órgãos federais a usar serviços gratuitos da Google e wikis de código aberto para tudo, como processamento de textos, avaliação do desempenho e melhoria dos serviços. Ele chama esse processo de "nuvem do governo", referindo-se à computação em nuvem, mas você pode imaginar uma "app store do governo" – um lugar onde os servidores públicos têm condições de acessar um vasto ecossistema de aplicativos e de conjuntos de dados seguros para a execução de suas tarefas. Isso talvez pareça óbvio, mas representa um avanço enorme em relação aos modelos da era industrial, cultivados com obstinação, que ainda prevalecem em boa parte do governo.

ASCENSÃO E QUEDA DO GOVERNO DA ERA INDUSTRIAL

Embora já estejamos uma década adentro no século XXI, a triste realidade é que a maioria dos governos ainda se pauta pela mentalidade organizacional da era industrial, baseada no mesmo modelo de comando e controle das empresas privadas daqueles tempos. Afinal, burocracia organizacional e economia industrial emergiram e evoluíram de mãos dadas. A economia precisava de rodovias, de saneamento, de eletrificação, de ferrovias e de Forças Armadas sofisticadas. À medida que o governo crescia e as receitas públicas aumentavam, tornou-se necessário desenvolver procedimentos, estruturas e controles mais complexos, tudo dirigido por novas camadas de gestores profissionais. Essas burocracias funcionavam como "chaminés" – em que as informações fluíam apenas verticalmente, nunca horizontalmente, entre departamentos.

Ao longo dos últimos 40 anos, os governos, como as empresas, usaram computadores em suas atividades, na medida em que cada órgão público adquiria e desenvolvia sistemas de processamento de dados para atender às suas necessidades de automação. Seria de imaginar que os computadores melhorassem a situação. Porém, na realidade, os velhos procedimentos, processos e formas organizacionais apenas foram codificados em softwares. Enormes mainframes intratáveis, como bestas indômitas, além de se limitarem a pavimentar os velhos estilos, métodos e práticas de trabalho, ainda exigiam mais níveis de burocracia, para planejar, implementar, operar e controlar todo o gigantesco aparato. Porém, mesmo os mais categóricos especialistas em TI falharam redondamente no esforço para resolver o caos resultante de bancos de dados inconsistentes, de planilhas incompatíveis e de outras patologias que assolavam a maioria dos órgãos públicos.

Apesar das numerosas tentativas, muito pouco mudou na última metade de século. Mesmo com o advento da internet, as entranhas do governo ainda estão envergando lança e armadura. Parece que as forças mais poderosas de nossa época estão tendo dificuldade para desalojar a massa inamovível da burocracia governamental. Resultado? Muitas organizações públicas ainda se encontram entrincheiradas nas estruturas obsoletas e nos métodos arcaicos de gerir a coisa pública.

A boa notícia é que, à medida que novas ondas de inovação varrem o setor privado, oportunidades inéditas para explorar novos modelos de colaboração e de inovação estão batendo às portas dos governos em todos os lugares. Com efeito, se a colaboração em massa está mudando a maneira como as empresas inovam, mobilizam recursos e envolvem os stakeholders, por que o setor público não poderia recorrer aos modelos de negócios em rede para romper os silos governamentais, melhorar os resultados das políticas públicas, reduzir custos e aumentar o valor da gestão pública? Hoje, as forças do mercado, sozinhas, não são suficientes para suprir as necessidades dos cidadãos. Mas tampouco os velhos modelos da era industrial são capazes de atender a essas demandas crescentes. Populações em envelhecimento, déficits crescentes e algumas mudanças de magnitude planetária exigem novos modelos de governo e de democracia, com base nos cinco princípios da wikinomics – abertura, colaboração, compartilhamento, integridade e interdependência. Para garantir sua relevância e autoridade, os políticos e os funcionários públicos precisam movimentar-se com rapidez e agilidade para satisfazer às expectativas de abertura, prestação de contas, eficácia e eficiência. Este capítulo explica como fazer isso.

GOVERNO DO E PARA O POVO

A transformação das estruturas e processos arraigados do governo é desafio assustador, mas há esperança quando pessoas como Kundra se incumbem da tarefa. Se ele for adiante, em cinco anos ocorrerão enormes mudanças nas instituições ou no funcionamento do poder público, com base em visões muito diferentes da tecnologia da informação. Não haverá mainframes nem centros de dados, em nível departamental, em nenhuma área do governo federal americano. A maioria das informações e dos aplicativos que sustentam a função pública será dirigida por uma nuvem virtual de capacidade de computação, que se estende por todo o governo. Os servidores públicos e os cidadãos buscarão informações por meio de seus desktops, da mesma maneira como o fazem quando estão em casa.

É um plano ambicioso, mas Kundra já o fez uma vez, quando exercia função semelhante no Distrito de Colúmbia, Washington. Uma de suas primeiras iniciativas em DC foi migrar de dispendiosas plataformas de gestão integrada para soluções via internet, mormente por meio do Google Apps. De provedores de e-mail a software da Web para processamento de textos e para planilhas eletrônicas, passando pelo YouTube e pela hospedagem de vídeo – os custos caíram 90%! Crente convicto no poder da transparência para aprimorar o governo, Kundra liderou esforços para aumentar a prestação de contas, melhorando o acesso dos cidadãos a informações a respeito do setor público. Entre outras inovações, ele criou um *data warehouse* (armazém de dados) abrangendo toda a cidade, que permite a todos os servidores públicos e aos stakeholders ver e analisar o que está acontecendo em toda a comunidade. "Queria que as pessoas exigissem prestação de contas", disse, "não importa que fossem estudantes ou especialistas. Divulgar dados é fundamental para analisar nossas operações e para identificar onde podemos melhorar, onde já melhoramos e onde falhamos. Oitenta por cento das informações do governo podem ser compartilhadas e serão compartilhadas".

Kundra foi além de apenas liberar dados. Também criou um prêmio de US$20 mil e lançou uma competição de inovações denominada "Aplicativos para a Democracia". Os competidores foram estimulados a vasculhar o *data warehouse* da cidade para inventar novas espécies de serviços públicos via Web. O experimento rendeu 47 aplicativos para web, iPhone e Facebook, em 30 dias – proporcionando ganhos de US$2,3 milhões para cidade, ao custo total de US$50 mil.[1] Agora, Kundra está introduzindo o mesmo ethos de abertura, participação e colaboração em todo o governo federal dos Estados Unidos.

Os antecedentes de Kundra no Distrito de Colúmbia, Washington, lhe renderam uma função importante na administração Obama, dirigindo projetos de tecnologia para todo o governo federal. Mas o que isso significa para os cidadãos e para os formuladores de políticas de todo o mundo? A experiência e a liderança contínuas de Kundra demonstram o que pode acontecer, quando se persegue uma estratégia de transparência e de colaboração no governo – estratégia que foi implementada sem os enormes investimentos em tecnologia, previstos há não mais que poucos anos, ou, com efeito, sem os investimentos que ainda oneram muitas áreas do governo.

A experiência é ainda mais relevante porque, hoje, os cidadãos podem auto-organizar-se para fazer muitas das coisas que ainda são atribuições do governo, com a diferença de que os cidadãos se mostram mais eficazes. Em educação, algumas centenas de estudantes, em todo o mundo, com a síndrome de Asperger, foram capazes de constituir um grupo de autoajuda, usando o FaceBook. Em The Student Room, rede com sede no Reino Unido, onde alunos do ensino médio e do ensino superior compartilham conhecimentos acadêmicos e sociais, os usuários postaram 20 milhões de mensagens sobre questões como trabalhos de casa e pedidos de matrícula nas universidades.[2] Sites para pais, como Netmums, funcionam como comunidades on-line, em que mais de 750 mil usuários oferecem conselhos a pais ainda em perspectiva ou já efetivos.[3] No campo do consumo, o MoneySavingExpert, hoje, envia newsletters a 2,5 milhões de destinatários e a 6 milhões de usuários por mês, com muitas informações compartilhadas sobre as mais recentes dicas e truques para fazer economia.[4]

Tudo isso tem pouco a ver com o governo paternalista de seus avós; trata-se, literalmente, de um governo do povo para o povo. Vamos chamá-lo de governo em rede ou de Governo 2.0, tudo se resume na mesma coisa. No mundo wiki, os governos nem mesmo devem tentar dispor de apenas recursos internos, quando podem explorar as redes sociais que já estão florescendo. Em vez de criar mais departamentos e mais níveis administrativos, os governos devem desenvolver plataformas para realizações sociais.

Governo de código aberto

Nós dois começamos a pesquisar como a internet transformaria o governo e a democracia durante um estudo global paradigmático, lançado em 1999 e financiado por 20 órgãos públicos de 16 países. O estudo levantou todos os tipos de questões sobre governo e sobre suas novas formas e atribuições. Será que as sociedades podem "abrir os códigos" do governo, da mesma maneira como milhares de programadores dispersos convergiram na internet para desenvolver o Linux, um dos principais sistemas operacionais para computadores, em todo o mundo? Será que consultas em grande escala, via Web, melhorariam as decisões políticas ou canalizariam mais engenhosidade e urgência rumo a iniciativas voltadas para a solução de problemas globais, como terrorismo e mudança climática? E quanto à prestação de serviços públicos? Será que os órgãos públicos poderiam recorrer à colaboração contínua com os cidadãos, com a sociedade civil e com o setor privado, para alcançar melhores resultados a custos mais baixos? Na época, essas eram ideias ousadas, que contavam com grande apoio das lideranças políticas em muitos países. Mas, como em geral ocorre, a burocracia não estava pronta para as mudanças e os governos passaram boa parte da década pavimentando trilhas de vacas, ao reproduzirem as mesmas velhas estruturas na Web.

Mas nem tudo estava perdido. Adaptando o aforismo de Victor Hugo, nada é mais poderoso que uma ideia que surgiu *de novo*. Graças à nova Web e a nova geração de inovadores sociais, os modelos de governo de código aberto são não só possíveis, mas também a melhor maneira de fazer as coisas.

Basta perguntar aos cidadãos da Estônia. Quando os estonianos reconquistaram a independência da União Soviética, em 1991, eles não só adquiriram novas liberdades políticas, mas também herdaram um monte de lixo – milhares e milhares de toneladas, espalhadas por vazadouros ilegais em todo o país. Quando cidadãos conscientes concluíram que chegara a hora de fazer a limpeza, eles recorreram não ao governo, mas a dezenas de milhares de concidadãos. Usando uma combinação de sistemas de posicionamento global e de Google Maps, dois empreendedores (Ahti Heinla, guru do Skype, e Rainer Nõlvak, fundador do Microlink e do Delfi) arregimentaram voluntários para mapear a localização de mais de 10 mil vazadouros ilegais, com descrições e fotos detalhadas. Isso, em si, já era ambicioso. A fase II do projeto de limpeza, conforme eles próprios admitem, foi ainda mais audaciosa: limpar todos os vazadouros ilegais em um dia, usando a colaboração em massa.

Assim, em 3 de maio de 2008, mais de 50 mil pessoas vasculharam ruas, campos, florestas e ribeiras em todo o país, recolhendo todo tipo de lixo, desde baterias de tratores até latas de tinta.[5] Boa parte desses resíduos foi levada para depósitos centrais, quase sempre em veículos de voluntários. Se 50 mil estonianos podem limpar o país em um dia (embora com território relativamente pequeno), o que mais eles poderiam fazer? É como disse Tiina Urm, porta-voz da iniciativa: "Realmente, não se trata de lixo. Estamos falando de mudança na mentalidade das pessoas. Ano que vem, pode ser outra coisa."[6]

Os cinco princípios do governo

Se olharmos para o futuro, inovações que estão acontecendo em todos os lugares, como Washington e Estônia, demonstram como conhecimento, informação, talento e energia estão sendo mobilizados, moldados e canalizados de maneiras totalmente inéditas, dentro, fora e através das fronteiras do governo. Enquanto o governo da era industrial se baseava no monopólio do poder e se estruturava em hierarquias rígidas, os governos de hoje precisam difundir o poder e explorar as inovações, os conhecimentos e os recursos do setor privado e da sociedade civil.

Franklin Roosevelt e Winston Churchill queriam governos mais fortes. Ronald Reagan e Margaret Thatcher queriam menos governo. Agora, graças à internet, podemos ter ambas as soluções. Nos Estados Unidos e em muitas outras jurisdições, o governo se revigora como parte mais forte do ecossistema social, que liga indivíduos, comunidades e empresas – não mediante a absorção de novas atribuições nem por meio da criação de camadas adicionais de burocracia, mas, sim, com base na disposição de abrir formalmente processos até então fechados a contribuições e a inovações mais generalizadas e diversificadas. Em outras palavras, o governo se converte em plataforma de inovação social, fornecendo recursos, estabelecendo normas e mediando disputas, mas permitindo que cidadãos, que entidades sem fins lucrativos e que o setor privado compartilhem o levantamento de pesos pesados.

Enquanto essa nova filosofia de governo aberto ganha força, Kundra nos diz que os órgãos federais estão fazendo as coisas de maneira muito diferente. "Grande parte das inovações está ocorrendo nas linhas de frente das nossas organizações", afirma Kundra. "Antes, este era o último lugar em que se esperava que ocorresse alguma mudança, mas, agora, abrimos canais de comunicação com os servidores públicos de linha de frente, que ficam face a face com os clientes; e as reações deles variam desde pequenas inovações nas rotinas até as mais complexas ideias com que já nos deparamos. Nossa função é analisar essas ideias e definir as que queremos adotar e difundir com rapidez." Com efeito, quando executada da maneira certa, essa abordagem aberta produz benefícios tangíveis.

Quando o presidente Obama, em 2009, exortou o United States Citizenship and Immigration Services (USCIS) a encontrar maneiras de melhorar a experiência dos imigrantes nos Estados Unidos, Kundra viu uma oportunidade de usar a transparência para impulsionar a inovação. Ele ficou pensando por que era possível rastrear um pacote do FedEx em qualquer lugar do mundo, mas, quando se tratava de pedir a naturalização, não raro era preciso contratar um advogado ou pedir ajuda a um membro do Congresso, para acompanhar e acelerar o processo. Assim, Kundra convenceu o USCIS a divulgar a situação de cada pedido em um "painel público", acessível aos requerentes. As consequências imediatas foram duas: primeiro, os imigrantes agora podiam verificar a situação dos processos e as estimativas de prazos em sucursais do USCIS em todo o país ou enviar uma mensagem de texto com o número do protocolo e receber informações atualizadas sobre a situação do pedido. Segundo, com a divulgação on-line do andamento de cada processo, o USCIS, como um todo, passou a se sentir pressionado a tornar suas operações mais eficientes. Todo esse esquema de "painel público" foi implementado em 90 dias e, embora envolvesse remanejamento de verbas, acabou não exigindo dotações orçamentárias adicionais.

Graças a Kundra, e a outros líderes que descrevemos neste capítulo, encontra-se em desenvolvimento uma nova organização do setor público, que abre suas portas para o mundo; que coinova com todos, principalmente os cidadãos; que compartilha recursos até então guardados a sete chaves; que explora o poder da colaboração em massa; e que se comporta não como departamento ou jurisdição isolada, mas como algo novo, como organização verdadeiramente integrada. Hoje, ainda se trata de ideia radical, mas, talvez, seja apenas tão fantástica quanto os governos contemporâneos pareceriam a um príncipe feudal da Idade Média, que viajasse no tempo e nos visitasse nesse começo de século XXI. Ou, quem sabe, seja apenas tão implausível quanto a ideia da União Europeia teria parecido a um europeu do início do século XX.

COLABORAÇÃO EM ESTILO WIKI PARA RESPONDER A EMERGÊNCIAS

Apesar de tudo isso, você ainda não acredita que o governo já esteja em condições de adotar o estilo wiki? Não podemos culpá-lo, pois apenas 26% dos americanos se declaram satisfeitos com a maneira como o país está sendo governado.[7] Para ser honesto, a maioria dos cidadãos nem mesmo se importa com a questão. Mas, ocorre que a mesma marca de inovação em estilo wiki, praticada pelo CIO federal Vivek Kundra se alastra como vírus em outras regiões dos Estados Unidos. No estado do Alabama, o Furacão Katrina – o pior da história dos Estados Unidos – ajudou a deflagrar a criação de uma plataforma revolucionária para o compartilhamento de dados, que transformou um estado pequeno e tranquilo em líder no processo de inovação do setor público.

Quando o Furacão Katrina devastou o litoral sudeste dos Estados Unidos, em fins de agosto de 2005, logo ficou evidente que as autoridades municipais, estaduais e federais não dispunham de informações suficientes sobre as condições locais nem sobre as iniciativas dos demais órgãos públicos competentes, em diferentes instâncias, para reagir de maneira oportuna e eficaz à catástrofe. Faltavam as ferramentas básicas de comunicação em tempo real, entre equipes e agências. Não havia infraestrutura para a avaliação rápida dos danos ou para o rastreamento da mobilização de pessoas e recursos, à medida que os primeiros socorros chegavam às áreas afetadas. Essa incapacidade de trocar informações inibiu os esforços de resgate e, em última instância, gerou indignação e clamor do público contra as autoridades incumbidas.

Logo após o desastre, o governador do Alabama, Bob Riley, solicitou ao diretor estadual de segurança interna, James Walker, que fornecesse fotografias aéreas do litoral, antes da tempestade, para que pudessem avaliar os danos. Walker sabia da existência dessas fotografias. O governo estadual transferira milhões de dólares aos governos municipais para que providenciassem essas imagens aéreas. Porém, quando mais se precisava delas, ninguém conseguia localizá-las. Assim, Riley incumbiu Walker de descobrir uma solução digital que proporcionasse a todos os órgãos municipais e estaduais acesso imediato a todas essas imagens. O que surgiu daí, no fim das contas, foi uma plataforma notável para decisões conjuntas, denominada Virtual Alabama.

Colaboração em massa em três dimensões

Para imaginar o Virtual Alabama, primeiro imagine o Google Earth, só que, em vez de ver fotos e indicações de restaurantes, geradas pelos usuários, suponha-se capaz de acessar pilhas de informações do governo, abrangendo todo o estado, bastando para tanto apenas alguns cliques. Os órgãos públicos municipais e estaduais agora podem acessar não só as imagens aéreas uns dos outros, mas também as avaliações de imóveis, modelos de edifícios em 3D, a localização em tempo real de veículos de emergência, feeds de câmeras de segurança ao vivo e um número crescente de conjuntos de dados. Duas horas depois de uma tempestade, todos os primeiros socorristas, desde o diretor estadual de segurança interna até os policiais e bombeiros locais, agora podem acessar fotografias aéreas das áreas atingidas, ver estimativas dos danos e monitorar as mobilizações de recursos, em todos os níveis do governo, em tempo real.

Se irromper um incêndio no Departamento de Engenharia da Universidade do Alabama, em Huntsville, por exemplo, os bombeiros podem usar o Virtual Alabama para acessar imagens em tempo real dos andares e verificar que salas de aula estão ocupadas naquele momento. Ou imagine que outro tornado atingisse Enterprise, Alabama. As autoridades poderiam recorrer ao Virtual Alabama para acessar imagens aéreas de antes e depois do tornado, de modo a avaliar os danos, verificar o valor arbitrado para fins tributários de cada estrutura danificada e rapidamente lançar um pedido de ajuda ao governo federal.

Como outras iniciativas de mapeamento geoespacial interativo, as aplicações possíveis são amplas e transformadoras. O Virtual Alabama ainda não revolucionou o manejo de crises. Por enquanto, está mudando a maneira como os governos estaduais e municipais cooperam em outras áreas, como educação, garantia de observância das leis, gestão ambiental e desenvolvimento econômico. Por exemplo, Walter e equipe estão no processo de integração de mapas tributários, mapas florestais, mapas de serviços de utilidade pública e outros mapas, com informações tributárias, dados meteorológicos em tempo real e câmeras ao vivo em prédios públicos e em rodovias. Agora, quando compete com outras jurisdições para atrair investimentos, o estado do Alabama recorre ao Virtual Alabama para coligir e apresentar dados com mais eficácia. Como parte de seu lance de vantagens para atrair a construção de uma fábrica da siderúrgica alemã ThyssenKrupp, o estado usou a nova ferramenta para construir modelo em 3D do projeto das instalações, em cima das imagens aéreas da área. Em seguida, acrescentou estradas e outros itens de infraestrutura que o estado se dispunha a construir, além de incluir centros urbanos, vias de transporte, escolas e outros dados de interesse da empresa. Essas informações adicionais ajudaram o Alabama a ganhar a concorrência, o maior projeto de desenvolvimento econômico não governamental da história dos Estados Unidos.

Uma nova cepa de inovadores do setor público

O Virtual Alabama representa importante inovação para o governo e enfatiza várias lições de colaboração em massa e de abertura no setor público. As sérias deficiências expostas pelas reações ao Furacão Katrina já foram superadas, pelo menos no Alabama. E desencadeou-se uma onda de inovação que deve contribuir para maior eficácia e maior eficiência em todos os níveis do governo do estado. "Todos os dias, ouvimos novas ideias sobre como o sistema está sendo usado, o que é muito empolgante para nós, porque esse é o verdadeiro poder da colaboração em massa", diz Chris Johnson, gerente do projeto Virtual Alabama. "Se tivéssemos adotado o processo convencional de nos sentarmos e de planejarmos tudo isso, nem mesmo teríamos chegado perto de onde estamos hoje."

Walker e Johnson representam uma nova cepa de inovadores do setor público. Eles construíram o Virtual Alabama por apenas US$150 mil, em cima do Google Earth, em comparação com a estimativa de US$40 milhões, se o governo tivesse tentado desenvolver sua própria plataforma a partir do zero. E, em vez de tentar controlar tudo, Walker e Johnson outorgaram poderes aos empregados de linha de frente para que também usassem e contribuíssem com dados, achatando, no processo, a hierarquia tradicional, em forma de pirâmide. "As pessoas nos governos estaduais e federal tendem a subestimar a engenhosidade, o patriotismo e o 'anseio por fazer certo as coisas' dos trabalhadores dos governos locais e dos primeiros socorristas", diz Walker. "Washington não precisa fazer tudo. Os servidores locais resolverão os problemas, se os capacitarmos para tanto."

Walker ainda acha que as altas autoridades devem assumir a responsabilidade pela criação de condições para o florescimento das inovações. "A tecnologia é o que impulsionará o futuro", diz Walker, "mas é preciso desenvolver a capacidade de pesquisar e desenvolver, de testar e de avaliar novas ideias". Para tanto, os empregados necessitam de apoio e de confiança do topo. Walker alega que a confiança demonstrada pelo governador em sua equipe criou espaço para a busca de inovações e o libertou do medo "Não posso fracassar. Não posso desperdiçar...". Sem esse nível de apoio, o Virtual Alabama nunca teria decolado.

OS SERVIÇOS PÚBLICOS CONFLUEM COM O PROSSUMIDOR

"Tradicionalmente, os serviços públicos são projetados pelos governos e apresentados aos cidadãos, que devem observar os termos e condições do programa", diz

Maryantonett Flumian, ex-alta funcionária do governo canadense, que agora preside o Institute on Governance, com sede em Ottawa. "Tipicamente, desenvolve-se o serviço de forma a que seja o mesmo para todos os usuários. É sempre linear. O modelo é avaliado pelos resultados – quantos cheques foram enviados pelo correio, quantas pessoas voltaram ao trabalho, quantos telefonemas obtiveram retorno. A observância das normas e regulamentos básicos do serviço é fundamental, mormente no caso de serviços transacionais", diz.

Hoje, tem-se a oportunidade de ir além da abordagem tradicional, para adotar uma perspectiva "holística", centrada nos cidadãos, em que estes exercem função mais ativa e contínua na definição e até na montagem da cesta de serviços de que necessitam. A centralidade no cidadão tem sido objeto de muitos debates no governo, mas de tudo isso se tem extraído muito pouca substância. Flumian argumenta que a verdadeira centralidade no cidadão exige que se redefina o significado da própria prestação de serviços (por exemplo, expedir um cheque de benefícios) e que se desloque o foco dos processos (por exemplo, as regras referentes à distribuição dos benefícios públicos) para os resultados (por exemplo, reduzir a pobreza). Também requer que se trate o cidadão como participante ativo, em vez de como recipiente inerte, com pouco a contribuir em troca.

Sob a liderança de Flumian, o governo do Canadá lançou, em 2005, o Service Canada, modelo de prestação de serviços centrado no cidadão, que criou um único órgão incumbido do desenvolvimento, da gestão e da prestação de todos os serviços sociais aos cidadãos. Com o passar dos anos, a organização se afastou da cultura de governo inflexível e impositiva, para adotar uma cultura de prestação de serviços profissionais, pela qual o público recebe serviços integrados e contínuos, prestados em parceria com outros órgãos federais e níveis de governo.

O cidadão prossumidor

A abertura dos bastidores do governo é apenas o começo do que é possível. No novo modelo de prestação de serviços públicos, o "cidadão colaborador" se transforma em prossumidor de serviços – identificando necessidades e contribuindo para seu atendimento. A tecnologia e as ferramentas se tornam meios para a descoberta de melhores maneiras de integrar os serviços – levando em conta as preferências das pessoas, as necessidades comunitárias e os lugares e espaços onde os serviços mais são necessários. O resultado é melhoria drástica na capacidade de resposta dos sistemas públicos e aumento acentuado na capacidade de exploração da energia de todos os envolvidos – servidores públicos, stakeholders e cidadãos – em trabalho conjunto para a definição e realização de objetivos.

Sem dúvida, o Service Canada não é uma organização comum do setor público. Tradicionalmente, o lócus da inovação é a "sede", onde a visão "estratégica" direciona o trabalho dos departamentos. As linhas de frente são incumbidas de executar os programas, conforme as diretrizes dos formuladores de políticas, situados no topo. A divisão de trabalho é nítida: timoneiros e remadores. Os cidadãos participam apenas nas eleições. Em outras épocas, são meros consumidores passivos de serviços.

Como Walker, no Alabama, Flumian insistiu numa nova espécie de cultura do setor público que não depende de organogramas. Uma atitude de abertura, de transparência, de informações acessíveis e de dados sobre desempenho se conjuga com ferramentas de colaboração para dar espaço à avaliação coletiva, à definição de estratégias e à ênfase na execução. Analistas se reúnem com funcionários de apoio, que se reúnem com administradores da Web, e essas diferentes perspectivas ajudam a criar novas ideias, que geram novas ideias. Os cidadãos também participam, compartilhando as mesmas informações que orientam as decisões nos escritórios do governo.

Outros governos também estão partindo para a ação e as lideranças são oriundas de todos os setores. Iniciativas como FixMyStreet.com, no Reino Unido, permite que os residentes expressem preocupações com segurança, com vandalismo ou com outras questões locais diretamente ao conselho municipal. Constituído por uma entidade sem fins lucrativos, denominada mySociety.org, seu objetivo, de acordo com os fundadores, é "oferecer às pessoas benefícios simples e tangíveis, em relação aos aspectos cívicos e comunitários de suas vidas".[8] Usando o site, os residentes na Inglaterra podem exercer papel mais ativo no aumento do bem-estar do público, ao mesmo tempo em que ajudam servidores públicos locais a dar mais atenção às questões que demandam solução em suas jurisdições. Iniciativas semelhantes, como SeeClickFix.com, estão florescendo na América do Norte. Paul Bass, editor do *The Independent's*, chamou o site comunitário de "jornalismo em sua forma mais pura e autêntica".

Coletar feedback a esmo é um bom primeiro passo. Pedir sugestões aos cidadãos sobre como distribuir recursos ou melhorar a qualidade dos serviços pode ser ainda mais eficaz. Com efeito, os cidadãos já se mostraram capazes de tomar decisões ponderadas e razoáveis sobre questões orçamentárias em cidades de todo o mundo. A cidade brasileira de Belo Horizonte, por exemplo, vem adotando a abordagem de orçamento participativo desde 1993 e hoje destina cerca de US$43 milhões a projetos de obras públicas selecionados pelos cidadãos de nove regiões administrativas.[9] Em Zeguo, China, cidadãos selecionados por meio de amostragem estatística aleatória definem as despesas prioritárias com obras públicas e com construção de estradas.[10] Hamburgo, Alemanha, talvez seja a cidade em que se realiza a experiência mais sofisticada. Os exercícios de orçamento participativo, realizados em 2006 e 2009, ofereceram um aplicativo de orçamentação on-line, dotado de barras deslizantes, a serem manipuladas pelos cidadãos, para cima ou para baixo, para aumentar ou diminuir o nível de financiamento para 22 itens orçamentários. O site atraiu 50 mil visitantes, que geraram mais de 2.100 propostas orçamentárias cidadãs, entre as quais algumas foram selecionadas e publicadas nos jornais locais, como base para os debates no órgão legislativo municipal.[11]

Mas nem todas as tentativas para envolver o público foram bem-sucedidas. Depois de ser levado ao poder por uma onda de participação popular, a nova administração Obama criou o Citizen's Briefing Book, para coletar ideias do público que servissem de base para sua plataforma política. Esse canal digital foi concebido com o intuito de parecer e lembrar o Digg.com, agregador tecnológico de notícias, de grande popularidade. Os cidadãos postavam sugestões e votavam nas que consideravam melhores, até que as mais populares se destacassem no topo. A intenção era boa, mas essa tentativa mal concebida de envolver o público produziu alguns resultados decepcionantes. No meio de duas guerras e de um colapso econômico, a ideia vencedora foi legalizar a maconha, duas vezes mais votada que a revogação dos cortes tributários de Bush em favor dos ricos!

No entanto, essa experiência não desqualifica o modelo. Apenas demonstra que não se pode copiar e colar fenômenos da Web 2.0 na administração pública. É preciso introduzir regras básicas, trabalhar com intermediários de confiança, explorar comunidades esclarecidas e embutir processos referentes a questões de representação e de prestação de contas. Em vez de lançar uma convocação aberta e indiscriminada para a coleta de ideias, as tentativas mais bem-sucedidas de envolver o público engajam segmentos específicos (por exemplo, jovens, idosos, famílias, pessoas com incapacidades) numa conversa sobre suas necessidades específicas e sobre como atendê-las melhor.

Desfazendo o culto do especialista em políticas públicas

Acertar no processo de envolvimento dos cidadãos é apenas o começo. A colaboração em massa geralmente encontra resistência interna, por causa de algo que denominamos "o culto do especialista em políticas públicas". Os formuladores de políticas e os altos administradores tendem a julgar-se um grupo de elite, que desfruta de condições únicas para tomar decisões imparciais e objetivas de interesse público. Como especialistas, presumem que têm acesso às melhores informações – ou, pelo menos, a melhores informações que as de acesso público. Ainda que realmente tenha sido assim no passado, nem sempre continua sendo assim no presente. Redes de informação onipresentes possibilitam que as organizações aproveitem as ideias de grande número de pessoas, com o objetivo de tomar decisões e de obter resultados superiores aos alcançados por indivíduos isolados ou por pequenos grupos.

Alguns dos principais órgãos públicos já desenvolveram modelos inovadores em que especialistas externos aprimoram o trabalho da burocracia. A iniciativa Peer-to-Patent: Community Patent Review, por exemplo, é criação intelectual de Beth Noveck, outra inovadora do setor público, cujos esforços lhe renderam função de liderança na elaboração de diretrizes da administração Obama sobre governo aberto. O programa permite que analistas de patentes do United States Patent and Trademark Office (USPTO) recorram à expertise de especialistas externos, por meio de ferramentas de colaboração on-line, para aumentar a velocidade e a qualidade do processo decisório interno.

Essa rede de especialistas externos orienta o Escritório de Patentes americano sobre o "estado da arte", jargão do setor que significa aplicações de ideias já submetidas à revisão, desqualificando o pedido de patente. Como só se deve conceder patente a invenções realmente novas e originais, a definição do estado da arte é realmente fundamental para os analistas. O problema é que definir o estado da arte se tornou muito mais difícil, em comparação com a época de Thomas Edison, quando o ritmo da inovação era glacial, para os padrões de hoje. Campos tão diversos quanto software e nanotecnologia estão avançando com tanta rapidez que apenas pessoas na vanguarda das respectivas áreas têm condições de avaliar com objetividade o que é realmente inovador. A Peer-to-Patent foi constituída para ajudar os analistas de patente a manejar a complexidade, usando uma combinação de wikis, de tecnologias de reputação social, de filtragem colaborativa e de ferramentas de visualização de informações que os capacitam a explorar a sabedoria das multidões.

Embora os céticos receiem que a participação externa comprometa a imparcialidade, a maioria dos observadores concorda que a Peer-to-Patent é inovação bem-vinda para o USPTO. Aumento dramático no número de pedidos de patentes desde fins da década de 1980 impôs enorme tensão ao órgão. Os críticos argumentam que a qualidade das patentes diminuiu, na medida em que os analistas enfrentam um acúmulo de quase 1,2 milhão de pedidos, número que só tende a crescer.[12] A pressão crescente de processar esse calhamaço significa que, em média, os pedidos de patentes são examinados em menos de 12 horas por um único analista – realidade que preocupa muita gente no governo e no setor privado.

Os benefícios potenciais, econômicos e administrativos, da Peer-to-Patent são imensos. Hoje, os pedidos de patentes levam, em média, 44 meses para chegar à mesa de um analista – tempo demais numa época em que a tecnologia avança com velocidade de quebrar o pescoço dos observadores. Com a Peer-to-Patent, o USPTO espera que o mesmo pedido seja processado em 23 meses ou menos.[13] Porém, a eficiência administrativa não é o único objetivo. "A ideia é criar um ecossistema vivo e pulsante de expertise científica", diz Noveck, "em que a comunidade de inventores defina os próprios critérios de avaliação de pedidos de patentes". A maior participação de especialistas na área tecnológica do pedido de patente em questão não só acelerará o processo, mas também aumentará a qualidade das patentes. "Tudo isso tornará mais fácil a proteção do investimento do inventor, ao mesmo tempo em que resguardará o mercado de ideias", diz ela.

Remixagem do governo: dados abertos impulsionam a inovação social

Embora seja possível estimar o potencial positivo com base em exemplos como Peer-to-Patent, parece que não se chegará a mudanças substantivas na maneira como o governo presta serviços públicos enquanto não se atenuar o monopólio do governo em áreas como concessão de carteira de motorista, arrecadação de impostos e seguridade social. Há boas razões para preservar o monopólio do poder público no uso de Forças Armadas. Mas, em outros domínios, os argumentos em favor do controle do governo são hoje muito menos convincentes que no passado.

Apesar de algumas controvérsias, a realidade é que cidadãos auto-organizados e iniciativas empreendedoras podem promover extensões dos serviços públicos existentes, com menos restrições e maior velocidade que os governos. A Power of Information Task Force (Força-Tarefa do Poder da Informação), constituída para orientar o governo do Reino Unido em como tirar proveito de novos avanços na mídia digital, recomendou que todos os órgãos públicos do país instituíssem espaços de inovação on-line, em que os cidadãos, em geral, e os servidores públicos, em especial, cocriassem serviços públicos baseados em informações, muito à maneira de como empresas da cepa da Amazon, da Flickr e da Apple permitem que desenvolvedores externos construam extensões de suas plataformas de software. A força-tarefa também recomendou que o governo do Reino Unido criasse uma função de P&D no serviço público, com "financiamento modesto para que a pesquisa de vanguarda continue a testar ideias e a incubar novas capacidades".[14]

Tom Steinberg, membro da força-tarefa e fundador da mySociety.org, vê tudo isso como o começo de um mar de mudanças na maneira como os governos criam valor para os cidadãos. "Quando grupos bastante grandes forem capazes de coletar, reutilizar e distribuir informações do setor público, as pessoas se organizarão em torno dessas novas vias de acesso, criando novos empreendimentos e novas comunidades."[15] No passado, apenas grandes empresas, governos ou universidades eram capazes de reutilizar e de recompilar informações, observa Steinberg. "Agora, praticamente qualquer pessoa que disponha de conexão com a internet pode misturar e mesclar dados, no intuito de desenvolver novas soluções para velhos problemas."

Com as organizações do setor público acumulando enormes quantidades de dados, o desafio consiste, cada vez mais, em extrair insights que possibilitem iniciativas esclarecidas. Algumas mudanças, como a relação entre saúde e PIB, são tão graduais que se tornam quase imperceptíveis para nós. A animação de quase 200 anos de dados, ilustrando a relação entre taxas de mortalidade infantil e PIB *per capita*, num clipe de 45 segundos, é muito mais reveladora que um gráfico estatístico, afirma o professor Hans Rosling, criador da Trendalyzer, ferramenta que possibilita aos usuários converter planilhas eletrônicas em visualizações ricas e interativas na Web.[16] Se você apresentar o mesmo conjunto de dados sem animação, apenas usando gráficos "antes" e "depois", as pessoas, por algum motivo, não acreditarão nele, diz Rosling. Essas animações não contam uma história: são "dínamos de histórias", pois transmitem corretamente a riqueza e a diversidade dos dados, sem excesso de simplificação.

Na realidade, entidades governamentais e não governamentais têm condições de beneficiar-se de tecnologias que tornam os dados públicos cada vez mais disponíveis e atraentes, sob a forma de gráficos ousados que qualquer pessoa pode compreender, dissecar e debater. O que surpreende a maioria das autoridades públicas é a extensão e a intensidade com que os participantes usam os dados, de maneiras totalmente inesperadas. Na cidade de Sault Ste. Marie, em Ontário, o mapeamento de piscinas residenciais ajudou as autoridades de saúde pública a identificar criadouros de mosquitos em que concentrar seus esforços de combate ao vírus West Nile. A decisão do Congresso dos Estados Unidos de outorgar poderes à EPA (Environmental Protection Agency – Agência de Proteção Ambiental) para coligir dados sobre 328 produtos químicos mortais utilizados no comércio e divulgar os resultados para o público, via computadores, foi um grande impulso para grupos ambientais, que logo reconheceram o enorme poder da iniciativa e começaram a desenvolver interfaces na Web que tornavam os dados de fácil compreensão para o público.

Hoje, sites como MapEcos.org e Scorecard.org oferecem interfaces visuais pela Web que permitem aos cidadãos ver dados sobre emissões tóxicas e outras informações, tudo em um mesmo lugar. No MapEcos.org, é possível investigar até 20 mil instalações industriais americanas e plotar os dados sobre suas emissões no Google Maps, com marcadores em cores que facilitam a identificação dos piores agressores.[17] Clique em determinada localidade e o site lhe mostrará o nome do lugar, quais são as suas emissões e como ele se compara com outras empresas no município, no estado e no país. É possível pesquisar o site por poluente, setor e nível de riscos. Ou digitar um código de endereçamento postal e puxar uma lista de poluidores na área.

O compartilhamento de dados destaca oportunidades econômicas e, às vezes, como já se constatou, até deflagra novas indústrias de crescimento. Quando os National Institutes of Health liberaram dados sobre o Projeto Genoma Humano, disseminou-se um surto de inovação numa nova era de medicina personalizada. A diretriz do presidente Reagan de oferecer acesso livre e aberto ao GPS do Departamento de Defesa detonou uma explosão de usos comerciais, como mapeamentos, levantamentos topográficos, análises científicas, *geocaching* e *waymarking*.(???)

A administração Obama espera que o Data.gov – eixo aberto de acesso a dados federais – amplie e acelere essa tradição de inovação. "Numa era global em que a informação chega em milissegundos a qualquer lugar do mundo", diz Kundra, "não há como circunscrever a inovação dentro das fronteiras nacionais; hoje é possível explorar inovações em todos os lugares do mundo".

Construindo o máximo em MeuGoverno: abrindo o livre-comércio em serviços públicos

Partindo de exemplos como o Projeto do Genoma Humano e o sistema de posicionamento global, não é muita ousadia imaginar o desenvolvimento de modelos de negócios bem-sucedidos em torno da exploração de plataformas abertas de serviços públicos para criar modalidades de ofertas inteiramente novas e até substituir alguns dos serviços que hoje são prestados pelos governos. A ideia é enfatizar a variedade e a escolha em serviços, em provedores e em opções, em lugar do velho modelo tamanho único da era industrial.

Como a Página de Saúde Pessoal, descrita no Capítulo 10, imagine que todos os cidadãos dispusessem, desde o nascimento, de uma página pessoal MeuGoverno – espaço interativo pelo qual canalizassem todas as suas interações com o governo, como renovação da carteira de motorista, entrega de documentos fiscais, registro de empresas ou requerimento de aposentadoria. Por meio de uma combinação de dispositivos, de feeds RSS e de tecnologias sociais, provedores de serviços de todos os setores – público, privado e sem fins lucrativos – ofereceriam alternativas de serviços e os cidadãos montariam seus próprios pacotes personalizados, usando o dinheiro dos impostos. Dessa maneira, haveria não só verdadeira competição entre os prestadores, mas também escolhas autênticas para os consumidores. O governo continuaria a desenvolver seus próprios aplicativos para atender às necessidades do público, que talvez não estejam sendo bem atendidas pelo mercado. Porém, outras áreas – licenças e alvarás, empréstimos e subsídios a pequenas empresas, proteção dos consumidores e serviços locais, por exemplo – estariam prontos para a competição.

A abertura de um mercado interno para serviços públicos faz sentido, mas por que ficar só nisso? Por que não avançar mais um passo no MeuGoverno e permitir que os cidadãos busquem suas próprias soluções, em âmbito global, em vez de esperar uma resposta padronizada, de uma única entidade? Assistência médica nos Países Baixos, constituição de empresas na Malásia, licença para casamento numa municipalidade dos Estados Unidos, educação com base numa rede mundial virtual. Em outras palavras, por que não promover o livre-comércio em serviços públicos? A questão não é mais se esse mundo é tecnicamente possível. A efetiva personalização dos serviços abriria uma janela para todas essas possibilidades, por meio de conexão direta com a plataforma de escolha dos cidadãos, como seus computadores, telefones móveis e seus sites de mídia social preferidos.

Investimentos do setor privado em ofertas como essas poderia catalisar inovações muito necessárias e, talvez, diminuir a carga tributária. Porém, para gerenciar essa nova situação, os líderes governamentais devem refletir com cuidado sobre quando e onde reter o controle e sobre como alavancar as competências básicas do governo para desenvolver uma estratégia de serviços sustentável e adequada. Entre outras coisas, os governos precisarão resguardar-se contra ameaças à privacidade dos consumidores, à segurança dos dados e a possíveis abusos do setor privado na apresentação do conteúdo e dos serviços do governo. Se as empresas e as organizações sem fins lucrativos construírem novas interfaces para os serviços populares, quem será responsável e prestará contas se algo der errado? Se as empresas ou as entidades sem fins lucrativos falharem, quem garantirá a continuidade dos serviços ou assumirá a custódia dos dados pessoais? Será que os governos garantirão a acessibilidade dos serviços privatizados a todos os cidadãos, qualquer que seja sua faixa de renda?

Trata-se de perguntas difíceis. Porém, veja-as como desafios de implementação, não como dificuldades intransponíveis, que justifiquem postergação. Novos modelos colaborativos de prestação de serviços são não só possíveis, mas imperativos. É como diz Flumian: "A grande questão é que funções e atribuições os governos, os cidadãos, as organizações sem fins lucrativos e as empresas assumirão numa sociedade em que o conhecimento é onipresente, onde as hierarquias são anacronismos e onde o 'Estado' não mais é o rei da selva, porém parte de um ecossistema energizado pela colaboração em massa?"

AUTOINDUÇÃO DA BUROCRACIA

Se hoje é difícil promover inovações excepcionais nos serviços públicos, é porque, em grande parte, os governos foram constituídos para a estabilidade, não para a mudança. Jessica McDonald, ex-chefe de serviços públicos de British Columbia, Canadá, observa que a natureza cíclica da mudança política condiciona os serviços públicos a se concentrarem na capacidade de prestar serviços de maneira previsível. "Isso nos impede de pensar de maneira criativa sobre o que realmente queremos alcançar e sobre todos os caminhos diferentes que nos levam a esse destino." A enorme inércia institucional também atenua o senso de urgência do governo. Dan Mintz, ex-diretor de informática (CIO) do Departamento de Transportes dos Estados Unidos, foi incisivo: "Não corremos o risco de falir a qualquer momento."[18]

Talvez ele esteja certo. Mas isso não é desculpa para ser complacente. Ao longo dos próximos 20 anos, toda uma geração de baby-boomers (pessoas que nasceram durante a explosão demográfica do pós-Segunda Guerra Mundial) se aposentará do governo, criando um êxodo de conhecimento e de habilidades. Nos Estados Unidos, esse deslocamento demográfico significará que mais de 60 mil servidores públicos se retirarão do trabalho ativo até 2015. Grandes departamentos (ou ministérios), como o da Defesa, perderão 20% da força de trabalho. Muitos desses aposentados exercem funções-chave executivas, gerenciais ou administrativas – substituí-los será quase impossível.

Recrutar e reter uma geração mais jovem de servidores públicos também não será fácil. No exato momento em que o governo mais precisa de uma infusão de talentos, com nova mentalidade, cresce o desinteresse entre os jovens pela administração pública como profissão. Embora os gestores públicos, em geral, se inquietem com a perspectiva, esse provável enxugamento talvez não seja assim tão ruim. Em vez de preocupar-se com o efetivo de pessoal, os governos devem buscar novas maneiras de deflagrar a inovação.

A boa notícia – sim, também há *algumas* boas notícias – é que muitos dos jovens que conseguiram empregos no serviço público não estão permitindo tão passivamente que o peso da burocracia sufoque sua criatividade. Com base em suas experiências em sites como Facebook e YouTube, jovens gestores públicos estão usando blogs, wikis e ferramentas de redes sociais para criar comunidades *ad hoc*, que estão incutindo no serviço público novo ethos de inovação e de colaboração. Essa nova geração de servidores públicos não esperou pela autorização de ninguém; tomou a iniciativa. É parte da nova cultura de trabalho. E quanto mais se dissemina essa cultura no setor público, em geral, mais dividendos renderá essa abordagem de baixo para cima à autoindução da burocracia.

Facebook para o governo

Exemplo típico dessa nova geração é Steve Ressler, fundador da rede de servidores públicos em mais rápido crescimento no mundo e, provavelmente, um dos mais impressionantes jovens líderes de gestores públicos que já conhecemos numa década. Porém, quando Ressler foi trabalhar no novo DHS (Department of Homeland Security – Departamento de Segurança Interna) dos Estados Unidos, ele não ficou muito impressionado com o que encontrou. A primeira coisa que notou foi a pequena quantidade de jovens, além dele. E, não importa para onde olhasse, sempre encontrava silos. Os departamentos não se entendiam uns com os outros e não havia recursos on-line para conectar-se com os colegas e para trocar ideias. Quando o departamento proibiu o Facebook, Ressler o tachou de a providência mais desmotivadora já adotada pela administração. "O recado era não queremos saber de colaboração, de suas ferramentas, de sua geração e não confiamos em vocês." Na faculdade, ele se especializou em análise de redes sociais e foi um dos primeiros adeptos de sites como Friendster, MySpace e Facebook. Ele esperava que, ao entrar no DHS, teria a oportunidade de aplicar sua expertise à missão de rastrear células terroristas. Mas, como calouro, logo se afundou nas minúcias burocráticas.

Assim, Ressler aplicou suas habilidades na segunda alternativa que ele considerava mais adequada – começou a organizar eventos sociais com outros inovadores reprimidos no serviço público. Dois anos, algumas garrafas de vinho e muitos pedaços de queijo depois, Ressler e alguns amigos lançaram uma nova rede informal, denominada Young Government Leaders, com quase dois mil membros e sete seções locais em todo o país.[19] A realização rendeu-lhe muitos louvores e numerosos convites para participar de grupos de prestígio. No entanto, seus objetivos eram mais amplos. Ressler queria instituir um Facebook para a administração pública, um lugar onde colegas com mentalidade semelhante pudessem conectar-se e colaborar. E, como ninguém no governo parecesse interessado, ele decidiu tomar a iniciativa. Praticamente sem dinheiro para gastar, ele construiu a espinha dorsal do site e, três meses depois, no Memorial Day, em 2008, ele oficialmente revelou o GovLoop a uma multidão entusiástica de primeiros adeptos. Depois de, apenas recentemente, as despesas terem chegado a nada mais que US$100 por mês, Ressler diz: "Isso é bom para mostrar que você não precisa gastar US$1 milhão para lançar uma rede."

Mesmo com esse orçamento apertado, o GovLoop hoje serve a mais de 30 mil membros.[20] Embora a maioria dos participantes seja dos Estados Unidos, servidores públicos do Brasil, do Canadá, de Israel e do Reino Unido já se juntaram à iniciativa.

"A paixão dessas pessoas é melhorar o governo", diz Ressler. "Estão no apogeu de suas carreiras, contam com mídia social e querem fazer algo positivo." Em muitos casos, discussões que começaram no site culminaram com novas iniciativas. Ressler, pouco tempo atrás, deixou o cargo no DHS, a fim de ter mais tempo para trabalhar no GovLoop. O desafio número um é aumentar o número de associados. Trinta mil é "apenas a ponta do iceberg", diz. "As pessoas realmente querem aprender com o que os outros estão fazendo. Se pudermos reforçar o envolvimento, fomentar mais diálogo e conectar mais pessoas, seremos capazes de transformar conversa em conhecimento." E esse conhecimento será o combustível para a reinvenção do governo de baixo para cima.

Reinvenção do governo de baixo para cima

A popularidade e a influência crescentes de redes como GovLoop são uma resposta direta a algumas das deficiências notórias do governo: políticas de RH rígidas, treinamento insuficiente, processo decisório esclerosado, estruturas gerenciais hierárquicas e falta de colaboração entre diferentes agências. Os jovens, em especial, recorrem a essas redes informais para navegar em meio a um mar institucional cheio de abrolhos.

Mesmo as redes dentro do governo estão florescendo. A Nasa lançou o Spacebook – rede social para cientistas espaciais que se revelou ainda mais popular entre jovens recrutas. O Departamento de Segurança Interna dos Estados Unidos não dispõe de rede social para os servidores, mas um grupo oficioso no Facebook promove discussões vívidas entre milhares de membros que trabalham nas mais diferentes áreas da agência. De volta à British Columbia, o entusiasmo por esse tipo de colaboração aberta resultou num aplicativo de brainstorming coletivo, envolvendo todo o governo, denominado Spark. As ideias lançadas até hoje variam desde novas opções para expandir oportunidades de autosserviço on-line para os cidadãos até sugestões operacionais sobre como constituir um banco de talentos internos para reduzir a necessidade de contratação de fornecedores externos.

Mas, será que realmente é possível reinventar o governo de baixo para cima? Redes ainda incipientes, como Spart, GovLoop e Spacebook, estão demonstrando que essa abordagem, além de possível, é a solução do futuro. Decerto, ainda estamos nos primeiros dias, mas o vasto potencial já é evidente. As redes informais podem assumir 80% do que fazem os departamentos tradicionais, porém, em tese, com mais eficiência e eficácia. Reflita um pouco. Afinal, o que é o GovLoop? Um repositório de conhecimento organizacional; uma fonte de novas ideias e uma incubadora de inovação; um fórum de discussões para colaboração interdepartamental *ad hoc*; um provedor de treinamento e mentorização ou tudo isso ao mesmo tempo?

"Os executivos precisam apoiar esse tipo de mudança", diz McDonald, da British Columbia. "Mas, no fim das contas, a inovação não é induzida pelos executivos, mas, sim, efetivamente, pela organização."[21] Os líderes que ignoram as redes sociais ou não se conectam com elas desperdiçam uma fonte vital de envolvimento e inovação. Já aqueles que exploram as redes informais têm mais chances de fazer avanços consideráveis em praticamente todos os campos da administração pública – desde a capacidade de compartilhar conhecimentos e contatar líderes em todo o governo até a possibilidade de recrutar os melhores operadores e de mantê-los envolvidos no trabalho fundamental de criar valor para os cidadãos.

DESAFIO PARA OS LÍDERES DO SETOR PÚBLICO

Ao ensaiarmos os primeiros passos futuro adentro, deparamos com incríveis desafios de grande complexidade, em escala global. Sustentar sociedades e economias, num contexto de mudança global, de escassez de energia, de redução da pobreza, de transformações demográficas e de ameaças à segurança, testará a engenhosidade dos que querem ver, promover e contribuir para o bem público. Em cada uma dessas áreas temáticas, os governos se defrontam com uma realidade em que o exercício da autoridade depende cada vez mais de uma rede de poderes e de contrainfluências, nas quais são apenas uma das partes em interação. Seja modernizando a prestação de serviços públicos, seja resolvendo questões globais complexas, os governos ou estão buscando ativamente – ou não podem mais inibir – a participação mais ampla e intensa de cidadãos e de um amplo aparato diversificado de outros stakeholders. Da mesma maneira como as modernas empresas multinacionais se abastecem de ideias, de peças e de materiais em uma vasta rede externa de fornecedores, de pesquisadores, e de clientes, também os governos devem cultivar sua capacidade de integrar habilidades e conhecimentos oriundos de vários participantes, para atender aos anseios por formas de governo mais responsivas, engenhosas, eficientes, responsáveis e prestadoras de contas. É uma jornada que mal começou.

A primeira onda de estratégias digitais de "e-governo" produziu alguns benefícios importantes. Tornou as informações e os serviços do governo mais acessíveis aos cidadãos, ao mesmo tempo em que gerou eficiências administrativas e operacionais. Porém, muitas dessas iniciativas pavimentaram o caminho das vacas – ou seja, concentraram-se em automatizar os processos existentes e em lançar on-line os atuais serviços públicos.

Essa nova onda de inovação representa uma oportunidade histórica para reformular, nas próprias bases, as operações do governo, como e o quê o setor público oferece e, por fim, como os governos interagem e se envolvem com seus cidadãos. Os governos podem e devem erguer-se à altura dos desafios. Esta é, realmente, uma época em que os governos ou exercem papel ativo e positivo para promover a própria transformação ou a mudança será imposta por forças externas. O processo de transformação é, ao mesmo tempo, empolgante e doloroso; porém, o preço da inação é a perda da oportunidade para que o governo, por iniciativa própria, redefina seu papel na sociedade e contribua para o advento de uma nova era de administração pública participativa.

15. A ASCENSÃO DO CIDADÃO REGULADOR

Aquele 8 de janeiro de 2007 alvoreceu como uma manhã típica de migração casa-trabalho para a maioria dos nova-iorquinos, até que um forte cheiro de gás empesteou partes da cidade de Nova York e áreas adjacentes de Nova Jersey, obrigando o esvaziamento de várias empresas e escolas e interrompendo o tráfego e algumas linhas do metrô e dos trens suburbanos. As equipes de emergência não localizaram vazamentos de gás nem outras causas, embora tivessem despachado frotas de bombeiros e de equipes de materiais perigosos. Depois de buscas exaustivas em 140 instalações industriais, Michael Bloomberg, prefeito de Nova York, declarou que as equipes tinham desistido de encontrar a fonte do odor misterioso.[1] Embora não tivesse havido baixas, a incerteza provocou ansiedade e medo numa cidade em que odores pungentes podem suscitar preocupações difusas quanto a possíveis ataques terroristas.

No entanto, avance rápido para o futuro próximo e a série de acontecimentos que afligiram as autoridades locais poderia ter apresentado desdobramentos muito diferentes, de acordo com Eric Paulos, cientista de computação da Carnegie Mellon University. O odor deixa traços de dióxido de nitrogênio que, em sua realidade alternativa, são automaticamente detectados por minúsculos sensores da qualidade do ar, embutidos nos telefones celulares de milhares de nova-iorquinos. Um simples *mashup* dos dados sobrepostos a um mapa do Google identifica o culpado – um incinerador perigoso, que não deveria estar em uso. As autoridades municipais fecham a unidade ilegal imediatamente e divulgam uma mensagem para tranquilizar a população, receosa de que se trate de alguma espécie de ataque químico.

Esse relato talvez seja fictício, mas não descreve uma situação remota. Como Paulos, tecnólogos e escritores de ficção científica há muito imaginam um mundo em que uma rede global integrada de sensores conectados à internet poderia captar todos os acontecimentos, iniciativas e mudanças no planeta. Com a proliferação da RFID (Radio-Frequency Identification – identificação por radiofrequência), das imagens por satélite, de câmeras de vídeo pessoais baratas, de poderosos dispositivos de computação móvel e de um aparato de sensores ligados à internet, essa visão de milhões de nova-iorquinos participando (talvez sem saber) de um ato de regulação física é cada vez mais plausível. Com efeito, este capítulo suscita a questão de se a combinação de novas tecnologias e a participação dos cidadãos podem desbravar uma era de regulação participativa, em que cidadãos e outros grupos de stakeholders desempenhem papel ativo na elaboração e na garantia de observância de leis e regulamentos. A ideia é que quase todas as áreas de regulação hoje – da qualidade da água e do ar, passando pela qualidade dos alimentos até os serviços financeiros – poderiam beneficiar-se com a nova realidade de uma multidão ainda maior de indivíduos esclarecidos e capacitados a ajudar a proteger o interesse público. Embora não imaginemos um cenário em que todos os cidadãos de repente passem a participar em massa, não há dúvida de que mesmo um pequeno grupo bem organizado de cidadãos altamente motivados, com acesso a informações, pode usar redes sociais como o Facebook e o Twitter para gerar grande impacto. As agências reguladoras teriam de abrir-se, de repensar velhos processos e de fornecer as ferramentas e dados de que os cidadãos precisarão para contribuir de maneira significativa. Porém, considerando o estado de despojamento em que se encontram as agências reguladoras em todo o mundo, achamos que a maior participação dos cidadãos na regulação seria, realmente, algo muito positivo.

NECESSIDADE DE UM NOVO PARADIGMA REGULATÓRIO

Uma sequência de eventos nos últimos dois anos salientou o estado de tensão e ineficácia em que se encontram os atuais sistemas regulatórios. Em 2008, uma erupção de salmonela varreu os Estados Unidos – ceifando pelo menos oito vidas e contaminando no mínimo 500 pessoas, em 43 estados, e provocando uma onda de recall em todo o mundo, abrangendo refeições congeladas, salgadinhos orgânicos e grandes baldes de manteiga de amendoim, enviados para escolas, para bases militares e para clínicas de repouso.[2] Cerca de 3 mil produtos diferentes em breve seriam retirados das prateleiras – o maior recolhimento de produtos da história dos Estados Unidos.[3]

Reportagem investigativa publicada pelo *New York Times* na esteira do episódio infeliz revelou processos de regulação e fiscalização da segurança alimentar mal preparados para lidar com a complexidade crescente da moderna produção e distribuição de alimentos.[4] Registros públicos adquiridos pelo *Times* mostraram que inspetores estaduais e federais não exigiam que a indústria de amendoim informasse ao público – ou mesmo ao governo – contaminação de salmonela em suas fábricas.[5] Gigantes do setor, como a Kellogg, usam amendoim processado em vários de seus produtos, mas confiam que os fornecedores realizarão os testes de segurança adequados e divulgarão quaisquer problemas. Atualmente, amendoins processados são usados em cada vez mais produtos alimentícios, como aditivo saboroso e pouco dispendioso, dificultando a identificação de produtos contaminados.

O próprio Conselho Científico da Food and Drug Administration – FDA, dos Estados Unidos, concluiu, em 2007, que a agência não tinha capacidade para garantir o fornecimento seguro de alimentos, depois que as empresas nacionais sob sua supervisão passaram de 51 mil, em 2001, para 65.500, hoje.[6] A natureza bizantina da produção e da distribuição global de alimentos apenas agrava os problemas de capacidade do órgão. O mesmo relatório observou que a FDA hoje inspeciona não mais que de 1% a 2% dos alimentos importados – dissuasor não muito convincente para produtores mundiais de alimentos menos escrupulosos.

Embora preocupante em si, a segurança alimentar é apenas a ponta do iceberg. A incapacidade dos reguladores financeiros de detectar o escândalo Madoff ou de disparar o alarme em relação às práticas creditícias ridículas e ao excesso de endividamento das instituições financeiras talvez seja o exemplo mais fragoroso. Porém, os reguladores também foram incapazes de evitar que laticínios contaminados e que brinquedos tóxicos produzidos na China chegassem às prateleiras de estabelecimentos varejistas nos Estados Unidos e em outros países. E os problemas de modo algum ficam só nisso. Questões tão diversas quanto mudança climática, escassez de água, tecnologias emergentes e doenças infecciosas exigem abordagens inovadoras e cada nova questão se sobrepõe às demais pelo premente senso de urgência.

Algumas das questões com que hoje se deparam os reguladores são o ritmo moroso do processo regulatório, a complexidade econômica crescente, a interdependência internacional cada vez mais estreita, a influência corrosiva da "ciência podre" (*junk science*), o lobby setorial e a ampla insuficiência da capacidade de fiscalização. Em tese, alguns dos atuais problemas são autoinfligidos. Depois de desmontar ou de circunscrever agências regulatórias centralizadas, nas décadas de 1980 e 1990, muitos governos transferiram para as próprias indústrias o poder de policiar-se, em áreas tão diversas quanto emissões tóxicas e serviços financeiros. A mentalidade era a de que a regulação pelos governos era onerosa e dispendiosa demais, com o agravante da impraticabilidade dos mecanismos de atualização. A delegação da regulação para entidades setoriais tornaria a regulação mais sensível às necessidades das indústrias, que evoluíam com rapidez e se tornavam globais em cada vez mais setores. Os governos deveriam atuar como "reguladores de última instância" – entrando em cena apenas quando a autorregulação fosse considerada inadequada. O problema é que muitas áreas da autorregulação setorial apresentam deficiências (como regras frouxas e garantias de execução inadequadas) e os governos, na maioria das vezes, se mostraram incapazes de, ou relutantes em, adotar medidas urgentes, quando as falhas do mercado se tornam evidentes. Com efeito, depois de anos de falta crônica de recursos, não admira que as agências reguladoras estejam despreparadas para fechar as brechas, para não falar em enfrentar os novos desafios, para o que não contam nem com os recursos nem com a expertise indispensáveis.

Essa situação destaca um importante dilema: sem transparência, sem fiscalização e sem prestação de contas, a autorregulação é sem dúvida inadequada. Ao mesmo tempo, a velocidade, a interdependência e a complexidade do mundo atual tornam a hipótese de retorno à elaboração regulatória e à garantia de execução centralizadas altamente implausíveis. É como afirmou Robert Cooter, professor de direito e economia na Universidade da Califórnia, Berkeley: "A economia avançada envolve a produção de tantas commodities que ninguém é capaz de regulá-la ou de manejá-la. À medida que a economia se desenvolve, as restrições decorrentes de informações e de incentivos pressionam as políticas públicas. Esses fatos sugerem que, à medida que as economias se tornam mais complexas, a eficiência exige processos legislativos mais descentralizado, não menos."[7] Embora não eliminem intervenções governamentais eficazes, essas forças estão solapando a abordagem tradicional à regulação, pela qual um pequeno grupo de especialistas confiáveis e desinteressados intervém na economia para facilitar a realização dos objetivos públicos.

DEIXANDO QUE A MULTIDÃO ON-LINE ATUE COMO CÃO DE GUARDA

Assim, se o velho modelo de regulação do tipo comando e controle está quebrado, o que o substituiria e como funcionaria? Em nossa opinião, o mais provável é que a regulação eficaz decorra de iniciativas que aumentem a transparência e a participação do público em ampla variedade de áreas que afetem a saúde de nossos filhos, famílias e comunidades. Isso não equivale a permitir que um pequeno grupo de empresas poderosas policie as próprias atividades. Nossa proposta é o contrário. Sugerimos a abertura do processo regulatório: torne tudo transparente na Web e permita que os cidadãos e outras partes interessadas contribuam com os próprios dados e observações. Sempre que possível, crie condições para que os cidadãos também colaborem para reforçar a garantia de observância da regulação, talvez mudando seus comportamentos de compra ou organizando campanhas públicas que apontem e envergonhem os infratores. Isso é um pouco parecido com a ideia do Capítulo 3, onde descrevemos como a Open Models Company (OMC) está convocando uma comunidade de analistas financeiros, que enfatizam métodos quantitativos, afetuosamente apelidados de quants, para avaliar os riscos associados a instrumentos financeiros complexos. Exceto que, neste capítulo, estamos falando de ampliar a responsabilidade pela elaboração normativa e pela garantia de observância da regulação de toda a atividade econômica, não apenas do setor financeiro.

Essa ideia é validada por alguns precedentes. Já há várias décadas recorre-se à transparência para incentivar mudanças comportamentais em áreas como contabilidade empresarial e desarmamento nuclear. No livro *The Right to Know*, por exemplo, Ann Florini, acadêmica da Brookings Institution, argumenta que cidadãos de toda as partes do mundo se mostram relutantes em apoiar processos decisórios secretos. "Em consequência", diz ela, "Índia, África do Sul, Reino Unido, Japão, México e vários outros países aprovaram importantes leis sobre liberdade de informação; organizações intergovernamentais, como Banco Mundial e FMI também adotaram novas políticas abrangentes de divulgação de informações; centenas de grandes empresas multinacionais aderiram a códigos de conduta voluntários que lhes impõem a divulgação de vasta gama de informações sobre suas práticas ambientais, trabalhistas e outras".[8]

Até organizações não governamentais e instituições filantrópicas estão fornecendo rotineiramente mais informações sobre suas políticas e atividades a seus associados e stakeholders.

A ideia subjacente a essa tendência de transparência é muito simples: a divulgação de informações sobre as atividades de instituições poderosas é vigoroso dissuasor de maus comportamentos. Quanto mais se é capaz de descobrir, de informar outras pessoas e de se organizar, menos os políticos e os líderes empresariais dispõem de condições para servir a seus interesses próprios, em detrimento dos objetivos pelos quais são responsáveis, ou para agir contra o interesse público. Como ferramenta de regulação, a transparência contribui para a certeza de que os outros estão fazendo o que devem fazer. Os investidores podem ficar tranquilos quanto à qualidade de seus investimentos, a comunidade internacional pode ter a certeza de que nenhum país está poluindo além de sua quota de emissões de CO_2, sob o Protocolo de Quioto, enquanto as organizações não governamentais podem sentir-se seguras de que as empresas sob seu escrutínio estão cumprindo os compromissos referentes à conduta ética. A divulgação financeira mais rigorosa e mais acessível também permitirá que a sociedade exerça algum controle sobre o sistema financeiro global, que ficou tão grande, tão complexo e tão opaco a ponto de tornar-se incompreensível até para os maiores participantes dos mercados. Diz-se que até George Soros, o lendário mestre dos investimentos, teria certo receio dos derivativos por "não compreender realmente como funcionam".[9] Se muitos investidores individuais e institucionais seguissem a regra de Soros, o mercado rapidamente se disciplinaria. Em outras palavras, ofereça mais transparência ou desista do meu dinheiro.

Os céticos podem duvidar da capacidade dos cidadãos e dos grupos de interesse de ajudar as agências reguladoras a desenvolver sistemas mais eficazes de monitoramento e de garantia de observância. Porém, as agências reguladoras cada vez mais se convencem do poder dessa contribuição, conforme demonstram os esforços da EPA (Environmental Protection Agency – Agência de Proteção Ambiental) dos Estados Unidos para abrir seus processos de elaboração normativa, bem como o recente anúncio da SEC de que está desenvolvendo novo sistema para a coleta de dicas anônimas na comunidade de investimentos.[10] Mesmo quando prevalece a inércia no governo, outras organizações estão assumindo a liderança. A FDA pode não exigir que os fabricantes de alimentos processados indiquem a origem do produto, o uso de organismos geneticamente modificados ou a inclusão de hormônios sintéticos, de antibióticos e de pesticidas em sua fórmula. Porém, seja como for, varejistas como a Tesco e numerosos guias de produtos on-line estão oferecendo essas informações. Por quê? Porque os clientes estão exigindo transparência!

Agora, imagine a FDA estendendo nível semelhante de abertura a recalls de produtos em tempo real? Na verdade, por que não montar uma plataforma de código aberto em que uma combinação de tecnologias RFID e de dados sobre vendas históricas possibilitaria que os varejistas alertassem qualquer pessoa que se dispusesse a comprar um produto objeto de recall. Apostamos que centenas de programadores lutariam pela oportunidade, se os varejistas concordassem em abrir uma série de feeds de dados. A FDA também deve considerar a avaliação de riscos por código aberto (é o que denominam Hazard Analysis and Critical Control Points ou Análise de Perigos e Pontos Críticos de Controle), pelas mesmas razões que nos levaram a propor a abertura da avaliação de riscos no setor financeiro. Ambas são situações a que se aplica a máxima do código aberto: concentre atenção suficiente no problema e, de repente, todos os erros vêm à tona. Nesse caso, os servidores públicos poderiam colaborar com os cidadãos na identificação e prevenção de perigos alimentares potenciais, do mesmo modo como a "multidão" avalia a qualidade dos verbetes da Wikipédia.

Não estamos dizendo que transparência é *substituto* de melhor regulação pelos governos nacionais e pelas instituições internacionais; porém, estamos convencidos de que mais divulgação e maior participação cívica nos sistemas regulatórios poderia ser complemento formidável para os sistemas tradicionais de comando e controle. "O resumo", diz Charles Sabel, acadêmico em Direito da Columbia University, "é que não se pode mais regular o que quer que seja com regras fixas, elaboradas no centro, por uma burocracia de qualquer espécie". Sabel argumenta que tanto as autoridades reguladoras quanto as indústrias reguladas estão cada vez menos preocupadas com a necessidade de produzir legislação definitiva e, em vez disso, pressionam pela criação de uma estrutura contratual que possibilite alguma espécie de aprendizado e de aprimoramento contínuo. Tipicamente, esses arcabouços incluem padrões básicos, metas e cronogramas de melhoria, além de sistemas transparentes para o monitoramento e a avaliação da observância. Em muitos casos, as pessoas (na condição de cidadãos, consumidores, de empregados ou de investidores), as organizações da sociedade civil e as empresas tendem a exercer tanta ou mais influência sobre os resultados quanto os burocratas do governo e os formuladores de políticas.

As empresas talvez não gostem dessa realidade regulatória mais fluida e mais complexa. Há quem argumente que para elas seria preferível menos escrutínio, não mais. Outros observadores, embora não se oponham à regulação em si, receiam que o aumento da abertura poderia provocar o descontrole da agenda regulatória. Afinal, é muito mais difícil influenciar uma multidão difusa, on-line, que descer em Washington com a promessa de financiamento de campanha em troca de regras favoráveis. Porém, gostemos ou não, não há como evitar as forças da transparência, o que leva, necessariamente, a novos modelos de regulação. É como diz Susanne Stormer, chefe de relacionamento com os stakeholders da Novo Nordisk: "No longo prazo, não ser transparente já não é opção. Pode-se afirmar que a verdade, como a gravidez, não pode ser escondida por muito tempo. E, mesmo agora, os stakeholders a descobrirão, de uma maneira ou de outra, pois não é mais possível controlar os fluxos de informações para dentro e para fora da organização."

URBANISMO PARTICIPATIVO

Talvez você esteja em dúvida sobre se os cidadãos, em geral, dispõem dos conhecimentos e das ferramentas indispensáveis para participar de atividades como regular a segurança alimentar e coletar dados sobre a qualidade do ar. Com efeito, a maioria das pessoas está apta para esse tipo de colaboração, bastando, para tanto, pouco mais que um telefone celular, de acordo com Eric Paulos, cientista de computação da Carnegie Mellon, já mencionado antes. Realmente, com algumas modificações simples, Paulos pode transformar um dispositivo móvel comum em poderoso instrumento de medição pessoal, capaz de monitorar o meio ambiente e de possibilitar a ação coletiva, por meio da atividade cotidiana dos cidadãos comuns. Equipar os telefones celulares com alguns sensores e softwares simples, diz Paulos, permitirá que os usuários obtenham respostas para numerosas perguntas que, do contrário, confundiriam a maioria das pessoas – perguntas como: até que ponto o ar que eu respiro é saudável? Será que se usou pesticida nessas frutas? Será que os brinquedos de meus filhos contêm chumbo e outras toxinas? Ou, será que meu novo carpete emite compostos orgânicos voláteis?

Parece futurista, mas o dia em que quase todos os dispositivos de computação móvel já sairão da fábrica com recursos de sensoriamento do meio ambiente não está muito longe. Os smartphones já embutem grande capacidade de processamento, recurso que vem aumentando com o passar do tempo. A capacidade de rede necessária para transportar os dados oriundos de inúmeros sensores conectados também está crescendo em ritmo acelerado. Enquanto isso, empresas como a Nokia estão apostando que recursos embutidos para sensoriamento poderiam disseminar enorme diversidade de novos aplicativos para os consumidores. Esse fabricante de dispositivos manuais já desenvolveu um protótipo de telefone com "ecossensor", dotado de novas tecnologias de sensoriamento para medição dos níveis de gases atmosféricos (como monóxido de carbono, matérias particuladas e ozônio em baixa altitude), radiações ultravioleta e poluição sonora, entre outras ocorrências.[11]

Como primeiro passo para a demonstração do potencial prático do sensoriamento urbano, Paulos e equipe instalaram nas máquinas de varrer ruas de San Francisco sensores que medem os níveis de poluição, enquanto percorrem a cidade, transmitindo informações para uma plataforma central, que os pesquisadores usam para gerar mapas em tempo real do panorama ambiental da cidade. Com a disseminação dos sensores, o plano é coletar dados sobre a qualidade do ar diretamente de smartphones, com o consentimento prévio dos usuários. Os cidadãos interessados já podem recorrer a serviços de mensagem de texto para receber dados diários sobre a qualidade do ar nas imediações de sua casa. Além disso, a equipe está em vias de lançar um site na Web, com mais atributos, que fornecerá acesso a dados históricos e em tempo real, bem como recursos de formação de comunidades on-line, que permitirão aos cidadãos debater questões locais e formular estratégias para a solução de problemas.[12]

Em Manila, desenvolveram-se projetos pilotos semelhantes, em que cidadãos comuns, usuários de telefones celulares, juntam forças com grupos ambientais na luta contra a poluição urbana. Embora esses experimentos não sejam tão avançados quanto os de San Francisco, esses usuários de telefones celulares e de mensagens de texto podem denunciar veículos que emitem excesso de fumaça a uma base de dados central, denominada Smokebelchers Watchdog. Amelia Judones, estudante universitária, é uma das voluntárias. "Faço isso no carro, enquanto vou para a faculdade", diz. "Não me custa nada e sinto que estou contribuindo de alguma maneira para combater a poluição."[13]

A maioria das queixas é contra caminhões e veículos comerciais. No fim de cada semana, o grupo ambiental que lidera a iniciativa compila uma lista de veículos com cinco ou mais queixas e a envia para o Escritório de Transportes Terrestres (ETT) – ramificação do Departamento de Transportes e de Comunicações, que emite licenças para as empresas. O ETT, então, convoca os proprietários dos veículos transgressores para um teste de descarga. Nas duas primeiras semanas da campanha, lançada em 6 de junho de 2002, 123 proprietários de veículos foram intimados. "O volume foi tão grande que, agora, recebemos as queixas todos os dias, em vez de apenas uma vez por semana", diz Roberto Lastimoso, principal secretário assistente do ETT.[14]

Projetos de sensoriamento urbano desse tipo ilustram como a maior participação cívica pode reforçar o monitoramento e a garantia de observância pelos órgãos públicos, em geral, não só pelos incumbidos de zelar pela qualidade do ar. Os movimentos em favor de maior prestação de contas pelas empresas, descritos a seguir, sugerem que o papel dos cidadãos, das indústrias e das organizações não governamentais é ainda mais intenso. Os cidadãos e outros stakeholders podem não só monitorar e garantir a observância de normas estatuídas pelos governos, mas também podem propor sistemas regulatórios elaborados totalmente de baixo para cima, abrangendo áreas como mudança climática, corrupção e condições de trabalho em fábricas situadas no exterior, que produzem roupas para consumidores ocidentais.

CIDADÃOS AUTO-ORGANIZADOS CONCENTRAM OS HOLOFOTES EM CIMA DAS EMPRESAS

Para muitos empresários e líderes governamentais, os benefícios econômicos da globalização são óbvios. Porém, uma grande rede cada vez mais bem organizada de cidadãos não está assim tão convencida. Em vez de considerar a criação de emprego total, essas pessoas veem a fuga de empregos e de investimentos de suas jurisdições. Em vez de ver o aumento global nos níveis de padrão de vida, deparam com empresas explorando a legislação trabalhista leniente de outros países e exportando poluição para economias em desenvolvimento. E, em lugar de regimes comerciais neutros, baseados em normas, defrontam-se com advogados de empresas elaborando as regras do comércio internacional, para servir aos interesses e necessidades de grandes empresas, em detrimento dos direitos dos cidadãos comuns e da missão de seus representantes eleitos. Essa vigorosa corrente subterrânea de descontentamento tem sido intensificada pela internet e hoje constitui importante força na "regulação" do comportamento empresarial em todo o mundo. Com efeito, empresas que outrora consideravam sua atribuição básica aumentar a riqueza dos acionistas (e, talvez, servir aos clientes e aos empregados), hoje, cada vez mais, reiteram constantemente seu compromisso de servir à sociedade e de proteger o meio ambiente. Como isso aconteceu? Não por força da regulação tradicional, mas, sim, por imposição de cidadãos organizados em rede, que observam de perto o comportamento das empresas e as disciplinam com as pressões da opinião pública, mais eficazes que as sanções do poder público.

Esse deslocamento rumo à supervisão pelos cidadãos começou no início da década de 1990, à medida que aumentavam as preocupações do público com padrões de desempenho social e ambiental das grandes empresas multinacionais. Histórias sobre supostos abusos além-fronteiras passaram a despontar nas manchetes dos principais jornais, quase semanalmente: o escândalo das condições de trabalho desumanas em empresas asiáticas, voltadas para a exportação, a debacle da Shell na Nigéria (onde ligações questionáveis com a ditadura de Sani Abacha chegou às primeiras páginas da imprensa ocidental), a tecnologia de sementes "terminator", da Monsanto. Sucessivos acontecimentos dramáticos destacaram o que alguns grupos sociais percebiam como abusos ignóbeis do poder das empresas. Em breve, movimentos sociais globais abalavam cidades como Seattle, Washington, DC, e Gênova, à medida que multidões diversificadas de sindicalistas, de estudantes, de ambientalistas e de defensores da justiça social saíram às ruas para protestar contra as reuniões do Banco Mundial e da Organização Mundial do Comércio, que os ativistas consideravam instrumentos da agenda das empresas.

Na realidade, as empresas multinacionais estavam fazendo exatamente o que os mercados demandavam: explorando as fronteiras abertas e haurindo o novo pool de capital humano para produzir quantidades crescentes de bens e serviços a preços cada vez mais baixos. Na maioria das vezes, investimentos externos criavam empregos, semeavam a prosperidade e propiciavam padrão de vida mais elevado em comunidades que, do contrário, teriam pouco acesso à economia global, mesmo que algumas empresas errassem o passo ao longo do caminho. Com efeito, muitas das graves consequências previstas pelos ativistas – por exemplo, que o poderio econômico das empresas globais em breve apequenaria o de muitos países – se mostraram extremamente alarmistas, sob uma visão retrospectiva.

No entanto, o sentimento de suspeita ainda perdura e acontecimentos como a crise financeira global não ajudaram a melhorar a imagem das empresas perante o público. Realmente, pesquisas de opinião pública revelam que mais de 8 em cada 10 pessoas, numa amostra de 25 países, acham que as empresas devem assumir maior responsabilidade pela solução de problemas sociais e ambientais.[15] Quando as empresas não são sensíveis a essas demandas, os críticos usam a internet para bombardear a administração com questionamentos indigestos, para monitorar o comportamento do setor privado em todo o mundo e para trocar ideias e informações entre si. Muitas empresas se sentem desconfortáveis com esse escrutínio, sentimento que se intensifica cada vez mais, à medida que as mídias sociais continuam a acelerar a velocidade com que as mensagens críticas se tornam virulentas.

Com efeito, o avanço tecnológico também aumenta a capacidade dos grupos organizados da sociedade civil. A Witness, de Peter Gabriel, organização de direitos humanos, viaja às profundezas das selvas de Mianmar para documentar os ataques persistentes de militares contra minorias étnicas e expor empresas como a Chevron, que ainda mantêm ligações com o regime opressivo. Até agora, o controle rigoroso do governo sobre as telecomunicações não evitou que seus membros e apoiadores postassem numerosos vídeos desfocados, e não raro manchados, no YouTube. A Witness até conta com plataforma própria, denominada Hub, comunidade interativa de ativistas de direitos humanos que divulga fotos e vídeos para documentar abusos. O arsenal do site inclui orientações em vídeo para a defesa de interesses públicos, um aplicativo para a elaboração de petições on-line, mapas interativos que plotam a localização da mídia do usuário, uma versão móvel e dispositivos de transmissão direta de telefones celulares para o Hub.

A CorpWatch.org, entidade sem fins lucrativos, com sede em San Francisco, foi ainda mais longe. Seu aparato sofisticado de ferramentas de pesquisa possibilita que investigadores de empresas, na condição de amadores, operem no conforto de suas casas. A Crocodyl.org – wiki que acompanha malfeitorias de empresas – cobre 15 temas, em 35 indústrias, e dispõe de perfis detalhados de centenas de empresas, atualizados continuamente por voluntários em todo o mundo.[16] Ampliação recente do site denominado CrocTail se integra com o CorpWatch, fornecendo interface para pesquisar arquivos da SEC, referentes a centenas de milhares de empresas de capital aberto dos Estados Unidos e às suas muitas subsidiárias no país e no exterior. Tonya Hennessey, diretora de projetos da CorpWatch, diz: "O aplicativo CrocTail se torna ainda mais relevante hoje, quando a atenção do público se concentra na natureza estrutural dos abusos de empresas, inclusive evasão fiscal multinacional e o uso de subsidiárias no exterior para evadir-se da responsabilidade por violações de direitos humanos."[17] Lançado em parceria com a Sunlight Foundation, em junho de 2009, o aplicativo apresenta um mapa mundial, que aponta a localização das controladas, e uma árvore de controladas e coligadas, com notas temáticas que são ligadas diretamente aos perfis da matriz. E, na tentativa de disseminar ferramentas de pesquisa mais poderosas no futuro, a API aberta da CorpWatch proporciona a outras organizações acesso às ferramentas e dados básicos.[18]

A CorpWatch e a Witness não são apenas manifestações de um fenômeno isolado ou temporário. Numerosas iniciativas de cidadãos indicam que algo mais profundo está ocorrendo, à medida que se intensificam a globalização e a interdependência, ao mesmo tempo em que os governos nacionais parecem menos capazes ou menos dispostos a enfrentar as consequências. Em vez de esperar pelos governos, os indivíduos e as organizações não governamentais estão desenvolvendo suas próprias soluções regulatórias, baseadas na transparência.

Soluções regulatórias de baixo para cima para a economia global

Em resposta às pressões incessantes dos ativistas, os esquemas de relações públicas que caracterizavam as respostas das empresas na década de 1990 rapidamente evoluíram para compromissos formais com padrões de desempenho voluntários. Em algumas indústrias de alta visibilidade, códigos de conduta no nível de empresas estão evoluindo para regimes autorregulatórios em âmbito setorial, os quais, por seu turno, se disseminam dos primeiros experimentos para um número crescente de atividades produtivas. Com efeito, poucas indústrias ficaram imunes a essa tendência, na medida em que regimes autorregulatórios continuam a surgir em cada vez mais setores das economias norte-americanas, europeias e asiáticas.[19]

Grandes empresas de vestuário e de varejo, por exemplo, agora estão aderindo a códigos de conduta, como Fair Labor Association e Worker Rights Consortium, que incluem exigências de inspeções das fábricas por terceiros e a publicação de relatórios regulares sobre saúde ocupacional, segurança do trabalho e questões ambientais, referentes a fornecedores situados no exterior. A indústria de produtos florestais está sendo forçada a adotar práticas florestais mais sustentáveis, à medida que os parceiros varejistas corrente abaixo, como Home Depot e Lowe's, trabalham com entidade certificadora independente, o Forest Stewardship Council, para garantir que seus produtos de varejo são "old-growth-lumber-free", ou seja, não incluem madeira de velhas árvores de espécies nativas. A Unilever, maior produtor mundial de peixe embalado, fez parceria com a World Wildlife Foundation para lançar o Marine Stewardship Council, com o objetivo específico de certificar que proporção crescente de seus produtos é extraída de pesqueiros sustentáveis. Enquanto isso, novas iniciativas setoriais também estão sendo desenvolvidas, para tratar de questões diversas, como mudança climática (Carbon Disclosure Project), conflitos em torno de diamantes (Kimberley Process) e corrupção (Extractive Industries Transparency Initiative) e escravidão na cadeia de fornecimento de cacau (Cocoa Initiative e Harkin-Engel Protocol).

Além dos códigos de conduta em nível setorial, das auditorias na cadeia de fornecimento e dos esquemas de certificação de produtos, desdobra-se um conjunto ainda mais extenso de práticas quase desconhecidas há apenas duas décadas. Empresas de petróleo e gás, como a Shell, por exemplo, agora promovem amplos entendimentos com os stakeholders, antes de envolver-se em novos projetos de exploração, além de divulgarem detalhados relatórios anuais de sustentabilidade, que monitoram seu desempenho social e ambiental em todo o mundo. Mesmo o setor de biotecnologia, que se caracteriza pelo alto nível de confidencialidade – cedeu às demandas por maior transparência e diálogo em torno de novos produtos e tecnologias, aproximando-se de grupos ambientalistas, na tentativa de reduzir a oposição pública a alimentos transgênicos na Europa.

O quadro que emerge dessas fontes díspares é o de um mar de mudanças nas práticas empresariais e na natureza da regulação das empresas. Por trás dessa onda de transformação, encontra-se uma rede densa, em constante expansão, de esquemas regulatórios voluntários, que constituem um sistema semiprivado de governança corporativa. Esses exemplos de regulação participativa, por seu turno, prenunciam ampla mudança na maneira como as sociedades regulam todas as suas atividades, desde o desempenho social das empresas até a exploração de recursos naturais. Veja a gestão de recursos naturais como mais um exemplo, conforme analisaremos adiante.

Abrindo a gestão dos recursos naturais

No passado, a gestão de recursos naturais se caracterizava como atividade de um órgão central, com jurisdição sobre determinado território, investido de autoridade para monitorar e controlar a exploração de certo recurso natural, sejam florestas, jazidas ou pesqueiros. Hoje, três forças estão abrindo a regulação dos recursos naturais para um público global muito mais amplo, tornando muito plausíveis os novos modelos de gestão participativa.

Primeiro, as imagens por satélite, além de vasta gama de microssensores inteligentes, criam condições para que visualizemos quantidades espantosas de dados sobre nossos ambientes naturais e artificiais.[20] E, graças a ferramentas como Google Earth, boa parte dessas informações hoje está disponível na internet, o que dá novos poderes a formuladores de políticas e a profissionais, ao mesmo tempo em que oferece considerável munição aos convervacionistas e às comunidades locais. Segundo, pelo menos alguns estoques de recursos, conforme se reconhece cada vez mais, devem ser considerados bens públicos globais, em virtude dos serviços ecológicos que prestam à biosfera global. Cidadãos de todo o mundo se interessam cada vez mais pela proteção desses bens públicos e, em consequência, passam a questionar noções tradicionais de soberania nacional, quando se trata de patrimônios globais. Terceiro, redes bem organizadas e cada vez mais ágeis de grupos conservacionistas e ambientalistas se estendem além das fronteiras nacionais e influenciam intensamente os principais debates em curso sobre políticas públicas.

Um dos pioneiros nesse espaço é o WRI (World Resources Institute – Instituto de Recursos Mundiais), que mantém o GFW (Global Forest Watch – Observatório de Florestas Globais), site interativo que melhora a transparência e a prestação de contas em decisões sobre gestão de florestas, facilitando o acesso do público a informações sobre empreendimentos florestais em todo o mundo. Lançado em 1998, o princípio básico do GFW é que tecnologias da informação cada vez mais poderosas transformam a transparência em um de nossos recursos mais poderosos para intensificar os incentivos à adoção de práticas setoriais responsáveis e ao desenvolvimento de capacidades para a gestão florestal sustentável. O site fornece acesso a uma profusão de informações sobre ameaças a florestas e sobre os responsáveis pelas ameaças. Em minutos, os pesquisadores interessados veem a localização e a duração das concessões para a exploração de florestas, acessam as leis e regulamentos ambientais da jurisdição e verificam se as empresas madeireiras pagaram seus impostos. A maioria das informações é acessada com rapidez, por meio de uma interface de mapa visual que explora uma combinação de imagens por satélite, de dados nacionais sobre florestas e de relatórios sobre a situação real no solo. Usuários mais avançados podem baixar dados geográficos e manipulá-los para suas próprias análises, usando aplicativos de terceiros, como o Google Earth.

O Global Forest Watch não é perfeito. A navegação em algumas áreas do site é difícil e a maioria dos dados mais recentes sobre alguns países remonta a 2000.[21] O ideal seria dispor de dados em tempo real, mas os custos proibitivos de manter dados atualizados sobre todos os países significa que esse recurso talvez seja inviável no futuro previsível.[22] No entanto, para muitas comunidades que dependem intensamente do ecossistema florestal, o Global Forest Watch ainda preenche importante lacuna na capacidade delas de avançar para a gestão sustentável.

Veja o caso do Gabão, pequeno país da África Ocidental, com amplo sistema de florestas tropicais luxuriantes, que cobrem 80% de seu território. Ao longo das últimas décadas, o público não teve acesso aos dados e mapas florestais, situação que semeava confusão no solo e levantava obstáculos vultosos à gestão florestal sustentável. Os habitantes das florestas do Gabão a toda hora deparavam com atividades madeireiras que invadiam suas comunidades ou suas terras usucapidas, sem anúncio prévio, impondo sérias ameaças à sua sobrevivência. As empresas que operavam sob regime de concessão enfrentavam dificuldades semelhantes, incapazes de garantir suas fronteiras e de evitar invasões pelas empresas vizinhas. Na falta de fronteiras de exploração madeireira definidas com clareza, com base em concessões oficiais, de acesso público, as comunidades florestais e as empresas madeireiras não dispunham de base legal para defender seus direitos. Assim, em 2006, o WRI assinou um acordo com o Ministério de Economia Florestal, Água, Pesca e Aquacultura (Mefepa) para coletar dados e criar ferramentas interativas para apoiar a gestão sustentável.[23] Esses esforços culminaram com a publicação de coleções de mapas e de conjuntos de dados, em maio de 2009. Pela primeira vez, os formuladores de políticas, as empresas e os cidadãos tiveram acesso a uma apresentação exata das atividades em andamento no setor florestal do Gabão.[24]

O Gabão é apenas um exemplo. Desde 2001, o WRI desenvolveu uma rede de 75 grupos ambientais e de universidades que monitoram atividades de desenvolvimento florestal em nove países, abrangendo mais de 60% das grandes áreas remanescentes de florestas intactas do mundo.[25] A pegada mais ampla da rede abrange centenas de outros grupos florestais, que dependem de seus dados para mobilizar o interesse global e construir capacidade local nos países. O passo lógico seguinte seria o WRI envolver diretamente a indústria, talvez estimulando as empresas a usar o Global Forest Watch para relatar suas operações diretamente ao público. Outros atributos poderiam incluir utilitários que permitissem aos usuários postar videoclipes, fotografias e depoimentos, reforçando a capacidade deles de participar mais diretamente das atividades madeireiras nas imediações. Também faria sentido que o GFW integrasse em sua plataforma servidores de mapas e recursos de mídia social mais avançados. O WRI alega estar buscando financiamentos para esses tipos de melhorias.

A gestão florestal é apenas uma das muitas áreas em que modelos incipientes de regulação participativa estão conquistando espaço. Outras, como segurança e medicina do trabalho, iniciativas anticorrupção, proteção ambiental e mudança climática, oferecem exemplos úteis de como a regulação participativa pode contribuir para o aprimoramento das políticas vigentes ou fornecer bases flexíveis sobre as quais desenvolver normas compulsórias.

PLATAFORMAS PARA A REGULAÇÃO PARTICIPATIVA

Os exemplos de regulação participativa descritos neste capítulo revelam um futuro potencial em que se alcançam muitos objetivos de política pública por meio de formas institucionalizadas de cooperação social que reúnem os recursos de diversos grupos de partes interessadas e alavancam tecnologias da informação cada vez mais poderosas para ampliar seu impacto. A promessa do envolvimento crescente dos stakeholders é que formas mais transparentes e mais participativas de regulação ajudarão a produzir resultados sociais concretos, sem impor custos desproporcionais às empresas e aos indivíduos. Os sistemas de regulação se tornarão mais fluidos e oportunos, respondendo tanto às necessidades sociais em constante evolução, como à capacidade de melhoria das indústrias. Os cidadãos estarão mais bem informados para tomar decisões inteligentes e se tornarão mais capacitados a proteger a família, os amigos e as comunidades.

Evidentemente, também há riscos. Os governos podem ceder o controle da agenda política a grupos de interesses não eleitos ou não escrutinar de maneira adequada a eficácia desses arcabouços regulatórios alternativos, deixando-os vulneráveis a manipulações políticas ou a garantias de observância insuficientes. Porém, o maior risco é que atualizações insuficientes das estratégias regulatórias solapem a legitimidade e a eficácia das políticas públicas e comprometam o desempenho econômico. Pior ainda, fracassos sistêmicos da regulação e dos mercados (de impacto comparável ao da crise financeira) podem deflagrar mudanças prejudiciais de natureza social, econômica e política, que erodirão ainda mais a estabilidade global. O aproveitamento da expertise e dos recursos de redes emergentes pelo setor privado e pela sociedade civil será fundamental para o desenvolvimento de respostas políticas eficazes e prospectivas.

Cinco prioridades de inovação

As estruturas regulatórias fechadas, hierárquicas e estáticas de hoje devem dar lugar a novos processos que incorporem valores de abertura, de capacitação, de inclusão e de compartilhamento de conhecimentos. A transição para a regulação participativa exigirá que os reguladores e seus parceiros nas empresas e na sociedade civil dominem cinco áreas-chave de inovação:

1. Crie uma cultura de abertura

As agências reguladoras em geral não reconhecem nem manejam temas difíceis, por carecerem de experiências e de perspectivas certas para orientá-las em meio aos novos desafios. O problema reside, em parte, nas culturas organizacionais, que raramente estimulam os empregados a buscar a inovação, recompensando-os pelo esforço. Também predomina nas organizações uma tendência infeliz de adotar visão introspectiva na busca de novas ideias e abordagens, ignorando, assim, um manancial muito mais fecundo na sociedade em geral, que poderia ser explorado para realizar os objetivos de política pública. O resultado é que, na última década, a maioria das instâncias de inovação regulatória foram impulsionadas por entidades fora do alcance das estruturas e entidades tradicionais. Portanto, o primeiro objetivo dos reguladores deve consistir em criar um ambiente que promova o aprendizado e a inovação. Isso significa instilar o desejo de buscar novas informações, de considerar outras perspectivas, de envolver outras partes interessadas e ser mais transparente a respeito de políticas e de atividades.

Quando a EPA dos Estados Unidos resolveu desenvolver um plano de ação para o sistema estuarino do Estreito de Puget, no estado de Washington, não adotou o roteiro tradicional da administração pública – reunir um monte de especialistas para elaborar uma política pública a portas fechadas. Em vez disso, desenvolveu um wiki e lançou um Desafio de Informação, convidando a comunidade circundante a montar fontes de dados relevantes e a articular soluções. Mais de 600 residentes, empresas, grupos ambientalistas e pesquisadores participaram do esforço e contribuíram com 175 boas ideias, de acordo com a ex-CIO da EPA, Molly O'Neill.[26] Os resultados incluem, entre muitos outros, uma base de dados de anéis de árvores, a partir de 2006, que fornece excelente termo de comparação para monitorar o impacto da mudança climática sobre as espécies arbóreas locais, mapas toxicológicos da vida selvagem na área do Estreito de Puget e ferramentas de monitoramento da qualidade da água em tempo real, inclusive medições feitas pelas barcaças locais, que podem complementar os atuais sistemas de mensuração por boias. E complementou: "Realmente, podemos usar esses tipos de ferramentas de colaboração em massa para transformar o governo, não apenas para adicionar camadas ao governo." As espécies de "comportamentos emergentes" que se veem em casos como o Desafio da Informação do Estreito de Puget podem ser aplicadas a quase todos os aspectos dos sistemas regulatórios, gerando novos insights, inovações e estratégias, que mesmo a pessoa mais inteligente não seria capaz de produzir isoladamente.

2. Construa plataformas para participação

Iniciativas dos cidadãos baseadas na Web, como o CrocTail e o Global Forest Watch, mostram que uma das maneiras mais eficazes e mais expeditas de capacitar a inovação regulatória consiste em os governos abraçarem o tipo de abertura de plataforma que impulsionou o sucesso de entidades como Wikipédia, Apple e Amazon. Em outras palavras, os governos devem abrir seus dados ao escrutínio mais amplo pelas mesmas razões que induzem organizações como CorpWatch e World Resources Institute a adotar essa abordagem: municiar as partes interessadas com informações, para que possam responsabilizar as empresas e os reguladores por melhores resultados. Afinal, os governos nem sempre têm condições de antecipar as mudanças nas necessidades da sociedade nem dispõem de todas as maneiras criativas de realizar os objetivos regulatórios no futuro. Além disso, os governos nem sempre são capazes de fornecer uma equipe de campo, composta de inspetores e investigadores, capazes de manter-se constantemente atualizados em relação às mais recentes tendências técnicas, científicas e setoriais. Ao abrir o código de suas abordagens e, em especial, de seus dados, as agências reguladoras podem manter-se mais sintonizadas com as questões emergentes e com as expectativas sociais, além de alavancar os recursos e as capacidades indispensáveis para manejar a nova realidade. No entanto, não resta dúvida de que a regulação participativa só será bem-sucedida caso se conte com movimentos de cidadãos ativos e bem dotados para energizar o sistema.

3. Fomente o diálogo e a melhoria contínua

O objetivo da regulação participativa não é, necessariamente, garantir regulação prescritiva, mas definir processos pelos quais as empresas sejam capazes de garantir o aprendizado constante e de promover a melhoria contínua de seu desempenho. O desafio de alinhar os interesses públicos e privados, como sugere Charles Sabel, da Columbia University, "é encontrar uma maneira de usar a experiência para criar um arcabouço que indique o que é admissível sob o ponto de vista do consenso mundial sobre valores morais e o que é viável por meio de melhorias [setoriais]". Com o passar do tempo, esse diálogo entre empresas e sociedade se atualiza continuamente, na medida em que as experiências contribuem para a formação de expectativas realistas. As empresas reinterpretam os valores da sociedade, enquanto a sociedade reespecifica o necessário, por meio de melhorias. Ambos os julgamentos se tornam mais matizados, à medida que as empresas aprendem mais sobre o que a sociedade quer e a sociedade aprende mais sobre o que as empresas podem fazer em diferentes contextos.

A Cocoa Initiative, envolvendo muitos stakeholders, com o objetivo de erradicar a escravidão da cadeia de fornecimento do cacau, é um bom exemplo de como esse tipo de diálogo interativo pode contribuir para a formação de expectativas mutuamente aceitáveis sobre o que seja conduta empresarial admissível. O assunto aflorou pela primeira vez depois que investigações conduzidas por entidades de direitos humanos revelaram que crianças escravas estavam sendo forçadas a colher cacau em pequenas fazendas da África Ocidental, onde se cultiva 75% do cacau do mundo – cacau que, finalmente, se integra a guloseimas de chocolate produzidas por empresas como Hershey's, Nestlé e Cadbury.[27] Os fabricantes de chocolate de início alegaram que não tinham responsabilidade pela escravidão, uma vez que compravam cacau nos mercados de commodities e não mantinham relacionamentos diretos com os fornecedores de cacau. ONGs pintaram as empresas como vilãs e, em alguns casos, simplificaram em excesso questões sociais complexas e sensíveis, subjacentes ao tratamento das crianças e ao trabalho escravo na África Ocidental. As duas partes se aproximaram depois de meses de diálogo, intermediados por dois membros do Congresso dos Estados Unidos: o senador Tom Harkin e o deputado Eliot Engel. As conversas resultaram em parceria regulatória única entre ONGs, sindicatos trabalhistas, processadores de cacau e grandes marcas de chocolate. O produto final está sendo o desenvolvimento de um processo de certificação transparente para os fornecedores de cacau que não recorrem a trabalho escravo. A iniciativa também fomenta ações em nível comunitário, que mudam os métodos de cultivo do cacau.

4. Proteja o interesse público

Como representante do eleitorado nos sistemas regulatórios emergentes, é atribuição dos governos proteger o bem público. Com efeito, os governos precisarão ter o cuidado de equilibrar os inputs e proteger o interesse público mais amplo, quando empresas e organizações não governamentais assumem funções de governança mais amplas. O senador Harkin e o Deputado Engel fornecem um modelo de como as autoridades públicas eleitas podem fomentar a prestação de contas e intermediar interesses conflitantes. Porém, conforme demonstram numerosos exemplos de regulação participativa, por vezes é difícil discernir entre ideias conflitantes de bem público.

Em algumas das primeiras tentativas de impor códigos de conduta à indústria de vestuário, por exemplo, alianças de sindicatos trabalhistas e ONGs da América do Norte formularam exigências irreais para que as empresas de vestuário adotassem um salário mínimo internacional e definissem condições de trabalho uniformes em todo o mundo. Ao iniciar um programa para melhorar as condições de trabalho, a Gap, uma das primeiras empresas a tentar o monitoramento da cadeia de fornecimento, constatou que havia muitos efeitos adversos. As primeiras iniciativas da Gap não só provocaram graves distorções no mercado de trabalho local (em alguns casos, levando até alguns médicos a deixar o emprego em hospitais para trabalhar em funções mais bem remuneradas em fábricas) e geraram resistência pelos políticos locais, mas também produziram o efeito perverso de, ao romper relações comerciais com fornecedores que não cumpriam suas condições, punir os próprios empregados que a Gap e a aliança de sindicatos trabalhistas e ONGs tentavam ajudar de maneira ostensiva.[28]

O exemplo da Gap demonstra que as ONGs e as coalizões de cidadãos que reivindicam o monitoramento do comportamento das empresas também devem assumir responsabilidade e prestar contas. Embora muitos ativistas cívicos se julguem defensores do bem público, o interesse público é área altamente controversa. ONGs antolhadas em geral se concentram obsessivamente nas próprias agendas e nem sempre estão interessadas em equilibrar diferentes visões do interesse público nem em reconhecer o papel central exercido pelo setor privado na criação de riqueza e no fomento à inovação nas sociedades modernas. Participar da formulação de uma agenda regulatória mais ampla envolve a obrigação de pensar e agir além de interesses estreitos.[29]

5. Organize ações coletivas na indústria

O sucesso da regulação participativa em geral depende da capacidade de líderes influentes de arregimentar outras empresas do setor em torno de objetivos e desafios comuns. Líderes ambientais da indústria, por exemplo, contam, em geral, com fortes incentivos para estimular empresas imbuídas de mentalidade semelhante a adotar padrões mais altos e, quando possível, promover ampla cooperação setorial. O sucesso da ação coletiva no setor dependerá de muitos fatores, como tamanho do grupo, grau de interdependência dos stakeholders, capacidade das empresas pioneiras de influenciar as retardatárias e a expectativas de cooperação e reciprocidade. Embora não seja impossível, o êxito depende de uma combinação de destreza e de liderança diplomática. Roger Martin, reitor da Rotman School of Management, da Toronto University, sugere que "o obstáculo mais significativo ao cultivo das virtudes empresariais é a falta de visão entre os líderes de negócios".[30] Talvez, no lado positivo da equação, essa falta de visão abra o campo de jogo para uma nova geração de líderes empresariais criativos e corajosos. A missão deles será promover a ideia de que, trabalhando juntos como setores e arregimentando o apoio da sociedade civil e do governo, será possível ampliar e aprimorar os benefícios da atividade econômica para a sociedade

FAZENDO ACONTECER

A regulação participativa se baseia na ideia de que o interesse pelo bem público, a fidelidade às normas e a capacidade de operacionalizar as normas se desenvolvem com mais rapidez quando não induzidas por ameaças ou coerções. As ameaças tendem a levar indivíduos e organizações a redefinir seus interesses no sentido oposto ao das ameaças. A coerção pode garantir a observância no curto prazo, mas, em geral, às expensas de solapar o comprometimento a longo prazo.

Hoje, é mais provável que as transformações nas mentalidades e nos comportamentos das empresas ocorram não por força da regulação, mas, sim, pela motivação intrínseca das organizações para abraçar a mudança. Partir de um programa voluntário é, em geral, a melhor maneira de motivar o diálogo, o que, por seu turno, é o meio mais eficaz para convencer as empresas a tomar iniciativas em relação a determinado problema. Depois de despertar o interesse, é possível avançar para a definição de novas normas e para o desenvolvimento da capacidade de seguir as normas, passando, em seguida, de normas para regras, e, por fim, para a efetiva garantia de observância das regras.

Nesse contexto, destaca-se a necessidade política de criar fóruns para decisões reiteradas, propícios ao desenvolvimento desse tipo de dinâmica. É como dizem os acadêmicos John Braithwaite e Peter Drahos, especialistas em regulação de empresas: "Não é possível falar em garantia de observância enquanto não houver regras; nem em regras, enquanto o consenso geral não gerar normas; nem em normas, enquanto não houver interesse."[31]

O problema é que, como já discutimos, ao contrário da regulação do governo, nem todas as empresas, ao depararem com a possibilidade de escolha, se dispõem a participar de sistemas institucionalizados de diálogo e de transparência. Porém, se os líderes setoriais forem convencidos a adotar padrões de comportamento empresarial mais rigorosos, os retardatários serão induzidos a aderir, quando as regras forem codificadas em sistemas regulatórios nacionais e em sistemas de gestão empresarial, como a ISO 14000.

A percepção da transparência e da participação dos cidadãos como partes integrantes da regulação eficaz dependerá de nossas expectativas. É como observa Ann Florini: "Quem vir a transparência como substituto da regulação governamental, alternativa a que se recorre para obter as mesmas transformações no comportamento empresarial, ficará decepcionado." Reconhecendo que a transparência tem suas limitações, é mais adequado encarar o fenômeno como parte de um arsenal regulatório mais amplo, indutor de comportamentos mais responsáveis, sob os pontos de vista social, econômico e ambiental.

No fim das contas, o argumento em favor da regulação participativa se resume na constatação de que tanto o mercado quanto o governo não proporcionam soluções regulatórias ótimas, em tempos de mudanças econômicas e tecnológicas aceleradas. Felizmente, não precisamos exercer "opções excludentes" entre esses arranjos sociais alternativos. Algumas das soluções mais viáveis para as falhas do mercado e do governo são promovidas por meio de adaptações dos cidadãos, das empresas e das agências às limitações de ambos os sistemas.

16. RESOLVENDO PROBLEMAS GLOBAIS: ALÉM DO ESTADO NACIONAL

Ao arrumarem as malas e partirem para a África Oriental, em 2004, Matt Flannery e a esposa, Jessica Jackley, não estavam, de modo algum, preparados para o tipo de jornada que os aguardava mais adiante. Jessica realizaria estudos de avaliação de impacto para o Village Enterprise Fund (VEF), organização sem fins lucrativos que combina treinamento, subsídios de capital semente e mentorização, para ajudar empreendedores rurais em toda a África a constituir pequenas empresas. Matt, cuja paixão é cinematografia, planejava documentar toda a experiência, à medida que o casal viajava por Uganda, Quênia e Tanzânia.

Como muitos ocidentais que vão para a África, Jessica e Matt esperavam encontrar desesperança e desespero. Porém, longe de confirmarem seus piores receios, o casal se imbuiu de otimismo ao deparar com uma realidade inesperada. Onde quer que fossem, sempre se surpreendiam com o potencial inexplorado. Viram em primeira mão numerosos empreendedores que estavam sendo ajudados pelo VEF e centenas de outros em busca de oportunidades para constituir o próprio negócio. "Sempre que eu ouvia aquelas histórias logo me ocorria: 'Quero pôr dinheiro nisso, quero investir nesse cara, quero comprar ações desse negócio!'", diz Matt. O casal não tinha muito dinheiro, mas logo concluíram que US$100 fariam realmente enorme diferença na capacidade de alguém de sustentar a si mesmo e a família. "Quanto mais conversávamos sobre o assunto", diz Matt, "mais nos dávamos conta de que, se investíssemos US$100 nos negócios daquela gente, eles seriam bem-sucedidos, sentimento realmente empolgante, a ponto de até criar alguma dependência!"

Matt passou a acompanhar seus investimentos nas microempresas de Uganda em seu site, que logo se transformou em ferramenta para compartilhar as "histórias de azarões" dos empreendedores e de seus negócios, que eram lidas pelos familiares e por uma rede ampliada de amigos. As notícias se difundiram com rapidez, inspirando uma ideia ao casal. E se eles desenvolvessem um mercado de internet, em que pessoas voltadas para problemas sociais pudessem emprestar diretamente a esses empreendedores tão esforçados? Os dois sabiam que outras pessoas como eles adorariam a chance de investir diretamente em oportunidades de negócios capazes de transformar não só a vida dos empreendedores, mas também o destino da comunidade mais ampla. A experiência era mais envolvente que meras doações filantrópicas. E despontava como maneira vibrante de contribuir para a mitigação da pobreza num continente em que não faltavam ideias, mas onde o recurso escasso por excelência era capital para financiar novos empreendimentos.

Jessica e Matt chamaram seu mercado de Kiva (que significa unidade em suaíli). E passaram o ano seguinte pesquisando e desenvolvendo um plano de negócios. Como primeiro passo, contrataram um empreendedor ugandês, para identificar outros empreendedores promissores e para postar seu plano de negócios e suas necessidades de capital no Kiva.org. Demorou alguns meses para ganhar impulso, mas, em março de 2005, o Kiva concedeu empréstimos no total de US$3.500 a um pastor de cabras, a um peixeiro, a um criador de gado, a um restaurador e a três outros, todos em busca de capital para lançar ou expandir seus negócios.[1]

A concessão de pequenos empréstimos a pequenas empresas em países em desenvolvimento – conceito denominado microfinanças – não era ideia nova quando o casal lançou o Kiva, mas tampouco era prática muito comum. Durante boa parte das últimas três décadas, microfinanças foi conceito bancário pouco conhecido, que acabou sendo enaltecido por Muhammad Yunus, acadêmico de Bangladesh, que depois se metamorfosearia em banqueiro dos pobres. Em 1974, durante terrível surto de fome em Bangladesh, ele concedeu um empréstimo de US$27 a um grupo de 42 famílias, para que pagassem dívidas predatórias com agiotas e tentassem ganhar pé.[2] Além de estropiar os devedores, esses empréstimos deletérios podem ser mortais, mesmo hoje. Em abril de 2009, por incrível que pareça, mais de 1.500 agricultores indianos de um único estado cometeram suicídio quando suas safras quebraram e eles não tiveram condições de pagar os empréstimos aos agiotas locais.[3] Com os juros acumulados não raro ultrapassando o valor do principal, esses esquemas de empréstimos informais quase sempre tornam os pobres mais pobres.

Contudo, o sucesso do primeiro microempréstimo de Yunus lançou as fundações do que viria a ser o Grameen Bank, em 1976 – primeira instituição de microfinanças do mundo e primeira via de acesso viável ao capital para os empobrecidos bangladeshianos. Hoje, o Yunus empresta mais de US$1 bilhão por ano, a mais de 8 milhões de tomadores, com 97% de taxa de adimplência, o que o transforma numa das marcas mais conhecidas e mais tradicionais de uma indústria que oferece mais de US$20 bilhões por ano em empréstimos a mais de 100 milhões de famílias em mais de 50 países.[4]

O Grameen Bank talvez tenha pavimentado o caminho, mas o Kiva atuava em território não mapeado. Antes de Matt e Jessica lançarem seu experimento, não havia meios para que pessoas comuns se envolvessem em microfinanças e, decerto, até então, ninguém se dispusera a fazê-lo pela internet. O Kiva não era, de modo algum, instituição financeira e os investidores não contavam com nenhuma garantia de que recuperariam o principal. Porém, seis meses depois da concessão, todos os empréstimos haviam sido pagos integralmente, confirmando que não é necessário ser banqueiro para alcançar sucesso em microfinanças.

Pouco depois, o Kiva.org entrou no ar, com um portfólio muito maior de empreendedores buscando financiamento. E, graças a algumas coberturas oportunas da mídia, a iniciativa logo conquistou enorme público. De acordo com Jessica, os mutuantes do Kiva, ao deparem com um agricultor pouco instruído na África Subsaariana, não o veem como caso de filantropia, mas, sim, como um indivíduo vigoroso, trabalhador e inteligente, com vasto potencial para tornar a própria vida mais promissora. Com efeito, ao contrário de doações para caridade, que começam e terminam com a emissão de um cheque, os mutuantes e mutuários que se ligam por meio do Kiva são parceiros, e esse nível mais profundo de envolvimento parece ser o cerne da atração do Kiva. "O Kiva é mais que apenas empréstimos ponto a ponto", diz Matt. "É uma plataforma de colaboração, que oferece oportunidades de desenvolver transações de negócios genuínas entre mutuantes e mutuários." Ele afirma que a maioria dos mutuantes aproveita a oportunidade para analisar o plano de negócios, oferecer conselhos e monitorar o progresso dos mutuários. Depois que o empréstimo é pago, os mutuantes podem emprestar o dinheiro a outros empreendedores, doar o dinheiro ao Kiva ou sacá-lo. Mais de 90% dos participantes optam por reinvesti-lo.[5] E, como o impacto de milhares de pequenas contribuições para a campanha presidencial de Obama, a agregação de dezenas, centenas ou até milhares de microempréstimos está exercendo impacto dramático sobre as vidas de outras pessoas.

Hoje, o Kiva é citado como líder de um novo modelo de filantropia e de serviços bancários. Apenas cinco anos depois de sua fundação, 455 mil pessoas, com idade entre 1 e 100 anos, usaram o Kiva para canalizar mais de US$137 milhões a mais de 352 mil empreendedores, não só da África, mas de todo o mundo.[6] Atualmente, o próprio Flannery investe principalmente em empreendimentos da Europa Oriental. Quando conversamos com ele, em 2009, ele acabara de investir num mercado de alimentos no Azerbaijão e numa loja de roupas na Ucrânia. "É a democratização da filantropia internacional", diz. "Em vez de um pequeno grupo de pessoas poderosas tomar todas as decisões sobre o destino das doações, as microfinanças permitem que pequenas quantias de centenas de milhares de mutuantes formem parcerias com mutuários que consideram merecedores de oportunidades. Cria-se, assim, uma experiência extremamente capacitadora e transparente."

Evidentemente, ao tentar reduzir a pobreza e criar oportunidades econômicas no mundo em desenvolvimento, Jessica e Matt poderiam ter tentado reformar as instituições de desenvolvimento internacionais. Porém, preferiram trabalhar fora do contexto das organizações tradicionais. Hoje, as instituições de microfinanças compõem um sistema bancário paralelo que deslocou parcela considerável dos serviços bancários e das estruturas de empréstimos tradicionais no mundo em desenvolvimento. Os resultados agregados, a saber, 100 milhões de clientes com taxa de adimplência bem acima do nonagésimo percentil, demonstraram que um sistema em rede, em grande parte auto-organizado, de empréstimos ponto a ponto, não só é factível, mas também oferece solução sustentável para erguer da pobreza milhões de indivíduos. Com efeito, o cumprimento mais enaltecedor e a confirmação mais inequívoca do sucesso de pequenas iniciativas de microfinanças, como o Kiva, é o fato de grandes bancos, como HSBC e Citigroup, estarem entrando às pressas na área, oferecendo produtos de microfinanças que concorrem com as visões altruísticas que motivaram o casal.

E, assim, chegamos ao ponto central deste capítulo. O Kiva é muito mais que uma iniciativa filantrópica ou mesmo que uma nova abordagem colaborativa em serviços bancários. Ele aponta para algo muito mais profundo – um novo modelo de solução de problemas globais. Afinal, a pobreza é um problema global. Porém, o Kiva não foi lançado por uma organização internacional, como as Nações Unidas, nem pelo G20. Não houve cúpula global de líderes nacionais para ordenar sua criação. Tampouco se convocaram profissionais de órgãos públicos para a implementação de sistemas sofisticados de relatórios internacionais ou para a supervisão de controles gerenciais rigorosos. Na verdade, o Kiva se destaca muito mais como a antítese dos velhos modelos de desenvolvimento internacional impostos de cima para baixo. E a iniciativa é apenas um de inúmeros exemplos de como pessoas e organizações comuns podem juntar forças para fazer algo significativo a respeito de problemas globais. "Essa conexão e colaboração entre seres humanos é a força de mudança mais poderosa do planeta", diz Jessica. Para ela, o Kiva desfoca as fronteiras que separam as pessoas – fronteiras entre ricos e pobres, entre doadores e beneficiários, entre mundo desenvolvido e mundo em desenvolvimento, entre nós e eles. "Essas fronteiras são obstáculos à solução dos grandes problemas de nossa época", acrescenta. Porém, por meio de comunidades como o Kiva, tudo isso pode mudar. "Seria uma transformação profunda em como vemos e acreditamos uns nos outros", acrescenta. "E é o tipo de transformação que pode revolucionar o mundo."

GOVERNANÇA GLOBAL DE BAIXO PARA CIMA

Agora, imagine um mundo em que se criassem novas instituições globais compatíveis com o escopo dos atuais desafios econômicos, ambientais e de segurança. Porém, em vez de baseá-las num modelo inchado e ineficiente, do tipo Nações Unidas, suponha que seguíssemos o exemplo do Kiva – com vasta rede de pessoas e ideias, integrada pelo interesse comum e dotada das capacidades e recursos necessários para traduzir boas ideias em ações eficazes. Não se trata, de modo algum, de proposta trivial. Uma comunidade diversificada e crescente de pensadores e operadores, muitos dos quais conheceremos neste capítulo, acredita que as atuais instituições dedicadas à solução de problemas globais estão quebradas, de maneira fundamental e irreparável (mais sobre essa questão mais adiante). E, como nós, acreditam que dispomos de uma janela temporal pouco duradoura, para a construção de novas redes voltadas para a cooperação global, que incorporem os princípios da wikinomics, como abertura, interdependência e colaboração. Não estamos falando de empreender iniciativas simbólicas para ampliar o escopo e a escala da participação dos cidadãos nos fóruns internacionais. Tampouco estamos propondo uma visão grandiosa de um governo global representativo nem de uma nova burocracia mundial. Referimo-nos a pessoas comuns que se reúnem para criar fóruns inclusivos e participativos, com vistas à geração de ideias e de soluções para os problemas mais prementes com que se defronta o mundo. Em última instância, isso significa descartar as ideias tradicionais de controle e propriedade e ir além dos silos internacionais, para criar redes de pessoas e organizações dispostas e organizadas.

Impossível, você diria? Considere o fato de que cidadãos digitais conectados, inundados de informações e de escolhas, já estão entrando em ação. O setor de ONGs está explodindo em tamanho e influência na cena internacional, definindo cada vez mais a agenda em áreas como direitos humanos e meio ambiente. Enquanto isso, comunidades virtuais, conectando diásporas culturais e étnicas em todo o globo, estão rompendo as fronteiras da geografia e construindo pontes alicerçadas em valores. Essas comunidades virtuais mundiais não só fornecem o senso de pertencimento, mas também atuam como canais para a solução de problemas, reunindo pessoas que compartilham uma herança ou uma visão de mundo, mas não comungam determinada base territorial.

Tudo isso suscita a questão mais fundamental: será que alguma outra forma de governança, totalmente diferente e mais adequada, sucederá ao Estado nacional, do mesmo modo como o Estado nacional em si se ergueu sobre os alicerces de formas de governo anteriores, mais limitadas? A resposta a essa pergunta continua sendo mero exercício de adivinhação ou nada mais que palpite. À medida que avançarmos nas tendências em curso, a governança será cada vez mais dividida por uma ampla variedade de stakeholders, como organizações não governamentais, empresas multinacionais e países emergentes, como Brasil, China, Índia e Rússia. Mesmo os cidadãos em si hoje desfrutam de capacidade sem precedentes de participar e de envolver-se em atividades globais. É como já disse o ex-secretário-geral da ONU, Kofi Annan: "Hoje vivemos num mundo em que os problemas humanos não se vinculam permanentemente a passaportes nacionais."[7] Em outras palavras, a governança global não deve ser exclusividade de nenhum país nem de nenhum ente governante. É, e deve ser, um desafio compartilhado por todos.

Será que esse cenário é muito ousado – um mero sonho utópico que conflita com o cerne das atuais normas e convenções internacionais? Sem dúvida, é algo ainda um tanto distante, mas o plano aqui delineado tem três elementos críticos, ou peças, que são factíveis se nos dispusermos a pôr a mente para trabalhar. Primeiro, precisamos redesenhar nossos sistemas para a tomada de decisões globais, inclusive o *modus operandi* de instituições internacionais, como ONU de OMC. Embora qualquer empreendimento de tal monta sempre seja difícil, um projeto de reformulação global, liderado pelo Fórum Econômico Mundial, está mostrando o caminho pela frente. Segundo, precisamos identificar novas fontes de capacidades, mormente entre as redes de cidadãos que já se organizam em torno de todas as grandes questões e desafios da agenda internacional. Portanto, associamo-nos a alguns empreendedores sociais que estão construindo novo motor para a inovação, capaz de ajudar cidadãos e organizações sem fins lucrativos a contribuir com mais vigor para a superação dos desafios globais. Finalmente, precisamos reduzir o déficit democrático e aumentar a contribuição dos cidadãos, à medida que mais decisões se deslocam para o nível internacional. Nessas condições, preconizamos um único fórum de diálogo sobre políticas públicas, no qual governos nacionais e organizações internacionais se envolvam com milhares de cidadãos em todo o mundo, na fecundação de novas ideias criativas para manejar questões de sustentabilidade urbana.

Ao tratar desses três temas, podemos promover a mudança global de nova maneira. Em vez do mesmo "papo de sempre" entre os representantes de uma elite internacional de tomadores de decisões, envolveríamos pessoas reais na elaboração e na execução de soluções reais em suas comunidades. Por meio da internet, podemos desencavar novas soluções, com mais rapidez, compartilhar conhecimentos entre comunidades e mobilizar pessoas e recursos em ritmo acelerado para garantir alcance e escala às boas ideias. Como o Kiva, essas redes de colaboração global seriam escancaradas, totalmente transparentes e altamente sobrejacentes às fronteiras nacionais. Já vimos outros exemplos desse cenário em nossos capítulos sobre mudanças climáticas e finanças. Neste capítulo, mostramos como a solução de problemas por meio de redes é capaz de manejar amplo aparato de questões globais, variando desde a escassez de água até a segurança humana. Mas, primeiro, repassemos o que há de errado na maneira como tentamos resolver questões dessa espécie hoje.

O PROJETO DE REFORMULAR O MUNDO

Encaremos a realidade. O mundo está quebrado. Durante décadas, grandes instituições internacionais, como as Nações Unidas e o Banco Mundial, lutaram com alguns dos problemas mais intratáveis do mundo – os tipos de dificuldades que não se encaixam muito bem em escaninhos nacionais nem organizacionais. E, embora se tenha progredido em algumas áreas, o cômputo geral não é animador. A rápida reconstrução da Europa depois da Segunda Guerra Mundial e o igualmente rápido desenvolvimento da Índia e da Ásia Oriental por meio da Revolução Verde, por exemplo, são acontecimentos vistos como alguns dos maiores sucessos da cooperação internacional. Mas a cooperação internacional e as instituições internacionais fracassaram redondamente ao tentar estender essa taxa de desenvolvimento econômico e social às regiões menos desenvolvidas do mundo. Com efeito, enquanto os países da Ásia Oriental ostentavam níveis de crescimento sem paralelo durante a década de 1980, o FMI e o Banco Mundial lidavam com a pobreza e a fome contínuas de milhões de pessoas na África Subsaariana, embora tenham emprestado bilhões e gastado outros bilhões na tentativa de superar esses desafios. Ao mesmo tempo, a comunidade internacional se mostrou igualmente incapaz de conter as ambições de países aspirantes a potências nucleares, como Coreia do Norte, Paquistão, Índia, Israel e Irã. As Nações Unidas e outros organismos não conseguiram conter o colapso de pesqueiros nem impedir o genocídio em Ruanda, em 1992, o desabamento da Somália, o naufrágio do Zimbábue, ou a carnificina em curso no Sudão. A comunidade internacional tampouco foi capaz de desenvolver um substituto significativo para o Protocolo de Quioto, durante o fiasco da Conferência do Clima de Copenhague, em 2009.

As transgressões aos direitos humanos são outro desafio crescente. Em princípio, a comunidade internacional concorda que a soberania nacional fica em segundo plano, quando se cometem atrocidades contra os direitos humanos. Porém, na prática, violações rotineiras passam despercebidas e impunes pelos investidos de poderes para impedi-las. Infelizmente, os acontecimentos lamentáveis em Guantánamo revelam que, quando os interesses são altos, mesmo os supostos campeões da liberdade podem tornar-se delinquentes.

Será que os problemas globais são difíceis demais, talvez até insolúveis? Ou será que as instituições e mecanismos mobilizados no nível internacional não estão preparados para as realidades de hoje? Em tese, parece que a melhor resposta é a segunda. Realmente, as instituições internacionais constituídas depois da Segunda Guerra Mundial estão não só obsoletas, mas também se tornaram fundamentalmente incongruentes com o escopo e a gravidade dos desafios com que o mundo se depara hoje. A proposta de um trabalho do Fórum Econômico Mundial, de 2010, descreve bem o problema: "O mundo está enfrentando um paradoxo. Ele se torna cada vez mais interdependente, mas os governos e as organizações internacionais se mostram cada vez menos capazes de manejar as questões globais, na medida em que grandes segmentos das populações ainda não estão prontos para aceitar as consequências das políticas públicas a serem perseguidas a bem do interesse comum global."[8] Hoje, os desafios mundiais são mais complexos, ao mesmo tempo em que as questões internacionais estão mais interligadas. No entanto, nossas instituições nacionais e internacionais continuam atuando como silos, dificultando extremamente a adoção de qualquer abordagem integrada para a solução de problemas complexos. Quase sempre, os interesses nacionais são considerados prioritários, quando desafios como mudança climática ou gestão de pesqueiros demandam soluções que transcendem as prioridades e as fronteiras nacionais. Além disso, como mostra o Kiva, também entraram em cena inúmeros players não governamentais, como organizações da sociedade civil, empresas e cidadãos, que podem e devem ser integrados no processo de manejo das questões globais. Em geral, as instituições internacionais se dizem abertas às "contribuições dos stakeholders"; mas, na realidade, isso significa nada mais que acrescentar alguns assentos à mesa, para os representantes de grandes empresas e de ONGs mais poderosas.

Outro problema é que as instituições internacionais, criadas ao longo dos últimos 50 anos, ainda refletem em grande parte a dinâmica de poder do mundo como era na época, não do mundo em que vivemos hoje. Embora apenas 12% da população mundial viva na América do Norte e na Europa Ocidental,[9] essas regiões exercem influência preponderante, graças ao tamanho de seus mercados econômicos e ao seu status avoengo como coronéis políticos do mundo. Não admira que países como Brasil, China e Índia queiram participar do processo decisório internacional de maneira proporcional a seu peso econômico hoje. No entanto, conforme explica

Klaus Schwab, chairman e fundador do Fórum Econômico Mundial, "os países com interesses constituídos nas atuais estruturas em geral relutam em concordar com mudanças que diluiriam sua influência".

Quando se junta à complexidade da agenda de governança a inércia e as disfunções das instituições contemporâneas, obtém-se o equivalente a um impasse global. "Tudo isso compõe uma mistura intratável de organizações de governança global, incapazes de atender às demandas dos atuais desafios globais, pois são induzidas por prioridades nacionais isoladas", afirma Schwab. E com essa observação vem uma advertência: "A história mostrou que, embora a diversidade de interesses nacionais amplie as perspectivas, ela, não raro, nos leva ao mínimo múltiplo comum em questões de importância global."

De novo, a grande reformulação global

Essa não é exatamente a primeira vez que o mundo enfrenta uma crise existencial. Os Estados nacionais são constructos relativamente novos na história da humanidade. A ideia de soberania nacional remonta a centenas de anos, mais exatamente ao Tratado de Vestfália, de 1648, que pôs fim a quase um século de guerras brutais entre os impérios europeus. No período que se seguiu, cidades-Estados menores se agregaram em países e economias nacionais, com fronteiras bem delimitadas, império da lei e instituições de governo. A Itália, por exemplo, só foi unificada como Estado nacional em 1861. Em 1919, quando a poeira se assentou sobre os remanescentes do Império Otomano, na sequência da Primeira Guerra Mundial, Woodrow Wilson, presidente dos Estados Unidos, proclamou que o mundo emergira de uma era de monarquia e autocracia e avançava rapidamente para um novo sistema internacional, composto de Estados democráticos modernos.

Entretanto, nem tudo foi tão cor-de-rosa. Wilson advertiu que os países modernos, como seus predecessores imperiais, deveriam deixar de lado os interesses próprios e forjar novas instituições que promovessem a paz e aumentassem o nível de cooperação entre Estados soberanos. Com efeito, ficava cada vez mais evidente que a anarquia reinante no sistema internacional não era de modo algum prescrição adequada para a paz e para a prosperidade almejadas pelo mundo. "Posso prever com certeza absoluta", proclamou Wilson, "que eclodirá outra guerra mundial se os países do mundo não chegarem a um acordo que a evite".[10] Esse acordo nunca ocorreu – e realmente estourou outra guerra. Os chefes de Estado, por fim, recobraram o bom-senso, quando, em julho de 1944, um grupo de líderes mundiais se reuniu na pequena comunidade de Bretton Woods, New Hampshire, onde passaram 22 dias elaborando uma nova arquitetura internacional, que presidiria os próximos 65 anos de crescimento e desenvolvimento globais. Nos anos e décadas seguintes, o mundo assistiu ao nascimento das Nações Unidas, do GATT (General Agreement on Tariffs and Trade – Acordo Geral de Tarifas e Comércio), das convenções de

Genebra, do Fundo Monetário Internacional, do Banco Mundial e da Declaração Universal dos Direitos Humanos, entre outras instituições.

Avance rápido para os primeiros anos do século XXI e toda a narrativa parece estranhamente semelhante. A era da preeminência ocidental está esboroando e uma nova ordem mundial emerge em seu lugar. Os Estados Unidos talvez continuem sendo a maior potência militar do mundo, mas a ascensão recente de alguns países da Ásia, da América Latina e da Europa está sacudindo o equilíbrio de poder econômico. Em 2050, a economia da China equivalerá a quase o dobro da dos Estados Unidos, cujo PIB será quase equiparado pelo da Índia, em seu avanço para tornar-se a segunda maior economia do planeta.[11] Rússia, Brasil, Coreia do Sul e outros países estão emergindo como potências econômicas, enquanto o paradigma bipolar do século XX terá sido substituído por um mundo multipolar. Só essa mudança já exige a reconstrução do sistema internacional e de todas as suas instituições. Porém, como fazê-lo e sob que liderança?

A parceria na agenda global mostra o caminho adiante

O Fórum Econômico Mundial tem uma história interessante e hoje está em transformação. Quarenta anos atrás, Klaus Schwab era um acadêmico suíço que se considerava imbuído da missão de encontrar novas maneiras de "melhorar a situação do mundo", para o que fundou a nova instituição, como ponto de encontro. Desde então, a entidade cresceu em estatura e em escopo, tornando-se famosa por promover a cúpula anual de líderes mundiais, realizada no cenário idílico de Davos, estação de esqui situada na Suíça. Nos últimos anos, o professor Schwab e sua equipe observaram desconexão alarmante entre a escala dos problemas com que o mundo se defrontava e a notória incapacidade das instituições existentes para resolvê-los. Outros membros de destaque na comunidade internacional também se deram conta do mesmo descompasso. No entanto, mesmo assim, ninguém se mobilizou para fazer alguma coisa. É como diz o diretor gerente do Fórum Econômico Mundial, Robert Greenhill: "Já não havia dúvida de que não se promoveria uma revolução copernicana sob o patrocínio dos líderes do velho paradigma."

Considerando sua posição relativamente singular de observador privilegiado, Schwab e equipe sentiram que a instituição desfrutava de boas condições para intermediar um debate vigoroso sobre a governança global. Quando irrompeu a crise financeira, o momento parecia adequado para que a equipe lançasse as sementes de um projeto pouco conhecido, mas extraordinário, envolvendo milhares de líderes da academia, dos governos, da sociedade civil e de empresas em todo o globo, para repensar a cooperação global e a solução dos problemas mundiais. Era audacioso, mas funcionou. A Iniciativa de Agenda Global (Global Agenda Initiative) foi lançada oficialmente em 2009 e hoje envolve cerca de 1.200 líderes de várias áreas da sociedade, recrutados para compor 90 Conselhos de Agenda Global (Global Agenda

Councils).[12] Os conselhos se reúnem não só em Davos, mas também em sessões face a face, em todo o mundo, e por meio de uma plataforma na Web, que oferece espaço informal para troca de ideias e debates.

O objetivo da iniciativa não é elaborar um único conjunto de diretrizes sobre governança global, mas, em vez disso, desenvolver "pelo menos 100 propostas inovadoras e, às vezes, alternativas sobre como a comunidade global poderia reorganizar-se em seus próprios fundamentos para manejar com mais sucesso os desafios, oportunidades e riscos de um mundo mais interdependente, complexo e com cada vez menos tempo", nas palavras de Greenhill. Ou seja, é um brainstorming mundial sobre o futuro, reunindo as maiores sumidades em campos de estudo relevantes. E, numa época em que as decisões políticas no nível nacional com muita frequência são induzidas por premências políticas imediatistas, a instituição espera oferecer uma plataforma para reflexões de longo prazo, eminentemente prospectivas, sobre os desafios e oportunidades do presente.

Um dos participantes é lorde Mark Malloch-Brown, ex-secretário-geral adjunto das Nações Unidas e ex-ministro de Estado de Relações Exteriores do governo do Reino Unido. Depois que deixou o governo, em 2009, ele vem preconizando um novo modelo de governança global e trabalhando em estreito entrosamento com o Fórum Econômico Mundial para realizar esse objetivo: "Nossos sistemas de cooperação global se baseiam em respostas nacionais. Contudo, temos uma economia global, e muitas questões, como finanças, saúde, migração e segurança desafiam o velho modelo de soluções nacionais. Embora sejam poucas as dúvidas de que, ao menos durante nossas vidas, os Estados nacionais serão os grandes decididores em qualquer sistema emergente, o ponto é que estes e as organizações globais por eles constituídas precisam aprender a compartilhar o poder." Para Malloch-Brown e para a maioria dos outros participantes, não se trata de substituir Estados nacionais nem de desmantelar as atuais instituições globais, mas, sim, de tornar essas entidades mais eficazes, mostrando como a colaboração transcende fronteiras e proporciona melhores soluções. O que fica cada vez mais claro é que já ingressamos num admirável mundo novo, em que as pessoas não mostrarão deferência por organizações que não cumprem sua missão. "A era da deferência está sendo substituída pela era da prestação de contas", diz Malloch-Brown.

Esse modelo de solução de problemas em rede também oferece um atributo que não se deve subestimar: o monitoramento ambiental contínuo, com foco nos riscos. Ao reunir grande parcela da expertise mundial, quaisquer que sejam sua afiliação organizacional e sua origem geográfica, a Iniciativa de Agenda Global talvez seja capaz de fornecer ao mundo os meios necessários para monitorar e para informar aos líderes nacionais o que já está ocorrendo e o que poderá acontecer em seguida. É como observou Hu Jintao, presidente da República Popular da China, em recente reunião de líderes mundiais: "Carecemos de um sistema de radar de riscos; assim, mesmo quando o Banco Mundial acionou o alarme [quanto à iminente crise financeira global] ninguém ouviu."[13] Uma rede de discussões contínuas sobre questões-

-chave relacionadas com a governança global poderia muito bem oferecer a estrutura desse sistema de radar de riscos.

No entanto, uma coisa é identificar os riscos; outra, muito diferente, é forjar uma abordagem colaborativa, quando novo risco aparece na tela do radar. A mudança do modelo vigente de governança global exigirá a transformação dos incentivos para a cooperação e para a ação. Essa não é uma tarefa fácil, considerando que a maioria dos líderes prioriza questões de política interna. Porém, com um pouco de pensamento criativo, o problema dos incentivos pode ser resolvido. Digamos que a colaboração global possa resultar em solução menos custosa e mais imediata para o desafio da mudança climática. Será que os líderes nacionais não se empolgariam com a oportunidade de reivindicar créditos, instruindo os institutos de pesquisa nacionais a mobilizar seus melhores talentos para a iniciativa? Ou suponhamos que, por meio de fóruns como a Iniciativa de Agenda Global, pudéssemos arregimentar a expertise global para divisar ao longe a formação das próximas crises financeiras, antes que seja tarde demais? Benefícios tangíveis como esses aumentariam o reservatório de vontade política a ser haurido pelos líderes políticos dentro dos países. Em outras palavras, a cooperação global contribuiria para o sucesso nacional.

Rick Samans, diretor gerente do Fórum Econômico Mundial reverbera nosso pensamento sobre o tópico, observando que o atual sistema de governança global não oferece aos líderes nacionais incentivos suficientes para superar o curto prazo e para transpor os interesses próprios internos. "As estruturas cooperativas internacionais, sejam instituições formais ou comunidades em rede, devem oferecer aos líderes nacionais motivações extras para que olhem além do imediatismo das agendas políticas internas", diz Samans. "A arregimentação de amplos grupos de partes interessadas para que pensem à frente de seu tempo e identifiquem desafios e oportunidades talvez ofereça esses incentivos adicionais, conferindo legitimidade às iniciativas e aos mandatos dos governos nacionais, em consequência de sua inclusividade." A experiência demonstra que essa inclusividade deve concentrar-se nos players mais próximos das questões. E essa é uma das razões por que as organizações não governamentais e as redes da sociedade civil atuam cada vez mais como pontos focais do processo de solução dos problemas globais, conforme discutimos na próxima seção.

CIDADÃOS GLOBAIS: NOVOS MODELOS DE COOPERAÇÃO DE BAIXO PARA CIMA

Muitas questões e possibilidades instigantes estão emergindo da Iniciativa de Agenda Global, mas uma série de outros temas desponta reiteradamente: Será que as redes de cidadãos individuais e de cidadãos organizados podem ajudar a resolver alguns dos problemas que as grandes instituições até agora não conseguiram solucionar?

Com efeito, se as soluções de que precisamos não forem encontradas nas capitais nacionais do mundo, será que as redes de cidadãos seriam capazes de suprir a criatividade e a capacidade indispensáveis? E se as decisões de organizações internacionais distantes parecerem ilegítimas ou dissociadas das realidades e dos anseios das pessoas comuns, será que as organizações civis de todos os tamanhos e matizes teriam condições de atuar como canais de mais participação e de mais contribuição pelos cidadãos – o tipo de inclusividade a que Samans se refere?

Você talvez ainda não tenha se dado conta da nova realidade, mas o setor de organizações não governamentais já é a oitava maior economia do mundo – movimentando mais de US$1 trilhão por ano, em todo o planeta![14] Quando se constituíram Bretton Woods e outras instituições do pós-Segunda Guerra Mundial, o conceito de ONG nem mesmo existia e havia apenas um punhado dessas entidades no mundo. Os governos eram os únicos players nas mesas de negociações, quando nossos sistemas de colaboração global ainda estavam em formação. Hoje, o setor de ONGs emprega quase 19 milhões de trabalhadores remunerados, para não mencionar os inúmeros voluntários. E as ONGs gastam cerca de US$15 bilhões por ano em desenvolvimento, quase o mesmo que o Banco Mundial.[15] Dotadas de alcance global, reforçadas por marcas poderosas e imbuídas da missão de desencavar malfeitorias públicas e privadas, as ONGs são capazes de exercer forte influência sobre os mercados e sobre o setor público – seja como desafiantes de alta visibilidade, seja como parceiras na busca de novas soluções.

Embora organizações como Greenpeace, World Vision e Oxfan sejam talvez as manifestações mais visíveis da sociedade civil, o chamado terceiro setor como um todo está explodindo, com inúmeras organizações e redes menores que irrompem em todo o mundo, em torno de uma ampla gama, cada vez mais abrangente, de temas e projetos, nos níveis local, nacional e internacional. Basicamente, os cidadãos como indivíduos estão participando das mudanças, em parte porque gostam de contribuir para as questões e em parte porque redes como Twitter e Facebook transformam em atividade social a salvação do mundo. Veja algumas evidências recentes, oferecidas pelos cientistas políticos Robert Putnam e Theda Skocpol, de Harvard. Em pesquisas independentes, registraram níveis crescentes de desilusão com as instituições políticas e cívicas, mas também observaram procura crescente por organizações de defesa de interesses públicos, associadas a causas sociais, como direitos das mulheres ou meio ambiente. Também descobriram que hoje os cidadãos se mostram mais propensos a entrar e sair de organizações, bem como a adotar e a descartar questões de interesse, em lugar de assumir compromissos duradouros com associações apolíticas, como o velho Rotary Club.[16] Enquanto isso, o próprio tecido da ação social está mudando. Outrora atribuição de grandes organizações não governamentais centralizadas, hoje a mudança viceja em toda parte. Sejam indivíduos com tempo vago enquanto esperam por uma consulta médica, sejam altos executivos com ideias inexploradas e sonhos irrealizados, a ação social é agora tarefa de todos; e, em consequência, o mundo está ficando melhor.

Ideágoras para ativistas

Habilidades e expertise se tornaram extremamente portáteis, graças à internet. E, embora as pessoas ainda citem "falta de tempo" como a principal razão para não se apresentarem como voluntárias, mesmo esse problema pode ser manejado com um pouco de engenhosidade. Jacob Colker e seu parceiro de negócios, Ben Rigby, constataram, por exemplo, que não se trata exatamente de as pessoas não terem tempo, mas, sim, de não disporem de grandes períodos contínuos para se dedicarem a tarefas maiores. "É importante lembrar que, embora achemos que não temos tempo para trabalharmos como voluntários", diz Colker, "passamos nove bilhões de horas por ano jogando paciência". Os americanos, por exemplo, gastam 4,6 horas por semana brincando com videogames, 51 minutos por dia em transportes públicos, no percurso casa-trabalho-casa, 18 minutos nas filas de controle de segurança em aeroportos e, em média, meia hora nas filas de agências de correios.[17]

Colker e Rigby estimaram que todo esse tempo vago poderia ser usado para fins sociais. E, assim, conceberam The Extraordinaries, plataforma de microvoluntariado que possibilita aos usuários recorrer aos telefones móveis para transformar o tempo ocioso em ação social. Por exemplo, alguém com habilidades em idiomas estrangeiros poderia ajudar a traduzir o site de uma organização sem fins lucrativos para outra língua, do mesmo modo como qualquer pessoa apaixonada por pássaros teria condições de ajudar o Laboratório de Ornitologia da Cornell University a identificar espécies em fotografias arquivadas. Vamos denominar esse processo de ideágora para ativistas.

O site não só possibilita um espectro mais amplo de opções de envolvimento, mas também questiona o papel das grandes instituições filantrópicas e das grandes organizações de defesa de interesses públicos, num mundo em que os cidadãos podem envolver-se diretamente. Mas será que os cidadãos precisam contribuir para o financiamento de organizações que exercem atividades filantrópicas ou de defesa de interesses? Não mais. Isso não significa que todos optarão por participar diretamente; porém, proporção crescente exercerá essa opção. Embora a emissão de cheques ainda seja parte integrante do "envolvimento", assim como o voluntariado, os cidadãos interessados poderão exercer todos os tipos de atividades, desde manifestar apoio por meio de recursos relativamente simples (como incluir um logotipo ou um aplicativo de levantamento de fundos em sua página no Facebook) até promover reuniões locais ou mesmo contribuir com conhecimento ou expertise para determinado projeto ou problema específico.

Ao escrevermos esta página, uma nova geração de mercados para ação social está rompendo fronteiras geográficas e temporais e ampliando o pool de candidatos dispostos a contribuir para a solução de problemas. Quando se pensa com criatividade, logo se descobrem dezenas de oportunidades de colaboração entre pessoas dispostas a solucionar problemas, de um lado, e organizações que precisam de sua expertise, de outro, desde mercados semelhantes à InnoCentive, que conecta pessoas em busca de soluções com pessoas dispostas a oferecer soluções, até fóruns do tipo Digg.com, onde os participantes da comunidade de desenvolvimento sugerem e classificam projetos que necessitam de financiamento. Mundos virtuais, como Second Life, oferecem a doadores e recebedores meios para a construção de maquetes virtuais de seus projetos, enquanto leilões como o e-Bay proporcionam a governos, comunidades e indivíduos dos países em desenvolvimento a possibilidade de dar lances para a arrematação de "produtos de desenvolvimento", criados por agências de ajuda e por ONGs. Todas essas atividades do tipo ONG 2.0 deveriam brotar num ambiente em que as organizações trabalhassem com mais afinco para compartilhar conhecimentos e coordenassem suas atividades por meio de câmaras de compensação como a Global Relief Web.

Do marketing de causas sociais para a inovação social

Esse novo modelo de inovação social não é apenas um sonho. Tudo isso já está acontecendo hoje, em quase todos os lugares do mundo. Billy Bicket, por exemplo, é diretor da NetSquared, organização on-line que procura aproximar empreendedores sociais e desafios sociais, por meio de uma série de competições. Bicket, que ganhou experiência com a Meetup (plataforma de rede social on-line que se tornou famosa quando da disputa de Howard Dean pela indicação como candidato democrata, nas eleições presidenciais americanas de 2004), é um dos muitos e cada vez mais numerosos ativistas sociais que consideram falido o tradicional modelo de ONG. "As ONGs de hoje agregam suas redes em Washington, DC, e operam basicamente como organizações de marketing direto", diz. "As afiliadas locais recebem instruções da sede sobre as questões em que devem concentrar-se e sobre como levantar fundos." Quando as ONGs gastam dinheiro com projetos, os resultados raramente são avaliados e as consequências nem sempre são transparentes. Além disso, num mercado competitivo de doadores, o foco temático pode deslocar-se para causas comercializáveis, em vez de convergir para os verdadeiros problemas que precisam de solução.

A NetSquared é o oposto exato dessa abordagem centralizada: não se trata de marketing de causa social, é inovação social. Em vez de empurrar uma agenda predefinida para um público passivo e solicitar doações para financiar suas atividades, a Net Squared recorre a desafios incentivados para acelerar o trabalho de empreendedores sociais, dedicados a causas sociais, com resultados comprovados. O fato de os desafios serem dirigidos pela Web, torna todo o processo ao mesmo tempo colaborativo e transparente. Os incentivos em dinheiro motivam a participação e proporcionam aos empreendedores vencedores capital semente para seus projetos. As ideias promissoras são refinadas, reformuladas e relançadas, graças às contribuições da comunidade. Não importa que os ganhadores almejem lucro, o realmente relevante é que alcancem os resultados prometidos.

Por exemplo, quando buscava novas maneiras de usar telefones celulares para enfrentar os desafios referentes ao desenvolvimento em países pobres, a USAID (United States Agency for International Development) formou parceria com a NetSquared para lançar o Development 2.0 Challenge e ofereceu prêmio de US$20 mil.[18] Os vencedores, anunciados no começo de 2009, demonstraram a amplitude e a profusão da capacidade disponível no setor civil. O primeiro prêmio foi para o sistema Vigilância da Desnutrição Infantil e de Resposta à Fome (Child Malnutrution Surveillance and Famine Respose), desenvolvido por uma equipe de seis alunos da University of Columbia. O aplicativo móvel transmite dados nutricionais de clínicas de acompanhamento do crescimento de países em desenvolvimento, de bases de dados do governo e da Unicef, ao mesmo tempo em que fornece feedback instantâneo às mães sobre mudanças nos padrões de crescimento dos filhos e sobre suas necessidades nutricionais. O segundo colocado foi um aplicativo para diagnóstico de saúde que conecta profissionais de assistência médica em regiões carentes com médicos especialistas e que coleta dados em tempo real para intervenções em áreas como maternidade materna, câncer e AIDS. O terceiro lugar foi para o Ushahidi, o aplicativo de informações sobre crises que apresentamos no Capítulo 1.

Até hoje, a equipe da NetSquared dirigiu nove desses desafios, distribuindo quase US$375 mil em dinheiro entre os vencedores, o que Bicket vê como "a comunidade emitindo um cheque para o inovador".[19] Para algumas pessoas, essa tendência é a democratização do financiamento, porém, na verdade, é mais que isso. Trata-se de uma rede totalmente auto-organizada, envolvendo organizações com problemas e solucionadores de problemas, que se aproximam para atender às necessidades de cada uma das partes. O altruísmo ainda é componente da equação, mas também o é o desafio de aplicar princípios de negócios e tecnologias inovadoras a questões sociais que necessitam de atenção. Essa nova geração de inovadores sociais não é controlada por organizações, indústrias ou causas tradicionais – ao contrário, é enleada pelo compromisso de fornecer soluções, o que, cada vez mais, significa recorrer à melhor expertise disponível no planeta.

DEMOCRACIA ALÉM-FRONTEIRAS

Um desafio espinhoso para o novo modelo de solução de problemas globais é que as redes de vários stakeholders têm poder informal, ou de fato, mas não poder formal. Em outras palavras, elas não podem promulgar novas leis nem prender transgressores de direitos humanos. Tampouco têm representação para lançar impostos e para financiar grandes projetos, do mesmo modo como não dispõem de meios para intervir militarmente numa crise. Também não podem reivindicar de pronto a mesma legitimidade de congressistas ou parlamentares, que foram eleitos pelos cidadãos por meio do sufrágio universal. Esses poderes formais são reservados aos Estados nacionais e a seus governos. Mesmo instituições internacionais, como o

FMI e as Nações Unidas, ou até o G20, devem, em diferentes graus, ceder ao poder dos Estados nacionais, na qualidade de seus constituintes.

Portanto, em face dessa realidade, como e com o quê podem contribuir os cidadãos individuais e as redes informais? Será que dispõem de meios para influenciar a manipulação das alavancas do poder do Estado, para a arregimentação de recursos maciços, financeiros e outros, com o objetivo de resolver problemas globais? Ou, em outros termos: e se um governo ou uma organização internacional quisesse explorar o poder da colaboração em massa para manejar uma questão internacional? De que maneira fornecer uma plataforma para que indivíduos, quaisquer que sejam seus antecedentes, participem do debate sobre o futuro e, no processo, definam a agenda para um grupo mais restrito de especialistas e de decididores? E como isso mudaria o papel dos mandatários políticos nacionais e dos formuladores de políticas públicas, tão acostumados a controlar as rédeas do poder?

Em 2005, o governo canadense, por meio de seu ministro do Trabalho e Habitação, Joe Fontana, fez exatamente essas perguntas. Em especial, queria explorar o alcance global da internet para converter ideias em ação e contribuir para a solução das questões urbanas mais prementes do mundo, sob uma abordagem democrática, não hierárquica, dando voz a pessoas que, do contrário, nunca teriam a oportunidade de participar desses debates. Evidentemente, tudo isso representaria uma grande mudança. Afinal, na maioria dos países, a elaboração de políticas públicas é um processo de cima para baixo, limitado pelas fronteiras nacionais. Os políticos estudam os assuntos, recebem orientação de um grupo restrito de assessores, decidem e aprovam leis em nome da população. A maioria dos cidadãos está na periferia, sem qualquer tipo de participação ativa, limitando-se a votar nas eleições.

Fontana imaginou um tipo totalmente diferente de experimento democrático. Em parceria com a IBM, o governo do Canadá, como patrocinador do Fórum Urbano Mundial, em 2006, decidiu levar para as ruas, em escala global, os debates sobre questões de sustentabilidade urbana. A ideia consistia em reunir milhares de participantes de governos, de empresas, de universidades e da sociedade civil, para discussões on-line, com a intervenção de facilitadores, durante 72 horas, quando poderiam discutir estratégias sobre como ampliar o acesso à água potável e ao saneamento básico, reforçar a sustentabilidade ambiental e melhorar a governança local, nas regiões metropolitanas em crescimento acelerado. O processo de envolvimento, um brainstorming digital, se inspirou em evento que a IBM promoveu pela primeira vez em 2001, denominado Innovation Jam (Mutirão da Inovação), em que a empresa reuniu seus empregados em todo o mundo com o propósito de explorar soluções para problemas globais. Em 2006, o mesmo evento foi ainda mais bem-sucedido, arregimentando on-line 150 mil empregados e dezenas de líderes intelectuais, para sessões de brainstorming destinadas a identificar novas áreas de oportunidades para a IBM em setores como assistência médica, transportes e energia. O CEO Sam Palmisano acredita tão intensamente no conceito que alocou US$100 milhões para desenvolver as ideias mais promissoras em termos sociais e econômicos.[20] O Fórum

Urbano Mundial não dispunha de tanto dinheiro para aplicar em iniciativas de sustentabilidade humana, mas, com a coragem e o apoio de centenas de organizações de todo o mundo, o Habitat Jam (Mutirão do Habitat) rompeu as barreiras de língua, analfabetismo, incapacidade, pobreza, guerra e abismo digital, criando condições para que mais de 39 mil pessoas, de 158 países diferentes, começassem uma conversa que, há quem diga, mudará o mundo.[21]

A diversidade dos 39 mil participantes era impressionante. Favelados, ministros de Estado, crianças em idade escolar e acadêmicos. As conversas versaram sobre transportes públicos, abastecimento e saneamento, governança, pobreza e outras questões de importância para pessoas que moram em cidades – principalmente para os pobres.

Talvez um dos maiores exercícios de consulta pública já realizado, o evento demonstrou que é possível envolver milhares de pessoas em discussões e deliberações sobre ideias que podem ser fontes de políticas e serviços públicos mais eficazes. Com efeito, essas amplas redes frouxas são capazes de aglutinar-se para oferecer orientação convergente pelos mais afetados por determinado problema ou pelos que dispõem de melhores condições para a ação. Esse experimento pioneiro se fundamentou na crença de que esse seria o caminho mais rápido para a inovação. O objetivo do mutirão foi levar todos os participantes a trabalhar juntos em busca de soluções para os problemas mais prementes da sustentabilidade urbana em cidades de todo o mundo. Apenas seis fóruns enquadravam as questões mais críticas – melhoria da vida dos moradores de favelas; acesso sustentável à água; sustentabilidade ambiental; finanças e governo; segurança pessoal e patrimonial; e, finalmente, humanismo – o futuro de nossas cidades. O convite estava aberto para todos que tivessem algo a dizer a respeito de suas cidades.

De acordo com Fontana, "foi uma experiência de aprendizado inacreditável... Já não se tratava de conferência sobre políticas públicas. Era mais um encontro de profissionais e praticantes da sociedade civil e do setor privado, explorando essas questões: O que funcionou? O que aprendemos? Que erros cometemos? Como fazer as coisas melhor?".[22] O Habitat Jam conseguiu alavancar redes globais que expressassem as experiências e propostas de pessoas que jamais teriam condições de participar do Fórum Urbano Mundial. Suas "ideias factíveis" foram o ponto de partida da conferência, destinada a construir redes que implementassem essas ideias, por meio do aprimoramento de políticas e serviços públicos – em nível global, nacional e comunitário. O mais extraordinário foi a quantidade de ideias factíveis oferecidas pelo mutirão. Os números em si são impressionantes: mais de 4 mil páginas de debates, 600 ideias sugeridas, das quais 70 factíveis, pesquisadas e resumidas em um documento de trabalho preparado para a reunião do Fórum Urbano Mundial, realizada em Vancouver, em junho de 2006.[23]

Embora as reuniões oficiais tenham terminado muito tempo atrás, o espírito do Habitat Jam ainda sobrevive. Bill Tipton, gerente de projetos da Hewlett-Packard e autor colaborador do Global Dialogue Center, descreveu o que significa para ele, como deficiente visual, participar do Habitat Jam: "Isso é tão empolgante que acabo ficando de cabelo em pé ao conhecer e conversar on-line com tantas pessoas portadoras de deficiências."[24] Bill foi adiante e passou a liderar um diálogo contínuo com 70 portadores de deficiências, moradores em favelas espalhadas pelo mundo. Também ajuda a levantar dinheiro destinado diretamente a prestar serviços nessas comunidades.

Com intensidade crescente, essas conversas digitais estão ajudando a definir agendas que, de início, talvez não tenham parecido significativas para governos nacionais. Diálogos e pesquisas globais sobre mudança climática, fome e AIDS na África são exemplos correntes, conquistando posições nas agendas governamentais, basicamente como resultado do interesse público difuso – envolvendo cidadãos comuns, celebridades, autoridades públicas organizações sem fins lucrativos e as partes diretamente afetadas.

O local se torna cada vez mais global. E, embora essa interconectividade planetária não seja necessariamente nova, o realmente inédito é a quantidade de informações e a facilidade de acesso a esse manancial pelos usuários de informações, ao mesmo tempo em que a Wikipédia, o YouTube e o Twitter fornecem as ferramentas para o surgimento de uma rede de cidadãos, solucionadores de problemas, realmente global. Felizmente, as tecnologias de Web 2.0 tornam o processo de envolver cidadãos na solução de problemas mais fácil e menos custoso que em qualquer outra época. Como no caso do Habitat Jam, as instituições internacionais podem postar na Web informações básicas e usar videoconferências on-line para difundir o depoimento de especialistas. Fóruns pela Web possibilitam discussões e debates entre centenas, milhares e até milhões de participantes, separados por ampla dispersão geográfica. Software wikis oferecem plataformas para edição colaborativa de documentos referentes a políticas públicas, ao mesmo tempo em que tecnologias de redes sociais conectam cidadãos e organizações com objetivos e interesses comuns.

A promessa é que o envolvimento digital promova novas abordagens para a solução de problemas globais, que integrem a elaboração e a implementação de políticas públicas numa prática integrada e flexível de envolvimento, de melhoria e de inovação constantes, capazes de transpor as fronteiras nacionais. Dependendo da questão, redes incipientes de solução de problemas atrairão participantes de uma vasta gama de governos, de organizações internacionais, de empresas e de entidades de classe, de centros de pesquisa, de instituições acadêmicas, de organizações da sociedade civil, como ONGs, de associações, de grupos religiosos, e do público em geral. Dessa maneira, seremos mais capazes de facilitar a integração de cidadãos comuns com as comunidades em que se desenrolam as conversas e de contribuir para a maior legitimidade das decisões e projetos daí resultantes. Com efeito, se a primeira onda de democracia trouxe consigo instituições de governança eleitas por sufrágio universal e prestadoras de contas, mas com um mandato público pouco vigoroso e imbuídas de cidadania pouco participante, a segunda onda deve caracterizar-se pela forte representação e por uma nova cultura de deliberação pública, baseada na cidadania ativa.

Contudo, embora as redes compostas por enorme diversidade de stakeholders acenem com grandes promessas e já estejam exercendo impacto profundo no mundo, elas também suscitam questões difíceis. Será que carecem de legitimidade por não terem sido eleitas por sufrágio universal? Elas agem em defesa dos interesses de quem? A quem prestam contas e perante quem são responsáveis? A ONU pode estar eivada de inadequações crescentes, como veículo de cooperação global, mas, ao menos parece ser um órgão representativo e legítimo, e seus delegados prestam contas e são responsáveis perante os governos nacionais dos países membros. À medida que redes de múltiplas partes interessadas reivindicam maior participação na governança, os líderes e governos nacionais precisarão descobrir maneiras de participar dessas discussões e de oferecer respostas satisfatórias. As escolhas que terão pela frente dirão respeito a manter-se reativo ou descobrir novas maneiras de entrar na conversa de maneira proativa e produtiva, que resultem em melhores políticas, serviços e resultados para o público. O Habitat Jam é demonstração contundente dos benefícios de perseguir a segunda alternativa e de oferece um esboço de projeto para a criação de fóruns participativos, legitimados pela transparência do escopo e pela adesão do público, que se tornaram vitais pela capacidade de canalizar ideias e soluções inovadoras aos detentores de posições capazes de implementá-las.

OS QUATRO PILARES DA SOCIEDADE: RUMO À SOLUÇÃO DE PROBLEMAS EM REDE

Há quem sustente que *apenas* as instituições nacionais são capazes de proporcionar o tipo de governança de que precisamos para lidar com um "mundo desenfreado". Afinal, apenas os governos nacionais, como mencionamos, estão investidos de autoridade para tributar, para legislar e para coagir. Saskia Sassen, da Columbia University, desenvolve um bom argumento: "Se também não lidarmos com o complexo, e, a essa altura, não desenvolvermos um contexto mais eficaz para os Estados nacionais, não chegaremos a lugar algum... autoridade demais e capacidade demais para converter algo em lei, para regular e para estatuir ainda percorre as instituições do Estado nacional." Sassen está certo. Os Estados nacionais ainda são importantes. Mas a natureza dispersa do poder e da autoridade no mundo de hoje significa que outros players também deverão participar. Os governos sozinhos não terão condições de enfrentar os desafios da governança global. Precisamos de todos os quatro pilares da sociedade – empresas, organizações civis, governos e cidadãos – que contribuam e colaborem em torno de soluções promissoras.

O objetivo da solução de problemas por meio de redes não é, como já vimos, substituir as instituições existentes e suas lideranças bem entrincheiradas, em áreas como formulação de políticas públicas e exercício da governança. Em vez disso, o propósito é criar um "motor" básico que movimente ideias, antevisões e diálogos, promovidos por amplos fóruns de negócios, envolvendo múltiplos stakeholders, para as organizações que disponham de recursos financeiros e humanos capazes de convertê-las em ação. Em seu novo papel, os governos devem atuar como construtores de estruturas para uma nova era de responsabilidade e de prestação de contas em âmbito global. Isso significa contribuir com liderança, com insumos democráticos e com recursos do Estado para um projeto compartilhado de desenvolvimento de instituições mais responsivas de governança global.

À medida que mais decisões se transferem para a esfera planetária, a função dos mandatários eleitos e das assembleias legislativas dos Estados, no debate, no refinamento e na solução de questões, mudará profundamente. Porém, em vez de diminuir a autoridade dos representantes eleitos, as novas formas colaborativas de solução de problemas talvez até criem condições para que os políticos aleguem deter maior credibilidade e legitimidade ao falarem em nome do eleitorado. Com efeito, os mandatários eleitos precisam garantir que decisões tomadas nos níveis nacional e internacional, por via digital, não se limitem a ampliar as vozes de grupos de interesses organizados, que hoje já se fazem ouvir. Nessa nova função, os políticos precisarão complementar sua capacidade de promover entendimentos e compromissos entre partes antagônicas com a habilidade de ouvir os detentores de interesses mais difusos e menos poderosos, de alcançar segmentos mal representados, de intermediar conflitos e de promover o consenso. Acima de tudo, os políticos – como os únicos representantes *políticos* realmente legítimos – precisarão demonstrar capacidade de julgamento e de discernimento na ponderação das contribuições e na tomada de decisões políticas em arenas internacionais.

Isso dito, talvez precisemos de todo um novo modelo de legitimação. Não nos esqueçamos de que os líderes, na maioria dos países democráticos, governam com o apoio de menos de um quarto da população. (O líder conservador David Cameron assumiu o poder na Inglaterra com 36% dos votos populares e com o apoio de apenas 23,5% de todos os eleitores potenciais, uma vez que somente 65% do eleitorado efetivamente compareceu às urnas.)[25] De fato, governos de todo o mundo industrializado deparam com a queda da participação dos eleitores, com o declínio do envolvimento político e com a redução dos níveis de confiança. Portanto, em vez da presunção de que a autoridade para agir em nome da população decorre exclusivamente da concessão de um mandato eleitoral de quatro anos, qualquer organização (ou combinação de organizações), aberta à participação pública e bastante transparente a respeito de seus objetivos, operações e progressos, poderia reivindicar legitimidade. O processo do Fórum Econômico Mundial, por exemplo, é inspirado, mas será legítimo? O professor Schwab se inclui entre os primeiros a levantar essa questão. "As redes precisam ter legitimidade. Não se trata de redes de entretenimento. Estamos falando de redes que produzam impacto global sobre a situação do mundo", diz. Assim sendo, como será que essas redes se transformarão em participantes legítimos para tomar, ou, ao menos, para preparar e moldar decisões que afetam as vidas de pessoas fora da rede? "Com transparência, seus antecedentes e seu progresso são claros, o que, por seu turno, confere legitimidade à rede", explica

Schwab, esperando que o Fórum Econômico Mundial seja capaz de contribuir para a disseminação de redes com múltiplos stakeholders, que sejam amplamente bem recebidas pela sociedade, como legítimas, abertas e responsáveis perante o mundo.

Outras organizações inteligentes, fora do governo, também devem explorar novas tecnologias para construir relacionamentos mais fortes com seus membros, tornando-se, em consequência, facilitadores do discurso político e do envolvimento dos cidadãos, numa era de processos decisórios globais. Décadas de participação em iniciativas de desenvolvimento locais e internacionais mostraram que as organizações da sociedade civil, como as ONGs, podem atuar como agentes de mudança eficazes e fazer importantes contribuições para o processo decisório, com a conjugação de liderança eficaz e de acesso adequado a informações e a recursos. Os governos até passaram a recorrer a ONGs, em muitas situações, para ajudar a desenvolver e a implementar políticas públicas que reflitam melhor as necessidades e aspirações dos cidadãos. Porém, como no caso do Fórum Econômico Mundial, redes cívicas e outras entidades não governamentais terão de enfrentar questões de legitimidade e operar com o nível de transparência e prestação de contas demandado pela sociedade.

Como as ONGs, as empresas nem sempre foram consideradas participantes formais legítimos na maioria de nossas instituições para cooperação global. Não há empresas no G20, nas Nações Unidas nem no Banco Mundial, por exemplo. Porém, sem dúvida, o setor privado tem um papel a desempenhar, não só na criação de riqueza, mas também como participante ativo do esforço de promoção do desenvolvimento social e de proteção do meio ambiente. Com efeito, achamos que os líderes empresariais, com uma combinação de visão, de energia e de capacidade de comunicação, podem erguer-se à altura do desafio. Fóruns como o Conselho Empresarial Mundial para o Desenvolvimento Sustentável (coalizão de 200 empresas internacionais) e a Global e-Susteinability Initiative (parceria entre empresas de alta tecnologia, o Programa das Nações Unidas para o Meio Ambiente e a União Internacional de Telecomunicações) já facilitam diálogos setoriais, criando condições para que os líderes empresariais compreendam e manejem melhor a evolução do papel das organizações de negócios no século XXI.

Como quarto pilar da sociedade, os indivíduos também devem aceitar novos papéis de liderança no enfrentamento dos desafios globais. Alguns preferirão atuar em suas comunidades locais, mas também poderão optar por compartilhar suas experiências e insights com o mundo. Outros talvez se envolvam nas conversas e comunidades globais hospedadas pelo Fórum Econômico Mundial ou por organizações como NetSquared. Qualquer que seja o âmbito escolhido, é hora de cada um contribuir com a própria engenhosidade para a reconstrução de nossas instituições de governança global. Temos uma breve oportunidade de contribuir com o melhor de nós mesmos para a solução dos problemas globais. Os princípios da wikinomics – abertura, colaboração, compartilhamento, integridade e interdependência – fornecem o arcabouço e o projeto para esse empreendimento.

A governança global de há muito tem sido tema de debates entre especialistas, fora do alcance das várias partes interessadas que recebem o impacto das decisões tomadas em um pequeno bloco de ruas no centro de Washington, DC, qualquer que seja o nível de sucesso ou de fracasso. Em contraste, as iniciativas impulsionadas pela coordenação e colaboração internacionais, baseadas na legitimidade dos valores comuns e da liderança compartilhada, oferecem uma abordagem promissora para a construção de um mundo proativo, prospectivo e sustentável. Até se poderia dizer um mundo da wikinomics.

17. LUTANDO POR JUSTIÇA: A CONQUISTA DA LIBERDADE, DE TEERÃ A PEQUIM, PASSANDO POR YANGON

Quando milhões de iranianos desiludidos e enfurecidos tomaram as ruas de Teerã, em junho de 2009, para contestar os resultados das eleições, que preservaram o poder em mãos do já titular Mahmoud Ahmadinejad, o mundo teve o primeiro vislumbre de uma perspectiva incipiente no esforço do país em busca de reformas. O Irã já não era apenas parte do denominado Eixo do Mal, com ambições nucleares obscuras e um presidente agitador e fanfarrão. Em vez disso, graças a tecnologias modernas, capazes de contornar as tentativas do governo de reprimir a liberdade de expressão, o mundo assistiu à ascensão de uma nova sociedade jovem, cada vez mais moderada, que seria o presságio de um recomeço nas relações da nação persa com o mundo ou, pelo menos, de uma perspectiva diferente em seu convívio internacional.

Essa nova narrativa sobre o Irã foi moldada, em grande parte, por milhões de tweets, ou mensagens de Twitter, durante o protesto contra as eleições, cujo pico foi de 221.774 postagens por hora (3.695 por minuto), no auge das manifestações, que proporcionaram ao mundo uma visão em tempo real do que estava acontecendo nas ruas de Teerã.[1] Enquanto centenas de milhares de iranianos apinhavam as ruas e uma reação sangrenta tinha início, imagens impressionantes, exibindo a violência, eram transmitidas instantaneamente para o Twitter e para outras redes, pelos manifestantes. Uma tempestade de interesse e simpatia logo inundou a internet. E, com poucos jornalistas estrangeiros efetivamente sediados em Teerã, as postagens nos sites de mídia social eram a principal fonte de informação para os repórteres. A BBC, por exemplo, foi obrigada a prefaciar suas matérias jornalísticas com o aviso de isenção de responsabilidade – "a verificação da veracidade é difícil" – e a citar jornalistas do birô persa, em Londres, em vez do pessoal da área.[2] Outras mídias ocidentais enfrentaram restrições semelhantes.

Com seu controle sobre as redes de *broadcast*, a oligarquia clerical do Irã – e o maciço aparato de segurança que a apoia – gosta de retratar-se como maciça democracia islâmica, em que os verdadeiros interesses de todos os iranianos são protegidos por uma liderança que se inspira em epifanias de origem divina. Embora pouca gente fora do establishment acredite nessa versão, o controle ostensivo do regime sobre as comunicações e as manifestações públicas deixou o governo com total liberdade, durante anos, para adotar práticas perdulárias e negligentes, que solaparam gravemente o bem-estar e a segurança individuais no país, não obstante o potencial de suas reservas de petróleo e outras vantagens, também com sérias consequências no exterior, contribuindo para desestabilizar boa parte do Oriente Médio. E, com a tecnologia nuclear como um dos ingredientes dessa fórmula explosiva, o que transpira no Irã pode ter graves implicações mundo afora.

No entanto, o que aconteceu depois das eleições foi um protesto em massa, que escapou ao controle de todos os setores das classes dominantes islâmicas. Foi uma manifestação espontânea e instintiva da fome por direitos democráticos – reação compartilhada em todo o mundo, graças ao tecido da conectividade social, urdido pelos telefones móveis e por serviços on-line, como Facebook e Twitter. Todas as forças sociais e políticas, nacionais e internacionais, tentam desde então interpretar e compreender esse novo fator da política iraniana.

A LIBERDADE E SEUS INIMIGOS

É fácil sentir simpatia pelos iranianos que anseiam, acima de tudo, por compartilhar os valores de liberdade e de abertura, mas que, para tanto, precisam arriscar a vida ou, na melhor das hipóteses, a integridade física. Porém, a verdadeira razão para contar essa história é que o Irã não passa de um ponto de conflagração num contexto muito mais amplo de acontecimentos correlatos. As mesmas forças que aplainaram a economia global também estão nivelando e abrindo sociedades em todo o mundo, mesmo onde menos se esperava que essas tendências se tornassem dominantes. E ocorre que o mesmo anelo profundo por liberdade de expressão e por direitos democráticos, tão evidentes no Irã, também se manifesta em muitos outros países, onde a aspiração universal por liberdade ainda não foi atendida. Graças em grande parte à internet, essa agitação difusa se coagula em movimentos políticos organizados, que transpõem as fronteiras nacionais e disseminam mudanças.

Embora este livro tenha tratado, em grande parte, de instituições que precisam de reforma ou reconstrução, os eventos no Irã e em outros países sugerem que, decerto, uma prerrogativa humana precisa urgentemente de fomento e de expansão. Essa reivindicação é a liberdade – o direito de as pessoas, onde quer que estejam, determinar o próprio destino, não se submeter a opressões e desfrutar de garantias fundamentais, como livre manifestação do pensamento, livre imprensa, livre associação e, acima de tudo, oportunidade de participar, em igualdade de condições, da construção de uma economia global mais próspera, livre e sustentável.

Infelizmente, de acordo com a Freedom House, uma das mais respeitadas autoridades mundiais no combate à tirania e na promoção da democracia em todo o mundo, o atual modelo de defesa da liberdade está falido. Durante mais de três décadas, a Freedom House publicou estudos comparativos e relatórios especiais sobre a situação da democracia e dos direitos humanos em todo o mundo.[3] Seu mais recente relatório concluiu que os direitos humanos e as liberdades civis declinaram durante três anos sucessivos, a primeira dessas deteriorações, desde o início do estudo, no começo de 1972. Enquanto isso, sua análise global sobre a independência da mídia revelou queda ainda mais prolongada, ao logo de vários anos, da liberdade da imprensa em todo o mundo. E, infelizmente, a situação continua piorando. Países politicamente quebrados também tendem a ser economicamente suspeitos. Nos países democráticos, os cidadãos geralmente são livres para trabalhar, produzir, consumir e investir, da maneira como quiserem e mais lhes aprouver, e esses direitos são defendidos com vigor pelo Estado. Porém, nos países que carecem de liberdades políticas, as oportunidades econômicas são restringidas por líderes caprichosos, predominando uma política de corrupção que inferniza a vida de qualquer pessoa que tente constituir ou dirigir um negócio de qualquer porte. Isso significa que centenas de milhões de pretensos investidores, gestores, engenheiros, educadores, pensadores e investidores em todo o mundo são estropiados na busca de oportunidades que deveriam ser direito inato de qualquer cidadão.

"Espera um pouco", você diria. "Será que as pessoas em países como Irá, Rússia e China, não desfrutam de muito mais liberdade que os infelizes súditos de Khomeini, Stalin e Mao?" Sob muitos aspectos, é verdade. Os cidadãos comuns desses países podem acessar muito mais informações que seus pais jamais imaginaram. A classe média crescente desses países pode viajar ao exterior durante as férias, comprar uma profusão de bens de consumo de todos os tipos e desfrutar de outras liberdades pessoais. Além disso, em graus variados, todos os três países se juntaram ao sistema de comércio global, o que tem contribuído para o grande progresso de suas relações internacionais. Na verdade, parece que os déspotas de hoje reconheceram que o controle absoluto sobre a informação e sobre a atividade econômica não é nem possível nem necessário.

No entanto, ainda que muitos dos atuais Estados autoritários pareçam ter pouco em comum com as ditaduras militares do passado, eles são, em tese, ainda mais habilidosos que seus predecessores na magia negra do controle social. Em relatório recente, intitulado "Undermining Democracy" (Solapando a Democracia), a Freedom House argumenta que agora os regimes autocráticos dependem menos da força militar bruta e preferem exercer formas mais sutis de manipulação. "Esses regimes desenvolveram métodos que lhes possibilita 'orientar' e 'manejar' o discurso político; suprimir e reformular seletivamente notícias e informações com possíveis consequências políticas; abafar, cooptar ou converter em parasitas as mais importantes organizações de negócios", conclui o relatório.[4] Em outras palavras, as formas de controle social em países como Irã, Rússia e China se tornaram muito mais insidiosas. Cidadãos e empresas, tanto nacionais quanto estrangeiras, podem exercer alguma autonomia, desde que estejam preparados para reconhecer a supremacia do grupo dominante e submeter-se às suas diretrizes. E a extensão em que os cidadãos são capazes de exercer seus direitos depende não de leis elaboradas com legitimidade e o devido processo legal, mas, sim, do arbítrio e do capricho de decisões tomadas por uma classe dominante opaca, irresponsável e impune perante os eleitores e a opinião pública. Investidores como Warren Buffett tacharam a Rússia de "cleptocracia" e prometeram nunca mais investir no país. As empresas que pretenderem operar nesses mercados devem considerar enorme prêmio de risco.

E, infelizmente, algumas empresas fazem concessões éticas que jamais admitiriam em seus países de origem.

Enquanto as elites nacionais usufruem estilos de vida conspícuos e perdulários, parcela considerável da população se vê privada dos mesmos confortos. Em vez disso, vive encarapitada precariamente à beira do precipício da economia global, incapazes de realizar em plenitude seu potencial ou de aproveitar na íntegra a prosperidade que a globalização legou aos cidadãos dos países livres. Embora a trajetória histórica aponte para mais liberdade e mais democracia no futuro, a batalha de modo algum chegou ao fim, tornando recomendável que a liberdade recorra a mais aliados. Neste mundo global interdependente, o desenvolvimento humano, a abertura política e o sucesso econômico podem e devem caminhar de mãos dadas. Níveis mais altos de liberdade econômica não só se associam à renda *per capita* mais elevada e a taxas de crescimento mais aceleradas, mas também se correlacionam indiretamente, via desenvolvimento econômico, a bases mais férteis para melhor governança, mais investimentos e mais inovação.[5] As empresas devem antecipar e até encorajar essas transformações. As que o fizerem, liberarão forças poderosas de escolha e de oportunidade, fomentarão outras liberdades e fortalecerão a própria competitividade, ao desenvolverem sensibilidade sem igual em relação às necessidades e aspirações de indivíduos sedentos de liberdade em todo o mundo.

Quando o mundo wiki conflui com a diplomacia internacional

Tudo isso destaca uma nova regra para o mundo wiki. Apague a chama da liberdade e você também abafará o espírito de criatividade e de inovação. Por outro lado, elimine as ditaduras e atice a chama da liberdade, e você emancipará inúmeras pessoas para participar da criação de riqueza em todos os setores da economia, em todos os cantos do planeta. Afinal, o mundo wiki é impossível sem liberdade. E a wikinomics oferece as melhores ferramentas para a promoção da liberdade e para a derrubada de seus inimigos. No velho paradigma da diplomacia internacional, a defesa da liberdade era tarefa das Nações Unidas, das diplomacias nacionais e de um punhado de ONGs. Os métodos de promover a liberdade eram lentos e ineficazes. Os diplomatas participavam de negociações e de conferências, os ativistas escreviam cartas e promoviam manifestações. Dependendo da intensidade dos protestos das ONGs e da mídia, os países ocidentais se persuadiam a aplicar algumas sanções. A mudança social demorou décadas para tomar impulso e, em alguns casos, nunca se consumou.

No mundo wiki, predomina um modelo de baixo para cima de diplomacia internacional, em que centenas de milhões de pessoas oprimidas usam telefones celulares e plataformas de comunicação modernas, como o Twitter, para promover suas causas. Essa nova geração de cidadãos ativistas está conectada para reivindicar mudanças sociais, unida em suas aspirações e municiada de plataformas globais facilitadoras da colaboração, que assustam até os mais ardentes detratores autoritários da liberdade. Na verdade, todos podem contribuir para a disseminação e para o fortalecimento da liberdade – não apenas os oprimidos. Além disso, espera-se cada vez mais que a comunidade de negócios também desempenhe importante papel nessa missão.

Por mais sofisticados e refinados que sejam os métodos dos regimes autoritários, as redes dos defensores da democracia não ficam atrás. Elas florescem na transparência e recorrem a formas organizacionais altamente descentralizadas para superar em engenhosidade e em maneabilidade as hierarquias tradicionais, políticas e militares. Elas colaboram com grupos congêneres em todo o mundo, compartilhando recursos críticos e se mobilizando em torno de causas comuns, de modo a desenvolver a força das massas. Elas lutam por integridade e justiça, o que lhes confere trunfo moral numa batalha que, cada vez mais, convoca corações e mentes, em vez de disparar metralhadoras e explodir bombas. E elas estão sempre inovando – usando as mais recentes tecnologias de internet para ampliar seu alcance e impacto.

Veja o caso do WikiLeaks, autoproclamado "serviço de inteligência do povo", com o objetivo de abolir a confidencialidade oficial. O site "boca no trombone" chegou às manchetes de primeira página quando, em abril de 2010, um denunciante anônimo postou um vídeo, que o Pentágono alega ter perdido, de tripulações de helicópteros americanos assassinando entusiasticamente civis iraquianos nas ruas de Bagdá, em 2007. O evento, em si, talvez não tivesse tido tanta repercussão se, entre os mortos, não estivessem dois repórteres da agência de notícias Reuters. O vazamento explosivo, que desencadeou ondas de choque por todo o mundo e provocou um acesso de raiva no Pentágono, é apenas a ponta do iceberg. Em apenas poucos anos, o WikiLeaks divulgou mais de um milhão de documentos oficiais, envolvendo desde segredos militares altamente confidenciais até mensagens de texto dos que morreram nos ataques do 11 de Setembro. Não se sabe muito sobre seus fundadores, exceto que, segundo o próprio WikiLeaks, envolve um grupo de chineses dissidentes, hackers, programadores de computadores, advogados e jornalistas.[6] Para proteger suas fontes e suas próprias identidades, eles espalham ativos, encriptam tudo e movimentam telecomunicações e pessoas em todo o mundo, para ativar leis de proteção em diferentes jurisdições nacionais. Mas quem vigia o WikiLeaks? Será que ele merece confiança? O júri está reunido, mas, até agora, seus antecedentes são bons. E, quando se combina o WikiLeaks com os acontecimentos no Irã e em outros lugares, começa-se a compreender por que os ditadores mundo afora parecem tão receosos do momento em que esse novo poder dos cidadãos arrombará suas portas.

Com efeito, o Pentágono talvez esteja buscando maneiras de responsabilizar o WikiLeaks pela divulgação de informações confidenciais. Porém, nossa pergunta neste capítulo é se esses acontecimentos são o prelúdio de uma inevitável onda de democratização em todo o mundo – um tsunami deflagrado pela conjugação explosiva de demografia jovem, de difusão pela internet e do fascínio das oportunidades na economia global. As evidências, por enquanto, são mistas. "Tweets não derrubam governos; quem derruba são pessoas", observa Evgeny Morozov, na revista *Foreign Policy*, salientando que os sites de redes sociais podem favorecer e prejudicar os ativistas que operam sob regimes autoritários.[7] Por exemplo, Morozov aponta que as polícias secretas reúnem cada vez mais evidências contra suspeitos, escaneando as fotos e vídeos postados no Flickr e no YouTube por manifestantes e por seus simpatizantes ocidentais. "Eles podem até servir como sistema de alarme avançado para governantes autoritários", diz Morozov.

Realmente, a internet não é panaceia para os defensores da liberdade. Porém, por outro lado, evidências abundantes sugerem que as novas formas de liberdade de expressão e de construção de redes, possibilitadas pela Web, são as bases de mudanças de atitude profundas em muitos países, especialmente entre os jovens. Será que a juventude se erguerá à altura de seus novos poderes, como patrocinadora de mudanças positivas, consolidando novos direitos e liberdades, não só por meio de tweets, mas também mediante iniciativas corajosas? Ninguém sabe ao certo. O que efetivamente sabemos hoje é que as histórias aqui narradas inspiram esperança – a esperança de que a internet possibilite movimentos pela liberdade em todo o mundo, capazes de combater e de derrubar regimes despóticos acintosos e outros também autocráticos, mas não tão ostensivos, mesmo que revoluções políticas decisivas ainda devam eclodir em alguns dos países mais autoritários analisados neste capítulo. Portanto, ditadores, déspotas e tiranos de todos os gêneros apertem os cintos, a partir de agora o percurso será muito mais turbulento.

NOVA NARRATIVA SOBRE O IRÃ

Caso se pergunte aos iranianos comuns, eles responderão que os protestos que irromperam nas ruas de Teerã no verão de 2009 não eram apenas contra os resultados das eleições; mas também uma revolta contra uma eleição que muitos consideravam um deboche contra as instituições seculares do Estado.[8] Com efeito, a própria disposição de ânimo do país parece ter mudado, levando todos os tipos de iranianos a um desabafo profundo e intenso. "Eu estava nas ruas 30 anos atrás, protestando contra o xá, porque o regime era brutal e selvagem. Hoje, estou de volta às ruas, agora mais velho, mas, de novo, buscando justiça e me levantando contra a ditadura", declarou um contador aposentado de 62 anos, citado pelo *The Guardian*.[9] "É bem possível que eu não veja um iraniano livre em minha vida, mas estou orgulhoso da luta da juventude de hoje contra a injustiça", acrescenta. Uma enfermeira de 45 anos concorda: "Alguma coisa mudou neste país. Não acho que seja apenas a questão da fraude nas eleições. Também é o sangue que foi derramado e as pessoas que foram estupradas, torturadas ou assediadas pelo governo."

A chamada revolução do Twitter talvez não tenha cominado fim imediato a essa tirania, mas decerto é o início do desfecho de um regime falido, que se apega desesperadamente ao poder. Há décadas, a República Islâmica suprime os anseios elementares dos iranianos por liberdade, com um coquetel autoritário que mistura coerção ostensiva e agências de inteligência poderosas, com uma espécie de suborno em massa, pelo qual o governo gasta estimados US$100 bilhões por ano em subsídios a coisas como pão, açúcar e gasolina.[10] Hoje, muitas são as evidências de que o grande projeto de engenharia social do regime fracassou. Mesmo as receitas extraordinárias com o petróleo têm sido incapazes de mascarar a bancarrota das políticas econômicas do regime. Os efeitos incapacitantes da crise financeira global acumularam ainda mais pressão sobre a economia dependente do petróleo e sobre os autocratas do governo despótico. No meio-tempo, os democratas do país passaram a dispor de poderosa arma nova com que expor a falência do regime.

Finalmente, a internet e a ascensão das redes sociais populares romperam a repressão imposta pela ditadura a todas as formas de manifestação popular, criando condições para que novos grupos se comunicassem e se organizassem fora das fronteiras do controle do governo e dos líderes religiosos. Ao contrário da velha arquitetura "hub-and-spoke" (eixo e raios) da mídia de massa, a arquitetura ponto a ponto da blogosfera é mais resistente à captura e ao controle pelo Estado. Não obstante as reiteradas tentativas de inibir o florescimento do diálogo independente on-line entre iranianos no país e no exterior, a população, mais do que nunca, está blogando, twittando e se conectando de maneira inimaginável poucos anos atrás.

Essa rebelião movida a tecnologia deu um passo adiante com a revolução demográfica iraniana. Espantosos 60% dos 70 milhões de cidadãos iranianos têm menos de 30 anos de idade.[11] Esses jovens são surpreendentemente globais pela disposição e pela familiaridade com que usam a Web, além de admiravelmente seculares em seus valores e ideais. O fervor com que abraçaram as tecnologias móveis fez com que os índices de adoção da mobilidade no país aumentassem em 50%, desde 2005. Mohammad Soleimani, ministro de Tecnologia de Comunicação e Informação, estimou que, em fins de 2008, havia mais de 40 milhões de usuários de telefonia móvel no país, que enviavam mais de 80 milhões de mensagens de texto por dia, além de mais de 23 milhões de usuários de internet.[12] Afora o uso crescente de mensagens de texto, cerca de 60 mil blogs atualizados rotineiramente destacam a mistura fecunda e variegada das perspectivas iranianas. A "blogosfera persa é uma grande rede de discursos, incrivelmente rica quanto à variedade de temas e quanto à diversidade dos participantes", dizem John Kelly e Bruce Etling, do Berkman Center for Internet and Society, da Harvard University. "A sabedoria convencional anterior sustentava que todos os blogueiros eram jovens democratas, críticos do regime, mas vimos muitas conversas sobre política, direitos humanos, poesia, religião e cultura pop."[13]

Essas redes sociais iranianas se estendem por todo o globo, interligando uma enorme diáspora, localizada principalmente em países desenvolvidos, como Estados Unidos, França, Inglaterra, Alemanha, Austrália, Canadá e partes da Escandinávia. Essa dispersão começou ainda durante a ditadura do xá, em seguida ao golpe de 1953, engendrado pelos Estados Unidos, e continuou a crescer, sobretudo durante os primeiros cinco anos da atual República Islâmica, quando a repressão contra a classe média mais liberal chegou a extremos e assumiu características cruéis. Hoje, em geral rica e de classe média, quase sempre com nível universitário, a diáspora iraniana é quase totalmente conectada e mantém contato com parentes, amigos e colegas no país, via internet.

A mudança de regime no país persa pode ser evasiva, mas o capítulo final de modo algum já está escrito. Todos dão palpite sobre o que acontecerá em seguida, mas a realidade inquestionável é que o mundo hoje cultiva duas possíveis imagens da ex-Pérsia, não raro considerada maligna. Uma gira em torno das ambições nucleares do país, do presidente falastrão e do que a combinação desses dois fatores significa para a paz no Oriente Médio e no mundo. A outra reflete a demografia fecunda de um país jovem e de seu anseio por mudança. E, embora não haja dúvida de que a primeira narrativa continuará a ser o foco das políticas externas, enquanto Ahmadinejad continuar no poder, o descortino da outra narrativa apresenta ao mundo a esperança de que um Irã mais conciliador e mais amistoso esteja logo adiante, pouco depois da esquina.

BLOGS PELA LIBERDADE: UM NOVO DIÁLOGO DE BAIXO PARA CIMA ENTRE MUÇULMANOS E O OCIDENTE

Se a democracia está sacudindo o Irã, o que está acontecendo com o Oriente Médio, em geral? Será que as mesmas forças tecnológicas, demográficas e sociais subjacentes ao movimento de liberdade no Irã oferecem algum argumento para contestar as previsões sombrias do cientista político Samuel Huntington de que um "choque de civilizações" devastador se encontrava em formação entre o Ocidente, a Ásia Oriental e o Islã? Em 1992, Huntington suscitou grande controvérsia, ao afirmar que as grandes divisões da humanidade no século XXI seriam culturais e religiosas. Ele previu que as grandes falhas geológicas entre as civilizações seriam as próximas linhas de batalha e advertiu que os conflitos daí resultantes dominariam a política global no futuro previsível.

Com os Estados Unidos combatendo em guerras simultâneas no Iraque e no Afeganistão, além de outras fontes de tensão fumegando em todo o globo, é fácil compreender por que algumas pessoas acham que a tese funesta de Huntington talvez se converta em realidade. Porém, nosso otimismo advém do fato de que o mundo wiki oferece opções muito mais produtivas para transpor os abismos culturais e resolver as controvérsias globais por meios pacíficos. O problema básico é um choque de ignorância, não um choque de civilizações. E um mundo global e interdependente, baseado na abertura e no envolvimento, fornece o melhor antídoto concebível contra a ignorância.

Em seu novo livro intitulado *Forces of Fortune: The Rise of the New Muslim Middle Class and What It Will Mean for Our World* (A ascensão da nova classe média muçulmana e o que ela significará para nosso mundo), Vali Nasr sustenta que o surgimento de uma classe média com mentalidade empreendedora está transformando sociedades em todo o mundo muçulmano e argumenta que maneira como o Ocidente cooptar essa classe média progressista será fundamental para contrapor-se à ameaça dos extremistas islâmicos. Só isso representa uma considerável mudança de paradigma em relação ao tradicional apoio do Ocidente aos países autocráticos da região, que não democratizaram nem liberalizaram suas economias e suas sociedades. Nasr desenvolve o argumento convincente de que a maneira de vencer o mundo muçulmano é atraí-lo para os negócios, para o capitalismo e para o comércio – em vez de combater sua religião.

Nasr está certo, mas por que não levar sua tese um pouco mais longe? Sem dúvida alguma, envolver a classe média muçulmana nos negócios e no comércio é fundamental, mas por que também não engajá-la na troca de palavras e de ideias? Enquanto o mundo procura um novo modelo para aplainar as relações entre o Islã e o Ocidente, a blogosfera já está desbravando um espaço para um novo diálogo de baixo para cima, entre muçulmanos e cidadãos dos países ocidentais. Embora os déspotas da região estejam ansiosos por obstruí-lo, uma multidão cada vez mais conectada e liberal de jovens muçulmanos em todo o mundo está arriscando suas vidas e sua liberdade para participar do intercâmbio.

No começo de 2010, quase 200 milhões de blogueiros compartilhavam seus pontos de vista com um público mundial de aproximadamente 350 milhões de leitores.[14] E milhões de grupos on-line promovem discussões e trocas de informações sobre quase todos os assuntos imagináveis. Esse crescimento ocorreu em alguns lugares estranhos – Irã, Síria, Arábia Saudita e China se gabam de razoáveis taxas de crescimento na penetração da internet, não obstante os regimes repressivos conhecidos por tentar controlar o que é dito sobre seus países na Web. Talvez para surpresa de ninguém, países como Irã, Birmânia e China foram considerados "os piores países do mundo para blogueiros".[15]

Ascensão da blogosfera árabe

A maioria das pessoas no Ocidente não tem a menor ideia do que está acontecendo. E poucos tomariam conhecimento de alguma coisa por meio da grande mídia. Porém, contra todas as chances, a blogosfera transnacional árabe está explodindo e liberando novos canais para o diálogo sem censura. O cerne desse novo movimento está no Egito, porém abrange outros países, como Arábia Saudita, Kuwait e Síria, onde as críticas ao Estado são repudiadas com rigor e nos quais a internet oferece a única saída para grupos democráticos seculares. Em tese, o blogueiro se transformou no novo defensor da liberdade, numa guerra que se combate muito mais com imagens, ideias, opiniões e aspirações, que com a perseguição de terroristas em regiões montanhosas do Afeganistão.

Com efeito, a palavra "blogueiro" se converteu em termo quase reverenciado em boa parte do mundo árabe, onde se precisa de muita coragem para expressar as próprias opiniões, com liberdade e sem restrições, pela internet. Na "ditadura suave" do Egito, dispõe-se de relativa liberdade na grande mídia para se queixar do governo e até para criticar os temidos serviços secretos. Os blogueiros, por outro lado, parecem transpor a linha divisória entre falar (o que é tolerado) e agir (o que não é tolerado). Essa intolerância talvez decorra do fato de poucos blogueiros observarem o tipo de contenção comum entre jornalistas que trabalham para grandes jornais. Os jornalistas avançam com cuidado ao escrever sobre o presidente Hosni Mubarak e sobre as instituições religiosas do Estado; já os blogueiros tendem a atacá-lo de frente. Muitos deles foram surrados e aprisionados por suas manifestações. Quando esta página foi escrita, a Rede Árabe de Informações sobre Direitos Humanos, com sede no Cairo, defendia mais de cem blogueiros acusados de crimes contra o Estado.[16]

Apesar dos altos riscos, cerca de 35 mil blogs ativos em língua árabe, em 18 países diferentes, enfrentaram todos os perigos para adicionar suas vozes ao clamor democrático cada vez mais estridente.[17] Esses blogueiros árabes tendem a ser jovens do sexo masculino, mais propensos a conectar-se a vídeos do YouTube e à Wikipédia, como fonte de informações, que a alternativas como a Al Jazeera. Muita gente atribui ao blogueiro Salam Pax os méritos por introduzir o conceito de blog no Oriente Médio. Seus relatos vívidos durante a Guerra do Iraque conquistaram seguidores em todo o mundo e, por fim, se transformaram em filme. Além disso, as iniciativas dele induziram outros blogueiros iraquianos a documentar suas experiências. O resultado foi um painel extremamente vibrante de comentários iraquianos autênticos sobre os eventos em curso, com manifestantes de todo o espectro político. Sem dúvida, a blogosfera árabe ainda é incipiente, e não se sabe ao certo se ela dispõe de massa crítica para mudar o curso dos acontecimentos nos países árabes ou para lançar campanhas bem-sucedidas de defesa dos direitos humanos e de promoção das causas democráticas. No entanto, já se lançaram os alicerces para sustentar a liberdade de expressão e um setor cívico bastante robusto para transpor as fronteiras nacionais.

A onda jovem: força para a liberdade ou para a tirania?

Imagine se o número de blogueiros árabes crescesse de 10 a 12 vezes em poucos anos. Pense na intensidade da pressão que seria exercida sobre os déspotas, para que abraçassem a liberdade e a abertura. Será que isso não passa de devaneio impossível? Isam Bayazidi, fundador do portal de blogs Jordan Planet, de grande popularidade, não pensa assim. Ele cita a atenção cada vez mais intensa como fator que atrai mais blogueiros dos subterrâneos sombrios para a luz do dia e também atribui o fenômeno ao fato de softwares de código aberto para a criação e manutenção de blogs agora incorporarem padrões que possibilitam postagens em árabe com facilidade. Embora esses avanços sejam importantes, a onda explosiva de jovens no mundo árabe é fator ainda mais poderoso para que a situação chegue ao ponto de desequilíbrio. Mona Eltahawy, veterana colunista e blogueira egípcia, observa que os jovens árabes têm sido vilipendiados na mídia ocidental e são movidos pelo anseio de serem ouvidos. "Embora a Al-Jazeera e a Al-Arabiya tenham arrasado velhos tabus, como criticar os governos e fornecer fóruns para discussão", diz ela, "elas ainda fora do alcance dos jovens".[18]

Evidentemente, há o risco de que fatores demográficos inclinem a balança no sentido oposto, dando origem a grandes populações de jovens despossuídos, que aderem a formas perigosas de nacionalismo e de fanatismo. Hitler mobilizou a juventude insatisfeita da Alemanha, transformando-a em milícias de "camisas pardas", que tomavam as ruas, atacando sindicalistas e manifestantes. Há quem aponte o recente ressurgimento do islamismo radical como evidência de que a onda jovem do Oriente Médio é um barril de pólvora igualmente volátil, que, se detonado, pode explodir em conflitos armados e até em levantes populares e em guerras civis.[19] Herbert Moller, um dos primeiros acadêmicos a considerar com seriedade o impacto da onda jovem sobre a estabilidade política, concluiu que a presença de grandes contingentes de jovens em qualquer população pode fornecer não só o ímpeto para o progresso, mas também, em sentido contrário, o estopim para a exacerbação dos problemas existentes, dependendo das circunstâncias. "[A onda jovem] é capaz de desencadear um processo cumulativo de inovação e de crescimento social; mas também envolve o risco de levar a comportamentos elementares e anárquicos de passagem ao ato, bem como destruir velhas instituições e guindar novas elites ao poder; pior ainda, as energias ociosas dos jovens pode ser disciplinada e canalizada por governantes autoritários."[20]

O tempo dirá, mas, por enquanto, não há dúvida de que as condições demográficas são favoráveis à democracia, Em comparação com as gerações mais velhas, os jovens árabes são mais bem-educados, mais conectados, mais propensos a apoiar a democracia e, em geral, menos hostis para com o Ocidente, embora ainda vejam o governo americano com suspeição.[21] Enquanto isso, a retumbância crescente do debate na blogosfera sugere que a repressão e as táticas de linha dura nas sociedades locais talvez estejam espalhando as chamas da liberdade. "As mesmas restrições que até há pouco eram apenas irritantes, como os códigos de vestuário e a censura do governo, agora se tornaram absolutamente sufocantes", escreve Melody Moezzi, jovem autora e blogueira iraniana. Enquanto isso, diz ela, os jovens iranianos estão começando a descobrir o poder das maiorias. "E estão crescendo com rapidez", acrescenta.[22] Se Moezzi estiver certa, o papel do Oriente Médio no mundo será determinado, em grande parte, pela extensão em que os movimentos seculares pró-democracia forem capazes de conquistar os corações e as mentes dos jovens. Por enquanto, os preconizadores da democracia, dentro e além do mundo muçulmano, devem torcer para que a internet continue sendo um fórum de difusão do movimento demográfico e um refúgio para a discussão aberta dos temas mais relevantes com que se defrontam os muçulmanos hoje.

MIANMAR NA ENCRUZILHADA: UMA PARÁBOLA ADMONITÓRIA

Em agosto de 2007, a frustração interna em Myanmar alcançou o ponto de ebulição. Os preços dos combustíveis aumentaram em nada menos que 500%, depois da decisão da junta de suspender os subsídios.[23] Alimentos e outras commodities rapidamente acompanharam a alta, deixando milhões de pessoas em todo o país sem condições de executar suas funções básicas, como comprar alimentos, ir para o trabalho ou pagar a escola dos filhos. Mesmo os monges budistas se envolveram em raros atos de desafio. Começaram recusando-se a receber as almas dos generais. Em outras palavras, deixaram de dar a esses militares as bênçãos de Buda. Até que, em 19 de agosto, todas as portas do inferno se abriram e a situação degenerou em pandemônio. Milhares de monges tomaram as ruas de Yangon e, em breve, dezenas de milhares de professores, de freiras e de residentes locais juntavam-se aos religiosos, reivindicando o fim de décadas de regime militar. O levante foi chamado de Revolução de Açafrão, inspirado pela cor amarelo-laranja das vestes dos monges.

Em 24 de setembro, multidões encheram as ruas de mais de 25 cidades em todo o país, com uma estimativa de 100 mil manifestantes apenas em Yangon.[24] O regime se tornava cada vez mais nervoso e, em 26 de setembro, o governo militar reagiu com violência, agredindo e prendendo milhares de manifestantes. Simpatizantes em 30 cidades espalhadas pelo mundo demonstraram solidariedade, organizando manifestações locais contra a repressão dos protestos contra o governo. Pouco podia ser feito para estancar o derramamento de sangue; mas essa foi apenas a primeira fase da batalha pelo futuro de Mianmar.

Como a maioria dos movimentos pró-democracia, os ativistas mianmarenses estão explorando a Web para romper o isolamento, para construir redes de longo alcance e para coordenar as ações coletivas. Por enquanto, o controle rigoroso das telecomunicações pelo governo não foi suficiente para evitar a postagem de numerosos vídeos desfocados, não raro sangrentos, no YouTube. Organizações de direitos humanos, como a Witness, desbravaram as profundezas das florestas do leste de Mianmar para documentar os ataques persistentes dos militares contra as minorias étnicas. Enquanto isso, mídias populares, como a Indymedia.org, se transformaram em pontos de mobilização dos blogueiros locais, que enviam fotos e fornecem comentários contínuos sobre as notícias e eventos nas bases.

Infelizmente, todos esses protestos e imagens embaçadas mundo afora por enquanto pouco contribuíram para melhorar a situação dos mianmarenses. Realmente, em meio à prosperidade e às transformações da Ásia, Mianmar parece navegar ao sabor de sucessivas ondas de sofrimento. A lista de aflições de Mianmar inclui guerra civil ainda em curso, uma série infindável de conflitos políticos que mataram várias centenas de milhares de pessoas em todos os lados, escassez crônica de arroz na terra um dia denominada "travessa de arroz da Ásia", e uma epidemia de HIV/AIDS e outras doenças tropicais curáveis, como malária. É um legado de malversações desastrosas, infligidas por décadas de ditadura e de governo militar. "O Exército trata a política como se fosse guerra, buscando a unidade à mão armada", diz Maung Zarni, figura de destaque no movimento pró-democracia. "As Forças Armadas são dominadas pela sensação de estarem sob o cerco do Ocidente. E é o povo que assume os enormes custos dos conflitos no país."[25] Sucessivos governos militares priorizaram a segurança e fracassaram totalmente na missão de melhorar a saúde pública, a educação a integração étnica e a economia. Mianmar se classifica na 138ª posição entre 182 países, no Índice de Desenvolvimento Humano das Nações Unidas, apesar do enorme estoque de recursos naturais do país, incluindo petróleo, gás natural, madeira, energia hidrelétrica, pedras preciosas, safras de produtos com grande liquidez e toda uma tabela periódica de minérios.[26]

A evolução do conflito em Mianmar

Contra esse pano de fundo, a luta pela liberdade em Mianmar tem sido longa, remontando à conquista da independência contra a Inglaterra na década de 1940. Depois de décadas de falsos recomeços e do domínio de um partido único, o verão de 1988 foi aparentemente uma época auspiciosa para milhares de ativistas pró-democracia que, como os monges, tomaram as ruas para demandar liberdade e eleições democráticas, além de uma sociedade mais aberta, em geral. A Liga Nacional pela Democracia (LND), partido de oposição liderado por Aung San Suu Kyi, emergia como movimento popular em todo o Mianmar. Suu Kyi é filha do general Aung San, revolucionário nacionalista mianmarense e arquiteto da independência do país em relação aos ingleses. A história da família contribuía para sua imensa popularidade e, portanto, tornava-a especialmente ameaçadora aos olhos dos militares.

Quando as eleições foram realizadas, em 1990, o governo militar esperava uma vitória acachapante, pois controlava a mídia e proibira propaganda em favor da oposição. Para sua surpresa, a LND conquistou 80% dos assentos no Parlamento proposto. Os militares imediatamente denunciaram as eleições, recusaram-se a instalar o Parlamento e iniciaram uma campanha maciça para prender todos os representantes eleitos da LND. Como viria a repetir-se nos tumultos de 2007, as cenas que se seguiram foram feias. As mais altas autoridades militares despacharam tropas que massacraram cerca de 3 mil defensores da democracia, principalmente estudantes. Alguns deles foram presos e executados sumariamente, outros foram amontoados em prisões por tempo indeterminado, enquanto alguns escaparam para a selva e se juntaram a resistências étnicas armadas contra o governo. Aung San Suu Kyi foi condenada à prisão domiciliar até 1995, embora ela continue presa até hoje, enquanto a junta militar sempre inventa novos pretextos para mantê-la em confinamento.

Os que fugiram para a selva prosseguiram na luta durante vários anos, mas acabaram concluindo que seria mais eficaz deixar Mianmar e empenhar-se na conquista de apoio no exterior. Os expatriados mianmarenses conseguiram fugir para o Japão, para os Estados Unidos, para a Europa e para o Canadá, onde hoje mantêm uma rede internacional que se estende de Los Angeles a Tóquio, passando por Paris. Depois de ingressarem em universidades ocidentais, esses estudantes usaram a internet para disseminar informações e comunicar-se uns com os outros – sem medo de repressão.[27] Em poucos anos, os ativistas mianmarenses conseguiram transformar um conflito obscuro e remoto em questão internacional; forçar empresas multinacionais a sair de Mianmar e transformar o denominado Conselho de Estado para a Restauração da Lei e da Ordem (Cerlo) em um dos regimes mais vilipendiados do mundo.

A tática desses ativistas, que se concentra basicamente em privar o Cerlo de divisas estrangeiras, inspirou-se e modelou-se no movimento anti-apartheid, que libertou a África do Sul do domínio colonial. Porém, enquanto os boicotes sul-africanos demoraram décadas para surtir efeito, a internet reforçou continuamente a eficácia dos ativistas mianmarenses e acelerou a velocidade da mudança social. Só nos Estados Unidos, mais de 20 estados e governos locais promulgaram leis que desqualificam empresas que fazem negócios com Mianmar de participar de concorrências públicas. Grandes empresas como PepsiCo, Eddie Bauer, Apple, Conoco-Phillips, Motorola, Texaco, Heineken e Carlsberg rapidamente cessaram suas atividades em Mianmar para evitar boicotes embaraçosos e custosos.

Mas o Cerlo não aceitou tudo isso passivamente. O Exército, que dobrou de tamanho e poderio desde 1988, continua a manter a mordaça contra todas as informações. Condenações a penas de reclusão, que variam de 7 a 15 anos, agora são comuns para quem é flagrado com a posse não autorizada de computador dotado de conexão com a internet. Porém, mesmo as penas mais severas de pouco adiantam para impedir o acesso a informações pela internet para quem realmente está disposto a trabalhar duro para burlar o arrocho. Sofisticados programas de criptografia e o uso de provedores de serviços estrangeiros são dois meios comuns de evadir-se dos olhos vigilantes das autoridades.

Consciente dessa situação de pária, o Cerlo mudou o nome para Conselho de Estado para a Paz e o Desenvolvimento (CEPD) e lançou uma ofensiva de relações públicas em âmbito mundial. Para atrair fontes legítimas de divisas estrangeiras, o regime promoveu Mianmar à condição de paraíso para turistas e lançou campanha agressiva em busca de investimentos estrangeiros por empresas não sujeitas a sanções nacionais nem a restrições estaduais ou locais. Boa parte desse esforço foi em vão. O clima de negócios ainda é considerado extremamente opaco, corrupto e altamente ineficiente. Os investidores estrangeiros almejados por Mianmar continuaram arredios em praticamente todos os setores, à exceção de gás natural e geração de energia. O país ainda padece de controles governamentais generalizados, de políticas econômicas ineficientes e de pobreza rural opressora. A inflação crescente estropia mesmo aqueles com bons empregos nos centros urbanos.

Qual é o caminho pela frente?

Como em geral ocorre, as reações da comunidade internacional têm surtido pouco efeito. Em 11 de outubro de 2007, o Conselho de Segurança das Nações Unidas emitiu uma declaração condenando as ações do regime mianmarense. Além disso, os Estados Unidos e a União Europeia anunciaram sanções mais rigorosas. Porém, com soldados nas ruas de todas as cidades e os mosteiros quase totalmente vazios, as manifestações de massa cessaram. A Revolução de Açafrão foi sufocada, ao menos durante algum tempo. Desde então, as mudanças não foram muitas. Quando a secretária de Estado americana, Hillary Clinton, visitou a Ásia, em sua primeira viagem, no começo de 2009, ela voltou à questão de Mianmar, reconhecendo: "Sem dúvida, a trajetória que adotamos de impor sanções não influenciou a junta mianmarense", e "tampouco adiantou estender-lhes as mãos e tentar cooptá-los".[28] Em tese, as sanções talvez funcionassem se países como China, Índia, Tailândia, Malásia e Coreia do Sul não as ignorassem tão ostensivamente, a fim de aplacar a própria fome insaciável por recursos.[29]

Embora o futuro de Mianmar esteja em jogo, a situação expõe a crueza da economia política da liberdade em âmbito internacional. Quando tiranos poderosos e corruptos e seus comparsas lucram às expensas das massas, nunca é fácil destituí-los nem corrigir injustiças profundas. Como os monges e os estudantes sabem muito bem, revolução quase sempre significa violência e, em consequência, grandes tragédias e sacrifícios humanos. No entanto, as táticas da era da informação, baseadas em redes cada vez mais inovadoras, ágeis e poderosas de ativistas mianmarenses e seus apoiadores, tornaram a vida ainda mais difícil para os ditadores de Mianmar e incutiram esperança nos movimentos pró-democracia. Decerto sabemos muito mais sobre suas dificuldades do que seria possível sem as redes sociais, que se tornaram principal canal de comunicação e de envolvimento coletivo. Além disso, ainda há a esperança de que os generais de Mianmar escolham outro caminho, libertando o povo e ingressando na comunidade internacional como membro respeitável. Em abril de 2010, três anos depois de os monges terem tomado as ruas, os generais do país declararam que convocariam eleições – as primeiras a serem realizadas desde 1990 – e mapear o novo percurso para a democracia. Os céticos dirão que já viram esse filme antes – e viram mesmo. Porém, com o apoio genuíno e vigoroso de líderes democráticos e da comunidade de negócios, uma rede internacional crescente de cidadãos ativistas pode desempenhar importante papel no esforço para aproximar esse pequeno país de seu futuro democrático.

DESPERTANDO OS ALIADOS DA LIBERDADE

Ao norte de Mianmar situa-se a China, pátria de um quinto da população mundial e detentora de proporção semelhante dos usuários de internet em todo o mundo.[30] A China participa de relações comerciais com todas as grandes democracias do mundo. A maioria das principais empresas do planeta já investiu lá e se planeja continuamente muito mais investimentos. Todos os anos, mais de 200 mil estudantes chineses inundam os *campi* universitários liberais da América do Norte, da Europa e do Japão, para aprimorar sua educação e para turbinar suas perspectivas de carreira.[31] E um aparato impressionante de empresas chinesas está agitando o panorama de negócios internacionais nos mais diferentes setores, desde finanças a automóveis, passando por produtos eletrônicos de consumo.

Apesar de tudo isso, a China ainda é um enigma. Sem dúvida, não é uma democracia, e a imagem indelével dos choques sangrentos na Praça da Paz Celestial, em 4 de junho de 1989, ainda é um lembrete vívido do alto preço que os preconizadores da democracia pagaram pela ousadia de lutar em prol da liberdade. No entanto, por outro lado, muita gente no Ocidente assume que, da mesma maneira como ficou mais rica, a China também se tornará mais liberal, seguindo, basicamente, o mesmo roteiro de desenvolvimento das democracias avançadas de hoje. Mas não tem sido bem assim. Ao contrário, o crescimento fenomenal da China apenas encorajou os líderes comunistas. Com o passar do tempo, eles se aferraram cada vez mais à determinação de que a China jamais adotará as liberdades nem as tradições de eleições competitivas do Ocidente. E, embora em tempos idos os líderes ocidentais costumassem censurar a China pelas transgressões aos direitos humanos, hoje essas críticas mal são audíveis. Altas taxas de crescimento econômico e rápida integração no sistema de comércio global efetivamente preteriram para plano secundário as questões referentes à governança democrática.

O dilema do ditador

É fácil compreender por que a China e outros regimes autoritários tendem a interpretar a internet e a economia do conhecimento como bênção e maldição. De um lado, esses países têm pouca escolha, senão contar com a tecnologia da informação para impulsionar o crescimento econômico em pleno século XXI. De outro, precisam enfrentar os efeitos democratizantes da internet, à medida que o aumento da capacidade de escrutínio dos cidadãos, no país e no exterior, solapa a capacidade do Estado de agir em apartado e sem críticas da comunidade internacional. Os telefones celulares, cada vez mais difusos, são agora a arma mais eficaz dos defensores da liberdade – em termos de organização nas bases e de documentação de casos de abuso. Quando se combinam telefones celulares com plataformas de internet, como Twitter e YouTube, os ativistas da democracia passam a dispor de canais permanentes para difundir suas mensagens mundo afora. E o mundo agora dispõe de meios para apurar denúncias, difundir os abusos e organizar o apoio a povos oprimidos em todo o globo.

Evidentemente, a internet pode servir de megafone a ambos os lados da equação da liberdade. Da mesma maneira como fornece plataforma para o bate-papo democrático, também funciona como ponto de encontro para os inimigos da liberdade.

Na China, a internet atua como fórum de discussão para uma jovem geração de nacionalistas, adeptos da tecnologia, que encaram o pisoteamento da democracia liberal como demonstração da soberania do país em assuntos internos e externos. Diz-se que esse nacionalismo está em alta, graças às ferramentas de mídia social, que ajudam a integrar blogueiros com ideias semelhantes, para os quais a democracia é apenas mais uma tentativa do mundo exterior de influenciar o avanço interno da China. Um jovem nacionalista, entrevistado pela revista *The New Yorker*, se expressou nos seguintes termos: "Os chineses começaram a pensar, uma coisa é boa vida, outra coisa é democracia. Se a democracia significa boa vida, tudo bem. Mas se, sem democracia, ainda for possível ter boa vida, por que escolher a democracia."[32]

Cães de guarda como a Freedom House sugeriram que o governo chinês deliberadamente fomenta esses sentimentos reacionários, alistando comentaristas e provocadores remunerados, como o "Fifty Cent Party", para congestionar ou interromper conversas indesejáveis. A propósito, o termo "Fifty Cent" não é referência ao astro do rap, mas, sim, decorrência do fato de os blogueiros que prestam serviços ao Partido Comunista chinês receberem 50 mao, ou mais ou menos 7 cents, por cada postagem "positiva".

Como o Irã e Mianmar, a China modernizou e adaptou seu autoritarismo às condições do século XXI. Em vez de suprimir notícias e informações, tenta influenciar o debate on-line, com táticas semelhantes às adotadas por spammers, isto é, remetentes de e-mails indesejados (spam), ou por marqueteiros desonestos. Com base em algumas estimativas, há cerca de 300 mil policiais de internet, que monitoram a Web 24 horas por dia, em busca de comentários contrários à definição singular de interesse nacional pelo Partido Comunista.[33] Quando, em julho de 2009, a atenção do mundo se voltou para os levantes em Ürümqi, capital da região autônoma de Xinjiang, o governo chinês passou a bloquear os sites de redes sociais, como Facebook e Twitter, e muitos usuários relataram que não recebiam nenhum resultado ao buscar informações sobre a região, nas ferramentas de busca locais.[34]

Os fantasmas da Praça da Paz Celestial

A questão da censura da internet pela China como que entrou em ebulição quando, em 13 de janeiro de 2010, a Google declarou que deixaria de censurar os resultados das buscas, conforme exigido pela legislação chinesa. A Google sempre se mostrou reticente a respeito de suas operações na China, na expectativa, como outras empresas, que seus serviços fariam mais bem do que mal. "Mas, nos últimos três anos", disse Nicole Wong, advogada geral adjunta da Google, "temos sofrido intimidações contra nossos empregados, agravamento crescente da censura, tentativas de roubar nossas propriedades intelectuais e ataques contra a infraestrutura da empresa". Em dezembro de 2009, por exemplo, hackers do governo chinês teriam tentado entrar nas contas de Gmail de dissidentes suspeitos e de ativistas democratas. E, depois de algumas investigações, o Google alegou que o ataque almejava pelo menos 20 grandes empresas, inclusive outras da área de internet e de alta tecnologia, assim como negócios das indústrias financeira, química e de mídia.[35] Wong descreveu o incidente como "a gota d'água que transborda o copo". Em protesto, a Google mudou sua ferramenta de busca chinesa para Hong Kong e prometeu que não pouparia esforços para proteger as identidades dos dissidentes chineses que usam o Gmail. Embora nitidamente irritados com a repreensão pública da Google, os líderes da China, em última análise, não pareceram dispostos a mudar de atitude em relação à questão básica de liberdade na internet.

Com efeito, já se passaram mais de 20 anos desde o massacre na Praça da Paz Celestial, e a mudança política tem sido, conforme previu Mao, "como atravessar um riacho a pé, sentindo uma pedra de cada vez". A questão é se, no longo prazo, os fantasmas da Praça da Paz Celestial voltarão a assombrar a China, de maneiras não previstas pelo governo. Da mesma maneira como a Índia aspira a ser mais que apenas a retaguarda de serviços administrativos do mundo, a China não pretende limitar-se ao papel de fábrica do planeta. Será que a China conseguirá avançar para o estágio de economia do conhecimento e de realizar a mesma alquimia criativa que vemos no Vale do Silício, sem a mesma liberdade de pensamento e o mesmo grau de abertura que caracteriza a vida na capital de alta tecnologia da Califórnia? Será que o país poderia estar em situação ainda melhor hoje, se seus líderes tivessem abraçado a liberdade e a democracia na esteira dos acontecimentos na Praça da Paz Celestial?

É impossível dizer com certeza. Mas Maria Cattaui, ex-secretária-geral da Câmara Internacional de Comércio, argumenta que não se pode desconsiderar o impacto contínuo do crescimento econômico sobre as expectativas públicas. A ironia é que o rápido crescimento econômico almejado por muitos países autoritários desencadeia as próprias forças internas que resultarão no esmagamento de regimes despóticos e ditatoriais, sob o peso das aspirações dos cidadãos. "A experiência da maioria dos países é que o crescimento da capacidade econômica em âmbito internacional deflagra (...) o aumento das demandas e do senso de responsabilidade dos cidadãos", diz.[36] Na China, o crescimento econômico acelerado está dando origem a uma grande classe média, com poder de compra e com tempo disponível para manifestar preocupações e demandas sociais. As expectativas aumentam com rapidez à medida que os ganhos econômicos se traduzem em exigências de melhor qualidade de vida. Esse tipo de cidadão está ficando mais loquaz. Cattaui afirma que o crescimento econômico engendra um paradoxo – a saber, o próprio governo que promove os avanços se torna objeto de críticas no futuro.

Deixe a liberdade soar

A questão agora é: O que os aliados naturais da democracia podem fazer – os diplomatas e líderes de negócios que deveriam ser os campeões da liberdade? Um bom começo seria proporcionar melhor compreensão dos perigos que essas forças autoritárias impõem à democracia, ao império da lei e à economia global, como são hoje. É muito fácil ser complacente quando governos autoritários modernos se integram na economia global e participam de muitas das instituições financeiras e políticas estabelecidas. Na superfície, essa tolerância por diferenças ideológicas parece em grande parte benigna, e até se poderia argumentar que é uma alternativa revigorante para as tensões ideológicas que levaram a União Soviética e os Estados Unidos à beira da destruição mútua, durante a Guerra Fria.

Mas essa complacência, com a mesma facilidade, pode levar a humanidade a um vórtice ainda mais sombrio. O que aconteceria, por exemplo, se a capacidade nuclear no Irã ou no Paquistão cair em mão de forças radicais, lideradas por um grande contingente de jovens insatisfeitos nesses países? Ou, digamos, se os sindicatos criminosos russos, que vêm aumentando em poder e quantidade, acumulassem recursos suficientes para consolidar o controle de redes de crime organizado, que já infligem grande devastação em países democráticos de todo o mundo?[37]

Empresas como a Google estão diante de escolhas difíceis e tomando decisões árduas, à medida que surgem linhas de falha no futuro da liberdade na internet. Será que sulcaremos fronteiras virtuais na internet, da mesma maneira como fronteiras físicas hoje separam os países? Em outras palavras, será que haverá uma internet para o mundo livre e outra internet para países como China, Irã, Arábia Saudita, Vietnã e outros, onde as pessoas só veem o que seus líderes lhes permitem ver? Ou será que a internet se tornará um lugar onde todos têm liberdade de ver tudo, menos o pequeno conjunto de coisas que regras globais claras e explícitas especificam que não devem ser disponibilizadas? Além disso, o que você faria se estivesse no lugar da Google? Você se manteria firme em seus princípios (não seja maldoso), mesmo quando sua fatia do mercado mundial de serviços de internet estiver em jogo? Ou você faria concessões agora, na esperança de que os líderes da China acabassem afrouxando as rédeas da liberdade de expressão e das práticas democráticas? Perguntas difíceis. Algumas empresas argumentarão que não é atribuição, nem mesmo prerrogativa delas, intrometer-se nos assuntos internos de países soberanos. Sem dúvida, coisas ruins podem acontecer quando empresas poderosas exercem muita influência sobre as regras e sobre os governantes dos países em que mantêm operações. Porém, se assumidas com transparência e em parceria com outras partes legítimas, posições baseadas em princípios, em relação à internet aberta e à economia aberta, seriam compatíveis não só com a missão da Google, *mas também* com seus objetivos empresariais. Afinal, uma internet global aberta é solo muito mais fértil para os serviços da Google que uma internet fragmentada em subnets regionais, em que apenas algumas pessoas tivessem acesso à totalidade das informações on-line, sem restrições.

Se outras empresas se juntarem à luta pela liberdade, talvez esse desiderato se consolidasse com mais rapidez. A Global Network Initiative, por exemplo, foi fundada pela Google, pela Yahoo!, pela Microsoft e por numerosos grupos de defesa dos direitos humanos na China e nos Estados Unidos. O grupo está desenvolvendo um código de conduta sobre privacidade e liberdade na internet. A expectativa é de que outras empresas e até governos o assinem. Porém, com apenas três empresas americanas a bordo, o código não dispõe de massa crítica nem de legitimidade para pressionar por mudanças na China ou em outros lugares. Contudo, Nicole Wong está esperançosa. "Eu sempre apostarei nos usuários", diz ela. "Temos um sistema que foi arquitetado para garantir o fluxo de informações – o que conta a nosso favor." A questão agora, acrescenta, "é como manter os usuários à frente dos regimes que construiriam infraestruturas para estrangular esses fluxos de informação?".

No fim das contas, vale enfatizar que a força e a vantagem competitiva dos Estados democráticos e das economias de livre mercado se situam nos seus sistemas abertos, responsáveis e baseados em normas, bem como nos valores e padrões que lhes servem de alicerce. Por extensão, uma economia global e um sistema internacional fundamentados em direitos humanos e no império da lei são muito mais desejáveis que a alternativa opaca e caprichosa que está sendo ativamente perseguida pelos regimes examinados neste capítulo. No longo prazo, é do nosso melhor interesse salvaguardar e promover as qualidades, em si, que nos diferenciam das autocracias. Afinal, são esses atributos de liberdade, abertura, integridade e colaboração que fornecem as matérias-primas básicas para a construção de uma economia global em que todos participem.

VII

CONCLUSÃO

18. REGRAS BÁSICAS DA REINVENÇÃO: PROMOVENDO A WIKINOMICS EM SUA ORGANIZAÇÃO

A macrowikinomics é a história do mundo com duas realidades fortemente contrastantes. De um lado, muitas das instituições que nos serviram bem durante décadas – e até séculos – parecem congeladas e incapazes de avançar. De outro, deparamos com novas possibilidades reluzentes, à medida que pessoas com energia, paixão e expertise tiram proveito de novas ferramentas da Web para se envolverem com mais intensidade no esforço para tornar o mundo mais próspero, justo e sustentável. É uma história de retrocesso *versus* renovação, de estagnação *versus* renascimento. E, agora, todas as organizações e todos os líderes florescentes dentro delas devem enfrentar uma escolha crucial: participar da reinicialização dos velhos modelos, abordagens e estruturas ou sentar-se fora de campo, nas laterais, e correr o risco da paralisia e até do colapso institucional. Não estamos falando de remendos nem cerziduras, mas, sim, da reforma e da reinvenção de instituições decadentes e de métodos de trabalho obsoletos. Com efeito, praticamente todos os exemplos citados neste livro desafiam o modus operandi tradicional, em que a maneira de ganhar é apegar-se às estruturas hierárquicas tradicionais, recorrer exclusivamente a pessoas de dentro da organização para construir o negócio, proteger com ferocidade os conhecimentos e os ativos intelectuais privativos e pensar exclusivamente nos interesses dos acionistas.

Tudo isso é muito bom, você diria, mas como transformar a wikinomics em realidade na minha organização ou na minha comunidade? Onde devo começar? O que preciso fazer? Como liderar? E quais são os requisitos do sucesso? Depois de estudar centenas de organizações e dezenas de setores da sociedade, identificamos seis regras, ou maneiras de trabalhar, que as pessoas e grupos bem-sucedidos seguem para promover a wikinomics em suas organizações e setores. 1) Em vez de criar algo e guardá-lo a sete chaves, como a maioria das organizações, converta a inovação (seja em bens ou em serviços) numa plataforma em que outros possam auto-organizar-se e adicionar valor. Em outras palavras, não seja apenas criador, mas também curador. 2) Para propiciar a colaboração, será necessário compartilhar parte de sua propriedade intelectual e convocar seus advogados para viabilizar o processo. Portanto, pense em que partes de suas atividades de negócios poderiam beneficiar-se com a abertura e em que partes deverão continuar fechadas. 3) Para controlar seu futuro nesse mundo volátil, também é necessário começar com uma atitude paradoxalmente diferente: afrouxe as rédeas, estimule as pessoas a organizar-se para ajudá-lo a resolver os problemas e a imaginar novas ideias. 4) Evidentemente, mesmo a auto-organização precisa de incentivos, e a liderança indispensável em qualquer colaboração em grande escala geralmente é exercida por pequenos grupos de entusiastas na vanguarda. Portanto, fortaleça e incite essa vanguarda, oferecendo-lhes incentivos, reconhecendo a excelência e promovendo indivíduos talentosos a posições de liderança. 5) Ampliar e aprofundar a cultura de colaboração em sua organização é fundamental para efetuar mudanças duradouras na maneira como se cria valor. Abandone o velho estilo de hierarquia e, em seu lugar, construa uma meritocracia dinâmica, em que ideias e informações fluam livremente por toda a organização. 6) Dê poderes à Geração Net, pois os jovens de hoje foram os primeiros a nascer e a crescer no mundo digital, convivendo com as novas ferramentas e compreendendo espontaneamente os novos recursos e potenciais. Para esses jovens, a interação e a colaboração são naturais, característica que pode ser explorada pelos novos líderes para ajudá-los a conduzir o processo de reinvenção.

1. NÃO SE LIMITE A CRIAR. ZELE POR UM CONTEXTO EM QUE AS PESSOAS SE AUTO-ORGANIZEM

Muitas organizações adotam abordagem errada na exploração da Web. Elas até podem criar novas tecnologias ou sistemas, no intuito de melhorar a maneira como as pessoas trabalham. Para tanto, avaliarão o que os clientes dizem que precisam, projetarão o sistema e, então, o implementarão, fazendo o melhor possível para gerenciar a mudança. Também seguirão o mesmo método para criar qualquer outro conteúdo, seja um site, um novo produto ou serviço ou uma nova maneira de se relacionar com o cliente. Em cada caso, essas organizações se consideram apenas *criadoras* de conteúdo.

Essa mentalidade é imprópria. Para alcançar o sucesso no mundo wiki, não basta que as pessoas ou organizações se vejam como criadoras de conteúdo, ou alguém que desenvolve uma iniciativa, um produto ou um serviço. Em vez disso, atue como *curador*, como alguém que cria um contexto ou uma plataforma que permita a outras pessoas auto-organizar-se para a criação de algo valioso, para você mesmo e para outros, talvez até para o mundo. Se você construir um site na Web, não se limite a lançá-lo com um conteúdo estático. Em vez disso, desenvolva estruturas e ferramentas para que outros criem o próprio conteúdo e formem comunidades. Digamos que se trate de um jornal. O velho estilo era: vamos dizer-lhe o que aconteceu de importante hoje. O novo estilo é: somos um ponto de encontro para conversas, atuamos como construtores de comunidades. Criamos o contexto – debates políticos para os dispostos e capazes, por exemplo, ou fofocas suculentas sobre celebridades. Também oferecemos histórias. Mas redefinimos o cerne de nosso negócio como um lugar onde uma comunidade pode conversar. Cada vez mais, todas as instituições devem ver-se dessa maneira: não se trata apenas do que criamos, mas também do valor total que conseguimos coordenar por meio da colaboração com nosso ecossistema mais amplo.

Por vivermos numa época de redes, as organizações precisam ser muito mais que apenas organizações. Elas devem ser plataformas para a criação de valor. A construção de plataformas para a inovação, como vimos neste livro, expande o poder das empresas e das organizações, em geral, pois haure o poder criativo de uma rede de colaboradores mais ampla, mais diversa e, em última análise, com mais capacidade do que uma organização isolada. E, como sugerem os numerosos exemplos deste livro, você pode ser curador em muitos contextos diferentes. Construir uma rede aberta e inteligente para o transporte de inovações talvez ajude a reunir comunidades em torno de problemas comuns, como o desenvolvimento de baterias mais avançadas para carros elétricos ou o engendramento da próxima geração de serviços e aplicativos para o interior de carros. Da mesma maneira, a adoção de plataformas abertas pelos governos pode ampliar as contribuições para as políticas públicas ou envolver com mais intensidade os cidadãos na colaboração com órgãos públicos para o projeto e prestação de melhores serviços. É como disse o CIO do governo federal americano, Vivek Kundra: "O governo não precisa construir e criar tudo – as pessoas realmente podem colaborar na criação, por meio de processos participativos, de algumas soluções de que o setor público necessita."

Talvez a maneira mais eficaz de atuar como curador é criar condições para que os clientes e os stakeholders o ajudem a inventar um novo produto ou serviço a partir do nada. Quando Jay Rogers, o veterano do Corpo de Fuzileiros Navais americano, começou a Local Motors, com o objetivo de projetar a próxima geração de carros, ele não seguiu o caminho tradicional de contratar toda uma equipe, para converter sua visão em projeto. Em vez disso, construiu uma plataforma para o desenho e para a montagem de carros que os entusiastas realmente queiram – como bólidos de alta velocidade ou veículos urbanos de alta funcionalidade para rodar pelas ruas estreitas das cidades. Embora Rogers esteja explorando a paixão dos entusiastas por carros, praticamente qualquer produto pode liberar a criatividade dos usuários. De fato, um grupo crescente de clientes, mormente os jovens nativos digitais, tratam os produtos como plataformas para as próprias inovações, queiram ou não as empresas ou outras organizações. Seja alterando a configuração dos iPhones, seja fazendo a remixagem de músicas, eles sempre inventam novas maneiras de gerar valor adicional, colaborando e compartilhando informações. Se você não se adaptar às tendências e aos anseios dos clientes, eles inventarão ao seu redor, criando oportunidades para os concorrentes. Sem dúvida, é preferível compartilhar o controle com os usuários que ceder a vez a concorrentes mais habilidosos no relacionamento com os prossumidores.

O corolário é que, se for inevitável que manipulem seus produtos, é bom que você se antecipe. Torne seus produtos modulares, reconfiguráveis e editáveis. Prepare o contexto para a coinovação e para a colaboração. Ofereça pontos de encontro. Forneça ferramentas amigáveis aos usuários. Disponibilize as matérias-primas de que os colaboradores necessitarão para agregar valor ao seu produto. Facilite a remixagem e o compartilhamento. Mas não se esqueça: seus colaboradores não gostarão de ser tratados como parte da "multidão". Você terá de possibilitar contribuições significativas e estimular o senso de comunidade. É como disse Seth Godin: se você tiver um grupo de associados pouco coeso, trata-se de multidão. Se você lhes der um líder, já se tornam tribo.[1]

E, finalmente, não se iluda, pois não existe almoço de graça. Seus colaboradores, cada vez mais, esperarão compartilhar a propriedade e os frutos de suas criações. Se você tornar lucrativa a colaboração para atrair colaboradores potenciais, você sempre poderá contar com um ecossistema dinâmico e fértil para o crescimento e para a inovação. Amazon, InnoCentive e eBay já o fizeram; YouTube e Facebook estão tentando fazê-lo; e muitos outros estão em seus calcanhares. A conclusão é que a oportunidade de trazer para o empreendimento clientes, fornecedores e terceiros, como cocriadores de valor, oferece um dos motores de mudança e de inovação mais vibrantes, mais potentes e mais resistentes com que o mundo já contou. Porém, será necessário reconfigurar em seus próprios fundamentos os processos de inovação, para que as empresas e outras organizações sejam capazes de aproveitar a oportunidade. Da mesma maneira como você pode torcer e distorcer o cubo de Rubik, os clientes e outros colaboradores reconfigurarão e reconstruirão seus produtos e serviços para melhor atender às suas próprias finalidades. E, não importa que estejamos falando de governos, de assistência médica, de educação ou de qualquer outra coisa, itens estáticos, inamovíveis e não editáveis serão anátemas – prontos para as latas de lixo da história do século XXI.

2. REPENSE OS BENS COMUNS

Neste livro, argumentamos que todas as organizações devem abandonar a mentalidade de cofre-forte e abrir-se, não só comunicando informações pertinentes aos stakeholders, mas também compartilhando alguns de seus ativos, dentro de sua rede de negócios e mais além. Conforme explicamos no Capítulo 2, o princípio da wikinomics de "compartilhamento" é muito mais que norma de etiqueta em playground; envolve crescimento, inovação e lucro. Evidentemente, as empresas precisam proteger a propriedade intelectual crítica. Porém, não poderão colaborar com eficácia se ocultarem tudo, como direitos privativos. Assim, para promover a wikinomics em sua organização, será preciso transferir, seletivamente, parte da propriedade intelectual e de outros recursos para o pool de bens comuns, criando condições, dessa maneira, para que grupos mais amplos de colaboradores interajam sem restrições com maiores quantidades de informações, em busca de novos projetos e oportunidades de colaboração. Isso parece uma ameaça potencial para as empresas. Porém, na verdade, é uma oportunidade para que as organizações descubram novos mananciais de criatividade, aquém e além de suas fronteiras.

As empresas inteligentes usam o compartilhamento de muitas maneiras: para mudar o locus estratégico da competição no setor, para chegar ao mercado com mais rapidez, para reduzir os custos de P&D, para impulsionar a demanda por ofertas complementares e para acumular capital de relacionamento com uma comunidade de colaboradores. Considere a decisão da Nike e da Best Buy de trocar inovações verdes por meio da GreenXchange, ou a decisão da Novartis de divulgar suas pesquisas sobre diabetes, a fim de ampliar a comunidade de pesquisadores em busca de soluções.

No entanto, as oportunidades de usar os bens comuns para fomentar a criação de riqueza e o desenvolvimento social vão bem além do âmbito das empresas e da economia. Em praticamente todas as instituições, a maioria das inovações e dos novos conhecimentos hoje é produto de indivíduos e de entidades em rede, buscando novas soluções para problemas e necessidades específicas. E a grande oportunidade para todos os líderes é compartilhar infraestruturas comuns como maneira de acelerar a transição para modelos da wikinomics. Lembre-se, por exemplo, de como algumas das melhores universidades do mundo, no nível do MIT, estão montando as primeiras tábuas de uma rede global de aprendizado superior – uma plataforma aberta de material didático de classe mundial que inclui tudo, como anotações de conferências, planos de aula e vídeos para estimular conversas, envolvendo os maiores pensadores do mundo. Há quem veja os esforços do MIT como mero gesto de filantropia intelectual. Para nós, é algo maior: oportunidade de avançar para um novo modelo de pedagogia colaborativa, que enriquece a experiência de aprendizado com o melhor conteúdo educacional e com as melhores comunidades da Web.

Evidentemente, nem as universidades devem compartilhar tudo – faz sentido proteger as joias da coroa. Em vez disso, defendemos uma abordagem de portfólio, de ofertas abertas e fechadas. Comece dando uma olhada em todos os ativos de sua organização e perguntando se alguns deles seriam mais valiosos se estivessem disponíveis para reutilização e modificação. E, ao examinar seu próprio portfólio de propriedade intelectual, considere essas diretrizes. Primeiro, tente pegar carona nos bens públicos. Por exemplo, será que há alguma comunidade de código aberto, trabalhando com produtos capazes de impulsionar a demanda por seus serviços de consultoria ou de reduzir seus custos de fazer negócios? Alternativamente, se você tiver algum ativo que outros talvez considerem valioso, verifique se seu nível de abertura ajudaria a fecundar novas oportunidades ou a fomentar novos fluxos de receitas. Veja o exemplo do *The Guardian*, que abriu sua vasta coleção de artigos, imagens, vídeos e conjuntos de dados como meio de estimular a inovação por terceiros. Conforme explicamos no Capítulo 11, se um terceiro usar a propriedade intelectual do *The Guardian* para inventar novos serviços baseados em conteúdo, que ampliem o público e/ou gerem dinheiro por meio de sua rede de anúncios privativa, ambas as partes participam do lucro. Conclusão: se você está interessado em atrair uma comunidade e/ou expandir seu pool de talentos em busca de soluções para determinado problema, o compartilhamento de parte de sua propriedade intelectual é a melhor abordagem.

Contudo, a melhor oportunidade de longo prazo talvez seja usar os bens comuns para reforçar a sustentabilidade. Considere os desafios de construir uma economia de energia verde e enfrentar o problema da mudança climática. Será que as vantagens de reunir competências e de reduzir os custos de P&D referentes a tecnologias verdes superam os benefícios de dispor de direitos exclusivos sobre as inovações resultantes – em especial de a abordagem de código aberto acelerar o desenvolvimento e a adoção das soluções? Digamos que os Estados Unidos ou a União Europeia domine determinada tecnologia de sequestro de carbono – como a injeção segura de dióxido de carbono no subsolo ou sob o leito dos oceanos – e, então, a transferisse para os chineses. Isso não mudaria tudo? A China ficaria mais verde e todo o mundo se beneficiaria – mas, mudanças desse porte exigiriam nova maneira de encarar a propriedade intelectual.

Finalmente, as organizações precisam raciocinar de maneira criativa não só sobre o que compartilham, mas também sobre como compartilham. Lembre-se, há todo um espectro de opções entre fechado e aberto. "O modelo interessante", diz Dan McGrath, da IBM, "é o que se situa no ponto intermediário, aquele em que construímos colaborativamente algo que será propriedade privada de nosso consórcio ou cujas fatias de propriedade sejam distribuídas proporcionalmente à contribuição de cada um". Poderíamos imaginar uma "cooperativa da era digital", com sistemas de avaliação por pares, que distribua dinamicamente as quotas entre os colaboradores, com base na avaliação comunitária do valor agregado por cada um. O lucro anual resultante da venda de bens e serviços também seria repartido entre a comunidade de colaboradores. Qualquer que seja o arranjo, é evidente que o futuro da inovação colaborativa se situa nos modelos híbridos, em que os participantes tanto colaboram quanto compartilham proporcionalmente a propriedade e o lucro.

Mas o compartilhamento também envolve desafios. Significa menos controles e exige o aprendizado e a observância de regras pelas comunidades científicas e criativas. Também requer que se invista em infraestruturas de colaboração e, ao mesmo tempo, que se considere quando e como distribuir as recompensas e os lucros dentro da comunidade. Para que seja eficaz, é preciso revelar parte da propriedade intelectual em redes adequadas, socializá-la entre os participantes e permitir que ela dissemine novos conhecimentos e invenções. Também será necessário manter-se conectado na comunidade, para que seja possível alavancar as novas contribuições à medida que chegam. E ainda será preciso dedicar alguns recursos à filtragem e à agregação das contribuições. Tudo isso talvez dê muito trabalho, mas esses tipos de colaboração podem redundar em produtos mais robustos, especificados pelos usuários e tolerantes a falhas, em menos tempo e com menos despesas que os resultantes da abordagem convencional fechada.

3. AFROUXE AS RÉDEAS

Líderes de empresas e de organizações, em geral, que estejam tentando transformar suas entidades, têm muitos receios compreensíveis na hora de empreender mudanças. Um dos principais é o de perder o controle. *Não posso abrir, é muito arriscado. Nossos advogados ficariam loucos. Há muitos obstáculos. Não posso delegar, porque, se errarem, eu serei o único responsável.*

Sem dúvida, há perigos reais na mudança para o novo modelo aberto em rede. Talvez surjam efeitos colaterais ou consequências imprevistas. Quando Rob McEwen, da Goldcorp, decidiu divulgar seu maior segredo – seus dados geológicos – para que o mundo os estudasse, os resultados poderiam ter sido desastrosos, se ele não tivesse ouro em sua propriedade. Ocorre que seus dados revelaram enormes recursos, e pelo prêmio em dinheiro de US$575 mil, McEwen transformou sua empresa de US$100 milhões em grande empreendimento de US$9 bilhões. Evidentemente, McEwen era o CEO. Muitos agentes de mudança típicos não estão em posições de poder absoluto. Às vezes, os obstáculos com que se deparam parecem intransponíveis. Talvez se trate de organização hierárquica, com cultura de cima para baixo, apinhada de gerentes de nível médio que lutam para proteger seus feudos dentro da estrutura de poder vigente. Ou, como no caso da mudança climática e da energia verde, talvez haja um lobby de organizações incumbentes, com muito dinheiro para combater as transformações contrárias a seus interesses, por meio de barreiras regulatórias, de entraves legais e de outras táticas que solapam o desenvolvimento de soluções alternativas. As organizações também podem recear que, com a abertura e com o compartilhamento da propriedade intelectual, elas se tornem vulneráveis, revelem planos de produtos futuros ou acabem estropiadas pela competição. O impasse pode ser psicológico – o medo profundo de perder o controle, seja como instituição, seja como indivíduo.

O paradoxo de nossa era é o seguinte: para ser forte, para manter o controle, para garantir a própria segurança, como organização ou sociedade, é preciso afrouxar as rédeas. Esse relaxamento pode assumir muitas formas. Talvez signifique conceder aos empregados mais liberdade e mais flexibilidade para inovar e para cocriar com os pares. Outra hipótese é recorrer aos fornecedores e parceiros em busca de ideias e colaborar com eles de maneira mais estreita no projeto e na fabricação de produtos. E, às vezes, requer o compartilhamento de pelo menos parte dos ativos com o público, para expandir seu alcance ou para formar rede de colaboradores mais ampla. Ainda outra possibilidade é permitir que uma comunidade de entusiastas, leal e engajada, ajude a cultivar a marca, por meio de campanhas de marketing independentes, desenvolvidas pelos próprios colaboradores. No caso de governos, talvez exija abrir mão do monopólio na formulação de políticas públicas e transferir para os cidadãos papel significativo no processo. Em cada caso, afrouxar as rédeas envolve algum risco. Sempre há a chance de que uma estratégia mal concebida estoure em suas mãos. Porém, quando bem conduzido, esse relaxamento o torna mais forte, mais robusto e mais bem preparado para navegar em um ambiente cada vez mais complexo. Eis o que afirma Mark Dajani, CIO da Kraft: “Há muitas forças incontroláveis em nossa empresa: pessoas que mantêm blogs, que compartilham propriedade intelectual, que fazem experimentos, que usam ferramentas externas, como redes sociais, que se auto-organizam para fazer todos os tipos de coisas. Como garantir o controle e a segurança e manter todos marchando na direção certa? Concluímos que o melhor método é afrouxar as rédeas – cultivar a abertura e dar poderes às pessoas."

Evidentemente, ninguém disse que afrouxar as rédeas é fácil. De fato, como a IBM descobriu quando se juntou à comunidade Linux, o controle não é algo de que as grandes organizações abram mão com facilidade. Dan Frye, vice-presidente de desenvolvimento de sistemas abertos da IBM, disse que afrouxar as rédeas é uma das lições mais difíceis de aprender. "Não há nada que se possa fazer para controlar indivíduos ou comunidades, e, se tentar, você talvez piore as coisas", afirmou Frye na Cúpula de Colaboração da Fundação Linux. "O que se precisa é de influência. Remonta à lição mais importante, que é retribuir à comunidade e desenvolver expertise. Você descobrirá que, se seus desenvolvedores estiverem trabalhando com uma comunidade, com o passar do tempo eles passarão a influenciar e essa influência lhe permitirá fazer as coisas."[2]

Influenciar um processo, em vez de controlá-lo, é uma grande mudança de mentalidade para uma empresa acostumada a planejar e a executar cuidadosamente todos os aspectos de suas operações. As comunidades de software de código aberto funcionam na base de comunicações transparentes e instantâneas, em mão dupla, e de rápida iteração de produtos. As conversas se desenvolvem por meio de mensagens instantâneas, de e-mails e de software de colaboração em tempo real – o que for mais rápido. Em comparação, as comunicações internas nas empresas, que levam em conta as sensibilidades e idiossincrasias individuais, em geral são lentas e comedidas. Diz Frye: "Quando respondíamos lentamente, com respostas enlatadas, não éramos bastante rápidos nem bastante transparentes. Não oferecíamos um nível de intercâmbio técnico que fosse atraente para os desenvolvedores do Linux." E Frye informou à equipe: "Estou desconectando vocês da rede. Vocês só podem comunicar-se sobre o Linux por meio da comunidade Linux." E, a partir de então, a equipe passou a usar os mesmos *bulletin boards* e as mesmas salas de bate-papo dos desenvolvedores do Linux. "É fácil formar uma comunidade em torno de si mesmo", prosseguiu. "Muito mais difícil e muito mais valioso é participar de uma comunidade que você não controla – demoramos um pouco para aprender essa realidade."

A IBM levou cerca de cinco anos para compreender que a participação em comunidades colaborativas significa ceder algum controle, dividir a responsabilidade, abraçar a transparência, gerenciar conflitos e aceitar que projetos bem-sucedidos não se desenvolvem e se executam de uma hora para a outra. De acordo com Frye, a empresa ainda está aprendendo. Mas, sem dúvida, a jornada pode ser estranha para organizações acostumadas com sistemas de comando e controle. Significa aprender novo conjunto de habilidades que enfatizam a conquista de confiança, o cumprimento de compromissos, a mudança dinâmica e o compartilhamento das decisões com os pares.

4. DESCUBRA E FORTALEÇA A VANGUARDA

Para aproveitar o poder das pessoas que se auto-organizam, primeiro é necessário construir uma plataforma ou um contexto onde elas possam auto-organizar-se. Porém, talvez isso não seja suficiente. As comunidades colaborativas nunca saem do chão sem um núcleo de líderes que definam a visão e os valores da comunidade, que ajudem a gerenciar as interações grupais, defendem a causa e que atraiam mais pessoas para o ecossistema. Esse pequeno grupo de protagonistas executa parcela desproporcional do trabalho, em geral fornecendo o capital social e a infraestrutura técnica em que se baseiam os demais participantes. Essa é a Vanguarda, e para explorar o poder da auto-organização, é necessário fortalecê-la.

Enquanto a comunidade cresce, a Vanguarda desempenha função crucial. Ao examinar de perto as comunidades mais desenvolvidas, constata-se um equilíbrio delicado entre auto-organização e direção hierárquica. Todas as comunidades de fonte aberta bem-sucedidas, por exemplo, mobilizam processos estruturados, sob direção hierárquica, para gerenciar o trabalho tedioso e cansativo de reunir todas as partes e contribuições fragmentadas, o que permite a essas comunidades explorar o pool de talentos incrivelmente diversificado, ao mesmo tempo em que promove a integração coesa, indispensável para fazer algo tão sofisticado quanto um sistema operacional.

A direção compete à Vanguarda. Embora o Linux dependa da contribuição de milhares de programadores, um núcleo duro liderado por Linus Torvalds formula julgamentos rigorosos sobre que contribuições de código entram no cerne do sistema operacional. "Eu sem dúvida defendo o direito de qualquer pessoa de modificar e de divulgar sua própria versão do Linux", diz Torvalds, "mas, ao mesmo tempo, todos os meus esforços se concentram na efetiva junção dos resultados, e isso é o que boa parte do que você denomina 'desenvolvedores centrais' acaba fazendo: controle da orientação e da qualidade em vários níveis". Não há como exagerar a importância da coordenação e da integração da comunidade. Caso não se integre o valor de maneira adequada, os usuários podem ficar decepcionados e parar de contribuir.

Essa nova mentalidade colaborativa está começando a aflorar nos lugares mais improváveis, como em organizações internacionais sisudas, do tipo Banco Mundial. Dennis Whittle já era burocrata veterano do Banco Mundial, numa época em que a instituição era veementemente criticada por não fazer nada de útil pelos pobres. Até que, em 1997, ele foi incumbido da tarefa de desenvolver novos produtos e de introduzir inovações. Como não sabia onde começar, Whittle propôs a criação de um mercado de ideias, onde todos os funcionários pudessem apresentar sugestões relacionadas com os objetivos declarados da instituição. Porém, logo que as ideias foram a propostas, a iniciativa perdeu a força – altos burocratas empacaram diante do tempo e do esforço necessários para analisar e julgar as sugestões. Então, Whittle voltou à carga, agora com uma cenoura de vários milhões de dólares em prêmios e um júri composto de especialistas internos e externos para escolher os vencedores. Finalmente, mais de 300 propostas foram selecionadas como finalistas e uma dúzia delas foi escolhida para serem financiadas e implementadas, deflagrando o que viria a ser conhecido como World Bank Development Marketplace (Mercado de Desenvolvimento do Banco Mundial). Um dia, Whittle foi procurado por uma mulher sul-africana que chegara às finais, mas não ganhara. "O simples fato de o Banco Mundial não financiar nossa ideia não significa que outros financiadores do mundo não se disponham a fazê-lo", disse ela a Whittle, perguntando quando se criaria um mercado secundário.[3] A proposta pareceu interessante e Whittle deixou o emprego no Banco Mundial e passou a trabalhar em tempo integral na criação de um mercado on-line, com o propósito de explorar as atividades de filantropia nos Estados Unidos, que então movimentavam US$200 bilhões por ano, para financiar inovadores e empreendedores. O site DevelopmentSpace foi lançado em fevereiro de 2002 e logo foi rebatizado de GlobalGiving, iniciativa que já canalizou mais de US$19 milhões em financiamentos para mais de 1.340 projetos.[4] Talvez ainda mais impressionante, o site atraiu mais de 49 mil doadores isolados para viabilizar esses projetos.

As pessoas que compõem a Vanguarda, como Whittle, deram o tom para a comunidade. Elas podem exercer profunda influência sobre o rumo da evolução das comunidades, mormente quando os recém-chegados tendem a modelar seus comportamentos com base no que já observaram. Esse impacto inicial é importante porque as comunidades em evolução – dentro e fora das organizações – podem adquirir vida própria. As comunidades criativas desenvolvem as próprias regras (escritas e não escritas), que disciplinam questões como comunicações, distribuição de recursos e formas e maneiras de contribuir. A comunidade Wikipédia, por exemplo, até hoje resistiu à ideia de fazer propaganda em seu site e se transformou em força tão poderosa que Jimmy Wales se recusou a adotar modelo de propaganda, não obstante o enorme potencial de lucros. Na comunidade Linux, Torvalds tem o cuidado de responder de maneira construtiva às criticas de outros desenvolvedores. São comportamentos típicos de muitas comunidades de código aberto. As questões são debatidas em público, por meio de listas de e-mails e em sites, o que ajuda a construir o consenso para decisões finais sobre, por exemplo, que códigos e atributos incluir nos lançamentos oficiais de programas. Os debates prosseguem nos arquivos públicos. Considerando esse poder das comunidades, é crucial que a Vanguarda oriente a cultura da comunidade desde o começo.

Como fortalecer a Vanguarda para promover o crescimento de uma comunidade dentro de sua organização ou no contexto externo mais amplo? Ofereça-lhes uma plataforma em que possam inovar. Compartilhe sua propriedade intelectual para que tenham algo com que trabalhar. Afrouxe as rédeas, para que tenham condições de desabrochar. E, acima de tudo, ofereça incentivos que ajudem a motivar a Vanguarda rumo ao sucesso. Deixe que se expandam lentamente, passo a passo. Trate a colaboração como trabalho real, não como distração ou dispersão. E compreenda que a liderança no grupo pode ser a própria recompensa.

5. CRIE UMA CULTURA DE COLABORAÇÃO

O desafio mais árduo para qualquer pessoa que queira transformar sua instituição, compatibilizando com a era das redes, é aprofundar e ampliar dentro delas a cultura de colaboração. Para realizar esse trabalho, você, como organização e como indivíduo, deve cultivar a disposição para a colaboração. Isso significa assumir atitudes genuínas de abertura e flexibilidade em relação a novas ideias, qualquer que seja sua origem, em vez de fazer o possível para solapá-las. Significa combater conscientemente o instinto de defender feudos e de manter o controle – criando uma meritocracia dinâmica em que as ideias e as informações tenham condições de fluir livremente por toda a organização. Também é preciso abandonar as hierarquias obsoletas e estimular os membros da organização a conversar diretamente uns com os outros – mesmo que pertençam a departamentos diferentes. Os CEOs e outros líderes organizacionais devem, acima de tudo, demonstrar e encorajar esses valores na maneira como lideram as organizações.

Como começar? Você pode transpor as fronteiras da organização, como fez a Procter & Gamble quando procurou fora da empresa a InnoCentive, em busca de novas ideias, em vez de depender exclusivamente de suas atividades internas de pesquisa e desenvolvimento. Porém, o lugar mais óbvio onde começar é em casa – em seu próprio local de trabalho e com você mesmo. Você talvez se sinta tentado a comprar um conjunto de ferramentas colaborativas, muito comuns por aí. Porém, nossa experiência mostra que importar ferramentas de prateleira, como softwares wikis, não transformará sua organização, da noite para o dia, numa colmeia de colaboração. Com efeito, se sua organização estiver impregnada de cultura demasiado rígida e hierárquica, você terá dificuldade em usar as ferramentas. Em vez disso, comece pequeno. Se você descobrir um entusiasta, um participante potencial da Vanguarda, ofereça-lhe o apoio necessário para lançar um projeto piloto. A iniciativa demonstrará o valor da colaboração e das ferramentas colaborativas. Outra hipótese é recorrer à mentorização reversa, desenvolvendo programas em que os mais jovens ensinem os mais velhos a usar as novas ferramentas que facilitam a colaboração eficaz. Os incentivos certos também podem ser importantes. Estímulos ao desempenho grupal em vez de ao desempenho individual, por exemplo, podem motivar as pessoas a trabalhar juntas, de maneira mais produtiva. E, se você for líder, dê o exemplo por meio de seu próprio comportamento, pela maneira como colabora e compartilha informações.

Na verdade, quando se trata de transformar uma organização com base nos princípios da wikinomics, nada substitui a liderança executiva. Por mais inspiradas, bem intencionadas e determinadas que sejam as outras pessoas, ninguém desfruta de condições tão favoráveis para incutir a cultura da wikinomics em toda a organização quanto o CEO – a pessoa que, em última instância, define e incorpora a cultura da organização. Isso dito, Peter Senge, que cunhou o conceito de aprendizado organizacional, argumentou que o indivíduo no topo, qualquer que seja seu QI, não pode aprender pela organização como um todo. O líder do tipo Lee Iacocca, que cria uma visão e a vende organização abaixo, está sendo substituído pelo modelo de líder que haure o poder mental dos empregados e de outros stakeholders e cultiva um contexto propício à mudança. "Ao arregimentar e congregar pessoas numa rede eficaz, em que tenham condições de colaborar, você efetivamente obtém resultados maiores, melhores e mais inovadores que os alcançados até então, gerando um efeito catalisador muito poderoso", diz Tim Brown, CEO da IDEO, uma das empresas de design mais cativantes e mais inovadoras do planeta. No entanto, é necessário começar com a mentalidade certa. "É preciso acreditar que, ao conectar pessoas de maneira que as inspire, você obterá melhor desempenho", diz. Em consequência da liderança de Brown, cerca de 90% dos empregados aderiram à plataforma colaborativa da IDEO, denominada The Tube, o que é de fato surpreendente, quando se considera que, na maioria das empresas, as ferramentas colaborativas são usadas por 1 em cada 10 empregados.[5] Se, ao contrário, você estiver numa "empresa hierárquica, onde as pessoas têm medo de propor coisas novas", explica Brown, "é bem provável que a jornada seja muito longa e acidentada".

Um dos melhores exemplos desse tipo de transformação gradual pode ser a BBC. Trata-se de uma comunicadora por formação e natureza – com cinco marcas de rádio, duas de TV e presença global na Web. Entretanto, uma década atrás, o pessoal da BBC, disperso por todo o mundo, não tinha como compartilhar informações entre si. Então, em 1999, Euan Semple assumiu como chefe de gestão do conhecimento. Ele poderia ter gastado uma fortuna com algum programa convencional de gestão do conhecimento, mas, em vez disso, comprou algumas ferramentas simples, por US$400, que facilitava aos usuários fazer perguntas uns aos outros. Era mais importante, pensou Semple, promover a troca de ideias entre o staff que armazenar o conhecimento. A resistência de alguns segmentos, em especial da gerência de nível médio, era previsível. Onde e como os gestores e os funcionários traçariam a linha entre colaboração e perda de tempo? Será que a contribuição para um wiki era maneira útil de trabalhar?

Essa é uma pergunta comum entre os gestores. Porém, na BBC, as vantagens do compartilhamento de conhecimentos logo se tornaram evidentes. Os executivos descobriram que poderiam usar as ferramentas colaborativas no intuito de angariar apoio para novas iniciativas e exercer influência. Os jornalistas constataram que poderiam dividir habilidades e conhecimentos, descobrir talentos ocultos e usar como alavanca a inteligência colaborativa. Hoje, com mais de 25 mil pessoas em todo o globo, um único blog na intranet atrai mais de oito mil leitores individuais por mês.[6] Esse nível de leitura exerce influência, que, por seu turno, induz à ação. Os leitores que comentam os blogs dos outros atraem atenção para si mesmos e, se formarem uma comunidade em torno de suas ideias, a situação se transforma em estímulo para a ação. As ideias são operacionalizadas com mais rapidez quando a coletivização do novo empreendimento e as perguntas que ajudam a definir a ação chegam à superfície com rapidez e abrangência, antes da mobilização de despesas e recursos.

A hierarquia da BBC efetivamente evoluiu, tornando-se mais frouxa e mais flexível, mas não foi extinta; ao contrário, tornou-se mais forte, ao permitir que muitas questões que até então exigiam intervenções demoradas passassem a ser processadas de maneira discreta e rápida, horizontalmente, liberando os escalões superiores para dedicar mais tempo à gestão e ao desenvolvimento do negócio. Esse é o poder de um contexto colaborativo.

Para propiciar o contexto colaborativo, a liderança da organização precisa definir que a colaboração é parte essencial do negócio ou da missão e orientar a organização para realizações comuns. Também é necessário mobilizar os recursos mais adequados, de maneira exclusiva, para possibilitar a colaboração básica. E ainda é preciso impregnar em toda a organização a premência de ampliar a colaboração, sustentando o impulso inicial e descrevendo os próximos passos. Ao contrário das iniciativas anteriores em tecnologia da informação, o importante na colaboração não é tanto o desenvolvimento de ferramentas adequadas e o custo de sua implementação em todo o empreendimento. Nas organizações bem-sucedidas, trata-se mais de tribalismo, de sociologia e de mudança cultural. Isso significa ajustar sob medida a abordagem às pessoas e aos processos de cada caso concreto – trata-se de colaboração como meio para alcançar propósitos específicos, não colaboração como fim em si mesma.

Com efeito, os primeiros adeptos do contexto colaborativo geralmente começavam com uma ou, talvez, duas ferramentas. E, assim, alcançavam sucessos reiterados. Até que se formavam comunidades dentro das organizações. Pessoas de outros escritórios e de outros grupos ingressam na comunidade, por interesse, expandindo-a cada vez mais. Não há duas trajetórias de adoção absolutamente iguais: não se trata de aprendizado para conviver com a tecnologia, mas, sim, de impregnação da cultura de colaboração na cultura mais ampla da organização. Ambas crescerão e influenciarão uma à outra.

6. DÊ PODERES À GERAÇÃO NET

Depois de publicar o livro *Wikinomics*, visitamos executivos de uma empresa automobilística americana para conversar com eles sobre o Contexto Wiki. "Isso parece ótimo", observou um dos gestores. "Vamos desenvolver um projeto piloto wiki, envolvendo nossos cem executivos mais importantes." Não é uma boa ideia, dissemos-lhe. O lugar mais adequado para começar é onde prevalecem condições demográficas que facilitem a compreensão da ideia e sua disseminação na organização – onde houver pessoas jovens. Felizmente, os líderes do futuro, os indivíduos que herdarão os desafios cruciais descritos neste livro, parecem preparados para a missão. Denominamos essas pessoas de Geração Net, a primeira da história que nasceu e cresceu na era digital. Elas já vieram à luz no ambiente digital interativo, que afetou profundamente os estilos de trabalho, as formas de comportamento e até as maneiras de pensar. Ao contrário dos pais, elas cresceram com uma tecnologia que pressupõe respostas e interações. Elas foram criadas em contextos de redes sociais (com a televisão como som e imagem de fundo). Portanto, para elas, a colaboração é natural e espontânea.

Em todo o mundo, elas representam hoje mais de um quarto da população, e, em breve, serão maioria na força de trabalho, nos mercados, na universidade, na política e na sociedade. Elas já demonstraram seu poder de maneira espetacular: em 2008, desempenharam papel fundamental na eleição do presidente dos Estados Unidos e, em 2015, representarão um terço do eleitorado americano, tornando-se um dos maiores e mais influentes blocos de eleitores.[7] À medida que se transformam em adultos plenamente engajados, a Geração Net está começando a sacudir a velha ordem. A aversão à hierarquia e a afeição à colaboração estão forçando as organizações a repensar seus critérios de seleção, de remuneração, de desenvolvimento e de supervisão de talentos. Como consumidores, esses jovens estão ansiosos por ajudar as empresas a inovar produtos e serviços – estão acostumados a se expressar em meio digital e não hesitam em usar os recursos disponíveis. As empresas podem aproveitar essa característica no intuito de obter boas ideias para o desenvolvimento de melhores produtos e serviços e até de marcas mais fortes. Ao mesmo tempo, como estudantes, estão questionando os métodos didáticos tradicionais, baseados em preleções, e demandando um novo modelo mais centralizado nos alunos. É até possível que revolucionem os veículos da educação, ao reivindicarem novas ferramentas, novos estilos de ensino e novo modelo de envolvimento dos alunos. A Geração Net cresceu imersa em jogos e em mídia digital. Ao mesmo tempo, jogos para vários jogadores, como o World of Warcraft, desenvolveu nos jovens habilidades úteis para liderar e organizar pessoas, assim como para compartilhar e gerenciar informações digitais, manejando bases de dados, wikis e fóruns de discussões. Como cidadãos, eles estão nos primórdios da transformação da maneira como se concebem e se prestam serviços públicos e de como se compreende e se decide quais devem ser os imperativos básicos da democracia e da cidadania. Também é possível que se vejam mais como cidadãos do mundo que seus pais – esta geração é a primeira a experimentar o mundo no sentido verdadeiramente global. A visão de mundo desses jovens foi moldada por acontecimentos globais. Além disso, as barreiras geográficas e cognitivas que talvez tenham impedido que as gerações passadas conhecessem melhor e participassem mais intensamente do mundo mais amplo já foram demolidas. Eles são também os primeiros a enfrentar desafios efetivamente globais, como mudança climática, o que pode levá-los a redefinir o que significa ser cidadão e como encaram o nacionalismo e suas relações com outras culturas. Também é possível que desenvolvam perspectivas totalmente novas, à medida que a juventude das economias emergentes participe com mais intensidade da economia global, agora, pela primeira vez, em condições de igualdade.

Em outras palavras, a Geração Net desfruta de melhores condições para seguir as regras do jogo da wikinomics. Com efeito, muitas das inovações sociais descritas neste capítulo foram desenvolvidas e cultivadas por jovens. Retorne ao Capítulo 1, onde conhecemos Ory Okolloh e Patrick Meier, do Ushahidi, o aplicativo de mapeamento de crises que revolucionou o trabalho de primeiros socorros no Haiti. No Capítulo 9, conhecemos Kevin Schawinski, aluno de PhD, que se transformou na força motriz do Galaxy Zoo, um dos mais empolgantes projetos de ciências da Web. Matt Flannery e Jessica Jackley lançaram o Kiva.org, quando ainda estavam na casa dos 20 anos. Steve Ressler construiu o GovLoop, a mais importante rede social para servidores públicos, com uma verba irrisória, e conquistou numerosos prêmios pela iniciativa. O que os líderes seniores em todas as organizações devem fazer agora é outorgar poderes e recursos aos líderes mais jovens, para que sejam capazes de orientar sua geração nessas primeiras décadas do século XXI. "Eles são conectados e atuam naturalmente como cidadãos globais, com altas expectativas e com nova visão do possível", explica Klaus Schwab. O perigo de fracassarmos nessa missão, acrescenta, é ampliar a lacuna entre as esperanças dos jovens e a realidade do mundo. "E se seus sonhos não se realizarem", adverte, "talvez nos defrontemos com uma crise geracional global".

Infelizmente, a maioria das organizações não está sendo eficaz no esforço de envolvimento dos jovens. Em vez de explorarem a energia, a intuição e o entusiasmo da Geração Net, para difundir novas ferramentas colaborativas e novos métodos de trabalho, muitas delas inibem sua espontaneidade e até proíbem suas iniciativas, quando não os tacham de transgressores. Numerosas empresas estão proibindo o Facebook e outras mídias sociais. As empresas inteligentes, por outro lado, compreendem que essas ferramentas e plataformas são os novos sistemas operacionais de seus negócios. E, para as novas gerações, esses novos recursos são tão naturais quanto o ar e a água.

A Best Buy compreende essa nova realidade. O ex-CEO Brad Anderson percebeu que os jovens que trabalhavam nas lojas do gigante de produtos de consumo eram os representantes da empresa mais sintonizados com os clientes. A cultura jovem deles deveria ser a cultura da empresa, pensou, mas havia um problema: "Entre eles e eu há camadas e mais camadas de gerentes, tentando impedi-los de mudar a empresa. Portanto, minha tarefa é dar-lhes licença para se auto-organizarem." E definiu sua nova abordagem nos seguintes termos: "Em vez de tomar decisões, minha principal atribuição é liberar o poder do capital humano na Best Buy." Com esse apoio, dezenas de milhares de jovens empregados afluíram para uma rede social denominada Blue Shirt Nation. Essa rede veio a ser uma cabeça de ponte para o Contexto de Trabalho Wiki (Wiki Workplace) dentro da organização. Era como um bebedouro eletrônico em torno do qual se reuniam para bate-papo 80 mil pessoas de toda a organização.

A cultura de abraçar a Geração Net corre fundo na Best Buy. Em 1994, a empresa também lançou o Geek Squad, uma equipe de serviços de jovens "agentes", que ajudaria os clientes a resolver problemas, em todos os lugares e por todos os meios – nas lojas; pelo telefone, 24 horas por dia; em visitas de emergência *in loco*; e pela internet. A característica mais notável do Geek Squad é dispor de poderes para resolver problemas e adotar novas ideias, sem depender de autorização do chefe. Os geeks usam wikis, videogames e todas as espécies de tecnologias de colaboração heterodoxas, para fermentar novas ideias, gerenciar projetos, trocar dicas de serviços e relacionar-se com os pares. Mesmo que suas descrições de cargos oficiais não o previsse, eles podiam contribuir para a inovação e para o marketing dos produtos – coisas que, em geral, se concentram na sede social. Tudo isso fez do Geek Squad um ótimo lugar para trabalhar e contribuiu para seu desempenho estelar.

Hoje, o Geek Squad conta com 24 mil agentes e seu etos se difundiu por toda a empresa.[8] A Best Buy, por exemplo, está abrindo sua base de dados e pedindo ao pessoal de fora da empresa para melhorar suas ofertas. Essa iniciativa já está economizando tempo e dinheiro: uma agência de criatividade desenvolveu toda uma experiência de home theater, com base nos dados da Best Buy, sem gastar meses com as equipes técnicas da empresa. A Best Buy também lançou fóruns de consumidores em vários idiomas. No fórum em inglês, 85% das conversas são ponto a ponto ou entre pares. Os clientes, em outras palavras, estão ajudando outros clientes. É um tremendo sistema de alarme avançado. Um cliente que comprava um iPhone em Miami informou que um único comprador levou todo o estoque. Duas semanas depois, a região instituiu uma nova política para evitar compras por atacado.

Moral da história: envolva seu pessoal. Eles são os campeões naturais da transformação que descrevemos neste livro. Siga-os, impulsione-os, aprofunde as mudanças, rompa com os velhos modelos da era industrial e municie a reinvenção.

A NOVA ERA DE INTELIGÊNCIA EM REDE EXIGE UMA NOVA ESTIRPE DE LÍDER

As seis regras básicas da reinvenção fornecem as diretrizes de como fazer a wikinomics acontecer em sua organização, comunidade, país e, efetivamente, no mundo. Ninguém deve assumir, contudo, que essas transformações institucionais serão fáceis ou simples. Os líderes enfrentarão um fluxo constante de dilemas, de escolhas difíceis e de opções excludentes (*trade-offs*) árduas. A construção de uma plataforma para a auto-organização, por exemplo, pode gerar numerosas inovações, mas também pode desencadear mais competição e deixar as empresas na corda bamba. "É quase como se você estivesse derrubando as fronteiras e abrindo a economia para a competição sem tarifas e sem impostos", diz Shai Agassi, da Better Place. "Você precisa garantir que seus recursos essenciais e seu arsenal de habilidades criam condições para que sua empresa continue inovando com rapidez suficiente." Do mesmo modo, criar uma cultura de colaboração pode horizontalizar a hierarquia e liberar o potencial criativo, mas, levada ao extremo, também envolve o risco de a organização escapar do controle ou perder o foco na execução das melhores ideias. Com efeito, a pergunta básica é: Como afrouxar as rédeas e adotar a cultura jovem, quando as ferramentas e abordagens da Geração Net são extremamente estranhas para você e incompatíveis com tudo o que você aprendeu a respeito da gestão de organizações?

Os líderes também deparam com desafios de longo prazo, ao serem convocados não só para reinventar suas organizações, mas também para participar da reinvenção global. Será que eu devo canibalizar as receitas de produtos tradicionais, com o propósito de dar a partida rápida na transição para o futuro? Como será que minha empresa atuará como líder, quando outras em nosso setor estão ficando para trás na adoção de padrões de desempenho social e ambiental mais rigorosos? Será que sua empresa enfrentará problemas se, unilateralmente, adotar providências para reduzir a poluição ou cortar as emissões de carbono, deixando os concorrentes em vantagem de custo temporária? Num mundo em que sua missão talvez vá além dos resultados do último trimestre, o que fazer para garantir o sucesso e a sustentabilidade em longo prazo de sua empresa?

Há muitos outros dilemas a enfrentar e muitas outras escolhas difíceis a fazer. Como em todas as épocas de grandes mudanças, muitos são os profetas e os caminhos adiante talvez sejam árduos. Conforme veremos no próximo capítulo, esses desafios exigem uma estirpe de líder e um novo padrão de liderança para a era da inteligência em rede.

19. LIDERANÇA PARA UM MUNDO EM MUDANÇA

Nas noites frias de inverno, perto da Oxford University (ou a qualquer hora e em qualquer lugar, no YouTube), milhares e milhares de estorninhos se reúnem sobre um pântano, depois de procurarem alimentos durante todo o dia, num raio de mais de 30km. Antes de se acomodarem, os estorninhos oferecem um dos espetáculos mais impressionantes do mundo natural. É o chamado "murmúrio dos estorninhos", referência ao bulício dos milhares de pares de asas das aves em arribação. Porém, a beleza visual é ainda mais estonteante. Os estorninhos, voando em alta velocidade, criam formas incríveis, que mudam minuto a minuto, segundo a segundo. De repente, surge um turbilhão escuro e ameaçador, espiralando-se e elevando-se como um tornado, para em seguida, transformar-se em nuvem negra de trovoada, que logo despenca sobre o solo como chuva torrencial. Eis, porém, que de repente os estorninhos mudam de forma, tecendo delicada rendaria aérea, antes de se metamorfosearem de novo, de maneira inesperada e misteriosa.[1]

No entanto, esse espetáculo espantoso não é mera ostentação. O murmúrio dos estorninhos protege as aves contra predadores e as aquece para a noite. Também serve para a troca de informações sobre áreas onde os alimentos são mais abundantes. Numerosos princípios operacionais, semelhantes aos da wikinomics, orientam o comportamento dos pássaros, que se pauta pela interdependência e por uma espécie de colaboração. Apesar de suas acrobacias aéreas em alta velocidade, parece que eles nunca colidem. O murmúrio dos estorninhos é o epítome da auto-organização. Todas as aves participam, mas há uma estrutura implícita, pois as aves mais fortes são mais influentes e orientam a massa. A nuvem nunca é a mesma, uma vez que sempre se criam novas formas, no esforço para garantir a própria sobrevivência. A liderança do grupo parece mudar de maneira constante e dinâmica, na medida em que diferentes aves, de alguma forma, assumem o manto. Não se trata de "inteligência coletiva" nem de "consciência coletiva", pois as aves não são nem inteligentes nem conscientes. Mas, realmente, parece haver alguma espécie de um novo cérebro comum – uma rede frouxa de relacionamentos e de impulsos.

Ao contrário dos estorninhos, os seres humanos são inteligentes e conscientes. Portanto, será que, quando todos se conectarem por meio de uma plataforma digital global, teremos condições de começar a compartilhar não só informações, mas também a capacidade de lembrar, de processar informações e até de pensar? Será que estamos diante de nada mais que uma analogia fantasiosa ou quem sabe se, ao contrário, passaremos a tratar a formação de redes como rotas neurais que conectam seres humanos de maneira a criar algo fundamentalmente novo?

Em tese, hoje, a tecnologia possibilita que as organizações e até as sociedades compartilhem perspectivas e mesmo alguma espécie de consciência, algo do tipo estar ciente, informado, interessado e intencionado. Se as organizações desenvolverem consciência grupal, é até possível que se tornem capazes de aprender. As organizações inconscientes, como pessoas em iguais condições, não conseguem aprender. Já as organizações conscientes desenvolvem o dom do aprendizado. Talvez a inteligência em rede se revele o elo perdido da chamada organização que aprende. Com efeito, essa nova conscientização e interconectividade – essa capacidade de aprender dinamicamente como organização – pode ser a chave para fazer a transição, dos velhos modelos de criação de valor da era industrial para os novos modelos em rede descritos neste livro. Se a formação de redes for capaz de acelerar o metabolismo de nossa colaboração e capacitar o pensamento e o aprendizado compartilhados, talvez seja possível aplicar uma ova espécie de consciência coletiva dentro de e entre organizações. Para inovar melhor, gerar prosperidade e promover o avanço da sociedade.

O LADO NEGRO DA MACROWIKINOMICS?

Nem todos concordam com a visão descrita acima nem com os princípios e programas de transformação mais amplos que apresentamos neste livro. Em vez de divisarem uma época de otimismo e de novas possibilidades, veem a erosão perigosa de instituições e de valores basilares, como privacidade, ou questionam a capacidade das comunidades colaborativas de rivalizar-se com a qualidade e a originalidade produzidas pelo modelo fechado de inovação que dominou o século XX. Há quem se preocupe com nossa capacidade de criar empregos ou de ser remunerado numa economia caracterizada pela profusão de bens e serviços gratuitos. Outros temem que as redes sociais on-line estejam arruinando os relacionamentos autênticos e destruindo comunidades. Decerto, a era digital introduz mudanças positivas e negativas. Mas, ao abordar cada uma dessas facetas do "lado negro", também é evidente que se dispõe de soluções para cada uma delas e que a wikinomics oferece a estrutura certa para o desenvolvimento de nova mentalidade.

Mentalidade de colmeia, consciência coletiva e coletivismo

Muitos são os críticos da era digital; porém, um dos mais articulados é Jaron Lanier, que, ao contrário de muitos próceres, conta com enorme credibilidade nas ruas. Como precursor da realidade virtual, não é possível descartá-lo como ludita. Com efeito, em 2010, a revista *Time* selecionou-o como uma das 100 pessoas mais influentes do mundo.[2] Seu primeiro livro tão esperado, *Gadget – você não é um aplicativo*, oferece, sem dúvida, até agora, a discussão mais erudita sobre os aspectos desfavoráveis da era digital. Para Lanier, a Web criou uma mentalidade de "colmeia", que valoriza a multidão em detrimento do indivíduo e que está mudando o próprio significado de ser pessoa. "Comentários anônimos em blogs, vídeos com pegadinhas de mau gosto, *mashups* inexpressivos talvez pareçam triviais e inofensivos, mas, como um todo, essa prática difusa de comunicação fragmentária e impessoal aviltou a interação interpessoal." Nascida e criada na era digital, "uma nova geração está chegando à idade adulta com poucas expectativas em relação ao que as pessoas podem ser e o que cada pessoa pode tornar-se".[3]

Em consequência, comportamo-nos com gadgets, como meras engenhocas. Estamos sofrendo de uma "coisificação digital", em que as características básicas de algoritmos tecnológicos subjacentes agora estão determinando como nos relacionamos uns com os outros. Em especial, Lanier parece preocupado com uma nova forma de "coletivismo" on-line, que está sufocando vozes autênticas, numa maré turbulenta e anônima de mediocridade em massa. Ele lamenta a ideia de que o coletivo seja sábio e compara a colaboração em massa a regimes totalitários. Essa mentalidade coletivista é induzida por uma subcultura de "maoístas digitais", que são as "tribos da cultura aberta, do mundo Creative Commons, da comunidade Linux e os povos da Web 2.0". Para ele, a "cultura on-line está transbordando de retórica sobre qual deve ser o verdadeiro caminho para um mundo melhor e os dias de hoje estão fortemente enviesados no sentido de uma mentalidade autoritária".

Sem dúvida, os efeitos de longo prazo da revolução digital sobre os seres humanos são em grande parte desconhecidos. Mas, em geral, a crítica de Lanier, embora brilhante, parece mal formulada. Ele escreve que os processos colaborativos por meio da Web produzem resultados medíocres quando comparados com os métodos de inovação fechados e confidenciais que prevaleceram no século passado. "Quando todos colaboram em tudo", argumenta Lanier, "geram-se resultados medíocres e obtusos em tudo. Não se alcança a inovação". Lanier descarta o Linux, o sistema operacional de código aberto, como "ordinário", e alega que os exemplos mais sofisticados, influentes e lucrativos de tecnologia decorrem de processos de desenvolvimento privativos.

Lanier apresenta algumas sugestões sobre como avançar. Quem quiser fomentar a criatividade e a excelência deve adotar algumas fronteiras, afirma. "As equipes precisam de um mínimo de privacidade em relação a outras para desenvolver abordagens únicas em qualquer tipo de competição. Os cientistas também necessitam de algum tempo de privacidade, antes da divulgação de suas conclusões, para ordenar seus resultados." Abrir tudo o tempo todo gera o que Lanier denomina "mingau global". Evidentemente, os cientistas e, de resto, todos nós, precisamos de certa privacidade. Algumas das melhores ideias geralmente ocorrem quando estamos deitados na cama à noite ou quando estamos isolados em contemplação. O próprio Martinho Lutero concebeu seu tratado para a reforma da Igreja sentado na latrina. Porém, a colaboração hoje não é um bando de pessoas sentadas numa sala, em brainstorming contínuo, sem tempo para refletir. Nem tem a ver com trabalho de comitês nem com "todos fazendo tudo". Trata-se, na verdade, de explorar um pool de talentos mais amplo e de congregar as habilidades e os conhecimentos complementares necessários para criar um produto superior ou para resolver um problema complexo. Veja o caso do iPhone, da Apple, que Lanier erroneamente cita como epítome do desenvolvimento "fechado". O iPhone é, de fato, resultado de maciça colaboração em rede, envolvendo milhares de empresas. Embora uma das competências essenciais da Apple seja o design, vários parceiros ajudam a projetar o produto. Uma empresa de Taiwan se incumbe do projeto técnico, das especificações da fabricação e da montagem, colaborando com centenas de seus próprios fornecedores. E boa parte do software – supostamente a principal fonte de vantagem competitiva da Apple – é desenvolvida não pela Apple, mas por um exército de desenvolvedores terceirizados, que criaram mais de 185 mil aplicativos para a App Store.[4]

Outros exemplos citados em todo este livro confirmam que a inovação colaborativa não produz "resultados medíocres e obtusos", quando se seguem os princípios de design descritos no capítulo anterior. Muito ao contrário, em geral o que ocorre é exatamente o oposto. Quando Kevin Schawinski (um dos astrônomos por trás do Galaxy Zoo) alistou 250 mil cientistas cidadãos no esforço para classificar galáxias em todo o universo, ele não sacrificou sua capacidade de pensar com independência nem comprometeu a integridade da pesquisa.[5] Em vez disso, acelerou incrivelmente o progresso no campo e, ao demonstrar que a ciência cidadã funciona, também proporcionou à comunidade científica mais ampla uma solução para cientistas que se veem às voltas com enorme quantidade de dados. Quando Jay Rogers convidou uma grande comunidade de entusiastas por automóveis para ajudá-lo a projetar a próxima geração de carros, o resultado deveria ser medíocre ou algo pior, de acordo com a teoria de Lanier. Ao contrário, a Local Motors hoje conta com uma linha de automóveis diversificada, que atende às necessidades específicas de compradores que se consideram mal servidos pelas empresas automobilísticas tradicionais.

O aspecto mais desconcertante do argumento de Lanier é a associação questionável entre comunidades colaborativas da Web e coletivismo em estilo stalinista. Com efeito, a colaboração em massa e o coletivismo soviético são, na verdade, polos opostos. A colaboração se baseia na auto-organização, no poder e no conhecimento descentralizados e na liberdade de ação. O coletivismo se fundamenta na coerção e no controle centralizados. Enquanto o comunismo sufoca o individualismo, a colaboração em massa consiste em indivíduos e organizações trabalhando juntos para alcançar resultados compartilhados, por meio de grupos voluntários. Uma produziu o Gulag; a outra engendrou coisas como Linux, Wikipédia, inúmeras colaborações científicas em larga escala e a mobilização da juventude iraniana pelo Twitter, em prol da liberdade e de uma sociedade secular, além de inúmeras outras realizações.

Decerto, ironicamente, os debates suscitados por Lanier e outros sobre a natureza da Web e seu impacto sobre como trabalhamos, aprendemos, vivemos e pensamos desmente a ideia de que estamos todo virando gadgets acéfalos, marchando sob o comando de uma voz coletiva unitária e autoritária.

E os empregos na economia em rede?

O termo "recuperação sem emprego" é um oximoro, mormente para os 30 milhões de americanos que estão procurando emprego.[6] Como explicamos, a conjuntura para os jovens é ainda mais sombria, com o desemprego da juventude chegando a mais de 20% nos Estados Unidos e a nada menos que 45% em países como a Espanha.[7] Recorrendo a um eufemismo, os economistas se referem a esse fenômeno como "desemprego estrutural", significando, no linguajar leigo, que se trata de tendência duradoura. Estudo de 2010 descobriu que apenas um sexto dos jovens da força de trabalho americana diz que está ganhando o suficiente para viver com conforto. Quase 60% deles estão tentando liquidar os empréstimos estudantis e outras dívidas. E cerca de um quarto do total, com idades entre 15 e 29 anos, afirmou que ainda está morando com os pais ou que voltaram à casa dos pais – em geral, depois de perder o emprego que suponham os tornaria independentes.[8] É um problema de proporções épicas. Não se trata apenas de a recuperação econômica depender de pessoas com emprego e com dinheiro para gastar. Pior que isso, o verdadeiro perigo é que o grupo de jovens com a mais alta escolaridade e com as melhores qualificações da história americana se transforme em "geração perdida". Considerando também que são os mais capazes de se organizarem para a mudança, em consequência de sua alacridade digital, o risco é que a situação exploda com intensidade e violência capazes de fazer com que a radicalização dos jovens na década de 1960 mais pareça brincadeira de criança.

Muitos gurus culpam a economia em rede como fonte de todos os problemas. Grandes empresas reduziram empregos durante a recessão para sustentar os lucros, mas, agora, não estão recrutando de volta. Muitas afirmam que pretendem terceirizar em vez de recontratar, admitindo a hipótese de reduzir ainda mais o efetivo de pessoal. *Personnel Today* relata que a IBM planeja reduzir sua força de trabalho global, de 399 mil empregados permanentes para 100 mil, até 2017, data em que deve concluir seu programa de transformação de RH. "Tim Ringo, chefe de gestão de capital humano da IBM, divisão de consultoria do conglomerado de TI, informou que a empresa recontrataria os trabalhadores como empreiteiros para projetos específicos se e quando for necessário, conceito apelidado de 'crowdsourcing'."[9] Embora um porta-voz da IBM tenha afirmado que os comentários de Ringo foram mera especulação, a tendência de muitas empresas é nítida: se pudermos fazer mais com menos, assim será. As fronteiras empresariais estão ficando mais porosas e as forças do mercado podem influenciar todas as funções e todas as pessoas das empresas, em bases globais. Como a Web derruba os custos de transação e de colaboração, pode-se recorrer a talentos dentro e fora da organização. As empresas, cada vez mais, usarão ideágoras para encontrar mentes com qualificações únicas, para construir plataformas de cocriação de valor e para haurir a engenhosidade dos prossumidores no projeto de novos produtos. Nessas condições, será que os modelos de negócios da wikinomics não são o dobre de morte do emprego?

Porém, quando se trata de economia sem emprego, o mais adequado é atribuir o problema à economia industrial claudicante, com suas instituições financeiras hipertrofiadas e debilitadas e suas abordagens obsoletas à inovação e à criação de valor. Sem dúvida, algumas formas de colaboração podem tornar redundantes alguns empregos ou levar as empresas a reduzir seus efetivos de pessoal. Porém, dispõe-se de um argumento forte no sentido de que os princípios da wikinomics ajudam a impulsionar empresas incipientes, supervalorizando suas capacidades inovadoras, e de que as pequenas empresas, por seu turno, são a fonte mais confiável de geração de empregos. Como mencionamos no Capítulo 1, estudo paradigmático da Kauffman Foundation mostra que a oferta de empregos decorre basicamente de novas empresas e, portanto, do empreendedorismo. Em 2007 (ano mais recente de que há dados disponíveis), 8 milhões de 12 milhões de novos empregos foram criados por empresas com menos de cinco anos.[10] Os líderes governamentais estão buscando as fontes erradas, quando recorrem às maiores e às mais bem-sucedidas empresas do país, como principais geradoras de emprego. Em vez disso, a Web desdobra uma nova era de empreendedorismo e de novos modelos de negócios. As pequenas empresas podem ter as mesmas capacidades e recursos das grandes empresas, sem suas desvantagens – burocracia, culturas obsoletas, sistemas ultrapassados e estilos de trabalho ineficazes – tudo o que inibe a inovação. Ao explorarem a Web, com intensidade crescente, em busca de recursos, as empresas pequenas, cada vez mais, ganham acesso sem precedentes aos mercados globais, até então usufruídos apenas pelas maiores empresas. E, à medida que se expandem, elas criam novos empregos em ritmo mais acelerado que o das concorrentes maiores.

Portanto, o empreendedorismo cria empregos. A colaboração e os modelos de negócios em rede fomentam o empreendedorismo competitivo. Porém, em tudo isso, falta um ingrediente. Para enfrentarmos desemprego estrutural, precisamos de políticas públicas que desenvolvam contexto fecundo para novos empreendedores. As oportunidades oferecidas pela wikinomics são universais e os empreendedores dos Estados Unidos e da Europa também enfrentam a competição global. Um empreendedor da Índia pode muito bem tirar proveito do abastecimento global, da expertise internacional e do acesso a clientes, usando várias plataformas on-line. No entanto, os empregos migrarão em fluxos crescentes para lugares em que a cultura e as instituições sejam mais propícias ao lançamento de inovações no mercado. Os governos precisam investir em educação e desenvolver uma força de trabalho altamente qualificada. Precisamos evitar o protecionismo e evitar que os mercados globais se fechem ao empreendedorismo. Os governos podem encorajar as atividades de P&D, por meio da tributação e de outros incentivos e facilitar para as empresas emergentes o acesso ao capital de risco e ao apoio de marketing. Líderes de todos os países poderiam promover brainstormings digitais e lançar desafios para envolver os cidadãos no processo criativo de como encorajar o empreendedorismo. Para criarmos e retermos empregos no mercado global emergente, os governos precisam substituir a ênfase em grandes empresas obsoletas pela promoção do empreendedorismo, nas escolas, na mídia e em qualquer lugar. Todos os países do mundo ocidental precisam de uma campanha do tipo "Empreendedorismo para a criação de empregos", lançada por parcerias envolvendo múltiplas partes interessadas.

Como as pessoas serão remuneradas no mundo da macrowikinomics?

Muita gente receia que a colaboração em massa produza uma economia de voluntariado. Elas apontam para comunidades ponto a ponto, ou entre pares, como a Wikipédia e o Linux, em que todos parecem trabalhar de graça. Na maioria dos concursos de inovação, apenas os vencedores recebem remuneração. Os consumidores contribuem com ideias para empresas que fabricam produtos e não recebem remuneração em troca. Os colaboradores de publicações como *The Huffington Post* também não são remunerados, como tampouco a maioria dos blogueiros. Mesmo a maior comunidade do mundo, o Facebook, com centenas de milhões de membros, não tem um bom plano de monetização. Como será que as pessoas (ou empresas) ganharão a vida nesse mundo louco?

Um estudo sobre os modelos de negócios da wikinomics revela uma história mais matizada. O Linux é desenvolvido por "voluntários", mas a vasta maioria desses colaboradores é de empregados em tempo integral, de empresas como IBM, Intel e Novell. E, como observamos no Capítulo 4, a comunidade Linux produz bilhões de dólares de receita com produtos e serviços que incorporam o sistema operacional gratuito. Quando a P&G lança um desafio na rede InnoCentive, todos podem conseguir recompensas financeiras. O pessoal da P&G ajuda a definir o problema. Os vencedores são bem remunerados, com prêmios que, às vezes, chegam à casa dos sete dígitos. A própria InnoCentive é uma empresa lucrativa, que fica com parte do prêmio. E a P&G, como empresa, recebe propostas de soluções para o problema. Sim, os vencedores do Goldcorp Challenge ganharam mais de US$500 mil por encontrar bilhões de dólares em ouro. Porém, o prêmio em dinheiro oferecido ao vencedor é apenas um aspecto do benefício comercial total. Vencer o desafio ajudou a consolidar a Fractal Graphics, ganhadora do prêmio, como uma das principais empresas do mundo em análise de conjunto de dados complexos. Do mesmo modo, quando a Amazon abriu sua plataforma de comércio eletrônico, ela permitiu que milhares de desenvolvedores de fora criassem novos negócios, vendendo produtos Amazon, por meio de novos canais, assim como serviços desenvolvidos por eles próprios. A Amazon também se beneficiou; mais de um terço de sua receita total agora deriva da participação em vendas efetuadas por terceiros.[11]

O conteúdo cultural é traiçoeiro. O que acontece com os incentivos para escritores, artistas, cineastas, músicos e jornalistas, em um mundo em que muita gente pensa que produtos baseados no conhecimento são gratuitos? Muito justo.

O mundo será um lugar mais pobre se ninguém não mais pagar diretamente por conteúdo de alta qualidade. Porém, conforme argumentamos nestas páginas, as pessoas pagarão pelo valor de produtos e serviços que não forem commodities se o produtor ou provedor adotar o modelo de negócios certo. Além disso, não é totalmente desprovido de validade o argumento de que fornecer "de graça" certo tipo de conteúdo pode contribuir para maximizar a exposição e gerar recompensas por meio de alguns canais complementares. A receita do setor de música, como mencionamos no Capítulo 12, se deslocou da venda de gravações para apresentações ao vivo, venda de direitos referentes a toques de celulares e outros produtos, e muitos músicos se dão muito bem. Os filmes são, em parte, anúncios de seus produtos colaterais. Autores de livros (como nós) auferem boa parte de suas receitas sob a forma de honorários por palestras e consultorias, além de outros produtos correlatos, mesmo quando o livro é best-seller.

O jornalismo, conforme explicamos, é um caso mais complexo. Muitos escritores não serão contratados por publicações tradicionais e milhares já perderam o emprego. Nesse caso, o futuro é incerto, o que é um grande problema, para eles e para a sociedade. Prepare-se, também para muito conflito. Adam Pagnucco, do blog Maryland Politics Watch, recebeu uma carta do *The Washington Post*, convidando-o a ser blogueiro oficial do jornal. Ele declinou, dizendo: "Se os blogueiros exercerem suas funções de graça, o *Post*, sem dúvida, demitirá seus colunistas remunerados. No movimento trabalhista, temos um nome para trabalhadores que se dispõem a exercer as funções de colegas por salário mais baixo e ameaçam seus empregos: traidor. Como sindicalista há 16 anos, não tenho a intenção de ser blogueiro traidor."[12] É até possível que o jornalismo migre para o modelo em rede descrito neste livro, em que os jornalistas podem ganhar bem e a sociedade pode contar com notícias pontuais e exatas, com boas reportagens investigativas e com excelentes artigos. Porém a transição já não está sendo fácil.

Algumas verdades estão ficando evidentes. Ninguém pagará por commodities, sejam notícias ou outro conteúdo. Porém, pagarão por valor diferenciado e atraente, como demonstram *The Economist*, concertos de rock, Thomson Reuters e muitos outros exemplos. O iTunes compete com o "gratuito" todos os dias e faz um excelente trabalho, ao oferecer qualidade, conveniência e serviços com valor agregado, como o Genius Mixes, que gera repertórios automáticos. O mesmo se pode dizer da Netflix, serviço on-line de aluguel de DVD e de *streaming* de vídeo. Todos os vídeos fornecidos pela Netflix estão prontamente disponíveis em redes Bit Torrent, para quem se dá ao trabalho de procurá-los. Porém, os clientes leais não saem da Netflix por causa do modelo de negócios de taxa fixa e em virtude de seus serviços inovadores de avaliação e recomendação, orientados pelos clientes. Assim, as empresas podem competir com produtos e serviços gratuitos. A chave será desenvolver novos modelos de negócios, oferecer valor diferenciado e não insistir muito na tentativa de defender negócios tradicionais que foram liquidados pela era digital.

Será que a colaboração on-line está matando a privacidade?

Este é um tópico importante, e com razão. Não há dúvida de que muita gente divulga boa parte de suas informações pessoais pelas redes sociais, como Facebook, Twitter e outras. Provavelmente, também há milhares de recém-formados este ano que não conseguirão o emprego dos sonhos porque o empregador fez uma "verificação de referências" on-line e descobriu algo inadequado a respeito do candidato.

Mas isso é apenas o começo. Neste livro, argumentamos em favor da colaboração no aprendizado, na assistência médica, nas ciências e na mídia. Insistimos em que os cidadãos podem criar valor em plataformas governamentais abertas e que os clientes podem colaborar de maneira mais estreita com as empresas que lhes fornecem produtos e serviços. Também mostramos como as empresas que adotam redes sociais, microblogs e outras ferramentas de mídia social no local de trabalho tendem a apresentar melhor desempenho. Porém, em todos os casos, as pessoas estão divulgando informações, em geral pessoais, a várias instituições. À medida que a internet se transforma em contexto de comércio, de trabalho, de diversão, de assistência médica, de aprendizado e de muito discurso humano, e as pessoas participam mais profundamente das instituições da sociedade, cada um de nós deixa em seu percurso um rastro cada vez maior de migalhas digitais. De fato, hoje, tudo é registrado em meio digital: os livros, a música e as ações que você adquire on-line; suas compras nas farmácias e nos supermercados escaneadas na caixa, as pesquisas de seu filho para um trabalho escolar ou o cartão de estacionamento, com dados sobre seu carro e com as horas de entrada e saída, que você insere na leitora, ao passar pela cancela do shopping. Da mesma maneira como todos os seus cliques on-line são arquivados em sua histórico na Web, seus percursos de carro, cada vez mais, são rastreados via satélite. Para por em perspectiva, Eric Schmidt, CEO do Google, observa que entre a aurora da civilização e 2003, coletaram-se cinco exabytes de dados (um exabyte é igual a um quintilhão de bytes). Hoje, coletam-se cinco exabytes de dados a cada dois dias!

On-line ou off-line, nossas pegadas digitais estão sendo reunidas, bit a bit, megabyte a megabyte, terabyte a terabyte, em personas, em perfis e em avatares – representações virtuais de nós mesmos, em centenas de milhares de localidades, simultaneamente. Essa sombra digital é usada para nos fornecer novos serviços extraordinários, novas conveniências, novas eficiências e benefícios inimagináveis por nossos pais e avós. Mas também são grandes os riscos, quando muito pouco de nossas vidas é realmente privado, o que é, compreensivelmente, um grande problema para muita gente.

No passado, só nos preocupávamos com governos Big Brother, que reuniam dossiês detalhados a nosso respeito. Porém, agora, a ameaça também se origina no Little Brother: a enorme quantidade de organizações que coletam dados dos clientes. A competição intensa está levando os departamentos de marketing a buscar todos os tipos de vantagem. As empresas não podem dar-se ao luxo de desperdiçar verbas de marketing com pessoas que não têm a mínima intenção de comprar seus produtos. Isso significa que as empresas querem saber cada vez mais sobre o que mexe com cada um de nós – nossas motivações, comportamentos, atitudes e hábitos de compra. A boa notícia é que, assim, as empresas podem oferecer-nos serviços altamente personalizados, com base nesse conhecimento íntimo. A má notícia é que, uma vez compilados, esses perfis raramente, ou nunca, são destruídos. Dispomos de poucos meios para impedir a bisbilhotice. E, às vezes, os conjuntos de dados são vendidos a terceiros para propósitos dúbios.

Ao mesmo tempo, novos riscos e ameaças estão emergindo da cornucópia digital. A identificação de fraudes e roubos é desafio crescente no mundo em rede, além do combate a outras ameaças, como novas formas de discriminação e de engenharia social possibilitadas pela superabundância de dados. Informações pessoais, sejam biográficas, biológicas, genealógicas, históricas, transnacionais, relacionais, computacionais, vocacionais e referenciais, são o estofo que compõe nossa identidade moderna. Esse material deve ser manejado com responsabilidade. Do contrário, solapam-se a responsabilidade e a prestação de contas e erode-se a confiança.

O resultado final é o risco de comprometimento da privacidade, tal como a conhecemos – tendência hoje reforçada pela ascensão meteórica das redes sociais. Ironicamente, agimos, cada vez mais, como cúmplices voluntários na dissolução de nossos direitos à privacidade. Em 2005, quem preveria que centenas de milhões de pessoas forneceriam, voluntariamente, informações detalhadas sobre elas mesmas e sobre suas atividades, suas preferências e aversões, e outras intimidades, on-line, todos os dias. Essa situação virou de ponta-cabeça as leis e regulamentos sobre privacidade. As leis sobre proteção da privacidade e dos dados pessoais enfatizam a responsabilidade das organizações de coletar, usar, reter e revelar ("gerenciar") informações pessoais de maneira confidencial. Porém, as redes colaborativas, ao contrário, encorajam os *próprios indivíduos* a divulgar de maneira direta e voluntária dados detalhados sobre si próprios (fotos legendadas, preferências, contextos, preferências, listas de amigos, afiliações etc.), provocando um curto-circuito na obrigação das organizações de obter autorização expressa e esclarecida das pessoas referenciadas e de gerenciar esses dados com responsabilidade, de acordo com critérios específicos. A integração de perfis pessoais fornecidos a redes como Facebook com miríades de outros sites, comunidades e aplicativos na Web compromete ainda mais a privacidade. Considerando, ainda, as novas ferramentas de "realidade aumentada", que lhe possibilitam apontar seu dispositivo móvel na rua e obter informações em tempo real sobre o mundo ao seu redor – desde o reconhecimento dos rostos das pessoas nas proximidades até o fornecimento de informações sobre todas as pessoas que estão no Twitter, nas cercanias, não há dúvida de que uma profusão de informações pessoais sobre a maioria das pessoas já está profundamente entrelaçada, de maneira inextrincável, no tecido da internet, prontamente disponível para o mundo.

Infelizmente, há quem confunda superexposição com transparência. No entanto, transparência é a oportunidade e até a obrigação das instituições de fornecer informações pertinentes aos stakeholders. Os indivíduos não têm essa obrigação. Ao contrário, para desfrutar de segurança e de autodeterminação, as pessoas têm o dever perante si mesmas de proteger seus dados pessoais. E as instituições devem ser transparentes sobre o que fazem com nossos dados pessoais. Transparência e privacidade andam de mãos dadas. Faz sentido ser, ao mesmo tempo, propugnador da privacidade e preconizador da transparência, como somos.

Sem dúvida, o governo deve empenhar-se em controlar com mais rigor essa situação, mas apenas intervenções públicas não serão suficientes. Os sites de relacionamento já estão sujeitos ao escrutínio regulatório nos Estados Unidos, no Canadá, na União Europeia e em outros lugares. Os reguladores se concentraram na falta de transparência dessas organizações a respeito de suas práticas de gestão de informações, inclusive coleta, uso e divulgação de informações pessoais identificáveis. Entretanto, todos, não só os governos, devem contribuir para a garantia da privacidade. Considerando que, hoje, grande volume de informações pessoais já está disponível em qualquer lugar da Web, já se iniciou um movimento entre empresas para a elaboração de regras comuns sobre privacidade, que estipulem usos aceitáveis e inaceitáveis de dados pessoais. Cada vez mais, as empresas compreendem que boas políticas de privacidade são boas práticas de negócios, como precondição para a confiança e para o bom relacionamento com os clientes.

Um princípio em formação é que as informações pessoais "pertencem ao indivíduo". Nessas condições, os indivíduos devem dispor de poderes para identificar exatamente que entidades dispõem de dados a seu respeito e para controlar como esses dados são usados. Na medida do possível, os indivíduos devem ter a liberdade de remover ou de "portar" seus dados pessoais para outra plataforma ou para outro provedor de serviços de sua escolha. As principais plataformas de colaboração podem até definir novos padrões de privacidade e reforçar as garantias de privacidade. Apesar das controvérsias em curso sobre mudanças e configurações específicas, os controles extremamente minuciosos do Facebook sobre os perfis e as atividades dos usuários talvez ofereçam curva de aprendizado vital para os consumidores e representem um modelo a ser observado por outras indústrias. Porém, não é o bastante. Controles intuitivos e amigáveis aos usuários devem ser reforçados pelo compromisso das organizações em permitir aos usuários preservar e manter a própria privacidade, em vez de divulgar seus dados sem restrições. Constata-se uma tempestade em formação a respeito da privacidade e, cada vez mais, em todos os lugares, as pessoas compreendem as implicações de deixar pegadas digitais indeléveis. Muita gente está ficando mais incisiva sobre os direitos de privacidade e se dispõe a usar as ferramentas de autosserviço que lhe são oferecidas, como clientes, cidadãos e pacientes. As empresas que tentam explorar seus dados de maneira inadequada enfrentarão resistência feroz.

Em última instância, para proteger a privacidade, todos nós precisaremos mudar nosso próprio comportamento on-line. Missão impossível, dir-se-ia. Mais uma vez, para descobrir o caminho, observe os jovens da Geração Net. Pesquisa recente sugere que os jovens já estão mais diligentes que os adultos mais velhos na adoção de medidas preventivas para proteger a própria privacidade. Em estudo de 2010, o Pew Internet Project descobriu que as pessoas na casa dos 20 anos exercem mais controle sobre sua reputação digital que os adultos mais velhos, deletando com mais vigor postagens indesejáveis e limitando as informações a respeito de si próprios.[13] Essas constatações reforçam nossas conclusões e as de outros, de que os jovens que nasceram e cresceram na era digital se defrontam mais cedo com a questão da privacidade e, naturalmente, a enfrentam mais cedo.[14] Helen Nissenbaum, professora de cultura, mídia e comunicação da Universidade de Nova York, chegou à mesma conclusão em seu livro *Privacy in Context*, explicando que os adolescentes aprendem naturalmente a proteger sua privacidade, à medida que se tornam adultos.[15]

Gerenciando o lado negro

A lista de preocupações aumenta e os céticos estão em ascensão. Nicholas Carr, *crítico* da mídia, em reportagem de capa da revista *Atlantic Monthly*,[16] lança a questão: "Is Google making us stupid?" (Será que o Google está nos emburrecendo?). Prosseguindo no mesmo tema, lançou um livro intitulado *The Shallows: What the Internet is Doing to Our Brains* (algo como *Superficialidade: O que a internet está fazendo com nossos cérebros*). A conclusão dele é que a Web está nos retirando das profundezas do pensamento para os baixios da distração, fomentando a ignorância e mudando nossa própria concepção de nós mesmos.[17] O escritor James Harkin afirma que as redes sociais estão matando os relacionamentos humanos: todos acabamos na: "Ciburbia, estranha terra de ninguém, habitada por pessoas que realmente não se conhecem umas as outras, que só fofocam, têm encontros ilícitos e a toda hora abrem suas cortinas."[18]

Uma coisa é certa. Estamos entrando numa era de enormes saltos na tecnologia, e em sua onipresença em nossas vidas – na maneira como passamos o tempo e interagimos com os outros, no modo como aprendemos, planejamos e até pensamos. Em consequência, devemos ficar atentos. A Era da Inteligência em Rede exige que demos um passo atrás e, conscientemente, adotemos um estilo de vida. Precisamos decidir explicitamente o que queremos e se atuaremos como escravos ou senhores das novas tecnologias. Hoje, as empresas e as organizações inteligentes estão tomando iniciativas para ajudar os empregados a viver e a trabalhar em contextos cada vez mais ricos em tecnologia. Elas oferecem aos empregados treinamento em gestão de tempo e os ajudam a adotar estilos de vida saudáveis, com mais equilíbrio entre trabalho e lazer. E se esforçam para que a integridade seja parte de seu DNA organizacional. Para tanto, desenvolvem modelos de negócios, estruturas organizacionais e processos internos, a fim de garantir que os sistemas operacionais atendam melhor aos interesses da organização e maximizem a colaboração e a eficácia de seu pessoal. Porém, no front pessoal, a maioria de nós vagueia nesse mundo em rede e aberto, tropeçando entre decisões e entre crises, sem uma estratégia geral. Há alguma verdade na afirmação de Nicholas Carr de que, com a miríade de tecnologias que hoje dispersam nossa atenção, é mais difícil concentrar-se com profundidade em determinada tarefa ou ler e analisar um texto longo. Será que estamos confiando demais na memória do Google, em detrimento de nossa própria capacidade de retenção e recuperação de informações? Sem dúvida, nossos filhos são capazes de executar várias tarefas ao mesmo tempo, inclusive fazer os deveres de casa, sem muita concentração, mas será que os estamos ensinando a ter equilíbrio na vida?

Decerto, todos precisamos considerar como gerenciamos o tempo e promover o equilíbrio em nossas vidas, cultivando relacionamentos face a face com as pessoas realmente importantes para nós. E é bom para todos nós refletir sobre como programamos nossas vidas, para garantir que a experiência digital seja realmente enriquecedora. Todos nós devemos aplicar princípios de projeto na programação da família e da vida pessoal, fazendo escolhas conscientes sobre a organização familiar e sobre nossas crenças. Faz sentido elaborar uma descrição de valores – e revisá-la constantemente, à medida que mudam o mundo e as circunstâncias. Não se queixe da sobrecarga tecnológica. Explore o poder das novas tecnologias e da transparência para o bem – projete-as, em vez de se submeter a elas.

LIDERANÇA PARA A TRANSFORMAÇÃO

A lista de consequências indiretas da era digital é longa, como evidencia essa tempestade cada vez mais intensa de preocupações a respeito de para onde o mundo wiki, em termos macro, está nos levando. "Muitas das redes transnacionais fomentadas pela internet em tese pioram – em vez de melhorar – o mundo tal como o conhecemos", escreveu Evgeny Morozov na revista *Foreign Policy*. Ele observa que, em evento recente, destinado a combater o comércio ilícito de espécies ameaçadas, a internet foi identificada como a principal força por trás dessa transgressão global. E "a internet de hoje é um mundo onde atividades homofóbicas na Sérvia estão recorrendo ao Facebook para se organizar contra os direitos dos gays e onde conservadores sociais da Arábia estão desenvolvendo os congêneres on-line do Comitê para a Promoção da Virtude e Prevenção do Vício". E conclui: "Infelizmente, o mundo em rede não é, em si, um mundo mais justo."[19]

Isso dito, poucas pessoas, inclusive tanto os pregoeiros quanto os detratores digitais, argumentariam que a tecnologia em si será capaz de determinar nosso futuro. O mundo em rede cria novas oportunidades e possibilidades. Porém, seu potencial para desencadear o bem ou o mal só pode ser realizado por pessoas dotadas de livre-arbítrio e capazes de fazer escolhas. As revoluções da mídia no passado – a prensa tipográfica, a radiodifusão e a televisão – eram hierárquicas, imutáveis e centralizadas. Como tal, transmitiam os valores de seus donos poderosos. No entanto, como já explicamos, a nova Web é interativa e não tem porteiros que controlem os serviços de conteúdo que são adicionados ao seu backbone. Como tal, a internet se caracteriza por neutralidade surpreendente, na condição de plataforma para a autodeterminação. No fim das contas, a internet será o que quisermos que seja, fará o que decidirmos que faça e realizará o que nós, humanos, formos capazes de realizar.

Neste livro, percorremos um vasto território das instituições contemporâneas que estão se afundando ou se renovando num modelo em rede. Mas há outras passando pelo mesmo processo, à medida que a revolução digital se estende a todos os rincões e grotões da sociedade. Cada uma delas é um "capítulo digital" e um grupo de discussão no MacroWikinomics.com. Por exemplo, forma-se um consenso crescente na comunidade de defesa de que as Forças Armadas estão organizadas com base em modelo da era industrial e programadas para combater em guerras de ontem, envolvendo países avançados, com aparatos militares maciços. Nossos inimigos estão sendo mais eficazes, ao adotarem métodos de combate em rede, mais dispersos e distribuídos. A educação de nível elementar e médio carece de transformação semelhante à que propomos para as universidades. Também estão ocorrendo desenvolvimentos vibrantes nas artes, como, por exemplo, as novas maneiras pelas quais as organizações artísticas estão adotando a colaboração, por meio de novas manifestações. A fé e a religião estão entrando num período de mudança, como sabem muito bem os líderes religiosos inteligentes. A Sunlight expôs padres e bispos católicos em todo o mundo, ao mesmo tempo em que igrejas por toda parte estão às voltas com os conceitos de transparência e integridade. As cidades do mundo também se encontram sob tensão. Megacidades, como São Paulo e Johannesburgo, estão paralisadas pelas migrações crescentes, pela falta de infraestrutura, pelos congestionamentos de trânsito, pela poluição e pela criminalidade. Nos Estados Unidos e em outros lugares, muitas cidades construídas depois da Segunda Guerra Mundial se tornaram disfuncionais e estão piorando, à medida que se agrava a decadência da economia industrial. Detroit perdeu mais da metade da população, desde seu apogeu, e hoje grandes áreas da cidade se converteram em longos trechos de terrenos baldios, habitados por animais selvagens.[20] Ao mesmo tempo, em todos os lugares, se depara com novas iniciativas de reinvenção colaborativas.

Crises de escassez de alimentos e de água despontam no horizonte. De acordo com a OCDE, 2,8 bilhões de pessoas, ou 41% da população do globo, já vivem em áreas com pouca água. Esse número disparará para 3,9 bilhões até 2030.[21] Secas e inundações provocadas pelas mudanças climáticas ameaçarão a oferta de alimentos. Boa parte do mundo está faminta e nossos métodos de produção em massa de alimentos estão disseminando doenças nas pessoas e no meio ambiente. Um bilhão de pessoas sofre de inanição, outro bilhão padece de obesidade. Metade dos alimentos produzidos nos Estados Unidos é jogada fora.[22] No entanto, em todos os lugares, redes de múltiplas partes interessadas se mobilizam. A Global Water Challenge e a Ashoka Changemakers lançaram uma competição on-line, com o objetivo de reunir especialistas e empreendedores capazes de propor maneiras inovadoras de resolver a crise de abastecimento de água e de saneamento básico. Comunidades on-line, como a Hyperlocavore e a Landshare, pululam nos Estados Unidos e no Reino Unido para reformular nossas práticas alimentares com base em novo modelo. De maneira semelhante, a IDEO, com sede nos Estados Unidos, está formando parceria com o Acumen Fund e com a Gates Foundation, para reformular o abastecimento de água e o saneamento básico na Índia e na África. Denominado processo de projeto "centrado em humanos", a ideia consiste em envolver o público no trabalho de conceber soluções.[23] Uma das inovações, o Aquaduct Concept Bicycle, transporta e trata a água ao mesmo tempo, por meio de um sistema de filtragem movido a pedal. Parece que em todos os lugares a atrofia contrasta com a renascença.

Em *Wikinomics*, argumentamos: "Provavelmente, nunca houve outro tempo mais vibrante e mais perigoso para os negócios. O gênio da wikinomics libertou-se da garrafa, infligindo destruição em alguns lugares e engendrando sucesso duradouro para seus adeptos."[24] Agora, sustentamos que, em nenhuma outra época, a simples condição de existir como ser humano foi tão empolgante. Tampouco jamais houve tamanho risco sistêmico para a maioria das instituições da sociedade. Também argumentamos: "Uma nova modalidade de empresa está emergindo – uma organização que abre as portas para o mundo; que coinova com todos, especialmente com os clientes; que compartilha recursos até então mantidos a sete chaves; que explora o poder da colaboração em massa; e que se comporta não como multinacional, mas como algo novo: como entidade verdadeiramente global." Hoje, nova espécie de instituição está brotando nas comunidades, cidades, países e sociedades em todo o mundo.

Este é um tempo de incerteza, de confusão e de calamidade. Algumas pessoas receberão as ideias da macrowikinomics com indiferença, até com hostilidade. Evidentemente, os interesses constituídos se opõem à mudança. Os líderes do velho paradigma estão tendo enorme dificuldade em abraçar os novos padrões, mesmo quando compreendem que a mudança paira sobre nossas cabeças. Stefan Stern, até recentemente colunista veterano do *Financial Times*, em Londres, é um dos mais respeitados escritores especializados em negócios do mundo. Ele foi franco conosco a respeito dos problemas de seu próprio setor: "Talvez a velha mídia não esteja à altura do desafio de explorar as realidades problemáticas desta nova era. Estamos alicerçados num modelo de autoridade. Nós o produzimos. Você paga por ele. Nós o blindaremos contra as ameaças realmente assustadoras, pois não temos certeza de que você será capaz de enfrentá-las." E acrescenta: "Tampouco estamos convencidos de que é bom sob o ponto de vista comercial prosseguir em análises desafiadoras. A inovação está à margem. Não é a tendência dominante."

Compreensivelmente, uma crise de liderança está em formação. Para sermos bem-sucedidos, precisamos de uma nova espécie de líder – de uma nova cepa de condutores setoriais que vejam o aumento da riqueza dos acionistas como objetivo complementar à melhoria da situação do mundo e encare as empresas como organizações que devem operar com base em um novo conjunto de princípios. Necessitamos de líderes no governo que vejam os cidadãos como acionistas ativos da democracia, em vez de como espectadores passivos das políticas públicas. Carecemos de líderes da sociedade civil dispostos a abrir as velhas estruturas burocráticas das entidades sem fins lucrativos, para forjar um novo modelo de inovação social.

O desafio definitivo de todos os líderes nas décadas vindouras será garantir a sustentabilidade no futuro. Estamos sendo convocados para empreender um ato histórico de intendência – cuidar com diligência e responsabilidade de um mundo que em breve pertencerá a nossos filhos. Considerando as evidências com que hoje deparamos, é inaceitável que continuemos a diferir os custos reais da afluência e dos desperdícios do presente para as gerações do futuro. A precificação dos bens e serviços deve considerar seus verdadeiros custos para o meio ambiente e para a sociedade, agora e no futuro. Também devemos desenvolver novas redes de diversos stakeholders, com capacidade para resolver os problemas globais – redes capazes de se estender além de disciplinas, instituições, países e culturas, para explorar a engenhosidade coletiva de diferentes comunidades. Não há espaço e tempo para postergação, para procrastinação e para ofuscação – precisamos da wikinomics com mais urgência do que nunca. Em 2050, haverá 9 bilhões de pessoas no planeta.[25] Se não promovermos mudanças fundamentais, corremos o risco da irrupção de conflitos catastróficos pelo domínio de recursos decrescentes. A ideia de aplicar todos os cérebros do planeta para a solução de nossos problemas mais urgentes de hoje é algo que exaltaremos ou lamentaremos no futuro, dependendo de qual seja nossa decisão no presente.

Os líderes descritos neste livro compreendem que chegou a hora de reformas profundas, não de remendos toscos nos velhos modelos e estruturas. Precisamos descartar os debates monótonos e superar os parâmetros de arcabouços falidos. CEOs como Jay Rogers, da Local Motors; Sean Wise, da VenCorps; Shai Agassi, da Better Place; Robin Chase, da Zipcar; e Ory Okolloh, da Ushahidi, também pensam assim e têm condições de influenciar os empreendimentos da próxima geração. Outras áreas também contam com líderes que estão adotando a wikinomics: Vivek Kundra, no governo; Kevin Schawinski e Jean-Claude Bradley, em ciências; Ben e James Heywood, em assistência médica; e Gord e Susan Fraser, em energia verde, para mencionar apenas alguns. Porém, igualmente importantes, são as dezenas de milhões de indivíduos que assumiram posições de influência e liderança nas próprias comunidades. Contribuindo para novas instituições de mídia, de educação, de ciências, de assistência médica e de outros campos, eles estão mostrando que cidadãos esclarecidos e engajados podem fazer grande diferença. É como um dia observou a acadêmica Ann Florini, da Brookings Institution: "Há aquela velha citação de Jefferson sobre 'revigorar a árvore da liberdade com o sangue de patriotas'; bem, não precisa ser sangue, mas é necessário que seja ao menos diligência."

Esse processo de transformação está sendo desafiador, empolgante e, às vezes, excruciante. Porém, considerando o que está em jogo, não temos escolha a não ser forjar esse novo futuro. Trezentos anos atrás, Martinho Lutero chamou a prensa tipográfica de "o mais sublime ato de graça de Deus". Com os avanços nas tecnologias de comunicação de hoje, temos a oportunidade histórica de reinicializar as empresas e o mundo, usando como guia os princípios da wikinomics. Como cada um de nós pode participar dessa renascença, esta é, sem dúvida, uma época sensacional para estar vivo. Tomara que tenhamos a sabedoria coletiva para aproveitar a oportunidade.

NOTAS

Capítulo 1

1. Grupos como Médicins Sans Frontières, por exemplo, se queixaram de que o Exército dos Estados Unidos priorizou a entrada de pessoal e de equipamentos militares no país em relação a suprimentos humanitários. Um socorrista citado pela BBC alegou que desacordos logísticos entre o Exército americano e as Nações Unidas estavam provocando uma "situação de completo caos". Evidentemente, os fatos de as infraestruturas de transportes e de comunicações terem sofrido sérios danos e de o governo haitiano estar mal equipado para a crise não ajudou. Porém, parece que boa parte da culpa pela falta de coordenação é das próprias agências de ajuda. Ver http://news.bbc.co.uk/2/hi/americas/8472670.stm.
2. Por exemplo, o relatório afirma que os esforços para reconstruir as comunidades foram mais bem-sucedidos quando as vítimas do tsunami participaram do planejamento das iniciativas de reconstrução. "A única maneira de redimir esse tipo de perda é dar poder e dignidade às vítimas", disse o presidente Bill Clinton, na qualidade de enviado especial das Nações Unidas à área do tsunami. "The Tsunami Legacy: Innovation, Breakthroughts and Change", International Federation of Red Cross and Red Crescent Societies (24 de abril de 2009).
3. Embora apenas 2% da população tenha computador, 50% dos quenianos têm telefone celular. "Quarterly Sector Statistics Report, 2nd Quarter Oct-Dec 2009/2010". Communications Commission of Kenya (março de 2010).
4. Jeanne Sahadi, "America's hidden debt problem", CNN Money (1º de março de 2010).
5. Christopher Hayes, "Twilight of the Elites", revista *Time* (11 de março de 2010).
6. "Where Will the Jobs Come From?" Kauffman Foundation Research Series: Firm Formation and Economic Growth (novembro de 2009).
7. Ken Terry, "Health Spending Hits 17,3 Percent of GDP In Largest Annual Jump", B Net (4 de fevereiro de 2010).
8. "Life Expectancy at Birth", CIO World FActbook. Ver https://www.cia.gov/library/publications/the-world-factbook/rankorder/2102rank.html.
9. D. U. Himmelstein, D. Thorne, E. Warren, et al., "Medical bankruptcy in the United States, 2007: Results of a national study", *The American Journal of Medicine* (agosto de 2009).
10. Karen Pallrarito, "Government to Pay for More Than Half of U.S. Health are Cost", *U.S. News* (4 de fevereiro de 2010).
11. Geoffrey Lean, "Water scarcity 'now bigger threat than financial crisis'", *The Independent* (15 de março de 2009).
12. Ver http://www.globalissues.org/article/75/world-military-spending.
13. Peter Voser, "Energy transition: not for the faint-hearted", *The Globe and Mail* (17 de setembro de 2009).
14. Susan Kraemer, "China Now Spending $9 Billion a Month on Renewable Energy", CleanTechnica (1º de dezembro de 2009).

15. A ligação entre pobreza e extremismo é discutível, de acordo com Ömer Taspinar, professor de estudos sobre segurança nacional no National War College e professor adjunto da Escola de Estudos Internacionais Avançados da Johns Hopkins University. "Em um campo, a centro-esquerda sustenta que a luta contra as causas básicas do terrorismo deve priorizar o desenvolvimento social e econômico. Inspirado na teoria da modernização, esse campo vê o desenvolvimento social e econômico como precursor da democratização. Também considera a capacitação (empoderamento) educacional e econômica o melhor antídoto contra a radicalização e o recrutamento para o terrorismo. Como a pobreza e a ignorância geralmente fornecem solo fértil para o radicalismo, o desenvolvimento socioeconômico parece convincente como antídoto eficaz. Essa correlação entre privações socioeconômicas e terrorismo é enfaticamente rejeitada por um segundo grupo de analistas, cuja lógica é simples: a maioria dos terroristas não é pobre nem com pouca escolaridade. Com efeito, a maioria parece ter antecedentes comuns de classe média. O terrorismo, portanto, é percebido quase que exclusivamente como 'ameaça à segurança', sem raízes socioeconômicas discerníveis e nem ligações perceptíveis a privações." Contudo, esses dois campos não são mutuamente excludentes. Afinal, os terroristas de classe média, com boa escolaridade, estariam se rebelando contra o que veem como injustiças induzidas pelos ocidentais no mundo muçulmano e atuam como terroristas por disporem de educação e de recursos financeiros para tanto. Ömer Taspinar, "Fighting Radicalism, Not 'Terrorism': Root Causes of an International Actor Redefined", *SAIS Review* (verão setentrional de 2009).
16. Citado em Damian Carrington, Suzanne Goldenberg, Juliette Jowit, Jonathan Watts, Alok Jha, James Randerson, David Smith, David Adam e Tom Hennigan, "Global deal on climate change in 2010 'all but impossible'", *The Guardian* (2 de fevereiro de 2010).
17. Ver http://www.ibm.com/ceostudy.

Capítulo 2

1. Gutenberg não foi o primeiro a inventar a prensa tipográfica. Culturas asiáticas já haviam desenvolvido prensas tipográficas, embora não tão sofisticadas e flexíveis quanto a maravilha de Gutenberg.
2. As ideias de Francis Bacon e de Isaac Newton, que definiram o método científico, deram o tom para boa parte do que se seguiu no século. Bacon e Newton acreditavam que a verdadeira ciência exigia provas axiomáticas e observações físicas, constituindo um sistema coerente de previsões verificáveis. Para que as teorias e previsões científicas fossem verificáveis, a ciência precisaria ser aberta.
3. O longo declínio do trabalho e das invenções científicas colaborativas depois do triunfo do Cristianismo no Velho Continente rompeu a continuidade histórica com a ciência da antiguidade clássica grega, egípcia, persa e até romana. As experiências clássicas eram induzidas pelo intercâmbio, pelo debate crítico e pelos estudos realizados por grupos de cientistas e alunos que se reuniam em escolas, alguns muito famosos ainda hoje. O principal canal para recuperar as realizações científicas clássicas foi o mundo árabe mediterrâneo. Córdoba (Espanha), sob o controle mouro, tornou-se grande centro cultural cosmopolitano, unindo a Europa e o mundo árabe. De longe, grande proporção das traduções era do árabe para o latim e, mais importante, para o francês, alemão, iídiche e inglês. O "romance" europeu com a ciência e a cultura gregas foi alcovitado por tradutores e pela prensa tipográfica. Eles acreditavam que a escritura mais importante se encontrava

no livro da natureza, que, quando necessário, prevalecia até sobre o que estivesse escrito em rocha. Essas ideias os deixaram mais perto do espírito dos gregos clássicos e da ciência alexandrina-árabe, cujo principal fascínio era pela natureza das coisas e pelos processos naturais – a grande tradição de Epicuro e de Lucrécio.

4. George Sarton, um dos pais da história da ciência, escreve que a descoberta da imprensa "mudou a própria trama e urdidura da história, pois substituiu formas precárias de tradição (oral e manuscrita) por outra estável, segura e duradoura". George Sarton, *Six Wings* (Bloomington: Indiana University Press, 1957).
5. Clay Shirky, "Newspapers and Thinking the Unthinkable" (13 de março de 2009). Ver http://www.shirky.com/weblog;2009/-3/newspapers-and-thinking-the-unthinkable/.
6. Mark Fishman, citado em "New genomic tool for diabetes", Broad Institute, press release (12 de fevereiro de 2007).
7. Denise Campbell, "Trust in politicians hits an all-time low", *The Observer* (27 de setembro de 2009).
8. Scott Rasmussen, "Deficit of Trust: Most Voters Don't Believe President's Assertions About Economy", Rasmussen Reports (30 de janeiro de 2010).
9. Embora muitos ativistas cívicos achem que falam pelo bem público, ONGs monotemáticas não raro concentram foco exclusivo e míope nas próprias agendas. Nem sempre elas se interessam em equilibrar diferentes visões do bem público nem reconhecem o papel central que o setor privado desempenha na criação de riqueza e na promoção da inovação nas sociedades modernas. Participar mais ativamente da definição de uma agenda política mais ampla exigirá que essas entidades pensem e ajam além dos interesses estreitos, pautadas pela integridade.
10. Elizabeth Dume, citada em "Regulators: accounting changes need global reach", *USA Today* (14 de setembro de 2009).
11. James Kroeker, citado in ibid.

Capítulo 3

1. Matthew Bishop e Michael Green, *The Road from Ruin: How to Rivive Capitalism and Put America Back on Top* (Crown Business) e Richard A. Posner, *The Crisis of Capitalism Democracy* (Harvard) são dois livros bem escritos que tentam analisar as mudanças regulatórias e estruturais na indústria de serviços financeiros, capazes de curar seus males (e o capitalismo).
2. Fannie Mae e Freddie Mac, o Community Housing Act e outros, todos tinham vastos programas para estimular empréstimos a indivíduos de baixa renda. Os bancos podiam descarregar suas hipotecas nessas instituições, com garantia do governo dos Estados Unidos.
3. "FT Global 500 2010", *Financial Times* (29 de maio de 2010).
4. Também há outro fator. Os canadenses não podem baixar como despesa, para efeitos tributários, os pagamentos de juros, razão por que são mais cautelosos. Nos Estados Unidos, a dedução tributária das hipotecas estimula os mutuários a manter o endividamento. Quando não podem pagar, vão embora. Não é assim no Canadá, onde os mutuários devem garantir pessoalmente seus empréstimos.
5. "Congress is pressed for bailouts with dire warnings", Reuters (24 de setembro de 2008).
6. As pressões por maior transparência em serviços financeiros têm longos antecedentes. Desde os primeiros dias do século XIX, a Bolsa de Valores de Nova York é o centro

financeiro do capitalismo americano. Negócios por baixo da mesa, jogatina, fraude e negociações com base em informações privilegiadas eram práticas desenfreadas. Os membros da bolsa de valores pagavam comissões mais baixas que os investidores comuns. Os preços das ações raramente eram divulgados para o público ou para a imprensa. Até a fundação do *The Wall Street Journal*, por Dow-Jones, em 1889 – onde o Índice Dow-Jones passou a ser publicado diariamente, a partir de 1896 – a maioria dos jornais financeiros atuava como porta-vozes pagos de promotores de ações. A prática só terminou depois do crash de 1929. Precisou-se do maior colapso financeiro da história moderna (até agora) – a Grande Depressão – para impor transparência ao mercado financeiro mais amplo. O Securities Act, de 1933, foi a primeira lei federal americana sobre títulos e valores mobiliários aprovada pelo Congresso. Durante as duas décadas anteriores, cerca de 20 estados haviam aprovado uma colcha de retalhos das chamadas leis *blue-sky* para regular a emissão de títulos mobiliários, mas elas estavam cheias de lacunas. Os mercados financeiros americanos, tanto em serviços bancários quanto em títulos mobiliários, operavam praticamente sem regulação e visibilidade, até que o presidente Franklin D. Roosevelt interveio.

Os líderes empresariais combateram a transparência com unhas e dentes. Depois da Segunda Guerra Mundial, numa época em que os conflitos entre a administração e os trabalhadores quase alcançaram o ponto de ebulição, o sindicato United Auto Workers promoveu uma greve gigantesca contra a maior empresa do país, a General Motors. Como Don Tapscott e David Ticoll narram em seu livro de 2002, *The Naked Corporation*, o líder do UAW, Walter Reuther, insistiu em que a GM tinha condições de aumentar os salários sem aumentar os preços. Ele desafiou a GM a "abrir os livros" para demonstrar que ele estava errado. A sugestão enfureceu Harry W. Anderson, vice-presidente da GM: "Não abrimos nossos livros nem para os acionistas!" Era a prática comum naquela época. As empresas quase não forneciam informações aos acionistas.

7. Massimo Calabresi, "Geithner vs the Regulators: A Time for Swearing", *Time* (6 de agosto de 2009).
8. Os produtos financeiros mais obscuros – os mais difíceis de compreender e avaliar – são os derivativos. Esses instrumentos financeiros derivam de outros ativos, índices ou eventos. Em outras palavras, eles se situam a um ou mais passos de distância dos ativos reais. Os derivativos podem ser CDOs e numerosas outras coisas, como credit default swaps – CDS (swaps de crédito) – contrato pelo qual o comprador do CDS faz uma série de pagamentos ao vendedor e, em troca, adquire o direito a um pagamento se um instrumento de crédito (tipicamente uma obrigação ou outro título de crédito) não for pago (default, inadimplir, micar ou dar o calote). O CDS comum garante um título de crédito de que você é detentor contra o risco de inadimplência ou calote. Um CDS "naked", ou nu, é uma aposta em que um título de crédito detido por outra pessoa não será pago. É como comprar seguro contra incêndio da casa de seu vizinho, pelo qual você receberá indenização se ela pegar fogo. (Esses eram alguns dos negócios essenciais da seguradora falida AIG.)
9. "Jumber-crunchers crunched", *The Economist* (11 de fevereiro de 2010).
10. Rick Bookstaber, *A Demon of Our Own Design: Markets, Hedge Funds, and the Perils of Financial Innovation* (John Wiley & Sons, 2007).
11. Rick Bookstaber, "Why Do Bankers Make So Much Money?", blog de Rick Bookstaber, 23 de outubro de 2009.
12. A empresa está começando no Nível 3 e pretende continuar com outros títulos de crédito e contratos não governamentais, sejam CDOs, CDSs ou outros derivativos.

13. Roger Martin, "The Business of fleeing others", *The Washington Post* (26 de abril de 2010),
14. "Venture Impact: The Economic Importance of Venture Capital Backed Companies to the U.S. Economy", Global Insight (2009).
15. As empresas financiadas por capitalistas de risco (*venture capitalists*) também exercem impacto desproporcional sobre a inovação, como indicam os pedidos de patente. A revista *BusinessWeek* relatou o trabalho de acadêmicos que pesquisam as ligações entre pedidos de patente e fontes de financiamento. Dois pesquisadores, Josh Lerner, de Harvard, e Ligi Zingales, da University of Chicago, constataram que investimentos de capital de risco se correlacionam com quantidade exponencialmente maior (quase 10 vezes) de pedidos de patentes (o que, em geral, é considerado indicador antecedente de inovação) do que os investimentos em P&D pela própria empresa. Lerner descobriu que, embora os investimentos em capital de risco correspondessem a menos de 3% do dinheiro gasto pelas empresas americanas com P&D, as empresas apoiadas por capitalistas de risco eram responsáveis por mais de 15% do número total de pedidos de patente protocolados no mesmo período. Deve-se observar, contudo, que outros pesquisadores se mostram menos otimistas quanto à ligação entre inovação e capital de risco. Ver Masako Ueda e Masayuki Hirukawa, "Venture Capital and Innovation: Which Is First?", Social Science Research Network (14 de setembro de 2008).
16. "Breaking Through the Broken", North Venture Partners (2009).
17. Claire Cain Miller, "Do Web Entrepreneurs Still Need Venture Capitalists?", *New York Times* (14 de maio de 2009).
18. Rafe Needleman, "Marc Andreessen launches new venture fund", CNET (5 de julho de 2009).
19. Paul Kedrosky, "Right-sizing the U. S. Venture Capital Industry", Ewing Marion Kauffman Foundation (10 de junho de 2009).
20. Ver http://www.youtube.com/watch?v=jGC1mCS4Ovo&feature=player_embedded#!.
21. Julianne Pepitone, "YouTube credit card rant gets results", CNN Money (20 de setembro de 2009).
22. "Predicts 2010: Executive Decisions in Banking and Investment Services demand a Longer View", Gartner (12 de novembro de 2009).
23. Peter J. Brennan, "Peer-to-peer Lending Lures Investors With 12% Return", Bloomberg.com (16 de julho de 2009).

Capítulo 4

1. Press release da Tesla Motors. Ver http://www.teslamotors.com/media/press_room.php?id=222-.
2. "Electric Car Startup Fisker Buys GM Plant to Build Midsize Car", *U.S. News* (28 de outubro de 2009).
3. Yoni Cohen, "Coda Automotive to launch all-electric vehicle in the fourthquarter", *Los Angeles Times* (1º de março de 2010).
4. Don Tapscott e Anthony D. Williams, "Hack This Product, Please!", *BusinessWeek* (23 de fevereiro de 2007).
5. SEMA Show. Ver htp://www.semashow.com/main/main.aspx?ID=/contentSEMASHOWcom/ HomePage.
6. Yochai Benkler, *The Wealth of Networks* (Yale University Press, 2006).

7. Larry Huston e Nabil Sakkab, "Connect and Develop: Inside Procter and Gamble's New Model for Innovation", *Harvard Business Review* (março de 2006).
8. "GE adds green 'Odissey' to its India Center", *Business Standard* (13 de março de 2009).
9. O termo "infoestrutura" remonta à década de 1980, sem origem clara. Nada tão poderoso quanto uma ideia cuja hora chegou.

Capítulo 5

1. Rebbeca Moore, "Seeing the forest through the cloud", Google.org (10 de dezembro de 2009).
2. "Stern Review on the Economics of Climate Change", HM Treasury, 30 de outubro de 2006.
3. Focus the Nation. Ver http://www.focusthenation.org/.
4. "Climate Change: Global Risks, Challenges & Decisions", International Alliance of Research Universities (2009).
5. Para escapar dos piores efeitos da mudança climática, as temperaturas globais não podem subir em mais que 1,1°C (2°F) em relação aos níveis anteriores à era industrial, de acordo com o consenso científico. A temperatura hoje observada já subiu 0,38°C (0,7°F) grau. Isso talvez não pareça aumento muito grande, mas, para a Mãe Natureza, é enorme. Tom Friedman faz uma analogia útil com a temperatura do corpo. "Se sua temperatura sobe de 36,9°C para 38,1°C, você não se sente bem. Mas se ela sobe de 38,1°C para 39,2°C, você vai para o hospital. Assim acontece com a Mãe Natureza." Para pôr em perspectiva o desafio, o americano comum "produz" cerca de 20 toneladas de CO_2 por ano, em consequência de atividades normais, como dirigir, aquecer a casa e consumir alimentos. Limitar o aumento da temperatura a menos de 2,2°C (4°F) exigirá que a média caia para menos de 2 toneladas de CO_2 por ano, algo praticamente inconcebível, considerando os estilos de vida e as infraestruturas vigentes. Ver Darrel Moellendorf, "Treaty Norms and Climate Change Mitigation", Carnegie Council (11 de setembro de 2009).
6. Para ser justo, um tratado internacional vinculante sobre mudança climática é pedir muito. Afinal, o mesmo texto teria de ser aceito por países pobres e ricos, democráticos e autocráticos, de direita e de esquerda, obrigando-os não apenas no presente, mas durante as próximas décadas. Mesmo os países desenvolvidos não conseguem chegar a um acordo entre si sobre como quantificar as emissões de carbono, que dirá sobre em quanto reduzi-las. Ainda por cima, os líderes eleitos terão de ter a certeza de que qualquer coisa que assinem na mesa de negociações internacionais será aceito pelos parlamentos dos próprios países. Essa necessidade de ratificação, em si, já é motivo de pesadelo para os negociadores internacionais. Um diplomata europeu citado em *The Guardian*, se desespera com os "... malucos que não resistem a qualquer chance de prejudicar Obama, para os quais o aquecimento global se baseia em ciência fajuta e que consideram qualquer iniciativa para combater a mudança climática algo contrário aos desígnios divinos, pois retardará a Segunda Vinda (Juízo Final)". Ver Jonathan Freedland, "If Obama can't defeat the Republican Headbangers, our planet is doomed", *The Guardian* (15 de setembro de 2009).
7. Tim Palmer, "Climate Change uncertainty is no reason for inaction since we can't rule out risk", *The Guardian* (22 de março de 2010).
8. Ibid.
9. "Livestock impacts on the environment", Food and Agriculture Organization of the United Nations (2006).

10. Bryan Walsh, "Sizing Up Carbon Footprints", *Time* (15 de maio de 2008).
11. Ver Vermont School Carbon Challenge, lhttp://blog.carbonrally.com/2008/10/31/vermont-students-kicking-co2.
12. Em fevereiro de 2009, um satélite da Nasa, transportando instrumentos para produzir o primeiro mapa das emissões de carbono da Terra, caiu perto da Antártica, apenas três minutos depois de seu lançamento. O satélite mediria as emissões de carbono em 100 mil pontos de todo o planeta, todos os dias, fornecendo uma profusão de dados, em comparação com os oferecidos pelas cerca de 100 torres hoje em operação numa rede terrestre. A chefe do U.S. National Oceanic and Atmospheric Administration (NOAA), professora Jane Lubchenco, advertiu que a coleta de dados por satélite agora enfrenta "grande risco", pois a frota de satélites dos Estados Unidos, em processo de obsolescência, não estava sendo substituída. Mesmo antes desse aviso, os cientistas já diziam que os Estados Unidos, a superpotência científica do mundo, praticamente estavam fechando os olhos para a mudança climática, reduzindo as verbas destinadas ao financiamento do programa de satélites ambientais, dirigido pela NOAA e Nasa. Ver Suzanne Goldenberg e Damian Carrington, "Revealed: the secret evidence of global warming Bush tried to hide", *The Observer* (26 de julho de 2009).
13. "How the Energy Sector Can Deliver on a Climate Agreement in Copenhagen", International Energy Agency (outubro de 2009).
14. Daniel Goleman, citado em "On Web and iPhone, a Tool to Aid Careful Shopping", *New York Times* (14 de junho de 2009).
15. Paul Hawken, "The Next Reformation", *In Context* (verão setentrional de 1995).
16. "Climate Solutions 2: Low-Carbon Re-Industrialization", Climate Risk (2009).
17. Você talvez esteja pensando: "Bem, o WWF é uma velha organização ambiental enferrujada; por que daríamos ouvidos ao que diz?". A verdade é que o WWF não é nada disso. Além de ambientalistas, a organização emprega uma legião de cientistas e de MBAs. Para não mencionar o fato de que algumas das maiores empresas do mundo, como Coca-Cola, HP, IBM, Johnson & Johnson, Nokia e Sony, hoje recorrem à orientação da WWF sobre como tornar-se neutra em carbono.
18. "Stern Review on the Economics of Climate Change", HM Treasury (30 de outubro de 2006).
19. Paul Hawken, citado em "Understanding Sustainability; Quality-of-life and opportunities for design", International Council of Societies of Industrial Design (janeiro de 2008).
20. Ray Anderson, Interface, citado em "Green-biz pioneer Ray Anderson says sustainability literally pays for itself", Crist.org (19 de outubro de 2009).
21. Se você leu nosso último livro, saberá que isso já foi feito antes, durante o Projeto Genoma Humano (Human Genome Project), exemplo típico de colaboração em massa e, decerto, um dos mais importantes empreendimentos científicos de nossa época. Quando se iniciaram os esforços para mapear o genoma humano, em 1986, os cientistas mal tinham ideia de como funciona esse elemento fundamental de nossa existência – e, em grande parte, ainda não sabem! Porém, graças à colaboração maciça e compartilhada entre instituições, países e disciplinas, que se estendeu durante mais de 15 anos, a sociedade pelo menos se encontra na crista de uma nova onda de inovações médicas e biológicas, capaz de criar condições para que os cientistas reprogramem a natureza, mais ou menos da mesma maneira como programadores de código aberto desenvolvem sistemas operacionais como o Linux, hoje.

Para nós, o Projeto do Genoma Humano é importante também por outra razão. Representa um momento divisor de águas, quando numerosas empresas farmacêuticas abandonaram aspectos privativos de seus projetos de genoma humano para promover processos de colaboração aberta. Patrocinando a ciência básica e a colaboração aberta, além das fronteiras institucionais, essas empresas desafiaram a ideia profundamente arraigada de que os primeiros estágios de suas atividades de P&D são mais eficazes quando realizados isoladamente e dentro dos limites de seus laboratórios secretos. Em consequência, elas conseguiram reduzir custos, acelerar a inovação, criar mais riqueza para os acionistas e, em última instância, colher os benefícios da pesquisa genômica com mais rapidez.

22. Até a precificação pode ser flexível. Digamos que uma empresa queira cobrar dos concorrentes diretos, mas abra mão das taxas para empresas com receita anual inferior a US$10 milhões por ano. "Isso abrangeria basicamente todas as aplicações de empreendedores", diz Wilbanks. "E também envolveria a vasta maioria das aplicações de países em desenvolvimento, de maneira simples e escalável".

Capítulo 6

1. Ian Sample, "Oil: The final warning", *New Scientist*, número 2662 (25 de junho de 2008).
2. "The International Energy Outlook 2010", U.S. Energy Information Administration (25 de maio de 2010).
3. Tom Friedman gosta de mostrar um gráfico em suas apresentações, ilustrando a correlação direta entre altos preços do petróleo e ocorrências calamitosas no mundo. Quando os preços do petróleo estavam altos, por exemplo, a União Soviética era forte e beligerante; quando caíram, a URSS entrou em colapso. Os altos preços do petróleo tornaram mais ousados países extremistas, como Iraque, Irã e outros. Quando os preços do petróleo estão baixos, os países se tornam mais dispostos a cooperar com os vizinhos. Sem dúvida, no longo prazo, os preços do petróleo só têm uma direção a seguir, o que pressagia mais problemas para o mundo.
4. Patrick Mazza, "The Smart Energy Network: Electricity's Third Great Revolution", Climate Solutions (junho de 2003).
5. "The International Energy Outlook 2010", U.S. Energy Information Administration (25 de maio de 2010).
6. "China's Low Carbon Development Pathways by 2050", Energy Research Institute (setembro de 2009).
7. "Who's winning the clean energy race?", Pew Charitable Trusts (2010).
8. Empresas de consultoria, como a McKinsey, estimaram que a China precisará investir algo próximo de US$200-300 bilhões por ano na geração e uso, em grande escala, de energia renovável e nuclear, de hoje a 2030 – tudo isso apenas para manter suas emissões em torno de 10% acima dos níveis de 2005. De acordo com o relatório (REF), a China também precisará ser líder em tecnologias poupadoras de energia, construir casas amigas do meio ambiente, desenvolver mais transportes públicos e reduzir drasticamente o uso de automóveis.
9. The Northeast Blackout of 2003. Ver http://en.wikipedia.ortg/wiki/Northheast_Blackout_ of_2003.
10. "Berkeley Lab Study Estimates $80 Billion Annual Cost of Power Interruptions", Lawrence Berkeley National Laboratory (2 de fevereiro de 2005).

11. Leonard Gross, Hydro One, citado em "Utilities, government charged up about high-tech power distribution systems", CBC News (12 de março de 2009).
12. Jeff St.John, "8.3M Smart Meters and Counting in U.S.", greentechgrid (17 de julho de 2009).
13. Maria Hattar, Cisco, citado em "Cisco: Smart grid will eclipse size of Internet", CNET News (18 de maio de 2009).
14. The Digital Environment Home Energy Management System (DEHEMS). Ver http://www.dehems.eu/about.
15. David Miliband, Reino Unido, secretário de Estado para o meio ambiente, citado em "Carbon emissions: Now it's getting personal", *New York Times* (20 de junho de 2007).
16. Richard MacManus, "IBM and the Internet of Things", ReadWriteWeb (22 de julho de 2009).
17. "World eletricity: The smart grid era", *The Economist* (5 de junho de 2009).
18. "SMART 2020: Enabling the low carbon economy in the information age", The Climate Group (2008).
19. O argumento em favor da descentralização radical na produção de energia também está sujeito às especificidades da geografia. O Sudoeste dos Estados Unidos, por exemplo, tem sol e terras em abundância, o que resulta em áreas desoladas como o Deserto de Mojave, ideal para a geração de energia solar em grande escala. Em latitudes mais ao norte, onde as terras e o sol são mais frugais, a economia é diferente. Por outro lado, convencer milhões de proprietários de casas a instalar painéis solares em seus telhados tampouco parece tarefa fácil de engenharia social. No entanto, países como Alemanha – em tese, hoje, o líder mundial em tecnologia solar – foram bem-sucedidos, em grande parte, devido à disposição do governo de encorajar as famílias a instalar sistemas de geração em telhados, por meio de subsídios. A Alemanha também declarou que, até 2018, todos os novos prédios serão neutros em energia ou produtores líquidos de energia.
20. De acordo com Gord Fraser, US$30K abrange todos os custos relacionados com a geração de energia solar, inclusive a estrutura de apoio móvel. Outros US$15-20K foram gastos com boiler, isolamento, janelas, portas e laterais calafetadas, encapsulando o segundo andar da casa e a varanda dos fundos. Como esse projeto tenta monitorar mudanças nas eficiências termodinâmicas do domicílio, os Fraser executaram as mudanças ao longo de vários anos, durante os meses de verão, e usaram os meses de inverno para reunir dados. A cada ano, os novos dados lhes permitem processar os números referentes à eficiência do domicílio, para apurar os ganhos auferidos, se houve.
21. Green Energy Act, de Ontário. Ver http://www.mei.gov.on.ca/en/energy/gea/.
22. "The Danish Example – the way to an energy efficient and energy friendly economy", Ministério do Clima e da Energia da Dinamarca (16 de junho de 2009).
23. Por exemplo, se o preço de varejo típico da eletricidade gerada por combustíveis fósseis for 15 cents por kWh, a energia solar ou eólia é compensada em 40 cents por kWh.
24. "Case Studies in American Innovation: A New Look at Government Involvement in Technological Innovation", Breakthrough Institute (abril de 2009).
25. "Falling Panel Prices Could Bring Solar Closer to Grid Parity", Green Econometrics (27 de outubro de 2009).
26. "The Danish Example".
27. Linda J. Bilmes e Joseph E. Stiglitz, "The Iraq War Will Cost Us $3 Trillion, and Much More", *The Washington Post* (9 de março de 2008).

28. Jesse Jenkins, "National Institutes of Energy Needed to Fill Energy R&D Gap", Breakthrough Institute (9 de outubro de 2009).
29. Juan Pablo Pérez Alfonzo, ministro do Petróleo da Venezuela, no começo da década de 1960, e um dos fundadores da Opec, tachou o petróleo de "excremento do diabo". O petróleo, disse, não era o ouro negro; era uma maldição, referindo-se à observação de que os países pobres, mas ricos em recursos, tendem a manter-se subdesenvolvidos, não apesar de suas jazidas em de hidrocarbonetos e em minerais, mas exatamente por causa de suas riquezas em recursos naturais. Com muita frequência, grandes depósitos de "excremento do diabo" resultam em concentração de poder, em corrupção e em desprezo pelas necessidades da população pela elite governante. Desde então, o insight de Pérez Alfonzo tem sido rigorosamente testado e confirmado – por uma profusão de estudos acadêmicos. Mesmo quando ocorre crescimento induzido pelos recursos, raramente se colhem em plenitude os benefícios sociais inerentes ao crescimento. Portanto, constata-se que o petróleo não é ruim apenas para o meio ambiente, mas também para o desenvolvimento econômico, para a democracia, para a saúde humana e para o mundo.

Capítulo 7

1. "Oeko-bilanz eines autolebens", Umwelt-und-Prognose-Institut Beidelberg (1993).
2. Países amantes de carros podem assumir os méritos por boa parte dessa poluição. Os Estados Unidos, que abrigam 5% da população do planeta e 30% dos automóveis do mundo, contribuem com 45% das emissões de CO_2 de origem automotiva. De fato, os americanos consomem 20 milhões de barris de petróleo ao dirigirem mais de 5 bilhões de milhas por dia. Ver John DeCicco e Freda Fung, "Global Warming on the Road", Environmental Defense (2006).
3. "How the Average U.S. Consumer Spends Their Paycheck", Visual Economics (abril de 2009).
4. P. Wiederkehr e N. Caïd, "Transport troubles", Organisation for Economic Co-operation and Development Environment Directorate (agosto de 2002).
5. "The World Factbook 2009", Central Intelligence Agency (2009).
6. M. Peden et al., "World Report on Road Traffic Injury", Organização Mundial da Saúde (2004).
7. Ariana Eujung Cha, "China's Cars, Accelerating a Global Demand for Fuel", *Washington Post* (28 de julho de 2008).
8. Jonathan Watts, "China's powerhouse vision for 2050", *The Guardian* (10 de fevereiro de 2006).
9. Phil Gott, "Is Mobility As We Know It Sustainable?", Global Insight (2008).
10. De acordo com a McKinsey, produzindo grandes volumes de produção de veículos elétricos nas próximas duas décadas, a China poderia reduzir sua demanda projetada de petróleo importado em 30% a 40%, até 2030. Isso não resolveria todos os problemas ambientais da China, mas é um começo e é fácil de vender, considerando as ambições automotivas da China. Em grande parte livre de altos custos herdados, sua indústria interna incipiente está bem posicionada para contornar a era industrial do passado e ir direto para o futuro eletrificado, com toda a intensidade do impulso do governo chinês. De fato, se você quiser mais provas de que a economia agora se inclinou em favor dos meios de transporte elétricos, basta considerar o compromisso assumido pelos mais altos líderes da China de tornar o país o maior produtor de veículos elétricos do mundo nos próximos três

anos. Ver Zhao Tingting, "China can build 'green economy' by 2030", *China Daily* (26 de fevereiro de 2009).

11. "Global Environment Outlook", United Nations Environment Programme (2007).
12. Os números são mais ou menos os seguintes: suponha que você dirija 12 mil milhas por ano, que a gasolina custe US$2 por galão e que o preço da eletricidade seja 12 cents por quilowatt, mais ou menos o que paga a maioria dos americanos. Um carro movido a gasolina que faça 20 milhas por galão – digamos um Chevy Impala ou um BMW X3 – incorrerá em custos anuais com combustível de US$1.200 e gerará cerca de 6,6 toneladas de dióxido de carbono. Equipe esses carros com motores elétricos e os custos cairão para US$400 por ano e as emissões serão reduzidas para 1,5 tonelada (ou zero, se as baterias forem recarregadas usando fontes de energia renováveis). Durante uma vida útil de 10 anos, as economias chegarão a US$8 mil, usando as tecnologias de bateria hoje disponíveis e considerando os preços de gasolina vigentes. Ver Marc Gunther, "Warren Buffett takes charge", *Fortune* (13 de abril de 2009).
13. Para ilustrar, o custo de aquisição de um carro europeu é, em média, €12 mil. No entanto, durante sua vida útil de 12 anos, consumirá, em média, 30 mil litros de gasolina, ao custo de aproximadamente €35 mil (supondo que o custo dos combustíveis não continue a subir ainda mais). Em outras palavras, agora temos um contêiner de energia no carro – o tanque de combustível – cujo custo de fabricação é de, mais ou menos, US$100; porém, nossa energia custa três vezes o preço do carro. Compare essa situação com a do veículo elétrico, no qual o contêiner de energia, nesse caso, a bateria, custa mais ou menos €7 mil, mas a eletricidade para impulsionar o carro custa €2 mil durante toda a vida útil do veículo. No agregado, a energia para movimentar o carro elétrico situa-se abaixo de €10 mil. As linhas de tendência histórica para baterias nos últimos 25 anos mostram 50% de redução no preço por kWh a cada cinco anos, decorrente de melhorias na tecnologia e nos processos. Projetando essa tendência até 2015, o custo da bateria e da geração de energia solar deve resultar em custo total de '5 mil. Ver Shai Agassi, "Projecting the Future of Energy, Transportation and Environment", Better Place (5 de outubro de 2007).
14. Conforme observado acima, as linhas de tendência histórica para a produção de baterias nos 25 anos mostram redução de 50% no preço por kWh a cada cinco anos, decorrentes de melhorias na tecnologia e nos processos. Efeitos semelhantes estão bem documentados na indústria de chips, onde a Lei de Moore previu melhorias de duplicação do desempenho a um custo mínimo a cada dois anos. Ver Shai Agassi, "Projecting the Future of Energy".
15. "From Home to Work, the Average Commute is 26,4 Minutes". U.S. Department of Transportation (outubro de 2003).
16. Críticos do esquema de Agassi levantaram dúvidas sobre a viabilidade de construir uma rede de troca e recarga de baterias em âmbito planetário. Centenas, se não milhares desses postos teriam de ser construídos só nos Estados Unidos, para pôr a ideia em prática – iniciativa dispendiosa que geraria o mesmo tipo de problema que impediu a adoção do hidrogênio como fonte de combustível para automóveis. Decerto a construção da rede não ocorrerá da noite para o dia e, sem dúvida, esse não é o único desafio técnico com que se defrontam operadores como a Better Place. Estocar todos os tipos de bateria para todos os veículos elétricos será um pesadelo, a não ser na hipótese improvável de se estabelecerem padrões internacionais. E, efetivamente, a troca de baterias não será fácil, uma vez que os carros serão diferentes e as baterias pesam centenas de quilos. Será que avanços

na tecnologia de baterias (carga mais rápida, duração mais longa) eliminarão a necessidade de postos de troca antes mesmo de se formarem as redes de postos? O tempo dirá.

17. Progressive Automotive X Prize. Ver http://www.progressiveautoxprize.org.
18. Orteig Prize. Ver http://en.wikipedia.org/wiki/Orteig_Prize.
19. Jeremy Korzeniewski, "Chevy Volt will cost GM $750 million", autobloggreen (9 de dezembro de 2008).
20. Ver ZipCar Press Rlease: http://zipcar.mediaroom.com/index.php?s=43&item=8.
21. "Case Study: Zipcar", Distrito de Colúmbia – Department of the Environment. Ver http://ddoe.dc.gov/ddoe/cwp/view,a,1210,q,499698.asp.
22. Ibid.
23. Ver Zipcar Corporate Overview: http://zipcar.mediaroom.com/file.php/61/corporate_overview.pdf.
24. Paul Keegan, "Zipcar: The best new ideia in business", *Fortune* (27 de agosto de 2009).
25. Bill Ford, citado em ibid.

Capítulo 8

1. "Education at a Glance 2009", OCDE (2009).
2. Cindy P. Veenstra, "A Strategy for Improving Freshman College Retention", *Journal for Quality and Participation*, vol. 31, nº 4 (janeiro de 2009), p. 19, citando A. W. Astin e L. Oseguera, *Degree Attainment Rates at American Colleges and Universities*, edição revisada (Los Angeles: Higher Education Research Institute, UCLA, 2005).
3. Anya Kamenetz, "How Web-Savvy Edupunks Are Transforming American Higher Education", *Fast Company* (1º de setembro de 2009).
4. Elaine Allen e Jeff Seaman, "Staying the Course", Babson College and the Sloan Consortium (novembro de 2008).
5. Kevin Carey, "What Colleges Should Learn from Newspapers' Decline", *Chronicle of Higher Education* (3 de abril de 2009).
6. Jeffrey Gangemi, "Do Online MBAs Make the Grade?", *BusinessWeek* (18 de agosto de 2005).
7. Allen and Seaman, "Staying the Course".
8. Ben Terris, "The Latest File-Sharing Piracy: Academic Journals", *Chronicle of Higher Education* (30 de outubro de 2009).
9. Mark C. Taylor, "End the University as We Know It", *The New York Times* (26 de abril de 2009).
10. "Letters: Do Our Universities Need a Makeover?", *The New York Times* (3 de maio de 2009).
11. Ver, por exemplo, Taylor, "End the University as We Know It"; Barbara Leigh Smith e Jean T. MacGregor, "What Is Collaborative Learning?", Washington Center for Improving the Quality of Undergraduate Education (1992); e Mark C. Taylor, "Useful Devils", *EDUCAUSE Review*, vol. 35, nº 4 (julho/agosto de 2000).
12. Evidentemente, a aula não se resume apenas nisso. Muitos professores trabalham duro para envolver os alunos; além disso, o modelo de difusão é aprimorado em algumas disciplinas, por meio de ensaios, de experimentos em laboratórios e até de debates em seminários.
13. A ideia de aprendizado colaborativo circula por aí há muito tempo, sendo anterior à World Wide Web. Porém, seu escopo era muito limitado. Barbara Leigh Smith e Jean

T. MacGregor escreveram em 1992 sobre uma mudança de trajetória em relação ao contexto típico das aulas universitárias, centradas em professores e em preleções. "Nas aulas colaborativas, o processo preleção/audição/anotação talvez não se extingua totalmente, mas sobreviverá ao lado de outros processos baseados em discussões entre os alunos e em trabalhos ativos com o material de curso." O conceito estava certo: "Os professores que adotam abordagens de aprendizado colaborativo tendem a ver-se menos como especialistas em transmissão de conhecimentos e mais como especialistas no desenvolvimento de experiências intelectuais, na condição de indutores ou parteiras de um novo processo de aprendizado." Porém, a conclusão era simples: os professores devem passar mais tempo discutindo com os alunos. É como o educador Jeff Golub observou, em 1988: "O aprendizado colaborativo apresenta como principal característica uma estrutura que cria condições para que os alunos conversem: os alunos devem conversar uns com os outros (...) e é nessas conversas que ocorre boa parte do apendizado."

14. John Seely Brown e Richard P. Adler, "Minds on Fire: Open Education, the Long Tail and Learning 2.0", *EDUCAUSE Review*, vol. 43, nº 1 (janeiro/fevereiro de 2008).
15. Richard J. Light, *Making the Most of College: Students Speak Their Minds* (Harvard University Press, 2001).
16. Seymour Papert, "New Theories for New Learnings", *School Psychology Review*, vol. 13, nº 4 (outono setentrional de 1984), 422-28.
17. A noção de "construcionismo" de Papert não deve ser confundida com construtivismo, teoria do conhecimento desenvolvida por Jean Piaget, segundo a qual os humanos geram conhecimento com base em suas experiências.
18. Scott Carlson, "The Net Generation Goes to College", *Chronicle of Higher Education* (7 de outubro de 2005).
19. GoodQuestions at Cornell. Ver http://www.math.cornell.edu/~GoodQuestions/.
20. Warren Baker, Thomas Hale e Bernard R. Gifford, "From theory to implementation: The Medicated Learning approach to computer-mediated instruction, learning and assesssment", *Educom Review*, vol. 32, nº 5 (setembro/outubro de 1997).
21. Charles M. Vest, "Open Content and the Emerging Global Meta-University", *EDUCAUSE Review*, vol. 41, nº 3 (maio-junho de 2006).
22. MIT OpenCourseware at MIT. Ver http | ://ocw.mit.edu.
23. Susan Hockfield, "President's Message", site do MIT OpenCourseware. Ver http://ocw.mit.edu/OcwWeb/;web/about/president/index.htm.
24. Paul Hofheinz, "EU 2020: Why Skills are Key for Europe's Future", The Lisbon Council (2009).
25. Peter Drucker, "Seeing things as they really are", *Forbes* (10 de março de 1997).
26. Notas de James J. O'Donnell: "As instituições e suas subdivisões que continuarem pensando que seu campo de negócios é a juventude cada vez mais serão consideradas fracassadas em sua missão básica." James J. O'Donnell, "To Youth Camp: A Long Farewell", *EDUCAUSE Review*, vol. 36, nº 6 (novembro/dezembro de 2001).

Capítulo 9

1. Um projeto como o Galaxy Zoo exige que se usem pessoas reais, em vez de algoritmos de computador, explica Schawinski, porque as máquinas não são muito boas no reconhecimento de padrões. Os seres humanos, por outro lado, são excepcionalmente capazes de identificar diferentes padrões de formas, como diferenciar rostos de pessoas com um

rápido olhar, observa. Também é assim quando se trata de distinguir diversos tipos de galáxias.

2. A participação de pessoas comuns em projetos científicos também gera outros benefícios. Os membros dessas comunidades cada vez mais coesas incluem pessoas sem qualquer antecedente em astronomia, professores e alunos de escolas de ensino fundamental e médio, pais que acompanham os filhos como uma espécie de atividade familiar. Os participantes compartilham experiências, resolvem problemas juntos e ajudam a preparar novos membros. Alguns contribuem para melhorar soluções de interface dos usuários, enquanto outros oferecem pontos de encontro regulares, em cidades como Nova York, Londres e Amsterdã. Até se poderia argumentar que a ciência cidadã se converteu em movimento social genuíno, inclusive com senso de identidade comum, objetivos e realizações grupais e um tecido social que mantém a coesão. Além disso, a ampla participação em projetos como o Galaxy Zoo amplia e aprofunda a compreensão da ciência pelo público, importante efeito colateral numa época em que algum grau de alfabetização científica é indispensável para a compreensão, que dirá para a solução de algumas de nossas questões mais cruciais de política pública.
3. As ideias de Francis Bacon e de Isaac Newton, que definiram o método científico, deram o tom para boa parte dos acontecimentos subsequentes no século. Bacon e Newton acreditavam que a verdadeira ciência exige uma conjugação de provas axiomáticas e de observações físicas, em um sistema coerente de previsões verificáveis. Para que as teorias e as previsões científicas sejam verificáveis, a ciência precisa ser aberta.
4. O número médio de autores por trabalho científico também está em alta, aumentando continuamente nos últimos 60 anos, a partir de uma média pouco superior a 1 para médias de 2,22, em ciências da computação; 2,66, em física de matéria condensada; 3,35, em astrofísica; 3,75, em biomedicina e 8,96, em física de alta energia. Ver M.E.J. Newman, "Who is the best connected scientist? A study of scientific co-authorship networks", *Working Paper*, Santa Fe Institute (2000).
5. Kevin Kelly, "Speculation on the Future of Science", *Edge*, vol. 179 (7 de abril de 2006).
6. Fred Pearce, "Climate Wars", *The Guardian* (9 de fevereiro de 2010).
7. Com o crescimento contínuo dos conjuntos de dados, os cientistas, cada vez mais, terão de transferir tarefas de rotina para máquinas. Enquanto isso, o problema é que as máquinas nem sempre serão capazes de identificar o inusitado ou o inesperado, o tipo de situação isolada que pode levar a avanços que mudam as regras do jogo. Chris Lintott, cofundador do Galaxy Zoo, argumenta que os conjuntos de dados da ciência cidadã naturalmente fornecem grandes e poderosos conjuntos de treinamento, para abordagens de aprendizado de máquina em problemas de classificação. Ao praticar a ciência cidadã hoje, pesquisadores como Lintott podem ajudar a treinar os cidadãos.
8. Citado em "Science 2.0: New online tools may revolutionize research", CBC News (13 de janeiro de 2009).
9. Gigi Hirsch, MD, "NEWDIGS' New Drug Development Paradigms", MIT Center for Biomedical Innovation (janeiro de 2010).
10. Press release do MIT, anunciando a criação do Center for Biomedical Innovation, "MIT launches Center for Biomedical Innovation", 29 de abril de 2005.
11. Os periódicos tradicionais agregam trabalhos acadêmicos por tema e empregam sistemas altamente estruturados para avaliar e armazenar os conhecimentos acumulados de uma comunidade científica. Cada trabalho é submetido à análise por pares de dois

ou mais especialistas, podendo passar por numerosas revisões, antes de ser aceito para publicação.

12. Sem dúvida, esses problemas são ressacas de um mundo caracterizado pela distribuição física, em que o volume de publicações era muito menor. O atual regime de publicação surgiu no século XVII, na Europa, quando o ritmo de descobertas era glacial, em comparação com os padrões do século XXI. Os periódicos científicos forneciam a infraestrutura básica para a comunicação e para a colaboração acadêmica. Além dos simpósios acadêmicos anuais, os periódicos eram *o* lugar onde os cientistas descobriam, participavam e criticavam cuidadosamente os trabalhos uns dos outros. Os periódicos eram dispendiosos, envolvendo custos de capital e de operações significativos.

Capítulo 10

1. Jonathan Weiner, *His Brothers's Keeper: A Story from the Edge of Medicine* (Harper-Collins, 2004).
2. "About Us", PatientsLikeMe (acessado em 15 de maio de 2010).
3. Erica Westly, "50 Most Innovative Companies in the World: #23 PatientsLikeMe", *Fast Company* (17 de fevereiro de 2010).
4. Ibid.
5. "Health care spending in Canada to exceed $180 billion this year", Canadian Institute for Health Information (19 de novembro de 2009).
6. Robert Kelley, "Where Can $700 Billion In Waste Be Cut Annually From The U.S. Healthcare System?" ThomsonReuters (27 de outubro de 2009).
7. D. Himmelstein, D. Thorne, E. Warren, et al., "Medical bankruptcy in the United States, 2007: results of a national study", *American Journal of Medicine* (agosto de 2009).
8. J. Lubitz e G. Riley, "Trends in Medicare payments in the last year of life", *New England Journal of Medicine* (abril de 1993).
9. Greg Keller, "US Tops World in Health Care Spending, Results Lag", ABC News (8 de dezembro de 2009).
10. Country Comparison: Life Expectancy at Birth", Central Intelligence Agency World Fact Book (2009).
11. "Country Comparison: Infant Mortality Rate", Central Intelligence Agency World Fact Book (2009).
12. "World Health Organization Assesses the World's Health Systems", World Health Organization (2000).
13. Barbara Starfield, "Doctors Are the Third Leading Cause of Death in the United States", *Journal of the American Medical Association* (26 de julho de 2000).
14. Ibid.
15. Stephen Pincock, "The great Australian loneliness; One in three adults in the prime of life find loneliness a problem. What does this mean for their health, and our society?" *Australian Doctor* (5 de março de 2010).
16. Ibid.
17. Essas são as descobertas do último Gallup-Healthways Well-Being Index, segundo o qual quase dois terços (63,1%) dos adultos nos Estados Unidos apresentavam excesso de peso ou obesidade em 2009. Ver também: Bill Hendrick, "Americans Are Eating Poorly, Exercising Less, and Getting Bigger, Survey Finds", WebMD Health News (10 de fevereiro de 2010).

18. Pouco mais de 59% dos americanos obesos praticam exercícios físicos pelo menos um dia por semana, em comparação com 70% das pessoas com excesso de peso e 74% daquelas que apresentam peso saudável. As pessoas obesas apresentam menor probabilidade que as de qualquer outra categoria de peso (excesso de peso, peso normal, insuficiência de peso) de terem comido cinco porções de frutas e de hortaliças em pelo menos três dias dos últimos sete dias. Os americanos obesos também são menos propensos a afirmar que se sentiram saudáveis "durante todo o dia de ontem".
19. Thomas Goetz, *The Decision Tree: Taking Control of Your Health in the New Era of Personalized Medicine* (Rodale Books, 2010), p. 238.
20. M. Kwan e N. Haque, "Sermo and PatientsLikeMe: A Revolution in Collaborative Healthcare", Enterprise 2.0 Lighthouse Case Study, NGenera Corporation (2008).
21. Ibid.
22. Ibid.
23. Ibid.
24. "Social Networking May Benefit Patients with Common Skin Disease", Center for Connected Health (21 de janeiro de 2009).
25. Ibid.
26. "Testimonials", WeAre.Us (acessado em 15 de maio de 2010).
27. JoNel Aleccia, "Docs seek to stifle patients' rants on web sites", msnbc (13 de janeiro de 2010).
28. RateMDs.com é apenas um de numerosos sites operados pela ratingz.com, empresa constituída pelo fundador da RateMyProfessors.com. Drugratingz.com é outro de seus sites.
29. D. Fallows and S. Fox, "Internet Health Resources", Pew Internet & American Life Project (16 de julho de 2003).
30. S. Ponder e J. T. Skyberg, "E-Prescribing: Is it Just What the Doctor Ordered?", HCT Project (17 de julho de 2004).
31. Ibid.
32. Ibid.
33. "President Bush's IT Doctor", *BusinessWeek* (28 de março de 2005).
34. Matthew Holt, "The Past and Future of Health 2.0", Health2Advisors.com (janeiro de 2010).
35. "Flu Trends", google.org (2009).
36. J. Kruger, H. M. Blanck e C. Gillespie, "Dietary and physical activity behaviors among adults successful at weight loss maintenance" *International Journal of Behavioral Nutrition and Physical Activity* (19 de julho de 2006).
37. Stefania Viscusi, "Weight Watchers: Mobile and Web Strategy Keeps Customers Engaged", TMCnet.com (19 de abril de 2010).
38. S. Woolhandler, T. Campbell e D. Himmelstein, "Costs of Health Care Administration in the United States and Canada", *New England Journal of Medicine* (21 de agosto de 2003).
39. Toni Johnson, "Healthcare Costs and U.S. Competitiveness", Council on Foreign Relations (23 de março de 2010).
40. Ponder e Skyberg, "E-Prescribing".
41. Jay Parkinson, "All Physicians Are Not Created Equal: How to Fix Medicine's Two-Party System", *Fast Company* (30 de abril de 2009).
42. Chuck Salter, "The Doctor of the Future", *Fast Company* (1º de maio de 2009).

43. J. Parkinson, "Jay Parkinson's Medicine 2.0", PopTech! Conference (outubro de 2008).
44. Ibid.
45. Ford Vox, "When Doctors Talk", *Newsweek* (10 de março de 2009). Ver também: Occupational Outlook Handbook, 2010-11 Edition, United States Department of Labor, Bureau of Labor Statistics (acessado em 15 de maio de 2010).
46. James C. Robinson e Paul B. Ginsburg, "Consumer-Driven Health Care: Promise and Performance", *Health Affairs* (27 de janeiro de 2009).
47. "About Us", MedHelp (acessado em 15 de maio de 2010).
48. "Healthcare News", *Harris Interactive Survey*, vol. 4, número 13 (agosto de 2004).
49. Ponder e Skyberg, "E-Prescribing".
50. Peter Waegemann, correspondência com Dan Herman (21 de abril de 2005).
51. "Personal Health Working Group Final Report", Connecting for Health (1º de julho de 2003).
52. Ibid.
53. Ibid.
54. Dave deBronkart, "What e-Patients Want from Doctors, Hospitals and Health Plans", apresentação na ICSI/IHI (maio de 2010).

Capítulo 11

1. Amanda Ernst, "Huffington Post's Traffic More Than Doubles Year over Year", mediabistro (19 de janeiro de 2010).
2. Huffington Post Company Profile, CrunchBase (28 de abril de 2010).
3. Erick Schonfeld, "The Huffington Post Starts to Give Out Badges to Readers", TechCrunch (29 de abril de 2010).
4. Jonah Peretti, conforme relatado em "The Death and Life of the American Newspaper", *The New Yorker* (23 de março de 2008).
5. Andrew Lipsman, "Huffington Post Defies Expectations, Reaches New Heights Post-Election", Comscore (4 de junho de 2009).
6. Sam Stein, "Bailed-Out Firms Distributing Cash Rewards: 'Please Do Not Call it A Bonus'", *The Huffington Post* (11 de fevereiro de 2009).
7. Jeff Jarvis, "Arianna Huffington is saving journalism", *The Guardian* (6 de abril de 2009).
8. M.J. Stephey, "White House Press Corps Dean Helen Thomas on 'Listen Up'", *Time* (19 de outubro de 2009).
9. GigaTweet Tweet Counter (acessado em 6 de maio de 2010). Ver http://popacular.com/gigatweet/.
10. Chris Putnam, "Faster, Simpler Photo Uploads", The Facebook Blog (5 de fevereiro de 2010).
11. Chad Hurley, "Y,000,000,00uTube", The Official YouTube Blog (9 de outubro de 2009).
12. "State of the Blogosphere 2009", Technorati (2009).
13. "Press Accuracy Rating Hits Two Decade Low", Pew Research Center for People and the Press (13 de setembro de 2009).
14. David Carr, "Papers Try to Get Out of a Box", *The New York Times* (12 de abril de 2009).
15. Rupert Taylor, "Newspapers Are Closing Down", Suite 101: Newspaper Industry (22 de julho de 2009).
16. "The 10 Most Endangered Newspapers in America", *Time* (9 de março de 2009).

17. "The State of the News Media 2010", The Pew Research Center's Project for Excellence in Journalism.
18. Ibid.
19. Michael Mandel, "The Journalism Job Market: Part I, Looking Back", *BusinessWeek* (16 de setembro de 2009).
20. Taylor, "Newspapers Are Closing Down".
21. O distanciamento crescente do público americano da impressão em papel também está afetando o setor de publicação de revistas. Decerto, *Vogue* e *InStyle* estão estourando de anúncios. Porém, embora haja um punhado de revistas muito bem-sucedidas, as vendas de exemplares isolados (pense nos racks de revistas nos aeroportos) caíram quase 30%. A icônica *Reader's Digest* entrou em concordata em 2009. Nos últimos 12 anos, a circulação da *Newsweek* diminuiu de 3,5 milhões para pouco mais de 1 milhão. Um dos maiores editores de revistas dos Estados Unidos, Condé Nast, tem inúmeros títulos famosos, como *Vanity Fair*, *Vogue*, *The New Yorker*, *Wired* e *Architectural Digest*. Porém, em 2009, quando a receita com anúncios se reduziu em estonteantes US$1 bilhão, eles começaram a descartar revistas e pessoas como um pastor alemão solta pelos na primavera, demitindo 200 empregados e fechando *Gourmet*, *Elegant Bride* e *Modern Bride*. Fontes: Médias calculadas pela MPA (Magazine Publishers of America), com base nas declarações do Audit Bureau of Circulations (ABC), referentes ao primeiro e ao segundo semestre de cada ano. Títulos domésticos auditados pelo ABC; anuários, edições internacionais e revistas em quadrinhos foram excluídos. Os totais podem não bater exatamente, em consequência de arredondamento dos números médios.
22. Entrevista com Bob Garfield em *Talk of the Nation*, NPR (6 de agosto de 2009).
23. Clay Shirky, "Newspapers and Thinking the Unthinkable", Edge (17 de março de 2008).
24. Josh Young, "If News is That Important, It Will Find Me", *The Huffington Post* (1º de outubro de 2009).
25. Harold Innis, *The Bias of Communication* (University of Toronto Press, 1951).
26. Ibid.
27. David Leigh, "Guardian gagged from reporting parliament", *The Guardian* (12 de outubro de 2009).
28. Noam Cohen, "Twitter and a Newspaper Untie a Gag Order", *The New York Times* (18 de outubro de 2009).
29. "Twitter can't be gagged: online outcry over Guardian/Trafigura order", *The Guardian* (outubro de 2009).
30. Alguns, como *Cincinnati Post*, *Kentucky Post* e *Rocky Mountain News*, saíram do mercado, enquanto outros sofreram quedas acentuadas no valor das ações. Estudo recente sugere que um em cada cinco jornalistas que trabalhavam em jornais em 2001 já perdeu o emprego, e 2009 talvez tenha sido o pior ano em termos de perda de empregos.
31. Tim Arango, "Fall in Newspaper Sales Accelerates to Pass 7%", *The New York Times* (27 de abril de 2009).
32. "The New York Times Company Reports 2009 Second-Quarter Results", iStockAnalyst (23 de julho de 2009).
33. Andrew Keen, *The Cult of the Amateur: How Today's Internet is Killing Our Culture* (Broadway Business, 2007).
34. Cody Brown, "A Public Can Talk to Itself: Why the Future of News Is Actually Pretty Clear", http://codybrown.name (25 de outubro de 2009).

35. "State of the Blogosphere 2009", Technorati (2009).
36. Peter F. Drucker, *The Practice of Management* (Harper & Brothers, 1954).
37. Hoaq Levins, "Martin Sorrell: Newspapers/Magazine Contraction Must Continue", *Advertising Age* (6 de novembro de 2009).
38. Sinclair Stewart e Grant Robertson, "Media: The Zero-Paper Town", *The Globe and Mail* (14 de março de 2009).
39. Mas, novamente, vamos manter a perspectiva. Muitas organizações de mídia eram empresas grandes, monolíticas e inabordáveis. Não se sentiam responsáveis por prestar contas a absolutamente ninguém. Os jornalistas eram os zeladores dos fatos e opiniões, e preservavam com ferocidade sua independência. Só com muita sorte se conseguia conversar com o editor do *The New York Times* 30 anos atrás. Os leitores eram, em grande parte, meros espectadores do processo de coleta, filtragem e publicação de notícias. A ideia de os jornais nomearem um editor público para representar os interesses dos leitores e responder aos seus feedbacks e críticas era considerada tão radical que muitas publicações riam da hipótese. Foi necessário o escândalo de Jayson Blair para finalmente convencer a administração do *New York Times* a nomear um editor público em 2003.

    Com efeito, muitos jornalistas, especialmente os mais velhos e de mais alto escalão, gostavam de ser membros de um clube fechado e seletivo, que lhes oferecia benefícios exclusivos. Eles eram os que "sabiam das coisas". Editores, colunistas e redatores de alto nível não raro eram confidentes de celebridades e políticos, com acesso a todos os escalões, inclusive o presidente. Muitos escândalos nunca chegaram à luz do dia. Jantares em clubes da imprensa eram eventos anuais em que políticos e jornalistas bebiam juntos, trocavam piadas, tudo "off-the-records". Tudo isso levou pessoas ponderadas a se tornarem céticas em relação à grande mídia. É como escreveu John le Carré: "Até alcançarmos melhor relacionamento entre desempenho privado e verdade pública (...) estamos absolutamente certos em nos mantermos ressabiados, até mesmo desdenhosos, em relação à confidencialidade e à desinformação que é o digesto de nossas notícias."
40. James Madison, Virginia Resolutions (21 de dezembro de 1798).
41. "About Us", ProPublica. Ver http://www.propublica.org/about/.
42. "Pulitzer Prize in Investigative Reporting: Deadly Choices at Memorial", ProPublica.
43. No entanto, muitos, 68%, concordaram com a afirmação de que "O jornalismo no velho estilo, tradicionalmente objetivo e justo, está morto". Nada menos que 84% afirmaram que as organizações de mídia noticiosa eram muito ou um tanto tendenciosas. Quase 46% disseram que haviam parado de ler ou ver as grandes organizações de mídia noticiosa, impressa ou eletrônica, por causa da percepção de tendenciosidade. http://www.editorandpublisher.com/eandp/news/article_display.jsp?vnu_content_id=1004015442.
44. Michael Andersen, "Four crowdsourcing lessons from the Guardian's (spectacular) expenses-scandal experiment", Nieman Journalism Lab (23 de junho de 2009.
45. "EDITORIAL: No Nonsense, no embellishment, just the news", *Journal Star*, Peoria (21 de julho de 2009).
46. Bill Bishop e Robert G. Cushing, *The Big Sort: Why the Clustering of Like-Minded America Is Tearing Us Apart* (Houghton Mifflin, 2008), citado em Scott Stossel, "Subdivided We Fall", *The New York Times* (18 de maio de 2008).
47. Don Tapscott, *Grown Up Digital: How the Next Generation Is Changing Your World* (McGraw-Hill, 2008).

48. "1981 primitive Internet report on KRON", YouTube. Ver http://www.youtube.com/watch?v=5WCTn4FljUQ.
49. "MediaGuardian 100 2009", *The Guardian* (julho de 2009).
50. Jarvis se baseou em dados de Borrell Associates, longas entrevistas com empresas de mídia, tradicionais e emergentes, e em levantamento abrangendo mais de 110 sites de notícias hiperlocais.
51. "New Business Models", The City University of New York Graduate School of Journalism (setembro de 2009).
52. "State of the Blogosphere 2008", Technorati (2008).
53. Michael Hirshorn, "The Newsweekly's Last Stand: Why *The Economist* is thriving while *Time* and *Newsweek* fade", *The Atlantic* (julho/agosto de 2009).
54. Jim Cooper, "4A's: 'Wired' Chief Says iPad Will Rescue Magazines", *Adweek* (2 de março de 2010).

Capítulo 12

1. Amra Alirejsovic, "Musical Group Wants to Unite World One Song at a Time", Voice of America (11 de novembro de 2009).
2. Ian Cuthbertson, "Changing lives, one song at a time", *The Australian* (24 de agosto de 2009).
3. "Orchestra: Planting Seeds", Youth Orchestra of the Americas (acessado em 9 de maio de 2010).
4. "About: Mission", Youth Orchestra of the Americas (acessado em 9 de maio de 2010).
5. Ed Christman, "Digital Bytes; Growth in Track Downloads Slows Sharply, Accentuating'09 Sales Woew", *Billboard* (16 de janeiro de 2010).
6. International Federation of the Phonographic Industry Digital Music Report 2009 (16 de janeiro de 2009).
7. Tom Vander Beken, *Organized Crime and Vulnerability of Economic Sectors: The European Transport and Music Sector* (Maklu Uitgevers N.V., 2005).
8. Don Tapscott, "Some ADvise 'Everywhere Internet Audio'", *The New York Times* (15 de setembro de 2003).
9. A Big Champagne, na Califórnia, alcançou alta exatidão e o faz de maneira que preserva o anonimato dos compartilhadores de arquivos. Outras tecnologias também oferecem resultados acurados, e a solução mais adequada talvez seja uma combinação delas.
10. Conforme explicado por Steve Gordon, em *The Future of the Music Business: A Guide for Artists and Entrepreneurs* (Backbeat Books, 2005).
11. "A Better Way Forward: Voluntary Collective Licensing of Music File Sharing", Electronic Frontier Foundation (abril de 2008).
12. Em estudo recente da University of Hertfordshire, "What does the MySpace Generation really want?", mais de 80% das pessoas pesquisadas afirmaram que receberiam de bom grado a oportunidade de um sistema remunerado de compartilhamento de arquivos. A Swedish Performing Rights Society realizou estudo semelhante na Suécia (país relativamente tolerante em relação a infrações aos direitos autorais e terra do site notório The Pirate Bay, da Bit Torrent, em que 86% dos participantes se mostraram interessados em pagar taxa voluntária para efetuar baixas legais de arquivos). Ver Glenn Peoples, "Study: 86% Would Pay For Legal P2P", Billboard.biz (abril de 2009).
13. Ver "Since 1972 $75,000 package", joshfreese.com.

14. Entrevista com Ben Campbell, fundador da OnStage, em indie-music.com (3 de novembro de 2007).
15. Entrevista com Ben Campbell, na Hypebot.com (2008).
16. Entrevista com Campbell, indie-music.com (3 de novembro de 2007).
17. Página da OurStage no FaceBook (acessada em 9 de maio de 2010).
18. Jake Coyle, "Radiohead's experiment rock music industry", msnbc (24 de outubro de 2007).
19. hitRECord.org (acessado em 9 de maio de 2010).
20. "hitRECord & Tumblr", hitRECord Tumblr Page (outubro de 2009).
21. RegularJOE and Jared, "HitRECord: The New Deal", hitRECord.org (1º de janeiro de 2010).
22. hitRECord.org Terms of Service (acessado em 9 de maio de 2010).
23. Ver hitRECord YouTube Video "New Deal" (20 de janeiro de 2010).
24. Amanda Lenhart, Mary Madden, Aaron Smith e Alexandra Macgill, "Teens and Social Media", Pew Internet & American Life Project (19 de dezembro de 2007).
25. Andy Holloway, "Can Nettwerk save the record industry?", *Canadian Business* (22 de maio de 2006).
26. Andy Greenberg, "Free? Steal it Anyway", *Forbes* (16 de outubro de 2007).
27. "France passes controversial anti-piracy bill", CBC News (12 de maio de 2009).
28. Charles Arthur, "Digital economy bill rushed through wash-up in late night session", *The Guardian* (8 de abril de 2010).
29. Cory Doctorow, "Digital Economy Act: This means war", *The Guardian* (23 de novembro de 2006).
30. Victor Keegan, "Let's dance to a new tune", *The Guardian* (23 de novembro de 2006).
31. Joseph A. Schumpeter, *Capitalism, Socialism and Democracy* (Harper, 1975).

Capítulo 13

1. Leo Laporte, "What's TWiT Worth to You", TWiT Blog (3 de dezembro de 2009).
2. Clyde Bentley e Donald Reynolds, "ONA Keynote: 'Lunch with Leo', Leo Laporte, Host, This Week in Tech (#ONAkey)", Donald W. Reynolds Journalism Institute (2 de outubro de 2009).
3. "Americans Watching More TV Than Ever; Web and Mobile Video Up Too", Nielsen Wire (20 de maio de 2009).
4. "3-D movies help boost movie box office worldwide to record $30 billion", Associated Press (10 de março de 2009).
5. Alex Dobuzinskis, "Film box office worldwide to record $30 billion", Associated Press (10 de março de 2010).
6. Ryan Junee, "Zoinks! 20 Hours of Video Uploaded Every Minute!", Official YouTube Blog (20 de maio de 2010).
7. Peter Farquhar, "Fans pay theultimate tribute with Casey Pugh's Star Wars Uncut: The New Hope", news.com.au (14 de abril de 2010).
8. Ver starwarsuncut.com (acessado em 15 de maio de 2010).
9. "Hollywood hits restart as more filmmakers venture into video games", *Los Angeles Times* (1º de junho de 2009).
10. "World of Warcraft Subscriber Base Reaches 11,5 Million Worldwide", Blizzard Press Release (23 de dezembro de 2008).

11. Ver WoWJutsu Guild Rankings (acessado em 15 de maio de 2010).
12. Heath Brown et al., *Diary of a Camper*, United Ranger Films (1996).
13. Adam Pasick, "HBO buys film made in Second Life", Thomson Reuters (4 de setembro de 2007).
14. Ver vídeo do YouTube "Episode #1: My Second Life" (acessado em 15 de maio de 2010).
15. "About Us", SnagFilms.com (acessado em 15 de maio de 2010).
16. Ibid.
17. Wayne Friedman, "Nielsen: More TV in Homes", *Media Daily News* (28 de abril de 2010).
18. "Americans Watching More TV Than Ever; Web and Mobile Video Up Too", Nielsen Wire (20 de maio de 2009).
19. "Special Report on Television", *The Economist* (1º de maio de 2010).
20. Michael Dance, "Network TV is Dead", *Co-ed Magazine* (29 de abril de 2009).
21. "List of most-watched television broadcasts", Wapedia (acessado em 15 de maio de 2010).
22. Gary Levin, "Nielsens: 'Idol' opens strong for its ninth season", *USA Today* (20 de janeiro de 2010).
23. David Bauder, "'American Idol' Ratings Drop 10% Still Wins", *The Huffington Post* (14 de janeiro de 2010).
24. Marisa Guthrie, "The Ruling Class of TV News", *Broadcasting & Cable* (21 de setembro de 2009).
25. Adrian McCoy e Rob Owen, "Americans so caught up in the 'Net, they would set TV free: For the first time, more people would do without television than the Internet", *Pittsburgh Post-Gazette* (9 de abril de 2010).
26. "Lady Gaga hits 1 billion video views", TheBIgTop40.com (26 de março de 2010).
27. Jefferson Graham, "Hulu cues up for next step; Free site hits milestone: 1 billion videos viewed", *USA Today* (3 de fevereiro de 2010).
28. Ibid.
29. Michael Starr, "Almost 'Idol'.Com-'Al' Creator Pushes Past Cowell To Next Big Thing", *New York Post* (2 de março de 2010).
30. Ibid.
31. "Super Bowl atracts record-setting 106.5 million viewers", CBS Sports Press Release (8 de fevereiro de 2010).
32. A World Series de 2009, por exemplo, em que os New York Yankees derrotaram o Philadelphia Phillies em seis jogos, teve apenas 22 milhões de espectadores para o jogo final. A NFL, NBA, MLB e NHL operam as próprias redes de televisão, transmitindo jogos pela internet para fãs que não têm acesso a esses eventos por meio de televisão a cabo ou por satélite.
33. Os Grammys aumentaram 35% em 2010 em relação a 2009. Ver "Grammy Viewership Went Up 35% This Year, Social Media Was Part of the Reason", mediabistro.com (4 de fevereiro de 2010).
34. Misty Harris, "Social media boosts power of TV; Boob-tube is beneffiting from the digital realm as viewers go online with their thoughts", *The StarPhoenix* (17 de março de 2010).
35. "Research: viewers are more engaged with what they watch", Entertainment Marketing Letter (1º de abril de 2010).

36. Stephen Shankland, "Google to test ultrafast broadband to the home", CNET News (10 de fevereiro de 2010)
37. Richard Lai, "Google receives 'more than 1,100 community responses' for gigabit fiber network", Engadget (28 de março de 2010).
38. Marguerite Reardon, "Verizon bets big on network infrastructure", CNET News (6 de outubro de 2008).
39. "Cisco Visual Networking Index: Forecast and Methodology, 2008-2013", Cisco Report (9 de junho de 2009).
40. Ibid.
41. James Quinn, "Google sets its sights on television dominance", *Daily Telegraph* (10 de março de 2010).
42. "From goggle to Google: TV meets the Internet", *The Independent* (10 de março de 2010).
43. Chad Hurley, "Y.000,000,000uTube", The Official YouTube Blog (9 de outubro de 2009).
44. Brian Stelter, "YouTube Videos Pull in Real Money", *The New York Times* (10 de dezembro de 2008).
45. Ibid.
46. "BBC scoops Digital Emmy Award for The Virtual REvolution", BBC Press Release (13 de abril de 2010).

Capítulo 14

1. "Home", AppsForDemocracy.org (acessado em 19 de maio de 2010).
2. "Forums", TheStudentRoom.co.uk (acessado em 19 de maio de 2010).
3. "About Us", Netmums.com (acessado em 19 de maio de 2010).
4. "Money Saving Expert", thegoodwebguide (acessado em 19 de maio de 2010).
5. Ver "Country clean-up project 'Let's Do It 2008' Teeme Ara 2008", vídeo do YouTube (17 de fevereiro de 2009).
6. David Mardiste, "Estonians scour country for junk in big clean up", Thomson Reuters (3 de maio de 2008).
7. Jeffrey M. Jones, "Trust in Government Remains Low", Gallup (18 de setembro de 2008).
8. "About Us", mySociety.org (acessado em 19 de maio de 2010).
9. Dan Jellinek, "Focus – Participatory Budgeting: Who Wants to Spend a Million Dollars?", Headstar e-government bulletin (2 de outubro de 2008).
10. Chris Elmendorf e Ethan J. Leib, "Budgetsby the People, for the People", *The New York Times* Op-Ed (27 de julho de 2009).
11. Dan Jellinek, "Special Focus – Participatory Budgeting, Part 2: Sympathy for the Devil?", Headstar e-government bulletin (24 de novembro de 2008).
12. Henry R. Nothhaft e David Kline, "The Biggest Job Creator You Never Heard Of: The Patent Office", Harvard Business Review Blog (6 de maio de 2010).
13. Liz Allen, "Your chance to participate in Patent review – Peer to Patent needs you", Public Library of Science (11 de novembro de 2007).
14. Tom Steinberg, Ed., Mayo, "Digital Engagement", The Power of Information Task Force (2007).
15. Ibid.

16. Professor Hans Rosling, "New insights on poverty and life around the world", TED (março de 2007). Ver http://www.ted.com/talks/view/id/140.
17. "About", MapEcos.org (acessado em 19 de maio de 2010).
18. Na maioria dos países, o setor público é entravado por legados institucionais complexos que envolvem centenas de departamentos autônomos, que se espalham pelos vários níveis do governo. A resiliência das instituições públicas é profunda e sua função histórica criou certo senso de permanência que, em geral, dificulta sua eliminação ou atenuação. O emaranhado é tal que dificulta até a definição do ponto de partida para a mudança – em um governo, entre vários, em um departamento, no nível organizacional, na arena legislativa, grande ou pequeno? E, ao contrário do setor privado, não existe um único CEO capaz de arregimentar recursos, no âmbito do empreendimento total, para promover as mudanças necessárias.

    A inércia dos velhos modelos é agravada pela natureza política das burocracias governamentais. Os servidores públicos e seus senhores políticos são condicionados a evitar erros que possam ser usados pelos adversários ou pela mídia para dificultar a atuação do partido no poder. Em vez de desenvolver sistemas flexíveis que deleguem poder discricionário aos funcionários do governo, sistemas rígidos de administração pública praticamente eliminam a discricionaridade. Mesmo simples esquemas de viagem exigem resmas de formulários e inúmeras assinaturas. Compras simples demoram meses; as maiores, anos. Essa ênfase nos processos suga recursos da verdadeira missão de servir aos clientes e envolver o público.
19. "About Us" e "Chapters", YoungGovernmentLeaders.org (acessado em 19 de maio de 2010).
20. "Members", GovLoop.com (acessado em 19 de maio de 2010).
21. Karoline Piercy, "Igniting innovation and collaboration", NetworkedGovernment (junho de 2009).

Capítulo 15

1. Eric Paulos, Ian Smith e R. J. Honicky, "Participatory Urbanism", urbanatmospheres.net (acessado em 18 de maio de 2010).
2. Gardiner Harris, "Salmonella Was Found at Peanut Plant Before", *The New York Times* (28 de janeiro de 2009).
3. Moni Basu e Michelle E. Shaw, "Anatomy of the peanut salmonella outbreak", *The Atlanta Journal-Constitution* (15 de março de 2009).
4. Michael Mooss, "Peanut Case Shows Holes in Safety Net", *The New York Times* (9 de fevereiro de 2009).
5. Os reguladores alegam que pretendem mudar a lei para exigir maior divulgação dos testes de segurança alimentar. Mas alguns funcionários da FDA encaram essas informações como "faca de dois gumes", que talvez desestimule algumas empresas até de realizar os testes. Por outro lado, ao examinar os registros da Peanut Corporation of America, os investigadores federais descobriram que os testes da empresa haviam descoberto salmonela 12 vezes, desde 2007. Os inspetores argumentam que só tiveram acesso aos arquivos, invocando uma lei sobre bioterrorismo.
6. Lisa Shames, "Federal Oversight of Food Safety", United States Government Accountability Office (12 de junho de 2008).
7. Robert Cooter, "Descentralized Law for a Complex Economy: A Structural Approach to Adjudicating the New Law Merchant", *University of Pennsylvania Law Review*, vol. 144 (1996).

8. Ann Florini, *The Right to Know: Transparency for an Open World* (Columbia University Press, 2007).
9. Julia Finch, "Twenty-five people at the heart of the meltdown", *The Guardian* (26 de janeiro de 2009).
10. Zachary A. Goldfarb, "SEC Chief Strives to Renuild Regulators: Scrutiny Intensified In Financial Crisis", *The Washington Post* (4 de junho de 2009).
11. O protótipo é apresentado no site da Nokia. Ver http://www.nokia.com/environment/we-create/devices-and-accessories/future-concepts/eco-sensor-concept.
12. Em experimento paralelo, estudantes de pós-graduação no Living Environments Lab, recém-criado por Paulos, na Carnegie Mellon, instalaram sensores em domicílios, para monitorar a qualidade da água das torneiras e do ar no ambiente interno. Os resultados são enviados para um site onde os participantes os comparam com as contribuições de outras pessoas.
13. Abby TAn, "Cell phones may be key to cleaner air in Philippines", CSMonitor (19 de julho de 2002).
14. Ibid.
15. Desde 2001, a GlobeScan, empresa de pesquisa de mercado e de opinião pública, pede a consumidores de 25 países para avaliar a extensão em que grandes empresas são responsáveis por diferentes práticas e atitudes, inclusive as chamadas responsabilidades operacionais, ou seja, aquelas diretamente relacionadas com as operações da empresa, vistas como padrões a serem observados pelas empresas, no curso normal dos negócios (por exemplo, não prejudicar o meio ambiente, zelar por uma rede de fornecimento responsável, dispensar tratamento adequado aos empregados, observar os mesmos padrões, em todos os mercados em que opera). Aí também se incluem responsabilidades de cidadania: ações sociais que as empresas não precisariam empreender no curso normal dos negócios, mas que podem ser positivas para a reputação da empresa (por exemplo, melhorar a educação e as habilidades, nas comunidades em que atuam; contribuir para a estabilidade econômica global, coibir transgressões aos direitos humanos, ajudar a resolver problemas sociais). No todo, as expectativas em relação à RSE (responsabilidade social das empresas) são altas em todo o mundo, com mais de 8 em cada 10 pessoas, em todos os países pesquisados, dizendo que as empresas deveriam ser responsabilizadas ao menos em parte por todas as 14 iniciativas ambientais, sociais e econômicas incluídas na pesquisa. Ver Femke de Man, "Tracking the Gap between Societal Expectations of Companies and Perceived CSR Performance", Center for Corporate Citizenship, Boston College, Carroll School of Management (setembro de 2007).
16. "About Us", Crocodyl.org (acessado em 18 de maio de 2010).
17. "CrocTail: making government data useable", The CSR Digest (8 de julho de 2009).
18. Um entusiasta desenvolveu um mecanismo de busca personalizado, com base no Google, a que os usuários podem recorrer para levantar rapidamente informações sobre determinada empresa. Digite o nome de uma empresa e o aplicativo cospe uma lista de páginas recentes, extraídas prioritariamente de uma lista de sites que se concentram em monitoramento de empresas. Clique no link "controversy", e se estreitam os resultados, usando uma lista de palavras-chave, como "human rights" (direitos humanos), "lawsuits" (ações judiciais), "labor violations" (violações trabalhistas), "superfund" e "abuse" (abusos).
19. "Annual Report on the OECD Guidelines for Multinational Enterprises 2008: Employment and industrial relations", Organisation for Economic Co-operation and Development (23 de março de 2009).

20. Ver experimentos do California Institute for Technology and Carnegie Mellon, em que sensores inteligentes, com baixo consumo de energia, medem coisas como temperatura, movimento e composição química, e enviam de volta as informações em tempo real.
21. Em alguns casos, os dados mais atualizados são encontrados em sites de seções nacionais, como a do Canadá. Ver http://www.globalforestwatch.ca.
22. Embora os custos dos dados GIS (Geographic Information System) estejam caindo, avaliações exatas da saúde dos ecossistemas não podem ser obtidas apenas por meio de GIS. Para tanto, recorrem a dados do governo sobre concessões para empreendimentos florestais (entre outros) e exigem que os pesquisadores locais realizem pesquisas de campo extensivas, que podem durar anos.
23. Matthew Steil e Jean Sylvestre Makak, "Working Towards Greater Forest Sector Transparency in Gabon", World Recourses Institute (11 de junho de 2009).
24. O Interactive Forest Atlas for Gabon foi lançado oficialmente em Libreville em maio de 2009. O Atlas pode ser acessado em: http://www.wri.org/publication/interactive-forestry-atlas-gabon.
25. Os países são: Brasil, Camarões, Canadá, África Central, República Democrática do Congo, Indonésia, Peru, Rússia e Venezuela.
26. Wade-Hahn Chan, "4 studies in collabotation; Case 3: Puget Sound Information Challenge", *Federal Computer Week* (29 de fevereiro de 2008).
27. Os atuais membros são: Barry Callebaut, Cadbury Schweppes, Education International, European Cocoa Association, Ferrero, Free the Slaves, Global March Against Child Labor, Hershey Foods, International COnfectionery Association, International Trade Union Confederation (ITUC), International Union of Food, Agricultural, Hotel, Restaurant, Catering, Tobacco and Allied Workers Associations (IUF), Kraft Foods, Mars Incorporated, Nestlé, National Consumers League, WAO Afrique e Toms. Mr. P. Gillioz (advogado suíço) também é membro da ICI. Ver http://www.cocoainitiative.org/structure-membership-and-financing. Html.
28. Leslie Kaufman e David Gonzalez, "Labour Standards Clash with Global Reality", *The New York Times* (24 de abril de 2001).
29. As duas últimas recomendações estão em confronto. A capacidade de influenciar em geral depende da capacidade de mobilizar interesses estreitos. Contudo, a legitimidade para formular políticas públicas depende da disposição desses mesmos grupos de considerar com mais amplitude o interesse público.
30. Roger Martin, "The Virtue Matrix", *Rotman Management Journal* (primavera/verão setentrional, 2003).
31. John Braithwaite e Peter Drahos, *Global Business REgulation* (Cambridge University Press, 2000).

Capítulo 16

1. Página do Kiva no Facebook (acessado em 20 de maio de 2010).
2. "First loan he gave was US$27 from own pocket", *The Daily Star* (14 de outubro de 2006).
3. "1,500 farmers commit mass suicide in India", *The Independent* (15 de abril de 2009).
4. "Nobel Laureate Muhammad Yunus: Changing the System, One Social Business at a Time", *University of Virginia News* (21 de setembro de 2009).
5. Kiva Presentation at TiEcon 2009 (2009).

6. "Facts & History", Kiva.org (acessado em 20 de maio de 2010).
7. Carol Realini, "Obopay CEO Shares Strategy to Transform Mobile Payments", The Official Obopay Blog (9 de março de 2010).
8. "Global Agenda Partnership Concept Paper", Fórum Econômico Mundial (abril de 2010).
9. "The State of Consumption Today", Worldwatch Institute (acessado em 20 de maio de 2010).
10. Ray S. Baker e William E. Dodd, *The Public Papers of Woodrow Wilson*, Authorized Edition, vol. 1 (Harper, 1924).
11. Dominic Wilson e Anna Stupnytska, "The N-11: More Than an Acronym", Goldman Sachs Global Economics Paper nº 153 (28 de março de 2007).
12. "Global Redesign Summit 2010", Fórum Econômico Mundial (acessado em 20 de maio de 2010).
13. Francis Matthew, "Experts seek to plug holes in top global institutions", *Gulf News* (20 de novembro de 2009).
14. Peter Hall-Jonews, "The rise and rise of NGOs", Public Services International (2006).
15. Ibid.
16. Theda Skocpol, de Harvard, registrou essas transformações na sociedade civil e receia que muitos aspectos valiosos da velha tradição cívica baseada em afiliações não estejam sendo reproduzidos nem reinventados no mundo das "organizações sem membros". Theda Skocpol, "Associations Without Members", *The American Prospect* (julho-agosto de 2009).
17. Anis Salvesen, "Philanthropy: Change for Change Part II", RedGage (agosto de 2009).
18. "USAID Development 2.0", NetSquared.org (2009).
19. "Challenges", NetSquared.org (acessado em 20 de maio de 2010).
20. Heide Malhotra, "Companies Embrace 'Open Business Model'", *The Epoch Times* (4 de agosto de 2009).
21. "Habitat Jam: Summary Report" (2005).
22. Debbe Kennedy e Joel A. Barker, *Putting Our Differences to Work: The Fastest Way to Innovation, Leadership and High Performance* (Berrett-Koehler, 2008).
23. "Habitat Jam: Summary Report" (2005).
24. Kenedy e Barker, *Puttting Our Differences to Work.*
25. "Election 2010 National Results", BBC (maio de 2010).

Capítulo 17

1. Por incrível que pareça, havia também mais de 19 milhões de postagens em blogs sobre o tópico, dentro e fora do Irã (2,25 milhões em 24 horas, representando 6 mil minutos de protestos); Ben Parr, "Mindblowing#IranElection Stars: 221,744 Tweets Per Hour at Peak", Mashable (junho de 2009).
2. Sem dúvida, as atualizações pelo Twitter eram fragmentadas e sem narrativa contextual (exceto as transmitidas por mídias ocidentais) capaz de oferecer imagem mais completa do que realmene estava acontecendo nas batalhas políticas sobre o futuro do Irã. Jornalistas e outros observadores interessados se incumbiam de preencher o esqueleto das mensagens postadas nas mídias sociais, ao mesmo tempo em que tentavam extrair conteúdo da mídia iraniana local, notória por sujeitar-se às manipulações do governo.

   Análises cuidadosas revelam que a grande mídia distorceu ou manipulou a natureza matizada do apoio político nas ruas. Reva Bhalla, diretor de análise da Stratfor, empresa de inteligência e de previsões estratégicas com sede no Texas, observou: "Tem-se a ideia de que Ahmadinejad é muito impopular e que [Mir Hossein] Mousavi conta com muito apoio, mas não temos dados que confirmem que (...) na verdade, Ahmadinejad também tem apoio popular, só que seus apoiadores não têm smartphones. Há o risco real de se ampliar um dos lados."

Os apoiadores de Ahmadinejad que de fato usam mídia social obtêm muito menos cobertura que os apoiadores da oposição. Por exemplo, das centenas de relatos sobre o uso de blogs e de Twitter, referentes à eleição de 2009, conta-se com os dedos de uma das mãos os que destacam o uso da internet pelos apoiadores de Ahnadinejad, não obstante as atividades nesse front. Suas postagens e relatos, contudo, em geral são escritos em idiomas locais, em vez de em inglês, limitando, em consequência, a acessibilidade fora do Irã.

3. Seu relatório anual *Freedom in the World* é avaliação sobre a situação dos direitos políticos em 192 países e em 14 territórios em disputa, respeitada como paradigma global.
4. "Undermining Democracy: 21st Century Authoritarians", Freedom House (junho de 2009).
5. James Gwartney e Robert Lawson, "Ten Consequences of Economic Freedom", National Center for Policy Analysis (30 de julho de 2004).
6. Sabemos, contudo, que o WikiLeaks foi fundado por um australiano (Julian Assange), que vive na África Oriental.
7. Evgeny Morosov, "Think Again: The Internet", *Foreign Policy* (maio/junho de 2010).
8. Os especialistas sugerem que as diferenças entre Mir Hossein Mousavi e Mahmoud Ahmadinejad são muito menos significativas que os pontos em comum. No rescaldo das tentativas fracassadas de reverter os resultados da eleição, muitos ativistas pró-democracia começaram a questionar se Mousavi realmente era apóstolo dos ideais democráticos.

   Mousavi tem sido descrito por muita gente como herói improvável – nada mais que veículo conveniente para um movimento de reforma mais amplo, há muito tempo em fermentação. Afinal, ativistas pró-democracia mais maduros se lembrarão de que Mousavi foi importante líder da República Islâmica, durante os anos mais repressivos, quando dezenas de milhares de esquerdistas liberais, com orientação secular, mormente líderes sindicais e defensores dos direitos das mulheres, foram torturados e assassinados. Ele era pessoa-chave no establishment clerical e sua principal base de apoio é o clero muçulmano. O fato de ele, agora, liderar as pressões contra o próprio sistema que ele ajudou a criar é, no mínimo, irônico.

   Ahmadinejad, por outro lado, tem orientação mais republicana e conta com base mais forte entre os militares e a burguesia da indústria petrolífera que entre o clero, apesar do apoio do principal aiatolá. Ambos representam diferentes camadas e setores da elite iraniana e desfrutam de diferentes conexões e lealdades internacionais. E, caso se acredite nos elementos mais céticos dos movimentos de reforma, ambos são obstáculos à conquista de direitos democráticos genuínos pelas massas e ambos tendem a deixar o clero no controle das normas sociais.
9. "Tehran voices: 'I was out in the streets 30 years ago and today I'm out again'", *The Guardian* (11 de dezembro de 2009).
10. Ali Akbar Dareini, "Fighting intensifies in Iran over subsidy cuts", *BusinessWeek* (10 de março de 2010).
11. Ver a pirâmide de distribuição etária do Irã em NationMaster (acessado em 23 de maio de 2010).

12. "Iranians send 80 million SMS per day", Payvand Iran News (24 de novembro de 2008).
13. John Kelly e Bruce Etling, "Mapping Iran's Online Public: Politics and Culture kin the Persian Blogosphere", The Berkman Center for Internet & Society, Harvard Law School (6 de abril de 2008).
14. Ver Technorati 2009 State of the Blogosphere.
15. "10 Worst Countries to Be a Blogger", Committee to Protect Journalists (30 de abril de 2009).
16. Bruce Etling, "The 'Freedom to Scream' in Egypt", Internet & Democracy Project, Harvard University (18 de fevereiro de 2009).
17. Clark Boyd, "Arabic blogosphere begins to bloom", BBC (18 de junho de 2009).
18. Natasha Tynes, "G21 MidEast Arab Blogging", G21.net (2006).
19. Herbert Moller, "Youth as a Force in the Modern World", *Comparative Studies in Society and History*, vol. 10, nº 3 (abril de 1968).
20. Ibid.
21. A WorldPublicOpinion.org realizou uma pesquisa de opinião com base em amostra nacional dos iranianos. As entrevistas ocorreram entre 27 de agosto e 10 de setembro de 2003, envolvendo 1.003 iranianos adultos, com 18 anos ou mais. A margem de erro numa amostra desse tamanho não é maior que +/– 3,1 pontos percentuais.
22. Melody Moezzi, "Iranian Regime Faces Worst Enemy Yet: Itself", *The Huffington Post* (19 de setembro de 2009).
23. Larry Jagan, "Fuel price policy explodes in Myanmar", *Asia Times* (24 de agosto de 2007).
24. "Monks lead largest Burma protest", BBC (24 de setembro de 2007).
25. Maung Zarni, "Burma Special: Why we must talk to the generals", *New Statesman* (14 de agosto de 2006).
26. Ver United Nations Human Development Report (2009).
27. Em 1995, um desses estudantes, Maung Zarni – então ativista mianmarense, que estudava na University of Wisconsin – fundou a Free Burma Coalition (FBC). O site rapidamente evoluiu de página única na Web, que agregava várias fontes de informação sobre Miammar, em rede de ativistas, abrangendo centenas de instituições educacionais na América do Norte e em outros 28 países. Era mais uma câmara de compensação que um centro de comando. Os ativistas usavam o FBC para trocar ideias e informações novas empresas e entidades políticas como alvos de ação, além de estratégias de organização e de defesa de interesses.
28. Tim Johnston, "U.S. Seeks New Tack on Burma", *The Washington Post* (12 de abril de 2009).
29. EarthRights International, organização de advogados especializada em direitos humanos, processou a Unocal, gigante de energia dos Estados Unidos, para obrigá-la a fazer alguma coisa. Com base em acordo extrajudicial, a Unocal acabou oferecendo indenização aos habitantes locais, que teriam labutado como escravos na construção do gasoduto de Yadana, do sul de Miammar à Tailândia. No entanto, centenas de milhares de aldeões pertencentes a minorias étnicas se viram forçados a migrar para não serem alistados em grupos de prisioneiros que prepararam o caminho para investimentos semelhantes por empresas chinesas, russas, sul-coreanas e vietnamitas. Mas essas empresas não estão tão sujeitas às táticas das ONGs sediadas nos Estados Unidos quanto suas congêneres americanas. Uma vez que muitas multinacionais americanas e europeias já se desfizeram de seus

investimentos em Mianmar, faz sentido para os líderes de negócios ocidentais exercer maior pressão pública sobre os rivais estrangeiros.

30. Ver dados do Banco Mundial sobre populações em 2008 e dados da Nielsen sobre penetração da internet em 2009. Estima-se que a China tenha 300 milhões de usuários de internet, representando 17% do total global de 1,8 bilhão.
31. Jane Marshall, "CHINA: Record numbers studying abroad", University World News (19 de outubro de 2008).
32. Evan Osnos, "Angry Youth: The new generation's neocon nationalists", *The New Yorker* (28 de julho de 2008).
33. Ver Human Rights Watch World Report (2002).
34. Mark Ward, "China clampdown on tech in Urumqi", BBC (6 de julho de 2009).
35. David Drummond, "A new approach to China", The Official Google Blog (12 de janeiro de 2010).
36. Maria Livanos Cattaui, "The test of practice: global progress in a world of sovereignty", openDemocracy (18 de julho de 2004).
37. De acordo com especialistas em crime organizado, não se trata de cenário fantasioso. Dos quase seis mil sindicatos criminosos hoje em operação na Rússia, mais de 200 estruturas mafiosas atuam em âmbito internacional, com redes em 29 diferentes países, em que as atividades criminosas são estreitamente coordenadas com os sindicatos locais. Trazendo da Rússia recursos praticamente ilimitados, esses criminosos compram propriedades, de Buenos Aires a Berlim, pagando US$3 a US$10 milhões em dinheiro. Uma vez estabelecidos, os delinquentes perdem pouco tempo adaptando-se ao novo contexto, partindo imediatamente para atividades de extorsão, controle da prostituição e outras formas de negócios ilegais. Aos poucos, consolidam suas posições e passam a intervir diretamente na vida econômica dos países em que residem, controlando estruturas industriais e financeiras, por meio do tráfico de drogas e do jogo, acabando por desalojar os mafiosos locais que de início os apoiaram. Ver Stanislav Lunev, "Russian organized crime spreads beyond Russia's borders, squeezing out the local competition", The Jamestown Foundation (30 de maio de 1997).

Capítulo 18

1. Seth Godin, *Tribes: We Need You to Lead Us* (Portfolio, 2008).
2. Sean Michael Kerner, "You Can't Control Linux", CIO Update (14 de abril de 2010).
3. Dennis Whittle, "GlobalGiving.com – Globalizing opportunity", *Alliance* (1º de junho de 2003).
4. "Ready, Set, Give", GlobalGiving.com (acessado em 21 de maio de 2010).
5. "The Tube for IDEO", IDEO.com (acessado em 21 de maio de 2010).
6. "The Knowledge: Euan Semple", InsideKnowledge (16 de junho de 2005).
7. Jeanine Plant, "Top 5 Issues That Motivate Young Voters Today", WireTap (23 de outubro de 2006).
8. Jackie Crosby, "Entrepreneur turned Geek Squad into a geek army", *Los Angeles Times* (1º de abril de 2010).

Capítulo 19

1. Ver vídeo do YouTube "Starlings on Otmoor" (21 de fevereiro de 2007).
2. Dan Reed, "The 2010 Time 100: Jaron Lanier", *Time* (29 de abril de 2010).

3. Jaron Lanier, *You Are Not a Gadget: A Manifesto* (Knopf Doubleday, 2010).
4. Joshua Topolsky, "Live from Apple's iPhone OS 4 event!", Engadget (8 de abril de 2010).
5. Jean Tate, "Click on Hubble: Galaxy Zoo Now Includes HST Images", Universe Today (22 de abril de 2010).
6. David Morgan, "Nearly 20% of U.S. Workers underemployed", Thomson Reuters (23 de fevereiro de 2010).
7. Daniel Henninger, "Joblessness: The Kids Are Not Alright", *The Wall Street Journal* (12 de abril de 2010).
8. Ronald Brownstein, "Young People Seek Shelter from the Storm", *National Journal* (8 de maio de 2010).
9. Louisa Peacock, "IBM crowd sourcing could see employed workforce shrink by three quarters", *Personal Today* (23 de abril de 2010).
10. Here Will the Jobs Come From?" Kauffman Foundation Research Series: Firm Formation and Economic Growth (novembro de 2009).
11. Doug Tsuruoka, "Amazon.com's Third-Party Sales Balloon", Investors.com (4 de julho de 2009).
12. Adam Pagnucco, "Why MPW Turned Down *The Washington Post*", Maryland Politics Watch (20 de abril de 2010).
13. Laura M. Holson, "Tell-All Generation Learners to Keep Things Offline", *The New York Times* (8 de maio de 2010).
14. Don Tapscott, *Grown Up Digital: How the Net Generation Is Changing Your World* (McGraw-Hill, 2008).
15. Ibid.
16. Nicholas Carr, "Is Google Making Us Stupid?", *The Atlantic* (julho/agosto 2008).
17. Nicholas CArr, *The Shallows: What the Internet Is Doing to Our Brains* (Atlantic Books, 2010).
18. James Harkin, *Lost in Cyburbia: How Life on the Net Has Created a Life of Its Own* (Knopf Doubleday, 2009).
19. Evgeny Morozov, "Think Again: The Internet", *Foreign Policy* (maio/junho de 2010).
20. Nicholas Kimbrell, "Reinventing Detroit", *The National* (27 de fevereiro de 2010).
21. "OECD Environmental Outlook to 2030: Key Results", Organisation for Economic Co-operation and Development (acesasdo em 15 de maio de 2010) e estimativa da população global em 6,8 bilhões do CIA World Factbook. Também, vídeos como http://www.youtube.com/watch?v=BoypMSLp4, criado pelo Fórum Econômico Mundial e parceiros.
22. Ver TED Video "Carolyn Steel: How food shapes our cities" (outubro de 2009).
23. "The Ripple Effect from IDEO", IDEO (2009).
24. Ver o último capítulo de *Wikinomics*.
25. Bradford Plumer, "Is There Enough Food Out There For Nine Billion People", *The New Republic* (3 de fevereiro de 2010).

ÍNDICE

Acreditamos que sua resposta nos ajuda a aperfeiçoar continuamente nosso trabalho para atendê-lo(la) melhor e aos outros leitores.
Por favor, preencha o formulário abaixo e envie pelos correios ou acesse www.elsevier.com.br/cartaoresposta. Agradecemos sua colaboração.

Seu nome: ____________________

Sexo: ☐ Feminino ☐ Masculino CPF: ____________________

Endereço: ____________________

E-mail: ____________________

Curso ou Profissão: ____________________

Ano/Período em que estuda: ____________________

Livro adquirido e autor: ____________________

Como conheceu o livro?

- ☐ Mala direta
- ☐ E-mail da Campus/Elsevier
- ☐ Recomendação de amigo
- ☐ Anúncio (onde?) ____________
- ☐ Recomendação de professor
- ☐ Site (qual?) ____________
- ☐ Resenha em jornal, revista ou blog
- ☐ Evento (qual?) ____________
- ☐ Outros (quais?) ____________

Onde costuma comprar livros?

- ☐ Internet. Quais sites? ____________
- ☐ Livrarias ☐ Feiras e eventos ☐ Mala direta

☐ Quero receber informações e ofertas especiais sobre livros da Campus/Elsevier e Parceiros.

Siga-nos no twitter @CampusElsevier

ELSEVIER

SAC ELSEVIER | 0800 026 53 40 sac@elsevier.com.br

Cartão Resposta
050120048-7/2003-DR/RJ
Elsevier Editora Ltda
CORREIOS

CARTÃO RESPOSTA
Não é necessário selar

O SELO SERÁ PAGO POR
Elsevier Editora Ltda

20299-999 - Rio de Janeiro - RJ

Qual(is) o(s) conteúdo(s) de seu interesse?

Concursos
- [ ] Administração Pública e Orçamento
- [ ] Arquivologia
- [ ] Atualidades
- [ ] Ciências Exatas
- [ ] Contabilidade
- [ ] Direito e Legislação
- [ ] Economia
- [ ] Educação Física
- [ ] Engenharia
- [ ] Física
- [ ] Gestão de Pessoas
- [ ] Informática
- [ ] Língua Portuguesa
- [ ] Línguas Estrangeiras
- [ ] Saúde
- [ ] Sistema Financeiro e Bancário
- [ ] Técnicas de Estudo e Motivação
- [ ] Todas as Áreas
- [ ] Outros (quais?) ____________________

Educação & Referência
- [ ] Comportamento
- [ ] Desenvolvimento Sustentável
- [ ] Dicionários e Enciclopédias
- [ ] Divulgação Científica
- [ ] Educação Familiar
- [ ] Finanças Pessoais
- [ ] Idiomas
- [ ] Interesse Geral
- [ ] Motivação
- [ ] Qualidade de Vida
- [ ] Sociedade e Política

Jurídicos
- [ ] Direito e Processo do Trabalho/Previdenciário
- [ ] Direito Processual Civil
- [ ] Direito e Processo Penal
- [ ] Direito Administrativo
- [ ] Direito Constitucional
- [ ] Direito Civil
- [ ] Direito Empresarial
- [ ] Direito Econômico e Concorrencial
- [ ] Direito do Consumidor
- [ ] Linguagem Jurídica/Argumentação/Monografia
- [ ] Direito Ambiental
- [ ] Filosofia e Teoria do Direito/Ética
- [ ] Direito Internacional
- [ ] História e Introdução ao Direito
- [ ] Sociologia Jurídica
- [ ] Todas as Áreas

Media Technology
- [ ] Animação e Computação Gráfica
- [ ] Áudio
- [ ] Filme e Vídeo
- [ ] Fotografia
- [ ] Jogos
- [ ] Multimídia e Web

Negócios
- [ ] Administração/Gestão Empresarial
- [ ] Biografias
- [ ] Carreira e Liderança Empresariais
- [ ] E-business
- [ ] Estratégia
- [ ] Light Business
- [ ] Marketing/Vendas
- [ ] RH/Gestão de Pessoas
- [ ] Tecnologia

Universitários
- [ ] Administração
- [ ] Ciências Políticas
- [ ] Computação
- [ ] Comunicação
- [ ] Economia
- [ ] Engenharia
- [ ] Estatística
- [ ] Finanças
- [ ] Física
- [ ] História
- [ ] Psicologia
- [ ] Relações Internacionais
- [ ] Turismo

Áreas da Saúde [ ]

Outras áreas (quais?): ____________________

Tem algum comentário sobre este livro que deseja compartilhar conosco?

____

Atenção:
-As informações que você está fornecendo serão usadas apenas pela Campus/Elsevier e não serão vendidas, alugadas ou distribuídas por terceiros sem permissão preliminar.